INHALT

VORWORT

Nach dem Untergang der Sowjetunion kam in der russischen Bevölkerung ein lebhaftes Interesse an jahrzehntelang tabuisierten oder entstellten Themen zum Vorschein, das einen Boom oft zweifelhafter Schriften u. a. über Religion und Kirche, den Adel und die Dynastie der Romanovs, besonders das Schicksal des letzten Zaren und seiner Familie, zur Folge hatte. Dieses Interesse brachte gleichzeitig auch eine Hinwendung zu den Werken der vorrevolutionären Historiker mit sich und ist damit die Antwort auf das vergangene Bemühen der marxistischen Geschichtsschreibung, Einfluß und Wirken von Persönlichkeiten zugunsten von Klassenkampf und ökonomischer Basis hintanzustellen, wenn nicht zu ignorieren. Im Falle der Herrscher war es zwar nicht möglich, die «Geschichte der UdSSR» ganz ohne ihre Erwähnung zu schreiben, aber weder wurden sie in der Regel als treibende Kräfte angesehen noch als Persönlichkeiten gewürdigt. Ausnahmen machte man nur, wenn die Zaren ins politisch-ideologische Konzept paßten, wie etwa bei der Identifizierung Stalins mit Ivan IV. zur Rechtfertigung der «Säuberungen».

So begrüßenswert und vor allem verständlich das wiedererwachte vorwissenschaftliche Interesse der Russen an ihren Herrschern vor Lenin auch ist, es hat angesichts der gegenwärtigen wirtschaftlichen Probleme leider nicht wenig zu einer Mythisierung der Vergangenheit beigetragen, die auf der bekannten Selbsttäuschung beruht, daß in der «guten alten Zeit» alles besser gewesen sei. Mit dieser allgemeinmenschlichen Eigenschaft knüpfen die Heutigen interessanterweise an einen Mythos an, der in Rußland bis weit ins 19. Jahrhundert hinein lebendig war: an den Mythos vom «guten Zaren». Von den Zaren glaubte man zu wissen, daß sie im Grunde auf der Seite des leidenden Volkes standen und dessen Schicksal eigentlich verbessern wollten, aber von ihren «bösen» Beratern – den Bojaren im Moskauer und den Beamten im Petersburger Reich – über die wahre Lage nicht informiert bzw. sogar getäuscht wurden. Vielleicht ließ sich das Los der «Erniedrigten und Beleidigten» nur mit Hilfe dieses Glaubens ertragen. Auf jeden Fall hat er staatserhaltend gewirkt, denn auch bei großen Bauernaufständen sind von den Führern niemals die Autokratie an sich, das System oder die Institution des Zarentums in Frage gestellt worden.

Die gegenwärtige Mythenbildung zeigt, wie nötig Aufklärung durch wissenschaftliche Geschichtsschreibung ist. Der vorliegende Band wird dabei zwar in Rußland selbst voraussichtlich keine entscheidende Rolle spielen, aber auch im deutschsprachigen Raum fehlt ein Überblick über die russische Geschichte nach Regierungsperioden, der die Leistungen der einzelnen Herrscher erkennen läßt. Auch im Westen war ja die personalisierte Geschichtsbetrachtung unter dem Einfluß der Frankfurter und der Annales-Schule lange Zeit verpönt: Die letzte große Biographie eines russischen Zaren – Peters des Großen – aus deutscher Feder stammt von 1964 (R. Wittram).

Selbstverständlich soll mit diesen Ausführungen nicht einem ausschließlich biographischen Geschichtsverständnis das Wort geredet werden. Die Autoren dieses Bandes haben sich im Gegenteil bemüht, die russischen Herrscher *in ihrer Zeit* darzustellen. Dabei konnte und sollte zwar nicht immer Vollständigkeit des Geschehens erreicht werden, aber wenn man will, kann man dieses Buch kontinuierlich als eine Geschichte Rußlands von 1547 bis 1917 lesen. Man wird dabei feststellen, daß die einzelnen Autoren unterschiedliche Ansätze vertreten und Schwerpunkte setzen. Diese Freiheit der Darstellung war erwünscht, und sie war wegen der verschiedenartigen, in einigen Fällen noch recht lückenhaften Forschungslage auch notwendig.

Der Titel des Buches enthält, staatsrechtlich gesehen, eine Ungenauigkeit, denn Zaren als Staatsoberhäupter gab es eigentlich nur von 1547 bis 1721. Nach Abschluß des Nordischen Krieges ließ sich Peter der Große mit dem Titel eines «Allrussischen Kaisers» schmücken (s. Einleitung), und die Bezeichnung «Zar» blieb nur als Untertitel für die Herrschaft über verschiedene Territorien erhalten. Aber das Volk sprach weiter vom «Zaren», und auch im Ausland hat sich dieser populäre und rußlandspezifische Begriff erhalten, vor allem im Bewußtsein der Nachwelt auch noch in bezug auf Nikolaus II. So sei denn auch dieses Werk das «Zarenbuch». Unter diesem Arbeitsbegriff ist der Band unter Mitwirkung von Frau Renate Mauch, der hiermit gedankt sei, entstanden.

Die Umschrift russischer Eigennamen und Begriffe folgt der wissenschaftlichen Transliteration. Dabei gilt:

```
e  = meist je
s  = stimmloses s (wie ß)
z  = stimmhaftes s
c  = tz
č  = tsch
š  = stimmloses sch
ž  = stimmhaftes sch (wie in Journal)
šč = schtsch
d', l', m', n', r', s', t'  = j-Erweichung des Konsonanten
```

Die Daten werden gemäß dem julianischen Kalender (A. S. = alter Stil) angegeben. Der Rückstand gegenüber dem seit 1583 in den meisten Ländern allmählich eingeführten gregorianischen Kalender (N. S. = neuer Stil) betrug im 16. und 17. Jahrhundert zehn Tage, im 18. elf, im 19. zwölf und im 20. Jahrhundert dreizehn Tage. Nur bei internationalen Verträgen oder westlichen Daten wird auch der neue Stil vermerkt.

Berlin, im Herbst 1994   Der Herausgeber

Hans-Joachim Torke

VON DER AUTOKRATIE ZUM VERFASSUNGSSTAAT
ZAREN UND KAISER IN RUSSLAND

Die 370 Jahre russischer Geschichte, die dieses Buch umfaßt, mögen manchem als «das vorrevolutionäre Rußland» pauschal eher monolithisch erscheinen. In Wirklichkeit stellen sie eine Periode – oder besser gesagt: mehrere Epochen – großer Spannungen und Veränderungen dar, während man umgekehrt der Oktober-Revolution keineswegs auf allen Gebieten den Charakter einer tiefgreifenden Zäsur zubilligen kann. Der Anfang der Periode liegt noch in der Zeit des «altrussischen» Moskauer Reiches, das um 1700 zu Ende ging. In diesem Zeitabschnitt gibt es zu Anfang des 17. Jahrhunderts den deutlichen Neubeginn einer Übergangsepoche zur Neuzeit. Aber auch das darauf folgende Petersburger Reich läßt sich außen- und innenpolitisch noch weiter unterteilen. Der Stellung Rußlands als osteuropäische Großmacht (Anfang des 18. Jahrhunderts bis zum Frieden von Teschen 1779) folgte seine einhundertjährige Rolle als europäische Großmacht und seit den 80er Jahren des 19. Jahrhunderts diejenige der imperialistischen Weltmacht. Im Innern bilden die Großen Reformen Alexanders II. in den 60er Jahren des 19. Jahrhunderts, besonders die Aufhebung der Leibeigenschaft im Jahre 1861, nicht nur für die marxistische Interpretation einen bedeutenden Einschnitt: Das Land begab sich allmählich auf den Weg der Neuzeitgesellschaft und der Industrialisierung. Der gesamte Zeitraum endete mit der Epoche der parlamentarischen Monarchie von 1905 bis 1917.

Als ein verbindendes Element all dieser verschiedenartig geprägten Zeitabschnitte kann man die mehrere Dynastien umfassende Monarchie sehen. Auch unter dynastischen Gesichtspunkten können vier Perioden unterschieden werden. Von 1547 bis 1598 herrschten noch die Rjurikiden. Danach folgten als «Zeit der Wirren» (Smuta) anderthalb Jahrzehnte mit Herrschern diverser, z. T. obskurer Provenienz und zum Schluß sogar mit einem Interregnum. Von 1613 bis 1761 regierten die Romanovs in reiner Linie, und von 1762 bis 1917 gab es das Haus Romanov-Holstein-Gottorp.

Die Rjurikiden leiteten sich von dem halblegendären Rjurik her, der sich als Waräger-Fürst nach der Mitte des 9. Jahrhunderts in Alt-Ladoga festgesetzt und dann in Novgorod geherrscht hatte. Gesichert ist die Nachkommenschaft freilich erst seit Igor' (gest. 945/946). Unter den einzelnen Linien wurden die Nachkommen Daniils von Moskau (1261–1303), die Daniloviči, besonders wichtig, weil sie als Großfürsten zunächst von

Vladimir-Suzdal' (seit 1328), dann «der ganzen Rus'», die bekannte «Sammlung des russischen Landes» vollbrachten. Damit sind Eroberungen und Erwerb durch Heiraten, Erbschaften und Käufe gemeint, deren Gesamtheit die Forschung für die Zeit seit der Mitte des 15. Jahrhunderts als «Moskauer Reich» bezeichnet. Überwinder der vorhergegangenen Zeit der «Teilfürstentümer» war Ivan III. (1462–1505), der sich schon gelegentlich «Zar» nannte.

Das etymologisch auf lat. Caesar zurückgehende Wort Zar (vgl. deutsch Kaiser) wurde in Rußland allerdings schon vorher gebraucht, und zwar für den Himmelskönig ebenso wie für die alttestamentarischen Könige, für die mongolisch-tatarischen Chane ebenso wie für andere ausländische Herrscher (Bulgarien, Georgien), vor allem aber für den byzantinischen Kaiser als Übersetzung von βασιλεύς, was sich auch in der Bezeichnung «car'grad» (Kaiserstadt) für Konstantinopel ausdrückte. Analog schmückten die Chronisten in seltenen Fällen sogar schon die Kiever Großfürsten mit diesem Titel, wenn in Verbindung mit deren kirchlichen Funktionen die religiös-moralischen Eigenschaften betont wurden. Aber erst nach dem Untergang von Byzanz (1453) einerseits und der Lockerung bzw. «Abschüttelung» der tatarischen Oberhoheit (1380 bzw. 1480) andererseits war den Moskauer Herrschern die Übernahme dieses Titels offiziell möglich. Dies geschah freilich nicht gleich, sondern sehr vorsichtig zunächst nur in außenpolitischer Beziehung gegenüber nichtorthodoxen Mächten. Zum erstenmal nannte sich Ivan III. 1474 in einem Waffenstillstandsvertrag mit Livland Zar. Im Innern jedoch verhinderte den Gebrauch das byzantinische Vorbild, wonach neben dem Kaiser und in «Symphonia» mit ihm der Patriarch als Kirchenoberhaupt zu stehen habe. Ein solcher aber wurde der Moskauer Orthodoxen Kirche, die sich in der Mitte des 15. Jahrhunderts eigenmächtig autokephal erklärt hatte, von den vier orientalischen Patriarchen (besonders dem ökumenischen in Konstantinopel-Istanbul) zunächst noch nicht zugestanden.

Die westlichen Mächte haben die neue Praxis des Moskauer Großfürsten entweder ignoriert oder nur sehr zögerlich anerkannt. Der Herzog von Mailand gewährte den Titel Zar einmal zwar sogar schon 1463, aber erst dreißig Jahre später gestand ihn Hans von Dänemark Ivan III. in Form der logischen Übersetzung «Imperator» zu. Natürlich wurde der Titel gerade wegen dieser Äquivalenz im Westen als ein Affront gegen den Kaiser des Heiligen Römischen Reiches empfunden, und deshalb war der Fauxpas des Wiener Gesandten Schnitzenpaumer, der 1514 Vasilij III. (1505–1533) versehentlich «Keyser und Herrscher aller Reußen» nannte, besonders pikant und sollte noch im 18. Jahrhundert als Präzedenzfall eine Rolle spielen. Nur der Hochmeister des Deutschen Ordens benutzte die Anrede dann seit 1517 aus Respekt gegenüber dem starken Nachbarn ganz offiziell.

Doch von dieser außenpolitischen Praxis einmal abgesehen – auch Vasilij III. war nur zum Großfürsten gekrönt worden. Erst sein Sohn Ivan IV. (der Schreckliche) nahm am 16. Januar 1547 den Zarentitel voll und ganz an. Zwar gab es immer noch keinen Moskauer Patriarchen, aber das Selbstbewußtsein der russischen Kirche, von der die unter osmanischer Oberhoheit lebenden orthodoxen Eparchien finanziell abhingen, war inzwischen mächtig gewachsen. Ihr damaliges Oberhaupt, der Metropolit Makarij, war es auch, auf dessen Betreiben die Zarenkrönung des siebzehnjährigen Ivan nach einem modifizierten byzantinischen Zeremoniell ohne Zustimmung der östlichen Patriarchen vollzogen wurde.

Das Interesse der Kirche an diesem eigenmächtigen Akt erklärt sich aus der mit der Krönung verbundenen Einflußnahme der geistlichen Führung auf die Autokratie, wie sie sich schon seit Beginn des Jahrhunderts in der Lehre von Moskau als «Drittem Rom» ausgedrückt hatte. Damit wurde der Moskauer Herrscher in den Rang des «ökumenischen Kaisers» und Nachfolgers des byzantinischen Kaisers erhoben, was wiederum eine gewichtige Rückwirkung auf die Erhebung des Metropoliten zum Patriarchen haben mußte. Diese gelang freilich erst 1589. Im übrigen bedurfte die Krönung zum «Zaren der ganzen Rus'» wegen ihrer fehlenden Legitimation noch einer besonderen Begründung, die der Krönungszeremonie als Einleitung vorangestellt wurde. Es handelte sich um die wohl ebenfalls schon um die Jahrhundertwende verfaßte «Erzählung von den Vladimirer Fürsten», in der einerseits die Abstammung der Rjurikiden von den römischen Kaisern, d. h. angeblich von einem «Verwandten» des Augustus namens Prus, den der Kaiser als Herrscher über das Weichselland eingesetzt habe, «nachgewiesen» und andererseits die nach dem Untergang von Byzanz entstandene Legende von der Monomachsmütze verarbeitet wurde. Mit letzterer ist die Zarenkrone gemeint, von der man glaubte, sie sei ein Geschenk des Kaisers Konstantin IX. Monomachos (gest. 1055) an seinen Enkel, den Kiever Großfürsten Vladimir Monomach (1113–1125). In Wirklichkeit handelt es sich bei der heute in der Moskauer Rüstkammer ausgestellten Krone um eine mittelasiatische Arbeit des 13./14. Jahrhundert, aber die «translatio imperii» vom «ersten» über das «zweite» zum «dritten» Rom ließ sich mit diesen beiden Legenden (neben anderen) vortrefflich festigen. Das Selbstverständnis der Moskauer Zaren beinhaltete deshalb von Anfang an mindestens die Ebenbürtigkeit mit dem westlichen Kaiser, was nicht wenige protokollarische Verwicklungen und Peinlichkeiten zur Folge hatte. Bereits 1488 antwortete Ivan III., als Kaiser Friedrich III. ihm die Königswürde anbot: «Durch Gottes Gnade sind wir souveräne Herrscher in unserem Lande von Anfang an, seit unseren ersten Vorfahren, und die Einsetzung haben wird von Gott wie unsere Vorväter...»

Aber der Zarentitel ging nicht nur auf die allerdings für die Krönung ursächliche byzantinische Tradition zurück; er enthielt auch, wie die erwähnte Bezeichnung für den Chan zeigt, eine tatarische Komponente. Deswegen kam der Eroberung des ersten tatarischen Nachfolgestaates der Goldenen Horde, des Chanats Kazan', durch Ivan IV. nur fünf Jahre nach der Krönung eine immense Bedeutung für das Selbstverständnis dieses Zaren zu, die durch die Eroberung des Chanats Astrachan' 1556 noch gesteigert wurde. Der Titel der dortigen Herrscher ging in den Zarentitel ein – die ehemaligen Souveräne waren nun selbst von Moskau abhängig. In der Tat wurde die Zarenkrönung nach der Eroberung auch Sibiriens (in den 80er Jahren) gegenüber den ausländischen Mächten mit dem Besitz dreier Zartümer gerechtfertigt, aber die Anerkennung des Titels durch den Westen, insbesondere durch die katholischen Mächte, dauerte trotzdem Jahrzehnte. Noch im Westfälischen Frieden von 1648 wurde der Moskauer Herrscher nur als «magnus dux Moscoviae» erwähnt. Polen-Litauen hatte sich 1634 nach Beendigung des Smolensker Krieges zum erstenmal vorübergehend zu einer Anerkennung verstanden, doch bedurfte es erst der polnischen Niederlage nach der Jahrhundertmitte für eine endgültige Akzeptanz. Der Papst vollzog diesen Schritt gar erst 1685 anläßlich des Beitritts Moskaus zur Heiligen Liga, nachdem der Abt Scarlati zwölf Jahre vorher eine beruhigende Denkschrift verfaßt hatte, in der die Bedeutung des Wortes «Zar» auf die Ebene eines Königs herabgestuft worden war.

Zu dieser Zeit hatten die Moskauer Zaren schon lange auch ein Problem bewältigt, das ihnen nach dem Aussterben der Moskauer Linie der Rjurikiden 1598 vorübergehend zu schaffen gemacht hatte. Sie hatten sich vorher – auch als Großfürsten – mit Recht immer darauf berufen können, daß sie «von Anfang an» in der Rus' die Herrschaft innehatten, und sie hatten dies gelegentlich mit rhetorischen Seitenhieben auf die häufigen Dynastiewechsel im Westen und das Wahlkaisertum getan (s. o.). Nach dem Tod Fedor Ivanovičs standen die Russen aber selbst vor einer ganz neuen Situation, vor einer «Unterbrechung der zarischen Wurzel».

Konkret half man sich am 17. Febr. 1598 gemäß dem Beispiel anderer europäischer Staaten mit einer Wahl. Eine ungefähr sechshundertköpfige «Reichsversammlung» (sobor), bestehend aus dem obersten Klerus, der Bojarenduma (dem Rat hoher Adliger), den in Moskau anwesenden Heeresteilen des Dienstadels und Vertretern der Moskauer Stadtbevölkerung, wählte den starken Mann und bisherigen Regenten – der letzte Rjurikide war regierungsunfähig gewesen – Boris Godunov zum Zaren. Alternativen standen nicht zur Debatte bzw. waren vorher von dem ehrgeizigen Godunov ausgeschaltet worden, obwohl noch Nachkommen der Rjurikiden aus anderen als der Moskauer Linie und ebenso vornehme Nachkommen des litauischen Großfürsten Gediminas lebten.

Aber die politischen Umstände begünstigten diesen Emporkömmling aus einem jungen Bojarengeschlecht, dem es allerdings nicht gelang, eine Dynastie zu begründen: Die geplante Verheiratung seiner Tochter mit Angehörigen westlicher Herrscherhäuser scheiterte, und sein kleiner Sohn Fedor «regierte» 1605 nur anderthalb Monate. Er fiel der Usurpation des Thrones durch den ersten Falschen Demetrius zum Opfer, der, in Wirklichkeit niederer Herkunft, als angeblicher Rjurikide und letzter Sohn Ivans IV. das Volk für sich gewann, weil dieses nur schwer an das Aussterben der alten Dynastie glauben konnte. Doch ihm wurde seine zu starke Bindung an polnische Magnaten zum Verhängnis: Auch er wurde gestürzt, und zwar durch eine Verschwörung des alten russischen Adels unter Führung Vasilij Šujskijs, eines Nachkommen Aleksandr Nevskijs (gest. 1263), der 1606 von seinen bojarischen Freunden zum Zaren ausgerufen wurde. Andere, wie die Saltykovs und V. V. Golicyn, arbeiteten freilich gegen Šujskij und nutzten seine militärischen Niederlagen vier Jahre später zu dessen eigenem Sturz aus.

Die häufigen Thronwechsel stellten als «dynastische Krise» (S. F. Platonov) eine wesentliche Phase der Smuta dar; dazu kam noch die soziale (Bauern- und Kosakenaufstände) und die nationale (ausländische Intervention) Krise. Alle drei Phasen überschnitten sich und bedingten sich gegenseitig. Die Smuta erreichte ihren Höhepunkt in einem zweieinhalbjährigen Interregnum von Mitte 1610 bis Anfang 1613 mit einer zeitweiligen polnischen Militärdiktatur. Während dieser Zeit wurde zum erstenmal in der russischen Geschichte auch die Frage ausländischer Thronkandidaturen in Erwägung gezogen. Die größten Chancen hatten Karl Philip von Schweden und Władysław von Polen. Mit dem letzteren schlossen einige Bojaren sogar bereits eine Wahlkapitulation nach polnischem Vorbild ab, deren Verwirklichung das Ende der Autokratie bedeutet hätte. Daß der polnische Kronprinz damals dennoch nicht den Moskauer Thron bestieg, scheiterte kurzfristig an dem Wunsch seines Vaters, selbst Zar zu werden. Dies ließ sich allerdings nicht verwirklichen, weil Zygmunt III. als König von Polen-Litauen nicht orthodox werden konnte. Vor allem siegte jedoch langfristig die nationale Lösung – ein russischer Kandidat bei gleichzeitiger Vertreibung der ausländischen Interventen durch ein Volksaufgebot.

Am 21. Februar 1613 einigten sich rund 700 Teilnehmer einer Reichsversammlung, deren städtische Vertreter diesmal extra für diesen Anlaß sogar in der Provinz gewählt worden waren, auf Michail Fedorovič Romanov als neuen Zaren. Damit endete die dynastische Krise der Smuta. Faktisch dauerte die Überwindung der sozialen Unruhen und vor allem die Befreiung des Landes von den Besatzungsmächten freilich noch einige Zeit, und selbst in bezug auf die Dynastie war damals natürlich nicht von vornherein zu erkennen, daß die Herrschaft der Romanovs von längerer Dauer sein würde – über dreihundert Jahre, wenn auch zum Schluß schon längst nicht mehr in reiner Form. Über die Gründe für die Wahl eines Romanov wird im Kapitel «Michail Fedorovič» einiges gesagt. Hier sei nur darauf hingewiesen, daß u. a. die Verwandtschaft mit dem alten Herrscherhaus der Rjurikiden eine Rolle spielte. Die Romanovs gehörten zwar keineswegs zum Hochadel, aber Anastasija Romanova war die erste Frau Ivans IV. gewesen. Er hatte sie kurz nach seiner Krönung geheiratet und somit im Jahre 1547 nicht nur das Moskauer Zarentum begonnen, sondern unbewußt auch die Grundlage für den Bestand der Herrschaft über viele Jahrhunderte geschaffen, zumal die Zarenkinder, vor allem aus Glaubensgründen, bis 1710 keine Angehörigen ausländischer Dynastien heirateten.

Das Problem der Unterbrechung der «zarischen Wurzel» lösten die Romanovs, besonders Michails Vater Filaret, indem sie Erinnerungen und Dokumente über die Smuta-Zaren möglichst auslöschten, die Geschichte der Smuta in ihrem Sinne fälschten, die Wahl als Finden des von Gott vorherbestimmten Herrschers darstellten und Michail als mehr oder weniger direkten Nachkommen des letzten Rjurikiden ausgaben, wobei ihnen der Zufall des Patronymikons Fedorovič, das sich auch von Fedor Ivanovič herleiten ließ, zu Hilfe kam. Falsche Prätendenten tauchten zwar immer noch auf, siebzehn im ganzen Jahrhundert, aber in der zweiten Hälfte des 17. Jahrhunderts bezeichneten sie sich schon nicht mehr als Rjurikiden, sondern als Romanovs, so daß die Dynastie mit Aleksej Michajlovič als anerkannt gelten konnte. Dies ist um so erstaunlicher, als Michail Fedorovič und Aleksej Michajlovič als Jünglinge zur Regierung kamen. (Auch die nächsten Romanovs waren bei der Thronbesteigung sehr jung und z. T. sogar noch minderjährig.) Doch einen Sturz verhinderten die beiden althergebrachten Stützen der Moskauer Autokratie: die Kirche und der Dienstadel, während die dritte Säule ihrer Macht, die Tradition (starina), in der Smuta einen ersten Bruch erlitten hatte und durch die fortschreitende «Europäisierung» weiter in Mitleidenschaft gezogen wurde.

Das Problem des Traditionsbruchs verschärfte Peter I. (der Große), indem er mit eisernem Willen eine radikale Umgestaltung, in der Tat eine Perestrojka, vornahm und die Autokratie modernisierte. Zu seinen berühmten Reformen gehört auch die Einführung des Kaisertitels. Dabei ging es nun nicht mehr um ein Zusammengehen mit der Kirche, die ihre jahrhundertelange Bedeutung als einzige geistige Macht ebenso verloren hatte wie – im Zeitalter des Antiklerikalismus und Landeskirchenregiments – ihre Ebenbürtigkeit mit der weltlichen Herrschaft.

Nach Abschluß des Nordischen Krieges durch den Frieden von Nystad faßten Senat und Synod, also die oberste weltliche und die oberste geistliche Behörde, am 20. Okt. 1721 den Beschluß, Peter I. um die Annahme der Titel «Vater des Vaterlandes, Allrussischer Kaiser, Peter der Große» zu bitten. Zwei Tage später akzeptierte Peter diese Titel und machte dabei klar, daß es sich nicht mehr um die Nachfolge des byzantinischen Kaisers handelte, sondern unter Bezug auf den Präzedenzfall von 1514 um einen neuen Kaisertitel mit der lateinischen Bezeichnung «imperator», die ins Russische übernommen wurde (vgl. entsprechend «Allrussisches Imperium» als Bezeichnung für das Petersburger Reich). Auch die übrige Rhetorik war antik (pater patriae, magnus) und symbolisierte die Wendung nach Westen. In diesem Sinne hatte Peter den Kaisertitel bereits seit 1710 in bezug auf die eroberten Ostseeprovinzen gebraucht («Czaar und Imperator von aller Reus Land»). Dennoch ist ein Rest byzantinischer Tradition nicht auszuschließen, zumal diese nun auch über westliche Staatsrechtslehrer des 17. Jahrhunderts, die Peter übersetzen ließ, rezipiert wurde. So war der Kaisertitel jedenfalls schon 1689 einmal auf Ivan V. und Peter I. angewandt worden. 1721 wurde auch deutlich, daß der neue Titel an die Stelle des Zarentitels treten sollte, nicht neben ihn. Das Wort Zar blieb nur noch für die Herrschaft über Kazan', Astrachan' und Sibirien erhalten und wurde seit 1815 in bezug auf das mit Rußland in Personalunion verbundene Kongreß-Polen als Äquivalent für «König» benutzt, um Polen im Rang nicht unterhalb der asiatischen Gebiete anzusiedeln.

Wie seinerzeit der Zarentitel fand auch der russische «Kaiser» bei den meisten anderen Mächten nur langsam Anerkennung. Sofort gelang die Durchsetzung beim preußischen König Friedrich Wilhelm I. – auch hier lag ein brandenburgischer Präzedenzfall vor. Auch die Niederlande (1722), Hamburg (1722), Schweden (1723) und Dänemark (1724) beeilten sich mit der Anerkennung. In diesen Fällen spielten die Handelsbeziehungen und z. T. russische Drohungen, diese zu revidieren, eine Rolle. Entferntere Staaten folgten, je nach politischen Beziehungen, später: das Osmanische Reich 1741, England (wo der Zar bis 1710 dem englischen Sprachgebrauch entsprechend ganz unbefangen «Emperor» genannt worden war) 1742, Frankreich 1744 (nachdem man vorübergehend überlegt hatte, als Antwort auch hier das Kaisertum einzuführen), Spanien 1745. Den größten Widerstand leisteten das Römische Reich und der unmittelbare Nachbar Polen-Litauen. Der römische Kaiser hatte einen russischen Vorstoß schon 1710 abgewendet; 1721 ließ Karl VI. den Präzedenzfall von 1514 für «nicht bekannt» erklären. In Wien verwies man auf die Unmöglichkeit, dem christlichen Kirchenleib zwei Köpfe zu geben, und wollte eher den Abbruch der Handelsbeziehungen in Kauf nehmen als auf den Vorrang des römischen Kaisers verzichten. In Polen verschanzte sich August der Starke hinter der Ausrede, er müsse als König die Stellungnahme der Rzeczpospolita und als Kurfürst diejenige von Kaiser und Reich abwarten. Aber auch als Maria Theresia am 8. Juli 1742 den russischen Kaisertitel mit dem Vorbehalt endlich anerkannte, daß am bestehenden Zeremoniell und den bisherigen Rechten nichts geändert würde, dauerte dieser Vorgang in Polen noch bis zur Wahl des von Katharina II. abhängigen Stanisław August Poniatowski zum König im Jahre 1764.

Zu diesem Zeitpunkt waren die Romanovs mit dem Tode Peters II. Anfang 1730 in der männlichen und mit dem Tode Elisabeths Ende 1761 in der reinen Linie bereits ausgestorben. Es gehört oft zum Schicksal großer Männer, daß sich ihre Nachfolge unbefriedigend oder gar chaotisch gestaltet. So war Ivan IV. mitverantwortlich für das Aussterben der Rjurikiden, und Peter I. hatte in einer merkwürdigen Parallelität dazu seinen ältesten Sohn ebenfalls gewaltsam ausgeschaltet. Die bitteren Erfahrungen mit Aleksej (gest. 26. Juni 1718) veranlaßten ihn, die Thronfolge, bisher eine gewohnheitsmäßige Primogenitur in der männlichen Linie, am 5. Febr. 1722 neu zu regeln. Dies geschah im «Statut über die Nachfolge auf den Thron» auf der Grundlage eines von Feofan Prokopovič verfaßten Traktats mit dem Titel «Das Recht des monarchischen Willens» (deutsch 1724), der im Stile des Frühabsolutismus naturrechtliche und theologische Argumente enthält. Unter Bezugnahme auf das Einerbfolgegesetz von 1714, das einem Familienvater das Recht bzw. die Pflicht zusprach, einen (beliebigen) seiner Söhne zum Alleinerben des Gutes einzusetzen, wurde nun auch dem Monarchen das Recht gegeben, den Thron einem Kandidaten seiner Wahl zu vererben. Vielleicht wollte Peter damit vor allem Ansprüche seines Enkels Petr Alekseevič ausschließen. Eine praktische Regelung hat der Kaiser, dessen letzter Sohn (Petr) 1719 gestorben war, aber nicht mehr getroffen.

Als Peter der Große 1725 starb, lagen nur indirekte Hinweise auf seine Frau Katharina als Nachfolgerin vor: Er hatte sie – zum erstenmal in der russischen Geschichte – 1724 zur Kaiserin krönen lassen und sie Prokopovič gegenüber als Thronerbin bezeichnet. Ein Thronfolgerecht war mit der Krönung jedenfalls nicht verbunden gewesen, und so wurde Katharina I., die einst als litauische Bauernmagd begonnen hatte, eher auf Grund der Überlegungen und Machenschaften der damals Mächtigen Kaiserin. Auf das neue Recht, einen Nachfolger zu bestimmen, hatte sie von vornherein zugunsten des Sohnes Aleksejs verzichten müssen, wenn sie auch der Form halber ein Testament schrieb, in dem sie dem Enkel Peters des Großen die Herrschaft übergab: So kamen mit Peter II. die Romanovs an die Regierung zurück.

Die Nachfolger Peters des Großen bis zum Regierungsantritt Katharinas II. galten in der früheren propetrinischen und prokatharinäischen Geschichtsschreibung in der Regel als schwach. Die Autoren dieses Bandes haben sich bemüht, ihnen größere Gerechtigkeit widerfahren zu lassen. Das gilt insbesondere für die beiden Frauen, die nach der kurzen «Regierungs»zeit des minderjährigen Peters II. durch die Garde auf den Thron gehoben wurden: Anna, die 1710 als erste Angehörige des Zarenhauses mit dem Herzog von Kurland einen Ausländer geheiratet hatte, als Tochter von Peters Halbbruder Ivan V. und Elisabeth als seine eigene

Tochter. Die Thronbesteigung Elisabeths verhinderte 1741 zunächst noch einmal den Übergang auf ein vorwiegend westeuropäisches Herrscherhaus, denn der kleine Ivan VI. war als Urenkel Ivans V. mehr mit Mecklenburg-Schwerin und Braunschweig-Lüneburg verwandt als mit der russischen Dynastie. Zwanzig Jahre später gab es dann endgültig keine reinblütigen Romanovs mehr.

Elisabeths Wahl bei der Suche eines Nachfolgers fiel auf ihren Neffen, den Herzog Karl Peter Ulrich von Holstein-Gottorp und Sohn ihrer früh verstorbenen Schwester Anna, die Peter der Große noch kurz vor seinem Tod mit der Perspektive eines russisch-schwedischen Bündnisses nach Schleswig-Holstein verheiratet hatte. Denn die Herzöge waren auch Erben des schwedischen Throns und so auch Karl Peter als Enkel Karls XII. Doch die Schweden wurden von Elisabeth im Vertrag von Åbo 1743 gezwungen, auf ihn zu verzichten. Als Peter III. Ende 1761 für ein halbes Jahr den russischen Thron bestieg, begann mit ihm die Herrschaft des Hauses Romanov-Holstein-Gottorp. Um die männliche Linie dieser Dynastie zu sichern, erließ sein Sohn Paul I. – nicht zuletzt auf Grund der schlechten Erfahrungen, die er mit seiner Mutter Katharina II. gemacht hatte – anläßlich seiner Krönung am 5. April 1797 ein neues Thronfolgegesetz. Katharina hatte den ungeliebten Sohn des ungeliebten Mannes von den Regierungsgeschäften ferngehalten und war zuletzt nur durch einen Schlaganfall daran gehindert worden, ihn von der Nachfolge zugunsten ihrer Enkel auszuschließen. Nun löste das «Statut über die kaiserliche Familie», das sogenannte erste russische Grundgesetz, die Thronfolgeregelung Peters des Großen ab und legte die männliche Primogenitur (mit dem Titel «cesarevič» für den Thronfolger) fest. Für die übrigen Familienmitglieder wurden Apanagen verordnet. Aus der Staatskasse bekam der Hof zuletzt jährlich 46 Mio. Rubel.

Schon der Halbrusse Peter III. hatte mit Katharina II., ursprünglich Sophie Friederike Auguste von Anhalt-Zerbst, eine deutsche Frau geheiratet. Ihm taten es alle seine Nachfolger mit Ausnahme Alexanders III., der eine Dänin heiratete, gleich. Beteiligt waren die Häuser Hessen-Darmstadt und Württemberg (Paul I.), Baden-Baden (Alexander I.), Preußen (Nikolaus I.), noch einmal Hessen-Darmstadt (Alexander II.) und Hessen (Nikolaus II.). Auf diese Weise verringerte sich der Anteil russischen Blutes in der Dynastie so sehr, daß er beim letzten Kaiser nur noch ¹⁄₆₄ betrug. Diese Feststellung ist keine bloße mathematische Spielerei, sondern erlangte insofern Bedeutung, als den Russen während des Ersten Weltkrieges bewußt wurde, daß sie eigentlich von Deutschen – den Feinden – regiert wurden. In früheren Zeiten hatte sich die Verwandtschaft des russischen Kaisers mit den deutschen Fürstenhäusern sehr oft segensreich ausgewirkt: Alexander I. protestierte bei Napoleon gegen die Absetzung seiner süd- und westdeutschen Vettern, Nikolaus I. war den Hohenzollern besonders herzlich verbunden, und überhaupt ruhte die russisch-preußische bzw. russisch-deutsche Zusammenarbeit während des ganzen 19. Jahrhunderts zu einem guten Teil auf dieser Grundlage: Sie war gegen panslavistische Attacken immun und funktionierte zwischen den Monarchen sogar noch im Zeitalter der offiziellen russisch-französischen Kooperation, als Nikolaus II. und Wilhelm II. 1905 in Björkö versuchten, die alte Basis wiederzufinden. Im Ersten Weltkrieg aber trug gerade die fast deutsche Herkunft Nikolaus' II. und die ganz deutsche seiner Frau Alexandra (Alice von Hessen), die man als deutsche Agentin ansah, zur Diskreditierung der Dynastie und letztlich zu ihrem Untergang bei.

Dieser Untergang war um so bitterer, als das Land seit 1905 durchaus die Chance gehabt hatte, sich zu einer normalen parlamentarischen Monarchie zu entwickeln. Schon lange nicht mehr verfügten die letzten Kaiser über die autokratische Gewalt, mit der Ivan IV. einst die Reihe der Zaren begonnen hatte. Rußland war von der Autokratie über die Stadien des Absolutismus, des aufgeklärten Absolutismus und des Spätabsolutismus bereits zur konstitutionellen Monarchie gelangt.

Autokratie ist in der Sprache der Historiker ein spezifischer Begriff für die Herrschaftsformen in Byzanz und in Rußland. Das Wort «samoderžavie» ist zwar eine neuzeitliche Schöpfung und kommt in Rußland im Thronbesteigungsmanifest Annas vom 28. Febr. 1730 zum erstenmal vor, aber der Titel «Selbstherrscher» ist alt und wurde schon in der Antike großen militärischen Führern verliehen. In Byzanz diente der Begriff «autokrator» zunächst als Übersetzung des römischen «imperator», später als Titel der Kaiser, mit dem ausgedrückt werden sollte, daß die Macht unmittelbar von Gott kam. In Rußland wurde er vor den 90er Jahren des 15. Jahrhunderts nur gelegentlich gebraucht, so daß auch hier, wie bei dem Zarentitel, zu vermuten steht, die Oberhoheit der Chane habe erst «abgeschüttelt» werden müssen. Ebenso ist hier aber auch die griechische Tradition lebendig geblieben, denn in außenpolitischen Verträgen taucht der Titel erst nach der Errichtung des Moskauer Patriarchats im Jahre 1589 auf, im innerrussischen Gebrauch gar erst mit der Neuformulierung des offiziellen Titels 1654, als die Ukraine angegliedert wurde. Aber unabhängig von diesen Daten und Praktiken ist es möglich und üblich, das Regierungssystem schon vorher und noch hinterher als Autokratie zu bezeichnen.

Die russische Autokratie hat eine genuine und eine byzantinische Wurzel. Die erste geht auf die starke Stellung zurück, welche die Großfürsten nach dem Zerfall des Kiever Reiches seit der zweiten Hälfte des 12. Jahrhunderts im Nordosten (Vladimir-Suzdal') erwarben. Insbesondere die von Westeuropa verschiedene Sozialstruktur (fehlendes Bürgertum, kein Lehensadel) war entscheidend dafür, daß es hier nicht zur Ausbildung eines Feudalismus im Sinne einer Delegierung von Herrschaftsrechten und damit zu Regionalismus und (politischen) Ständen kam. Ohne eine Widerstandstheorie gab es nur schwache Auflehnungen gegen die auch mit Hilfe der Kirche immer mächtiger werdende Fürstengewalt, die sich obendrein am mongolisch-tatarischen Beispiel orientierte. Die byzantinische Wurzel äußerte sich einerseits in der Auffassung der Orthodoxen Kirche von der Obrigkeit, vor allem aber in der «translatio imperii» nach dem Untergang von Byzanz im Jahre 1453, also der Byzanz-Nachfolge. Für die Praxis war allerdings die Regierung Ivans IV. wichtiger. Er wollte mit der Opričnina die reine Autokratie verwirklichen und schuf sich dafür einen Staat im Staate, weil er die letzten Reste angeblicher teilfürstlicher Ansprüche auf den Moskauer Thron ausrotten wollte. Bei dieser Terrorherrschaft, die den Beinamen «der Schreckliche» rechtfertigt, dezimierte er auch den hohen Adel, das Bojarentum, während der niedere Adel (Dienstadel) sich damals und später als Stütze der Autokratie erwies.

Es muß freilich betont werden, daß die Opričnina der Auswuchs eines übersteigerten Caesarenwahns war. Auch ohne sie wäre Ivan IV. ein wesentlicher Förderer der Autokratie geworden, die er als erster Herrscher theoretisch rechtfertigte. Er hat den Staatsapparat gefestigt, den imperialen Anspruch gefördert und die Rechtsordnung reformiert. Die Rechtlosigkeit des Adels, auch in bezug auf Besitz und körperliche Unversehrtheit, ist ein wesentliches Kennzeichen dieses Systems, das dennoch nicht mit einer Despotie gleichzustellen ist: Der Selbstherrscher hatte das göttliche und weitgehend auch das historische Recht sowie die Erblegitimität, wonach der Nachfolger der Dynastie angehören mußte, zu beachten.

Die Autokratie unterscheidet sich also von westeuropäischen Herrschaftsformen vor allem durch die Abwesenheit der Stände und des ständischen Eigenrechts, die zu einer Übermacht der Obrigkeit geführt hat. Die geistige Abschottung gegen Humanismus, Renaissance und Rezeption des römischen Rechts ließ auch für ein Widerstandsrecht, das die Kirche nur im Einzelfall gestattete, keinen Raum. Wegen der langen Herrschaft der einen Dynastie gab es erst 1610 einen Versuch einer Wahlkapitulation, der sich aber, wie erwähnt, nur auf einen ausländischen Thronkandidaten bezog. Mit der Wahl des ersten Romanovs waren solche Bestrebungen wieder hinfällig, weil oberstes Ziel aller Beteiligten nach den Erschütterungen der Smuta die Wiederherstellung der Tradition und die Rückkehr zur «guten alten Zeit» war, also eine Restauration der Autokratie.

Zwar hatte die Smuta ein gewisses Erwachen der Gesellschaft und eine soziale Unruhe zur Folge, die das ganze 17. Jahrhundert über anhielt, aber das autokratische Regime blieb im Prinzip unangetastet. Anzeichen eines vorerst geringfügigen Wandels traten erst mit der Übernahme des westlichen Absolutismus seit den 80er Jahren auf. Diese Übernahme ist ein Teil der sogenannten Europäisierung, d. h. des Im-

ports westeuropäischer Ideen und Produkte. In diesem Zusammenhang
wollte bereits Fedor Alekseevič sein Land umfassend modernisieren,
und ein von Emporkömmlingen 1681 vorgelegtes Reformprojekt hätte
unter Umständen zu einer Mitsprache des hohen Adels führen können.
Das Unternehmen scheiterte freilich noch am Einspruch der Kirche.
Einen weiteren Versuch der Aristokratie gab es 1730 in Form einer Wahlkapitulation, die diesmal sogar der russischen Kandidatin Anna vorgelegt wurde. Der Plan zeigte, daß die russischen Adligen inzwischen
am Beispiel ihrer Nachbarn, insbesondere der polnischen Magnaten,
gelernt hatten; er schlug allerdings ebenfalls fehl, diesmal wegen des
massiven Widerspruchs der Generalität und des niederen Adels, der
sich immer noch als soziale Stütze des Herrschers bzw. der Herrscherin
erwies. Damit scheiterten die Oligarchie und vorerst auch der Versuch,
das Gesetz und nicht den Monarchen als Quelle der obersten Autorität
zu bestimmen.

Zwischen dem «Bojarenversuch» von 1681 und dem Projekt des Obersten Geheimen Rats von 1730 lag die Regierung Peters des Großen, dem
es, wenn auch nicht ohne Widersprüche, gelang, sein Land im Sinne
des Absolutismus zu modernisieren, ohne auf die überkommene Machtfülle zu verzichten. Die Sozialordnung konnte er (in bezug auf das fehlende Bürgertum) und wollte er (in bezug auf die Leibeigenschaft der
Bauern) nicht ändern, aber nicht einmal der Zwangsdienst des Adels
wurde aufgehoben. Das bedeutet, daß nur die äußere Hülle des westlichen Absolutismus (Merkantilismus, Hofleben, Legitimitätsbegrün-
dungen auf der Grundlage des Gemeinwohls, rechtliche Präzedenzfälle
usw.) der altrussischen Autokratie übergestülpt wurde. Als Herrschaftsform ohne Stände praktizierte die Selbstherrschaft in Rußland schon
lange, was die westlichen Monarchen jetzt erst versuchten. Man kann
deshalb von einem «autokratischen Absolutismus» – autokratischer
Kern und absolutistische Hülle – sprechen.

Die «Ständelosigkeit» erwies sich im 18. Jahrhundert jedoch zunehmend als Problem. Sosehr der Absolutismus überall in Europa während
der kurzen Phasen seiner reinen Form ohne Stände («legibus absolutus»)
auszukommen versucht hatte, so dringend benötigte er ihre Mitarbeit
bald wieder, und die alten Rechte ließen sich auf die Dauer ohnehin nicht
unterdrücken. In Rußland merkten spätestens Peter III. und Katharina II., die beide als «aufgeklärte» Monarchen das deutsche Modell vor
Augen hatten, daß es ohne ständische Strukturen nicht ging. Peter III.
befreite den Adel endlich vom Zwangsdienst, Katharina II. gab ihm endgültig Standesverwaltung und Eigentumsgarantie und bemühte sich sogar – freilich noch ohne Erfolg –, ein Bürgertum zu schaffen. Ständische
Strukturen lassen sich aber nur schwer von oben einrichten. Beim russischen Adel vollzog sich dieser Prozeß auf Grund der schon längeren
Vorgeschichte immerhin relativ erfolgreich. Für das Bürgertum griffen

Katharinas Initiativen erst in der Mitte des 19. Jahrhunderts, zumal erst dann langsam die industrielle Revolution nachgeholt wurde. Die moderne Neuzeitgesellschaft entstand also in Rußland erst nach der Aufhebung der Leibeigenschaft durch Alexander II. im Jahre 1861. Auf Grund dieser Verspätungen blieb das Übergewicht der Obrigkeit erhalten. Katharina hatte die Autokratie noch mit der Größe des Landes gerechtfertigt, Nikolaus I. vertrat sie noch einmal besonders rigoros, obwohl die Sachzwänge der Verwaltung und die Kompetenz der Bürokratie ein persönliches Regime mehr und mehr erschwerten. Zu einer Revolution ist es unter diesen Umständen im 19. Jahrhundert jedoch nicht gekommen, wenn auch adlige Gardeoffiziere, die Dekabristen, 1825 den Versuch machten, eine konstitutionelle Monarchie oder gar Republik einzuführen. Weitere revolutionäre Unternehmungen wurden ein halbes Jahrhundert später durch die Großen Reformen aufgefangen, die ja neben der Bauernbefreiung noch viele weitere Erleichterungen und Fortschritte brachten. Damit im Zusammenhang steht auch die erste formale Beschränkung des Autokraten, nämlich die Einführung der Unabsetzbarkeit der Richter durch die Justizreform vom 20. Nov. 1864. Es ist gerechtfertigt, von diesem Zeitpunkt an von «Spätabsolutismus» zu sprechen, um den Anachronismus der Regierungsform zu kennzeichnen.

Die Frage, wieweit das Russische Reich des 19. Jahrhunderts auf dem Weg zum Rechtsstaat war, ist in der Forschung heftig umstritten. Es gibt in der Gesetzgebung viele Anzeichen und Beweise dafür, daß in dem zähen Prozeß der Machtumverteilung von oben nach unten gesellschaftliche Institutionen, z. B. die Adelsmarschälle oder die «zemstva» (Selbstverwaltungsorgane der Provinz), ganz langsam Boden gewannen, obwohl andererseits natürlich die Regierung die Unabhängigkeit der Gerichte faktisch durch Sonder- oder Militärgerichtsbarkeit unterlaufen konnte und obwohl noch Nikolaus II. am 17. Jan. 1896 bezüglich einer Mitsprache der Gesellschaft von «sinnlosen Träumen» sprach.

Rußlands Problem bestand nicht darin, daß keine Reformen stattgefunden hätten, sondern darin, daß alle Reformen, vor allem die Bauernbefreiung, nur Halbheiten geblieben waren, weil die Kaiser auf ihre Macht nicht verzichten wollten. So mußte es schließlich zum Eklat kommen, der sich in drei Revolutionen äußerte.

Die erste Revolution fand 1905 statt und markiert formalrechtlich das Ende des Absolutismus. Die «sinnlosen Träume» wurden jetzt dank der Initiative des ehemaligen Finanzministers, Unterhändlers im Frieden von Portsmouth mit Japan und nun ersten Ministerpräsidenten Sergej Witte doch verwirklicht. Er trotzte Nikolaus II. am 17. Okt. 1905 das Oktober-Manifest ab, dessen wichtigste Bestimmungen die Einrichtung eines Parlaments (Duma) und die Gewährung der bürgerlichen Freiheiten betrafen. Zwar kam das Wort Verfassung nicht vor, und eine Ver-

fassunggebende Versammlung war auch nicht vorgesehen, zwar blieb
manches im unklaren, aber es kann keinen Zweifel geben, daß eine
faktische Machtminderung des Kaisers vorgesehen wurde, die dann im
nächsten Jahr mit der «Grundgesetze» genannten Verfassung vom
23. April verwirklicht wurde. Gegenüber dem Oktober-Manifest war allerdings nach Abflauen der revolutionären Erhebungen ein konservativer Grundzug vorherrschend – z. B. wurde das relativ großzügige Wahlrecht mit einer zweiten Kammer konterkariert –, aber dennoch begann
das Zeitalter der parlamentarischen Monarchie. Das Wort «Autokrat»
wurde pietätvoll, aber sinnentleert beibehalten, zum erstenmal fehlte
dabei das Adjektiv «unbeschränkt». Alle Entscheidungen des Kaisers
bedurften der Gegenzeichnung durch den Ministerpräsidenten. Ungeachtet dessen verblieben ihm noch viele Vollmachten und griffen die
Regierungen vor allem zu außerordentlichen Maßnahmen. Es besteht
immer noch eine heftige Kontroverse, ob das Wort vom «Scheinkonsti-
tutionalismus», das Max Weber damals prägte, gerechtfertigt ist. Dabei
wird oft vergessen, daß die Staatsduma allein durch ihre bloße Existenz,
auch in den Jahren der Reaktion seit 1907, das politische Klima des
Landes veränderte.

Dies zeigte sich besonders im Ersten Weltkrieg, als mit der Verschlechterung der Lage ein Linksruck eintrat, der sogar Rechtsliberale in die
Opposition brachte. Schließlich ging in der Februar-Revolution von 1917
die politische Initiative gerade von der Duma aus, deren Emissäre den
Kaiser am 2. März in Pskov zur Abdankung zwangen. An ein Ende der
Monarchie dachte Nikolaus dabei nicht: Da der Thronfolger an Hämo-
philie litt, dankte er zugunsten seines Bruders, des Großfürsten Michael, ab. Dieser weigerte sich am nächsten Tag, die Verantwortung zu
übernehmen, und überließ die Entscheidung über die Regierungsform
der neugebildeten Provisorischen Regierung, deren Ministerpräsidenten L'vov noch Nikolaus ernannt hatte, bzw. einer zukünftigen Verfas-
sunggebenden Versammlung. Die Provisorische Regierung erklärte nach
langem Zögern am 1. Sept. 1917 Rußland zur Republik.

Damit endete die Geschichte des Hauses Romanov bzw. Romanov-
Holstein-Gottorp als regierender Dynastie. Wenig später mußten auch die
Hohenzollern in Deutschland, die Habsburger in Österreich-Ungarn und
die deutschen Fürsten ihre Throne räumen. Ihre Zeit ging überall zu Ende,
aber in Rußland endete sie blutig. Der letzte russische Kaiser und seine
Familie wurden mitten im Bürgerkrieg in der Nacht vom 16. zum 17. Juli
(N. S.) 1918 in Ekaterinburg, wohin sie nach Verhaftung, Hausarrest und
Verhören in Carskoe Selo, Sicherheitsverwahrung in Tobol'sk durch die
Provisorische Regierung (seit August 1917) und bolschewistischer Bewa-
chung (seit Ende 1917) Ende April gebracht worden waren, auf Befehl des
Arbeiter-, Bauern- und Soldatenrates des Uralgebiets und höchstwahr-
scheinlich sogar Lenins selbst, auf jeden Fall mit der nachträglichen

Billigung des Zentralen Exekutivkomitees der Kommunistischen Partei ermordet. Das Angebot eines Exils in England war von George V. bald wieder zurückgezogen worden. Die sterblichen Überreste wurden erst 1979 wiedergefunden. Michael war schon am 13. Juni in Perm' erschossen worden. Ansprüche auf den Thron erhob danach im Exil ein Cousin Nikolaus' II., der 1924 als Kyrill I. (1876–1938) den Kaisertitel annahm.

Eine ernst zu nehmende Bewegung zur Wiederherstellung der Monarchie gibt es heute in Rußland nicht. Eine Integrationskraft würde ihr auch nicht innewohnen, zumal die Kaiser eine solche schon seit dem Beginn des 18. Jahrhunderts nicht mehr besessen hatten. Damals hatten die Maßnahmen Peters I. eine tiefe Kluft in der Gesellschaft aufgerissen: Ein Teil der Oberschicht ließ sich von ihm zur westlichen Lebensweise bekehren, der Rest und die große Masse des Volkes sahen in ihm eher den Antichrist. Auch danach schieden sich an Peter und der «Europäisierung» die Geister, obwohl es seiner Tochter Elisabeth bis zu einem gewissen Grade gelang, die Bevölkerung mit den Reformen zu versöhnen. Doch in der ersten Hälfte des 19. Jahrhunderts vertiefte sich die Kontroverse, die übrigens auch in der Historiographie ausgetragen wurde, wieder durch die Auseinandersetzung zwischen den sogenannten Slavophilen und den «Westlern». Während die letzteren ihrem Namen entsprechend Peters Maßnahmen und damit auch den Kurs der zeitgenössischen Regierungen ursprünglich guthießen, schufen die Slavophilen, die eigentlich Russophile waren, die erste eigenständige russische Staatsideologie, zu deren Grundlagen die Verdammung Peters des Großen, die romantische Verklärung der religiösen, kulturellen und sozialen Traditionen der vorpetrinischen Periode und der Mythos vom organischen Bündnis zwischen dem Zaren und dem Volk gehörte. Insofern standen sie, obwohl konservativ, zu den Regierungen des 19. Jahrhunderts in Opposition. Da sich aber die Westler in der zweiten Jahrhunderthälfte radikalisierten, weil ihnen die Reformen nicht weit genug gingen, und zum großen Teil sozialistischen Ideen anhingen, waren sie der Regierung natürlich ebenfalls nicht genehm. Insofern konnten die Zaren, wie gesagt, keineswegs eine integrative Rolle spielen: Nikolaus I. galt als Hort der Reaktion, Alexander II. wurde zunehmend antiliberal und mußte dafür mit dem Leben bezahlen, die Regierung Alexanders III. führt sogar die historiographische Bezeichnung «Zeitalter der Reaktion», und das gleiche gilt für die erste Hälfte der Regierung Nikolaus' II. Ohne Zweifel ließ sich die «Intelligencija» zwischen 1825 und 1905 nicht und zwischen 1907 und 1917 nur bedingt in das System integrieren.

Diese Bemerkungen sollen keineswegs die Leistungen der Zaren beim Ausbau des Moskauer und des Petersburger Reiches und bei der Sicherung der Großmachtstellung Rußlands schmälern. Dazu findet der Leser auf den folgenden Seiten hoffentlich die gesuchten Informationen.

Frank Kämpfer

IVAN (IV.) DER SCHRECKLICHE
1533–1584

*Ivan IV., geb. 25. 8. 1530 in Kolomenskoe bei Moskau; Großfürst 4. 12. 1533,
Zarenkrönung 16. 1. 1547; gest. 18. 3. 1584 in Aleksandrova Sloboda (heute
Aleksandrovsk), bestattet als Mönch Iona im Kreml. Vater Großfürst Vasilij III.
Ivanovič (1479/1505–3. 12. 1533), Mutter Elena Glinskaja (Regentin 1533–1538,
gest. 4. 4. 1538). 1. Heirat 3. 2. 1547 mit Anastasija Romanova (ca. 1530/32–7. 8.
1560); Kinder Anna (10. 8. 1549–20. 7. 1550), Marija (17. 3. 1551–1551),
Dmitrij (Okt. 1552–6. 6. 1553), Ivan (28. 3. 1554–19. 11. 1581), Evdokija
(28. 2. 1556–Juni 1558), Fedor (31. 5. 1557–6. 1. 1598, Zar 1584–1598). 2.
Heirat 21. 8. 1561 mit Kučenej Temrjukovna aus der Kabardei, russ. Marija
Čerkasskaja (gest. 6. 9. 1569). 3. Heirat 28. 10. 1571 mit Marfa Sobakina (gest.
13. 11. 1571). 4. Heirat 28. 4. 1572 mit Anna-Marija Koltovskaja (Sept. 1572 als
Nonne Darija in ein Kloster verbannt, gest. Aug. 1626). 5. Heirat 1575 mit Anna
Vasil'čikova (gest. 1576). 6. Heirat 1579 mit Vasilisa Melent'eva (gest. 1580).
7. Heirat 6. 9. 1580 mit Marija Nagaja (seit 1592 Nonne Marfa, gest. 1612);
Sohn Dmitrij (19. 10. 1582–15. 5. 1591).*

Zar Ivan «der Schreckliche» ist zum Inbegriff des altrussischen Reiches,
«Moskowiens», geworden, so wie der Imperator bzw. Kaiser Peter I.
«der Große» die Verkörperung des anderen, europäisierten, St. Petersburger Rußlands bildet. Doch während Peter I. sich zu Lebzeiten den
Ehrentitel durch seine Höflinge hatte verleihen lassen (s. Kapitel «Peter
der Große»), wurde die «Schrecklichkeit» in Rußland selbst erst von der
Nachwelt an den Namen Ivans IV. geheftet. Im westlichen Ausland ist
Ivan IV. von den Zeitgenossen als «Tyrann» bezeichnet worden, doch
diesen Ausdruck hatte der Wiener Gesandte Siegmund von Herberstein
auch schon für die dem westlichen Beobachter streng erscheinende
Herrschaft von Ivans Vater Vasilij III. (1505–1533) benutzt.
   Was man im Rußland des 19. Jahrhunderts einem neugierigen Ausländer über Ivan IV. erzählte, spiegelt sich unter anderem in Alexandre
Dumas' d. Ä. ‹Reise durch Rußland› wider: wirre, wüste, verwunderli-
che Geschichten. Im 20. Jahrhundert ist die «Schrecklichkeit» Ivans IV.
von interessierter Seite zur Erklärung des Terrors unter Josef Stalin ak-
tualisiert worden. Doch zwischen dem kalten Morden bei Stalin und
dem strafenden, «Furcht und Gehorsam» verbreitenden Zuschlagen des
Zaren gibt es wenig Gemeinsames. Ein zunehmend krankhaftes Mißtrauen sowohl der engeren Gefolgschaft als auch dem beherrschten Volk
gegenüber wird man allerdings als verbindendes Glied sehen dürfen.

Dank umfangreicher russischer Quellenbestände, dank der Berichte westlicher Beobachter und vor allem dank seiner eigenen Schriftwerke bietet sich für Zar Ivan IV. als erstem russischen Herrscher die Möglichkeit, jenseits des von Konvention und Zeremoniell verborgenen Amtsträgers auch die Persönlichkeit in ihrer Widersprüchlichkeit zu erkennen. Seine theologische Belesenheit hat Ivan IV. im religiösen Diskurs mit dem Jesuiten Antonio Possevino, dem Prediger der Mährischen Brüder Jan Rokyta und auch den Lutheranern wie Anglikanern seiner Umgebung unter Beweis gestellt. Darüber hinaus hat er auch – unter dem ironischen Pseudonym «Narr Parthenios» (Parfenij jurodivyj) – liturgische Hymnen zu Ehren des Erzengels Michael gedichtet und vielleicht sogar in Musik umgesetzt. In seinen politischen Äußerungen, vor allem in den sprachgewaltigen Briefen des Zaren, bricht durch die Fassade traditioneller Schriftkultur immer wieder eine alle Regeln mißachtende Aggressivität, ein Jähzorn, der wohl Teil seiner Persönlichkeit gewesen ist. Sogar der englischen Königin Elizabeth I. gegenüber wird er grob, nennt die Jungfräuliche ein «sitzengebliebenes Mädchen». Die höhnischen Auslassungen an den schwedischen König Johan XIV. sind im internationalen Briefwechsel unter Monarchen ohne Parallele. Ein konservativ gebildeter, überaus sensibler Geist und eine zwischen Angst und Wut schwankende Seele in einem von Schmerzen geplagten Körper – das wäre eine zwar klischeehafte, aber Ivans IV. Wesen wohl nahekommende vorweg zu äußernde Charakteristik.

Ivan IV. Vasil'evič wurde in der Nacht vom 28. auf den 29. August 1530 geboren, ein lange ersehnter Stammhalter für den bereits mehr als fünfzigjährigen Großfürsten Vasilij III., der um eines Thronfolgers willen seine erste Gattin ins Kloster gezwungen und Elena Glinskaja, eine junge Frau aus der westrussischen Aristokratie genommen hatte. Doch zwischen der Heirat 1526 und der Geburt des Thronfolgers hatten noch vier lange Jahre voller Gelübde, Pilgerfahrten und Stiftungen und wohl auch weniger frommer Beschwörungen gelegen. Zu Ehren der Geburt – oder als Erfüllung eines Gelübdes – ließ der glückliche Vater von einem italienischen Architekten eine ganz besondere Kirche erbauen, die Himmelfahrtskirche in der Sommerresidenz Kolomenskoe, die wie ein Pylon am Steilufer der Moskva 65 Meter hoch aufragt – sie ist wohl das am ehesten neuzeitliche Zeichen, das die Geburt Ivans IV. begleitete. Im übrigen wurde das Neugeborene von mittelalterlicher Magie umgeben: Vasilij III. brachte Ivan zur Taufe in das Troice-Sergiev-Kloster, steinalte Asketen hoben ihn aus dem Taufbecken, der Vater selbst legte ihn in den Sarg auf die Gebeine des hl. Sergij von Radonež ... Der Kleine wurde in den Augen des Vaters noch kostbarer, seit offenkundig wurde, daß sein 1532 geborener Bruder Georgij schwachsinnig war.

Als Großfürst Vasilij III. bald darauf, am 4. Dezember 1533, verstarb, hinterließ er ein gefestigtes und mächtiges Reich, doch mit einem fol-

Ivan (IV.) der Schreckliche

genschweren Schwachpunkt: Die Herrschaft ging nominell auf ein Kleinkind über und bis zum Herrschaftsantritt Ivans IV. 1547 wurde die Zentralmacht zum Spielball streitender Parteien. Die Witwe verfügte zwar nicht über eine Hausmacht, erwies sich jedoch als erstaunlich tatkräftig: Sie entmachtete den an Vasilijs III. Totenbett eingesetzten Regentschaftsrat, bevor er sich etablieren konnte, und organisierte mit Hilfe ihres Favoriten die Einkerkerung der beiden Brüder Vasilijs III., d. h. sie setzte gewaltsam die Primogenitur gegen das traditionell immer noch konkurrierende Recht des Seniorats durch, wonach der Älteste der Sippe nachfolgte. Doch konnte sie sich inmitten der blutigen Rivalität mächtiger Fürsten-Clans nur einige Jahre behaupten. Zwar hatte sie die Brüder Vasilijs III. auch noch umbringen lassen, doch ein Vierteljahr nach dem Tod des jüngeren starb die Regentin selbst – im Ausland munkelte man von einem Giftmord.

Man wird vermuten dürfen, daß der im achten Lebensjahr verwaiste Großfürst gut bewacht im Kreml aufgewachsen ist, denn an seiner Person hing die Legitimität der in seinem Namen handelnden Parteien. Nach dem Tode der Mutter hat man den Heranwachsenden sicherlich auf traditionelle Weise, von Repräsentationspflichten abgesehen, aufwachsen lassen und ihn, wie von Fürst Kurbskij berichtet wird, den wilden Vergnügungen seiner aristokratischen Altersgenossen überlassen. Zar Ivan IV. selbst hat seine Kindheit in der Rückschau sehr schwarz gemalt, ohne daß er von einem schrecklichen Schlüsselerlebnis von jener Art zu berichten wußte, wie es den zehnjährigen Peter I. (s. Kapitel «Ivan V. und die Regentin Sof'ja») geprägt hat. Dennoch könnte der Widerspruch von vorgespielter Allmacht und tatsächlicher Ohnmacht, von fußfälliger Untertänigkeit einerseits, grober Mißachtung andererseits in dem sensiblen Knaben nicht nur Mißtrauen gegen den Hof, sondern auch ein gespaltenes Verhältnis zum Kreml selbst haben wachsen lassen – nach dem großen Auszug aus dem Kreml 1564 hat er diesen Ort gemieden.

Das erste politische Signal von seiten Ivans IV. gilt als so charakteristisch für seine sich früh äußernde Grausamkeit, daß es in fast allen Büchern über ihn zu lesen ist: 1543 beendete Ivan IV. die Herrschaft des mächtigsten ostrussischen Rjurikiden-Clans, der Fürsten von Šuja, indem er dessen Führer den Hundeführern übergeben ließ, die ihn totschlugen. An dieser Stelle liest man meist, Ivan IV. habe ihn von Hunden zerfleischen lassen – davon ist in den Quellen keine Rede. Immerhin – Fürst Andrej Šujskij – der unter der Regentschaft der Mutter Ivans IV. lange Jahre im Kerker verbracht hatte – ist der erste in der langen Reihe jener Magnaten, die Ivan IV. hat umbringen lassen, ohne ihnen geistlichen Beistand, vor allem die Beichte zu gewähren. Offen bleibt allerdings, ob die Initiative für die entehrende Todesart dem Dreizehnjährigen nicht doch untergeschoben worden ist – etwa vom konkurrierenden Fürsten-Clan der Glinskijs, seinen Onkeln mütterlicher-seits. Die Hinrichtung des Fürsten und die Verbannung weiterer An-gehöriger des Rjurikiden-Geschlechts löste, wie die Chronik bemerkt, einen Schock aus: «Von da an begannen die Bojaren, sich vor dem Herrscher zu fürchten, Furcht zu haben und Gehorsam.» Dieser Aus-druck kennzeichnet das Wesen des Beinamens «der Schreckliche» (Groznyj) – er bezeichnet «Furcht und Gehorsam» der Magnaten, also das alte Ideal mächtiger Monarchie, nicht nur in den Augen der Russen eine entscheidende Bedingung für Frieden und Recht im Reich. Wenn auch von Zar Ivan IV. vieles zu berichten sein wird, was seinen Bei-namen berechtigt erscheinen läßt, ändert das doch nichts am Befund, daß der Beiname primär nicht den umgangssprachlichen Sinn von «schrecklich», sondern die politische Strenge gemeint hat.

Das Jahr 1547 brachte für Ivan IV. die Zarenkrönung und die Heirat mit Anastasija Romanova. Die Braut wurde ihm aus einem prominenten Moskauer Bojarengeschlecht zugeführt, nicht aus einer der von Rjurik abstammenden Fürstenfamilien. Vermutlich galt sie als Kompromißkan-didatin angesichts der eifersüchtig überwachten Balance unter den mächtigen Fürstenfamilien. 1612/1613 diente nach dem Aussterben der Moskauer Rjurikiden-Linie (1598) bei den Verhandlungen vor der Zaren-wahl Anastasija als legitimistischer Anknüpfungspunkt für die Dynastie Romanov (s. Kapitel «Michail Fedorovič»). Noch vor der Heirat vollzog Metropolit Makarij am 16. Januar 1547 die Krönung Ivans IV. zum «Za-ren der ganzen Rus'», ohne zuvor die Zustimmung der orthodoxen Patriarchen eingeholt zu haben. Daß ein Metropolit hierzu keinerlei Le-gitimation hatte, wußte Makarij sehr wohl, doch vermutete er mit Recht, daß das faktische Gewicht des Moskauer Reiches in der orthodoxen Christenheit eine solche Usurpation des Titels erlaubte. Der Zarentitel war zwar schon seit Jahrhunderten in der kirchlichen Rhetorik verwen-det worden, doch im politischen Bereich waren, von gelegentlichen Ausnahmen seit dem Ende des 15. Jahrhunderts abgesehen, «Groß-fürst» und «Herrscher» (‹Gosudar'›), im Gebrauch des Auslandes «Ma-gnus Dux», also «Großherzog», die Bezeichnungen für den Herrscher in Moskau geblieben. In dem ersten europäischen Rußland-Handbuch, Siegmund von Herbersteins «Rerum moscoviticarum Commentarii» (Wien 1549), finden sich apologetische Reflexionen zu der von Polen aus wachsam verfolgten Problematik des russischen Zarentitels.

Der innenpolitische Sinn des neuen Titels kam in der Krönungsord-nung zum Ausdruck. Sie wurde nach modifiziertem byzantinischem Ritus vollzogen, doch die dabei verwendeten Insignien stammten aus dem Familienschatz: Die pelzverbrämte «Monomach»-Kappe, eine orientalische Arbeit, wurde als Krone verwendet; man ergänzte sie durch ein «Barmen» genanntes Schultergeschmeide byzantinischen Typs und ein Brustkreuz mit Kreuzpartikel. Szepter und Reichsapfel

sind erst aus späteren Jahren belegt. Unzweifelhaft war es Metropolit
Makarij, der väterliche Mentor Ivans IV., der dem Heranwachsenden
den Wunsch nach der Kaiserkrönung eingeflößt hat – nur der Klerus
verfügte über das entsprechende Wissen, nur die Reichskirche kann als
Nutznießer des Aktes benannt werden. Faktisch bedeutete die Krönung
eine Unterstellung Ivans IV. unter die Tutela der Geistlichkeit, denn nun
wurde es möglich, die überkommene Herrschertitulatur mit dem durch
sie ausgedrückten politischen Pragmatismus einer religiösen Maxime
unterzuordnen. Die Herrschaft stand nun unter dem Anspruch «ökumenischen Kaisertums», einer seit dem Fall des byzantinischen Kaisertums 1453 von der Orthodoxen Kirche weiter gehüteten heilsgeschicht-
lichen Konzeption, die in Rußland schon um 1500 in der Lehre vom
«Dritten Rom» formuliert vorlag. Der «fromme Basileus und Autokrator
der Rhomäer» hatte nach fast einem Jahrhundert in Moskau «dem Dritten Rom» einen Nachfolger erhalten, allerdings nicht im Sinne der von
Westeuropa aus lancierten Idee eines «byzantinischen Erbes». Ebensowenig wie sein Vater Vasilij III., der als Sohn der Prinzessin Zoë-Sophia
Palaiologina dem byzantinischen Kaiserhaus entstammte, hat Ivan IV. je
auf diesen genealogischen Rang hingewiesen.

Die ersten Monate des Jahres 1547 waren in Moskau eine Zeit politischer und religiöser Feiern, das Land aber litt unter den Folgen einer
Mißernte. In der Hauptstadt vernichteten zwei Brände im April einen
beträchtlichen Teil der Handels- und Gewerbeviertel. Weitere Zeichen
göttlichen Zorns wie das Herunterstürzen einer großen Glocke und die
Prophezeiungen eines Narren in Christo (jurodivyj) schienen nur Vor-
spiel gewesen zu sein für die Brandkatastrophe vom 21. Juni, die Moskau einäscherte. Ungezählte Menschenleben waren zu beklagen, Metropolit Makarij selbst erlitt bei der Flucht aus dem brennenden Kreml
schwere Verletzungen. Die Suche nach den Sündenböcken richtete sich
gegen die zarische Verwandtschaft mütterlicherseits, die immer noch als
fremdländisch galt: Der Großmutter Ivans wurde vorgeworfen, die
Stadt durch Hexerei in Brand gesetzt zu haben, einer seiner Onkel
wurde in der Kathedralkirche des Kremls erschlagen. Ein Volkshaufen
zog sogar vor die Sommerresidenz, um vom Zaren die Herausgabe seiner Verwandtschaft zu erzwingen, wurde allerdings mit Waffengewalt
zerstreut. Vielleicht ist dem jungen Zaren in dieser Konfrontation bewußt geworden, welche Gefahr in der Unberechenbarkeit erregter
Volksmassen lag, die sogar den «gottgekrönten Zaren» bedrängte.

Der Herrschaftsantritt leitete für Ivan IV. den Aufbruch in eine weitgespannte Reformtätigkeit ein. Noch im Jahr 1547 nahm er an der ersten
Synode zur Vereinheitlichung des russischen Heiligenkalenders teil, gegen Jahresende begleitete er den Winterfeldzug gegen die Kazan'-Tata-
ren, wohl schon unter der Maxime des «Kreuzzugskaisers». Für die
Gruppe teils jüngerer Männer, die sich nach dem Schock der Feuers-

brunst und des Volksaufruhrs um den jungen Zaren geschart hatten, ergab sich später die Begriffsprägung «Auserwählter Rat». In diesem Kreis von Beratern spielten der Protopope Sil'vestr, Ivans inoffizieller Beichtvater und sicherlich verlängerter Arm des im Hintergrund leitenden Metropoliten, und der Diplomatensohn Aleksej Adašev die entscheidenden Rollen. Der mit Ivan IV. etwa gleichaltrige Fürst Andrej Kurbskij, wie wohl auch weitere Mitglieder des Hochadels, gehörten zum Kreis derer, die für die Genesung des Reiches ihr Bestes zu geben bereit waren. Erklärtes Ziel der Reformer war die Beseitigung aktueller Mißstände, die während der Minderjährigkeit Ivans um sich gegriffen hatten, also die Rückkehr der Gesellschaft zur «guten alten Zeit». Doch dieses Motto ist in der Geschichte häufiger zur Camouflage von Modernisierung gebraucht worden, vor allem wenn, wie in Rußland um die Mitte des 16. Jahrhunderts, Rationalisierung im Innern der Expansion nach außen dienen sollte.

Die russische Kirche hatte 1547 den orthodoxen Zaren unter den Anspruch hoher religiös-moralischer Normen gestellt. Über den Protopopen Sil'vestr, so erfährt man – nicht nur aus Ivans eigenen Schriften –, sind ihm solche Forderungen bis an die Grenzen geistiger Gewaltanwendung vorgetragen worden. Von derlei Erziehung geprägt, hat Ivan IV. reformerische Tatkraft entfaltet, die den folgenden Jahren ihren Stempel aufdrückte.

Eine wichtige Reform mit dem Ziel kirchlicher Zentralisierung war die Schaffung eines einheitlichen Heiligenkalenders und die Kanonisierung russischer Nationalheiliger 1547 und 1549; 1550 wurde eine Neubearbeitung des Gesetzbuches (Sudebnik) von 1497, das den Anforderungen der zentralisierten Monarchie nicht mehr entsprechen konnte, abgeschlossen. Parallel dazu lief eine weitgespannte Verwaltungsreform, die bei der dörflichen Selbstverwaltung begann und bis zur Einsetzung von Statthaltern reichte. Dabei sind auch strukturelle Neuerungen zu erkennen wie die Einführung der Beamtenbesoldung aus dem Schatzamt, die an die Stelle des «Durchfütterns» (kormlenie) auf Kosten der Amtsbezirke trat. Neben der Rationalisierung der Verwaltung lief die Modernisierung des Militärs, vor allem die Einrichtung von stehenden Schützenregimentern (Strelitzen). Doch die Aktivitäten umfaßten ein weiteres Feld, sie gingen bis zur Reform von Maß und Gewicht, der Einrichtung von Zentralämtern (prikazy) für Außenbeziehungen, für Strafverfolgung, für das Gefängnis-, das Petitionswesen usw. Auch die ersten anonymen Buchdrucke sind in diese Jahre zu datieren.

Der Zar stützte die Reformvorhaben durch eine bedeutende innenpolitische Neuerung, nämlich durch die Einführung von Reichsversammlungen (sobory), (die im Vergleich zu den deutschen oder auch den polnischen Reichstagen allerdings nur symbolische Zusammenkünfte waren). Ergänzend zur Jahresversammlung der Bischöfe scheinen seit 1549 gemeinsame Beratungen von Hierarchie und Adel stattgefunden zu haben, die Abhaltung einer Versammlung mit Vertretern aus verschiedenen Landesteilen ist erstmals für 1566 ausreichend dokumentiert.

Zu einer grundsätzlichen Beratung von Zar, Hierarchie und Adel über den religiös-moralischen Zustand der Gesellschaft kam es 1551 in der «Hundertkapitel-Synode». Ihr Name bezieht sich auf die hundert Fragen umfassende Tagesordnung, die unter persönlicher Leitung des Zaren erarbeitet worden war. Ivan IV. eröffnete – wie es das Ehrenrecht schon der byzantinischen Kaiser gewesen war – das Konzil mit einer prinzipiellen Ansprache, legte den Fragenkatalog vor und nahm an den Beratungen teil. Einleitend rief Ivan IV. den Episkopat auf, die orthodoxe Gesellschaft unter das Regiment der heiligen Schriften zu stellen, «zur Berichtigung der Wohlgesetzlichkeit der Kirche und der rechten zarischen Gesetzgebung und aller Landesordnung». Die vorbereitenden Beratungen hatten deutliche Abweichungen vom selbstentworfenen Bild des ‹Dritten Roms›, des ‹Heiligen Rußlands› ergeben, so daß den jungen Zaren die Verzweiflung gepackt zu haben scheint, wenn er die gesellschaftliche Realität oder ihren Reflex in den Schriften der Kritiker betrachtete. Die von Ivan IV. und seinen Beratern formulierten Fragen sind ihrem Inhalt nach Vorwürfe an den Klerus und Selbstvorwürfe des Herrschers. Gemeinsam mit den Antworten der Bischöfe bilden sie eine selbstkritische Bestandsaufnahme aus konservativer Sicht. Die Verwahrlosung der Gemeinden und Klöster, vom Verfall der Kirchengebäude über Unbildung und Trunksucht bis hin zur Korrumpierung öffentlicher Wohlfahrtseinrichtungen, der für konservative Zölibatäre unerträgliche Zustand der Sittlichkeit – alles das sind Themen, deren Bloßlegung und öffentliche Behandlung die Anstrengung des jungen Zaren erkennen lassen, die orthodoxe Gesellschaft zu heilen. Als autoritatives Reglement, wie der begüterte Haushalt im streng christlichen Geist zu führen sei, stellte in jenen Jahren der Protopope Sil'vestr ein «Hausvaterbuch» (Domostroj) zusammen, das normativen Traditionalismus für die Grundzelle der Gesellschaft enthielt.

Ivan IV. und sein «Auserwählter Rat» besaßen ausreichend Selbstvertrauen und Entschlußkraft, parallel zu den inneren Reformen eine offensive Politik gegen die Nachfolgereiche der Goldenen Horde einzuleiten, insbesondere das Chanat Kazan' an der mittleren Wolga. Dreimal zog Zar Ivan IV. persönlich gegen das Tatarenreich Kazan' zu Felde, erstmals im Winter 1547/48, dann 1549/50 noch einmal, doch verhinderte allzu frühes Tauwetter jeden Erfolg. Erst der dritte Schlag brachte den Triumph, nachdem man einen Vorposten unmittelbar im Vorfeld von Kazan' errichtet hatte, wo man die Artillerie und Vorräte bereitstellen konnte und dadurch einen Sommerfeldzug durch das «Wilde Feld»

möglich machte. Am 2. Oktober 1552 erstürmte Zar Ivan IV. schließlich
mit Hilfe westlicher Mineure die Festung und vernichtete die «islami-
sche Horde». Die Stadt Kazan' wurde christlich geweiht und von Russen besiedelt, der Schlüssel nach Sibirien lag nun in der Hand des Zaren. Noch hatten die mit großer Härte geführten «Befriedungs»-Kriege
den Widerstand der Kazan'-Tataren nicht völlig gebrochen, da bot 1555
bereits das Chanat Sibir' dem russischen Zaren die Unterwerfung an.
Im folgenden Jahr gelang auch die endgültige Eroberung des Chanats
Astrachan' an der Wolgamündung. Damit hatte Ivan IV. das «Tataren-
joch» umgekehrt, denn jetzt herrschte der russische Zar über tatarische
Reiche, nannte Tschingisiden seine Dienst-Chane, erweiterte seine Titu-
latur um «Zar von Kazan', Zar von Astrachan'». Im asiatischen Raum
hieß der russische Herrscher von nun an der «Weiße Zar», das bedeutet
«Kaiser des Westens».

Von Kazan' aus standen die Wasserwege zum mittleren Ural mit seinen Erzvorkommen und von dort aus nach Sibirien offen. Noch zu
Lebzeiten Ivans IV. führte der Kosaken-Ataman Ermak 1581/82 im Auftrag der Unternehmerfamilie Stroganov die ersten Gefechte mit den
sibirischen Tataren. Von Astrachan' griff Ivan IV. in das nördliche Vorland des Kaukasus aus und öffnete sich den Weg zu den christlichen
Reichen der Georgier und Armenier. Schließlich stand nun auch direkten Beziehungen zu Persien nichts mehr im Wege.

Durch die Eroberung von Astrachan' bedrohte das russische Reich
einen Lebensnerv des Türkentums, denn über das Wolgadelta war bisher die wichtigste Verbindung von den zentralasiatischen Turkvölkern
zum westtürkischen Osmanenreich und nach Mekka verlaufen. Deshalb
versuchten Sultan Selim II. und der Krim-Chan 1569, Astrachan' durch
einen groß angelegten Feldzug (mit dem ersten Versuch, zwischen
Wolga und Don einen Kanal zu graben) zurückzuerobern, doch vergeblich: Ivan IV. hatte die türkischen Völker endgültig voneinander getrennt.

Mit der Eroberung der tatarischen Chanate hatte Ivan IV. für die Russen den entscheidenden Schritt zum Vielvölkerimperium getan, denn
trotz eines jahrelangen Vernichtungskrieges, organisierter Kolonisation
und staatlich gelenkter christlicher Mission blieben die Gebiete an der
mittleren und unteren Wolga islamisch, nicht einmal die kleinen Völker-
schaften erwiesen sich als russifizierbar.

Das seit der Kindheit wache Mißtrauen Ivans IV. gegen seine Umgebung hatte immer wieder neue Nahrung gefunden, vor allem seit der
Zar den in ihn projizierten Anspruch von seiner Umgebung wieder
einforderte. Doch für bedingungslose Unterwerfung des Hochadels und
der Hierarchie unter den Willen des «gottgekrönten Zaren» gab es in der
politischen Struktur Moskoviens ebensowenig Platz wie zuvor im byzantinischen Reich. Mochte Ivan IV. als «Kreuzzugskaiser» über die

Tatarenreiche triumphiert haben, militärisch und politisch handelten andere für ihn und seine sensible Intellektualität registrierte manche Einzelheit, die selbst auf den Triumph über Kazan' Schatten warf. Zum tiefen Graben wurde sein Mißtrauen ein halbes Jahr später, als der Zar im März 1553 so schwer erkrankte, daß Vorkehrungen für den Fall seines Todes eingeleitet wurden. Wie der Vater 1533 seinerseits alle Vorkehrungen getroffen hatte, um den Dreijährigen gegen die erwachsenen Brüder zu sichern, so verlangte Ivan IV. nun den Schwur auf den erst im Herbst 1552 geborenen Säugling Dmitrij. Die politische Klugheit hätte für Ivans gleichaltrigen Vetter, Vladimir Andreevič, gesprochen. Unter dem Druck entschlossener Getreuer gehorchten die Magnaten, selbst Vladimir Andreevič, doch der Eid unter Zwang hätte widerrufen werden können. Der Widerstand gegen eine Erhebung des Kleinkindes zum russischen Zaren reichte bis in die engste Umgebung des Zaren, sogar Sil'vestr, Ivans geistlicher Vertrauter, schien ihn verraten zu haben. Ein tragischer Zufall bereinigte wahrscheinlich die Situation für Ivans Ratgeber, der für den glücklichen Vater selbst zum Trauma geworden sein mag: Zar Ivan mußte sich selbst als Schuldiger am bald folgenden Tod des kleinen Dmitrij erkennen. Nach seiner Genesung hatte er ihn gegen dringenden Rat auf eine Pilgerreise zu den heiligen Klöstern in Nordrußland mitgenommen, Amme und Kind waren von einem Anlegesteg ins Wasser gestürzt, und Ivans Erstgeborener war gestorben.

Sicherlich gehörte Ivans Gattin Anastasija zu jenen Personen, denen der Zar vertraute und bei denen er uneingeschränkte Liebe fand. Doch gesundheitlich wurde die junge Frau durch jährliche Schwangerschaften und den frühen Tod der Kinder überanstrengt und ausgezehrt. Sie starb, nachdem sie dem Zaren noch zwei Söhne geschenkt hatte, im August 1560. Eilig wurde unter dem Vorsitz des Metropoliten beschlossen, daß die nächste Gattin im Ausland zu suchen sei, doch weder das schwedische Haus Wasa noch die Jagiellonen wünschten die Verbindung mit den Moskauer Rjurikiden. Erik XIV. hatte 1560 gerade erst den schwedischen Thron bestiegen und vermied überhaupt jede Antwort. Die Prinzessinnen aus dem Jagiellonen-Hause wurden nach zähen Verhandlungen aus politischen und religiösen Gründen verweigert. Der Zar dürfte diese Ablehnungen als Demütigungen empfunden haben. Später ließ sein politisches Verhalten gegenüber Schweden erkennen, daß er von persönlichen Rachegefühlen geleitet wurde. Die Demütigungen des Jahres 1560 führten dazu, daß Ivan IV. bis 1568 mit großer Zähigkeit versuchte, die nach Schweden verheiratete Jagiellonin Katharina in seine Hand zu bekommen. Nur die Entmachtung des geisteskranken Königs Erik XIV. verhinderte, daß dieser seine Schwägerin – ob als Faustpfand, Geisel, als Gattin für die polnische Erbfolge – dem Zaren auslieferte.

Die Erkenntnis, daß das westliche Ausland verschlossen blieb, führte keineswegs dazu, daß Ivan IV. sich wieder eine Braut aus dem russischen Adel suchen durfte. Keiner der Moskauer Clans wollte dem anderen den Zugang zum Zaren überlassen, vor allem hätte das Geschlecht der Romanovs, das den Zaren umgab, um seine Schlüsselstellung fürchten müssen. Mit den beiden gesunden Prinzen war der Bestand der Dynastie gesichert, ihre Onkel mütterlicherseits sorgten geschickt und im eigenen Interesse dafür, daß keine ebenbürtige Konkurrenz aufkam. So ließ der Kreml im Vorland des Kaukasus unter den in loser Abhängigkeit stehenden, noch überwiegend heidnischen Fürstenfamilien nach einer Braut suchen. Nach kurzer Zeit führte man dem Zaren die Tochter eines bereits mit den Romanovs verschwägerten Tscherkessen-Fürsten als Braut zu. Sie wurde auf den Namen Marija getauft und im Juli 1561 eilig zur zweiten Gemahlin Ivans IV. gemacht. Nach ihrem Tod 1569 ist Ivan IV. – jetzt allein seinen persönlichen Impulsen folgend – weitere Ehen eingegangen, wobei die vierte bis siebente nach kanonischem Recht ungültig waren.

Die Eroberungen im Osten und Südosten hatten dem Moskauer Zaren interessante Optionen als Nutznießer des ständigen Ringens zwischen dem persischen und dem türkisch-osmanischen Reich in Aussicht gestellt. Die muslimischen Fürsten im Kaukasusvorland hatten sich Rußland unterworfen, die christlichen Völker im zentralen Kaukasus hofften auf die christliche Großmacht im Norden. Das Chanat der Krimtataren, obzwar Bestandteil des Osmanenreiches, durchlebte eine Schwächeperiode und ließ sich – das erwiesen Kosakenoperationen der 50er Jahre – auf die Halbinsel Krim eindämmen. Die Gelegenheit schien günstig, jene fruchtbaren Siedlungsgebiete zu gewinnen, die tatsächlich erst zwei Jahrhunderte später durch Katharina II. erobert worden sind (s. Kapitel «Katharina II.»).

Seit 1553 hatten sich englische Kauffahrer die Seeroute um das Nordkap in das Weiße Meer erschlossen und gelangten von dort nach Moskau. Auch sie stellten fest, daß sich aus der starken politischen Position Rußlands heraus verlockende Möglichkeiten im Orienthandel ergaben. Ein Agent der neu gegründeten «Muscovy Company», Anthony Jenkinson, fertigte im Auftrage des Zaren die erste moderne Karte des Kaspischen Meeres und der Region an. Für Ivan IV. ergab sich mit dem neuen Seeweg nach England die Möglichkeit, die seit Jahrhunderten alle Westverbindungen Rußlands strangulierende Embargopolitik der westlichen Nachbarn zu umgehen und darüber hinaus in deren Rücken einen mächtigen Verbündeten zu gewinnen. Großzügige Privilegien und Monopole machten für die Engländer die hohen Verluste auf der gefährlichen Nordkaproute wett. Der englische Hof in Moskau wurde während des Krieges an der Ostsee zur wichtigsten Verbindung des Zaren nach Westeuropa. Die Orientierung nach England enthielt für Ivan IV. später sogar einen ganz persönlichen Aspekt: Bis zu seinem Tode hat er wiederholt Verhandlungen mit Königin Elizabeth I. über eine Asylgarantie

und eine eventuelle englische Heirat geführt. Im Kopf des Zaren hatte
sich offensichtlich die fixe Idee einer Flucht aus Amt und Pflichten festgesetzt.

Ganz unvermutet – und offenkundig gegen den Willen seiner bisherigen Ratgeber – wendete Ivan IV. 1557/58 die offensiven Mittel des Reiches vom Südosten ab und gegen den Nordwesten. Der Streit um den
«Dorpater Zins» bildete einen willkommenen Anlaß. Die Stadt Dorpat
(estnisch Tartu) galt im historischen Bewußtsein des Zaren als «Vater-
erbe», war doch 1030 an derselben Stelle von Großfürst Jaroslav dem
Weisen die russische Burg Jur'ev gegründet worden. Aus Vorstößen zur
Einschüchterung der Balten entstand aufgrund mangelnder Gegenwehr
binnen kurzem der «Livländische Krieg», ein unprovozierter Angriffs-
krieg auf den desorganisierten Nachbarn. Mit dem Überfall auf Livland,
d. h. vor allem den livländischen Zweig des Deutschen Ordens, eröffnete Ivan IV. die Reihe der nordischen Kriege um die Herrschaft über
den Ostseeraum, die sich über die Zeit Peters I. hinaus bis zur Annexion
Finnlands 1808/09 fortsetzte. Doch die Strategie des Zaren ging nicht
auf, denn nach der Zerstörung des altlivländischen Pufferstaates sah er
sich mit den Interessen der übrigen Ostsee-Anrainer konfrontiert. Mit
Dänemark, einem traditionellen Partner der Russen, ließ sich ein modus
vivendi finden, doch seit 1561 stand Rußland ununterbrochen bis 1583
in zermürbenden Kriegen der Großmacht Polen-Litauen und der erstar-
kenden schwedischen Monarchie gegenüber.

Ivans Armeen bestanden zu einem großen Teil aus Reiterei seiner
neuen Untertanen, der auf Plünderung und Verwüstung des flachen
Landes spezialisierten Tataren. Die Geschwindigkeit ihrer Vorstöße, die
weiträumige Zerstörungskraft dieser leichten Kavallerie hatten die Russen jahrhundertelang am eigenen Leibe erfahren, nun wurde diese
Kampftaktik auf Livland gelenkt. Seit Anfang 1558 verheerten die russisch-tatarischen Truppen Livland bis vor die Tore Rigas und Revals,
viele der von schlecht bezahlten Söldnern nur unzureichend verteidig-
ten Burgen wurden erobert, fast kampflos kapitulierte Dorpat im Juli
1558. Die Deportation eines Teils der Dorpater Bevölkerung (1565 folgten die Zurückgebliebenen) in das östliche Rußland, die Verteilung
des Landes an russische Dienstadlige lassen erkennen, daß der Zar die
Annexion Livlands eingeleitet hatte.

Der Schrecken der Verwüstung löste in Livland und im Deutschen
Reich eine Welle von Flugschriften aus, in denen die «Moskoviter-
greuel» mit gleichen Mitteln dargestellt wurden wie bisher die «Türken-
greuel». In Wort und Bild wurde die Schrecklichkeit des russischen Zaren an den Untaten in Livland vor Augen geführt, bald auch verquickt
mit Nachrichten über Ivans innenpolitische Gewaltherrschaft seit 1565.
Diese Flugschriften haben das Bild des «Moskovitischen Tyrannen» in
der öffentlichen Meinung Deutschlands geprägt, ihr eigentliches Ziel,

politische Wirkung im Sinne militärischer Hilfe haben sie jedoch verfehlt. Der Reichstag beschloß zwar Subsidien, doch sie konnten nicht
aufgebracht werden, der Kaiser mahnte den russischen Zaren, doch die
Balten blieben mit der russisch-tatarischen Militärmacht allein. Die livländischen Gewalten mußten sich 1561 der polnischen oder schwedischen Krone unterwerfen, Livland hatte damit zu existieren aufgehört.
Der Krieg mit Polen-Litauen brachte Ivan IV. zunächst weiterhin militärische Erfolge, doch parallel dazu drohende Zeichen künftiger Niederlagen. Die Eroberung von Polock an der Düna war der zweite militärische Triumph nach der Eroberung von Kazan', den Ivan IV. sich selbst
zuschreiben durfte. Persönlich nahm er die Kapitulation der Stadt Polock im Februar 1563 entgegen. Für ihn war es die Rückgewinnung eines
der ältesten russischen Fürstentümer, «Erbe von Kiev», ein weiterer
Schritt im «Sammeln des russischen Landes».

Seit der Eroberungskrieg gegen Livland in das Ringen mit dem mächtigen Polen-Litauen umgeschlagen war, sah sich der Zar immer wieder
Vertrauensbruch und Verrat gegenüber, tatsächlichem und eingebilde-
tem. Eine herbe Enttäuschung erfuhr er, als der Oberkommandierende
der russischen Truppen in Livland, Ivans IV. Jugendgefährte Fürst
Andrej Kurbskij, auf die polnische Seite überwechselte. Fürst Kurbskij
wurde als Vasall König Zygmunts II. August reich ausgestattet und hoch
geehrt. Indem Kurbskij von der anderen Seite der Front eine recht-
fertigende und anklagende Epistel an den Zaren sandte, löste er einen
berühmten (und wohl zu Unrecht in seiner Echtheit bestrittenen) Briefwechsel zwischen dem Autokrator und dem standesbewußten Aristokraten aus.

Dem Beispiel des Fürsten Kurbskij folgten minder wichtige Persönlichkeiten, andere wurden aufgrund von Verdacht oder Denunziation
eingekerkert, manchmal auch gewaltsam zu Mönchen geweiht. Der
Aderlaß an erfahrenen Feldherren und Politikern, eingeleitet schon 1560
durch die Verbannung von Aleksej Adašev und Protopop Sil'vestr, weitete sich auf alle Männer des «Auserwählten Rates» aus und dezimierte
die Elite des Zaren, der sich mit zweitrangigen Männern, teils zwielichti-
gen Ausländern, zu umgeben begann.

Der offenkundige Widerspruch zwischen den Jahren voller innenpolitischer Reformen und außenpolitischer Erfolge und den ab 1564 folgenden Jahrzehnten der Zerrüttung und außenpolitischer Niederlagen hat
seit Beginn historischer Reflexion über Ivan «den Schrecklichen» zur
Unterscheidung einer Reform- und einer Terror-Periode geführt. Es war
Fürst Kurbskij, der als erster diese Dichotomie charakterisierte. Der einstige Mitstreiter des Zaren fand im litauischen Exil die Muße, neben
seiner umfangreichen Polemik mit Ivan IV. auch die wichtige ‹Geschichte vom Moskauer Großfürsten› zu verfassen. Aus diesem Werk
des biographisch Betroffenen ist die Konzeption von einer guten und

einer bösen Periode der Herrschaftszeit Ivans IV. in die Geschichtsschreibung eingegangen.

Die historiographische Beurteilung der zweiten Regierungshälfte
Ivans IV. schwankte bisher, sah in der Gewaltherrschaft der «Opričnina»
teils geplante Umgestaltung der Gesellschaft, teils terroristisches Wüten
eines geisteskranken Tyrannen. Doch auch die Möglichkeit wäre denkbar, daß der Zar sich von dem zähen Gerangel miteinander versippter
Fürsten- und Bojarengeschlechter, vereinigt mit dem mächtigen Episkopat, befreien, «dem Käfig des Königtums» entkommen und sein eigenes
Leben leben wollte. Dem historiographischen Diskurs *nicht* standgehal-
ten hat das Postulat einer rational gestaltenden, auf Modernisierung im
Sinne des Absolutismus zielenden Staatsräson bei Zar Ivan IV. Die Irra-
tionalität und Widersprüchlichkeit erwies sich als allzu offenkundig, die
zerstörerischen Wirkungen als zu katastrophal. Allgemein ist man zum
Urteil des russischen Historikers Vasilij Ključevskij zurückgekehrt, der
von Ivan IV. geführte Terror der Opričnina habe sich nicht gegen die
gefürstete Hocharistokratie als politische Kraft, sondern gegen Einzel-
personen gerichtet. Das wäre demzufolge «in hohem Maße eine Frucht
der überängstlichen Einbildung des Zaren», also eine Form von Verfol-
gungswahn, gewesen, wobei dem kranken und isolierten Herrscher von
Günstlingen eingeflüsterte Verdächtigungen die Verfolgungen bewirkt
und am Ende die Zerrüttung des Reiches mit verursacht hätten.

Die Frage nach den Gründen des Umschlags, ob der Zar (geistes)-
krank geworden ist, ob es der Wechsel in der Umgebung des Zaren von
den Reformern des «Auserwählten Rates» zu wechselnden Günstlingen
war oder der Konflikt des Herrschers mit selbstsüchtigen Adelscliquen,
die seine Autokratiebestrebungen durch die strukturelle Sabotage der
traditionellen Oligarchie ins Leere laufen ließen, ist vermutlich mit einem Sowohl-als-auch zu beantworten. Seit 1560 hatte Ivan IV. sich von
den Beratern seiner Jugend getrennt, Autoritäten und Bindungen aus
früherer Zeit beseitigt. Nach dem Tode des Metropoliten Makarij am
Jahresende 1563 verlangte der Zar Gehorsam auch seitens der Hierarchie. Seither wechselten Metropoliten und Bischöfe, sobald sie Ivans IV.
Plänen Widerstand leisteten. Er reduzierte den russischen Episkopat
nach dem Zwischenspiel der großen Gestalt Makarijs wieder auf jene
dienende Rolle, die er seit Ivan III. innehatte.

Spektakulärer Auftakt einer neuen Politik war die Abdankung des
Zaren – es blieb nicht die einzige – ein Jahr nach dem Tode Makarijs. War
es eigentlich, wie der Augenschein suggerierte, nur die sorgfältig geplante Erpressung der widerspenstigen Elite durch einen Appell an das
Volk, oder hatte Ivan IV. wirklich den Einfall, sich aus dem Kreml zurückzuziehen? Unmittelbar vor dem orthodoxen Nikolaustag, dem Fest
des in Rußland am höchsten verehrten Heiligen, verließ Ivan IV. ohne
Ankündigung oder Erklärung am 3. Dezember 1564 mit einem langen

Schlittenkonvoi die Hauptstadt, unter anderem die zarischen Schätze und Gnadenikonen mit sich führend. Über das Troice-Sergiev-Kloster zog er mit seinem ganzen Hausstand in die Aleksandrova Sloboda, die ihm schon zuvor zum Aufenthalt gedient hatte. Mehrere Wochen drang keinerlei Nachricht, warum die zarische Familie den Kreml verlassen hatte, zu den Moskauern. Gerüchte und Ängste mehrten sich, doch alle Versuche, zu Ivan vorzudringen, waren vergeblich. Kurz vor dem Weihnachtsfest erreichten zwei zarische Proklamationen die Hauptstadt: Die eine klagte Hierarchie und Adel an, autokratische Herrschaft systematisch sabotiert zu haben. Weil man ihn daran hindere, seine Feinde und Verräter zu bestrafen, lege der Zar sein Amt nieder und ziehe sich zurück. Die zweite Botschaft versicherte die Kaufmannschaft und das einfache Volk, der zarische Zorn gelte nicht ihnen, sondern allein dem Klerus und dem Hochadel.

Ivans IV. Vorgehen zeigte sofort Wirkung: Eine Delegation aller Schichten eilte an seinen Wohnsitz, versprach alle Bedingungen anzunehmen, man wolle selbst alle Feinde des Zaren vernichten, wenn er nur wieder auf den Thron zurückkehre. Die plebiszitäre Aktion gab Ivan IV. endlich freie Hand, mit jenen abzurechnen, die er als Verräter und Feinde ansah, und sich ein Eigenterritorium zu schaffen, von dem aus er autokratische Herrschaft durchsetzen wollte. Das Zeugnis des deutschen Söldners Heinrich von Staden, dessen Bericht über seinen Dienst bei Ivan IV. die wertvollste Quelle für das folgende bildet, formuliert anscheinend auch die ursprünglich dahinterstehende politische Idee Ivans IV. Dem glaubwürdigen Bericht zufolge wollte der Zar «alle ungerechtigkeit der regenten und befehlichshaber des landes usrotten, also dass auch ihre geschlechte im lande nicht mehr pleiben solten, welche seinen vorveteren nicht recht und treulich gedienet hatten. Und wolte also vorschaffen, dass die neugen regenten solten richten, welche er setzen würde, nach den rechtbücher[n] ohne geschenke, gift und gabe».

Der Zar trennte für sich aus dem Reichsgebiet eine «Opričnina» («Sonder»-Territorium) mit eigener Verwaltung und eigenem Heer heraus, formal einem Teilfürstentum traditionellen Typs vergleichbar. Dem für das alte Rußland kennzeichnenden Streubesitz entsprechend, requirierte Ivan kein zusammenhängendes Territorium, sondern einzelne Gebiete im ganzen Reich, sowohl landwirtschaftlich ertragreiche Gegenden als auch Handelsknotenpunkte ebenso wie Zentren der Salzgewinnung. Aus der Hauptstadt schnitt sich Ivan IV. ebenfalls einen Sektor heraus, auf dem er 1566/67 für sich einen besonderen Hof errichten ließ; den Kreml hingegen überließ er dem «Land» (Zemščina). Wohl im Sinne einer endgültigen Hauptstadt seines Eigenreiches wurde in den folgenden Jahren die Stadt Vologda monumental ausgebaut. Hier fern im Nordosten, nah am Endpunkt der englischen Nordkaproute, ließ

Ivan IV. mit Hilfe der Engländer auch eine Flotte bauen, die vermutlich seinen Fluchtplänen dienen sollte.

Das Sonderterritorium, einschließlich des Moskauer Stadtviertels, wurde durch Aus- und Einsiedelungen nach dem alleinigen Gesichtspunkt blinden Gehorsams gegenüber dem Zaren organisiert. Eigentlich hätte die Absonderung einer «Hausmacht» für den Herrscher aus dem Reichsgebiet keinen Grund zu Konflikten geben müssen, doch erwies sich im folgenden die dahinterstehende Strategie des Zaren als zerstörerisch. Der Begriff «Opričnina» wurde sofort auf das Militäraufgebot von diesem Gebiet übertragen, eine persönliche Streitmacht des Zaren mit einer besonderen Kerntruppe, deren Angehörige schwarze Kutten trugen und als Kennzeichen Besen und Hundekopf (wohl eine Variante des *domini canes*) am Köcher führten. Diese aufgrund glaubwürdigen Versprechens blinder Ergebenheit Ausgesuchten bildeten eine Art Männerbund mit Merkmalen eines religiösen Ordens. In den Opričnina-Höfen hatten sie sich jenen von Ivan IV. persönlich aufgestellten und geleiteten pseudo-klösterlichen Regeln und Ritualen zu unterwerfen, die im Wechsel mit Strafexpeditionen, Folterungen und Gelagen stattfanden. Schon anläßlich der Einrichtung der Opričnina hat ein deutscher Beobachter angemerkt, der Zar habe binnen weniger Wochen fast den ganzen Haar- und Bartwuchs verloren – das mag eine vorübergehende Hautkrankheit gewesen sein, könnte aber auch auf starke seelische Erschütterung hindeuten. Der Mummenschanz der schwarzgekleideten Opričniki und ihres «Abtes» läßt vermuten, daß finstere Kräfte aller Art die Seele des Zaren zerrissen und die zerstörerischen die Oberhand gewonnen hatten. Metropolit Makarij hatte ihn in der Gedankenwelt Altrußlands erzogen, ihm den Weg zu theologischer Spekulation gewiesen, ihm die besondere Rolle der monastischen Lebensweise und die Berufung zum «gottgekrönten Zaren» nahegebracht – nun pervertierte alles das in dem erst vierunddreißigjährigen Zaren zur Besessenheit des Strafenden, der seine schwarzen Scharen zu Raub, Schändung und Vernichtung über Kirchen, Klöster und Paläste, über Mönche und Laien aussandte. Hauptaufgabe der Spezialtruppe war die Ausrottung der «Verräter» und Feinde, in der Einbildung Ivans IV. aller jener, die des Zusammenwirkens mit Polen-Litauen verdächtigt werden konnten. Unmittelbar nach der plebiszitären Legitimation setzte der Zustand ungesetzlicher Gewalt ein. Es begann mit einigen Hinrichtungen und erzwungenen Mönchsschuren, weitete sich jedoch immer mehr aus, je häufiger im Krieg Mißerfolge sich zeigten. Kennzeichnend für die Politik der Opričnina ist der *Razgrom*, ein Synonym zu dem bekannten Wort *Pogrom*, mit dem die Verwüstung oder Vernichtung des Besitzes der «Verräter» einschließlich ihrer Dienerschaft und Klientel gemeint ist.

Detailforschungen haben gezeigt, auf welche Weise sich die Gewaltherrschaft Ivans IV. von der Ermordung einzelner zur Ausrottung ganzer Familien samt ihres Anhanges ausweitete, wie Denunziationen und Verdächtigungen unter der Folter zu «Verschwörungen» wuchsen. Der rechtsfreie, durch Gewalt bestimmte Raum weitete sich – bei Heinrich von Staden wird das aus der Perspektive des Spießgesellen unverblümt geschildert – zu einer das Reich verwüstenden Gewaltherrschaft aus, die von den Spitzen des Adels bis zum Bauern und Knecht jeden treffen konnte. Schließlich fiel 1569 sogar das Kirchenoberhaupt dem vom Rachedurst Ivans IV. angestachelten Wüten der Opričniki zum Opfer. Metropolit Filipp II. hatte sich 1568 dem Zaren in aller Öffentlichkeit entgegengestellt und ihm den Segen verweigert. Deswegen wurde er zunächst – dank willfähriger Bischöfe auf kanonisch gültige Weise – abgesetzt, in ein Kloster gesperrt und im folgenden Jahr vom Maljuta Skuratov, dem berüchtigten Liebling des Zaren, erwürgt.

Im Juli 1570 beraubte sich der Zar in einer Serie von Hinrichtungen seiner fähigsten und ihm zweifellos völlig ergebenen Mitarbeiter. Die Foltern und grausamen Hinrichtungen voller «sadistischer Raffinesse» auf dem Roten Platz von Moskau gelten als Höhepunkt der Schreckensherrschaft. Ivan IV. persönlich und sein Sohn Ivan wohnten den Foltern und den qualvollen Hinrichtungen bei, doch sind die Nachrichten, er habe (wie später Peter I.) selbst das Richtbeil geschwungen, nur aus einer zweifelhaften Quelle belegt. Die Hinrichtungen durch Zu-Tode-Quälen waren für Rußland außergewöhnlich, weil die altrussische Blutgerichtsbarkeit derlei nicht kannte. Immerhin muß – soweit es um Urteile über eine alle Grenzen sprengende, sadistische «Schrecklichkeit» Ivans IV. geht – darauf hingewiesen werden, daß gerade während des 16. Jahrhunderts im übrigen Europa Todesstrafen wie Verbrennen, Zu-Tode-Sieden, Vierteilen und Rädern zur üblichen Rechtspraxis gehörten.

Die Hinrichtungen in Moskau lassen sich wahrscheinlich auf Verdächtigungen zurückführen, die in Groß-Novgorod durch Folterungen entstanden waren. Man hat sogar vermutet, gezielte Falschinformation von polnischer Seite könnte dazu geführt haben, daß der inzwischen krankhaft mißtrauische Ivan IV. das Reich von fähigen Männern entblößte. Auch der Verratsvorwurf gegen Novgorod könnte demselben Komplott entsprungen sein. Auf Stadt und Provinz Novgorod insgesamt ist der Verdacht verräterischer Beziehungen zum König von Polen gefallen, ohne daß sich ergründen ließe, woher die Informationen gekommen sind. Der Zar jedenfalls mobilisierte sein Privatheer und schritt zur Verwüstung des Reiches, plünderte auf dem Wege dorthin die Städte und begann zu Weihnachten 1569 in Novgorod eine Strafaktion ohnegleichen. Für sie steht in den Quellen der Begriff «*Razgrom* des Herrschers»: Wochenlang wurde verhört, gefoltert, hingerichtet und geplündert. Heinrich von Staden war dabei; er berichtet reuelos von seinen Schandtaten und rühmt sich, auf einem Pferd ausgezogen, aber mit 49 Schlitten voller Beute zurückgekehrt zu sein. Nicht nur die Stadt Groß-Novgorod, sondern auch die reichen Klöster Nordwestrußlands sowie das flache Land einschließlich der kleineren Orte fielen dem *Razgrom* zum Opfer. So geeignet das Privatheer des Zaren für die risikolose Gewaltherrschaft über die Zivilbevölkerung auch gewesen sein mochte, einem gefährlichen Gegner war es nicht gewachsen. Der Chan der Krimtataren hatte – nach dem 1569 fehlgeschlagenen Versuch, das Chanat Astrachan' zurückzuerobern – gegen Moskau den «Heiligen Krieg» erklärt und war im Frühjahr 1571 nach Moskau aufgebrochen. Die Verteidigungsstellungen des Opričnina-Heeres umgingen die Tataren, das russische Kernland wurde verwüstet und Moskau am 24. Mai 1571 in Brand gesteckt. Die von Truppen und Flüchtlingen überfüllte Hauptstadt brannte in wenigen Stunden vollständig nieder, die Menschenverluste waren ungeheuer, man fand in der Stadt nicht einmal mehr einen Pfahl, an den man sein Pferd binden konnte, so drückte ein deutscher Augenzeuge das Maß der Verwüstung aus. Als im Jahr darauf die Krimtataren wieder in Richtung Moskau vorstießen, mußte Ivan IV. noch einmal nach Norden fliehen, diesmal brachte er sich mit seiner Familie und dem Reichsschatz nach Novgorod in Sicherheit. Daß er während des Wartens sein Testament verfaßte, läßt darauf schließen, wie pessimistisch er die militärische Lage beurteilte. Doch die vereinigten Truppen von Opričnina und Zemščina schlugen die Tataren zurück. Dem Zaren war gleichwohl deutlich geworden, daß die Opričnina militärisch zu mehr als Terroraktionen nicht taugte, zugleich aber auch, daß selbst ihre Führer des Verrats verdächtigt werden konnten. Immerhin war Ivans IV. dritte Gemahlin in der Opričnina-Residenz – wohl an Gift – gestorben. Mit Hinrichtungen von Schuldigen an der Katastrophe von 1571 begann die Liquidation der Opričnina, 1572 wurde sie aufgehoben.

Welche Gründe auch immer für das Phänomen «Opričnina» angeführt werden konnten, daß es die Fundamente des russischen Reiches erschütterte, kann nur konstatiert werden. Mitten im zermürbenden Zweifrontenkrieg gegen Polen-Litauen und Schweden spaltete Zar Ivan IV. das russische Reich, auf dessen Zusammenfügung seine Vorfahren seit dem Mongolensturm ihre ganze Kraft gerichtet hatten. Er setzte das überkomme Recht außer Kraft, trat den politischen Grundkonsens seines Reiches, den Glauben an die Einheit zwischen Herrscher und Volk ebenso mit Füßen wie die gewachsene Führungsrolle der Orthodoxen Kirche im öffentlichen Leben der Gesellschaft. Doch die Zerrüttung des Reiches schien Ivan IV. entweder nicht ins Bewußtsein zu dringen, oder er trieb sie zwangshaft noch weiter.

Hatte er die Opričnina durch eine «Abdankung» eingeleitet, so schien 1575 ein ähnliches Spiel zu beginnen: Ivan dankte erneut ab und ließ einen getauften Tataren, Chan Sain-Bulat von Kasimov (seit 1573 mit Taufname Simeon), zum Herrscher krönen, allerdings wohl nicht zum

Zaren. Ivan IV. inszenierte sich selbst als gehorsamen Untertanen, setzte sich im Reichsrat bescheiden unter die Bojaren, richtete mit Demutsformeln überladene Bittschriften an den «Herrscher Großfürst Simeon Bekbulatovič von ganz Rußland»... bis er ihn ein Jahr später auf das nominelle Großfürstentum von Tver' abschob und seinen Thron selbst wieder einnahm. Dieses Spiel Ivans IV. mit dem Zarenthron dürfte das russische Selbstgefühl noch weiter verletzt haben – den Unwillen erstickte Ivan IV. im Blut, prominentestes Opfer war diesmal der Erzbischof von Novgorod.

Seit längerem erwartet, verstarb König Zygmunt II. August von Polen im Juli 1572. Mit ihm war die männliche Linie der Jagiellonen ausgestorben. Auch Ivan IV. hatte dieses Ereignis erwartet und mit politischen Hoffnungen verknüpft, nicht nur in militärischer Hinsicht auf die Kämpfe im Baltikum, sondern auch mit dem Ziel, im Zusammengehen mit dem Hause Habsburg einige westrussische Fürstentümer zu gewinnen. Überdies versuchte der Zar in den folgenden Wirren mittels einer Partei westrussischer Adliger seine eigene Kandidatur auf die polnische Krone zu verwirklichen – daß man ihn dabei auf trick- und erfolgreiche Weise hingehalten hat, ist sehr wahrscheinlich. Doch die Schwächung Polens bis zur endgültigen Etablierung des Siebenbürgers Stephan Bathory (Krönung im Juli 1576) ermöglichte 1573–1578 weitreichende Eroberungen in Livland, nur Riga und Reval blieben polnisch bzw. schwedisch. Dann allerdings erwies sich der neue polnische König als überlegener Gegner, dessen modern ausgerüstetem Söldnerheer die traditionelle russische Adelsreiterei nicht mehr gewachsen war. Die ständigen Kriege ruinierten die wirtschaftliche Basis, zudem hatten die Opričniki in ganzen Landstrichen die Dörfer niedergebrannt. So fehlten dem russischen Dienstadel die Ressourcen zu weiterer Kriegführung, von einer Modernisierung im frühneuzeitlichen Sinne konnte überhaupt keine Rede mehr sein. So verlor Ivan IV. 1579 Polock an der Düna und 1580 Velikie Luki, an Schweden 1581 den einzigen russischen Ostseehafen Narva. In seiner Bedrängnis hatte der Zar rechtzeitig die Vermittlung des Papstes gesucht, dessen Hoffnung auf eine Kirchenunion Ivan IV. aus taktischen Gründen wieder nährte. Der Jesuit Antonio Possevino konnte den Zaren zwar nicht zur Kirchenunion bewegen, doch vermittelte er 1581/82 zwischen Polen und Rußland einen zehnjährigen Waffenstillstand (von Jam-Zapol'skij). Mit Schweden erlangte Ivan IV. erst 1583 eine Waffenruhe (an der Pljussa) mit niederschmetterndem Ergebnis: alle Eroberungen des livländischen Krieges waren dahin.

Bei der Erziehung seiner beiden Söhne aus der Ehe mit Anastasija Romanova, des 1554 geborenen Ivan und des drei Jahre jüngeren Fedor, hatte der Zar keine andere Möglichkeit, als den körperlich und geistig zurückgebliebenen Fedor einem zweifelsfrei ergebenen Clan anzuvertrauen. Ivan IV. verheiratete – wie er es mit seinem debilen Bruder Geor-

gij gemacht hatte – Fedor vermutlich anläßlich seiner Volljährigkeit 1574
(das ist wahrscheinlicher als das von Jerome Horsey genannte Jahr
1580). Dabei wählte er die Schwester seines energischen und ehrgeizigen Gefolgsmanns Boris Godunov aus und unterstellte damit seinen
Sohn der Fürsorge dieses zweitrangigen, aber dadurch um so stärker an
die Dynastie gebundenen Geschlechtes. Dem Kronprinzen Ivan Ivanovič zwang der Zar seine eigene Lebensweise auf, also die Spanne zwischen Folter und Mord, zügellosem Gelage einerseits und exaltierter
Religiosität auf der anderen Seite. Weil der Zar selbst nach dem Tode
seiner zweiten Gattin ständig neue Ehen einging, verheiratete er den
Kronprinzen parallel dazu, zwang die Gattinnen bald ins Kloster und
suchte Ivan dem Jüngeren eine dritte Braut.

Seit wann der Thronfolger in politischen Dingen eigene, abweichende
Meinungen zu äußern begann, läßt sich nicht feststellen, doch ergibt
sich, daß seit Mitte der 70er Jahre an der Spitze des Reiches Streit zwischen dem Herrscher und dem seit 1578 offiziell designierten Thronfolger herrschte. Natürlich hatte der kranke und mißtrauische Zar bemerkt, daß sich einflußreiche Männer um den Sohn scharten, die ihre
Hoffnungen auf die Zeit nach seinem Tode setzten. Auch der Engländer
Jerome Horsey bezeichnete Ivan den Jüngeren als Hoffnungsträger des
Reiches und als «a wise, mild and most worthy prince, of heroical condi-
tion, of comely presence». Die Katastrophe zwischen Vater und Sohn
trat ein – hier darf man der von Possevino überlieferten Version wohl
Glauben schenken, als der Zar im November 1581 zufällig seine schwangere Schwiegertochter unzureichend bekleidet antraf. Der Jähzorn
brachte den Zaren aus der Fassung und so schlug er die Schwangere in
einer Weise, die zu einer Fehlgeburt führte. Den seiner Gattin zu Hilfe
geeilten Thronfolger traf Ivan IV. so unglücklich am Kopf, daß Ivan d. J.
einige Tage später starb. Mag die Mißgunst des alternden und kranken
Herrschers dem jungen und dynamischen Thronfolger gegenüber auch
manchen bösen Gedanken geboren haben, diesen Ausgang des jahrelangen Streits konnte Ivan IV. nicht gewünscht haben. Seine Reue ist
wohl einem psychischen Zusammenbruch nahegekommen. Für das
Totengedenken sandte er große Summen an berühmte Klöster, bis hin
zum Athos und zum Berg Sinai. Nun ließ Ivan auch ein möglichst umfassendes Verzeichnis seiner Opfer, das «Synodikon der in Ungnade
Gefallenen», anfertigen, um ihnen die nach orthodoxem Ritus gebüh-
rende Memoria zukommen zu lassen und – das wohl vor allem – seine
eigene Seele zu entlasten. Die summarischen Einträge aus dem Ge-
dächtnis der Exekutoren sprechen eine deutliche Sprache über das
Wüten der Opričniki, etwa wenn es vom langjährigen Liebling des
Zaren, Maljuta Skuratov, zum Novgoroder *Razgrom* von 1570 heißt:
«Gemäß Maljutas Bericht hat er an Novgorodern 1490 Menschen umgebracht, mit Flinten sind 15 Menschen umgebracht worden».

Mit dem Totschlag seines Sohnes ging die mühsam bewahrte politische Balance am Zarenhof in die Brüche, denn alle herrschenden Clans, die sich um den volljährigen Thronfolger gruppiert hatten, sahen sich von dem zukünftigen Legitimitätsträger abgeschnitten. Eine Außenseiterfamilie von zweitklassiger genealogischer Dignität und behaftet mit dem Odium, gerade während der Opričnina aufgestiegen zu sein, war durch den familiären Unfall an die Schaltstelle der Macht gerückt. Es waren die Brüder und Onkel von Fedors Gattin Irina Godunova, deren politische Aktionen die Geschicke des Reiches künftig lenken würden. Ein Jahr später, im Oktober 1582, ist dem Zaren aus seiner (siebten) Ehe mit Marija Nagaja ein Sohn Dmitrij geboren worden, dessen Existenz als gesunder natürlicher Sohn Ivans IV. angesichts der offensichtlichen Regierungsunfähigkeit Fedors trotz illegitimer Geburt die ferneren Entwicklungen völlig unkalkulierbar machte.

Für den engen Kreis um den kranken Zaren kam die Ungewißheit hinzu, welche Entschlüsse aus den Englandplänen Ivans IV. sie überraschen könnten. Die Verhandlungen über eine Heirat mit einer Nichte der englischen Königin, Mary Hastings, und über eine Asylgarantie für sich führte Ivan IV. stetig weiter, außerdem ließ er auch einen Hafen am Weißen Meer erbauen, jenen dann Archangel'sk genannten Ort, in dem Peter I. ein gutes Jahrhundert später seinen Entschluß zur Seefahrt faßte. Die Zähigkeit, mit der Ivan IV. die englische Option verfolgte, mußte die Befürchtungen jener Aristokraten wecken, in deren Händen er sich praktisch befand. In diesem Kreise mag die Erkenntnis, daß der schwache Fedor Ivanovič noch die geringste Gefährdung für ihr Leben und die Zukunft des Reiches bedeuten würde, zu Plänen der Beseitigung des unberechenbaren Tyrannen geführt haben. Aus dem Bericht Jerome Horseys ergibt sich das glaubwürdige Szenario eines gewaltsamen Todes: Ivan IV. sei durch eine Verschwörung seiner Vertrauten unter Beihilfe des Arztes Johann Eyloff vergiftet und, als der Zar während des Schachspiels die Besinnung verlor, erwürgt worden. Aus dem Grabbefund ist zu erkennen, daß man dem Toten noch das Mönchsgewand angelegt hat; damit erfüllte man den Umständen entsprechend den langgehegten Wunsch Ivans IV., kurz vor dem Tode noch in eine andere Identität zu schlüpfen. Die offizielle Version seines Todes geht davon aus, daß Ivan IV. vor dem Tode zum Mönch Iona geweiht worden ist.

Die Gestalt Ivans «des Schrecklichen» übt bei genauerer Kenntnis eine besondere Faszination aus. Nach den Jahren willigen Einlebens in die Rolle des gottgekrönten, dem Christenvolk und der rechtgläubigen Kirche demütig dienenden Zaren sind – ohne daß wir wissen, aufgrund welchen Anstoßes – bei ihm alle Dämme der Konvention gebrochen: Der Zar überläßt sich den seine Seele zerreißenden Gewalten. Er flieht aus dem Kreml, verläßt das unberechenbare Moskau, gibt sich dem Haß, dem angstvoll-lustvollen Morden, der exaltierten Buße hin. Gesell-

schaftliche Tabus bricht er nahezu zwangshaft, so tritt er das Sakrament
der Ehe mit Füßen – schon die vierte Ehe ist bekanntlich in der Orthodoxie als «viehisch» verdammt. Daß Ivan IV. vermutlich bisexuell aktiv
war, ließe sich aus einer Bemerkung von Jerome Horsey schließen, vor
dem er sich rühmte «of thousand virgins he had deflowered and thou-
sands of children of his begetting destroyed». Ob Ivan an Paranoia – wie
manche amerikanischen Historiker meinen – oder unter diesem Wahn-
verhalten mit den dazugehörigen Aggressionen gelitten hat, ob er wirklich geisteskrank im pathologischen Sinne war, ist schwer zu beurteilen,
allerdings erleichtert eine solche Hypothese manche Erklärung. Eines
wurde mit Sicherheit ermittelt: Der Zar litt ständig quälende Schmerzen,
vor allem im Rücken und in den Gelenken. An dem durch frühe Ver-
knöcherung der Knorpel und vieler Sehnen fast unbeweglichen Skelett
Ivans IV. haben die Mediziner Symptome von Polyarthritis, Spondylose
und Orthorose festgestellt. Die Schmerzen versuchte der Zar mit Alkohol zu betäuben – und darüber hinaus haben ihm seine hilflosen Ärzte
manches an Kräutern und dubiosen Arzneien zugemutet, unter anderem Quecksilbersalben gegen die Gelenkschmerzen, mit Folgeschäden
unterschiedlicher Art. Der exzessive Lebenswandel wie auch die psychischen Belastungen haben die Jahre hindurch Ivans IV. ursprünglich sehr
kräftige Physis fortschreitend zerstört und ihn zum schmerzkranken
Alkoholiker mit vorzeitig einsetzender Vergreisung gemacht. Vom Augenzeugen Jerome Horsey wissen wir, daß Ivan in seinem letzten Lebensjahr im Stuhl sitzend getragen werden mußte, weil er sich kaum
noch bewegen konnte.

Interessant ist der Vergleich Ivans mit Peter dem Großen. Beide Herrscher waren physisch starke Naturen, wobei Ivan IV. neben dem Hünen
Peter fast einen Kopf kleiner gewirkt hätte. Beide haben durch übermäßigen Alkoholkonsum – wenn auch nicht durch ihn allein – ihre Lebens-
zeit selbst verkürzt, sie erreichten nicht einmal die Mittfünfziger. Sie
kämpften gegen dieselbe träge dahinlebende, keinem Begriff vom
«obersten Guten» oder vom «gemeinen Nutzen» dienende moskowitische Gesellschaft. Das chaotische, aufrührerische Moskau fürchteten
beide, Ivan wie Peter mieden den Kreml, bauten sich anderswo neue
Residenzen. Innenpolitisch leiteten beide ihre Militär- und Verwaltungs-
reformen ein, um einen großen Krieg zu gewinnen. Außenpolitisch begannen sie mit dem Kampf gegen den Islam, beide vollführten unvermittelt eine scharfe Wende, um den Kampf um das *dominium maris baltici*
zu führen, für beide war das westliche Europa mehr als eine politische
Option, mag Ivan IV. von seiner englischen Heirat und seinem englischen Asyl auch wohl völlig unrealistische Vorstellungen gehabt haben.

Ivan IV. wollte als «gottgekrönter Zar» Gehorsam, Recht und Wahrheit durchsetzen, Peter I. als «Imperator» und *pater patriae* naturrechtliche Lehrsätze und das Gemeinwohl zur obersten Maxime allen Dienens

machen. Gewaltbereit brachen beide die Konvention, zerstörten das Gehäuse der traditionellen Kultur, taten dem religiösen Grundkonsens Gewalt an, verfielen der Hybris, ihre Gesellschaft gegen deren Willen umformen zu sollen. Dabei hat Peter I. sicherlich die höhere Zahl von Todesopfern verursacht, allein von Sankt Petersburg ist zu Recht gesagt worden, es sei auf einem Friedhof errichtet. Immerhin, nach Peters I. Tode blieb der gesellschaftliche Mechanismus in Betrieb, wälzte sich – schlecht, aber doch recht – in derselben Richtung weiter. Ivan IV. hingegen hinterließ nur Ruinen – die «Zeit der Wirren» (s. die Kapitel «Pseudodemetrius» u. «Vasilij Šujskij») begann eigentlich schon mit seinem Tod.

Ivan IV. wie Peter I. erlebten am Ende ihre persönliche Niederlage in der eigenen Familie: Der eine erschlug seinen Sohn im Affekt und mußte einem Kretin den Thron übergeben, der andere ließ seinen Sohn zu Tode foltern und überließ schließlich der Hofkamarilla den Kampf um die Macht... Wessen Tragik die tiefere war, die des finsteren, schmerzgepeinigten, ständig zwischen Angst und sadistischem Haß hin- und hergerissenen Ivans IV. oder auf der anderen Seite die des herkulischen Peters I., der die Hydra köpfte, den Augiasstall immerhin einmal ausmistete, der sich schließlich doch nur als Sisyphos erwies – das ist eine offene Frage.

Fedor (I.) Ivanovič

Frank Kämpfer

FEDOR (I.) IVANOVIČ
1584–1598

Fedor (I.) Ivanovič, geb. 31.5. 1557, Zarenkrönung 31.5. 1584, gest. 6.1. 1598, bestattet im Kreml. Vater Ivan IV., Mutter Anastasija Romanova (ca. 1530/32–7. 8. 1560). Heirat 1574 (oder 1580?) mit Irina Fedorovna Godunova (gest. 1604 als Nonne Aleksandra); Tochter Feodosija (1592–1594).

Zweimal haben Kretins den russischen Zarenthron eingenommen, Fedor I. und Ivan V. (s. Kapitel «Ivan V. und die Regentin Sof'ja»). Bei Zar Fedor breitete der Hof – hier ist es vor allem die Verwandtschaft der Zarin Irina mit ihrem Bruder, dem energischen Boris Godunov, an der Spitze – den Mantel der Diskretion über die physischen und psychischen Mängel des Herrschers, so daß meist nur Vermutungen nach außen drangen, im übrigen aber die Legende vom heiligmäßigen Leben des Throninhabers, wie sie die russische Chronik auf kirchenslavisch stilisiert, nacherzählt wurde. Auch im Ausland folgte man derlei Rücksichten: Als der Engländer Giles Fletcher 1591 sein ‹Of the Russe Commonwealth› drucken ließ, sorgte die Muscovy Company aus geschäftlichem Interesse dafür, daß die Verbreitung des Werkes mit seinen kritischen Beobachtungen verhindert wurde.

Bei der Öffnung der Grabstelle Fedors in der Begräbnisstätte der Moskauer Rjurikiden protokollierten russische Wissenschaftler den medizinischen Befund an Hand des Skeletts. Damals formulierte einer der führenden Historiker, M. N. Tichomirov, zusammenfassend sein Urteil: «Seinerzeit saß auf dem Moskauer Thron mit Monomach-Krone und Zarenornat eine körperliche und geistige Mißgeburt.» Mag das auch weit über die publizierten Verlautbarungen der Anthropologen hinausgehen – wir dürfen vermuten, daß dem Spezialisten Erkenntnisse zugänglich waren, die sein vernichtendes Urteil begründeten. Die einzige ausführliche Charakteristik von Augenzeugen stammt von Giles Fletcher, der sich dabei auf die Beobachtungen von Jerome Horsey stützt. Sie ergänzt das Bild allseitiger Schwäche mit der (später sich als unrichtig erweisenden, aber doch charakteristischen) Voraussage, daß der Zar seiner Konstitution wegen keine Kinder haben könne. Nicht nur von ihm gibt es den Hinweis auf ein ständiges debiles Grinsen des Zaren. Fedor «is for his person of a mean stature, somewhat low and gross, of a sallow complexion, and inclining to the dropsy, hawk-nosed, unsteady in his pace by the reason of some weakness of his limbs, heavy and inactive, yet commonly smiling almost to a laughter. For quality

otherwise simple and slow witted but very gentle and of an easy nature,
quiet, merciful, of no martial disposition nor greatly apt for matter of
policy, very superstitious and infinite that way.» Fletcher bestätigt mit
seinen Worten den archäologischen Befund eines besonders kleinen
Kopfes mit großer Adlernase; das erhebt eine Bildnistafel, der bis dahin
nur zweifelhafter Wert zugemessen worden war, in den Rang eines
Porträts.

Sofern man dem Zaren die politischen Ereignisse seiner Zeit zuschreiben kann, wären nun die außenpolitischen Erfolge des Emporkömm-
lings Boris Fedorovič Godunov, jenes Mannes zu nennen, der sich im
Innern gegen die Fürstenclans behauptet hatte und seit 1587 offiziell als
Reichsverweser agierte. «Gubernator der reußischen Monarchie» wird
Boris Godunov in ausländischen Quellen genannt. Der Wiederausbruch
des Krieges mit Schweden und 1595 der relativ günstige Friedensschluß
von Teusino (Täyssinä) sind wohl, ebenso wie die zielgerichtete Unterwerfung und Befestigung Westsibiriens, am Zaren vorbeigegangen.
Doch man wird Fedor Ivanovič selbst in die seit 1586 laufenden Verhandlungen über die Rangerhöhung der russischen Metropolie zum
Patriarchat einbezogen haben. Die feierliche Proklamation des Patriarchats von Moskau und ganz Rußland 1589 bildete den Endpunkt russischer Bemühungen seit der Zarenkrönung Ivans IV. von 1547. Ob man
Fedor überhaupt mitgeteilt hat, daß und auf welche Weise sein Halbbruder Dmitrij Ivanovič am 15. Mai 1591 umgekommen ist, bleibt fraglich.
(Einzelheiten zu dieser Periode vgl. im Kapitel «Boris Godunov».)

Helmut Neubauer

BORIS GODUNOV
1598–1605

*Boris Godunov, geb. 1552, Bojar 1580, Regent 1587/88, Wahl zum Zaren 17. 2.
1598, Krönung 3. oder 9. 3. 1598, gest. 13. 4. 1605 als Mönch Bogolep, bestattet
im Kreml, unter Vasilij Šujskij im Troice-Sergiev-Kloster. Vater Fedor Ivanovič
Godunov, Mutter Stepanida Ivanovna (als Nonne Sundulija). Heirat 1571/72 mit
Marija Skuratova-Bel'skaja (gest. 10. 6. 1605); Sohn Fedor (1589–10. 6. 1605,
Zar 1605), Tochter Ksenija (gest. als Nonne Ol'ga 1622).*

In der eindrucksvollen Eingangsszene der Oper «Boris Godunov» – der
Komponist M. P. Musorgskij, der das Libretto nach A. S. Puškins Drama
selbst verfaßt hatte, nannte sie ein «musikalisches Volksdrama» – liegt
eine Volksmenge auf den Knien und fleht den Bojaren Boris Fedorovič
Godunov an, die ihm durch eine Wahl übertragene Krone des Zarenreiches anzunehmen. Bewaffnete umgeben die Flehenden, sie überwachend
und antreibend. Die Szene offenbart gleichermaßen die Hilflosigkeit
und die Beeinflußbarkeit der vox populi. Die Umstände der Zarenwahl
in den letzten Julitagen des Jahres 1598 waren ganz ungewöhnlich, ohne
Vorbild: Die bisher herrschende Dynastie war mit dem Tode Fedor Ivanovičs ausgestorben. Es ist denkbar, daß mit der Wahl Godunovs auch
die Möglichkeit angedeutet war, wenigstens den Anschein einer genealogischen Kontinuität zu erzielen. Godunovs Nähe zum regierenden
Hause war schon Jahre zuvor dadurch dokumentiert worden, daß er
seinen sonstigen Amtstiteln den des «Schwagers der herrscherlichen
Majestät» hatte hinzufügen dürfen; man konnte dies als eine Art genealogischer Kontinuität deuten. Freilich reichte dies nicht aus, um Ansprüche auf den Thron überzeugend zu begründen, aber Godunov hatte
politische Erfahrungen, und die führenden Gruppen des Moskauer
Staates hatten ihrerseits Erfahrungen mit ihm gemacht.

Sein Aufstieg hatte sich auffällig rasch vollzogen: Als Sohn einer nicht
besonders begüterten Familie 1552 geboren, war er in die «Opričnina»
des Zaren Ivan IV. (s. Kapitel «Ivan der Schreckliche») eingetreten: Er
scheint sich bei deren Terroraktionen nicht besonders hervorgetan zu
haben, indessen erwies sich den Godunovy ohne Zweifel seine Heirat
mit der Tochter des gefürchteten Opričnik «Maljuta» Skuratov als förderlich. Boris und seine Schwester Irina Fedorovna gerieten an den Hof,
und dort eröffneten sich ihnen bedeutende Zukunftsmöglichkeiten. Der
Bruder – noch nicht 30 Jahre alt – erhielt 1581/82 den Rang eines Bojaren;
damit rückte er in die unmittelbare Nähe des Thrones. Vermutlich noch

wichtiger war die Heirat der Schwester mit dem Thronfolger Fedor Ivanovič (s. Kapitel «Fedor Ivanovič»).

Zar Ivan hatte angesichts der mangelnden Herrscherqualität des
schwachsinnigen Fedor eine Art Regentschaftsrat etabliert. Zu dessen
Mitgliedern zählte Godunov, der im Blick auf die rangbestimmende
Familientradition den anderen Mitgliedern dieses Gremiums zunächst
ebensowenig gleichgeachtet wurde wie «Maljuta» Skuratov.

Daß es dem Bojaren Godunov gelang, bis 1587/88 seine konkurrierenden Mitregenten zurückzudrängen oder auszuschalten, zeugt von seinen personalpolitischen Fähigkeiten, aber der Erfolg wäre kaum möglich gewesen, wenn er nicht bestimmte Interessengruppen auf seiner
Seite gewußt hätte. Die sukzessive Bindung der bäuerlichen Arbeitskräfte an den Boden war dem grundbesitzenden Dienstadel zugute gekommen; die Erhebung der Metropolie zum Patriarchat (1589) hatte das
Selbstgefühl des hohen Klerus gestärkt, zumal damit auch weitere
Rangerhöhungen verbunden waren; die für die Verwaltungspraxis
wichtigen Sekretäre (d'jaki) – überwiegend Aufsteiger aus Kaufmanns-
oder Priesterfamilien – dürften ebenfalls ihre Hoffnung auf ihn gesetzt
haben. Im übrigen scheint es nicht überrascht zu haben, daß ausländische Unterhändler, die zu wirtschaftlichen oder politischen Gesprächen
in Moskau erschienen, mit Godunov verhandelten (in ihren Berichten
nannten sie ihn den «gubernator», den wirklichen Sachverhalt damit
richtig beschreibend). Mutmaßungen, er könnte an dem rätselhaften
Tod von Ivans Sohn Dmitrij (1591) mitbeteiligt oder mitschuldig gewesen sein, ließen sich nicht erhärten; es war ein kluger Schachzug, den
Fürsten Vasilij Ivanovič Šujskij, den offensichtlichen Konkurrenten
Godunovs, als Leiter einer Untersuchungskommission einzusetzen. Sie
kam zu dem Ergebnis, der Thronfolger sei durch einen Unfall zu Tode
gekommen. Immense Einkünfte erlaubten es schließlich dem faktischen
Regenten, ihm nützlich erscheinenden Personen handfeste Gnadenerweise zukommen zu lassen.

Mithin konnte er sich sicher sein, daß die Stimmung in der Hauptstadt für ihn günstig war. Die meisten ausländischen Beobachter tendierten zu dem Urteil, sein Aufstieg habe nicht auf der Kunst raffinier-
ten Intrigierens beruht, er sei vielmehr das Ergebnis außerordentlicher
politischer Fähigkeiten gewesen. Jedenfalls wurde ihm positiv ange-
rechnet, daß er die Nöte, welche die überspannte Politik des Zaren Ivan
der Bevölkerung verursacht hatte, zu lindern verstand, nicht zuletzt
durch die Friedensschlüsse mit Nachbarmächten und die Sicherung der
Südgrenze des Reiches mit Hilfe der Anlage von Befestigungen und
Stützpunkten, die sich zu Städten ausbauen ließen. Als 1598 der außergewöhnliche Fall eintrat, daß ein Zar gewählt werden mußte, ließ sich
die Frage stellen, ob außer Godunov ein anderer Kandidat überhaupt
zur Verfügung stand, zumal sowohl die Zarin-Witwe als auch der Pa-

Boris Godunov

triarch Iov ihn empfahlen. Die Reichsversammlung (sobor), die als Wahlkörper fungierte, trug Züge der Improvisation. Die Zeit drängte, und es bestanden keine formalen Regelungen für das Verfahren; daß mehr als eine Fassung der Wahlniederschrift überliefert ist, kennzeichnet die Lage. Der Gewählte war sich gewiß seiner unsicheren Situation bewußt, es wäre mithin unklug gewesen, die Wahl ohne Zögern anzunehmen. Wenn er, von der Zarin-Witwe und dem Patriarchen gedrängt, vom Moskauer «Volk» angefleht wurde, das Amt anzunehmen, so ließ dies die Deutung zu, die Wahl entspreche dem allgemeinen Willen, nicht etwa dem persönlichen Ehrgeiz. Ob die Wahl Kritik oder Widerspruch auslöste, weiß man nicht.

Aus der Erfahrung eines Jahrzehnts als faktischer Regent konnte der neue Zar seine weiteren politischen Ziele entwickeln, indessen war deren Durchsetzung durch die veränderten Umstände erschwert: Entscheidungen, die durch den Bojaren Godunov inauguriert und herbeigeführt waren, wurden ja durch den Zaren Fedor autorisiert und besaßen Gesetzeskraft. Der Zar Godunov aber war auf seine eigene Autorität angewiesen, und diese war keineswegs unumstritten. Daß er über seine Schwester mit dem letzten Vertreter der Rjurikiden-Dynastie verbunden war, ließ sich als Argument für eine genealogische Kontinuität vorbringen, es konnte indessen nicht allgemein überzeugen: Man hatte die Zarenwitwe gedrängt, selbst die Krone zu übernehmen – Bojaren leisteten ihr den Treueid, und einige Verfügungen ergingen in ihrem Namen –, aber Irina zog sich in ein Kloster zurück und verwies auf ihren Bruder. Der gewählte Zar entstammte keiner der großen Familien, die nach ihrer Herkunft der Moskauer Dynastie näherstanden.

Zar Boris begann seine Regierung mit großzügigen Gnadenerweisen, Rangverleihungen, Landzuweisungen, Geschenken. Zugleich forderte er einen hart formulierten Untertaneneid. Beides ließ sich als Zeichen für Unsicherheit auslegen, als Suche nach Anhängern und Mißtrauen gegenüber vielen. Vor der Krönung berief er das Heeresaufgebot nach Serpuchov; angeblich drohte ein tatarischer Angriff, aber tatsächlich suchte der Gewählte die Möglichkeit, die Stimmung des Dienstadels zu erkunden und zu beeinflussen. Das Vorhaben fiel positiv aus: Ein militärisches Unternehmen war überflüssig, und der Adel schätzte es offensichtlich, daß ihm die bäuerliche Arbeitskraft durch das Gesetz gesichert war. Nach seiner Krönung (9. März 1598) fühlte sich Zar Boris so sicher, daß er mit früheren Rivalen gründlich abrechnen konnte. Besonders betroffen war die Familie Romanov und deren Anhang: Ihr Oberhaupt, Fedor Nikitič, wurde als Mönch Filaret in ein Kloster eingewiesen, seine Gattin ebenso als Nonne Marfa. Würdenträger, die den Familien Šujskij und Golicyn angehörten, wurden auf Posten fern von Moskau abgeschoben. Nach dem Revirement in den hohen Ämtern konnte der neue Zar mit der Loyalität der Aufgestiegenen rechnen, im übrigen waren die

in den Zentralämtern tätigen wichtigen Sekretäre als Träger der wesentlichen Verwaltungsarbeit dem neuen Herrscher ergeben.

Wenn sich auch nach den opferreichen Jahren des Livländischen Krieges und der Opričnina eine Besserung der wirtschaftlichen Lage des
Landes abgezeichnet hatte, so war die Finanzsituation des Staates immer noch unbefriedigend. Erklären ließ sich dies mit der geringen Effek-
tivität der Verwaltung; deren Organisation war unübersichtlich, die
Kompetenzen der Zentralämter überschnitten sich vielfach, reguläre
Steuern mußten häufig durch ad-hoc-Abgaben aufgebessert werden;
Bargeld war knapp (im Umlauf waren nur silberne Kopekenmünzen
oder deren Bruchteile, der Rubel diente lediglich als Rechnungseinheit).
Daß die Verwaltungsorgane gleichzeitig als Gerichtsbehörden fungier-
ten, entsprach der Tradition, trug indessen nicht zur Sicherheit bei. Die
Unübersichtlichkeit der Verhältnisse bot reichlich Gelegenheit, sich
durch «pominki» («Andenken») – eine unverfängliche Umschreibung für
Bestechungen – Vorteile zu verschaffen. In seinem Krönungsmanifest
hatte der Zar Boris Gerechtigkeit gegenüber allen Untertanen versprochen. Die Kontrolle der Behörden war ein naheliegendes Gegenmittel,
aber wenn zu Anzeigen aufgefordert wurde, so bot dies auch Spielraum
für Denunzianten. Ein vernünftiger Ansatz bot keine Gewähr für entsprechende Ergebnisse; die Trägheit des Gewohnten war ebenso stark
wie die Skepsis gegenüber verordneten Neuerungen.

Mißlich blieb der Geldmangel des Staatsschatzes; für die Münzprä-
gung war man auf Edelmetall aus dem Auslande angewiesen. Abgaben
wurden großenteils in Naturalien geleistet, die auf dem Markt veräußert
werden mußten. Es lag mithin nahe, die Städte als Marktorte zu fördern. Die Stadtbewohner ließen sich zu einer gesonderten Gruppe von
Steuerpflichtigen zusammenfassen, die nicht mehr von den Weisungen
mehrerer Behörden abhängig war. In diesem Zusammenhang lassen
sich wirtschaftspolitische Absichten erkennen, die später – im Uloženie
des Jahres 1649 – allgemeine Gesetzeskraft erhielten (s. Kapitel «Aleksej
Michajlovič»). Der Stadtentwicklung sollten auch ausländische Handwerker und Techniker dienen: Von den Fachleuten, die in der Zeit Ivans
des Schrecklichen zwangsweise aus Livland nach Moskau transferiert
worden waren, verblieb ein Teil in der Hauptstadt, als ihnen die Rückkehr freigestellt worden war. Neu Hinzukommende, darunter auch
Ärzte und Militärs, fanden eine aufnahmebereite Gemeinde vor. Gleichzeitig mit den Bemühungen um die Anwerbung von Ausländern erhielten englische und lübische Kaufleute Zusagen für privilegierte
Handelsmöglichkeiten an mehreren Plätzen; vermutlich war dabei auch
daran gedacht, über sie politische Verbindungen zu intensivieren. Daß
Handelsleute aus dem Auslande auch als Vertreter ihrer Regierungen
angesehen wurden, galt bei den Moskauer Verhandlungspartnern als
Regel.

Dem Zaren Boris war auch ein anderer Mangel bewußt: Selbst in
hohen Verwaltungsstellen waren die Kenntnisse über politische und
gesellschaftliche Verhältnisse im Auslande begrenzt. Zwar zeichnete
man im Kreml die zugänglichen Informationen penibel auf, aber es
fehlte die eigene Anschauung. Daß in führenden Moskauer Kreisen die
Überzeugung von der eigenen Exklusivität zur Selbstgenügsamkeit
führte, ist anzunehmen, überdies warnten die Hierarchen der Orthodoxen Kirche ständig vor verderblichen Einflüssen des Auslandes. Wenn
nun der Zar 18 ihm begabt erscheinende junge Männer nach England,
Frankreich und in deutsche Länder entsandte, um sie dort unterrichten
zu lassen, so verfolgte er damit sicher nicht allein Bildungspläne im
engen Sinne, sondern auch die Heranbildung künftiger Staatsdiener mit
einem geweiteten Horizont. Die Erwartungen blieben unerfüllt – keiner
der Staatsstipendiaten kehrte in die Moscovia zurück.

Mochte die Verstärkung von Auslandsverbindungen noch so zweck-
mäßig sein, sie lösten bei manchen Zeitgenossen Bedenken, in geistlichen Kreisen Befürchtungen aus. Wer garantierte, daß die Begegnung
mit Ausländern und dem Ausländischen nicht zu einer die Tradition
bedrohenden Infektion werden würde? Genährt wurde die Skepsis
noch dadurch, daß der Zar die Überprüfung von Besitztiteln für klöster-
lichen Grundbesitz anordnete; augenscheinlich zielte dies darauf ab,
Landreserven für die Ausstattung zarischer Dienstleute mit Land (und
bäuerlichen Arbeitskräften) aufzufinden und zu mobilisieren.

Konfessionsbedingte Schwierigkeiten fielen auch bei den Bemühungen, für die Godunov-Tochter Ksenija eine angemessene Heiratsmög-
lichkeit zu finden, mit ins Gewicht. Der Sohn Gustav des schwedischen
Königs Johan III., der seiner Thronrechte verlustig erklärt worden war,
erschien als geladener Gast in Moskau. Sein Verhalten war anstößig,
aber offiziell scheiterten die Verhandlungen daran, daß er sich weigerte,
zur Orthodoxie überzutreten. Er wurde zeitweilig in Uglič interniert und
starb 1607 als Verbannter. – Ein zweiter Versuch ließ sich positiv an:
Herzog Johan, Bruder des dänischen Königs Christian IV., entsprach
allen Erwartungen, verstarb jedoch einige Wochen nach seinem Eintreffen in Moskau an einer Fieberkrankheit. Sicher standen hinter derarti-
gen Bemühungen politische Erwägungen im Blick auf den Ostseeraum,
ebenso bedeutsam war das Ziel einer familiären Verbindung mit einer
anerkannten europäischen Dynastie, gleichbedeutend, wenigstens im
Ansatz, mit der internationalen Anerkennung einer neuen Dynastie
Godunov. In analoge Überlegungen waren auch der Kaiserhof, der englische Königshof und ein georgischer Fürst einbezogen; sie führten
indessen über das Stadium unverbindlicher Gespräche nicht hinaus. Für
das Bemühen, die dynastische Kontinuität rechtzeitig zu sichern,
spricht das Verfahren, in offiziellen Schriftstücken neben dem Zaren
auch den Thronfolger als Aussteller zu nennen. Vermutlich sollte damit

auch eine Gewöhnung an die neue Situation erzielt werden, aber es ließ sich ebenso als Zeichen der Unsicherheit auslegen. Im übrigen hat man sich in manchen Kreisen sicher auch gefragt, weshalb der Zar nicht – der Tradition folgend – für seine Tochter einen Gemahl suchte, der einer angesehenen russischen Familie entstammte. Waren ihm diese verdächtig oder nicht würdig genug?

Aktivitäten im Bereiche der Außenpolitik sind sicher nur in einem sehr begrenzten Kreise wahrgenommen und gewürdigt worden. Dabei lagen sie in mehr als einer Hinsicht im Interesse des Reiches, das sich nach dem unglücklichen Ende des Livländischen Krieges in einer isolierten Lage befand. Die wirtschaftlichen Verbindungen ließen sich aktivieren, und mit diesen ließen sich politische verbinden. Die Südgrenze des Reiches bedurfte der Sicherung; sie war ständig durch Plänkeleien und bewaffnete Beutezüge tatarischer und kosakischer Gruppen beunruhigt. Hier im «wilden Feld» Ruhe zu schaffen lag im Interesse Moskaus ebenso wie in dem der Hohen Pforte; der Handelsverkehr war für beide Seiten profitabel. Der Sultan als Oberherr war außerstande, die Tataren des Krim-Chanats zu einem friedlichen Verhalten zu veranlassen, und Moskau distanzierte sich von den Kosaken, die vorgaben, als Bewahrer der Orthodoxie zu operieren. Zur Grenzsicherung ließ der Zar «Städte» (besser: befestigte Stützpunkte) wie Belgorod, Valujki und Carev Borisov anlegen. Die osmanische Politik war auch deshalb an einer stabilen Grenze interessiert, weil Konflikte an den Grenzen zu Ungarn und Persien Kräfte beanspruchten.

Das Verhältnis Moskaus zu Istanbul ließ sich in einem noch größeren Rahmen sehen: Der Kaiserhof brauchte stets Hilfe für die Abwehr an der «Türkengrenze», ein gewichtiger Grund dafür, daß man mit einer moskauischen Gesandtschaft schon 1599 in Prag das Thema anschnitt. Konnte man Moskau dafür gewinnen, das Krim-Chanat anzugreifen, so hätte dies eine deutliche Entlastung bedeutet. Die Gespräche scheiterten daran, daß als Gegenleistung eine zumindest diplomatische Unterstützung Moskaus durch außenpolitischen Druck auf Polen-Litauen erwartet wurde. Da Prag ablehnte, waren auch Erwägungen über eine mögliche habsburgische Heirat der Zarentochter gegenstandslos geworden. In diesem Zusammenhang wurde deutlich, daß der Moskauer Staat wieder als Machtfaktor in das Kalkül einer großräumigen Politik im Osten Europas einbezogen wurde. In Krakau scheint man indessen die Situation verkannt zu haben; anders läßt sich kaum erklären, daß eine polnisch-litauische Gesandtschaft 1600 in Moskau einen außerordentlich weitreichenden Plan vorbrachte: Zwischen beiden Staaten sollte ein «ewiger» Friede geschlossen werden, der Handel völlig frei sein, die Währungen sollten angeglichen werden, die regierenden Geschlechter sich gegenseitig das Sukzessionsrecht zusichern. Wenn so großzügige Vorschläge in Krakau ernst gemeint gewesen sein sollten, so war man dort einer Fehleinschätzung der Handlungsfähigkeit der Moskauer Regierung erlegen. Die Vorteile eines Zusammengehens – vielleicht dachte man sogar an eine Erweiterung der polnisch-litauischen Union – hätte man auch bei der Verfolgung der Ansprüche König Zygmunts III. auf den schwedischen Thron nutzbar machen können. Dessen Versuch, sie militärisch durchzusetzen, war 1598 gescheitert; die nächste Folge war die förmliche Entthronung Zygmunts 1600. Sein Nachfolger, Karl von Södermanland, zunächst Reichsverweser, seit 1604 als König Karl IX., griff das polnische Livland an, mußte es indessen 1602 wieder räumen; Estland blieb in schwedischer Hand. Moskau reagierte auf das Anerbieten negativ; es begnügte sich 1602 mit der Verlängerung des seit 1582 bestehenden Waffenstillstandes. Das Mißtrauen war gewachsen, seit 1596 für die ukrainisch besiedelten Teile der Rzeczpospolita eine Union der orthodoxen und römisch-katholischen Kirche verkündet worden war. Zu dieser hatte sich die Mehrheit der orthodoxen Bischöfe, welche die Gleichstellung mit den katholischen erstrebten, entschlossen; die Mehrheit der Gläubigen lehnte die Union ab. In Moskau sah man sich zumindest moralisch verpflichtet, den Glaubensgenossen beizustehen, wollte man nicht das Ansehen als Schutzmacht der Orthodoxie verlieren.

Auch die schwedische Politik fühlte in Moskau vor: Gegenstand diplomatischer Gespräche war ein gegen Zygmunt III. gerichtetes Bündnis. Sie verliefen ergebnislos, weil die moskauische Seite eine erhebliche Gegenleistung forderte: Livland mit seinen Ostseehäfen, also das gleiche Territorium, das Schweden selbst gewinnen wollte. Im Kreml konnte der Eindruck entstehen, man werde von zwei Seiten umworben, aber wenn man meinte, die werbenden Nachbarn gegeneinander ausspielen zu können, so unterlag man einer Selbsttäuschung. Keine der Parteien, die diplomatisch aktiv geworden waren, war bereit, einen wirklichen Preis für ein Bündnis zu zahlen. Immerhin bot die Konkurrenz der beiden Ostseemächte die Aussicht auf Sicherheit der Westgrenze des Reiches.

Ob man die Vorstöße in dem sibirischen Raum als Landgewinn einschätzen kann, ist zweifelhaft. Mochte man Teile Westsibiriens, etwa bis zum mittleren Ob' und Irtyš, als einigermaßen beherrscht betrachten, so führte das weitere Vordringen bis in das Flußgebiet des Enisej vorerst nur zur Gründung von Stützpunkten (ostrogi), von denen aus Tribute in Gestalt von Pelzwerk eingetrieben wurden. Sie bildeten den Kern späterer Marktorte und Städte wie Narym, Mangazeja und – weiter im Süden – Tomsk. Die Vorteile der nur allmählich unter Kontrolle zu bringenden Territorien konnten sich erst in der Zukunft auswirken.

Alle Maßnahmen und Vorhaben der zarischen Regierung stießen 1601 auf eine von der Natur hervorgebrachte Grenze: Ungewöhnliche Regenfälle und extrem frühe Fröste verursachten landesweit eine Mißernte, die zu einer Hungersnot mit massiven Folgen führte. Die Getreidepreise stiegen drastisch an, die Spekulation setzte rasch ein, vielerorts wurde sogar das Saatgut für die nächste Saison aufgebraucht. Um eine Verschärfung der Lage zu verhindern, wurde die Ausgabe von Getreide aus staatlichen Vorratslagern angeordnet. Den Provinzstädten wurden Staatsgelder zum Ankauf von Getreide angewiesen. Aber eben diese Fürsorgebemühungen lösten einen beträchtlichen Zuzug von Landbewohnern in die Städte aus. Staatliche Preiskontrollen erwiesen sich als wirkungslos, nicht einmal die Klöster als Anbieter landwirtschaftlicher Produkte scheinen sich an die Preisvorschriften gehalten zu haben; Beschlagnahmen versteckter Vorräte erbrachten nur bescheidene Ergebnisse. Zu den Opfern der Hungersnot kamen weitere von Seuchen, die, wie gewohnt, als deren Folge auftraten. Die Menschenverluste waren immens; Zeitgenossen schätzten sie auf Hunderttausende oder gar Millionen, sie berichten von der Verödung ganzer Dörfer.

Um noch Schlimmerem vorzubeugen, wurde dem größten Teil der an die Scholle gebundenen Bauern durch einen Erlaß vom 28. Nov. 1601 das Recht des Abzuges erneut gewährt, wenige Jahre, nachdem es ihnen genommen worden war. Dies bedeutete einerseits die scheinbare Legalisierung der – zunehmenden – Bauernflucht, zugleich des Verhaltens von Landbesitzern, die ihre Bauern angesichts der Notlage in eine noch stärkere Abhängigkeit gepreßt hatten, wenn diese Unterstützung durch den Grundherrn erwarteten. Die offensichtlich notgedrungene Maßnahme war jedoch nicht gleichbedeutend mit einer dauerhaften Wiederherstellung des Abzugsrechts der Bauern zum St. Georgs-Tag (26. November), denn Ländereien im Besitz des Staates, der Klöster und der Hierarchen, der größeren Grundbesitzer sowie Liegenschaften in der Umgebung der Hauptstadt waren von der Neuregelung ausgenommen. Im übrigen war die Geltung des Erlasses terminiert. Man hatte vermutlich damit gerechnet, daß sich die Ernteverluste, wie schon mehrmals, alsbald ausglichen, aber derartige Hoffnungen erfüllten sich nicht. Die Jahre 1602 und 1603 brachten wieder Mißernten; die Sonderregelung des Vorjahres wurde sinngemäß wiederholt, und 1603 erhielten auch landlose Dorfbewohner, die als Knechte (cholopy) dienten, das Recht des Abzuges zugesprochen. Wenn sie von ihren Herren verjagt wurden, weil diesen ihre Unterhaltpflicht lästig war, sollten sie von Amts wegen Freilassungsurkunden erhalten.

Mit der erneuten Erlaubnis zur Freizügigkeit war selbstverständlich keine Bindungslosigkeit verbunden, denn die Staatsleitung ging davon aus, daß die Abziehenden darauf angewiesen waren, einen neuen Grundherrn zu finden. Angesichts der Zeitumstände ließ sich kaum damit rechnen, daß die üblichen Formalitäten des Abzuges eingehalten werden konnten, und wenn ein Grundherr nolens volens den Abzug hinnahm, so wurde er zwar einiger Verpflichtungen ledig, aber seine wirtschaftliche Situation blieb davon nicht unberührt. Auch wenn sich seine Lage verschlechterte, dauerte seine Dienstpflicht unverändert fort. Unter diesen Umständen war nicht zu erwarten, daß der Diensteifer des mittleren und kleinen Grundadels zunehmen werde. Der Zar hatte möglicherweise gehofft, durch die erwähnten Erlasse Sympathien bei den betroffenen Bauern zu gewinnen, aber die fortdauernde Katastrophenstimmung ließ keine Wende zum Besseren aufkommen.

Wie auch sonst in besonderen Situationen – Naturereignisse eingeschlossen – erhob sich unter der breiten Bevölkerungsschicht die Frage nach den Ursachen, den Vorstellungen entsprechend, auch nach etwaiger Schuld, die Vergeltung nach sich zog. Den Chronisten früherer Zeit war die Formel «um unserer Sünden willen» durchaus geläufig. Die Frage nach der Schuld ließ sich unschwer mit der nach den oder dem Schuldigen verknüpfen. Die aufeinanderfolgenden Hungerjahre förderten ohne Zweifel derartige Grübeleien über die Ursache des Unglücks, es konnte auch die Strafe für eine Schuld des Herrschers sein, für den das Volk die Vergeltung traf. Unter dieser Voraussetzung war es nicht erstaunlich, daß frühere Gerüchte wieder auflebten: War der Zar vielleicht doch der Urheber des gewaltsamen Todes des Zarensohnes Dmitrij Ivanovič im Jahre 1591? War dem so, dann war Boris nicht der Mann, dem die Zarenmacht rechtmäßig zukam, und wenn ihm das Volk gehorchte, dann war es mitschuldig und hatte Strafe verdient; in Form der Hungersnot hatte die Masse für einen Schuldigen zu büßen. Daß Godunovs Wahl auf keinen offenen Widerstand gestoßen war, fiel offenbar nicht mehr ins Gewicht; für viele galt es jetzt als erwiesen, daß auf der Herrschaft eines Mannes, der den Thron durch List und Gewalt gewonnen hatte, kein Segen ruhen konnte. So einfach und naiv derartige Gedankengänge scheinen mögen, so fanden sie doch unter einer Bevölkerung, die weitgehend analphabetisch war, Widerhall, zumal es sicher auch in den führenden Gruppen Leute gab, die an der Verbreitung von Gerüchten und Mutmaßungen interessiert waren. Der Zar hatte stets mit dem Vorhandensein einer inneren Opposition zu rechnen.

Die allgemein sinkende Stimmung äußerte sich in der Auflehnung von Bauern gegen ihre Grundherren und Hungerrevolten. Im Sommer 1603 machte eine mehrere hundert Mann starke Gruppe den Einsatz von Truppen erforderlich. Unter der Führung des Knechtes Chlopko (Kosolap) bedrohte sie die Handelswege der Hauptstadt; sie wurde im September aufgerieben. Ob der Anführer an Verwundungen starb oder hingerichtet wurde, ist nicht auszumachen. In der sowjetischen Geschichtswissenschaft galt lange die Meinung, das Unternehmen markiere den Beginn des Bauernkrieges, der in den kommenden Jahren ein entscheidender Faktor des Geschehens geworden sei. Dieses Urteil ist inzwischen relativiert worden, weil sich nachweisen ließ, daß die Aufständischen keine sozial homogene Gruppe darstellten; neben entlaufenen oder verjagten Knechten standen deklassierte Kleinadelige, die sich selbst in ein Abhängigkeitsverhältnis zu größeren Grundherren begeben hatten. Ob hinter dem Unternehmen eine bestimmte Zielsetzung stand, ist zu bezweifeln; es gab Zeitgenossen, die es als Räuberei einschätzten.

Unsicherheit und Unruhe wurden durch weitere Gerüchte gesteigert, die besagten, der Thronfolger Dmitrij sei 1591 wie durch ein Wunder dem Mordanschlag in Uglič entgangen und halte sich jetzt in Polen auf. Derartige untergründig verbreitete Nachrichten ließen sich leicht mit den Mutmaßungen über die Ursache der unglücklichen Lage des Reiches und seiner Bewohner verbinden: War der regierende Zar wirklich ein Usurpator, dessen unrechtes Handeln die schlimme Situation herbeigeführt hatte, so war die Rettung womöglich durch einen «echten» Zaren zu erhoffen. Folglich war es geboten, diesem zu seinem angestammten Recht zu verhelfen. Hochgestellte Personen, darunter auch die Zarin-Witwe und Mutter Dmitrijs – seit 1591 Nonne Marfa – sollen mehrdeutige Aussagen gemacht haben, als man sie befragte. Sie trugen nichts zur Beruhigung bei, kennzeichneten eher die Labilität der Stimmung im Umkreis des Zaren. Dieser war bestrebt, negativen Weiterungen vorzubeugen: Er ließ in den Kirchen verkünden, der angeblich gerettete Zarensohn sei ein Betrüger; in Wirklichkeit handele es sich um einen entlaufenen Mönch namens Grigorij (Griška, Juška) Otrep'ev, der in Polen Zuflucht gesucht und gefunden habe. Der Bojar Vasilij Šujskij wiederholte öffentlich seine Erklärung, die er als Leiter der Untersuchungskommission seinerzeit abgegeben hatte, er habe die Leiche des tödlich verunglückten Dmitrij Ivanovič mit eigenen Augen gesehen. Auch wenn sich Nachrichten über eine Erkrankung des Zaren nicht in Zusammenhang mit der sich für ihn verschlechternden Lage bringen lassen, so verdienen sie immerhin Erwähnung, weil sie Rückwirkungen auf die Handlungsfähigkeit Boris' haben konnten. Es fällt auf, daß 1603 die Verordnungen der voraufgegangenen Jahre über die Abzugsmöglichkeit für Bauern nicht wiederholt wurden; eine Kontrolle der Folgen wäre vermutlich ohnehin nicht möglich gewesen.

Als sich Nachrichten mehrten, Demetrius erhalte in Polen Zulauf, sah sich der Zar veranlaßt, am Krakauer Hof vorstellig zu werden; zu negieren war der Sachverhalt nicht mehr. Zwei Gesandtschaften, die Demetrius als Betrüger entlarven sollten, kehrten ohne Ergebnis zurück. König Zygmunt III. wich aus. Er ließ erklären, das Auftreten des Prätendenten sei keine Angelegenheit der Staatspolitik; wenn sich Angehörige des Adels für ihn engagierten, so sei dies mit den Rechten des Adels, wie diese verbrieft seien, vereinbar. Wie weit sich der König auf das Unternehmen bereits eingelassen hatte, war nur wenigen bekannt; entsprechende Informationen hätten ohne Zweifel Widerstand hervorgerufen. Andere Würdenträger der Rzeczpospolita, denen man für die Auslieferung ansehnliche Gegenleistungen in Aussicht stellte, reagierten

ebenfalls negativ. Im übrigen verwies man auf den bestehenden Waffenstillstand, der keine Handhabe für ein Vorgehen gegen Demetrius biete.
Auch Wien sollte gewarnt werden; ob die diplomatische Note den Kaiserhof erreichte, ist ungewiß. In dem Text fällt auf, daß der Prätendent
nicht als entlaufener Mönch, sondern als ein Übeltäter beschrieben
wird, der sich der gerechten Strafe entzogen habe. Gewichtiger war 1604
ein umfassendes Moskauer Angebot: ein Bündnis gegen Polen-Litauen
mit dem Ziel, dort einen Erzherzog zu inthronisieren, der mit der Zarentochter Ksenija die Ehe eingehen sollte. In Wien konnte man mit Recht
daran zweifeln, wie groß der Realitätsgehalt derartiger Propositionen
war. Auch wenn man dort auf Türkenhilfe rechnete, bestand kein hin-
reichender Grund, Druck auf Krakau auszuüben, geschweige denn Krieg
gegen den Nachbarn ins Auge zu fassen. Der Zar sah sich mithin wieder
auf sich selbst zurückverwiesen, er hatte nun statt Krieg einen Bürgerkrieg vor Augen.

Immerhin schien das Heer noch intakt, wenn auch die Gesamtsitua-
tion unsicherer wurde. Als der Prätendent seine Anhänger – um die
2000 polnische Reiter und etwa 200 ehemalige moskauische Untertanen
– im August 1604 von Lemberg aus in Marsch setzte und Anfang Oktober nördlich von Kiev die Dnepr-Grenze überschritt, schien der Zar die
Bedrohung zu unterschätzen; Gegenmaßnahmen kamen nur langsam in
Gang. Die Vormarschrichtung der Angreifer folgte nicht dem unmittelbaren Weg nach Moskau; man hatte die Gewinnung südlicher Reichs-
teile als erstes Ziel. Deren Bewohner schienen besonders gegen Boris
eingenommen, weil zarische Truppen dort bei der Unterdrückung von
Unruhen besonders hart vorgegangen waren. Überdies hatten Flugblätter Wirkung, die eine allgemeine Amnestie und die Rückkehr zu den
Verhältnissen wirklicher und gerechter Zaren versprachen. Das Heer
des Demetrius erhielt gleichzeitig einen bedeutenden Zuzug: Einige tausend Kosaken vom Don und Dnepr unterstellten sich ihm. Auch sie
setzten auf in Flugschriften und geheimen Gesprächen zugesicherte
Versprechungen größerer «Freiheiten», auch wenn diese inhaltlich wenig Konkretes enthielten. Rechnet man noch die Einheimischen hinzu,
die sich dem Heer anschlossen, so dürfte sich dessen Stärke auf über
20 000 Mann belaufen haben. Ebenso wichtig war es, daß eine Reihe von
Städten den vorrückenden Truppen ohne Widerstand zufiel (Černigov,
Putivl', Ryl'sk, Kursk u. a.); auf Belagerungen wären Demetrius' Truppen nicht vorbereitet gewesen.

Trotz dieser Anfangserfolge – ein Höhepunkt war der Sieg über ein
zahlenmäßig überlegenes Heer am 21. Dez. 1604 – zeigten sich die polnischen Freiwilligen unzufrieden, weil sie noch raschere Erfolge erwartet
hatten. Als sie mit ihrem Abzug drohten, gelang es nur mit Mühe, den
größeren Teil zum Bleiben zu bewegen. Eine erste militärische Niederlage bei Dobryniči im Januar 1605 zwang Demetrius zum Rückzug nach

Putivl'; zarische Truppen begannen die Belagerung von Ryl'sk und Kromy, gleichzeitig unternahmen sie Strafaktionen in den Landstrichen, die sich für den Prätendenten erklärt hatten. Es ist schwer zu entscheiden, ob gerade deshalb weitere Aufrufe des «carevič» Erfolg hatten; jedenfalls erklärten sich weitere Städte, u. a. Oskol', Voronež, Belgorod, für ihn. Diese Entscheidungen konnten ebenso darauf hindeuten, daß sie die Sache Boris' als verloren ansahen und sich rechtzeitig umorientieren wollten.

Während der Ausgang des zum Krieg gewordenen Konfliktes noch offen war, unternahm der Zar eine weitere Demarche in Krakau, aber Zygmunt III. wiederholte nur seine Argumente, die er schon früher gebraucht hatte und verwies auf den fortbestehenden Waffenstillstand. Er war zur Vorsicht veranlaßt, weil hochrangige Würdenträger wie Jan Zamoyski und Lew Sapieha energisch davor warnten, das Demetrius-Abenteuer zu unterstützen. In Stockholm war man über die prekäre Lage Boris' unterrichtet, man meinte, dies ausnutzen zu können, und bot ein Bündnis an. Moskau lehnte ab. Zum einen war man sich bewußt, daß Schweden nicht uneigennützig handelte, zum andern wäre ein Eingehen auf das Angebot einem Eingeständnis der eigenen Schwäche gleichgekommen. Man betrieb energisch die Neugruppierung und Verstärkung des Heeres, um im Frühjahr eine überlegene Macht gegen den Prätendenten ins Feld schicken zu können. Immerhin verstärkten sich Besorgnisse im Blick auf die innere Lage des Reiches, weil im Kreml Informationen über eine zunehmende oppositionelle Stimmung in führenden Adelskreisen einliefen.

Nicht lange nach dem Aufbruch der frisch formierten Truppen verschlechterte sich der Gesundheitszustand des Zaren drastisch. Er starb am 13. April 1605, wahrscheinlich an den Folgen eines Blutsturzes, nachdem man ihn, dem Brauch folgend, als Mönch mit dem geistlichen Namen Bogolep eingekleidet hatte. Selbst der Tod Boris' wurde noch von Gerüchten begleitet: Man munkelte, er habe sich unter dem Eindruck seiner bevorstehenden Niederlage und aus Verzweiflung über seine voraufgegangenen Untaten das Leben genommen – damit hätte er eine letzte Sünde begangen. Er wurde wie seine Vorgänger auf dem Thron in der Erzengel-Kathedrale beigesetzt. Seine Familie und deren Anhänger befürchteten Schlimmes. Um die Loyalität des Heeres zu gewährleisten, wurde P. F. Basmanov als neuer Oberbefehlshaber eingesetzt. Er galt allgemein als erprobter Freund der Familie Godunov, aber die Erwartungen, die man in ihn setzte, wurden binnen kurzem enttäuscht.

Es ist unschwer verständlich, daß das Urteil der Zeitgenossen über den Zaren Boris wesentlich von dessen Scheitern bestimmt wurde. Einzelne gelangten zu einer eher nachdenklichen Sicht wie etwa der Sekretär Ivan Timofeev, der in seinem ‹Zeitbuch› notierte: «In der Stunde

seines (Boris') Todes wußte niemand, was überwog, ... Gut oder Böse.»
In der russischen Geschichtsschreibung überwogen negative Wertungen
bis zu S. F. Platonovs Biographie, die 1921 erschien; seither ist man zu
einer zunehmend differenzierenden Sichtweise gelangt, wenn auch die
Ansichten darüber, im Interesse welcher Bevölkerungsschicht der Zar
handelte, auseinandergehen. Sicher war die Art, wie er in sein Amt
gelangte, so ungewöhnlich, daß sich daraus ein Mangel an Legitimation
herleiten ließ. Vor allem war damit zu rechnen, daß Angehörige alter
bojarischer Familien, die teilweise noch ihre fürstlichen Titel führten, in
Opposition blieben, weil sie aufgrund ihrer Abstammung mehr Anrecht
auf eine Thronfolge beanspruchten. Gerade sie waren in der Zeit des
Regenten Godunov zurückgesetzt worden, infolgedessen mußte er als
Zar mit ihrem Mißtrauen, sogar mit ihrer Gegnerschaft rechnen. Mochte
sein rasches Aufsteigen durch Leistungen für den Staat begründet sein,
so galten nach der Thronbesteigung andere Maßstäbe: Die Bewahrung
des Überkommenen – die «starina» – wurde von ihm erwartet. Jedes
Abweichen davon ließ sich negativ auslegen, und jede Neuerung bedeutete ein Abweichen.

Unter den gegebenen Umständen war es notwendig, sich auf die
Schicht des Dienstadels zu stützen, der mit mittelgroßem oder kleinem
Grundbesitz ausgestattet war. Schließlich hatte sich die Bauernpolitik
der 90er Jahre zu dessen Gunsten ausgewirkt, neue Landzuteilungen
ebenso. Aber die Wiederherstellung des bäuerlichen Abzugsrechts
durch die Erlasse der Jahre 1601 und 1602, mochten sie auch für eine
begrenzte Zeit gedacht gewesen sein, bedeutete für die Grundherren
einen Rückschlag, zumal die infolge der Hungersnot zunehmende
Bauernflucht eine Kontrolle der Verfahren unmöglich machte. Wenn
Grundherren nicht imstande oder willens waren, ihren Bauern über die
Not hinwegzuhelfen, so setzten diese auf die Hilfe des Zaren; blieb auch
diese aus, so handelten sie auf eigene Faust. Die Hilflosigkeit machte sie
für Gerüchte und Parolen anfällig, die das Vertrauen in die bis dahin
akzeptierte Herrschaft erschütterten. Ob seitens der Kirche Anstrengungen unternommen wurden, die Unruhe zu dämpfen, ist nicht überliefert; erst als Nachrichten über Demetrius verbreitet wurden, warnte sie
die Gemeinden. Die Mehrheit der Hierarchen war gegenüber Neuerungen zumindest skeptisch, in mancher Hinsicht ablehnend, weil sie –
etwa im Blick auf Boris' Pläne für eine zeitgemäße Schule – Gefahr für
die Orthodoxie argwöhnte. Im übrigen schien ihr jede Öffnung für das
Fremde verdächtig.

Der Zar Boris hatte sicher die Mängel und Probleme des Staates erkannt. Wenn er dessen Bestand sichern und ihn international zur Geltung bringen wollte, so war eine Politik geboten, die sich nicht mit dem
Beharren auf dem Gewohnten begnügte. Hierzu bedurfte es einer allgemein anerkannten Autorität. Wurde diese bereits in der Anfangsphase

der Regierungszeit von manchen in Zweifel gezogen, so wurde sie durch die Ereignisse der Hungerjahre erschüttert. Der Zar geriet in eine Isolation, und als sich die Nachrichten über den angeblich geretteten Sohn Ivans IV. verdichteten, wurde der Autoritätsverfall offensichtlich. Sprach schon das Abgehen von Traditionen bei vielen gegen ihn, auch wenn es im Interesse des Staates lag, so erwiesen sich die Folgen der Naturkatastrophen als fatal. Wenn Boris Feodorovič Godunovs politischer Biographie tragische Züge beigemessen werden, so gibt es dafür Gründe, nicht allein im Rückblick auf sein Handeln, sondern ebenso im Vorausblick auf das künftige Geschehen.

Helmut Neubauer

FEDOR GODUNOV
1589–1605

Fedor Godunov, geb. 1589, Thronbesteigung 13. 4. 1605, Sturz 1. 6. 1605, gest.
10. 6. 1605, bestattet im Varsonofij-Kloster, unter Vasilij Šujskij im Troice-
Sergiev-Kloster. Vater Boris Godunov (1552–13. 4. 1605, Zar 1598–1605),
Mutter Marija Skuratova (gest. 10. 6. 1605).

Ob man von einer Regierungszeit des 1589 geborenen Godunov-Sohnes
sprechen kann, ist einigermaßen zweifelhaft. Nach dem Tode des Zaren
Boris Godunov am 13. April 1605 leisteten ihm die Moskauer Untertanen
ohne Verzögerung den Untertaneneid, ungeachtet dessen, daß die Lage
des Reiches und der Herrschaft angespannt, ja unsicher war. Das Heer
stand bei Kromy den Truppen des Prätendenten Demetrius gegenüber;
es erwartete Verstärkungen, die P. F. Basmanov heranführte. Dieser
nahm noch gemeinsam mit dem Metropoliten Isidor den Treueid des
Heeres entgegen, dem der Tod des Zaren noch nicht bekannt war. Danach nahm der gerade ernannte Oberbefehlshaber vor Kromy allerdings
Verbindung mit dem gegnerischen Lager auf, nachdem er andere Be-
fehlshaber wie die Bojaren I. V. Golicyn und M. G. Saltykov für den
Frontwechsel gewonnen hatte. Am 7. Mai 1605 vollzog sich der Übergang des zarischen Heeres in das Lager des Demetrius, nur eine kleine
Gruppe zog sich in Richtung Moskau zurück. In Putivl' nahm der Prätendent die Huldigung seiner neuen Parteigänger entgegen. Deren Handeln läßt sich nicht damit erklären, daß sie zu der Einsicht gekommen
waren, Demetrius sei derjenige, für den er sich ausgab, sondern aus der
Überlegung, daß die Sache der Godunovy verloren war. Sie konnten
sich allenfalls damit rechtfertigen, daß ihr Umschwenken weiteres Blut-
vergießen verhinderte. Im übrigen sicherten sie sich damit die eigene
Stellung wie auch die Straflosigkeit der bisher zarentreuen Truppen.

Die Nachrichten über das Geschehen lösten im Kreml Bestürzung und
Lähmung aus; die Bevölkerung der Hauptstadt wurde zunehmend unruhig, zumal sich Gerüchte verbreiteten, der Einzug des neuen Herrschers stehe unmittelbar bevor. Immerhin dauerte es noch bis Anfang
Juni, daß Agenten des Demetrius ein Manifest des Siegers verkündeten.
Es versprach den Moskauern allgemeine Vergebung, sie seien einer systematischen Irreleitung ausgesetzt gewesen. Gleichzeitig wurden sie
dazu aufgefordert, die Anhänger der Godunovy in Gewahrsam zu nehmen, damit sie ihrer Strafe zugeführt werden könnten. Der Aufruf war
das Signal für die Plünderung der Häuser Godunov-treuer Bojaren und

von Teilen des Kreml. Der junge Zar und seine Mutter wurden am 1. Juni 1605 verhaftet und am 10. Juni erdrosselt, Boris' Tochter Ksenija überlebte. Zur Verteidigung der Godunovs fand sich kaum jemand, man hatte sich augenscheinlich bereits auf die neue Situation orientiert. – Während der turbulenten Geschehnisse meldete sich der Bojar Vasilij Šujskij erneut zu Wort, den Fedor Godunov zusammen mit anderen Heerführern von der Front zurückgerufen hatte, um sie besser überwachen zu können. Er erklärte jetzt, in Uglič sei 1591 nicht der Sohn Ivans des Schrecklichen, sondern das Kind eines Popen umgebracht worden, der Zarensohn Dmitrij habe überlebt. Wenn er seinerzeit als Leiter der Untersuchungskommission das Gegenteil ausgesagt habe, so sei dies aus Furcht vor der Rache Godunovs geschehen. Šujskijs Bekenntnis ist augenscheinlich von niemandem angezweifelt worden.

Als der «wunderbar gerettete» Zar am 20. Juni 1605 seinen Einzug in die Hauptstadt hielt, war die äußere Ordnung wiederhergestellt. Die nach Wochen zu berechnende Regierungsdauer Fedor Borisovičs läßt sich rückblickend als Episode einschätzen, da kein tatsächliches Regieren erkennbar ist, indessen offenbart sie eine grundsätzliche Problematik: Der Zar Boris hatte dafür Sorge getragen, daß seine Kinder eine Ausbildung erhielten, die ihrer künftigen Rolle angemessen war; außerdem war er bemüht gewesen, den Thronfolger durch dessen Nennung in Urkunden in das Regierungsgeschehen einzubeziehen, aber eben dies konnte sich negativ auswirken: Der durch Tradition bestimmte Teil der führenden Schicht argwöhnte weitere Veränderungen zu seinen Ungunsten, und breiteren Kreisen war der Sinn von Neuerungen nur schwer zu vermitteln. Mithin ließ sich nicht damit rechnen, daß der Thronfolger Sympathien genoß, auch wenn er angesichts seiner Jugend auf die Kooperation politisch erfahrener Amtsträger angewiesen war. Aber gerade deren Umschwenken ist kennzeichnend: Soweit es nicht Ergebnis durch Opportunität bestimmter Erwägungen war, demonstrierte es auch die Abkehr von Vorstellungen einer politischen Entwicklung des Reiches, wie sie mutmaßlich der Zar Boris gehegt hatte.

Die sterblichen Reste der Zarin-Witwe Marija und Fedor Borisovičs wurden zunächst im Neu-Jungfrauen-Kloster beigesetzt. Unter Michail Fedorovič fanden sie im Troice-Sergiev-Kloster ihre letzte Ruhestätte. Die neuen Herren ließen immerhin Pietät walten. Die überlebende Zarentochter Ksenija blieb Gefangene; daß sie Demetrius zwang, seine Geliebte zu werden, gilt als erwiesen. Sie wurde nach einigen Monaten in ein Kloster eingewiesen und starb in Suzdal' 1622 als Nonne Ol'ga. – Es ist auffällig, daß das Schicksal der Kinder Godunovs bald Gegenstand der Volkspoesie wurde; die Sänger beklagten es als unverschuldet und tragisch. Sicher trugen auch die Erfahrungen der Jahre nach 1605 zu dieser Auffassung bei.

Pseudodemetrius

Helmut Neubauer

PSEUDODEMETRIUS

1605–1606

Pseudodemetrius, eigentl. Jurij (als Mönch Grigorij) Otrep'ev, geb. ca. 1580,
Zar 20. 6. 1605, Krönung 21. 7. 1605, Heirat 8. 5. 1606 mit Maryna
Mniszchówna (ca. 1588–1614), ermordet 17. 5. 1606, Asche verstreut. Vater
Bogdan Otrep'ev.

Historiker haben geraume Zeit benötigt, die Identität des angeblichen
Zarensohnes Dmitrij Ivanovič – Demetrius – einigermaßen zu klären,
zumal dieser selbst bemüht war, seine Biographie mit vieldeutigen Angaben auszuschmücken. Zeitgenossen folgten legendären Erzählungen,
und deren Aufzeichnung bot auch der Geschichtsschreibung Stoff für
Erörterungen, die bis ins Spekulative reichten. Erst in jüngster Zeit, vor
allem dank der Forschungen R. G. Skrynnikovs, ist es gelungen, die
Lebensgeschichte des Prätendenten bis zu seinem Auftreten als dem
angeblichen Erben des Moskauer Zarenthrones aufzuklären. Zu seiner
Zeit besagte die am weitesten verbreitete Legende, 1591 sei in Uglič
nicht der Sohn Ivans des Schrecklichen Dmitrij dem durch Boris Godunov vorbereiteten Anschlag zum Opfer gefallen, vielmehr ein ihm ähnlicher Knabe, den die Zarin-Witwe Marija Nagaja (als Nonne Marfa) und
ein ihr Vertrauter in das Bett Dmitrijs praktiziert hätten. Dieser selbst sei
in verschiedenen Klöstern in Sicherheit gebracht worden, bis er sich
nach vielen mühseligen Wanderungen offenbaren konnte. In einer Stimmung, die durch verbreitete Unsicherheit gekennzeichnet war, konnte
eine solche Erzählung einleuchten, sogar als das Walten der himm-
lischen Vorsehung verstanden werden. Indessen bot sie keine Gewähr,
um einen Anspruch zu verwirklichen; sie war jedoch geeignet, Sympathien zu wecken und Handlungsmotive glaubhaft zu machen.

Gesichert ist, daß es sich bei dem späteren Demetrius um den Sohn
Jurij (als Mönch Grigorij) des unbedeutenden Kleinadeligen Bogdan
Otrep'ev, Hundertschaftsführer in einem Schützenregiment, handelte,
der, früh verwaist, ein unstetes Wanderleben führte. Seine Stationen
waren meist Klöster, er könnte die Weihe als Diakon empfangen haben.
Auf seine Umgebung scheint er einen besonders günstigen Eindruck
gemacht zu haben, weil er großen Lerneifer und unermüdliche Wißbe-
gierde zeigte. Von besonderem Nutzen dürfte für ihn der zeitweilige
Aufenthalt in dem im Kreml gelegenen Čudo-Kloster gewesen sein; er
bot die Gelegenheit, die Umgangsformen in der Residenz des Zaren und
des Patriarchen kennenzulernen und sich über politische Verhältnisse

zu unterrichten. Aufnahmefähigkeit und Begabung für das Erfassen von
Problemen scheinen ihm Protektion gesichert zu haben; es ist möglich,
daß man ihn auf künftige Möglichkeiten hinwies, auf jeden Fall war ihm
die Unzufriedenheit hochgestellter Personen ebenso bekannt wie die
Gerüchte über den angeblich geretteten «carevič».

Nach weiteren Stationen im Kiever Höhlenkloster – auf dem Territorium der polnisch-litauischen Ukraina –, in einer Arianergemeinde und
ersten Kontakten mit kosakischen Gruppen inszenierte er seine «Ent-
deckung» auf einer Besitzung des Fürsten Adam Wiśniowiecki. Die
Wahl des Ortes war geschickt; die Güter des Fürsten lagen an der moskauischen Grenze, und kleinere Konflikte waren vorgekommen. Wenn
er den «carevič» protegierte, so konnte dies seinen Interessen dienen; er
empfahl ihn politischen Freunden, u. a. dem Wojewoden von Sando-
mierz, Jerzy Mniszech. Gemeinsam erreichten sie, daß Demetrius im
März 1604 von Zygmunt III. in nichtöffentlicher Audienz empfangen
wurde. Auch der päpstliche Nuntius in Krakau, Claudio Rangoni,
schenkte ihm Aufmerksamkeit; die Möglichkeit einer Kirchenunion geriet ins Blickfeld, und sie schien sich zu konkretisieren, als Demetrius –
unter strenger Geheimhaltung – seinen Übertritt zur römischen Kirche
vollzog. Als geistliche Begleiter wurden ihm zwei polnische Patres der
Societas Jesu zugeordnet.

Trotz aller Diskretion blieben Geschehnisse dieser Art führenden Personen der Rzeczpospolita nicht verborgen. Magnaten wie Jan Zamojski,
Lew Sapieha oder Stefan Zółkiewski warnten vor politischen Abenteuern. Für Demetrius traten Mniszech und seine Gesinnungsfreunde ein;
sie erhofften sich Vorteile, wenn es ihm gelang, sich in Moskau durchzusetzen – ihre Stellung unter Standesgenossen war umstritten. Die Kontroversen lassen sich in einem noch größeren Rahmen sehen: Jeder Erfolg des Königs hätte dessen Machtposition gestärkt, zum einen im Blick
auf seine Position in der Adelsrepublik, zum andern konnte er die Aus-
gangslage für die Wiederaufnahme des Kampfes um Livland (und die
schwedische Krone) erheblich verbessern. Für eine offene Kooperation
Zygmunts mit Demetrius wäre die Zustimmung des Sejm erforderlich
gewesen, da jedoch damit nicht zu rechnen war, blieben die Beteiligten
auf geheime Gespräche angewiesen. Sie führten zu Abmachungen, in
denen die Gewichte ungleich verteilt waren: Zygmunt III. gab die Zusicherung, er werde nichts gegen die Vorbereitung eines Feldzuges gegen
Moskau unternehmen, auch nichts gegen Angehörige der Szlachta, die
sich dem Unternehmen anschlössen. Führte dieses zum Erfolg, so war
ihm Waffenhilfe gegen das schwedische Livland zu leisten, des weiteren
sollten die Gebiete um Smolensk und Novgorod Severskij abgetreten
werden. Schließlich war der Abschluß eines «ewigen» Friedens zwischen beiden Reichen vorgesehen, gleichbedeutend einer Garantie der
neuen Grenzen. Ähnlich ungleichgewichtig waren Abreden mit dem

päpstlichen Nuntius: Der künftige Zar sollte die Tätigkeit lateinischer Priester in seinem Lande zulassen und sich an einem Kreuzzug gegen die Osmanen beteiligen. Die Gegenleistung bestand in der Zusicherung ideeller Unterstützung durch den Heiligen Stuhl; in Rom verlor man die Möglichkeit einer Kirchenunion nie aus dem Blickfeld. – Bei diesem Stand der Dinge ergibt sich, daß der König einen nur bescheidenen Preis für einen zu erwartenden Gewinn zu entrichten hatte, während der Prätendent bereit war, einen hohen Preis zu zahlen. Mit einem großen Risiko wurde offenbar kalkuliert, zumal Demetrius damit zu rechnen hatte, daß er bei Erfüllung der Bedingungen in den Augen seiner künftigen Untertanen deren Vertrauen aufs Spiel setzte oder gar verlor. Löste er seine Versprechungen wirklich ein, so forderte er damit Zweifel an der Echtheit seiner Zarenwürde heraus.

Wenn Moskauer Gesandte am Krakauer Hof das Thema zur Sprache brachten – gewöhnlich nannten sie Demetrius einen Betrüger («vor»), auch den entlaufenen Mönch «Griška» Otrep'ev –, so wich man dort stets mit dem Argument aus, der Waffenstillstand dauere fort, und man verwies auf das Recht der Szlachta-Angehörigen, sich an militärischen Aktionen außerhalb der Staatsgrenzen zu beteiligen. Versuche, einzelne Polen gegen den «Betrüger» zu gewinnen, ihn eventuell auszuliefern, verliefen ebenfalls ergebnislos. Dieser konnte eine ansehnliche Zahl von Szlachta-Angehörigen als seine Truppe versammeln; man veranschlagt sie auf 2000 Reiter. Vermutlich war ihr Engagement nicht durch die Überzeugung begründet, man müsse zur Durchsetzung eines gerechten Anspruchs oder zum Sturz eines Usurpators beitragen; sie rechneten eher auf Belohnungen, sei es in Form von Landvergaben, sei es in klingender Münze. In der Rzeczpospolita war in dieser Hinsicht wenig zu erwarten, und wenn sie der König gewähren ließ, so war ihr Handeln nicht einmal illoyal. Die Demetrius zugezogenen ehemals moskauischen Untertanen bildeten kaum eine Verstärkung der militärischen Macht, aber ihre Mitwirkung konnte bei dem Vormarsch von Nutzen sein: Gegenüber der autochthonen Bevölkerung ließen sie sich als Zeugen dafür nutzbar machen, daß der «carevič» nicht im Interesse oder sogar im Auftrag Polen-Litauens handelte. Für die sowjetische Geschichtswissenschaft galt es lange als erwiesen, daß Demetrius als Werkzeug aggressiver Bestrebungen des polnisch-litauischen Reiches handelte, ein Urteil, das in jüngster Zeit modifiziert wird. Freilich war das Unternehmen auf die Duldung der Vorbereitungen angewiesen, auch wenn sich warnende Stimmen erhoben hatten; an eine Unterstützung durch offizielle politische Stellen war nicht zu denken. Sie hätte die gegebene Machtverteilung tangiert; die Gruppen im Sejm kontrollierten sich gegenseitig, und sie wachten gemeinsam darüber, daß die Krone ihre Befugnisse nicht überschritt, vor allem nicht in Richtung auf eine Stärkung der königlichen Gewalt. Der König war in einem nur geringen Obligo, er konnte die weitere Entwicklung abwarten; für seinen Partner Demetrius spielte dagegen auch der Faktor Zeit eine Rolle.

Der Prätendent war im übrigen noch in anderer Weise gebunden: Er hatte sich mit der Tochter des Wojewoden J. Mniszech verlobt, sowie ihr und dem Vater umfangreiche Zusicherungen schriftlich bestätigt. Maryna Mniszchówna sollte nach der Eheschließung die ehemaligen Fürstentümer Novgorod und Pskov zu freier Verfügung erhalten, der künftige Schwiegervater des Zaren umfänglichen Landbesitz in den Gebieten um Smolensk und Novgorod sowie erhebliche Geldleistungen; in einem Nachtrag wurde bestimmt, daß die Abmachungen binnen Jahresfrist erfüllt sein müßten. Wer sich auf derartige Konditionen einließ, besaß entweder ein übersteigertes Selbstbewußtsein oder war zu einem Vabanquespiel entschlossen.

Der Beginn des Feldzuges im Oktober 1604 brachte dem Heer des Demetrius rasche Erfolge; sie ergaben sich weniger durch die Abwehrschwäche der moskauischen Grenzverteidigung als vielmehr durch die Bereitschaft der Bewohner des Operationsgebietes, Demetrius als «echten» Zarensohn zu empfangen. Flugblätter, deren Inhalt auch durch vorauseilende Parteigänger verbreitet wurde, prangerten den Zaren Boris als Thronräuber und Unterdrücker an und verkündeten den «rechten Thronerben» als Retter; sie fanden weitgehend Resonanz. Nicht einmal militärische Rückschläge führten zu einer Stimmungsänderung. Die Drohung polnischer Gefolgsleute, die Truppe zu verlassen, weil für sie greifbare Erfolge ausblieben, konnte abgewendet werden. Der Zuzug einiger tausend Kosaken, die vielversprechenden Aufrufen gefolgt waren, bedeutete eine merkliche Verstärkung; die Hoffnung auf Erfolg verstärkte sich noch durch den kampflosen Übertritt mehrerer Städte auf die Seite des «carevič». Zu einer militärischen Entscheidung kam es nicht, da das zarische Heer, seinen Befehlshabern folgend, Anfang Mai 1605 die Front wechselte und sich dem Prätendenten unterstellte (s. Kapitel «Fedor Godunov»).

Obwohl der Weg nach Moskau jetzt frei war, ließ der Pseudodemetrius sich Zeit; vermutlich wollte er den Eindruck vermeiden, als Eroberer in die Hauptstadt einzuziehen, und wartete deshalb ab, bis die Lage dort geklärt war. In Tula empfing er Delegationen, die ihn ihrer Ergebenheit versicherten. Von dort reisten Emissäre in die Hauptstadt, um die Stimmung zu beeinflussen. Den Bewohnern wurden wohlklingende, vielversprechende Wohltaten verkündet, auch eine allgemeine Amnestie mit der Begründung, sie seien den Vorspiegelungen eines gewissenlosen Verführers zum Opfer gefallen. Die Erwartungen erfüllten sich bald; die Abrechnung mit den Godunov-Anhängern stieß Anfang Juni auf keinen Widerstand, und die Umorientierung führender Männer vollzog sich so schnell, daß anzunehmen war, sie hätten nur auf den Umschwung gewartet. Als der «carevič» am 20. Juni 1605 nach sorgsamer Vorbereitung in Moskau einzog, wurde er mit Jubel begrüßt. Der Erfolg seines Unternehmens galt augenscheinlich als Beweis für die Richtigkeit der Berichte über seine Errettung und das Walten einer höheren Gerechtigkeit, hatten dies doch auch die meisten hohen Würdenträger durch ihr Verhalten bestätigt.

Bei der Umbesetzung der wichtigen Ämter wurden selbstverständlich alle der Sympathie für die Godunovy Verdächtigen entfernt. Der Patriarch Iov wurde in das Kloster Starica verbannt, an seine Stelle trat der aus Zypern stammende bisherige Erzbischof von Rjazan' Ignatios (Ignatij). Da bei dessen Wahl die kanonischen Regeln beachtet wurden, ließ sich die Maßnahme als Anerkennung des «carevič» durch die Kirche verstehen; die Krönung vollzog sich in der üblichen Form am 21. Juli 1605. – Angehörige bojarischer Familien, die während der Herrschaftszeit Godunovs verbannt oder abgeschoben worden waren, kehrten nach Moskau zurück, unter ihnen auch der unter Boris Godunov zwangsweise zum Mönch Filaret geschorene Fedor Nikitič Romanov. Er erhielt den Rang eines Erzbischofs von Rostov. Auch seine Gattin konnte aus dem Kloster, in das sie zwangsweise als Nonne eingewiesen worden war, zurückkehren. Schließlich wurde die Zarin-Witwe Marija Nagaja, die letzte Frau Ivans IV., seit 1591 Nonne Marfa, feierlich in die Hauptstadt geleitet; in einer publikumswirksam inszenierten Form kam es drei Tage vor der Krönung zu einem «Wiedererkennen» zwischen Mutter und Sohn. Maßnahmen dieser Art fanden vermutlich ebenso Verständnis wie die Einrichtung eines vergrößerten Beraterkreises oder Gnadenerweise in verschiedener Form für erwiesene Dienste. Gleichzeitig gab jedoch das persönliche Verhalten des neuen Zaren Anlaß zu Bedenken oder Unmut: Mochte das selbstherrliche Umgehen mit Inhabern hoher Ränge im Kreml Enttäuschung hervorrufen, so war es für die Bevölkerung unverständlich, daß der neue Herrscher Umgangsformen zeigte, die den Vorstellungen von dem Auftreten eines Selbstherrschers widersprachen: Er hielt sich nicht an die herkömmlichen Formen beim Erscheinen in der Öffentlichkeit, spottete gelegentlich über deren Rückständigkeit; er mischte sich häufig unter die Bewohner der Stadt; besonders schwerwiegend wirkte seine Unbekümmertheit gegenüber den kirchlich gebotenen Regeln. Wenn er offen äußerte, die Zeit fordere die Abkehr von überholten Formen und Denkweisen, so war dies nicht nur kränkend, sondern rief auch den Verdacht hervor, er wolle das Reich nach polnischem Muster ummodeln – was immer das bedeuten mochte. Die Bevorzugung polnischer Edelleute schien in die gleiche Richtung zu deuten, auch die Neuerungen im Hofleben, etwa die Einführung instrumentaler Musik. Die polnischen Freiwilligen, die Demetrius gefolgt waren, wurden zum Problem, als sie darauf drangen, für ihre Dienste angemessen, d. h. großzügig entschädigt zu werden. Die Vergabe von Land hätte ohne Zweifel Widerstand hervorgerufen, und die Staats-

kasse war ohnehin überbeansprucht, so daß keine Zahlungen geleistet
werden konnten. Auf Versprechungen ließen sich die Freiwilligen nicht
ein. Gegen sie richtete sich zunehmend die Stimmung der Stadtbewohner, weil sie selbstherrlich auftraten und unliebsame Zwischenfälle verursachten. Es erhob sich die Frage, ob sie der Zar vielleicht benötige –
seine Leibwache hatte er aus Ausländern formiert – oder außerstande
war, sie zu entfernen.

Die Erwartungen, welche die zahlreichen Proklamationen des Prätendenten geweckt hatten, waren trotz – oder wegen – ihrer mangelnden
Konkretheit hoch, die Einlösung der Versprechungen ließ indessen auf
sich warten. Die Masse der Kosaken und anderen Heeresangehörigen
wurde entlassen, ohne daß besondere «Freiheiten» garantiert worden
wären; soweit es sich um Bauern handelte, kehrten sie in ihre frühere
soziale Gruppe zurück. Ein Erlaß, der kollektive Verträge bäuerlicher
Dienstleistungen untersagte, hatte kaum Folgen; wichtiger war ein weiterer vom 1. Februar 1606, der die Fünfjahresfrist für die zwangsweise
Rückführung entlaufener Bauern erneut in Kraft setzte. In der Praxis
bedeutete dies, daß diejenigen, die seit 1601 auf eigene Faust ihren
Siedlungsplatz verlassen hatten – und das waren angesichts der extremen Umstände nicht wenige – in das frühere Abhängigkeitsverhältnis
zurückzuführen waren. Geht man davon aus, daß diese Maßnahme im
Interesse des grundbesitzenden Dienstadels lag, so wäre sie die Folge
der Einsicht des Zaren gewesen, daß er auf die Sympathie dieser Schicht
angewiesen war. Des Bojarentums war er nicht sicher; dessen Vertreter
hatten sicher erwartet, ihr Umschwenken werde ihnen politisches Mit-
spracherecht einbringen, aber sie erfuhren, daß der neue Herrscher sie
nicht ernst nahm. Bereits im Juni 1605 wurde eine Verschwörung gegen
ihn aufgedeckt, hinter der Bojaren standen: Ihr Kopf, der abermals um-
geschwenkte Fürst Vasilij Ivanovič Šujskij, wurde zum Tode verurteilt –
und in letzter Minute begnadigt. Ob es sich bei diesem Schritt um
demonstrative Großmut, Leichtfertigkeit oder um ein Zeichen der Unsicherheit handelte, läßt sich nicht entscheiden.

War bereits nach einigen Wochen ein wachsender Mißmut gegenüber
dem neuen Regime zu erkennen, so mehrten sich die Komplikationen
des Zaren noch erheblich, als Zygmunt III. und der Nuntius Rangoni die
Erfüllung der Zusagen anmahnten, die seinerzeit der «carevič» gegeben
hatte. Wäre deren Inhalt bekanntgeworden, so wäre das Ende der
neuen Herrschaft absehbar gewesen. Dem Zaren blieb nur, auf Zeit-
gewinn zu setzen. An die Aufstellung eines Heeres für die Teilnahme an
dem Feldzug Polen-Litauens gegen Livland war kaum zu denken und an
Gebietsabtretungen – der König erhöhte nachträglich seine Forderungen
noch – schon gar nicht. Zygmunts Lage war bedroht: Schwedische Angriffe, von Livland ausgehend, waren abzuwehren, und die Auseinandersetzung mit einer sich gegen ihn bildenden Konföderation zeichnete

sich ab; zu dieser suchte Demetrius Verbindung. Die Wahrung der Formen schloß diplomatische Nadelstiche nicht aus, so etwa die Verweigerung der Zarentitulatur für Demetrius. Auch Rom mußte beschwichtigt werden: Über Antonio Possevino S. J., den Vermittler des Waffenstillstands 1581, ließ der neue Zar Pläne für einen Türkenfeldzug vortragen, verbunden mit einer Beschwerde über die Nichtanerkennung des Zarentitels durch Krakau. Papst Paul V. nahm die Anregung in seiner Antwort auf und schlug ein Bündnis mit Habsburg vor; selbstverständlich erinnerte er auch an die Pflichten Demetrius' im kirchlichen Bereich. Als sichtbaren Erfolg wertete man in Moskau, daß nunmehr eine direkte Verbindung mit dem Heiligen Stuhl zustande gekommen war. Die Vermittlerrolle des Krakauer Nuntius war damit überflüssig geworden. Im Kreml konnte man mit Befriedigung vermerken, daß in den Schreiben der Kurie die Anrede «Serenissimus et invectissimus Imperator» verwendet wurde. Sie implizierte womöglich, größere Distanz gegenüber Polen-Litauen zu erlangen und Rom als Vermittler zu gewinnen.

Die Trauung des Zaren fand im Herbst 1605 per procurationem nach lateinischem Ritus in Krakau statt; der als Stellvertreter fungierende Sekretär Afanasij Vlas'ev machte dabei eine wenig glückliche Figur. Die Reise der künftigen Zarin zögerte sich bis zum Frühjahr 1606 hin; sie war von einem ungewöhnlich großen Gefolge begleitet, man berichtet von 2000 Personen. Anfang Mai zog sie in Moskau ein; ihr Vater erinnerte nachdrücklich an die Versprechungen und erhielt erste Zahlungen. Die russische Trauung erfolgte am 8. Mai, die Festlichkeiten begannen am Tag darauf. Die Terminwahl empfanden die Moskauer als unpassend, weil der 9. Mai ein Freitag, also ein Fasttag, und zudem Tag des besonders verehrten Heiligen Nikolaus war. Viele waren gespannt, ob die polnische Braut im Uspenskij Sobor die liturgischen Vorschriften der orthodoxen Kirche einhalten werde. Wenn man sich auch bemühte, die Kommunion verdeckt zu vollziehen, so wurde doch kolportiert, die Zarin habe den lateinischen Brauch vorgezogen. Die Feste der folgenden Tage schockierten die Moskauer, für die Maskenbälle und Feuerwerk etwas bestürzend Fremdes an sich hatten. In der Stadt verbreitete sich rasch eine gereizte Stimmung. Das herrische Auftreten der polnischen Festgäste führte zu Zwischenfällen, die zum Teil gewaltsame Form annahmen. Der Zar erhielt mehrfach Warnungen vor der Gefahr eines Aufruhrs, aber er tat sie als übertrieben ab. Er hatte sich inzwischen auf ein merkwürdiges Unternehmen eingelassen: Unter den Terek-Kosaken war ein Mann aufgetaucht, der behauptete, er sei ein Sohn des Zaren Fedor Ivanovič. Ihm folgte eine Kosakengruppe, für die er den im Volksepos verbreiteten Namen «Il'ja Muromec» annahm. So absurd diese Legende auch war, der Zar lud seinen «Neffen» ein, mit seinen Anhängern nach Moskau zu kommen – er kam zu spät.

Die zunehmend nervöse Atmosphäre in der Hauptstadt war für die führenden Köpfe einer Verschwörergruppe unter der Führung der Brüder Vasilij, Dmitrij und Ivan Šujskij die gebotene Gelegenheit, ihr Vorhaben zu verwirklichen. Unter der Bevölkerung und der Garnison ließen sie das Gerücht verbreiten, der Zar sei von seiner polnischen Umgebung bedroht und müsse geschützt werden. Nachdem diese Losung mobilisierend gewirkt hatte, gelang es verhältnismäßig leicht, durch weitere Parolen den Unmut zur Wut zu steigern und gegen den Zaren zu lenken: Dieser sei Katholik, Werkzeug der Polen, ein Betrüger und Verräter. Am 16./17. Mai 1606 wurden die polnischen Pany, die noch bei Festivitäten anwesend waren, vehement angegriffen. Ein großer Teil konnte sich in die Quartiere retten und sich dort verteidigen; die Zahl der Opfer schätzte man auf dennoch 500. Der Widerstand der Wachtruppen im Kreml war nur schwach; Vertraute des Zaren wurden ermordet. Dieser selbst starb nach einem Fluchtversuch, bei dem er am 17. Mai 1606 durch Gewehrschüsse schwer verletzt wurde. Seine Leiche stellte man unter entwürdigenden Umständen auf dem Roten Platz aus; sie wurde verbrannt, die Asche aus einer Kanone in Richtung Westen geschossen.

Die Zarin Maryna, ihr Vater sowie deren zahlreiches Gefolge wurden nach Jaroslavl' gebracht und dort interniert. Die polnischen Gefangenen wurden in verschiedene Städte deportiert. Unangetastet blieb lediglich die königliche Gesandtschaft, die die Glückwünsche Zygmunts III. überbracht hatte; man zernierte sie in ihrem Quartier – bis zum Herbst 1608. Der Patriarch Ignatij wurde in das Čudo-Kloster eingewiesen. Die Mutter des «carevič» trat als Zeugin gegen den Prätendenten, der Zar geworden war, auf; sie erklärte jetzt, das Wiedererkennen des angeblichen Sohnes sei unter Zwang zustande gekommen.

Der Erfolg des Demetrius-Unternehmens läßt sich nicht monokausal erklären. Der Anteil einzelner Faktoren ist schwer quantifizierbar, aber sie lassen sich wenigstens aufzählen: Das Talent des Prätendenten, rasch zu lernen, Situationen zu erkennen, aufzufassen und nutzbar zu machen, Möglichkeiten zu kalkulieren und wirkungsvoll aufzutreten, ist nicht zu bestreiten. Seine Fürsprecher in Polen-Litauen ließen sich im wesentlichen von Erwägungen leiten, die von dem eigenen Interesse bestimmt waren. Diese ließen sich unschwer mit denen des Pseudodemetrius kombinieren, wobei rückblickend offenbleiben muß, welche Seite die andere ausnutzte. Zygmunt III. gelang es, seine Absichten zu verschleiern und damit seine Handlungsfreiheit zu wahren. Wenn Demetrius' Feldzug zunächst auf wenig Widerstand stieß, so war dies weniger darauf zurückzuführen, daß man in Moskau das Geschehen nicht hinreichend ernst nahm, als auf die Wirkung der Proklamationen, welche die Anhänger des «carevič» systematisch verbreiteten. Sie ergab sich aus der Unzufriedenheit mit den bestehenden Verhältnissen, die wiederum Zweifel an der Rechtmäßigkeit der bestehenden Herrschaft der

Godunovy auslöste. Die Bereitschaft, großzügige Versprechungen als Versicherung für die Wiederkehr der alten, besseren Zeit zu verstehen, war vorhanden. Ein «echter», durch Geburt legitimierter Zar galt als Gewähr für die Rückkehr geordneter Verhältnisse. In der Hauptstadt dürfte sich die Stimmung in der gleichen Richtung verändert haben. Sicher gingen die Gegner der Zaren Boris und Fedor Godunov nicht von der Prämisse aus, Demetrius sei der wundersam gerettete Sohn Ivans des Schrecklichen. Sie waren aber gesonnen, Boris und seinen Anhang zu stürzen und in der Folge Vorteile für sich zu gewinnen.

Das Scheitern des «Zaren Dmitrij Ivanovič» lag nicht allein darin begründet, daß er seinen weitreichenden Versprechungen nur geringfügige Maßnahmen folgen ließ, sondern daß er – vermutlich noch mehr – eine Regierungsweise und einen Lebensstil vorführte, die den traditionellen Vorstellungen über das Wesen der Zarengestalt widersprach. Infolgedessen wuchsen auch in breiteren Kreisen der Moskauer Bevölkerung Zweifel an der Rechtmäßigkeit seiner Herrschaft; hinzu kam der Eindruck, er bevorzuge Ausländisches und Ausländer, vor allem Polen: Grund genug für den orthodoxen Klerus, Warnungen zu verbreiten. Es gab mithin zahlreiche Ansatzpunkte für die Agitation gegen ihn. Nicht nur hochgestellte Bojaren hatte er enttäuscht, sondern auch dem zarischen Regime treue Untertanen. Der fremdartige Pomp der Hochzeitsfeierlichkeiten steigerte die Spannung und brachte sie schließlich zur Entladung.

Auch wenn man die kurze Herrschaftszeit des angeblichen Dmitrij Ivanovič als eine Episode in der Geschichte des Moskauer Staates bewertet, so tragen die Geschehnisse, die mit seiner Person verbunden sind, doch dazu bei, Konstanten in der Geschichte der Selbstherrschaft sichtbar werden zu lassen: Eine andere Herrschaftsform war für die Masse der Untertanen augenscheinlich nicht vorstellbar. Die Tradition wurde unreflektiert als der den politischen und sozialen Alltag prägende Faktor verstanden, dessen Unzulänglichkeiten eingeschlossen. Wenn Neuerungen in Gang gesetzt werden sollten, so konnten sie nur von der autokratischen Gewalt ausgehen, aber auch diese war in eine Tradition eingebunden, die Teil ihrer eigenen Legitimation war. Zu dieser rechnete auch die Abstammung, zumal eine Thronfolgeordnung nicht bestand. Die Selbstherrschaft war in gewisser Weise Gefangene der eigenen Ideologie. Trotz ihrer scheinbar unbegrenzten Machtfülle waren ihrem Handlungsspielraum Grenzen gesetzt. Überschritt sie diese, so gefährdete sie sich selbst. Daß Zarengegner mit dem Argument operierten, es gehe ihnen um die Bewahrung einer «echten» Selbstherrschaft und die Berufung eines «echten» Zaren, gehört zu den Ironien der Geschichte.

Vasilij Šujskij

Helmut Neubauer

VASILIJ ŠUJSKIJ
1606–1610

Vasilij Šujskij, geb. 1552, Zar 19. 5. 1606, Krönung 1. 6. 1606, Absetzung und Mönchsweihe 17. 7. 1610, gest. 12. 9. 1612 in Polen, bestattet im Schloß Gostynin, im Kreml bestattet 1635. 1. Heirat mit Elena Repnina, 2. Heirat 1608 mit Marija Bujnosova-Rostovskaja (Nonne 17. 7. 1610).

Nach dem gewaltsamen Ende des angeblichen Dmitrij Ivanovič, des Pseudodemetrius, ergab sich die gleiche Situation wie acht Jahre zuvor: Wie ließ sich ein Herrscher finden, dessen Abstammung die Konstruktion einer genealogischen Kontinuität zuließ? Legitimiert erschienen Angehörige bojarischer Familien, die den Fürstentitel führten und ihrer Abstammung nach Nähe zu den Rjurikiden beanspruchen konnten, wie die Šujskij oder Mstislavskij. Wenn sich binnen zwei Tage Fürst Vasilij Ivanovič Šujskij durchsetzen konnte, so war dies kaum überraschend: Er war der Kopf zweier Verschwörungen gegen den Pseudodemetrius gewesen, seine Oppositionsrolle in der Regierungszeit des Zaren Boris Godunov war vielen bekannt, und er war erfahren in der Kunst des politischen Überlebens. Seine förmliche Thronerhebung verdankte er einer Gruppe von Bojaren, die in der verworrenen Lage zum Handeln entschlossen war. Daß sie einen Mann der eigenen Schicht favorisierte, war u. a. darin begründet, daß sie seit der Opričnina Ivans des Schrecklichen Zurücksetzung und Verluste erfahren hatte und nun Machtgewinn erhoffte. Das Manifest anläßlich seiner Krönung am 1. Juni 1606 enthielt neben den üblichen, Gerechtigkeit versprechenden Floskeln Zugeständnisse an die künftige Bojarenduma, deren Befugnisse weiter reichen sollten als die eines nur beratenden Gremiums; ohne ihre Zustimmung sollte kein Todesurteil ergehen, das Vermögen von Angehörigen Verurteilter sollte nicht eingezogen werden. (Unter Ivan IV. hatte die zarische Ungnade [opala] genügt, um ganze Familien zu ruinieren.) Die Versprechungen ließen sich so verstehen, daß der neue Zar beabsichtige, zu den Verhältnissen zurückzukehren, wie sie vor der Begründung der Autokratie geherrscht hatten. Während der im Handel tätigen Bevölkerung die Sicherheit ihres Eigentums zugesagt wurde, ergab sich für die von Gutsherren abhängige Bauernschaft keine positive Perspektive. Aufs ganze gesehen, ließen sich die Versprechungen als Wahlkapitulation, also als Verzicht auf die uneingeschränkte Zarengewalt auffassen. War dies auch nicht ausdrücklich formuliert, so lag die Vermutung nahe, der neue Zar habe seinen früheren Standes-

genossen Zugeständnisse machen müssen. Beunruhigend war das Auftreten neuer angeblicher Zarensöhne, wenn sie auch keine aktuelle Gefahr bedeuteten. Für die Bevölkerung der Hauptstadt wirkte sich die
Rückkehr des durch Demetrius abgesetzten Patriarchen Iov in sein Amt
positiv aus. Er erklärte die früher geleistesten Untertaneneide für aufgehoben. Als er 1607 starb, folgte ihm der Metropolit Germogen von
Kazań. Man erörterte auch die Kandidatur des Metropoliten Filaret von
Rostov (ehemals Fedor Nikitič Romanov), aber gegen ihn sprach der
Umstand, daß er seinen Aufstieg in die hohe Hierarchie dem Pseudodemetrius verdankte. – Die Abrechnung mit dessen Anhängern in ho-
hen Ämtern vollzog sich ohne Gewaltmaßnahmen, überwiegend durch
Versetzungen.

Außenpolitisch war der Zar auf die Wahrung der Formen bedacht,
aber die Gesandtschaft, die Ende 1606 in Krakau den Thronwechsel
anzeigte, erinnerte auch an das Demetrius-Unternehmen. Zygmunt III.
desavouierte im nachhinein den Prätendenten, wies jedoch gleichzeitig
darauf hin, die Szlachta-Angehörigen seien berechtigt, sich außerhalb
der Rzeczpospolita an militärischen Unternehmen zu beteiligen, und
betonte schließlich, die Moskauer hätten selbst den angeblichen «carevič» als rechtmäßigen Erben des Zartums anerkannt. Antworten dieser
Art konnten am Zarenhof trotz ihrer höflichen Diktion nicht befriedigen. Augenscheinlich war man in Krakau sehr wohl darüber unterrichtet, daß die Lage des neuen Herrn im Kreml keineswegs als gefestigt
anzusehen war.

Nach wie vor operierte der «carevič» Petr im Wolgagebiet, ein angeblicher Sohn des Zaren Fedor Ivanovič, unterstützt u. a. von Terek-Kosaken, unter denen er die Parole verbreiten ließ, es gehe ihm um die
Bekämpfung des Bojarentums, das die Zaren von dem Volke isoliert
habe. Vor einer Moskauer Heeresabteilung wich er in die Ukraina aus. –
In den angrenzenden Regionen des Reiches entwickelte sich eine massi-
vere, gegen den «Bojarenzaren» gerichtete Aufstandsbewegung unter
der Führung Ivan Isaevič Bolotnikovs. Dieser Knecht (cholop) war zu
Kosaken geflohen, dann in tatarische Gefangenschaft geraten und Ga-
leerensklave gewesen, bis ihm über Venedig die Flucht gelungen war.
Im Raume Putivl' versammelte er seine erste Anhängerschaft und gewann die Förderung des Wojewoden, Fürst G. P. Šachovskojs, der dorthin strafweise versetzt worden war. Dieser duldete zumindest auch die
Verbreitung des Gerüchts, der «Zar» Dmitrij (Pseudodemetrius) habe
den Aufstand in Moskau überlebt – der zweite Fall einer «wunderbaren»
Rettung. Das Operationsgebiet der Aufständischen war geschickt gewählt: Die «Komarickaja volost'» (in dem Städtedreieck Putivl' – Ryl'sk –
Dobryniči) war der Schauplatz der ersten Erfolge des Demetrius gewesen, und dieser hatte den Bewohnern seinerzeit eine zehnjährige
Abgabenfreiheit versprochen, was der neue Zar selbstverständlich

widerrufen hatte. Gerüchte, der «Zar Dmitrij Ivanovič» sei noch am Leben, fanden einen günstigen Boden. Sie wirkten in die Breite, zumal sich Bolotnikov für dessen Heerführer ausgab und verkündete, er wolle diesem zu seinem angestammten Recht verhelfen. Ein «carevič» Petr Fedorovič zog mit seinem Anhang in das Aufstandsgebiet, außerdem schlossen sich weitere Kosakengruppen der Bewegung an. Im Herbst 1606 erreichte sie eine solche Stärke, daß sie ein zarisches Heer zum Rückzug zwingen konnte. Eine bedeutende Verstärkung bedeutete der Zuzug von Dienstadeligen aus der Region Tula-Rjazań unter der Führung P. P. Ljapunovs, G. F. Sumbulovs und I. Paškovs, eines Repräsentanten dienstverpflichteter Kosaken, mit immerhin 500 Mann. Auch sie erklärten, gegen den «Bojarenzaren» antreten zu wollen, der ihre Rechte schmälere. Die Mitwirkung einiger Angehöriger des bojarischen Adels an der Aufstandsbewegung beruhte mutmaßlich auf persönlicher Rivalität gegenüber dem ehemaligen Standesgenossen Šujskij.

Geht man von der sozialen Zusammensetzung der gegen Vassilij Šujskij gerichteten Kräfte aus, so ist ein Vorbehalt gegenüber der Interpretation des folgenden Geschehens als «Bauernkrieg» angebracht. In der sowjetischen Geschichtswissenschaft galt dies bis vor kurzem als erwiesen, zugleich sah man in ihm den Höhepunkt der Zeit der «Wirren» als Konflikt im Zeichen des Klassenkampfes. Unzufriedenheit und Furcht vor Strafaktionen boten tatsächlich Ansatzpunkte für eine die Bauernschaft und Kosaken mobilisierende Agitation. Auch in diesem Falle nutzte man aber die Figur eines «echten» Zaren, um Zukunftserwartungen zu erzeugen und das eigene Handeln zu begründen, und wenn man sogar Angehörige namhafter bojarischer Geschlechter als Parteigänger gewinnen konnte, so war dies der Legitimierung des Unternehmens von Nutzen, auch wenn sie einer gegnerischen sozialen Gruppe angehörten. Noch problematischer war die Kooperation mit Dienstadeligen, denn diese konnten als Inhaber von Dienstgütern mit abhängigen Bauern nicht mit dem Ruf nach bäuerlichen «Freiheiten» übereinstimmen, ohne die eigene Existenz zu gefährden. An einer Veränderung des sozialen Gefüges war ihnen sicher nicht gelegen. Wenn sie dennoch sozialrevolutionäre Losungen zunächst hinnahmen, so vermutlich in der Erwartung, die Bewegung für eigene Ziele nutzbar machen zu können, etwa im Blick auf die Vererbbarkeit von Landbesitz oder Verringerung der Dienstpflichten. Aus der Sicht Bolotnikovs war der militärische Wert der Dienstadeligen hoch einzuschätzen, auch wenn er die Divergenz der Interessen einsehen mochte.

Trotz der heterogenen Zusammensetzung der Kräfte ergaben sich weiträumige Erfolge des Aufstandes; im Oktober gelang es, die Hauptstadt einzuschließen. Für den Zaren war es entscheidend, daß die große Mehrheit der Dienstadeligen im Heer der Aufständischen dann auf seine Seite hinüberwechselte: Ein Sieg der Aufständischen hätte nicht

ihren Interessen entsprochen. Bolotnikov und seine Anhänger waren
gezwungen, bis Tula zurückzuweichen. Um den Aufstand der Bauern
niederzuschlagen, war es für den Zaren ein Gebot der politischen Vernunft, sein Bild als «Bojarenzar» zu korrigieren. Zwei gesetzgeberische
Akte kündigten einen neuen Kurs an: Ein Ukaz vom 7. März 1607 untersagte die zwangsweise Aushändigung von schriftlichen Dienstverpflichtungen an Knechte. Sollte damit eine Einwirkung auf Anhänger Bolotnikovs aus dieser Schicht erreicht werden, so zielte ein Statut (uloženie)
vom 9. März des gleichen Jahres auf Sympathiegewinn unter dem
grundbesitzenden Dienstadel: Nicht nur das Recht auf die Zurückho-
lung entlaufener Bauern und das Verbot, solche aufzunehmen, wurden
erneuert, sondern die Fristen für entsprechende Maßnahmen wurden
von fünf auf fünfzehn Jahre verlängert. De facto bedeutete dies die
Verschärfung der Bestimmungen, die – 1592 beginnend – die Bindung
des Bauern an den Boden (krepostnoe pravo) statuiert hatten (und seinem Gegner Boris Godunov zugeschrieben worden waren). Den Wünschen dienstleistender Grundherren war damit entsprochen.

Der Schlußakt des Bolotnikov-Aufstandes vollzog sich im Oktober
1607 vor Tula: Die Stadt kapitulierte nach monatelanger Belagerung,
Bolotnikov und sein «carevič» wurden ausgeliefert und später hingerichtet. Ihre Mitkämpfer fielen in die alte Abhängigkeit zurück. Sie
entstammten der bäuerlichen Masse, unter der die Losungen des Aufstandes Widerhall gefunden und zu spontaner Aktivität mit bemerkens-
wertem Erfolg geführt hatten, nicht jedoch zu dessen Stabilisierung
durch eine Organisierung der zeitweilig kontrollierten Regionen. Bolotnikov hatte sich als begabter Führer gezeigt, aber ihm fehlte die Fähigkeit politsch-administrativen Handelns. Daß der Zar ein überlegenes
Heer gegen ihn aufbringen konnte, deutet darauf hin, daß es genügend
Kräfte gab, die den Anlauf zu einem sozialen Umsturz zu bekämpfen
bereit waren, auch wenn sie dem Regime nicht vorbehaltlos gegenüberstanden.

Der Zar Vasilij Ivanovič konnte nach dem Fall Tulas damit rechnen,
daß der Zusammenbruch kleinerer aufständischer Gruppen, die sich an
der unteren Wolga um drei abenteuernde «careviči» gesammelt hatten,
nur eine Frage der Zeit sei. Aber bereits Ende des Jahres 1607 gestaltete
sich die Lage bedrohlicher: Erneut überschritt ein angeblicher «Zarensohn Dmitrij» von Polen-Litauen aus die moskauische Grenze, auch er
von polnischen Freiwilligen begleitet. Seine Vorgeschichte ist dunkel:
Daß es sich um einen Mann aus der Umgebung des ersten Pseudodemetrius handelte, gilt als sicher. Unklar ist die Rolle des Krakauer Hofes
und lateinischer Hierarchen oder Orden. Das Geschehen der Jahre 1604/
1605 schien sich zu wiederholen: Der Prätendent erhielt rasch beträchtlichen Zulauf und gelangte mit seiner Truppe im Juni 1608 bis in das
Vorfeld Moskaus. Der Erfolg veranlaßte weitere Szlachta-Angehörige

unter der Führung Jan Piotr Sapiehas, zu ihm zu stoßen. Entgegen dem Drängen der Freiwilligen, die Hauptstadt anzugreifen, entschied sich der zweite Pseudodemetrius für eine Belagerung. Sein Quartier schlug er in Tušino, einige Kilometer nordwestlich von Moskau, auf; dort etablierte er eine Art Nebenregierung. Das Eintreffen des Metropoliten Filaret und der «Zarin» Maryna, der Frau des ersten Pseudodemetrius, die den neuen Prätendenten als ihren 1606 wundersam geretteten Mann «erkannte», in seinem Lager war seinem Ansehen sicher förderlich, weil es seinen Anspruch zu bestätigen schien. Unter den gegebenen Umständen war das Abwarten eines allgemeinen Stimmungsumschwungs zweckmäßiger als ein Sturm auf die Hauptstadt, der auch unter der Bevölkerung Opfer gekostet hätte.

In der Folge ergab sich ein sehr eigenartiges Verhältnis zwischen angeblichen Belagerern und Belagerten: Der «Regierung» in Tušino gelang es, in weiten Landesteilen Autorität zu gewinnen, auch Abgaben einzuziehen. Der Zar behauptete sich zwar in Moskau, wirkte indessen zunehmend hilflos. Sein Gegenspieler war freilich zu vorsichtigem Taktieren gezwungen, weil sich seine polnischen Verbündeten selbstbewußt und überheblich gerierten und damit Unwillen unter der russischen Bevölkerung erregten. Es war zu befürchten, daß sie sich allmählich der Kontrolle Tušinos entzogen und eine antipolnische Bewegung auslösten, die sich auch gegen den Prätendenten richten konnte. Anzeichen für eine derartige Entwicklung war der Zusammenschluß einiger Städte, vornehmlich im oberen Wolgagebiet, die Mittel für die Aufstellung eines eigenen Heeres zusammenbrachten. Nižnij Novgorod, Vladimir und einige Regionen wurden zurückgewonnen. Dem Zaren fielen weitere Städte zu, darunter Kostroma, aber er war außerstande, eine Entscheidung zu erzwingen. Weshalb er keine Verbindung zu den Initiatoren des Städtebündnisses aufnahm, ist schwer erklärlich; eventuell befürchtete er einen Autoritätsverlust. Beunruhigend war für ihn, daß bekannte Bojaren aus seiner Umgebung in das Lager Tušino überwechselten, sei es auch nur vorübergehend. Ob sie vermitteln, verhandeln oder eigene Chancen erkunden wollten, läßt sich im nachhinein nicht ermitteln.

Zum zeitweiligen Überleben reichten die Kräfte des Zaren noch aus, um jedoch Handlungsfreiheit zu gewinnen, ging er Ende 1608 auf ein wiederholtes Bündnisangebot Schwedens ein: König Karl IX. erklärte sich bereit, 5000 Söldner zu stellen. Vasilij Ivanovič verzichtete dafür auf Ansprüche auf Livland und trat die Stadt Korela ab. Das schwedische Hilfskorps, zusammengewürfelt aus Angehörigen mehrerer Länder, aber durch Drill schlagkräftig, rückte im Mai 1609 von Novgorod als Operationsbasis in Richtung Süden vor; zusammen mit einem moskauischen Kontingent schlug es im Juli eine Truppe aus Tušino, ohne jedoch den Sieg auszunutzen. Zwischen den Verbündeten war es zu Spannungen gekommen, weil Moskau die Erfüllung der vertraglichen Zusicherungen und Soldzahlungen hinauszögerte. Vielleicht rechnete der Zar damit, die ersten Erfolge aus eigener Kraft ausweiten zu können, aber ein drohender Angriff der Krimtataren dämpfte die Hoffnungen und verwies auf die Notwendigkeit, die schwedische Unterstützung wieder in Anspruch zu nehmen. Im Herbst 1609 war das Lager des «Betrügers in Tušino» – so der Sprachgebrauch seiner Gegner – ernsthaft bedroht; die Stimmung seiner Mitglieder verschlechterte sich merklich.

Inzwischen bahnte sich eine grundlegende Veränderung der Gesamtlage an: Zygmunt III. war es gelungen, dem Sejm die Zustimmung für einen Feldzug gegen Moskau abzugewinnen; er argumentierte, das Eingreifen Schwedens in den Konflikt um Moskau stelle auch eine Bedrohung der Rzeczpospolita dar. Das Placet des Sejm war bezeichnenderweise eingeschränkt: Er lehnte eine Sondersteuer für die Finanzierung des Krieges ab und legte fest, daß eroberte Gebiete in die Verfügungsgewalt der Republik, nicht der Krone gestellt werden sollten. Bereits im September 1609 erreichte das polnisch-litauische Heer das strategisch wichtige Smolensk, das sich hartnäckig verteidigte.

Angesichts der sich verschlechternden Lage unternahm der Zar den Versuch, das Überleben seiner Herrschaft durch den Vorschlag einer politischen Lösung zu sichern: Er offerierte Zygmunt III. zunächst territoriale Zugeständnisse, wenn dieser die Polen aus Tušino zurückbeordere. Auch der Pseudodemetrius warb für ein Bündnis, als dessen Preis er die Abtretung der Gebiete um Smolensk und Novgorod anbot. Aber der König hatte es offensichtlich nicht mehr nötig zu verhandeln. Das Lager in Tušino zerfiel Ende 1609. Die Mehrheit der dort agierenden Polen zog nach Smolensk, der Prätendent setzte sich mit dem Rest seiner Anhänger nach Kaluga ab, einige kleinere Gruppen operierten gemeinsam mit Kosaken auf eigene Faust. Russische Demetrius-Anhänger nahmen vor Smolensk Verbindung mit dem König auf. Ergebnis einiger Gespräche war eine am 4. Februar 1610 geschlossene Übereinkunft, die eine ungewöhnliche Beilegung des Konfliktes zum Ziel hatte: Zygmunts III. Sohn Władysław sollte zum Zaren berufen werden, wenn er auf im einzelnen beschriebene Bedingungen einging. Hierzu rechneten die Garantie der Rechte der Orthodoxen Kirche sowie der Privilegien der moskauischen «Ränge», die Unantastbarkeit der Grundbesitzverhältnisse, damit auch die Fortdauer der bäuerlichen Abhängigkeit, das Gesetzgebungsrecht der Duma und eines «Reichsrats» sowie der Ausschluß Fremder von Ämtern, schließlich die Öffnung der Grenzen zwischen beiden Reichen und ein Militärbündnis. Überschaut man die Konditionen, so trugen sie den Interessen sowohl des Bojarentums als auch des Dienstadels weitgehend Rechnung. Von polnischer Seite ergaben sich keine Einwände, weil die vorgesehenen Regelungen weitgehend dem Muster der Adelsrepublik entsprachen. Für den König war nicht allein die Thronkandidatur seines Sohnes von Belang, er besaß nun auch einen weiteren Grund für die Fortsetzung des Krieges gegen Schweden und Moskau.

In der Hauptstadt war zeitweilig eine neue Hoffnung aufgekeimt: Eigene und schwedische Truppen zogen am 12. März 1610 als Sieger über den «Betrüger in Tušino» in Moskau ein, und da der Zar immerhin noch in einigen benachbarten Regionen eine gewisse Autorität besaß, erwog man die Möglichkeit, das belagerte Smolensk zu entsetzen. Voraussetzung war freilich die Mitwirkung der schwedischen Söldnertruppen. Der plötzliche Tod des erfolgreichen Befehlshabers der zarischen Truppen, des jungen Fürsten M. V. Skopin-Šujskij, eines entfernten Neffen des Zaren, bedeutete einen schweren Rückschlag (man munkelte, Vasilij habe in ihm einen Konkurrenten gesehen); er verringerte die Überlebenschance des Zaren. Als das polnisch-litauische Heer Ende Juni 1610 seinen Vormarsch nach Osten begann, fand es nur geringen Widerstand; das schwedische Hilfscorps konnte unbehelligt in Richtung Novgorod zurückmarschieren. Der Versuch des angeblichen Dmitrij, sich nochmals in das Geschehen einzuschalten, schlug fehl: Im Dezember 1610 wurde er nach einem Streit aus persönlichen Gründen von eigenen Anhängern erschlagen. Die «Zarin» Maryna brachte einen Sohn zur Welt, dem Kaluga und die Kosaken huldigten.

Der Zar Vasilij Ivanovič wurde schließlich am 17. Juli 1610 von seinen Gegnern mit Z. Ljapunov an der Spitze in Moskau gezwungen, Mönch zu werden; die Zarin, Marija Petrovna Bujnosova, verheiratet erst seit 1608, wies man ebenfalls in ein Kloster ein.

Nach der Ausschaltung Šujskijs ergab sich eine merkliche Unsicherheit im Blick auf die Wahl eines neuen Herrschers. Die Mitglieder der Gruppe, die den Thronverzicht erzwungen hatte, verfolgten offenbar divergierende Ziele und erhoben Ansprüche. Die Wahl eines Ausländers hätte vielleicht zwischen den Konkurrenten vermitteln können. Eine improvisierte «Volksversammlung» verlief ergebnislos. Um die Fiktion einer fortbestehenden Staatsgewalt aufrechtzuerhalten, bildete sich ein siebenköpfiges, aus Bojaren bestehendes Gremium, der Sieben-Bojaren-Rat (semibojarščina), der sich gegenüber dem Hetman des polnisch-litauischen Heeres St. Żółkiewski als Verhandlungspartner präsentierte, nachdem an Widerstand nicht mehr zu denken war. Man gelangte zu einer Abmachung, die auf eine Bestätigung der im Februar vor Smolensk getroffenen Übereinkunft hinauslief; sie wurde nur insofern erweitert, als der künftige Zar verpflichtet wurde, zur Orthodoxie überzutreten. Um der Tradition zu genügen und wenigstens einen Schein der Selbstachtung zu wahren, berief man eine «Reichsversammlung», die die Abmachungen bestätigte. Żółkiewskis Truppen konnten kampflos am 21. Sept. 1610 in Moskau einziehen. Der Sieben-Bojaren-Rat amtierte weiter, aber de facto war der Hetman Herr der Hauptstadt. Er war bemüht, die öffentliche Ordnung zu gewährleisten, aber die Einwohner reagierten verstört auf die Anordnung, den Untertaneneid nicht auf den Prinzen Władysław, sondern auf König Zygmunt zu leisten.

Um noch offene Fragen zu klären, sollte eine «große» Gesandtschaft in das Hauptquartier Zygmunts III. vor Smolensk reisen. Als sie Ende September 1610 aufbrach, zählte sie 1246 Personen. Man hatte damit die Gelegenheit wahrgenommen, um unliebsame oder politisch verdächtige Männer aus der Hauptstadt zu entfernen. Zu wirklichen Verhandlungen kam es nicht. Der König bestand auf der bedingungslosen Annahme seiner Forderungen: Er verlangte die Übergabe der Festung Smolensk und lehnte unter Hinweis auf die bestehende Unsicherheit die Reise des zum Zaren designierten Prinzen Władysław nach Moskau ab. Seinen Äußerungen ließ sich im übrigen entnehmen, daß er gesonnen sei, (vorläufig?) anstelle seines Sohnes die Zarenwürde selbst zu übernehmen.

Als vor Smolensk Nachrichten über zunehmende Unruhe in Moskau und ein gegen die Invasion gerichtetes Bündnis bedeutender Städte bekannt wurden, spitzte sich die Situation zu. Der Hetman suchte zu vermitteln. Im Oktober traf er im königlichen Hauptquartier ein, und in seiner Begleitung befanden sich der ehemalige Zar, dessen Brüder und der Metropolit Filaret. Żółkiewskis Bemühungen scheiterten: Zygmunt III. ließ die Mitglieder der «großen» Gesandtschaft nach Polen deportieren. Der ehemalige Zar Vasilij Ivanovič wurde 1611 dem versammelten Sejm als Gefangener vorgeführt; bis zu seinem Tode am 12. September 1612 lebte er als Verbannter. Seine sterblichen Überreste wurden 1635 zurückgebracht und in Moskau bestattet.

Während des turbulenten Geschehens im Zentrum des Moskauer Reiches kam es zu Ereignissen in der Provinz, die bisweilen groteske Züge annahmen. Im Sommer 1611 zählte man bis zu einem Dutzend Prätendenten, die vorgaben, der «echte» Dmitrij Ivanovič zu sein. Einige von ihnen könnten in die Rolle auch hineingedrängt worden sein. Gruppen von Kosaken oder Bauern, die behaupteten, Kosaken zu sein, stifteten weiterhin Unruhe, ohne allerdings zu gemeinsamen Aktionen zusammenzufinden. Alle gaben vor, «Freiheiten» erkämpfen zu wollen. Die schwedische Söldnertruppe richtete sich in Novgorod ein; augenscheinlich war daran gedacht, die Stadt als Basis für weitere Unternehmungen und als Faustpfand zu nutzen. Mehr als zweieinhalb Jahre dauerte das Interregnum vom Sturz Vasilij Šujskijs bis zur Vertreibung der Polen aus dem Kreml durch das «3. Aufgebot» und die Wahl Michail Romanovs zum neuen Zaren.

In der Geschichtsschreibung hat sich für die Jahre des beginnenden 17. Jahrhunderts die Bezeichnung «Zeit der Wirren» (Smuta) eingebürgert. Aufzeichnungen von Zeitgenossen sprechen von Aufruhr, Rebellionen und Zerstörungen. Das Aussterben der rjurikidischen Dynastie (1598) erschütterte das Gefüge des Moskauer Staates nachhaltig; es ließ Interessenkonflikte wieder aufbrechen, die unter den Bedingungen

einer als Autokratie verstandenen Zarengewalt unterdrückt worden
oder zumindest kontrollierbar gewesen waren. Sobald jedoch diese
nicht mehr als dynastisch legitimiert angesehen war, eröffnete sich
Spielraum für Gruppen oder einzelne, die bis dahin den Dienst für den
Herrscher als Repräsentanten des Staates als Pflicht akzeptiert oder hin-
genommen hatten, war es doch die zarische Gesetzgebung, die ihre
Existenz sicherte, indem sie dem dienenden Adel die Verfügung über
die bäuerliche Arbeitskraft überließ. Selbst wenn einige Vertreter dem
autokratischen Regime skeptisch gegenüberstanden, beabsichtigten sie
keine grundlegende Änderung des Systems, sondern vertraten nach
außen den Willen, zu aller Nutzen, eine «echte», gerechte Selbstherrschaft zu verwirklichen. Im Grunde gaben sie damit die gleiche Losung
aus wie die angeblich «echten» Thronprätendenten, die dazu noch dynastische Legitimität beanspruchten – und damit Wirkung erzielten.
Mochten bei den Reaktionen führender Kreise Ehrgeiz und Opportunismus eine erhebliche Rolle spielen, so unterschieden sie sich nicht prinzi-
piell von der Stimmung der bäuerlichen Bevölkerungsmasse, in der die
Redensart geläufig war, es sei «unmöglich, ohne einen Zaren zu leben».

Michail Fedorovič

Hans-Joachim Torke

MICHAIL FEDOROVIČ
1613–1645

*Michail Fedorovič, geb. 12.7. 1596, Wahl zum Zaren 21.2. 1613, Krönung
11.7. 1613, gest. 13.7. 1645, bestattet im Kreml. Vater Fedor Nikitič (als
Mönch Filaret) Romanov (1556/57–1.10. 1633), Mutter Ksenija (als Nonne
Marfa) Šestovaja (gest. 27.1. 1637). 1. Heirat September 1624 mit Marija
Dolgorukaja (gest. 7.1. 1625). 2. Heirat 5.2. 1626 mit Evdokija Strešneva (gest.
18.8. 1645); Kinder Irina (22.4. 1627–8.2. 1679), Pelageja (20.4. 1628–25.1.
1629), Aleksej (19.3. 1629–29.1. 1676, Zar 1645–1676), Anna (14.7.
1630–27.10. 1692), Marfa (14.8. 1631–21.9. 1633), Ivan (1./2.6. 1633–10.1.
1639), Sof'ja (Sept. 1634–23.6. 1636), Tat'jana (5.1. 1636–23.8. 1706 [oder
24.8. 1707]), Evdokija (gest. 10.2. 1637), Vasilij (gest. 25.3. 1639).*

Der erste Zar aus dem Hause Romanov konnte in seiner Jugend nicht
ohne weiteres damit rechnen, jemals den Moskauer Thron zu besteigen.
Zwar war sein Großvater Nikita R. Jur'ev-Zachar'in (gest. 1586) Mitglied
und sogar Leiter des Regentschaftsrates gewesen, den Ivan «der
Schreckliche» seinem regierungsunfähigen Sohn Fedor Ivanovič beige-
geben hatte, und sein Vater Fedor Nikitič Romanov (geb. 1555 oder 1556)
hatte als Cousin dieses letzten Rjurikiden 1598 sogar vorübergehend die
Rolle eines potentiellen Thronkandidaten bei der ersten Herrscherwahl
in der Geschichte des Landes gespielt. Aber eben damals waren die
Romanovs dem rücksichtslosen Machtstreben Boris Godunovs zum Opfer gefallen, der seinen Rivalen um die Jahrhundertwende ächten und
verbannen sowie im Antoniev-Sijskij-Kloster unter dem Namen Filaret
zum Mönch scheren ließ. Auch die nachfolgenden Ereignisse der
Smuta, der Zeit der Wirren, minderten die Chancen des am 12.Juli 1596
geborenen Michail auf den Thron.
    Freilich, Filaret, dem die Annahme weltlicher Aufgaben verwehrt
wurde, war eine Herrschernatur und setzte sich auch in kirchlichen
Ämtern durch: Er wurde nach seiner Rückkehr unter dem ersten Pseudodemetrius Metropolit von Rostov und Jaroslavl' (1606–1610) und vom
zweiten falschen Dmitrij 1608 in Tušino zum «Gegenpatriarchen» ausgerufen, nachdem Zar Vasilij Šujskij den alten Rivalen bei der Wahl des
eigentlichen Patriarchen übergangen und Germogen bevorzugt hatte.
Eben dieser trat dann 1610 gegen die Ansprüche eines Angehörigen des
alten Adels, Vasilij Golicyns, auf den Thron zum erstenmal für die
Kandidatur des jungen Michail Romanov ein, doch kam es damals noch
zur Wahl des polnischen Kronprinzen Władysław. Für die polnische

Lösung – und nicht schon für die Wahl des eigenen Sohnes – setzte sich
aus mancherlei politischen Gründen insbesondere auch Filaret ein, der
offenbar den günstigsten Zeitpunkt noch nicht für gekommen hielt.
Auch in polnischer Gefangenschaft (vom Frühjahr 1611 bis Mitte 1619)
mißbilligte Filaret auf der Marienburg sogar die tatsächliche Wahl Michails drei Jahre später, aber das mag Taktik gewesen sein, stellte er
doch als Vater des regierenden Zaren eine wertvolle Geisel dar.

Die Wahl des noch nicht einmal Siebzehnjährigen, die Anfang 1613
die schrecklichen fünfzehn Jahre der Smuta beendete, kann auch nicht
als eine voraussehbare Aktion gegolten haben. Zu unterschiedlich waren die Interessen der beteiligten sozialen Gruppen, die nach der Vertreibung der Polen aus dem Kreml den neuen Herrscher nach dem Beispiel von 1598 wählen wollten. Eine ausländische Kandidatur wurde
allerdings diesmal, anders als 1610, trotz anfänglicher Versuche in diese
Richtung – im Gespräch waren Erzherzog Maximilian, der Bruder des
Kaisers, und auf Drängen Novgorods der schwedische Prinz Karl Philip –
wegen der Erfahrungen mit der Invasion und auf der Welle der nationalen Erhebung bald ausgeschlossen, aber aus den nach der Opričnina
Ivans des Schrecklichen und den Wirren übriggebliebenen alten Ge-
schlechtern hatten einige Bojaren offenbar zunächst größere Chancen
als der junge Romanov, dessen Familie erst durch Ivans erste Frau zu
Ehren gekommen war. Wahrscheinlich wäre am ehesten I. V. Golicyn
gewählt worden, wenn er sich nicht ebenfalls in polnischer Gefangenschaft befunden hätte. So konnte zwischen Dmitrij Požarskij und Michail Romanov entschieden werden. Daß der erstere als populärer Führer des 3. Aufgebots nicht zum Zuge kam, obwohl er anscheinend viel
Geld unter den Teilnehmern der Reichsversammlung verteilen ließ, ist
nur aus der Rivalität zwischen seinem Heer und den einflußreichen
Kosakentruppen unter Trubeckoj zu verstehen. Letztere wollten zu einem Teil gegen Požarskij zunächst den Sohn des zweiten Falschen Dmitrij ins Feld führen, unterstützten dann aber, wie andere schon vorher,
Michail Fedorovič, dessen Vater Filaret ja den «Leuten von Tušino»
ebenfalls nahegestanden hatte.

Die Haltung der Kosaken, dieser immer unberechenbaren, freiheits-
liebenden Steppenkrieger, die auf Grund ihrer Heeresverfassung Erfahrung mit Wahlen hatten, war sicherlich ein entscheidender Faktor für
den Ausgang der Wahl. Aber es kamen viele andere hizu: die Tatsache,
daß Michail schon 1610 vorgeschlagen worden war; die Verwandtschaft
der Romanovs mit den Rjurikiden; die polnische Gefangenschaft seines
Vaters, die diesen – wie schon sein Schicksal unter Godunov – zum
Märtyrer werden ließ; die (sicherlich darauf beruhenden) Petitionen des
niederen Adels und der Städter sowie der Kosaken zu seinen Gunsten.
Gerade die letztgenannte ungewöhnliche Koalition von Adel und Kosaken zeigt, daß man eigentlich einen Kompromißkandidaten wählte und

darüber hinaus auch eher den Vater meinte bzw. indirekt mitwählte. Andererseits war den Bojaren, die unberücksichtigt geblieben waren, der Jüngling gerade recht. «Miša Romanov», schrieb F. I. Šeremetev, der sich besonders für den Gewählten eingesetzt hatte, an Golicyn, «ist jung, noch nicht zu Verstand gekommen und wird uns angenehm sein». Diese Äußerung wirft die Frage nach der Rolle des Bojarentums auf, zumal man gemeint hat, daß es 1613 und in den folgenden Jahren keinen großen Einfluß mehr ausgeübt habe, nachdem die Befreiung von den niederen Schichten ausgegangen war und gewisse Bojaren sogar mit den Polen zusammengearbeitet hatten. Wenn die Bojaren aber überhaupt tatsächlich diskreditiert waren, so gewannen sie auf jeden Fall ihre Macht gerade mit der Wahl des Bojarengeschlechts Romanov wieder zurück, womit vielleicht der entscheidende Grund für den Wahlausgang genannt ist.

Michail Fedorovič verdankt seine Thronbesteigung also einer Reihe von glücklichen Umständen und obendrein einer kräftigen Agitation. Denn die Wahlversammlung war zunächst heftig zerstritten, und das Ergebnis der ersten Wahl am 7. Februar scheint so schütter gewesen zu sein, daß man sich entschloß, zwei Wochen später noch einmal abstimmen zu lassen. Das altrussische Recht kannte nämlich keinen Mehrheitsentscheid; es mußte Einstimmigkeit herbeigeführt werden, zumal die «Wahl» als Gottes Wille begriffen wurde. Zu diesem Zweck wurde in den Städten um Moskau Stimmung für Michail gemacht, und kirchliche Würdenträger, wie der Metropolit von Kazan', Efrem, und der Kellermeister des Troice-Sergiev-Klosters, Palicyn, agitierten in Moskau, so daß der endgültige Entscheid am 21. Februar stark plebiszitären Charakter trug.

Diese Volkswahl ging weit über das hinaus, was bei den vorangegangenen Thronerhebungen geschehen war, und sie erklärt auch, daß dem jungen Romanov drei Jahre nach der Wahlkapitulation für Władysław von den Bojaren keine Bedingungen gestellt wurden. Die Forschung hat dies lange nicht wahrhaben wollen und ist mangels schriftlicher Quellen von einem mündlichen Versprechen Michails, nicht gegen die Wünsche der Bojaren zu regieren, ausgegangen. In Wirklichkeit war er es, der Bedingungen stellte.

Michail Fedorovič befand sich zu dieser Zeit mit seiner Mutter, der Nonne Marfa (mit weltlichem Namen Ksenija Šestovaja), im Ipat'ev-Kloster bei Kostroma. Auch er bekam nach dem 7. Februar Besuch aus Moskau: Es dauerte eine Woche, bis die Delegation unter Führung des Erzbischofs Feodorit von Rjazan' und Murom und Šeremetevs ihn gefunden hatte; am 14. Februar holte man seine Zustimmung ein, um ein sicheres Ergebnis herbeizuführen. Sechs Stunden dauerten die Verhandlungen, wobei sich für Michail als schwierig erwies, daß er von seinem in Gefangenschaft befindlichen Vater nicht gesegnet werden konnte. Die Delegation hatte für diesen Einwand einen Ausweg bereit:

Michails Mutter wurde zur «Großen Herrscherin» erklärt und sollte den Segen vornehmen. Im nachhinein ist kaum zu entscheiden, wieweit Michails anfängliche Weigerungen der traditionellen und quasi zeremoniellen, aber letztlich nicht ernstgemeinten Demutshaltung des «Unwürdigen» oder der tatsächlichen Sorge vor der Last der Verantwortung entsprangen. Wahrscheinlich kam beides zusammen. Daß er eine Dynastie begründen würde, die sich mehr als dreihundert Jahre auf dem Thron halten würde, konnte Michail nicht ahnen und war nach den vielen Herrscherwechseln der Smuta eher unwahrscheinlich. Beide Seiten griffen zu Mitteln der taktischen Verhandlung: Marfa glaubte, ihr Sohn sei zu jung für die schwere Aufgabe der Wiederherstellung der Ordnung, und schob die Verantwortung für das Desaster auf «die Bojaren»; aber die Delegation der Wahlversammlung erpreßte sie schließlich mit dem Argument, im Falle der Weigerung wäre Michail vor Gott für den totalen Niedergang des Reiches verantwortlich. In dieser Situation konnte Michail unter der Bedingung zusagen, daß ihm die Bojaren jede denkbare Unterstützung für seine schwere Aufgabe gewähren müßten. Insbesondere wartete er in Jaroslavl', wo er zunächst residierte, die Loyalitätserklärungen Požarskijs und Trubeckojs ab.

Daß 1613 also keine wie auch immer gearteten Zusagen des neuen Zaren erfolgten, ist leicht zu erklären. Diesmal handelte es sich nicht um einen Polen, der solche Beschränkungen gewohnt war; angesichts des Chaos brauchte man einen Kandidaten, der nicht durch Forderungen abgeschreckt werden durfte; vor allem aber einte alle Beteiligten nur der eine Wunsch nach der Wiederkehr der «guten alten» Zeit, d. h. der Zeit vor 1598 und, damit zusammenhängend, nach der Restauration der reinen Autokratie, die allein die endgültige Vertreibung der im Lande stehenden Feinde und, was für den Adel noch wichtiger war, die Regelung der Landbesitzverhältnisse garantieren konnte.

Erst am 2. Mai 1613 zog Michail Fedorovič Romanov, enthusiastisch von der gesamten männlichen Bevölkerung geleitet, in Moskau ein. Für diese Verzögerung gibt es neben dem Warten auf Loyalitätserklärungen vor allem den Grund, daß in der Zwischenzeit der bei der Vertreibung der Polen verwüstete Kreml wiederhergestellt werden mußte. Weil die Staatskasse leer war, mußte man sich dafür bei den reichen Stroganovs, den Novgoroder Kaufleuten, Geld leihen. Michail wartete unterdessen im Troice-Sergiev-Kloster voller Entsetzen über die Armut, das Flüchtlingselend und die Räuberbanden, die er unterwegs gesehen hatte, aber auch über die Bojaren, die sich auf Kosten des niederen Adels bereichert hatten. Am 11. Juli, einen Tag vor seinem 17. Geburtstag, wurde er im Uspenskij Sobor (Mariä-Entschlafungs-Kathedrale) vom Kazaner Metropoliten Efrem zum Zaren gekrönt.

Die Annahme, der junge Zar, der die Mitarbeit der Bojaren ausdrücklich gefordert hatte, habe selbständig regiert, wäre naiv. Er stand natürlich während der ersten sechs Jahre unter dem Einfluß mächtiger Männer, insbesondere F. I. Mstislavskijs (gest. 1622) und der Brüder B. und M. M. Saltykov (gest. 1645/46 bzw. 1671). Die Mutter Marfa übte offenbar über zahlreiche Verwandte bei Hofe einen gewissen Einfluß aus. Deswegen ist es auch falsch, von einem größeren Gewicht der Reichsversammlungen in dieser Zeit zu sprechen. Die offizielle Publizistik und der Zar selbst verdrängten ohnehin die Volkswahl aus ihrer Erinnerung und sprachen nur noch von «Gottes Hilfe». Vor allem aber hatte der während des Interregnums regierende Reichsrat (zemskij sovet) sofort nach der Wahl seine Souveränität abgegeben und sich wieder in eine bloße Versammlung (sobor) verwandelt, obwohl diese die Regierungsgeschäfte noch bis zur Ankunft Michails in Moskau weiterführte. Daß in der Forschung dennoch von einer «Mitregierung» gesprochen wurde, hat zwei Ursachen: Einmal besteht, seit die Slavophilen, zuerst Konstantin Aksakov, Mitte des 19. Jahrhunderts diese Gremien «Landesversammlungen» (zemskie sobory) nannten, das Mißverständnis, es habe sich hierbei um Repräsentativorgane mit ständischer Qualität gehandelt. Zum anderen wurden die «sobory» tatsächlich bis 1622 besonders häufig einberufen.

Diese beinahe permanenten Zusammenkünfte von Zar, hoher Geistlichkeit, Bojarenduma und gewählten Vertretern des Provinzadels und der Städte haben aber nichts mit Mitregieren oder gar Entscheidungsgewalt zu tun. Sie dienten der Regierung lediglich als Informationsforen, weil man in Moskau wenig über den Zustand der Provinz wußte und nur so die Möglichkeiten der fiskalischen Schröpfung der Bevölkerung für den Wiederaufbau, insbesondere für die Ausrüstung des Heeres, richtig einschätzen konnte. Natürlich ergaben sich indirekt Entscheidungen, sogar über Krieg und Frieden, dadurch, daß der Zar z. B. auf einen Feldzug verzichtete, wenn die Versammlung festgestellt hatte, daß die Bevölkerung mit ihren finanziellen Mitteln am Ende war. Grundsätzlich aber – und das wird am deutlichsten bei Problemen, die nicht unmittelbar von Steuererhebungen abhingen – fällten Zar, Duma und oft auch noch der hohe Klerus die Beschlüsse bereits vor dem Zusammentritt der Versammlung, die dann in der Regel nur noch zustimmte. Auf der anderen Seite muß betont werden, daß das gesellschaftliche Moment – im Sinne einer größeren Anteilnahme und sogar Initiative der Bevölkerung – durch die Ereignisse in der Smuta zum erstenmal in der russischen Geschichte beachtenswerte Bedeutung erlangte, indem mehr Wahlen stattfanden und in den folgenden Jahrzehnten Kollektivbittschriften mit politischem Inhalt sowie vor allem Aufstände, auch städtische, neu in Erscheinung traten. «Die aufrührerische Zeit» (buntašnoe vremja) nannten schon die Zeitgenossen das 17. Jahrhundert.

Konkret ging es in der Tat hauptsächlich um die Erhebung von Sondersteuern für den Unterhalt der Dienstleute, die Ausrüstung des Hee-

res und einiger Gesandtschaften sowie den zarischen Bedarf. Schon am
24. Mai 1613 schrieben Michail und der hohe Klerus wieder an die «russischen Fugger», die Stroganovs, die den Betrag von 16 810 Rubeln als
Steuernachzahlung und Anleihe aufbrachten, während die Städte im
ganzen Land zur freiwilligen Spende des «Fünften» (20 % vom Vermögen und Umsatz) aufgerufen wurden. Letzteres zeitigte freilich nur
magere Ergebnisse, so daß die Spende im nächsten Jahr als allgemeine
Sondersteuer deklariert wurde und tatsächlich die enorme Summe von
über 113 000 Rubeln erbrachte. Im ganzen siebenmal – jedes Jahr bis
1618 – wurden solche Sonderleistungen, die schon bald den Charakter
von Repartitionssteuern annahmen, erhoben, um das Defizit des Staats-
haushalts, das z. B. 1616 über 343 000 Rubel betrug, einigermaßen auszugleichen. Nur gelegentlich schaltete die Regierung dabei die Reichsversammlung ein.
     Die meisten Ausgaben verursachte zweifellos das Heer, das ange-
sichts der fortdauernden Besetzung des Landes durch polnische und
schwedische Truppen sowie der Räuberbanden und marodierenden
Kosaken nicht entlassen werden konnte. Der gefährlichste Kosak, der
schon aus der Smuta bekannte Ivan Zaruckij, gab sich nun als der angeblich nicht umgekommene erste Pseudodemetrius aus und lebte mit
dessen Frau, Maryna Mnyszech, in Astrachan' zusammen, wo er ein
Schreckensregiment errichtet hatte. Er konnte schon Mitte 1614 gefan-
gen und zusammen mit Marynas Sohn in Moskau hingerichtet werden.
Schwieriger gestaltete sich der Umgang mit den ausländischen Interventen, welche die Hälfte des Reiches besetzt hielten.
     Die Schweden waren 1609 von Vasilij Šujskij als Verbündete gegen
Polen ins Land geholt worden, hatten sich aber nach dessen Sturz keineswegs zurückgezogen, sondern sich aus Furcht vor einer möglichen
moskauisch-polnischen Allianz nach der Wahl Władysławs zum Zaren Novgorod und Ingermanland angeeignet, zumal die polnischen
Wasa Ansprüche auf den schwedischen Thron angemeldet hatten. Der
schwedische Traum zunächst eines mit dem Mutterland assoziierten
separaten russischen Staates unter Karl Philip, dem jüngeren Bruder
Gustav Adolfs, und dann der direkten Einverleibung dieses Gebietes –
wobei Gustav Adolf offenbar sogar an die Verlegung der Hauptstadt von
Stockholm nach Narva dachte – wurde einerseits durch die Eidesverwei-
gerung der Novgoroder und andererseits durch Michail Fedorovič zerstört, der nicht nur militärisch Widerstand leistete, sondern schon im
Juni 1613 auch eine Gesandtschaft nach England schickte und um Hilfe
bat. James I. sandte den Kaufmann John Merrick als Unterhändler, der
dann auf mehr und mehr verhandlungsbereite Schweden – besonders
den Kanzler Axel Oxenstierna – traf, denn weder ordnete sich Novgorod willig unter, obwohl es sich einst (1611) ja für die Wahl eines schwedischen Prinzen zum Zaren eingesetzt hatte, noch konnten die Schwe-

den 1615 Pskov einnehmen. Die Verhandlungen zogen sich ab Anfang 1616 über ein Jahr hin und führten dank der Zähigkeit John Merricks am 27. Febr. 1617 zu dem für Moskau nicht ungünstigen Frieden von Stolbovo (südlich des Ladoga-Sees). Der Engländer, der während der Smuta die Idee eines englischen Protektorats des russischen Nordens zur Sicherung des Wolga-Handels und jetzt zunächst im Interesse des englischen Handels und zur Abwehr einer ursprünglich geplanten schwedischen Kontrolle von Archangel'sk das Ziel einer Internationalisierung der Weiß-Meer-Route verfolgt hatte, setzte sich dann für die russischen Wünsche ein, freilich auch nicht uneigennützig: Er hoffte auf die Erlaubnis des zollfreien englischen Handels mit Persien, das Monopol des Robbenfangs und andere Privilegien bei gleichzeitiger Ausschaltung der niederländischen Konkurrenz. Schweden gab Novgorod und Staraja Russa zurück, behielt aber Ingermanland und Ostkarelien mit den dortigen Festungen. Für Moskau, das zur Zahlung von 20000 Silberrubeln verpflichtet wurde, war vor allem wichtig, daß mit diesem Frieden die Wahl Michail Fedorovičs und der Zarentitel anerkannt wurden. Den abermaligen Verlust der Ostseeküste und des Anspruches auf Livland nahm man dafür hin. Aber es war klar, daß dies handels- und mächtepolitisch keine dauerhafte Lösung sein konnte. Schweden allerdings konnte ein Jahr vor Beginn des Dreißigjährigen Krieges sein *dominium maris baltici* und damit seine Großmachtstellung noch für rund einhundert Jahre festigen.

Gegenüber Polen-Litauen war die Politik schwieriger. Anfang 1616 waren die im voraufgegangenen Herbst unter Vermittlung der kaiserlichen Gesandten Gandelius und von Rassenstein begonnenen Verhandlungen abgebrochen worden, weil die Polen Michail Fedorovič nicht anerkennen und die Russen natürlich Władysław nicht als Zaren akzeptieren wollten. In langwierigen Zeremonien versuchten Moskauer Gesandte in der Zwischenzeit den Kaiser und den Sultan als Verbündete zu gewinnen, aber auch die Habsburger und die Osmanen mußten erst einmal mit vielen kostbaren Zobelfellen zur mehr oder weniger aufrichtigen Anerkennung des Zaren überredet werden. Dagegen unterstützte der persische Schah die Russen auch materiell. Die Moskauer Diplomaten verstanden es, sich trotz der persisch-osmanischen Rivalität mit beiden Mächten gut zu stellen und sich so die Südgrenze ruhig zu halten, obwohl der Zar von Kachetien (Ostgeorgien) gelegentlich versuchte, Russen und Perser gegeneinander auszuspielen. Das diplomatische Spiel aller dieser Mächte lief darauf hinaus, die Bildung eines neuen (polnisch-schwedischen oder türkischen) Großreichs zu verhindern, doch scheiterte insbesondere der habsburgische Vermittlungsversuch. Die nur verbale Hilfe für Moskau ermutigte die Polen nach Überwindung innerer Zwistigkeiten zu einer neuerlichen Offensive im Frühjahr 1617. In die westrussischen Fürstentümer zog der polnische Kronprinz

als «Zar» ein, der die Moskauer Bojaren daran erinnerte, daß sie 1610
bereits den Eid auf ihn geschworen hatten. Mit Hilfe der Kosaken des
Hetmans Sahajdačnyj konnte er im Oktober 1618 sogar die Stadt Moskau angreifen, wurde aber verlustreich zurückgewiesen. Da der Sejm zu
wenig Geld für eine Fortsetzung des Krieges bewilligt hatte und neue
Belastungen im beginnenden Dreißigjährigen Krieg drohten, mußte
Władysław schließlich in Verhandlungen einwilligen, die in dem
Dorf Deulino (beim Troice-Sergiev-Kloster) allerdings nur zu einem Waffenstillstand auf 14½ Jahre führten (24. Dez. 1618). Moskau mußte auf
eine ganze Reihe westrussischer Gebiete verzichten (u. a. Smolensk,
Severien, Černigov). De jure gaben die Moskauer den Anspruch auf
Smolensk ebensowenig auf wie die Polen denjenigen auf den Moskauer
Thron – Michail Fedorovič wurde nur provisorisch anerkannt. Auch
dieser Abschluß ließ für die Zukunft Revisionen erwarten. Für die Russen war freilich in diesem Augenblick eine Bestimmung des Vertrages
am wichtigsten: der zum 1. Juli 1619 vereinbarte Gefangenenaustausch.

Vor allem ging es Michail Fedorovič dabei um einen Gefangenen –
Filaret. Der Gedanke, daß sich der Vater des regierenden Zaren in der
Hand des Feindes befand, war für das Moskauer Selbstverständnis un-
erträglich. Darüber hinaus stellte Filaret natürlich auch ein Unterpfand
der polnischen Diplomaten dar. Schon am 14. Juni 1619 hieß der von
einer großen Menschenmenge begleitete Zar an der Presnja, vor den
Toren Moskaus, seinen Vater willkommen. Beide fielen auf die Knie und
umarmten sich minutenlang unter Tränen. Zehn Tage später übernahm
Filaret, den der zweite Falsche Demetrius ja bereits einmal zwangsweise
zum «Patriarchen von Tušino» gemacht hatte, das verwaiste Moskauer
Patriarchat, das ihm ausnahmsweise von dem extra eingeladenen Patriarchen von Jerusalem, Theophanes, angeboten wurde, weil die sei-
nerzeitige Einsetzung durch den Falschen Demetrius anrüchig war.

Damit war verfassungsrechtlich eine neuartige Situation eingetreten.
Noch nie hatte ein Vater im Rang unter seinem Sohn gestanden, und
dies ließ die patriarchalische Denkweise auch gar nicht zu. Deshalb
wurde jetzt nachgeholt, was 1613 noch nicht möglich gewesen, aber
durch die Bezeichnung Marfas als «Große Herrscherin» vorbereitet worden war: Filaret bekam, wie ein Zar, den Titel «Großer Herrscher».
Damit war auch die Legitimität der Herrschaft Michails über die letztlich
doch schwer zu begreifende Wahl hinaus endlich gefestigt. Der Zar
wurde in Dokumenten vor seinem Vater genannt, und dieser saß bei
Audienzen auf einem goldenen Stuhl zur Rechten des Zaren, aber in der
Praxis lief ihr Verhältnis auf eine Diarchie hinaus: «ihre herrscherliche
Majestät ist unteilbar.» Daß Filaret mit einer eigenen Verwaltung mitre-
gierte, sich ebenfalls an ausländische Monarchen wandte und in einigen
Fällen sogar selbständig Gesetze erließ, war einerseits rechtlich geboten,
ist aber sicherlich auch auf die Naturen der beiden Romanovs zurück-

zuführen. Filaret Nikitič, der ungewöhnlicherweise seinem geistlichen Namen das weltliche Patronymikon hinzufügte, war der energische, machtbewußte, luxusliebende, politisch denkende verhinderte Herrscher; sein Sohn wird als körperlich schwach, sanftmütig und fromm geschildert. Der holsteinische Reisende Adam Olearius, der in den 30er Jahren zweimal Rußland besuchte, schrieb 1647: Michail «regierete sanfftmüthig / und erzeigete sich so wol gegen Ausländische als Einheimische glimpfflich / daß jedermann darfür hielt / es hätte das Land wider ihre gewonheit in viel 100. Jahren nicht einen so frommen Herrn gehabt». Wenn freilich schwedische Diplomaten sich 1625 über die milde Rechtsprechung lustig machten und von Michail behaupteten, er lasse sich von den Bojaren und sogar vom Volk beherrschen, so verkannten sie wohl ganz und gar sein Geschick, die widersprüchlichen Interessen der Günstlinge und der verschiedenen sozialen Gruppen miteinander zu vereinbaren. Jedenfalls bewies er nach dem Tod Filarets (1. Okt. 1633) durchaus diese und andere Fähigkeiten.

In den 20er Jahren aber lag die Initiative in der Tat beim Vater, der ganz und gar vom Gedanken der Rache an Polen beherrscht war. Auch die überfällige und schon am 3. Juli 1619 beschlossene innere, hauptsächlich fiskalische Reform muß zum Teil unter dem Gesichtspunkt der Sicherung von Ressourcen für einen neuen Krieg gesehen werden, wenn auch natürlich die inneren Mißstände ohnehin abgestellt werden mußten.

Doch die erste Sorge Filarets galt der Dynastie, denn sein inzwischen 23jähriger Sohn war noch immer unverheiratet. Michail war mit Marija Chlopova verlobt gewesen, bei der aber unmittelbar vor der Hochzeit eine angeblich unheilbare Krankheit entdeckt wurde. Sie wurde deshalb mit ihrer Familie nach Nižnij Novgorod verbannt. Später stellte sich die «Krankheit» als Intrige der Saltykovs heraus, die deshalb ihrerseits verbannt wurden. Für eine Hochzeit kam die Chlopova freilich nun nicht mehr in Frage. Filaret hatte inzwischen bei ausländischen Dynastien Erkundigungen eingeholt, auch wohl Katharina von Brandenburg näher ins Auge gefaßt, doch scheiterte dieser Plan, wie schon früher so oft, an der Glaubensfrage. Michails Mutter wählte daraufhin Marija Dolgorukaja aus, die allerdings schon ein Jahr nach der Hochzeit (1624) starb. Schließlich heiratete der Zar 1626 Evdokija Strešneva, die Tochter eines Možajsker Kleinadligen, die zehn Kinder gebar. Von den drei Söhnen überlebte nur Aleksej das Kindesalter; er war viereinhalb Jahre alt, als sein Großvater starb.

Abgesehen davon, war unter den inneren Problemen das wichtigste die Steuerreform, deren Ergebnisse weit hinter den Absichten Filarets zurückblieben. Um die Finanznot zu beheben, hatte Michail Fedorovič in den ersten Jahren seiner Regierung nicht nur die erwähnten Sondersteuern eingetrieben, sondern 1614 auch die größte reguläre Steuer, die

«Postgelder» für die Bauern auf privatem Land bzw. die Gespanndien-
ste für die Bauern auf «schwarzem», d. h. staatlichem Land, erhöht und
eine neue Steuer, die «Strelitzengelder» für die Städter bzw. das «Strelit-
zengetreide» für die Bauern, eingeführt, mit der die Schützen (Strelitzen), halbreguläre Regimenter für die Verteidigung des Hofes und der
Grenzen, unterhalten wurden. Zusammen mit den übrigen Steuern, die
alle auf der Grundlage der unterschiedlich hohen, «socha» (vergleichbar
mit der Hufe) genannten Landbesteuerungseinheit erhoben wurden,
ergab sich ein so hoher Steuerdruck, daß viele steuer- und lastenpflich-
tige Leute ihre Gemeinde verließen und sich unter Aufgabe ihrer Freiheit einem weltlichen Herrn oder einem Kloster verpfändeten und als
«Verpfändete» (zakladčiki) in den «weißen», d. h. steuer- und lasten-
freien Plätzen oder den «Freistätten» (slobody), also sogar geschlossenen Siedlungen, unter günstigeren Bedingungen lebten. Die Zurückgebliebenen hatten dann freilch wegen des Systems der Steuerhaftpflicht
(krugovaja poruka) bei der Umlage der unverändert veranlagten Steuersumme individuell einen umso höheren Betrag aufzubringen. Die Regierung hatte schon mehrmals seit 1584 die Steuerflucht verboten – ohne
jeden spürbaren Erfolg.

Auch Filaret gelang hier keine befriedigende Lösung, zumal das noch-
malige Verbot der Verpfändung 1621/22 eine halbherzige Maßnahme
blieb. Die Kirche wurde zwar einbezogen, aber der Patriarch, der in
Moskau immerhin rund 1000 Grundstücke besaß, nahm sich selbst aus,
und mit Rücksicht auf die Bojaren brauchten nur die von weit her, aus
der Ukraine, gekommenen Verpfändeten die Stadt zu verlassen. Grundsätzlich wurde auch nur die Verpfändung verboten, nicht aber die Aufnahme der Steuerflüchtlinge. Auch eine Verschärfung des Gesetzes im
Jahre 1627 änderte nichts an den andauernden Mißbräuchen. Auf die
Dauer erfolgreicher war seit den frühen 20er Jahren die allmähliche
Umstellung der Landbesteuerung auf die Hofsteuer, genauer die Einführung des «Höfeviertels» (auch «lebendes Viertel»), das gegenüber
der «socha» eine vereinfachte Recheneinheit darstellte. Diese Steuerreform wurde erst Ende der 70er Jahre unter Fedor Alekseevič abgeschlossen.

Auf dieser Grundlage konnten endlich eine Generalaufnahme des
z. T. verwüsteten Landes und eine Überprüfung der Verleihungsurkun-
den (besonders für die Klöster) in Angriff genommen werden, nachdem
in der Smuta die Besitzverhältnisse durcheinandergeraten waren und
die Korruption blühte. Die Klöster durften freilich die Güter behalten,
die sie bis 1619 (zunächst vorübergehend bis 1580) erworben hatten.
Den Landhunger des Dienstadels vermochte Filaret nicht einzudämmen, aber er konnte 1627 wenigstens das Ausgreifen des Adels auf das
wenige noch verbliebene Staatsland in den Zentralgebieten verhindern.
Eine gewisse Kompensation stellte die fortgeführte (und erst 1714 voll-

endete) Übertragung von rechtlichen Eigenschaften der Erbgüter auf die Dienstgüter dar, z. B. 1632 die Abschaffung des Heimfalls für Witwen. Im allgemeinen aber ging es der Masse der Dienstleute, den «Bojaren-kindern» und den Provinzadligen, materiell nicht besonders gut, zumal auch die Bauern derjenigen, die überhaupt Güter besaßen, bis zu zehn-mal besser gestellt waren als die Bauern auf Staatsland. Für Bauern-flucht galt wieder die in der Smuta sogar auf 15 Jahre ausgedehnte nur fünfjährige Verjährungsfrist, d. h. nach Ablauf von fünf «Fristjahren» konnten entlaufene Bauern («Läuflinge») nicht zurückgeholt werden. Filaret hat hier weitergehenden, z. T. bereits praktizierten Forderungen des Adels Einhalt geboten. Er hat damit den Bauern geholfen, noch mehr aber den reichen Herren und den Klöstern, die diese Bauern auf-nahmen und ihnen bessere Bedingungen bieten konnten. Auch die Re-gierung hatte ein gewisses Interesse, Bauern, die zu den Kosaken geflo-hen waren, nicht zurückzuholen, denn sie verstärkten im unruhigen südlichen Grenzland («wildes Feld») den militärischen Schutz gegen die Tataren. Freilich, zugunsten des Adels machte Filaret andererseits alle Anstrengungen, die Bauern *innerhalb* der Fünfjahresfrist suchen zu las-sen. Die Regierung befand sich hier in einem Interessenkonflikt und betrieb eine ambivalente Politik, der es zu danken ist, daß die volle Schollenbindung erst 1649 eingeführt wurde.

Zu den Steuerreformen gehört auch die Einführung neuer indirekter Steuern (z. B. auf Verkaufsstände und Viehtränken) und des Staatsmono-pols auf Alkohol bzw. der Verpachtung von Schänken. Sie war eine der Maßnahmen hinsichtlich der Städte, die im ganzen wenig erfolgreich waren, weil eine starke Mittelklasse fehlte und die Städte keine eigenen Rechtsbezirke bildeten. Die Städter hatten weiterhin die Lasten der mit staatlichen Aufgaben versehenen Wahlämter zu tragen und nun noch die Einmischung der seit der Smuta in den Kreisen eingesetzten Voevoden (ursprünglich Heerführer, jetzt auch oberste Zivilbeamte) zu dulden. Filaret zog die reicheren Kaufleute in die Hauptstadt, so daß die Provinz noch mehr verödete. Überhaupt baute er das Zentrum auch administrativ aus, besonders die Zentralämter (prikazy) als Verwaltungs- und Gerichts-behörden. Hinsichtlich der Kaufleute aber ergab sich ein ähnlicher Interes-senkonflikt wie im Verhältnis der Regierung zu Adligen und Bauern. In diesem Falle mußte Filaret zwischen den Bedürfnissen der einheimischen Kaufleute und außenpolitischer Rücksichtnahme lavieren. Zwar waren John Merrick das Transitrecht für die Wolga und das Privileg des Persien-Handels noch einmal 1620 verweigert worden, aber andere Ausländer betrieben überall im Moskauer Reich Einzelhandel, genossen mehr oder weniger legal Zollfreiheiten und sogar Fischereirechte im Weißen Meer. 31 russische Kaufleute beschwerten sich darüber in einer gemeinsamen Bittschrift 1627, einer der ersten einer ganzen Reihe von Kollektivbitt-schriften der nächsten Jahrzehnte. Die Regierung konnte ihren Forde-

rungen nur bedingt nachgeben, da sie durch den Friedensvertrag von
Stolbovo, einen Handelsvertrag mit den Niederländern und andere Vereinbarungen gebunden war. Außerdem war sie auf westliche Importwa-
ren angewiesen. Eine Beschwerde der Moskauer Steuerzahler über die
Einquartierungen, die ebenfalls in einer Kollektivbittschrift vorgetragen
wurde (1629), brachte dagegen vorübergehend Erleichterung.

Aus diesen Klagen erfuhren der Zar und der Patriarch etwas über den
Zustand der Provinz. Dazu trugen auch die jetzt nicht mehr nur dem
hohen Adel vorbehaltenen Audienzen bei. Reichsversammlungen riefen die Herrscher zunächst nur bis 1622 ein, als die finanziellen Möglichkeiten eines Feldzuges gegen Polen-Litauen erörtert wurden. Im darauffolgenden Jahrzehnt außenpolitischer Ruhe war eine Konsultierung der
Bevölkerung nicht nötig. Erst nach (!) Ausbruch des Smolensker Krieges
wurde im November 1632 wieder eine Versammlung einberufen.

Sehr gern hätte Filaret schon 1621/22 Smolensk zurückerobert und die
Polen zur Anerkennung der Romanov-Dynastie gezwungen. Die Reichsversammlung stimmte auch einem solchen Krieg zu und war zu finanziellen Opfern bereit. Sie hatte auch gar keine Wahl, denn die Regierung
hatte Polen bereits vorher ein Ultimatum gestellt. Freilich war Filaret
wohl realistisch genug, sich über die wahren Kräfte des ausgepowerten
Landes keine Illusionen zu machen, und da auch Schweden und das
Osmanische Reich sich zurückzogen, letzteres nach einer schweren Niederlage von seiten der Polen, fand der Krieg vorerst nicht statt.

Aber das Moskauer Reich wurde danach mehr und mehr in das
Mächtesystem des Dreißigjährigen Krieges hineingezogen. Für Gustav
Adolf stellte es einen wichtigen Verbündeten dar, dessen Angriff auf
Polen den schwedischen Kampf gegen das katholische Land erleich-
tern konnte und dessen Getreidelieferungen für die Versorgung der
schwedischen Truppen mit Schnaps – die grausamen Mann-gegen-
Mann-Kämpfe jener Zeit waren nur unter Alkoholeinfluß zu bestreiten –
hilfreich war. Die Moskauer Regierung verkaufte ihr Getreide – ein
Staatsmonopol – mit großem Gewinn, nachdem 1626 der Preis an der
Weltgetreidebörse in Amsterdam erheblich gestiegen war. Seit 1628
wurden diese und andere Subsidien (Salpeter) an Schweden geliefert.
Moskau andererseits rüstete mit schwedischer Hilfe kräftig auf, nach-
dem dort zwei schwedische Gesandtschaften 1626 die Kriegs- und Herr-
schaftspläne der katholischen Mächte, inklusive der Vernichtung von
Orthodoxie und Protestantismus, in den düstersten Farben gemalt hat-
ten. Auch die Franzosen bemühten sich um Moskau: Louis XIII. nannte
Michail Fedorovič 1629 vorübergehend «das Oberhaupt des östlichen
Erdkreises» und sogar «Empereur des Russes», aber die Gespräche
scheiterten an den französischen Vorstellungen von Handelsprivilegien.
In das eigentliche Kriegsgeschehen im Westen griff Moskau sowieso
nicht ein; der «magnus dux Moscoviae», wie man den Zaren trotz russi-

schen Protestes 1648 immer noch titulierte, wurde im Westfälischen Frieden von Münster und Osnabrück nur als Verbündeter Schwedens aufgeführt. Aber Moskau führte 1632–1634 den «Smolensker Krieg» auf einem Nebenschauplatz.

Daß Filaret so lange mit dem Angriff auf Polen zögerte, ist sicher nicht auf eine loyale Erfüllung des Vertrages von Deulino zurückzuführen. Der Krieg begann ja im April 1632 ein gutes Jahr vor Ablauf des Waffenstillstandes. Zar und Patriarch waren aber in Erinnerung an die Smuta sehr vorsichtig, versuchten erst Koalitionen mit Türken und Tataren, Siebenbürgen und Frankreich anzubahnen, bauten mit Hilfe von rund 2500 schwedischen und anderen angeworbenen westlichen Offizieren unter dem schottischen Oberst Alexander Leslie ein stehendes Heer von rund 66 000 Söldnern auf (zwischen 1632 und 1634 acht Soldatenregimenter, ein Reiter- und ein Dragonerregiment), warteten die schwedischen militärischen Erfolge seit 1630 ab und hielten dann das polnische Interregnum (Ende April bis Anfang November 1632) für den geeigneten Zeitpunkt. Doch der Feldzug verlief unglücklich: Dem Oberbefehlshaber M. B. Šein gelang es nach Anfangserfolgen acht Monate lang nicht, das begehrte Smolensk einzunehmen; er mußte unter dem Eindruck der üblichen Massendesertionen seiner Truppen – besonders der Bauernsoldaten aus Dorogobuž unter der Führung von Ivan Balaš – kapitulieren und wurde deswegen hinterher des Verrates und anderer Verbrechen bezichtigt und zusammen mit seinem Stellvertreter Izmajlov hingerichtet. Mitten im Krieg starb Filaret, nachdem Gustav Adolf bereits im November 1632 gefallen war und damit weitergehende Koalitionspläne Moskaus, nämlich das Angebot der polnischen Krone für den schwedischen König bei gleichzeitiger Inkorporierung Litauens durch Moskau, nicht mehr verfolgt wurden. Wenigstens verzichtete Władysław im Frieden an der Poljanovka (17. bzw. 27. [N. S.] 5. 1634) in Befürchtung eines türkischen Angriffs auf den Zarentitel, der allerdings nur ohne den Zusatz «von ganz Rußland» zugestanden wurde, während Michail Fedorovič 20 000 Rubel zahlen und alle eroberten Gebiete zurückgeben mußte. Damit blieb das Problem Smolensk auf der Tagesordnung, auch das Verhältnis zu Schweden war noch nicht geklärt, nachdem man im Interesse der Zusammenarbeit gegen Polen-Litauen die Revision des Friedens von Stolbovo zeitweise zurückgestellt hatte. Aber noch wichtiger war für die Zukunft wohl die Tatsache, daß der Krieg das Moskauer Reich weiter für den Westen geöffnet hatte.

Augenfälligster Ausdruck dieser Situation war die Aufstellung der genannten «Truppen neuer Ordnung» zusätzlich zum alten Adelsaufgebot, obwohl dieses erste stehende Heer, eines der frühesten in Europa, infolge der Opposition der Kirche und des Adels sowie aus Kostengründen nach dem Krieg zunächst einmal wieder aufgelöst wurde. In geringerer Zahl hatten westeuropäische Offiziere schon vor 1632 in Moskau gedient, genau wie andere Spezialisten, und schon 1621 war in Wiederaufnahme eines Ansatzes unter Vasilij Šujskij (1606) ein erstes Militärstatut auf der Grundlage von Leonhard Fronspergers «Kriegs-buch» (1565–1573) fertiggestellt worden. Aber in den 30er Jahren ver-stärkte sich auch der Zustrom westlicher Fachkräfte, wobei der Bedarf an Rüstungsgütern insbesondere das Hüttenwesen vorantrieb. Die Grundlage dafür schufen Holländer, nachdem frühere Versuche der Engländer (Muscovy Company) am Weißen Meer gescheitert waren. 1632 erhielt Andries Winius, der seit 1627 in Archangel'sk mit Getreide gehandelt hatte, das Monopol für die Errichtung von Hütten- und Ham-merwerken zwischen Tula und Serpuchov (1637 erster Hochofen). Er wurde etwas später von dem Holländer in dänischen Diensten Peter Marselis (1644), der einst mit dem Handel von Tran und Unschlitt be-gonnen hatte und später Leiter der Zollverwaltung und der Post wurde, und von Thielemann Akkema (1647) unterstützt. Das Glasmonopol er-hielt 1634 der Wallone Coyet, der im Kreis Moskau die erste Glashütte errichtete. In Pottascheerzeugung und -handel waren ebenfalls beson-ders Engländer und Holländer engagiert.

Freilich, diese wirtschaftlichen und militärischen Notwendigkeiten brachten unter Michail Fedorovič noch keine geistige Hinwendung zum Westen mit sich. Noch stellte die Orthodoxe Kirche die einzige geistige Macht dar. Die Unruhe, welche die Smuta auch auf diesem Gebiet mit sich gebracht hatte, wirkte zwar das ganze Jahrhundert über fort, konnte aber zunächst einmal durch ein offizielles Geschichtsbild einge-dämmt werden, das bis ungefähr 1630 am Patriarchenhof entstand: Im «Neuen Chronisten» konnte man nachlesen, wie die Romanovs die Smuta verstanden wissen wollten, nämlich als Strafe Gottes für die an-gebliche Ermordung Dmitrijs von Uglič durch Boris Godunov. Die Herr-scher bis 1613 hatten demzufolge des Gottesgnadentums entbehrt, und erst Michail Fedorovič habe an die «zarische Wurzel» von 1598 wieder-angeknüpft. Durch diese Sprachregelung trat Filaret einmal der Erinne-rung an seine eigene zwielichtige Rolle in Tušino entgegen und wollte zum anderen die vielen Gerüchte über Thronprätendenten mit angeb-lich legitimeren Herrschaftsrechten mundtot machen. Trotzdem gab es im 17. Jahrhundert noch 17 falsche Prätendenten.

Die Chronik zog die Summe der Meinungen, die von verschiedenen Autoren vorher teils privat, teils in offiziellem Auftrag aufgeschrieben worden waren: von dem Sekretär Ivan Timofeev im ‹Zeitbuch›, vom Kellermeister des Troice-Sergiev-Klosters, Avramij Palicyn, in der ‹Er-zählung über die Belagerung des Troice-Sergiev-Klosters...›, von (wahrscheinlich) Fürst Ivan Katyrev-Rostovskij im ‹Chronikbuch›, von Fürst Semen Šachovskoj in der ‹Vita des Zarensohnes Dmitrij› und der ‹Erzählung von einem gewissen Mönch...› und in der ‹Anderen Erzäh-lung› eines Anonymus. Über seine Zeit hinaus wies nur Fürst Ivan

Chvorostinin, der sich offenbar polnisch-katholischem Denken öffnete und dafür mehrmals der Häresie bezichtigt wurde.

Der Häresie beschuldigte man 1618 zunächst auch die Bücherkorrektoren, die beauftragt waren, die liturgischen Texte an die griechischen «Originale» anzugleichen, denn der nun verbreitete Buchdruck machte einheitliche Versionen für das ganze Reich erforderlich. Noch konnten andere Neuerungen abgewehrt werden, z. B. 1640 der Vorschlag des Kiever Metropoliten Petr Mohyla und fünf Jahre später derjenige des ökumenischen Patriarchen, in Moskau eine geistliche Akademie nach dem Vorbild des Kiever Kollegiums zu gründen. Bücher des «litauischen Drucks» blieben seit 1627 verboten, weil darin aus der Ukraine römisch-katholisches Gedankengut eindringen konnte. Aber der seit 1642 amtierende Patriarch Iosif vertrat immerhin bereits entschieden die griechische Orientierung.

Im ganzen hatte die Smuta doch eine publizistische Aktivität und geistige Unruhe ausgelöst, wie sie erst einhundert Jahre später, zur Zeit Peters des Großen, in gleicher Intensität wiederkehrten. Die Fähigkeit der Publizisten, kausale Zusammenhänge zu erkennen, also ein echtes Geschichtsbewußtsein zu entwickeln, war enorm gewachsen. Ihr entsprach eine nicht mehr zu unterdrückende soziale Unruhe. 1635 nahmen die Kaufleute in einer Kollektivbittschrift ihre Klage von 1627 gegen die Handelsprivilegien der Ausländer wieder auf. Besonders 1636 griffen die Städter zur Selbsthilfe und holten ihre früheren Mitbewohner, die «Verpfändeten», zu Hunderten aus den «weißen Plätzen» zurück.

Von 1637 stammt die erste erhaltene Kollektivbittschrift der Dienstleute, die offenbar unter bedrohlichen Anzeichen entstand, denn der Zar entschloß sich schon fünf Tage vor ihrer Abgabe zur Reduzierung der Dienstverpflichtungen auf die Hälfte. Unterzeichner waren die zufällig (in diesem Fall anläßlich einer Reichsversammlung) in der Hauptstadt befindlichen Adligen. Die Dienstleute hatten aber auch genug andere Gelegenheiten zu Absprachen in Moskau: vor und nach militärischen Einsätzen oder während der drei Gerichtstermine (Neujahr, Weihnachten und Pfingsten). Eben diese Gerichtstermine stellten selbst ein Petitum der Provinzadligen dar, denn die Zentralisierung des Gerichtswesens machte Prozesse kostspielig und, zusammen mit Korruption und Verschleppung, für die meisten Kläger fast unmöglich. Das andere dringende Anliegen betraf die Bauernfrage, d. h. die Ausdehnung der fünfjährigen Rückholfrist für Läuflinge oder am besten die völlige Abschaffung der «Fristjahre». Dazu verstand sich die Regierung in ihrer oben geschilderten ambivalenten Politik noch nicht, wohl aber wenigstens zu einer neunjährigen Verjährung. Damit war ein weiterer Schritt in Richtung Schollenbindung der Bauern getan, zumal die Frist schon 1641 im Anschluß an eine weitere Kollektivbittschrift der Dienstleute auf zehn (und für gewaltsam entführte Bauern auf fünfzehn) Jahre ausgedehnt wurde. Interessant ist, daß in beiden Bittschriften auch die Interessen der Städter, einmal die dezentralisierten Gerichte, zum andern die Abschaffung der «weißen Plätze», kurz gestreift wurden. Hier bahnte sich eine Solidarisierung an, die unter dem nächsten Zaren zur Explosion führen sollte.

Die Bittschriften waren im Zusammenhang mit Reichsversammlungen vorgetragen worden, die wegen eines außenpolitischen Problems tagten. Anlaß war ein grausamer Überfall der Don-Kosaken auf die türkische Festung Azov im Sommer 1637, welche die Eroberer vier Jahre lang sogar gegen Heer und Flotte der Osmanen halten konnten. 1641 aber boten die Kosaken Azov Michail Fedorovič zur Übernahme an. Schon 1637 war ein Hilfegesuch ergangen, und die befragte Reichsversammlung war damals noch einmütig zu einer Kriegssteuer bereit, obwohl der Zar sich in einem Schreiben an den Sultan von der kosakischen Aktion distanziert hatte. 1639, als wieder eine (allerdings nicht gewählte) Versammlung zusammentrat, nachdem moskauische Gesandte auf der Krim mißhandelt worden waren, baten die Stadtleute schon um zwei Jahre Bedenkzeit. Als es 1641 ernst wurde, verhielt sich die Versammlung von 1642 insgesamt eher zurückhaltend; nur die mittleren Dienstleute waren vorbehaltlos zum Feldzug bereit. Eine Unterstützung der Kosaken hätte ohne Zweifel einen verlustreichen Krieg mit dem Osmanischen Reich bedeutet. Dazu war Moskau trotz des schon jahrhundertelangen Drängens des Westens noch nicht bereit, zumal der Sultan gedroht hatte, in diesem Falle die gesamte orthodoxe Bevölkerung seines Reiches umzubringen. Die Kosaken wurden deswegen zur Aufgabe der Festung überredet.

Das kosakische Abenteuer, entstanden einerseits aus traditioneller Beutegier und andererseits in Abwehr tatarischer Überfälle, war nur einer von vielen ähnlichen Kriegszügen, die andere Kosaken in dieser Zeit durch ganz Sibirien ziehen ließen. Wie schon bei der Eroberung des Chanats Sibir' in den 80er und 90er Jahren des voraufgegangenen Jahrhunderts sanktionierte und annektierte die Moskauer Regierung immer nachträglich die Besitznahmen. Im Fernen Osten gab es freilich auch nicht den Widerstand einer größeren staatlichen Macht: 1619 entstand Jenisejsk, 1632 Jakutsk, und 1639 erreichte Ivan Moskvitin als erster den Pazifik am Ochotskischen Meer. Schon 1616 war die erste russische Gesandtschaft zum mongolischen Altyn-Chan gereist, und zwei Jahre später traf Petlin als erster russischer Gesandter in Peking ein. Hier bahnten sich Landnahmen und zunächst noch sehr sporadische Verbindungen an, die weit in die Zukunft wiesen.

Michail Fedorovič blieb bei alledem noch ganz dem altrussischen Leben verhaftet. Bezeichnend dafür ist sein mißlungener Versuch, seine Tochter Irina mit dem dänischen Prinzen Waldemar zu verheiraten. Die Verhandlungen mit König Christian IV. begannen im April 1642 und fuhren sich sofort an der Religionsfrage fest. Waldemar kam in Moskau Anfang 1644 erst an, nachdem er durch Vermittlung von Peter Marselis die Zusicherung erhalten hatte, Protestant bleiben zu dürfen. Doch die Moskauer hielten sich nicht an ihr Versprechen, bedrängten den Prinzen auf z. T. recht grobe Weise und ließen ihn obendrein nicht wieder abreisen. Mehrere Fluchtversuche der Dänen endeten ergebnislos, bis der Prinz durch den Tod des Zaren erlöst wurde und nach anderthalb Jahren nach Hause zurückkehren durfte.

Wie groß Michails eigener Anteil an der allgemeinen Politik war, ist schwer zu sagen. Das kluge Nachgeben in der aufkommenden sozialen Unruhe entspricht jedenfalls seinem Naturell; ob Filaret in bezug auf Azov anders entschieden hätte, sei dahingestellt. Auffällig ist immerhin, daß nach Filarets Tod wieder verstärkt Günstlinge auftraten, zunächst I. B. Čerkasskij und seit 1642 F. I. Šeremetev. Sie gewannen Macht, indem sie die Leitung der wichtigsten und einahmeträchtigsten Zentralämter kumulierten. Damit waren natürlich auch Mißbräuche verbunden, welche die Unruhe der Bevölkerung weiter schürten. Der Zar ließ noch kurz vor seinem Tode eine Untersuchung anordnen. Er starb, deprimiert durch die Waldemar-Affäre, am 13. Juli 1645 an Wassersucht.

Aleksej Michajlovič

Hans-Joachim Torke

ALEKSEJ MICHAJLOVIČ
1645–1676

Aleksej Michajlovič, geb. 10. 3. 1629, Zar 13. 7. 1645, Krönung 28. 9. 1645,
gest. 29. 1. 1676, bestattet im Kreml. Vater Michail Fedorovič (12. 7. 1596–13. 7.
1645, Zar 1613–1645), Mutter Evdokija Strešneva (gest. 18. 8. 1645). 1. Heirat
16. 1. 1648 mit Marija Miloslavskaja (1. 4. 1626 [?]–3. 3. 1669); Kinder Dmitrij
22. 10. 1648–6. 10. 1649), Evdokija (18. 2. 1650–10. 5. 1712), Marfa (26. 8. 1652–
Juli 1707), Aleksej (5. 2. 1654–17. 1. 1670), Anna (23. 1. 1655–9. 5. 1659),
Sof'ja 17. 9. 1657–3. 7. 1704, Regentin 1682–1689), Ekaterina (26. 11. 1658–1. 5.
1718), Marija (18. 1. 1660–20. 3. 1720), Fedor (30. 5. 1661–27. 4. 1682, Zar
1676–1682), Feodosija (28. 5. 1662–Dez. 1713), Simeon (Apr. 1665–19. 6.
1669), Ivan (27. 8. 1666–29. 1. 1696, Zar 1682–1696), Evdokija (gest. 18. 2.
1669), 2. Heirat 22. 1. 1671 mit Natal'ja Naryškina (26. 8. 1651–25. 1. 1694);
Kinder Petr (30. 5. 1672–28. 1. 1725, Zar 1682–1721, Kaiser 1721–1725), Na-
tal'ja (25. 8. 1673–18. 6. 1716), Feodora (4. 9. 1674–Nov. 1678).

Auch der zweite Zar aus dem Hause Romanov bestieg als Jüngling den
Thron: Der am 10. März 1629 geborene Aleksej Michajlovič war rund
vier Monate vor dem Tod seines Vaters Michail erst sechzehn Jahre alt
geworden. Für die Anerkennung der jungen Dynastie war dieser Umstand im Grunde nicht günstig, jedoch gab es keine Legitimitätspro-
bleme, da Michail den Thronfolger schon am Neujahrstag des Jahres
1643 der Öffentlichkeit präsentiert hatte und die Übergabe der Herrschaft in der Nacht vom 12. zum 13. Juli 1645 noch auf dem Sterbebett
erfolgt war. Damit folgte zum erstenmal seit 1584, von der kurzen Episode 1605 abgesehen (s. Kapitel «Fedor Godunov»), wieder ein Sohn
seinem Vater. Die Krönung wurde am 28. September vollzogen.

Nichtsdestoweniger tauchten immer noch falsche Thronprätendenten
auf. Am gefährlichsten wurde in den folgenden Jahren ein angeblicher
Sohn Vasilij Šujskijs, in Wirklichkeit der Schreiber eines Moskauer Zentralamtes mit Namen Timofej Akundinov (Akindinov, Ankudinov, An-
kidinov). Er hielt acht Jahre lang die Moskauer Diplomaten in Atem,
weil er in verschiedene westliche Länder reiste und sich zwischendurch
auch von Bohdan Chmel'nyc'kyj in die Politik der Kosaken gegenüber
Moskau (s. u.) einspannen ließ. Erst 1653 wurde Akundinov vom Herzog von Holstein gegen Handelsprivilegien für dänische Kaufleute ausgeliefert und in Moskau hingerichtet. Auch der Führer des größten Bau-
ernaufstandes des 17. Jahrhunderts, Sten'ka Razin (s. u.), präsentierte
Anfang der 70er Jahre einen falschen Prätendenten, der sich allerdings

bereits als der in Wirklichkeit 1670 verstorbene älteste Sohn (Aleksej) des
Zaren ausgab, d. h. als Prätendent innerhalb der Dynastie. Dies zeigt,
daß die Romanovs nun anerkannt waren.

In erster Linie war diese Stabilisierung auf die Person des beliebten
Aleksej Michajlovič zurückzuführen. Dem Jüngling, der einen Monat
nach dem Vater auch noch die Mutter (Evdokija Strešneva) verlor, muß
freilich zunächst angesichts der vor ihm liegenden Aufgaben, besonders
aber wegen der sozialen Unruhe und gespannten Atmosphäre in der
Hauptstadt, eher angst vor der Verantwortung gewesen sein. Seine Lehrer waren der Sekretär V. S. Prokof'ev und der Schreiber G. V. L'vov
gewesen, bei denen er Altgriechisch gelernt hatte. Später lernte er noch
etwas Polnisch. Er war seiner Natur nach gutmütig und führte später
den inoffiziellen Beinamen «der höchst Sanfte» («tišajšij» mit der Neben-
bedeutung «Serenissimus»). Diese Charakterisierung rührte wohl hauptsächlich von seiner großen Frömmigkeit her, die besonders den ausländischen Reisenden auffiel. Vollständiger beschreibt man ihn damit, daß
er auch sehr explosiv sein konnte. Auch dies vermerkten die Ausländer
und obendrein sogar einen kriegerischen Geist, weil er entgegen der
Sitte seiner Vorgänger an Feldzügen persönlich teilnahm.

So vereinte Aleksej viele Eigenschaften in sich: Er ließ immer wieder
Seelenmessen für Ivan «den Schrecklichen» lesen, dessen Herrschaft er
als vorbildlich autokratisch betrachtete; wie jener sorgte er für eine Zentralisierung des nationalen Heiligenschatzes, und er ließ 1653 die Gebeine der Patriarchen Iov und Germogen sowie des Metropoliten Filipp
in den Kreml umbetten. Der Zar verfaßte ein Handbuch der geliebten
Falkenjagd und begann Aufzeichnungen über den Krieg gegen Polen; er
liebte die Kriegskunst und entwarf selbst neue Waffen. Er tadelte seine
Umgebung auf Grund strenger moralischer Maßstäbe, nicht ohne immer die Schuld des «Sünders» zu beweisen. Am meisten litt er an zer-
brochenen Freundschaften, was dazu führte, daß er sogar den abgesetzten Patriarchen Nikon (s. u.) mit Geschenken überhäufte. Milde und
Strenge, die beiden altrussischen Herrscherepitheta, weisen bei Aleksej
also nach rückwärts, aber er ist auch der erste russische Herrscher, der
Gesetze selbst unterzeichnete, der sich realistisch malen ließ, von dem
Privatbriefe im eigentlichen Sinne des Wortes erhalten sind und den eine
tiefe Freundschaft mit einigen seiner Mitarbeiter, besonders mit A. L.
Ordin-Naščokin, dem Leiter des Außenamtes, verband. Diese zum erstenmal aus den Quellen hervortretenden menschlichen Züge ließen
schon den jungen Zaren nach der Thronbesteigung auf einen väterlichen Freund vertrauen, dem er noch vom Vater auf dem Sterbebett
anbefohlen worden war: B. I. Morozov.

Der neue starke Mann hatte seinen Aufstieg schon als Erzieher Aleksejs vorbereitet. Jetzt verstärkte er die Bindung dadurch, daß er sich mit
dem neuen Zaren verschwägerte. Dieser hatte kurz vor seinem 18. Ge-

burtstag Heiratsabsichten geäußert, und nach alter Sitte wurden aus dem ganzen Land zweihundert junge Mädchen nach Moskau geholt, von denen sechs in die engere Wahl kamen. Aus ihnen wählte Aleksej zunächst Evfimija Vsevoložskaja aus, die aber bei der Vorstellung in Ohnmacht fiel, so daß der Verdacht aufkam, sie leide an verheimlichter Fallsucht. Deshalb wurde sie mit ihren Eltern nach Sibirien verbannt, und die Wahl des Zaren fiel dann auf Marija Miloslavskaja, die Tochter eines verarmten Truchsesses. I. D. Miloslavskij gehörte zur Klientel Morozovs, weshalb von dessen Gegnern der Verdacht geäußert wurde, Morozov habe bei der Ohnmacht der ersten Kandidatin nachgeholfen. Ganz unsinnig ist diese Vermutung nicht, denn Marija hatte eine jüngere Schwester, Anna, die der bereits über 50jährige Morozov nur zehn Tage nach der Hochzeit des Zaren (am 16. Jan. 1648) heiratete. Von vielen wurde es als unziemlich empfunden, daß Morozov seine Stellung und seinen Reichtum auf diese Weise festigte. Zu dieser Zeit vereinte er nach dem Vorbild früherer «starker Männer» auch fünf wichtige gewinnbringende Zentralämter in seiner Hand, und am Ende seines Lebens besaß er 9100 Höfe mit 55 000 Bauern in 19 Kreisen sowie zahlreiche Manufakturen, Mühlen und Schnapsbrennereien.

Gleich nach der Thronbesteigung Aleksejs wurde Morozov mit der noch von Michail Fedorovič angeordneten Untersuchung und Reform der Verwaltung beauftragt. Um die Mißstände abzuschaffen, kürzte er die Gehälter und entließ Hofpersonal und die verantwortlichen Leiter («Richter») der Zentralämter. Seine eigenen Kreaturen waren freilich genauso korrupt, und nicht alle Maßnahmen Morozovs zur Sanierung der Städte waren wohlüberlegt: Das neue eiserne Eichmaß, das der Handelsgerechtigkeit dienen sollte, kostete die Händler Geld, und der Abschaffung direkter Steuern, nämlich der Fuhr- und Strelitzengelder (s. Kapitel «Michail Fedorovič»), folgte im Februar 1646 die mit der Bedrohung durch die Tataren begründete Einführung einer Akzise, die das Salz allein in diesem Jahr um das Vierfache verteuerte und so unerschwinglich machte, daß sie Ende 1647 wieder aufgehoben werden mußte. Die durch solche Experimente verstärkte Unruhe erreichte im Frühjahr 1648 einen Höhepunkt, als Morozov nun wiederum als Ersatz für die Salzsteuer neben der Eintreibung von Außenständen der letzten zehn Jahre die sofortige Nachzahlung der direkten Steuern für die Jahre 1646 und 1647 forderte, so daß 1648 die dreifache Steuerlast fällig gewesen wäre. Es bedurfte nur noch eines Funkens zum Ausbruch des großen Brandes, des «Salz-Aufstandes».

Offenbar hatte Morozov geglaubt, mit den Städtern und Steuerzahlern beliebig verfahren zu können, wenn gleichzeitig ein dringender Wunsch des Adels erfüllt würde, nämlich die weitere Verlängerung bzw. völlige Aufhebung der «Fristjahre», d. h. der Verjährungsfrist für die Rückführung entlaufener Bauern. Auf eine entsprechende, wahrscheinlich aus Anlaß der Krönung vorgetragene Kollektivbittschrift der Dienstleute hatte Aleksej Michajlovič noch am 19. Okt. 1645 erklärt, eine Verlängerung sei nicht nötig, da die Fristjahre (unter seinem Vorgänger) ja schon verdoppelt worden seien. Dagegen findet sich in einer Instruktion für Volkszähler und Landvermesser vom Februar 1646 im Zusammenhang mit der Einführung der Höfesteuer ganz unvermittelt die Absichtserklärung der vollen Schollenbindung, also der Aufhebung der Fristjahre, nach Abschluß der Zählung. Der gesetzliche Vollzug dieser Politik, die Einführung der sogenannten «Leibeigenschaft», ist die bekannteste Bestimmung des drei Jahre später erlassenen neuen Gesetzbuches, des Uloženie. Doch dazu kam es erst durch den großen Moskauer Aufstand von 1648.

Diese Erhebung war der erste einer Reihe städtischer Aufstände in der Jahrhundertmitte, denen im Gegensatz zu den zahlreichen, nur gegen die drückende Sozialordnung und die «Reichen» gerichteten Bauernaufständen ein ausgesprochen politischer Charakter zukam. Die städtischen Unruhen wurzelten zwar auch in der sozialen Unzufriedenheit, zielten aber auf Grund der Erfolglosigkeit anderer Proteste (Kollektivbittschriften) dann direkt auf die Regierung, kamen einer Gefährdung des Zaren selbst bedrohlich nahe, brachten eine gewisse Solidarisierung von Adel und Städtern mit sich und führten 1648 sogar zu einer zeitweiligen Einflußnahme auf die Regierungsgewalt. Den «Funken» in der gespannten Situation der Jahre 1645–148 lieferte die Mißachtung eines alten Rechts der Bevölkerung seitens der Regierung, nämlich des Rechts auf die Abgabe von Bittschriften.

Am 1. Juni 1648 kam Aleksej Michajlovič von der Feier des Pfingstfestes aus dem Troice-Sergiev-Kloster in die Hauptstadt zurück. Eine Gruppe von Einwohnern hielt den Zug auf, sprach den Zaren direkt an und wollte bei dieser Gelegenheit den ihn begleitenden Bojaren eine Klage gegen L. S. Pleščeev, den Leiter der «Landesamt» (zemskij prikaz) genannten Moskauer Stadtverwaltung abgeben. Die Bittsteller wurden jedoch ohne Wissen des Zaren ausgepeitscht, 16 von ihnen wurden eingesperrt. Am nächsten Tag forderte eine größere Menge die Freilassung der Gefangenen und beschwerte sich über weitere Würdenträger: über Morozov, P. T. Trachaniotov, den Leiter des Artillerieamtes, und N. I. Čistoj, den Leiter des Außenamtes, der von den aufgebrachten Moskauern sogar erschlagen wurde. Während ein Teil der Aufständischen die Häuser der Reichen plünderte, drang ein anderer in den Kreml ein und erreichte von Aleksej Michajlovič, der sich zweimal zeigen mußte, die Freilassung. Der Zar wurde dabei nur noch von ausländischen Offizieren geschützt, denn die Leibgarde der Strelitzen begann sich mit den Aufständischen zu solidarisieren. Ihre sozialen Probleme führten später, z. B. 1682, zu weiteren Unruhen (s. Kapitel «Fedor Alekseevič»). Der Zar konnte deshalb auch Pleščeev und Trachaniotov nicht länger schützen; sie wurden am 5. Juni getötet. Nur sein Schwager Morozov, für den er unter Tränen bat, kam mit einer Verbannung nach Beloozero davon, nachdem Aleksej offenbar sein eigenes Schicksal mit dessen Leben verknüpft hatte. Außerdem konnte der Zar die unmittelbare Gefahr durch Verdoppelung der Strelitzengehälter, Ausschank von Alkohol, Zobelfelle für die Unterhändler der Aufständischen und Landzusagen für die Dienstleute abwenden. Den durch eine Brandkatastrophe, die vielleicht Morozovs Leute am 3. Juni ausgelöst hatten, Geschädigten mußte Entschädigung versprochen werden; Tausende von Häusern, 2000 Menschen, 500 000 Tonnen Getreide und das Arsenal waren dem Brand zum Opfer gefallen. In den ersten Junitagen war die Hauptstadt praktisch in den Händen der Aufständischen.

Neben den unmittelbaren Folgen dieser spontanen Erhebung gibt es eine ganze Reihe längerfristiger Nachwirkungen, die zum großen Teil auf über 70 Bittschriften (bis Ende Juli) zurückgehen. Am 12. Juni wurde die Annullierung der Steuerrückstände beschlossen, die Stadtleute brauchten ihren Wahldienst nur noch in ihren Wohnorten abzuleisten, «verpfändete» Steuerzahler mußten von den Hundertschaften (gildeähnlichen Vereinigungen) der Großkaufleute und Tuchhändler zurückgegeben werden, und mit weiteren Geldgeschenken an die Strelitzen konnte deren Zustimmung zur Rückkehr Morozovs am 26. Oktober erkauft werden. Er spielte in der Folgezeit keine prominente Rolle mehr und wirkte nur als Berater im Hintergrund.

Immerhin konnte die Regierung auf der Grundlage einer gewissen Konsolidierung einen Aufstand der Knechte in der zweiten Junihälfte niederschlagen und kleinere Ausschreitungen in der Provinz, die manchmal durch die Nachrichten aus der Hauptstadt ausgelöst wurden, unterdrücken. In Moskau, wo es bis April 1649 gärte und besonders Mitte November 1648 ein neuer Aufstand drohte, mußten allerdings grundlegende Konzessionen gemacht werden, zumal für die Regierung der Eindruck einer Solidarisierung der mittleren Dienstleute mit den Städtern entstand und das Gespenst der Smuta umging. Denn die Adligen trugen ihre alten Anliegen nun ebenfalls – wie die Kaufleute – in verschärfter Form vor, und beide Gruppen unterzeichneten zunächst die Petitionen der anderen mit, forderten am 10. Juni gemeinsam ultimativ die Einberufung einer Reichsversammlung und unterstützten am 30. Oktober sogar in ihrer Bittschrift jeweils die Forderungen der anderen Gruppe. Die Anliegen betrafen Maßnahmen gegen die Korruption, die Verbesserung der Verwaltungs- und Gerichtsstruktur und die Übergabe von Kirchenland an die Dienstleute, die Übernahme der «weißen», d. h. steuerfreien Plätze in den Steuerverband und die Ausweisung der ausländischen Kaufleute aus Moskau.

Die meisten dieser Forderungen wurden in dem «Uloženie», dem Gesetzbuch vom 29. Jan. 1649, erfüllt, das den Sudebnik von 1550 ablö-

ste und in dem zum erstenmal mindestens 8,5 % der 967 Paragraphen
auf die direkte Initiative der Bevölkerung zurückgingen. Dieser Ursprung des Kodex wird freilich in der Präambel verschwiegen, aber die
Beratung auf der aus mindestens 345 Teilnehmern bestehenden Reichsversammlung wird immerhin erwähnt. Die eigentliche Arbeit wurde
von einer Kodifizierungskommission unter N. I. Odoevskij geleistet, die
neben den Bittschriften auch die frühere Gesetzgebung und das Litauische Statut einbezog. Auf letzteres geht der erste schriftlich formulierte
Schutz des Zaren und des Hofes zurück – sicherlich eine Lehre aus der
Bedrohung von 1648. Am bekanntesten ist die erwähnte Aufhebung der
Fristjahre für die Bauern geworden, die nun gesetzlich fixiert war und
auf eine Schollenbindung auf der Grundlage der Landaufnahmen von
1627 und 1631 hinauslief. Erst im Laufe des 18. Jahrhunderts sollte sich
diese Freiheitsbeschränkung zu einer Leibeigenschaft im Sinne des Wortes wandeln. Die Immobilität galt im übrigen auch für die Städter, denen
das Verlassen des Steuerhaftpflichtverbandes verboten wurde. Entsprechend wurde weltlichen und geistlichen Herren untersagt, Steuerzahler
und Steuerland in «Pfand» zu nehmen und ihre eigenen Leute auf Al-
mendeland anzusiedeln. Geistliche sollten zukünftig keine Güter mehr
erwerben dürfen und wurden – mit Ausnahme des Patriarchen – in ihrer
Gerichtsbarkeit eingeschränkt. Die Forderungen nach Dezentralisierung
des Gerichtswesens und Erweiterung der Wahlverwaltung wurden
ignoriert.

Eben dieser letztgenannte Umstand beweist, daß die Regierung sich
die Autokratie auch durch das Uloženie nicht aus der Hand nehmen
ließ. Es wäre ganz verfehlt, den Sieg der Städter und des Kleinadels über
die Bojaren und die Kirche als eine Schwächung der Selbstherrschaft zu
interpretieren. Die jetzt erreichten Bestimmungen entsprachen durchaus den Intentionen des Zaren, nahmen ihm lange hinausgeschobene
Entscheidungen ab und festigten das Bündnis der Autokratie insbesondere mit dem niederen Adel. Die Klagen der russischen Kaufleute gegen
die ausländische Konkurrenz mußten dagegen noch zurückgestellt
werden, bis sich ein Anlaß für die Ausweisung ergab. Dieser war gefunden, als die Ermordung Charles' I. durch Oliver Cromwell in Moskau
bekannt wurde. Empört wies Aleksej Michajlovič die Engländer (nur
diese!) zum 1. Juni 1649 «wegen solch einer bösen Tat» aus der Hauptstadt aus, verbot ihnen den Binnenhandel und beschränkte sie auf
Archangel'sk. Der zollfreie Handel war ihnen schon 1646 verboten worden. In dieser heiklen Frage hatte man also einen Kompromiß gefunden;
das Entsetzen des Zaren war dabei echt, bot ihm aber gleichzeitig einen
Anlaß zum Einschreiten. 1654 wurden die Holländer und Hamburger in
das Verbot des Binnenhandels einbezogen.

Das Uloženie ist zwar «revolutionären» Ursprungs, festigte aber die
alte Ordnung und wies nur insofern in die Zukunft, als es in vielen

Bereichen, besonders in der Bauernfrage, zur Stagnation beitrug. Im Frühjahr 1649 wurden 2000 Exemplare gedruckt und an alle Behörden verteilt. Trotzdem wurde die in der Präambel intendierte Rechtsgleichheit für alle in der Praxis natürlich nicht erreicht, zumal das Gesetzbuch, obwohl systematischer gegliedert als seine Vorgänger, das Fehlen römisch-rechtlicher Schulung spüren ließ. Es war deshalb spätestens unter Peter dem Großen überholt, blieb aber offiziell bis zum 1. Jan. 1835 in Kraft, weil diesem und den nachfolgenden Kaiserinnen und Kaisern eine Novellierung nicht gelang.

Die gefährliche Situation des Jahres 1648 konnte also durch ein Nachgeben des Zaren aufgefangen werden, ohne daß die Prinzipien der Autokratie geopfert werden mußten. Die städtischen Aufstände hörten damit allerdings noch nicht auf. 1650 und 1662 wurde Aleksej wiederum vor schwere Entscheidungen gestellt, wenn ihm auch die Initiative nicht mehr entglitt. Er war durch die Ereignisse des Jahres 1648 mit einem Schlag aus dem relativ sorglosen Leben eines Jünglings in die Rolle des verantwortlich Handelnden versetzt worden, der von Günstlingen nicht mehr bestimmt, sondern nur beraten wurde, und zwar hauptsächlich von Miloslavskij, der die neue Leibgarde befehligte, und von N. I. Romanov, einem entfernten Onkel des Zaren.

1650 brachen Aufstände in Novgorod und Pskov aus, den beiden Städten an der Westgrenze, die durch ihre Handelsbeziehungen schon immer eine Sonderstellung eingenommen hatten, sich jetzt aber besonders der Konkurrenz westlicher Kaufleute erwehren mußten. In Pskov (Pleskau) hatte es schon mehrere Jahrzehnte unter den Kaufleuten Unruhe wegen der schwedenfreundlichen Politik der Regierung gegeben. Aleksej Michajlovič betrieb diese freilich eher gezwungenermaßen. Entgegen den Bestimmungen des Friedens von Stolbovo (1617) waren inzwischen ungefähr 50 000 Russen aus den damals an Schweden abgetretenen Gebieten ins Moskauer Reich umgezogen und auf Drängen der Orthodoxen Kirche nicht zu den Glaubensfeinden zurückgeschickt worden. Die Schweden ließen sich diesen Vertragsbruch teuer bezahlen: Sie bekamen 1650 20 000 Rubel sowie 10 000 Viertel Getreide (1 Viertel = 210 Liter) aus den zarischen Kornkammern in Pskov und sollten weitere 2000 Viertel durch Aufkäufer erwerben können, weswegen der Getreidepreis künstlich in die Höhe getrieben wurde. Darunter litt aber auch die Pskover Bevölkerung, die im Frühjahr ihre Wut an dem Voevoden, den reichen Großkaufleuten und dem schwedischen Gesandten ausließ. Der Aufstand griff dann auf Grund von allerlei Gerüchten auf Novgorod über, wo der dänische Gesandte angegriffen und eine Gegenregierung gebildet wurde, die sich auch gegen den Metropoliten Nikon richtete. Der Zar löste zwar auf Bitten der Aufständischen den Novgoroder Voevoden Chilkov ab, ließ aber die Stadt danach durch I. N. Chovanskij militärisch besetzen und einige Todesurteile vollstrecken. In Pskov, das besser befestigt war, verbot sich dagegen ein rigoroses Vorgehen, denn hier hatte es heftigere Ausschreitungen und vor allem eine Solidarisierung des Kleinadels mit den Städtern gegeben. Chovanskij blieb deshalb vor der Stadt stehen, während der Zar im Sommer aus Angst vor dem Übergreifen auf andere Landesteile die Delegation einer Reichsversammlung unter Führung des Bischofs von Kolomna und Kašira das Angebot des Truppenabzugs und einer Amnestie für den Fall überbringen ließ, daß die Pskover den Treueeid leisteten. Dies geschah denn auch, da der Aufstand sich überlebt hatte. Aber die Regierung hielt sich nicht an ihr Versprechen und verbannte später die Anführer.

Zwölf Jahre später brodelte es wieder in Moskau. Die Ursachen für den «Kupfergeld-Aufstand» lagen letzten Endes im 1654 beginnenden zweiten nordischen Krieg (s. u.), dessen Beginn zwar mit einer zehnprozentigen Sondersteuer und Klosteranleihen finanziert werden konnte, der aber dann die Prägung zunächst von Münzen mit reduziertem Silbergehalt und darauf zum erstenmal von Kupfergeld notwendig machte, weil nach einer Pestepidemie eine wirtschaftliche Krise ausgebrochen war. Die Bevölkerung hielt jedoch dieses Geld für minderwertig und hortete Silbermünzen, während die reichen Besitzer von Kupfergeschirr die Münzmeister bestachen und aus ihren Töpfen Münzen gießen ließen. Ende Juni 1662 wurden dafür die untergeordneten Münzmeister zwar hart, die verantwortlichen Verwandten des Zaren, sein Schwiegervater I. D. Miloslavskij und A. I. Matjuškin, aber nur milde bestraft. Inzwischen hatte die Geldpolitik zu einer Inflation geführt: 1658 war noch ein Kupfer- auf einen Silberrubel gekommen, Ende 1661 waren es schon vier gewesen. (Zwei Jahre später betrug das Verhältnis 15 : 1!) Im Sommer 1662 kam alles zusammen: eine dreifache Teuerung, die Eintreibung der Steueraußenstände vergangener Jahre, die Einsammlung des «Fünften» als Sondersteuer, die Einziehung der «Strelitzengelder», einer direkten Steuer für den Unterhalt eines Heeresteils, in Form von Getreide gerade während einer Mißernte und die Zwangsrequirierung der wichtigsten, zu Staatsmonopolen erklärten Exportwaren.

Daß der Aufstand auf Moskau beschränkt blieb, lag nicht nur daran, daß es Regierungssitz war, sondern vor allem an der dortigen Existenz einer größeren Unterschicht, die sich nicht selbst versorgen konnte, nun zusammenrottete und mit Wandzeitungen agitierte. Um den Zaren selbst zu sprechen, zogen mehrere hundert Aufständische am 26. Juli in die zarische Sommerresidenz Kolomenskoe, wo Aleksej Michajlovič den Namenstag seiner Schwester Anna feierte. Er wurde von der Menge persönlich zur Rede gestellt, um Bittschriften entgegenzunehmen, mußte ehrenwörtlich eine Untersuchung der Mißstände versprechen und dabei sogar unerhörterweise einem Anführer die Hand geben. Die so beruhigte Menge ging nach Moskau zurück, traf aber unterwegs auf andere Aufständische, die gerade Kaufmannshäuser geplündert hatten.

Gemeinsam zog man noch einmal nach Kolomenskoe und drohte mit Selbstjustiz gegenüber den «Verrätern». Inzwischen hatte der Zar Vorsorge getroffen und ließ seine Leibgarde eingreifen; 900 Flüchtende wurden erschlagen oder ertranken in Panik in der nahegelegenen Moskva. Bereits am nächsten Tag wurden 50 Todesurteile vollstreckt, 13 weitere nach Abschluß der Untersuchungen. Viele hundert der insgesamt wohl über 9000 Beteiligten wurden verbannt. Darunter waren im Gegensatz zu den offiziellen Verlautbarungen der Regierung auch viele Soldaten und sogar einige mittlere Dienstleute, vor allem auch Strelitzen, deren soziale Lage sich durch die Auszahlung der Gehälter in Kupfergeld verschlechtert hatte. Nach seinem Sieg konnte sich Aleksej Michajlovič Zeit lassen: Erst ein Jahr später wurden die Kupfergeldmühlen geschlossen, die Gehälter wieder in Silber gezahlt und Handelsgeschäfte auf dieser Basis abgewickelt.

Mit diesen drei städtischen Aufständen von 1648, 1650 und 1662 war das «aufrührerische Jahrhundert» noch lange nicht zu Ende. Allein Aleksej Michajlovič mußte noch zwei große Rebellionen erleben, einen Aufstand altgläubiger Mönche im Solovki-Kloster (s. u.) und vor allem den größten Bauernaufstand des 17. Jahrhunderts unter der Führung Stepan («Sten'ka») Razins.

Diese Erhebung entstand im Milieu der Don-Kosaken, die mit autonomer Heeresverfassung (Heeresversammlung, Wahl des Atamans und der anderen Ämter) südlich der als «Verhaulinie» bezeichneten, mehrfach nach Süden verschobenen Grenze des Moskauer Reiches lebten. Seit 1614 waren sie, wie auch die Kosaken an anderen Flüssen (Jaik, Terek, Wolga) immer wieder als «Dienstkosaken» im Moskauer Heer beschäftigt worden, und die ungefähr 1000 wohlhabenden Kosaken bezogen auf diese Weise ein Gehalt. Ihnen standen mehrere tausend – die Angaben schwanken zwischen 10 000 und 20 000 – Angehörige eines «Kosakenproletariats» gegenüber, deren Situation sich ständig verschlechterte, weil aus dem Norden entlaufene Bauern und Knechte, aber auch niedere Stadtbewohner bei ihnen Zuflucht suchten. Die «Läuflinge» waren schon vor 1649 hierher geflohen und ließen sich nun auch nicht durch die Einführung der vollen Schollenbindung abschrekken – im Gegenteil. Die Moskauer Regierung rüstete zwar Suchexpeditionen aus, um den Forderungen des Adels nach Rückführung der Bauern entgegenzukommen, war aber andererseits über die Verstärkung des südlichen Bollwerks gegen die Tataren nicht unglücklich, so daß sich der sprichwörtliche Grundsatz einbürgerte: «Vom Don gibt es keine Auslieferung» (s Dona vydači net). Freilich störten die Kosaken oft auch den Frieden, da sie immer wieder Raubzüge unternahmen, um Beute zu machen. Wenn sich Führer fanden, konnten dies regelrechte Feldzüge ins Schwarze und ins Kaspische Meer werden, z. B. in die Krim (1646) oder sogar gegen Istanbul (1650) und Persien (1649/50).

Der Krieg von 1654 bis 1667 (s. u.) verstärkte die Flucht ins «wilde Feld», wie der Süden genannt wurde, weil die Bauern entweder als Soldaten oder während der Abwesenheit ihrer Herren von den Gütern flohen. Wieder führte die Regierung, wie vor 1649, Stichjahre für die Verjährung der Flucht ein und ließ in großem Stil Zehntausende zurückholen. Dadurch verstärkte sich die Unruhe am Don, zumal auch nach dem Krieg viele Entwurzelte dorthin gingen und die schon 1666 ausgebrochene Hungersnot verschlimmerten. Im Frühjahr 1667 rief der eher wohlhabende Stepan Razin zu einem Raubzug auf, der ihn mit zunächst ungefähr 2000 Kosaken an die untere Wolga und 1668/69 an die persische Küste führte. Im Herbst 1669 kehrte er mit reicher Beute an den Don zurück. Die von Moskau gegen ihn eingesetzten Strelitzen hatten sich als unzuverlässig erwiesen, und den Voevoden von Astrachan' hatte Razin bestochen, um wieder in die Wolga hineingelassen zu werden.

Dieser erste Teil des Razinschen Aufstandes unterschied sich nicht von den üblichen kosakischen Beutezügen. Er diente für die nachfolgenden Ereignisse vor allem dem Ruhm des Führers und als Einübung und Sicherung der materiellen Basis. Danach ging es freilich gegen Grundherrschaft und Obrigkeit. Mit bis zu 20 000 Mann wollte Razin seit dem Frühjahr 1670 nach Moskau vorstoßen. Zuerst wurde Astrachan' eingenommen, wo Razin die kosakische Verwaltung einführte und das Vermögen der Reichen gleichmäßig verteilen ließ. Ansonsten aber war das Fehlen eines politischen Programms wohl einer der Hauptmängel des Unternehmens. Die Autokratie wurde nicht angetastet, wohl aber führte Razin einen gefangenen kaukasischen Fürsten mit sich, den er als den angeblich aus Moskau geflohenen Thronfolger ausgab. Auch den damals offiziell verbannten Patriarchen Nikon gab er vor, bei sich zu haben. Auf dem Höhepunkt des Aufstandes schlossen sich ihm im Herbst bei Simbirsk die Bauern und Fremdvölker sowie einige niedere Stadtbewohner und Dienstleute der mittleren Wolga an. Mit sogenannten «Lockbriefen» rief er erfolgreich zur Ermordung der Adligen und Amtsleute auf. Doch die Erstürmung von Simbirsk gelang ihm nicht, nachdem ihm Ju. A. Dolgorukij mit Regierungstruppen und loyalen Strelitzen entgegengetreten war. Ihnen wurde Razin, der noch vergeblich versucht hatte, den Hetman der polnisch-ukrainischen Kosaken auf seine Seite zu ziehen, im Frühjahr 1671 durch Verrat der Kosakenobrigkeit ausgeliefert. Nachdem der Zar ihn persönlich verhört hatte, wurde er am 6. Juni 1671 in Moskau hingerichtet. Er hatte Tausende von Toten und verbrannte Dörfer auf dem Gewissen. Der Mythos aber ließ ihn zum Helden eines bekannten Volksliedes werden.

Kosaken, allerdings die unter dem Namen Zaporoger bekannten Kosaken vom Dnepr, waren es auch, die den Hauptteil der Außenpolitik Aleksej Michajlovičs mitbestimmten. Ihre Aktionen ließen 1648, ein bedeutendes Jahr der westeuropäischen Geschichte, auch für den Osten zum entscheidenden Jahr werden, zumal in dieser Zeit auch der große Moskauer Aufstand mit all seinen innenpolitischen Konsequenzen für Rußland stattfand.

1648 erhoben sich die Dnepr-Kosaken unter der Führung ihres Hetmans Bohdan Chmel'nyc'kyj nach einem Jahrzehnt der Ruhe wieder einmal gegen ihren polnisch-litauischen Oberherrn. Für diese schon seit den 20er Jahren stattfindenden Aufstände gab es mannigfache Gründe, insbesondere die Bedrängung der ukrainischen Bauern durch polnische Magnaten und ihre jüdischen Verwalter, die Diskriminierung der orthodoxen Kirche durch den römischen Katholizismus und die Senkung des Kosakenregisters, d. h. der Aufnahme von Kosaken in den Sold des Königs. Mit Chmel'nyc'kyj, der sich zunächst auf die Krim-Tataren stützte, war ein Führer an die Spitze gekommen, der im Laufe der nächsten fünf Jahre in wechselnden Bündnissen und nach zahlreichen Schlachten zur Idee einer kosakischen Szlachta-Republik gelangte. Dieses Ziel konnte er freilich nur im Bunde mit dem Moskauer Reich, dem mächtepolitischen Gegenpol zu Polen-Litauen, erreichen.

Aleksej Michajlovič, an den Chmel'nyc'kyj sich über verschiedene hochrangige Persönlichkeiten und mit zahlreichen Briefen wandte, stand den kosakischen Plänen äußerst zurückhaltend gegenüber. An sich hätte der Moskauer Politik die Gelegenheit willkommen sein müssen, die seit den Smuta-Folgekriegen, spätestens seit dem Smolensker Krieg (s. Kapitel «Michail Fedorovič»), offene Rechnung mit Polen zu begleichen. Aber gerade die Niederlage von 1634 ließ Vorsicht geraten erscheinen, solange man nicht sicher war, ob die militärischen Kräfte ausreichten. Auch war vorauszusehen, daß sich durch ein Moskauer Engagement bald auch zum erstenmal Auseinandersetzungen mit dem Osmanischen Reich ergeben würden. Vor allem aber ließ offenbar die unruhige innere Lage zwischen 1648 und 1650, verstärkt durch das Auftauchen des erwähnten falschen Prätendenten Akundinov, den Zaren zögern. Erlaubt und finanziell unterstützt wurde zunächst nur die Ansiedlung vertriebener ukrainischer Bauern in der «Sloboda-Ukraine» (am Don). Erst Anfang 1651 trat in Moskau eine Reichsversammlung zusammen, die sich aber weniger mit dem Bündniswunsch der Kosaken als vielmehr mit dem immer noch üblichen Mißbrauch des zarischen Titels durch die Polen beschäftigte und somit von der Regierung als außenpolitisches Instrument – ohne Entscheidungsgewalt – eingesetzt wurde.

Da die Orthodoxe Kirche eine glühende Befürworterin der Vereinigung mit den Kosaken war, ist anzunehmen, daß der Durchbruch auf den neuen Moskauer Patriarchen Nikon zurückgeht, der Mitte 1652 sein Amt antrat. Die endgültige Entscheidung fiel im Februar und März 1653: Aus Sorge um die orthodoxen Glaubensbrüder in der Rzeczpospolita sollten die Kosaken der Souveränität des Zaren unterstellt werden. Wenn Chmel'nyc'kyj auf einen Vertrag gleichberechtigter Partner gehofft hatte, sah er sich allerdings spätestens am 8. Januar 1654 getäuscht, als die Kosakenobrigkeit in Perejaslavl' den Eid leistete, ohne daß ein solcher Akt von seiten des Zaren erfolgte. Was später als Angliederung der Ukraine an das Moskauer Reich in die Geschichte eingehen sollte, war freilich vorerst nur eine nominelle Zugehörigkeit, die dem Hetman und seinen Nachfolgern die Sozial- und Rechtsordnung garantierte und eine große Selbständigkeit, auch auf außenpolitischem Gebiet (außer gegenüber Polen und den Osmanen), mit wechselndem Ausmaß ließ. Für die ukrainische Historiographie beginnt damit die Geschichte des «Hetman-Staates», die erst zur Zeit Katharinas II. endete. Aleksej Michajlovič aber, der sich in der nachfolgenden Gnadenurkunde auch die Bestätigung des jeweiligen Hetmans vorbehielt, nannte sich schon am 5. Feb. 1654 zum erstenmal «Selbstherrscher von ganz Groß- und Kleinrußland».

Die territoriale Eingliederung eines Teils der Ukraine, vor allem aber des lang ersehnten Smolensk, mußte nun in einem dreizehnjährigen Krieg gegen Polen, der auch als «zweiter nordischer Krieg» (nach dem Livländischen Krieg Ivans IV.) bekannt geworden ist, errungen werden. Eine neue Reichsversammlung hatte im Herbst die finanzielle Möglichkeit eines Krieges, d. h. die Eintreibung der Sondersteuer, bejaht. Der Krieg wurde in Westrußland geführt und brachte noch 1654 die Eroberung von Smolensk und Polock und im nächsten Jahr von Minsk und Wilna. Den Städten mit Magdeburger Recht wurden diese und andere Freiheiten klugerweise gelassen. Zum erstenmal nach langer Zeit nahm mit Aleksej Michajlovič wieder ein Herrscher persönlich an einem Feldzug teil. Der Zar kehrte erst im Februar 1655, als die Pest abgeklungen war, die ein Drittel der Bevölkerung dahingerafft hatte, für einen Monat und endgültig Ende des Jahres nach Moskau zurück.

Der Triumph war vollkommen. Der 1656 bei Wilna ausgehandelte Waffenstillstand sah sogar die Möglichkeit einer zarischen Thronfolge in Polen-Litauen nach dem Tode Jan Kazimierz' vor, weil die Polen hofften, mit einer Personalunion territoriale Abtretungen vermeiden zu können. Natürlich scheiterte dieser Plan, wie schon ein anderer von 1648, an der Religionsfrage, nachdem der Zar bis Mitte 1658 hingehalten worden war. Spätere derartige Pläne konzentrierten sich 1668–70 und 1673/74 auf den Thronfolger, von dem sich die Polen eher einen Glaubenswechsel versprachen, waren aber ebenfalls vergeblich.

Der schnelle Sieg über Polen hatte freilich Moskaus zweiten alten Gegner, die Schweden, wieder auf den Plan gerufen, die sich die polnischen Ostseehäfen sichern wollten. Aleksej Michajlovič hätte mit ihnen wohl zu einem Ausgleich kommen können, entschied sich aber im Sommer 1656 für den Krieg, da er ihr Zusammengehen mit den immer unzuverlässigen Kosaken fürchten mußte. Der Zar wollte mit einem Präventivschlag die schwedische Hegemonie in Ostmitteleuropa verhindern, die nach der Niederlage Polens drohte, und folgte damit dem Rat des Voevoden von Pskov, A. L. Ordin-Naščokin. In der Tat schien 1657 der Besitz ganz Livlands für Moskau in greifbare Nähe gerückt. Dorpat fiel, aber Reval hielt der russischen Belagerung ebenso stand wie Riga derjenigen durch die verbündeten Litauer. Deshalb entschloß sich Aleksej zu einem Ende 1658 ausgehandelten Waffenstillstand, zumal sich die Kosaken nach Chmel'nyc'kyjs Tod (1657) tatsächlich vorübergehend mit Schweden und kurz darauf sogar wieder mit Polen verbündeten. Die Kriegshandlungen mit Polen flammten deshalb 1660 wieder auf, und Moskau mußte möglichst schnell mit Schweden zu einem Frieden kommen, der 1661 in Kardis auf der Grundlage des Friedens von Stolbovo (1617) geschlossen wurde: Der Status quo ante bedeutete die Herausgabe der livländischen Eroberungen und Handelsprivilegien für die schwedischen Kaufleute.

In der Ukraine zeichnete sich in dieser Zeit immer mehr eine Teilung ab, die sich schließlich auch als Kompromißlösung zwischen Moskau und dem wiedererstarkten Polen, das Litauen 1661 zurückeroberte, anbot. Das war der Inhalt des Waffenstillstandes von Andrusovo (1667), in dem Polen, nun durch einen Adelsaufstand geschwächt, auf die Gewinne von 1618 verzichtete und Moskau darüber hinaus die Ukraine links des Dnepr (mit Kiev als rechtsufrigem Brückenkopf zunächst für zwei Jahre, dann für immer) erhielt. Andrusovo leitete eine Wende in Osteuropa ein, denn es bedeutete den Anfang vom Ende der polnischen Großmachtstellung. Für Moskau brachte der übrigens erst 1686 durch einen Frieden (s. Kapitel «Ivan V. und die Regentin Sof'ja») sanktionierte Waffenstillstand die Rechtfertigung des Aktes von Perejaslavl', den Gewinn des prestigeträchtigen Kiev, die Regelung der kirchenpolitischen Probleme (s. u.), aber auch die unmittelbare Nachbarschaft zum Osmanischen Reich und damit, wie sich bald zeigen sollte, eine weltpolitische Kehrtwendung im Verhältnis zur Türkengefahr.

Den Vertrag von Andrusovo hatte Ordin-Naščokin ausgehandelt, der nun als «Bewahrer des großen Reichssiegels und der großen staatlichen auswärtigen Angelegenheiten» zum Leiter des Außenamtes avancierte. Der Freund des Zaren gilt als der «erste moderne Mensch» Rußlands (Stählin), als eine der nun zum erstenmal aus der Anonymität der Quellen heraustretenden Persönlichkeiten (Platonov), die selbstverantwortlich Politik machten und Konzeptionen entwickelten. Die Westorientiertheit dieses «Außenministers» hat wesentlich zur sogenannten Europäisierung Rußlands beigetragen, wenn auch seine baltischen Pläne nicht verwirklicht und erst durch Peter den Großen wiederaufgenommen werden konnten. Die Angliederung der Ukraine akzeptierte er nur widerwillig, da sie seiner Meinung nach einem dauerhaften Frieden mit Polen im Wege stand. Ordin-Naščokins Nachfolger seit 1671, A. S. Matveev, der dem Westen noch aufgeschlossener gegenüberstand und mit einer Schottin (Lady Hamilton) verheiratet war, interessierte sich dagegen nach dem Schrecken des Razin-Aufstandes zwangsläufig mehr für die Sicherung der südlichen Grenze. In Umkehrung jahrhundertealter Tendenzen war es jetzt Moskau, das 1672 an den Westen appellierte, die Polen im Kampf gegen die Türken nicht im Stich zu lassen. Ordin-Naščokin hat auch in der Innenpolitik Hervorragendes geleistet. Als Voevode von Pskov gelang es ihm in der ersten Hälfte der 60er Jahre, die dort seit dem Aufstand von 1650 noch schwelenden sozialen Spannungen abzubauen und später die dabei entwickelten Ideen einer Stärkung der Kaufmannschaft gegen Hochadel und Beamtenschaft in das «Neue Handelsstatut» von 1667 einzubringen. Es löste das Handelsstatut von 1653 ab, mit dem die Zolltarife vereinheitlicht worden waren. (1654 wurden zusätzlich Transitzölle auf weltlichen und kirchlichen Ländereien verboten.) Im merkantilistisch gefärbten «Neuen Handelsstatut» wurden endlich jahrzehntelang vorgetragene und auch jetzt wieder artikulierte Wünsche der Kaufleute befriedigt. Die schon früher erlassenen Beschränkungen der Ausländer wurden jetzt zusammengefaßt, und die russischen Kaufleute erhielten die Handelsgerichtsbarkeit in Archangel'sk zugesprochen. Ein eigenes Zentralamt für ihre Belange wurde den Kaufleuten versprochen, aber dann nicht verwirklicht. Sowohl seine außen- als auch seine handelspolitischen Vorstellungen konnte der aufgestiegene Kleinadlige Ordin-Naščokin somit nur in den Anfängen in die Tat umsetzen. Auch die Freundschaft des Zaren, der ihn rührend anläßlich der Flucht von Ordin-Naščokins Sohn in den Westen tröstete, konnte nicht verhindern, daß er 1671 resigniert in ein Kloster ging.

Ebenfalls weit in die Zukunft wiesen die Taten und Pläne F. M. Rtiščevs, des Erziehers des Thronfolgers Aleksej Alekseevič. Er wurde zum Förderer ukrainischer Bildungseinflüsse in Moskau, führte nicht nur die polyphone Musik ein, sondern gründete auch die erste Schule im Andreev-Kloster, das erste Krankenhaus sowie ein Armen- und ein Erziehungshaus. Damit nahm sich der Staat zum erstenmal sozialer Aufgaben an und ließ auch auf diesem Gebiet einen Hauch des westlichen Absolutismus spüren. Zu diesen Anfängen gehören auch die Ausbildung bürokratischer Elemente, die Erweiterung der Zentralämter, die Bürokratisierung der Bojarenduma, die Schaffung von Staatsmonopolen auf wirtschaftlichem Gebiet und die Konsultierung nur noch einzelner sozialer Gruppen, z. B. der Kaufleute, seitens der Regierung nach 1653 statt der Einberufung ganzer Reichsversammlungen. In diese Tendenz paßt auch die Bezeichnung «Geheimamt» für ein Zentralamt, das ursprünglich 1654 nur die zarische Privatkanzlei war, vor allem aber die Petitionen der Bevölkerung an der Verwaltung vorbei bearbeitete und das seit 1663 auch mit der Verwaltung der zarischen Güter und Wirtschaftsunternehmen (z. B. der Glas- und Eisenmanufakturen) betraut wurde, also eine separate Wirtschaftsverwaltung darstellte, in der Ausländer oft ein Aufsichts- oder Polizeiorgan sahen. Auch die seit 1649 wieder verstärkt betriebene Aufstellung von «Truppen neuer Ordnung» (s. Kapitel «Michail Fedorovič»), also eines stehenden Heeres, und der Bau der ersten Kriegsflotte (1668) gehören zu den Anfängen des Absolutismus. Die fünf Schiffe mit dem «Adler» an der Spitze wurden freilich während des Razin-Aufstandes in Astrachan' verbrannt.

Ohne Zweifel stammen diese Einflüsse, ob direkt oder seit 1654 über die Ukraine, aus Westeuropa. Die vorpetrinische «Europäisierung» verstärkte sich unter Aleksej Michajlovič beträchtlich, aber noch hielten sich altrussisches und westliches Gedankengut die Waage. Die Person des Zaren war dafür ein Garant, und die Kirche war zumindest bis 1667 noch stark genug, obwohl sie ihre jahrhundertealte Position als einzige geistige Macht allmählich verlor. Auf ihre Intervention hin mußten 1652 alle Ausländer wieder in besonderen Vorstädten siedeln, und zwar die Westeuropäer in der sogenannten «Neuen Deutschen Vorstadt», nachdem die alte «Deutsche Vorstadt» in der Smuta untergegangen war. Auch für die Polen gab es besondere Vorstädte. Gleichzeitig verstärkte sich der Druck auf die Ausländer, keine russischen Dienstboten zu beschäftigen und keine russischen Kleider zu tragen, sondern zur Orthodoxie zu konvertieren. Aber auch die orthodoxe Geistlichkeit konnte nicht verhindern, daß Aleksej Michajlovič in späteren Jahren, nachdem er eine dem Westen gegenüber aufgeschlossene zweite Frau (s. u.) geheiratet hatte, den neuen Einflüssen gegenüber aufgeschlossen war, so daß der evangelische Pastor Johann Gottfried Gregorii am 17. Okt. 1672 vor der zarischen Familie in der Sommerresidenz Preobraženskoe als erste neunstündige (!) Theateraufführung die selbst verfaßte Tragikomödie von «Ahasuerus und Esther» (auf Deutsch) inszenieren durfte und daß sich daraus ein Hoftheater entwickelte. Als erstes Ballett wurde am 9. Februar 1673 ‹Orpheus und Eurydike› von Heinrich Schütz aufgeführt. Bei Hofe wurden Spiegel, Bilder und Tafelmusik üblich. All dies war eigentlich verboten, aber auch in den Kirchen tauchten schon figürliche Darstellungen Christi auf.

Zu dieser Zeit hatte die Orthodoxe Kirche nämlich bereits eine empfindliche Schwächung erlitten, die auf mindestens drei Ursachen zurückzuführen war. Mit ihren schon jahrhundertealten Bestrebungen, das Kirchenland zu säkularisieren, war die Regierung zwar nicht weitergekommen, aber mit dem Uloženie von 1649 wurde immerhin ein weltliches Zentralamt für gewisse Rechtsgeschäfte der Kirche bei gemischten Prozessen zwischen weltlichen und geistlichen Parteien, das Klosteramt, gegründet. Wenn man in absolutistischen Kategorien denkt, kann man auch darin ein schwaches Echo der Errichtung des Landeskirchenregiments im Westen sehen. Der Patriarch Nikon hat gegen das zunächst bis 1675 bestehende und dann von Peter dem Großen wiederbelebte Klosteramt später protestiert, obwohl er das Uloženie in seiner

damaligen Eigenschaft als Moskauer Archimandrit ohne Protest mitun-
terzeichnet hatte. Dieser Sinneswandel hängt mit dem «Fall Nikon» zusammen, und dieser wiederum geht zu einem Teil auf tiefgreifende
Auseinandersetzungen innerhalb der Kirche zurück – beides sind weitere Ursachen für den Niedergang der Kirche.

In der ersten Hälfte des 17. Jahrhunderts standen sich in der Kirche
Reformer und Bewahrer gegenüber, deren Haltung zum Teil auf ukraini-
sche Einflüsse, zum Teil aber ganz pragmatisch auf das Problem der
Bücherkorrektur zurückzuführen war. Mit letzterem war die seit der
Gründung der ersten Druckerei (1553) verstärkt auftretende Notwendigkeit gemeint, einheitliche Versionen der inzwischen durch Abschriften
und Gebräuche örtlich verschiedenen liturgischen Texte herzustellen.
Die russischen Abweichungen waren 1598 auch von einer Synode in
Konstantinopel gerügt worden. Man griff deshalb schon seit 1617, nach
der Smuta, auf die griechischen «Originale» zurück, ohne zu merken, daß
auch diese längst nicht mehr die Urtexte darstellten. Während der Patriarch Iosif die Regräzisierung vertrat, ging es einer Gruppe Kathedral-
geistlicher mit Vonifat'ev, dem Beichtvater Aleksej Michajlovičs, an der
Spitze um eine Verinnerlichung des kirchlichen Lebens und im weltlichen
Bereich um Maßnahmen gegen Erscheinungen wie Tabakrauchen, weltliche Musik und Alkoholismus. Der junge Zar unterstützte diese Bewegung. Er ließ zwar 1649 Epifanij Slavineckij und andere Geistliche aus
Kiev zur Korrektur der Bibelübersetzung kommen, so daß sich Rtiščevs
Schule zu einer Art Akademie entwickelte, stand aber ansonsten unter
dem Einfluß Vonifat'evs, weshalb diese «Gottesfreunde», die in der Literatur als Kreis der Frömmigkeitseiferer bekannt geworden sind (Kapte-
rev), zunächst das Sagen hatten. Erst als Nikon, der früher diesem Kreis
angehört hatte, nach nur dreijähriger Tätigkeit als Metropolit von Novgorod 1652 Patriarch wurde, weitete sich das Problem der Bücherkorrektu-
ren zu einer grundsätzlichen Reform der kirchlichen Riten aus.

Nikon, der seine erste Reformverordnung im Februar 1653 erließ,
wollte die seit der Mitte des 15. Jahrhunderts begonnene und von der
«Hundert-Kapitel-Synode» 1551 sanktionierte Sonderentwicklung der
russischen Orthodoxie rückgängig machen und damit auch angesichts
der von ihm besonders betriebenen (s. o.) Angliederung der Ukraine die
kultische Einheit mit der Kiever Metropolie wiederherstellen. Zu diesem
Zweck ließ er sich viele Materialien von den orientalischen Patriarchen
schicken und sandte Arsenij Suchanov zweimal zum Kauf von Quellen
in den Nahen Osten. Nikon konnte dabei an die Abschaffung echter
Mißbräuche anknüpfen, z. B. an das Verbot der «Vielstimmigkeit», d. h.
des gleichzeitigen Absingens verschiedener Teile der Liturgie zur Ver-
kürzung des Gottesdienstes, das 1651 endlich gegen den Widerstand
seines Vorgängers erreicht worden war. Er selbst führte u. a. folgende
Reformen durch: Reduzierung der Verneigungen zum Erdboden (Meta-

nien), dreifacher Hallelujah-Gesang statt des zweifachen, Umkehr der Prozessionsrichtung (jetzt von West nach Ost), Änderung der Altardecke, Verringerung der sieben Prosphoren auf fünf, Einführung des vierendigen Kreuzes neben dem weiter verwendeten achtendigen, Schreibung des Wortes »Iisus« (Jesus) statt «Isus», Bekreuzigung mit drei Fingern (für die Dreieinigkeit) statt mit zweien (für die zwei Naturen Christi).

Die Nikonschen Reformen riefen große Unruhe in der Bevölkerung hervor, besonders das Verbot, Ikonen im inzwischen verbreiteten westlichen Stil zu malen, während andererseits die griechischen Bücher oft im römisch-katholischen Venedig gedruckt worden waren. Die 1654 ausbrechende Pest wurde als Zorn Gottes auf Nikon interpretiert. Auch die Abschaffung des Zwei-Finger-Kreuzes, das übrigens oft mit fünf Fingern gemacht worden war, führte zum heftigen Protest seiner ehemaligen Freunde aus dem Kreis der Eiferer, die er keineswegs konsultiert hatte.

Als ihr Sprecher und als erbitterter Gegner Nikons trat mehr und mehr der Kathedralgeistliche Avvakum Petrovič hervor, der damit zum Führer aller jener wurde, die als «Altritualisten» oder «Altgläubige» an den alten, durch langen Gebrauch geheiligten Riten festhielten und damit eine nationalreligiöse Auffassung vertraten. Er wollte die Idee des «Dritten Rom» für Moskau gegenüber den angeblich abtrünnigen, mit dem Fall von Konstantinopel 1453 bestraften Griechen retten. Avvakum und Nikon waren beide unerbittlich, aber Nikon besaß die Macht und die Freundschaft des Zaren. Avvakum und seine Anhänger kamen schon 1653 ins Gefängnis, und er wurde von 1655 bis 1663/64 zum erstenmal und dann wegen neuer Beschuldigungen gegen Nikon gleich noch einmal für zwei Jahre verbannt. Der auf Ausgleich bedachte Aleksej Michajlovič, der persönlich mit Avvakum sprach, hoffte, ihn mit der Kirche zu versöhnen, aber eine Synode sah 1667 keine andere Möglichkeit, als ihn zu exkommunizieren, und leitete damit im Jahr des Waffenstillstandes von Andrusovo die Kirchenspaltung (raskol) ein. Die letzten fünfzehn Jahre vor seinem Ende auf dem Scheiterhaufen verbrachte Avvakum wieder in der Verbannung, wo er u. a. neben vielen Bittschriften seine auch literarisch und sprachlich berühmte Autobiographie schrieb.

Natürlich liegen die tieferen Gründe für die Spaltung nicht nur im Festhalten an den alten Riten, obwohl die Buchstabengläubigkeit und Ignoranz der russischen Popen, die nicht zwischen dogmatischer Substanz des Glaubens und Einzelheiten der Liturgie unterscheiden konnten, einen wesentlichen Faktor darstellte. Es handelte sich aber auch um eine soziale Bewegung, in der sich der Protest gegen die Schollenbindung der Bauern, die Zentralisierungsbestrebungen der Regierung und die Zunahme westlicher Neuerungen ausdrückte. Deswegen breitete sich Avvakums Bewegung unter apokalyptischen Vorzeichen – die Reformen wurden als erster Akt der Apokalypse begriffen – zunächst besonders im Norden aus und forderte viele Opfer, nachdem schon 1656 der Bischof Pavel von Kolomma als erster Märtyrer gestorben war. Ein machtvolles Altgläubigenzentrum bildete sich seit 1658 im Solovki-Kloster im Weißen Meer. Der Widerstand der 450–500 Mönche und anderen, durch Flüchtlinge aus dem Razin-Aufstand verstärkten Klosterbewohner gegen die neuen Riten weitete sich zwischen 1668 und 1676 zu einem regelrechten Aufstand aus, den der Zar mit doppelt so vielen Strelitzen bekämpfen wollte. Das gut befestigte Kloster fiel schließlich nur durch Verrat, und die Regierung schuf damit nur neue Märtyrer. Auch der Razinsche Bauernaufstand fand bei den Altgläubigen große Resonanz.

Mit dem Ausschluß der Altgläubigen aus der Kirche erkannte die Synode von 1667 auch die Nikonschen Reformen als gültig an. Um so merkwürdiger mutet der Umstand an, daß die gleiche Synode auch Maßnahmen gegen Nikon ergreifen mußte, denn der Patriarch war inzwischen zum «Fall» geworden. Der emporgestiegene Bauernsohn vertrat hartnäckig die Idee einer Überordnung des Patriarchats über das Zarentum, nachdem er zunächst noch von dem Vorbild der Diarchie Filarets und Michail Fedorovičs (s. Kapitel «Michail Fedorovič») ausgegangen war. Obwohl dies schon eine Anmaßung war, da es sich damals ja um ein Vater-Sohn-Verhältnis gehandelt hatte, ging der Nikon ergebene Zar darauf ein und verlieh ihm 1654 den Titel «Großer Herrscher» (soviel wie «Majestät»), den auch Filaret geführt hatte. Als Nikon dann während der kriegsbedingten Abwesenheit des Zaren quasi die Regierung ausübte, ging er in dem aus dem westlichen Investiturstreit entlehnten Gleichnis von der Sonne als geistlicher Gewalt, die dem Mond, der weltlichen Gewalt, das Licht spendet, über byzantinische Vorstellungen von der Symphonia zwischen sacerdotium und imperium weit hinaus und nutzte die Tatsache aus, daß die Stellung des Zaren in der russischen Kirche nie rechtlich präzisiert worden war. Als Aleksej Michajlovič 1657/58 vorsichtig Widerspruch anmeldete, kam es zu einem persönlichen Zusammenstoß zwischen beiden Männern. Der Zar besuchte Gottesdienste des Patriarchen nicht mehr und lud ihn 1658 nicht zu den Feierlichkeiten anläßlich des Besuches des kachetischen Zaren Temuraz ein. Nikon zog sich daraufhin in das Auferstehungs-Kloster, das er zum Ärger seiner Gegner sein «Neues Jerusalem» nannte, zurück und weigerte sich zurückzutreten. Zu einer Absetzung, die 1660 schon einmal versucht wurde, mußte man die orientalischen Patriarchen hinzuziehen, was auf eben jener Synode Ende 1666 in Anwesenheit des Zaren geschah. Allerdings waren nur die Patriarchen von Antiochia und Alexandria persönlich anwesend. Ihnen und den viel bedeutenderen Patriarchen von Konstantinopel und Jerusalem, deren Abwesenheit nicht von ungefähr kam, hatte Aleksej Michajlovič vorher auf Betreiben

des kirchenfeindlichen Adels (mit S. L. Strešnev an der Spitze) 25 sugge-
stive Fragen über «die unbeschränkte Gewalt des Zaren und die begrenzte des Patriarchen» zur Beantwortung vorgelegt. Es verwundert
nicht, daß die materiell von der russischen Kirche abhängigen Kirchen-
oberhäupter Nikon zum einfachen Mönch degradierten und ins Fera-
pontov-Kloster nach Beloozero verbannten, von wo er erst kurz vor
seinem Tod 1681 zurückkehren durfte. Aleksej Michajlovič bat Nikon
1676 auf dem Totenbett um Verzeihung.

Die Synode von 1666/67 fiel nach der Verurteilung Nikons ins andere
Extrem und sprach sich für die Ausdehnung der zarischen Gewalt auf
die Kirche aus. Dagegen protestierte ein Teil der Bischöfe, so daß die
Synode schließlich den Zaren auf die weltliche und den Patriarchen auf
die geistliche Sphäre verwies. Die Bischöfe erreichten sogar ein Verbot
für die weltlichen Behörden, Kirchenleute zu verurteilen, was als No-
velle zum Uloženie in die Kriminalgerichtsordnung von 1669 einging.
Auf dem Papier war die Stellung der Kirche gerettet worden, in der
Praxis ging sie aus den Ereignissen stark geschwächt hervor.

Auch der Zar selbst konnte am Ende seines Lebens die innenpolitische Entwicklung im Gegensatz zum außenpolitischen Triumph über
Polen nicht als besonders glücklich empfinden. Die städtischen, bäuerlichen und sogar kirchlichen Aufstände zeugten von einer großen Unruhe der Gesellschaft; die immer stärkere Infiltration westlichen Gedankenguts mochte als drohend erscheinen. Die Unsicherheit des Zaren
zeigte sich darin, daß er bereits aufgestellte Orgeln aus den Kirchen
wieder verbannte, den Tabakgenuß verbot und rasierte Adlige degra-
dierte. Dazu kamen für den immer Freundschaften suchenden Aleksej
Michajlovič persönliche Enttäuschungen, erst in bezug auf Morozov,
dann auf Nikon. Schwer traf ihn Anfang 1670 der Tod des fast sechzehn-
jährigen Thronfolgers Aleksej, zumal der zweite lebende Sohn (Fedor)
schwächlich, der dritte (Ivan) gar geistesschwach war. Schon ein Jahr
vorher war die Zarin, die ihm insgesamt dreizehn Kinder geboren hatte,
im Wochenbett gestorben. Wenigstens privat endete Aleksejs Leben jedoch glücklich: Wohl auch in der Hoffnung auf einen weiteren Sohn
heiratete der 42jährige Aleksej 1671 noch einmal, und zwar die zwanzig
Jahre alte Natal'ja Naryškina, die er im Hause Matveevs kennengelernt
hatte. (Formal wurde die Auswahl aus diesmal 67 jungen Mädchen eingehalten.) Ihr erster Sohn (von insgesamt drei Kindern) sollte als Peter
der Große in die Geschichte eingehen. Der Zar starb fünf Jahre später,
am 29. Jan. 1676, noch bevor die Nachricht von der Einnahme des aufständischen Solovki-Klosters Moskau erreicht hatte. Eines Tages sollte
es zu heftigen Auseinandersetzungen zwischen den Familien seiner beiden Frauen kommen (s. Kapitel «Ivan V. und die Regentin Sof'ja»).

Fedor Alekseevič

Hans-Joachim Torke

FEDOR ALEKSEEVIČ
1676–1682

Fedor Alekseevič, geb. 30. 5. 1661, Zar 30. 1. 1676, Krönung 16. 6. 1676, gest.
27. 4. 1682. Vater Aleksej Michajlovič (19. 3. 1629–29. 1. 1676, Zar 1645–
1676), Mutter Marija Miloslavskaja (1. 4. 1626[?]–3. 3. 1669). 1. Heirat 1680
mit Agaf'ja Gruševeckaja (gest. 14. 7. 1681); Sohn Il'ja (11. 7. 1681–21. 7. 1681).
2. Heirat Febr. 1682 mit Marfa Apraksina (1664–31. 12. 1715).

Auch der dritte Romanov auf dem Moskauer Thron kam als Jüngling zur
Regierung. Mit noch nicht einmal fünfzehn Jahren war der am 30. Mai
1661 geborene Fedor Alekseevič sogar noch jünger als sein Vater und
sein Großvater bei ihrer Thronbesteigung. Da er bereits mit 21 starb und
zudem bettlägerig war, wird man kaum von einer eigenständigen Politik
Fedors III., wie er auch genannt worden ist, sprechen können. Trotzdem
vollzogen sich in dieser Regierung in Fortsetzung der Maßnahmen Aleksej Michajlovičs und durch die Initiativen von Fedors Ratgebern so wichtige Veränderungen, daß die in der Forschung übliche Vernachlässigung
im Sinne einer Vorgeschichte zur Herrschaft Peters des Großen nicht
gerechtfertigt ist.

Auf die Thronfolge wurde Fedor Alekseevič, der 1669 mit acht Jahren
die Mutter (Marija Miloslavskaja) verloren hatte, erst vorbereitet, nachdem sein älterer Bruder Aleksej 1670 überraschend gestorben war. Sein
Lehrer war neben dem Schreiber P. T. Beljaninov der gelehrte westrussische Mönch, Dichter und Publizist Simeon Polockij, der ihm nicht nur
Altgriechisch und Latein, sondern auch Polnisch beibrachte und ihn
damit in die westliche Lebensweise einführte. Polockij, der den syllabi-
schen Vers aus Kiev mitgebracht hatte, lebte seit 1663 in Moskau und
war Lehrer an der zwei Jahre später eröffneten Schule des Zaikonospas-
Klosters. Unter seinem Einfluß verfaßte der musisch begabte und in
seiner Frömmigkeit seinem Vater sehr ähnliche Fedor nicht nur Kirchen-
gesänge, sondern wurde andererseits der erste Zar, der sich westlich
kleidete und frisierte. Am Neujahrstag 1674 war er der Moskauer
Öffentlichkeit auf dem Roten Platz als Thronfolger präsentiert worden.

Trotz dieser gewohnheitsrechtlichen Primogenitur wurde die Eidesleistung nach dem Tod Aleksej Michajlovičs am 29. Januar 1676 in Windes-
eile vorgenommen, für die Bojaren und Militärs noch in der Nacht «si
bien que tout fust fait devant le iour, et qu'on eust presque connoissançe
de la mort du zar», wie der dänische Botschafter erstaunt feststellte. Die

männliche Bevölkerung wurde am nächsten Tag in den Kirchen verei-
digt, und am 31. Januar ließ Fedor sogar die kranken Moskauer Adligen
zur Eidesleistung bringen. In der Tat vollzog sich der Thronwechsel
nicht reibungslos. Fedors offenbar auf Skorbut zurückzuführende
Krankheit ließ eine schwache Regierung erwarten, und sein jüngerer
Bruder Ivan Alekseevič war ganz und gar regierungsunfähig (s. Kapitel
«Ivan V. und die Regentin Sof'ja»), während beider Stiefbruder Petr
Alekseevič, der spätere Peter der Große, ein gesunder und kräftiger
Junge von knapp vier Jahren war. Hinter den Versuchen, Fedors Al-
leinherrschaft zu beschneiden, standen aber in Wirklichkeit nicht medizinische Überlegungen, sondern vor allem die Machtkämpfe zwischen
den Familien der beiden Frauen Aleksej Michajlovičs, den Miloslavskijs
und den Naryškins. Mit letzteren war der starke Mann der vorangegangenen Jahre, A. S. Matveev, verwandt, der es als Leiter des Außenamtes
verstanden hatte, die Angehörigen der Miloslavskij-Familie möglichst
weit weg von Moskau einzusetzen. Ihre mit der Thronfolge Fedors eingeleitete Rückkehr zur Macht versuchte er dadurch zu begrenzen, daß
er einen Vertrag durchsetzte, durch den Peters Mutter Natal'ja Naryškina das Recht eingeräumt wurde, Fedors Erlasse gegenzuzeichnen.
Sie wäre damit praktisch Mitregentin zu Peters Gunsten geworden, und
Matveev hätte seine Machtstellung behalten. Aber schon drei Wochen
nach Aleksej Michajlovičs Tod wurde er der Korruption angeklagt und
im Juli wegen Machtmißbrauchs verurteilt und als Voevode nach Ver-
chotur'e verbannt. Seine Gegner hatten den jungen Zaren offenbar erst
nach einiger Mühe gegen ihn eingenommen, dann aber so gründlich
von seiner Schädlichkeit überzeugt, daß Matveev noch auf dem Weg in
die Verbannung erneut angeklagt werden konnte, diesmal wegen eines
anatomischen und mathematischen Lehrbuches, das er für seinen Sohn
angefertigt hatte und das ihm nun sogar den Vorwurf der Zauberei
einbrachte. Er verlor bis auf 1000 Rubel sein gesamtes Vermögen und
mußte als Gefangener nach Pustozersk gehen. Neben ihm wurden auch
zwei Brüder Natal'jas und die Saltykovs enteignet und verbannt, ebenso
Aleksej Michajlovičs Beichtvater Andrej Savinovič, dem der Patriarch
Ioakim vorwarf, die westlichen Neuerungen der letzten Jahre geduldet
zu haben.

So verband sich die Kampagne der Miloslavskijs mit einer vorübergehenden Eindämmung des westeuropäischen Einflusses, die u. a. dazu
führte, daß das erst drei Jahre zuvor gegründete Theater Ende 1676
geschlossen wurde. Freilich konnte die bereits mehrere Jahrzehnte zuvor begonnene sogenannte Europäisierung nicht mehr wirksam aufgehalten werden – zu groß waren die Bedürfnisse auch der neuen «starken
Männer» nach westlichen Luxusgütern. Zu den Günstlingen, die auf
den jugendlichen Zaren besonders einwirkten, gehörten neben I. M.
Miloslavskij N. I. Odoevskij und vor allem I. M. Jazykov, ein Mann von

dunkler Herkunft, der zum erklärten Liebling Fedor Alekseevičs wurde. Zum Schluß trat V. V. Golicyn stärker in Erscheinung, der die Politik der 8oer Jahre bestimmen sollte (s. Kapitel «Ivan V. und die Regentin Sof'ja»). Des fähigsten Staatsmannes hatte sich Fedor Alekseevič mit Matveev allerdings von Anfang an beraubt.

Matveev hatte freilich schon einige Jahre lang die Außenpolitik eingeleitet, die den südwestlichen Angelegenheiten Priorität einräumte und dazu führte, daß Fedor Alekseevič sich während fast seiner gesamten Regierung im Kriegszustand mit dem Osmanischen Reich befand. Dabei handelte es sich bemerkenswerterweise um Rußlands ersten Türken-Krieg. Die Angliederung der linksufrigen Ukraine seit dem Waffenstillstand von Andrusovo im Jahre 1667 (s. Kapitel «Aleksej Michajlovič»), dessen Umwandlung in einen Frieden übrigens in dieser Zeit am gegenseitigen Mißtrauen von Russen und Polen scheiterte, hatte Rußland auch die gemeinsame Grenze mit dem Krim-Chanat, einem Vasallenstaat des Osmanischen Reiches, eingebracht. Damit war die Distanz zwischen Moskau und der Pforte aufgehoben, die u. a. ersteres jahrhundertelang bewogen hatte, sich den Aufforderungen des Westens zu gemeinsamen Türken-«Kreuzzügen» zu entziehen. Paradoxerweise mußte Rußland nun ohne jede Unterstützung aus dem Westen kämpfen, da Polen-Litauen im Oktober 1676 gerade einen Frieden mit dem Osmanischen Reich geschlossen und die französische Politik – im Rahmen der Barrière-de-l'Est-Politik – für eine Isolierung Moskaus agitiert hatte.

Sowohl der beendete polnisch-türkische als auch der 1677 beginnende russisch-türkische Krieg gingen auf die Aktionen des ukrainischen Hetmans P. Dorošenko zurück, der die Ukraine unter osmanischer Oberhoheit wiedervereinen wollte. Die Russen eroberten deswegen im Herbst 1676 seine (rechtsufrige) Festung Čyhyrin und zwangen ihn zur Unterwerfung. Türken und Tataren eröffneten daraufhin den Krieg mit zwei Belagerungen Čyhyrins (1677 und 1678), deren letzte die Rückeroberung der Stadt und eine russische Niederlage mit sich brachte. Für die Besetzung auch der linksufrigen Ukraine reichten die Kräfte der Türken allerdings nicht aus, so daß sie 1679 Friedensverhandlungen anboten, die im nächsten Jahr begannen und 1681 mit dem Frieden von Bahçesaray, der Hauptstadt der Krim, abgeschlossen wurden. Er stellte den Status quo ante wieder her, garantierte also, was für Moskau nicht ganz unwichtig war, die Teilung der Ukraine.

Die innere Entwicklung des Reiches unter Fedor Alekseevič litt unter der Kürze seiner Herrschaft, deretwegen nur einiges zu Ende und viele erfolgversprechende Ansätze nicht weitergeführt werden konnten. Erstaunlich erscheint aber der grundlegende Charakter der Reformversuche, der mit dem Umstand zusammenhängt, daß nach der allmählichen «Europäisierung», welche die früheren Regierungen aus militärischer und wirtschaftlicher Notwendigkeit oder mit dem Wunsch nach Luxus-

gütern nolens-volens und oft gegen den Widerstand der Kirche zugelassen hatten, nunmehr bewußt eine Modernisierung der Autokratie im
großen Maßstab in Angriff genommen wurde. Die absolutistischen Ansätze unter Fedors Vater, der noch nach dem Grundsatz regierte, «wie es
bei den früheren Großen Herrschern war», wurden dabei jetzt sogar
durch einen ersten Einbruch naturrechtlichen Denkens philosophisch
untermauert.

Die beiden wesentlichen Reformen betrafen die beiden Bereiche, in
denen der vormoderne Staat überhaupt nur seine Untertanen belangte:
Steuern und Heer. Auf fiskalischem Gebiet wurde die Steuerreform abgeschlossen, die einst Filaret in den 20er Jahren begonnen hatte (s.
Kapitel «Michail Fedorovič»), nämlich die Ablösung der Land- durch die
Höfebesteuerung. Während Filaret bei der Einführung des «Höfeviertels» die alte Landbesteuerungseinheit (socha), das Äquivalent zur deutschen Hufe, aber weiter bestehen ließ und die Steuern immer noch auf
der Basis der Grundbücher erhoben wurden, schaffte Fedor die «socha»
am 5. September 1679 ab und führte «Revisionsbücher» ein. Dieser Ausdruck deutet auf eine Zählung der Höfe hin, die tatsächlich 1678/79
vorwegging und übrigens schon 1646 das erstemal stattgefunden hatte.
Da die Unterlagen zur zweiten Zählung viel verläßlicher sind als diejenigen zur ersten, kann man für 1678 mit 11,2 Millionen die erste annähernd fundierte Zahl der Gesamtbevölkerung errechnen. Die neue Besteuerung brachte für die Regierung den Vorteil, daß nun auch einige
Bevölkerungsgruppen erfaßt werden konnten – sofern sie einen Hof
besaßen –, die nicht eindeutig schollengebunden waren (Halbpächter,
Hinterhöfer u. a.). Mit der Umstellung auf die Besteuerung der Höfe
(Häuser) ging auch eine Vereinfachung der direkten Steuern, die wohl
einen Anteil von 44% am Gesamtsteueraufkommen ausmachten, einher: Eine Vielzahl veralteter Steuern, z. B. die Gefangenensteuer und die
Poststeuer, wurde durch eine einheitliche «Strelitzensteuer» ersetzt, die
im größten Teil des Reiches allerdings auch als Naturalabgabe («Strelit-
zengetreide») erhoben wurde. Wie der Name sagt, diente sie dem Unterhalt der Dienstleute.

Das Heer, nicht nur die Strelitzen (Schützen) genannte Kreml- und
Grenzwache, verschlang, wie überall in absolutistischen Staaten, den
größten Teil der Staatseinnahmen. 1680 waren es – ungeachtet der erwähnten Naturalabgaben – über 62%, während fast 20% auf die Wirtschaftsverwaltung des Hofes, fast 12% auf die Verwaltung und 5% auf
die Finanzierung staatlicher Wirtschaftsunternehmen entfielen. Dies ergibt sich aus dem ersten überlieferten «Staatsbudget», einer Übersicht
über die Finanzen von 35 Zentralämtern, deren Einnahmen rund 1,2
Mio. und deren Ausgaben 1,13 Mio. Rubel betrugen. Der vollständige
Etat wurde auf 1,9 Mio. (Einnahmen) und 1,5 Mio. Rubel (Ausgaben)
geschätzt (Miljukov).

Die hohen Ausgaben für das Heer hingen mit der Heeresreform zusammen, die ebenfalls schon einige Jahrzehnte im Gange war und von Fedor Alekseevič zum Abschluß gebracht wurde. Ziel war die Ablösung des alten Adelsaufgebotes durch ein stehendes Heer, das nun schon 60 bis 75 % der gesamten Armee ausmachte. Im ganzen verfügte der Zar einschließlich der ukrainischen Kosaken über rund 200 000 Mann, aber noch wichtiger war die Umstrukturierung, die mit der Aufstellung der ersten «Truppen neuer Ordnung» in den 30er Jahren (s. Kapitel «Michail Fedorovič») begonnen hatte. Ihr sichtbarer Ausdruck war der von 34 auf 8 % gesunkene Anteil der Adligen im Heer. Aber das Aufgebot wurde – mit Rücksicht auf den Adel und aus finanziellen Gründen – noch nicht völlig abgeschafft, und auch die anläßlich der großen Musterung von 1680 versuchte Durchsetzung der einheitlichen Bezeichnung «Soldaten» gelang nicht sofort. Die Strelitzenoffiziere rebellierten sogar gegen die neuen Ränge «Oberst» und «Hauptmann» statt «Haupt» und «Hundertschaftsführer» (s. Kapitel «Ivan V. und die Regentin Sof'ja»). Erfolgreich war dagegen die Einrichtung von zunächst neun, dann acht Militärbezirken für das ganze Reich, welche die Rekrutierungen erleichterte. Sie dienten später Peter dem Großen als Grundlage für die Gouvernementseinteilung.

Mit der Militär- bzw. Dienstreform in Zusammenhang steht die Abschaffung der alten Rangplatzordnung (mestničestvo). Dieses aus einer Mischung von Geburts- und Dienstrechten bestehende System des Vorrangs bei Hofe und dienstlichen Ernennungen, das sich wegen der vielen, u. U. gerichtlich zu klärenden Rangplatzstreitigkeiten als sehr hinderlich für eine effektive Amtsausübung erwiesen hatte, war bereits zweimal eingeschränkt worden, und zwar 1550 für Kriegszeiten, 1621 für diplomatische Missionen – beide Male mit mäßigem Erfolg, weil der hohe Adel, der im Gegensatz zum westeuropäischen Adel ganz auf den Dienst fixiert war, dem Vorrang einen übertriebenen Ehrbegriff zugrunde legte. Zu Fedors Krönung am 16. Juni 1676 und dann generell seit 1679 wurde die «Platzlosigkeit» auch bei kirchlichen Prozessionen angeordnet. Zu dieser Zeit war einsichtigen Staatsmännern klar, daß die Rangplatzordnung nicht mehr zeitgemäß war, weil sie einerseits bereits in niedere Schichten (Sekretäre, Großkaufleute) herabgesunken war und andererseits das Verdienstelement immer größere Bedeutung erlangte. Seit der Mitte des Jahrhunderts waren denn auch die Rangplatzprozesse rapide zurückgegangen. Trotzdem kam es nur auf einem Umweg zur generellen Aufhebung.

Vermutlich im August 1681 legten drei Günstlinge des Zaren, die Emporkömmlinge Jazykov, und Lichačevy sowie Golicyn als Angehöriger eines alten Geschlechts, einen Entwurf zu vier Reformkomplexen vor, der von Fedor gebilligt wurde. Der erste Punkt sah die Abschaffung der Rangplatzordnung und an ihrer Stelle die Aufstellung einer Rangtabelle von 35 (in der zweiten Fassung 34) Stufen vor, in die 83 der damals existierenden 108 Würdenträger eingestuft wurden. Das zweite Projekt betraf die Einrichtung von Statthalterschaften, deren Vergabe ganz und gar dem Verdienstprinzip folgen sollte. Als Titel waren solche «Ämter» in verschiedenen Städten bisher nur persönlich an Diplomaten verliehen worden, die mit titelreichen Ausländern verhandeln mußten und ihnen gegenüber nicht benachteiligt sein sollten. Den zwölf neugeschaffenen Statthaltern entsprach in dem dritten Teilprojekt die Erhöhung der Zahl der Metropolien auf zwölf, wobei die Symbolik der zwölf Apostel ebenso eine Rolle gespielt haben dürfte wie die Zahl 70 (für die 70 Schüler Christi) bei der ebenfalls vorgeschlagenen Vermehrung der Eparchien. Schließlich sah der vierte Punkt eine Neuordnung der obersten Gerichts- und Verwaltungsinstitutionen vor. Die Autoren knüpften dabei an eine Reform der Bojarenduma an, die bereits im Herbst 1680 stattgefunden hatte: Da die Duma wegen der vielen Ernennungen mit inzwischen rund 170 Mitgliedern trotz einer ganzen Reihe von bürokratischen Vorschriften für Beratungen untauglich geworden war, hatte man – auch im Sinne absolutistischer Rationalisierung – eine ständige «Exekutivgerichtskammer» (raspravnaja palata) gebildet, deren bis zu zwanzig Mitglieder für Fälle zuständig waren, welche die Zentralämter nicht entscheiden konnten. Das Projekt sah nun die Beschränkung dieser Kammer auf die oberste Gerichtsinstanz vor, während die allgemeine Verwaltung von einer «Audienzkammer» (otvetnaja palata) wahrgenommen werden sollte. An ihrer Spitze sollte als «Hofvoevode» Golicyn stehen, dem damit die Rolle eines Premierministers zugefallen wäre.

Diesem hochinteressanten Projekt liegen sicherlich mehrere Motive und Zwecke zugrunde. Äußerer Anlaß mag die schwache Regierung des immer mehr kränkelnden Fedor gewesen sein, dessen einziges Kind, ein Sohn, gerade im Alter von zehn Tagen gestorben war, dessen eigenes nahes Ende abzusehen war und dessen Nachfolger dann von seinen Brüdern nur entweder ein schwachsinniger oder ein noch sehr junger Zar sein konnte. Die durch das Projekt erreichte Stabilisierung der Regierungstätigkeit hätte freilich auch den dauernden Einfluß der Günstlinge gesichert, die mit diesem Projekt Konkurrenten in die Provinz zu verbannen hofften. Schließlich darf aber auch nicht übersehen werden, daß die Tendenz zur Rationalisierung des öffentlichen Lebens und der Verwaltung ein zeitbedingtes Erfordernis war. Ohne Frage lag hier ein Modernisierungsversuch vor, wie die tatsächlich verwirklichten Teile der Reform und noch andere Umgestaltungen zeigen.

Der Widerstand gegen das Projekt kam im Herbst von seiten der Kirche und des alten Adels. Der Patriarch Ioakim warnte den Zaren vor der Einführung der Statthalterschaften und malte das Gespenst der Teilfürstentümer an die Wand. Eine Synode wies die geplante Unterordnung der Metropoliten unter die Statthalterschaften zurück. In der Duma regte sich Widerspruch gegen die neue Rangtabelle, die ein Gemisch aus byzantinischen und polnischen Rängen darstellen sollte, und gegen die Audienzkammer.

Deshalb wurde letztlich nur die Abschaffung der Rangplatzordnung verwirklicht, die sich freilich ohnehin aus einer konsequenten Durchführung der Heeresreform ergab. Zu diesem Zweck beriet sich Golicyn, der auch Leiter eines neuen Zentralamtes für militärische Angelegenheiten wurde, mit einem Kreis von Militärexperten. Sie empfahlen die Auflösung der Hundertschaften und die Einführung von Regimentern und Kompanien sowie der Dienstgrade «Rittmeister» und «Leutnant», was ohne Abschaffung der Rangplätze nicht möglich war. Daher bereitete die Kommission die Anlage von sechs «Geschlechterbüchern» verschiedener Vornehmheitsstufen vor, in denen nun auch die niederen Adligen und sogar nichtadlige Ränge erfaßt sein sollten, d. h. die Dienstehre sollte nicht mehr von der Abstammung, sondern nur noch von der staatlichen Registrierung abhängen. Diese Fragen wurden dann seit dem 1. Januar 1682 auf einer Adelsversammlung unter Golicyns Leitung – kontrovers – diskutiert, und am 12. Januar hob diese 173köpfige Versammlung zusammen mit Duma (98 Mitglieder) und Synode (12 Mitglieder) feierlich das «mestničestvo» auf. Unter dem Einfluß thomistischer Rechtsvorstellungen ließ Fedor Alekseevič dabei neben überlieferten Argumenten zum erstenmal naturrechtliche Ideen erkennen, wenn er zur Begründung anführte, er habe die Zügel der Regierung von Gott erhalten, um über den besten Zustand seines Landes nachzudenken und Gesetze zum allgemeinen Wohl (obščee dobro) zu erlassen. Gleichzeitig wurde die Rangplatzordnung für die russischen Niederlagen im Türken-Krieg verantwortlich gemacht, und einige Dokumente, die sich auf Rangstreitigkeiten bezogen, und die Dienstlisten wurden symbolisch verbrannt. Trotzdem kamen übrigens noch bis 1719 Streitigkeiten unter den hohen Adligen vor, zumal die mit der Anlage der Geschlechterbücher beauftragte Kammer sehr langsam arbeitete. Erst Peter der Große hat mit der Einführung seiner Rangtabelle (1722) sozusagen die positive Ergänzung zu dem Statut von 1682 und damit Klarheit geschaffen (s. Kapitel «Peter der Große»). Aber schon jetzt war ein wichtiges Ergebnis der Reform, daß zum erstenmal Zivil- und Militärdienst voneinander getrennt worden waren.

Neben der Adelsversammlung wurde am 1. Januar 1682 auch eine Versammlung gewählter Stadtleute und Bauern der Hofdörfer einberufen, die ebenfalls unter Golicyns Leitung stand. Durch die Person des Leiters der beiden getrennten Versammlungen zeigte sich der offenkundige Zusammenhang der Heeres- und der Steuerreform, und infolge der Hinzuziehung von Duma und Synode ergab sich am 12. Januar noch einmal der Eindruck einer (seit 1653 nicht mehr zusammengetretenen)

Reichsversammlung. Ziel war in der Tat wie früher nicht die Entscheidung in der Sache, sondern nur die Auslotung der Möglichkeiten einer Reform. Für den etwas später um einhundert Heeresbeauftragte (okladčiki) verstärkten Adel ging es dabei zunächst um eine seit langem geforderte Landvermessung, die wegen der vielen Streitigkeiten mit den Gutsnachbarn und vor allem wegen der neuen Höfesteuer nötig geworden war. Die Vermessungsordnung konnte unter Fedor nicht mehr in die Tat umgesetzt werden. Auch die Beratungen der Steuerzahler wurden durch den Tod des Zaren unterbrochen, nachdem die Abgeordneten sich trotz des Erlasses der Rückstände für die Zeit vor 1680 außerstande erklärt hatten, die Strelitzensteuer für die Jahre 1680/81 und 1681/ 82 zu zahlen. Daraufhin wurde die veranschlagte Steuersumme reduziert, und eine Kommission von Großkaufleuten, welche die Arbeit der Versammlung fortsetzte, legte eine neue Höfesteuer fest, die statt der früheren Einheitssteuer von 1 Rubel und 30 Kopeken einen je nach Gegend variierenden, für die meisten Steuerzahler niedrigeren Betrag vorsah.

Schließlich begann Fedor Alekseevič noch eine Verwaltungsreform, die insbesondere als Konzentration der Finanzbehörden wirksam wurde. 1680 wurde der Versuch gemacht, die für bestimmte Regionen zuständigen «Viertel» abzuschaffen und in das Amt der Großen Kasse bzw. ins Außenamt zu integrieren. Nach Fedors Tod lebten sie allerdings bis zum Ende des Jahrhunderts wieder auf. Im Gerichtswesen scheiterte die Zentralisierung ganz und gar, und im Militärbereich fand mit den erwähnten Bezirken sogar eine Dezentralisierung statt. Man kann also keineswegs generell von einer Zentralisierung reden, und ebensowenig lassen die Maßnahmen in der Provinz eine einheitliche Tendenz erkennen. Hier wurde einerseits die lokale Wahlverwaltung gestärkt, indem 1681 (endgültig 1689) den Landältesten die vorher von den Voevoden, den Regierungsbeamten, wahrgenommene Eintreibung der Strelitzensteuer und der Transport des Geldes nach Moskau anvertraut und die Kompetenzen der Wahlbeamten auch in der Zoll- und Alkoholverwaltung erweitert wurden. Andererseits war schon 1679 die Strafgerichtsbarkeit auf die Voevoden übertragen worden, nachdem man die gewählten Gerichtsbezirksältesten (gubnye starosty) abgeschafft hatte (1684 wiedereingeführt). Dies zeigt, daß in der Lokalverwaltung rein pragmatische Gesichtspunkte ausschlaggebend waren, weil dort der Mangel an kompetenten Leuten («maloljud'e») besonders spürbar war und die Bevölkerung auch vor den korrupten Regierungsvertretern geschützt werden sollte.

Die Staatsreformen Fedors, ob vollendet oder nur geplant, sind ohne Zweifel als Versuch einer Modernisierung im Sinne der Ideen des westlichen Absolutismus zu werten. Dazu gehört auch die eingeleitete Gründung der ersten russischen Hochschule. Der Plan ging noch auf den

1680 verstorbenen Simeon Polockij zurück, dessen Schüler Sil'vestr Medvedev dem Zaren 1682 das Statut der «Slavisch-griechisch-lateinischen Schule» vorlegte. In der programmatischen Einleitung wurde zwar noch die Weisheit Salomons beschworen, aber, wie schon bei der gleichzeitigen Abschaffung der Rangplatzordnung, zeigten sich in der Reflexion über ordentliche Justiz und Verwaltung auch Elemente eines säkularen Staatsverständnisses. Auch der Begriff des Allgemeinwohls weist wieder auf den Einbruch der Frühaufklärung. Dabei ist interessant, daß der Zar sich hier wie auch persönlich an der polnisch-lateinischen Welt orientierte. Hätte er zehn bis fünfzehn Jahre regiert und einen Sohn gehabt, so hat Ključevskij gemeint, wäre die westliche Kultur aus Rom und nicht aus Amsterdam (wie unter Peter dem Großen) nach Rußland gekommen. Aber Fedor Alekseevič starb schon am 27. April 1682. Die Fülle der Reforminitiativen, zu denen auch eine Humanisierung des Strafrechts gehörte, vermittelt den Eindruck, daß er sein nahes Ende vorausgesehen hat.

Der Tod beendete ein unglückliches Leben. 1674 wäre Fedor Alekseevič beinahe polnischer König geworden. Ein polnischer Plan sah seine Verheiratung mit der Königin-Witwe vor, die österreichischer Herkunft war, so daß es zu einer Drei-Staaten-Allianz gegen die Türken gekommen wäre. Aber die Russen nahmen keine der polnischen Bedingungen an, und der Plan scheiterte, wie schon frühere in bezug auf Fedors Vater (s. Kapitel «Aleksej Michajlovič»), vor allem an der Religionsfrage: Der zukünftige Zar konnte nicht römisch-katholisch werden. Immerhin heiratete Fedor 1680 als erster Zar seit langer Zeit eine Ausländerin, seine Cousine Agaf'ja Gruševkaja, die Tochter eines polnischen Kleinadligen. Er erlaubte ihr das Tragen westlicher Kleidung, öffentliche Auftritte und die Forderung, daß Männer sich ihrer Bärte entledigen sollten. Die Zarin starb Mitte 1681 im Wochenbett. Zweieinhalb Monate vor seinem Tod nahm er Marfa Apraksina zur zweiten Frau. Aber er hinterließ nicht nur eine ungeklärte Nachfolgesituation. Am 19. April übergaben Strelitzen und Soldaten der in Moskau stationierten Regimenter, wie schon einmal im Februar, eine Bittschrift mit Beschwerden gegen ihre Vorgesetzten. Während die Überbringer der ersten Bittschrift noch geknutet worden waren, fand jetzt in Gegenwart des Zaren am 24. April eine Anhörung statt, die sogar die Verhaftung eines Obersten zur Folge hatte. Er hatte die Strelitzen schlecht behandelt und für sich selbst arbeiten lassen. Eine versprochene rigorosere Bestrafung des Obersten verhinderte der Tod des Zaren, so daß die Strelitzen unruhig blieben und danach sogar in die Wirren um die Thronfolge hineingezogen wurden, die mit einem großen Aufstand einhergingen.

Im ganzen gesehen, begann die Neuzeit unter Fedor Alekseevič infolge der Umstände seiner Regierung nur halbherzig und zögerlich.

Ivan V.

Hans-Joachim Torke

IVAN V. UND DIE REGENTIN SOF'JA
1682–1689/96

Ivan V., geb. 27. 8. 1666, Zar 26. 5. 1682, Krönung (zusammen mit Peter I.) 25. 6. 1682, gest. 29. 1. 1696. Vater Aleksej Michajlovič (19. 3. 1629– 29. 1. 1676, Zar 1645–1676), Mutter Marija Miloslavskaja (1. 4. 1626[?]– 3. 3. 1669). Heirat Anf. 1684 mit Praskov'ja Saltykova (12. 10. 1664–Okt. 1723); Töchter Marija (24. 3. 1689–14. 2. 1694), Feodosija (4. 6. 1690–12. 5. 1691), Ekaterina (29. 10. 1691–14. [25. N.S.] 6. 1733, seit 1716 Gemahlin Karl-Leopolds von Mecklenburg-Schwerin), Anna (28. 1. 1693– 17. 10. 1740, 1710–1711 Gemahlin des Herzogs Friedrich-Wilhelm von Kurland, 1711–1730 Herzogin von Kurland, 1730–1740 Kaiserin), Praskov'ja (24. 9. 1694–8. 10. 1731).

Sof'ja, geb. 17. 9. 1657, Regentin 26. 5. 1682, Absetzung 7. 9. 1689, 21. 10. 1698 Nonne Susanna, gest. 3. 7. 1704 im Neu-Jungfrauen-Kloster.

Nach dem Tod Fedor Alekseevičs am 27. April 1682 entbrannte der Machtkampf neu, der schon sechs Jahre zuvor das erste Mal ausgebrochen war, als sein Vater Aleksej Michajlovič starb. Die Ursache ist in den zwei Ehen dieses Zaren zu suchen, denn die Familien der beiden Zarinnen kämpften um die Thronfolge für ihre jeweiligen Nachkommen. Dies war freilich 1682 nur möglich, weil der Zarensohn aus erster Ehe (mit einer Miloslavskaja), der knapp sechzehnjährige Ivan Alekseevič, Epileptiker, schwachsinnig und fast blind war, während der jüngere Petr Alekseevič aus der Ehe mit Natal'ja Naryškina, der einmal als Peter der Große in die Geschichte eingehen sollte, sich als intelligent und kräftig erwies. Auch der jetzt verstorbene Fedor (ebenfalls aus erster Ehe) war schon 1676 körperlich so schwach gewesen, daß der mit den Naryškins verwandte Leiter des Außenamtes, A. S. Matveev, versucht hatte, seine Herrschaft zugunsten einer Mitentscheidungsbefugnis für Aleksejs Witwe Natal'ja und damit den damals vierjährigen Peter zu beschränken (s. Kapitel «Fedor Alekseevič»). Er war dafür von Fedor Alekseevič mit Verbannung nach Pustozersk und Enteignung bestraft worden und hatte nach der zweiten Heirat des Zaren wenigstens nach Luch (bei Kostroma) gehen dürfen, da er der Patenonkel der neuen Zarin war. Nun ergab sich erneut die Notwendigkeit einer Entscheidung zwischen den verbliebenen Halbbrüdern.

Rechtlich stand der Inthronisierung eines Schwachsinnigen nichts im Wege; Präzedenzfälle (s. Kapitel «Fedor Ivanovič») und vor allem die religiös begründete besondere Verehrung gegenüber Geistesschwachen,

sogenannten «Narren in Christo» (jurodivye), machten dies möglich. Da
es aber kein Thronfolgegesetz, sondern nur das Gewohnheitsrecht gab,
war auch die Krönung des Zweitältesten möglich, obwohl dies schwer
zu vermitteln war. Der Patriarch Ioakim jedenfalls ergriff sofort zugunsten des zehnjährigen Peter die Initiative, indem er eine aus Klerus und
in Moskau anwesenden adligen Würdenträgern sowie Vertretern der
Stadtbevölkerung bestehende Akklamationsversammlung einberief, die
ihre Entscheidung auch von einer Volksmenge bejubeln ließ. Neben der
Sorge um die Regierungsunfähigkeit Ivans mag dabei der Abscheu des
Patriarchen vor den mit der Familie des verstorbenen Zaren verbundenen latinisierenden Tendenzen ausschlaggebend gewesen sein. Im Namen Peters, als dessen Regentin seine Mutter fungieren sollte, wurde
sogleich die Verbannung Matveevs aufgehoben, doch bis dieser am
12. Mai zurückkehrte, hatten sich die Verhältnisse in der Hauptstadt
grundlegend verändert.

Als aktive Führerin der Miloslavskijs, die den Vorteil hatten, noch in
den leitenden Ämtern zu sitzen, war inzwischen Fedors ältere, 24jährige
Schwester Sof'ja in Erscheinung getreten, die auch ihn schon politisch
beraten hatte. Sie war, wie der verstorbene Zar, wahrscheinlich von
Simeon Polockij sowie von Sil'vestr Medvedev und Karion Istomin erzogen und daher den ukrainisch-polnischen Einflüssen ausgesetzt
worden, die zweifellos dafür verantwortlich sind, daß sich mit Sof'jas
Namen eine erste Emanzipation der sonst in Altrußland eher zurückgezogen lebenden Frau verbindet. Schon ihr unübliches Auftreten bei der
Beerdigung Fedors am 28. April erregte Aufsehen und führte übrigens
auch zum Zerwürfnis mit Natal'ja. Da Sof'ja faktisch die Politik der
nächsten sieben Jahre bestimmte, kann sie als Vorläuferin und Weg-
bereiterin der Kaiserinnen des 18. Jahrhunderts angesehen werden. In
bezug auf die Verschwörung im Frühjahr 1682 gibt es allerdings auch die
Meinung, daß die Fäden eher über das Oberhaupt der Familie, I. M. Miloslavskij, vom Krankenbett aus zog.

Ob die Miloslavskijs aber unter normalen Umständen die Rückkehr
Matveevs und der Naryškins zur Macht hätten verhindern können, darf
ebenso bezweifelt werden wie die später von der Sof'ja übelgesinnten
propetrinischen Geschichtsschreibung behauptete Unterstellung, daß
sie von Anfang an eine Verschwörung geplant habe. Sie hatte zunächst
nur den Willen, über die Inthronisierung Ivans ihren eigenen Einfluß zu
sichern. Zu diesem Zweck pochte sie zunächst beim Patriarchen auf das
Recht des älteren Ivan und streute wohl auch das Gerücht aus, daß
Fedor vergiftet worden sei. Daß sie sich schließlich durchsetzte, ist aber
dem günstigen Umstand zuzuschreiben, daß gleichzeitig ein Aufstand
der Strelitzen ausbrach, den sie sich zunutze machte.

Die Strelitzen (Schützen), eine einst von Ivan dem Schrecklichen gegründete Elitetruppe zur Bewachung des Hofes und der Grenzen, wa-

Regentin Sof'ja

ren schon seit längerer Zeit sozial degeneriert und mit ihrer Situation unzufrieden. Die Aufstellung der «Truppen neuer Ordnung», also des nach westlichen Kriterien organisierten stehenden Heeres mit ausländischen Offizieren, empfanden sie als Diskriminierung, so daß sie sich z. B. 1680 auch gegen die Angleichung ihrer Ränge an diejenigen der neuen Offiziere gewehrt hatten (s. Kapitel «Fedor Alekseevič»). Schlimmer war, daß wegen der teuren neuen Heeresteile gleichzeitig ihre Gehälter gekürzt wurden (von zehn Rubeln in den 60er Jahren auf sechs Rubel im Jahre 1681), während ihnen andererseits seit 1667 die Möglichkeit genommen war, in Moskau einem Gewerbe nachzugehen (was allerdings nicht strikt beachtet wurde). Schließlich waren sie obendrein nicht nur bei der Regierung wegen ihrer Unzuverlässigkeit und der Tatsache, daß viele von ihnen Altgläubige waren, sondern auch bei der Bevölkerung äußerst unbeliebt, und zwar beim Adel, weil sie Läuflinge aufnahmen, und bei den Steuerzahlern wegen der neuen, «Strelitzengelder» genannten Steuer für den Unterhalt der Dienstleute. Zu diesen Ursachen kam als Anlaß für die soziale Unruhe die schlechte Behandlung durch ihre Vorgesetzten hinzu, die sie z. T. privat für sich arbeiten ließen. Gegen zwei Obristen hatten sie sich deshalb schon im Februar ohne Erfolg und im April 1682 mit besserem Ergebnis beschwert, aber eine von Fedor versprochene rigorosere Bestrafung im zweiten Fall verhinderte der Tod des Zaren. Die neue Regierung Natal'ja Naryškinas machte dann sogar den Fehler, den schon verhafteten verhaßten Obristen Griboedov aus dem Gefängnis zu entlassen.

Unter diesen Umständen und vor dem Hintergrund der allgemeinen Unruhe anläßlich des Thronwechsels verwundert es nicht, daß zunächst ein Strelitzenregiment den noch am 27. April von der Bevölkerung geleisteten Eid auf Peter vorübergehend verweigerte. Zwei Tage später forderte eine Abordnung von sechzehn (der neunzehn in Moskau stationierten) Strelitzenregimentern und eines Soldatenregiments (von zweien) die Herausgabe ihres von neun Obristen einbehaltenen Soldes und die Bezahlung ihrer Privatarbeiten für diese Offiziere. Natal'ja gab in dem Bestreben, ein Unheil abzuwenden, in allem nach: Sie ließ die beschuldigten Offiziere erst verhaften und dann den Strelitzen übergeben, die ihnen je bis zu 2000 Rubel abnahmen. Wer nicht zahlen konnte, wurde geknutet. Dadurch wurde die Stimmung so angeheizt, daß sich auch andere Bevölkerungsteile, sogar niedere Dienstleute und Soldaten, dem Aufruhr anschlossen, der sich nun gegen die Regierung richtete. Als Matveev am 12. Mai aus der Verbannung zurückkehrte, obwohl er gewarnt worden war, fand er eine brodelnde Atmosphäre vor, für die er sogleich Sof'ja verantwortlich machte. In der Tat nutzten die Miloslavskijs jetzt den Aufstand für ihre Verschwörung zugunsten Ivans.

Mit dem 15. Mai, dem Todestag des 1591 in Uglič unter ungeklärten Umständen ums Leben gekommenen Dmitrij Ivanovič (s. Kapitel «Fedor

Ivanovič»), wurde das Datum für ein Massaker festgelegt, dem 46 To-
deskandidaten zum Opfer fallen sollten. Die Liste war also von vornherein geplant, und die Verschwörer brauchten an jenem Tag nur noch das
Gerücht ausstreuen zu lassen, Ivan sei von den Naryškins umgebracht
worden. Als die Strelitzen (mit Ausnahme eines Regiments) den Kreml
stürmten, half es schon nichts mehr, daß man ihnen den lebenden Ivan
zeigte. Sie brauchten Sündenböcke für ihre miserable Lage. Drei Tage
lang wüteten sie und zerhackten u. a. A. S. Matveev, G. G. Romoda-
novskij, M. Ju. und Ju. A. Dolgorukov, der bisher das Strelitzen-Zentral-
amt geleitet hatte, F. P. Saltykov, A. K. und I. K. Naryškin und I. M.
Jazykov. Der junge Peter, der dieses Blutbad mit ansehen mußte, erlitt
einen Nervenschock, der ihm sein Leben lang zu schaffen machte. Die
Zahl der Opfer wird auf siebzig geschätzt.

Erst am 18. Mai kamen die Strelitzen unbewaffnet in den Kreml. Zu
Sof'jas Ehre muß gesagt werden, daß sie wohl das Ausmaß des Mordens
nicht vorhergesehen hatte, nun mäßigend wirkte und erreichte, daß viele
Bojaren nur verbannt wurden. Zum Führer des Aufstandes und Leiter
des Strelitzen-Zentralamtes hatte sich inzwischen I. A. Chovanskij, der
berühmte Heerführer, emporgeschwungen. Er überbrachte am 23. Mai
die Forderung nach einer Doppelherrschaft von Ivan V. und Peter I., was
drei Tage später gegen den Widerstand des Patriarchen, für den nur *ein*
Zar denkbar war und der vor allem nur Peter wollte, von einer fiktiven
Reichsversammlung akklamiert wurde. Die Bevölkerung wurde neu ver-
eidigt. Auch für diesen Kompromiß war also «das allgemeine Einverständnis der Bevölkerungsgruppen des Moskauer Staates» der Form
halber nötig. Äußeres Zeichen dieser in der Moskauer Geschichte noch
nicht vorgekommenen Inthronisierung zweier Brüder war die Anferti-
gung eines Doppelthrones, neben Präzedenzfällen aus der Weltge-
schichte diente als staatsrechtliche Rechtfertigung der Hinweis auf den
praktischen Vorzug, daß ein Zar im Kreml bleiben könne, wenn der
andere in den Krieg ziehen müsse. Immerhin hatte es schon lange die
Verleihung des Titels «Großer Herrscher» an die Thronfolger gegeben, so
daß eine gewisse Pluralität des Herrschaftsbegriffes vorlag. «Denn unsere zarische Majestät», so erklärte man es dem Ausland, «bedeutet in
den Personen beider Großer Herrscher eine gemeinsame Majestät in der
Verkörperung des Thrones, der Herrschaft und der Regierung.»

Sof'ja kam diese Regelung entgegen, zumal ihr nun von den Strelitzen
die Regentschaft angetragen wurde. Dies geschah wohl nur faktisch,
denn es gibt keine Dokumente darüber. Der Grund liegt wahrscheinlich
in der staatsrechtlichen Problematik, da Ivan bereits volljährig war und
für Peter eigentlich seine Mutter Natal'ja weiterhin hätte Regentin sein
müssen. Sof'ja bewies jedenfalls sofort ihre Talente, indem sie Geld-
geschenke an die Strelitzen verteilen ließ, was insgesamt 240000 Rubel
kostete. Die nachfolgenden Ereignisse können als Musterbeispiel einer

psychologischen Kriegführung Sof'jas gegen die Strelitzen gewertet
werden, denn ihr Ziel war es jetzt, die aufgebrachte Meute wieder los-
zuwerden, und dabei kam ihr der Umstand zu Hilfe, daß sich die Strelitzen durch das Blutbad diskreditiert hatten und in der Bevölkerung isoliert waren. Dies zeigte sich z. B. daran, daß Sof'ja eine Gruppe von
Bojarenknechten, die ihre Befreiung gefordert hatten, gegen die Strelitzen ausspielen konnte. Letztere hatten nämlich in ihrer nach dem Anführer «Chovanščina» genannten Terrorherrschaft das Knechtsamt zerstört und gleich *alle* Bindungsurkunden vernichtet. Dies war aber den
meisten Knechten gar nicht recht, weil sich die Abhängigkeit oft als
Vorteil erwies. So konnte Sof'ja die Knechte, welche die Bittschrift über-
reicht hatten, auspeitschen lassen, und zwar – von Strelitzen. Die ver-
unsicherten Strelitzen verlangten schließlich am 6. Juni bezeichnenderweise die Anerkennung der edlen Ziele ihres Aufstandes. Dies sollte
schriftlich und durch Aufstellung einer Säule auf dem Roten Platz geschehen. Tatsächlich wurde eine solche Säule aufgestellt, auf der dem
Volk erklärt wurde, warum so viele berühmte Männer hatten sterben
müssen, und in einer Gnadenurkunde zählten die Zaren die «Untaten»
der Ermordeten auf und verboten der Bevölkerung, die Strelitzen Verräter zu nennen, ermahnten aber gleichzeitig die Strelitzen zum treuen
Dienst. Ihren inzwischen anrüchigen Namen ließen die Strelitzen durch
das Wort «Hofinfanterie» ersetzen.

Die Forderungen vom 6. Juni enthielten auch eine Art politisches Programm und machten damit die Ereignisse zum letzten politischen Aufstand des so unruhigen 17. Jahrhunderts. Die Strelitzen verlangten die
Verbesserung ihrer Lebensbedingungen, Freiheit von Wahldiensten
(was ihnen weitere Mißgunst der dadurch mehr belasteten Bevölkerung
einbrachte), die Abstellung von Mängeln im Amts- und Militärwesen
und die Entlassung der «schlechten», d. h. korrupten Beamten. Ferner
forderten sie «Kreise» (krugi), Selbstverwaltungsorgane, deren kosakischer Ursprung offenbar ist. Von diesen sollten Funktionäre gewählt
werden, auf die der Zar zu hören hatte. Mit diesem überzogenen Programm, das den Strelitzen die politische Macht gesichert hätte, suchten
sie die Ergebnisse des Aufstandes zu retten. Es blieb natürlich ohne
Folgen, obwohl die Regierung am gleichen Tag zunächst alles zusagte.
Rückhalt konnten die Strelitzen jetzt nur noch bei den Altgläubigen
finden, für die Chovanskij nach Avvakums Verbrennung, die zufällig
am Vorabend des Aufstandes vollzogen worden war, eine Führerfigur
wurde. Er erzwang deshalb eine Debatte über den rechten Glauben, die
der Anfang seines Endes werden sollte, weil er den Fehler machte,
gegen die offizielle Kirche anzutreten. Chovanskij wollte die Debatte
ursprünglich noch vor der Krönung der beiden Zaren am 25. Juni, damit
diese nicht nach den neuen Riten inszeniert würde. Mit dieser Forderung scheiterte er ebenso wie mit dem Wunsch nach öffentlicher Diskus-

sion auf dem Roten Platz. Sof'ja ordnete die Debatte mit dem Argument, es sei für Frauen nicht schicklich, unter freiem Himmel zu diskutieren, im Facetten-Palast an, und zwar erst für den 5. Juli. Als es dann dazu kam, forderte Chovanskij Sof'ja auf, den Raum zu verlassen, aber sie weigerte sich und wurde damit die erste Frau in der Moskauer Geschichte, die – zusammen mit ihrer Tante Tat'jana Michajlovna – über eine öffentliche Versammlung präsidierte. Beide saßen auf den Zarenthronen, und weitere, bisher nie in der Öffentlichkeit erschienene Frauen waren anwesend. Auch sonst bahnte sich hier eine Revolution im Verständnis der politischen Rolle der Frau an: In die Diskussion zwischen dem Patriarchen, der mit acht Metropoliten und zahlreichen weiteren Hierarchen erschienen war, und dem Sprecher der Strelitzen, dem altgläubigen Priester Nikita Pustosvjat, griff Sof'ja unvermittelt und temperamentvoll mit dem Argument ein, daß auch Aleksej Michajlovič und Fedor Alekseevič Häretiker gewesen sein müßten, wenn der Reformer-Patriarch Nikon es war. Damit verband sie geschickt die politische Erpressung, daß der Hof, der täglich zwei Regimenter verpflegte und für viele Strelitzen die einzige Nahrungsquelle darstellte, aus Moskau wegziehen würde. Somit hatte Chovanskij eine Niederlage erlitten, die ihn auch noch die Sympathien der Altgläubigen kostete. Die Orthodoxe Kirche aber feierte in der Folge jeweils den Jahrestag der Debatte, und die Altgläubigen wurden weiter verfolgt.

Schon am 16. August konnte die Regierung eine weitere Forderung nach finanzieller Unterstützung von 4000 Strelitzen ablehnen, und vier Tage später begaben sich der Hof und der hohe Adel tatsächlich in die Sommerresidenz Kolomenskoe und später in andere «Vergnügungsdörfer». Dies war zwar zu dieser Jahreszeit nichts Ungewöhnliches, aber zu den Neujahrsfeierlichkeiten am 1. September hätten die Zaren unbedingt im Kreml sein müssen, was nicht geschah. Damit haftete an den Strelitzen das Odium, die Zaren vertrieben zu haben. Unmittelbar darauf wurde am 2. September ein wahrscheinlich von den Miloslavskijs produzierter anonymer Brief «eines Strelitzen und zweier Kleinbürger» bekannt, der die Beschuldigung enthielt, Chovanskij (der übrigens ein Nachkomme des litauischen Großfürsten Gediminas war) wolle Zar werden, seinen Sohn Andrej mit einer Zarentochter verheiraten, und beide planten die Ermordung der Zaren, Sof'jas, Natal'jas, des Patriarchen und vieler anderer. Vielleicht stand tatsächlich Chovanskijs Machtübernahme bevor, und nach dem Massaker vom Mai waren diese Mordpläne auch nicht so unglaubwürdig. Jedenfalls konnte Sof'ja auf Grund dieses vielfach verteilten Briefes nun mit dem Moskauer Adel am 17. September, ihrem Namenstag, eine Anklage erheben, die u. a. auf Hochverrat lautete. Die Angeklagten, Vater und Sohn, wurden mit einem weiteren gefälschten Brief aus Moskau herausgelockt und ohne Prozeß sofort hingerichtet.

Sof'ja, die sich inzwischen im gut befestigten Troice-Sergiev-Kloster befand, sprach gleichzeitig geschickt den überraschten Strelitzen das Vertrauen aus. Unter einem zweiten Sohn Chovanskijs (Ivan), der aus dem Arrest hatte fliehen können, besetzten sie zwar noch einmal den Kreml, baten aber schon am 19. September um Verzeihung und den Patriarchen um Vermittlung. In elf Artikeln wies die Regentin sie am 8. Oktober in die Schranken: Sie mußten ihrer Selbstverwaltung und selbständiger Entscheidungen entsagen und Ende des Monats ihre Säule eigenhändig abreißen. Als die Regierung am 6. November endlich nach Moskau zurückkehrte, wurde auch die Bezeichnung «Strelitzen» wiederhergestellt. Die Kreml-Wache übernahmen aber von nun an Adelsregimenter, womit rein organisatorisch die Voraussetzung für die Palastrevolutionen des 18. Jahrhunderts geschaffen waren, und die meisten Strelitzen wurden an die Grenze versetzt.

Sof'ja hatte sich glänzend mit einer staats«männischen» Leistung durchgesetzt und die Autokratie gerettet. Mit den Folgeerscheinungen des von den Zeitgenossen mit der Smuta zu Beginn des Jahrhunderts verglichenen Aufstandes mußte sie sich noch bis Ende 1683 beschäftigen. Aber einen politischen Faktor stellten die Strelitzen nun nicht mehr dar; ihr sozialer Abstieg ging weiter. 1685 wurde jedermann von dem Erscheinen vor Gericht entbunden, wenn er anonym von Strelitzen angeklagt worden war. 1689 spielten die Strelitzen bei der Machtübernahme Peters eine gewisse Rolle (s. u.), aber gerade für ihn waren sie das Symbol des alten rückständigen Moskaus geworden, mit dem er 1698 endgültig aufräumte (s. Kapitel «Peter der Große»).

Sof'ja konnte nun unbehelligt regieren. Die beiden Zaren wurden nur für Feierlichkeiten und Botschafterempfänge benötigt. Peter zog mit seiner Mutter nach diesem schrecklichen Auftakt seiner «Herrschaft» in der zweiten Hälfte der 80er Jahre ohnehin das Leben in den Palästen außerhalb des Kreml vor. Sof'ja hat ihn auf keinen Fall vom Hof entfernt, wie ihr später unterstellt wurde. Ivan wurde Anfang 1684 mit Praskov'ja Saltykova verheiratet, mit der er fünf Töchter zeugte. Eine von ihnen wurde im 18. Jahrhundert Kaiserin (s. Kapitel «Anna»). Ivan, in dem Peter der Große immer respektvoll den älteren Bruder und Mitherrscher achtete, starb am 29. Jan. 1696.

Sof'jas Regierung war mit sieben Jahren natürlich zu kurz für größere Unternehmungen, obwohl es in der noch kürzeren Herrschaft Fedors eine Vielzahl von Reformen und Reforminitiativen gegeben hatte. Aber Sof'ja war in ihren Entscheidungen nicht so frei, sondern mußte in gewisser Weise auf die Naryškins Rücksicht nehmen. Das Zeug zum Reformer hatte auf jeden Fall ihr Hauptmitarbeiter und, wie manche Historiker glauben, Geliebter, V. V. Golicyn, der schon in den letzten Jahren der Regierung Fedors die Reformen koordiniert hatte und während des Aufstandes zum Leiter des Außenamtes ernannt worden war.

Er setzte die Außenpolitik Ordin-Naščokins fort (s. Kapitel «Aleksej Michajlovič») und teilte Matveevs Aufgeschlossenheit gegenüber dem Westen. Von letzterem zeugen seine hervorragende Bibliothek mit 216 Titeln und die Gespräche, die er mit Ausländern lateinisch führte. Ob er auch für die innere Entwicklung Pläne hatte, ist umstritten. Wenn der polnisch-französische Gesandte de la Neuville wahrheitsgemäß berichtet hat, bezogen sie sich auf so radikale Projekte wie die Befreiung der Bauern von Gutsherrschaft und Militärdienst, Kultivierung der Wüsten, Hebung der Bildung, Verkündung der religiösen Toleranz u.a.m. Vielleicht steckt dahinter in Wirklichkeit nur eine bessere Nutzung der adligen und bäuerlichen Ressourcen und der Plan, für den Unterhalt des Heeres die Kopfsteuer einzuführen.

Konkret zeigte sich nichts von alledem, sondern nur das verständliche Bestreben, die Stellung der Regentin durch eine Politik zugunsten des Dienstadels zu sichern, da sich die Bojaren im Spannungsfeld zwischen den Miloslavskijs und den Naryškins meist reserviert verhielten. Es waren vor allem drei Probleme, die den Adel interessierten und welche die Regierung nun hintereinander löste: Noch 1682 wurde auf Grund der Vorarbeiten unter Fedor Alekseevič endlich die erwartete Landvermessung in Angriff genommen, 1683 wurde die Läuflingssuche verstärkt, und 1684 wurde die Vererbung von Dienstgütern derjenigen von Erbgütern gleichgestellt. Mit letzterem war die fast völlige Angleichung beider Güterarten erreicht, worauf die Dienstgutsbesitzer seit Jahrzehnten gedrängt hatten. Es entsprach der autokratischen Politik der Nivellierung auch des Adels, daß die verschiedenen Regierungen diesem Drängen Stück für Stück nachgegeben hatten. (Peter der Große vollendete die Angleichung 1714). Die Suche der entlaufenen Bauern wurde mit einer Instruktion für die Untersuchungsbeamten vom 2. März 1683 zentral organisiert und im nächsten Jahr auf Westsibirien ausgedehnt. Andererseits war man bei Flüchtlingen, die in den südlichen Grenzkreisen zum Militär gegangen waren, nach wie vor im Interesse des Staates nachsichtig und sprach 1684 auch eine generelle Verjährung aus. Die Landvermessung zog sich lange hin – noch in die nächste Regierung hinein, da die Vermesser nicht bei allen Adligen willkommen waren und es viele Streitigkeiten gab.

In der Wirtschaft förderten Sof'ja und Golicyn weiterhin die Manufakturen ausländischer Unternehmer, so daß die Marselis-Familie (s. Kapitel «Aleksej Michajlovič») inzwischen in der zweiten und dritten Generation sieben Eisenproduktionsstätten besaß. In die Familie hatte 1677 Heinrich Butenant eingeheiratet, der 1683 das Privileg zur Verhüttung von Eisen- und Kupfererz im hohen Norden, im Olonec-Onega-Gebiet, erhielt. Auch im Textilgewerbe waren die Niederländer führend. Von 1683 bis 1689 leiteten die Brüder Elias und Matthias Tabbert (Tarbet) bei Moskau eine Samt- und Tuchmanufaktur; Arent Paulsen, (Paulus, Pav-

lov) eröffnete 1681/82 im Moskauer Samthof eine Seidenweberei, die
1685 vom Staat übernommen, aber 1689 wieder geschlossen wurde. In
beiden Fällen fehlten die günstigen Voraussetzungen für die Produktion: Persische Langwollschafe wurden in Rußland nicht heimisch, und
die über armenische Händler aus Persien importierte Seide war einfach
billiger. Diese und andere ausländische Unternehmer erhielten zwar
von der Regierung weitreichende Privilegien wie Monopolrechte und
Zollfreiheit, durften aber niemals Eigentümer ihrer Werke werden.
Mehr und mehr ging ihr Besitz später in russische Hände über. Positiver
entwickelte sich dagegen der Fernhandel, nachdem durch den Frieden
zu Moskau (s. u.) die Ukraine sicher geworden und 1687 die Zoll-
schranke gefallen war. Nicht mehr wirksam wurde in dieser Periode
die am 21. Jan. 1689 – gut drei Jahre nach dem Edikt von Potsdam –
auf Anregung des brandenburgischen Gesandten ausgesprochene Einladung an die Hugenotten, sich in Rußland niederzulassen.

Diese Einladung zeugt von einer für Golicyn typischen Toleranz in
Religionsfragen, die sich auch für die Ausländer-Vorstadt Moskaus und
sogar für die Jesuiten günstig auswirkte. Sie stand allerdings in einem
stupenden Gegensatz zur unbeugsamen Verfolgung der Altgläubigen,
die mit der Hinrichtung Nikita Pustosvjats unmittelbar nach dem erwähnten Religionsgespräch wiederaufgegriffen wurde. Ende 1684 wurden die Behörden angewiesen, Altgläubige aufzuspüren und, wenn sie
nicht abschworen, zu verbrennen. Missionare und Rückfällige sollten
sofort hingerichtet werden. Dahinter stand bei Sof'ja und Golicyn nicht
nur religiöser Eifer, sondern nach den Erfahrungen des Strelitzen-Auf-
standes die Angst, die Altgläubigen könnten sich auch anderen Aufständen anschließen. Die Verbrennungen machten auf die Dissidenten
jedoch keinen Eindruck, sondern provozierten eher noch Selbstmorde,
da die Altgläubigen ohnehin in der Endzeiterwartung lebten. Anführer
waren dabei in der Regel die in die Wälder geflohenen ehemaligen Mönche des Solovki-Klosters, deren Aufstand 1676 blutig niedergeschlagen
worden war (s. Kapitel «Aleksej Michajlovič»). Allein 1687/88 übergaben
sich 2700 Mann im Paleostrov-Kloster, mehrere Tausend in Berezov (am
Volok) und noch einmal nach einjähriger Belagerung des Klosters 1500
in Paleostrov dem Flammentod.

In dieser aufgewühlten Atmosphäre fand auch eine geistige Auseinandersetzung statt, allerdings nach dem Religionsgespräch im Kreml
nicht mehr mit den Altgläubigen. Es ging um den Kampf zwischen der
«lateinischen» und der «griechischen» Richtung als Hintergrund der
damals in Kunst und Literatur stattfindenden Befruchtung der Moskauer durch die ukrainische Kultur, d. h. im Grunde um das Ausmaß
der Übernahme westlichen Gedankenguts. Ukrainer bzw. Westrussen
hatten sozusagen die beiden Lager begründet: Epifanij Slavineckij als
Förderer der griechisch-orthodoxen Lehre und Simeon Polockij, dessen

gen Westen aufgeschlossener Geist «lateinische Abweichungen» zuließ. Ihre Schüler waren in den 8oer Jahren der Mönch Evfimij als Mitarbeiter des ungebildeten Patriarchen Joakim und auf der anderen Seite Sil'vestr Medvedev. Letzterer, ein ehemaliger Schreiber des Geheimamtes, schrieb, wie sein Lehrer, von dem er den Grundstock für seine zuletzt 539 Titel zählende Bibliothek erbte und die Leitung der nie mehr als 23 Schüler zählenden Schule im Zaikonospas-Kloster übernahm, Verse, aber vor allem theologische Traktate. Mit einem solchen («Brot des Lebens») und einem Mitte 1681 geführten Religionsgespräch sollte er in offiziellem Auftrag den nach Moskau gekommenen «kalvinistischen» Freidenker Jan Belobodskij widerlegen. Medvedev vertrat dabei die in Südrußland schon längere Zeit übliche römisch-katholische Auffassung vom richtigen Zeitpunkt der Verwandlung der heiligen Gaben (Transsubstantiation) während des Abendmahls. In der zweiten Hälfte der 8oer Jahre bewegte dieser Transsubstantiationsstreit als erste wirkliche theologische Kontroverse die Orthodoxe Kirche. Die gleichen Gedanken hatte seinerzeit sogar Slavineckij geäußert, und auch jetzt wäre es nicht zum Eklat gekommen, wenn das Auftauchen zweier griechischer Brüder, Johannikos und Sophromos Leichudes (russ. Lichudy), dies nicht provoziert hätte.

Diese beiden Abenteurer kamen – wie übrigens auch Belobodskij – nach Moskau, um an der geplanten Akademie zu unterrichten, deren noch von Polockij ausgearbeitetes Statut Medvedev Fedor Alekseevič kurz vor dessen Tod vorgelegt hatte. Danach wurde das Statut, das erste Einflüsse des westlichen Naturrechts aufwies, auf Geheiß des Patriarchen durch Evfimij dergestalt umgearbeitet, daß das Lateinische durch das Griechische ersetzt wurde und Lehrer aus der Ukraine und Litauen ausgeschlossen blieben. Nach weiteren Auseinandersetzungen erschien dann Latein doch wieder im Lehrplan, als die «Slavisch-griechisch-lateinische Schule» (auch «Hellenisch-slavische Akademie»), Rußlands erste Hochschule, 1687 in den Räumen des Zaikonospas-Klosters endlich eröffnet wurde. Durch Zusammenlegung der Schulen des Bogojavlenie-Klosters und der Druckerei (wo sich die Hochburg der «Griechen» befand) hatte die Akademie zunächst 28 und im nächsten Jahr 32 und 1689 sogar 182 Schüler, die – wenn Lehrkräfte vorhanden waren – neben den Sprachen (auch Kirchenslavisch) Grammatik, Poetik, Rhetorik, Dialektik, Physik u. a. lernten.

Die mit einer Empfehlung des Patriarchen von Jerusalem erschienenen Leichudes halfen Evfimij auch bei der Abfassung eines Traktates gegen Medvedev und schrieben, als dieser daraufhin ein weiteres Buch vorlegte («Buch über das Manna des Brotes des Lebens»), 1688 selbst ein Werk gegen ihn. Medvedev reagierte mit noch einem Traktat («Wahrhaftige Mitteilung...»), wurde aber immer mehr in die Enge getrieben, denn Sof'ja konnte sich nicht dem Vorwurf aussetzen, Angriffe auf die

Orthodoxie zugelassen zu haben. Der theologische Streit war in die
Öffentlichkeit hineingetragen worden, und Sof'ja befürchtete auch ein
neues Schisma, zumal viele Altgläubige aus antigriechischem Ressenti-
ment mit der «lateinischen» Richtung sympathisierten.

Hinzu kam, daß Sof'ja sich ihre hochfliegenden Pläne nicht durch-
kreuzen lassen wollte. Seit 1685 trat sie öffentlich bei Zeremonien hervor, die eigentlich den Zaren allein vorbehalten waren, seit Mitte 1686
schmückte sie sich mit dem Titel «Selbstherrscherin» und prägte Münzen mit ihrem Porträt, und noch etwas später ließ sie sich – auf den
ersten realistischen Frauenporträts überhaupt – in herrscherlicher Pose
abbilden. Dies alles konnte nur bedeuten, daß sie die Krönung anstrebte. Jedenfalls erkundigte sie sich Mitte 1687 beim Leiter des Strelit-
zen-Amtes, dem ihr ergebenen Emporkömmling F. L. Šaklovityj, nach
einer möglichen Unterstützung ihrer Pläne durch die Strelitzen. Offenbar bekam sie keine ausreichende Zusicherung, da die Strelitzen den
Schock von 1682 noch nicht überwunden hatten. Ungeachtet dessen,
hängt der früher nur sporadische, jetzt konsequente Gebrauch des
Selbstherrscher-Titels mit dem größten Triumph ihrer Regentschaft zusammen, nämlich der Unterzeichnung des Ewigen Friedens zu Moskau
am 26. April (6. Mai N. S.) 1686.

Golicyns Außenpolitik hatte von Anfang an auf eine Ratifizierung des
Waffenstillstandes von Andrusovo (1667) abgezielt, mit dem Moskau die
linksufrige Ukraine (und das rechtsufrige Kiev) erhalten hatte. Aber
diese vorläufig nur faktische Teilung der Ukraine blieb unbefriedigend
und war den Beziehungen zu Polen-Litauen und, wie Rußlands erster
(und allein ausgefochtener) Türken-Krieg unter Fedor gezeigt hatte,
zum Osmanischen Reich nicht förderlich. Erst die Annäherung der
Adelsrepublik (und Schwedens) an das Habsburger Reich Anfang der
80er Jahre, der gemeinsame Sieg des «Abendlandes» über die Türken
vor Wien (1683) und vor allem demgegenüber die Niederlagen des polnischen Königs Jan Sobieski im Süden der Ukraine ließen die Polen zu
der Einsicht kommen, daß man an der ukrainisch-osmanischen Grenze
mit den Russen zusammenarbeiten müsse. Für Rußlands Eintritt in die
antitürkische Koalition, die sich 1684 als «Heilige Liga» (Habsburg, Polen und Venedig) gebildet hatte, opferte Polen seinen Anspruch auf die
Gesamtukraine, obwohl die Unterhändler Versuche machten, Moskaus
Beitritt *vor* der Regelung der territorialen Fragen zu bekommen. Neben
diesem Beitritt zur Liga sah der Vertrag auch gleich ein Angriffsbündnis
gegen die Osmanen und die Krim-Tataren vor. Möglich wurde dies
durch die Anerkennung der Grenzen von 1667, der beiderseitigen (seit
der Smuta strittigen) Titulaturen, der Bekenntnisfreiheit für Orthodoxe
(deren gewaltsame Konvertierung in Polen verboten wurde) und Katholiken (in Moskau nur auf der Grundlage des Status quo), der Handels-
freiheit und der gegenseitigen Rechtshilfe sowie der Zahlung von

146000 Rubeln durch die Russen «aus Freundschaft». Sof'ja, die «Selbstherrscherin», hatte am Abschluß der Verhandlungen persönlich teilgenommen, und die Sicherung des symbolträchtigen Kiev schien ihre
Ambitionen zu rechtfertigen. Für den Frieden mit Polen hatte Ordin-
Naščokin einst noch auf die Ukraine verzichten wollen; jetzt besaß
Rußland beides. Enttäuscht von der Regelung waren die Zaporoger
Kosaken, die, wie ihr Hetman Ivan Samojlovyč, immer noch gehofft
hatten, Rußland würde sich vielleicht auch die rechtsufrige Ukraine
noch aneignen.

Natürlich hatte der Sultan versucht, die polnisch-russische Verständigung zu verhindern. Er ratifizierte jetzt endlich den Frieden von Bahçesaray, den Moskau und der türkische Vasallenstaat der Krimtataren 1681
geschlossen hatten, erlaubte den Wiederaufbau einer orthodoxen Kirche
in Istanbul und zeigte sich großzügig gegenüber kirchlichen Boten aus
Moskau, die den ökumenischen Patriarchen in der Frage konsultierten,
welche die Kirche am meisten an der Ukraine interessierte: die Unterstellung der Kiever Metropolie unter das Moskauer Patriarchat. Dies
geschah in der Tat 1685 und ging dem Frieden somit um ein Jahr voraus.
Das schon seit einigen Jahren angemeldete russische Protektorat über
die orthodoxen Christen unter türkischem Joch erhielt somit eine festere
Grundlage, und der Frieden wies dann noch weit in die Zukunft der
Polnischen und der Orientalischen Frage des 18. und 19. Jahrhunderts.
Andererseits führte der Friede mit Polen in der unmittelbaren Folge
zu einer (weiteren) Entfremdung zwischen Sof'ja und dem Patriarchen
Joakim, der die lateinischen Einflüsse nun noch mehr fürchtete und
deshalb noch stärker heimlich auf Peter baute. Schon 1684 hatte Golicyn
der Einreise von zwei Jesuiten zugestimmt, die dann seit 1685 tatsächlich in der Ausländervorstadt römisch-katholische Gottesdienste abhiel-
ten. Vielleicht war diese Erlaubnis Sof'jas entscheidender Fehler; bei
ihrem Sturz fehlte ihr die Unterstützung des Patriarchen. Auf jeden Fall
wird in diesem Licht der geschilderte Kampf zwischen den Brüdern
Leichudes und Medvedev noch verständlicher.

Der Friede hatte auch unmittelbare militärische Konsequenzen: Die
Verbündeten verlangten den russischen Angriff auf die Krim. Unter
dem Oberbefehl Golicyns setzten sich die Truppen im Frühjahr 1687 in
Bewegung, aber nach langem Marsch, Steppenbränden und Wasser-
und Futterknappheit, mußte der Feldzug im Sommer vorzeitig abgebrochen werden. Golicyn mochte den Fehlschlag nicht zugeben. Er behauptete, der Chan habe sich eingeschüchtert zurückgezogen, und er
ernannte den (bei den Kosaken sowieso unbeliebten) Hetman Samojlovyč zum Sündenbock, der angeblich das Feuer gelegt habe. Dies war
insofern ungerecht, als der Hetman, der schon lange eine moskau-
freundliche Politik verfochten und z. B. auch den Übergang der Kiever
Metropolie unter die Moskauer Jurisdiktion (zugunsten seines Verwand-

ten, des Bischofs von Luck als neuen Metropoliten) betrieben hatte, sogar vor den Gefahren der Krim-Expedition gewarnt hatte. Jetzt wurde er abgesetzt, verbannt und durch Ivan Mazepa ersetzt. Sof'ja, die wußte, daß ihre Stellung auch vom Erfolg des Feldzuges abhing, übernahm Golicyns Version, und als dieser im Herbst zurückkehrte und behauptete, 40000 bis 50000 Mann seien gefallen, wurde er von ihr mit öffentlichen Ehrungen überhäuft.

Gedrängt von den Polen und weltlichen wie kirchlichen Würdenträgern der Balkanvölker, faßte man in Moskau im Laufe des Jahres 1688 den Entschluß zu einem zweiten Feldzug. Im Frühjahr 1689 brach das Heer wiederum unter Golicyns Oberbefehl erneut auf, nachdem man vergeblich auf einen Waffenstillstand der Alliierten mit den Türken gewartet hatte. Die 112000 Mann wurden diesmal tatsächlich in Schlachten verwickelt, versagten aber an der Belagerung von Perekop. Golicyn, dessen Qualitäten als Feldherr ganz offensichtlich zu wünschen übrigließen, zog sich wieder zurück. Er war aber auch an den klimatischen Gegebenheiten und an der mangelnden Koordination von seiten der Verbündeten gescheitert, obwohl man positiv hervorheben kann, daß er die Tataren gebunden und an einer Vereinigung mit den Türken gehindert hatte. Auch diesmal verschwieg Golicyn jedenfalls die Wahrheit in seinem Bericht und sogar die wahrscheinlich 20000 Toten und 15000 Gefangenen. Wiederum wurde er von Sof'ja mit Lob und Geschenken überhäuft, aber die Katastrophe konnte nun nicht mehr verheimlicht werden.

Auch der erste Vertrag mit China hat nicht unbedingt zur Festigung der Regentschaft beigetragen, obwohl Sof'jas Sturz schon besiegelt war, bevor der Vertragsinhalt in Moskau bekannt wurde. Nachdem Kosakenverbände 1639 die Pazifikküste erreicht hatten, hatte die Regierung seit der Jahrhundertmitte Stützpunkte errichtet, die aber auch bald bewaffnete Konflikte mit China im Amur-Grenzgebiet nach sich zogen. Mehrere russische Versuche, diplomatische Beziehungen aufzunehmen, schlugen fehl. Erst nachdem es 1685 zu Kämpfen um das 1651 gegründete Albazin gekommen war, wurden Ende 1686 Fühler ausgestreckt und endlich 1689 unter Vermittlung des Jesuiten Gerbillon Verhandlungen begonnen. Im Vertrag von Nerčinsk vom 27. August 1689 verzichtete Rußland auf das Amur-Gebiet und bekam dafür als erster europäischer Staat feste diplomatische und kommerzielle Beziehungen mit China, was damals wichtiger war als die territoriale Expansion. Erst im 19. Jahrhundert stieß Rußland wieder in dieses Gebiet vor.

Zur Zeit des Vertragsabschlusses waren die Würfel in Moskau bereits gefallen. Der schon siebzehnjährige und obendrein älter wirkende Peter hätte längst die Regierung übernehmen können, zumal sein Halbbruder Fedor 1676 mit vierzehn Jahren selbständig zu regieren begonnen hatte. Aber Peter hatte in dieser Zeit seine Liebe zur Seefahrt entdeckt und legte erst seit 1688 größeres Interesse an den Regierungsgeschäften an den Tag. Im Juli 1689 kam es zu den ersten Zusammenstößen zwischen ihm und Sof'ja, hauptsächlich weil er sich, offensichtlich von den Naryš-kins und besonders seiner Mutter gedrängt, weigerte, die übertriebenen Ehrungen Golicyns und der anderen Teilnehmer des zweiten Krim-Feld-zuges mitzutragen. Die gegenseitigen Mordverdächtigungen erreichten am 7. August einen Höhepunkt, als Peter aus Angst vor einem neuen Strelitzen-Aufstand durch eine überstürzte Flucht ins Troice-Sergiev-Kloster den offenen Bruch vollzog. Zwischen ihm und der Regentin entspann sich ein Zweikampf um die Gunst der Strelitzen, den Sof'ja vorerst für sich entscheiden konnte. Als der Patriarch Ioakim sich dann aber offen auf Peters Seite stellte, machte Sof'ja am 29. August selbst den Versuch, im Troice-Sergiev-Kloster eine Unterredung herbeizuführen. Sie wurde aber nicht durchgelassen und kehrte zwei Tage später zurück. Peter beschuldigte sie der Verschwörung und verlangte die Auslieferung Šaklovityjs. Er gewann diesen Machtkampf schließlich dadurch, daß mehr und mehr Strelitzen und am 4. September auch die Ausländer-Kompanie zu ihm überliefen und daß die Strelitzen zwei Tage später endlich auch Šaklovityj verhafteten, der am 12. September hingerichtet wurde, nachdem er unter Folter «gestanden» hatte. Vasilij Golicyn ver-dankte es der Fürsprache seines Vetters Boris, daß er nur enteignet und verbannt wurde. Medvedev konnte zunächst fliehen, wurde aber im Januar 1690 durch ein Patriarchengericht verbannt und im Februar hin-gerichtet.

Sof'ja war schon am 7. September 1689 aus dem zarischen Titel ausge-schlossen worden, und zwei Tage später wurde sie ins Neu-Jungfrauen-Kloster gebracht. Peter beschuldigte sie der Amtsanmaßung und der Krönungsabsicht. Ihr Hausarrest wurde dann 1698 insofern verschärft, als sie im Zusammenhang mit dem letzten Strelitzen-Aufstand (s. Kapi-tel «Peter der Große») Nonne (mit dem Namen Susanna) werden mußte. Sie starb am 3. Juli 1704. Peter aber begann im Herbst 1689 eine denk-würdige Herrschaft.

Peter (I.) der Große

Erich Donnert

PETER (I.) DER GROSSE
1682/89–1725

*Peter I., geb. 30. 5. 1672, Zar 27. 4. 1682 und (zusammen mit Ivan V.) 26. 5.
1682, Krönung 25. 6. 1682, Kaiser 22. 10. 1721, gest. 28. 1. 1725, bestattet in
der Peter-Pauls-Festung in St. Petersburg. Vater Aleksej Michajlovič (19. 3.
1629–29. 1. 1676, Zar 1645–1676), Mutter Natal'ja Naryškina (26. 8.
1651–25. 1. 1694). 1. Heirat 27. 1. 1689 mit Evdokija Lopuchina (geb. 30. 6.
1670, 23. 9. 1698 ins Kloster in Suzdal' verbannt, 22. 6. 1699 Nonne Elena,
1727 an den Hof zurückgekehrt, gest. 27. 8. 1731); Kinder Aleksej (18. 2.
1690–26. 6. 1718, seit 1711 mit Charlotte Christine Sophie von Braunschweig-
Wolfenbüttel verheiratet), Aleksandr (3. 10. 1691–14. 5. 1692), Pavel (?) (gest.
1693). 2. Heirat Februar 1712 mit Katharina (I.) (Martha Skavronskaja) (6. 4.
1684–6. 5. 1727, Kaiserin 1725–1727); Kinder Katharina (1707–1798), Anna
(27. 1. 1708–15. 5. [N. S.] 1728, seit 1725 Gemahlin des Herzogs Karl Friedrich von Holstein-Gottorp), Elisabeth (18. 12. 1709–25. 12. 1761, Kaiserin
1741–1761), Maria (gest. März 1713), Margarete (September 1714–Mai 1715),
Peter (28. 10. 1715–25. 4. 1719), Paul (gest. Januar 1717), Nathalie (20. 8.
1718–22. 2. 1725).*

Peter I., der Große, der «bedeutendste Herrscher der europäischen
Frühaufklärung» (Reinhard Wittram) war bereits zu Lebzeiten Gegenstand historischer Betrachtung und ist es bis heute geblieben. Schon die
von ihm inspirierte zeitgenössische vaterländische Geschichtsschreibung brachte zahlreiche Legenden in Umlauf, in denen der erste Kaiser
Rußlands mit höchstem Lob bedacht wurde. Auch in der Beurteilung
der Ausländer dominierte im 18. Jahrhundert die von Gottfried Wilhelm
Leibniz ausgehende und von Christian Wolff übernommene Glorifizie-
rung Peters I. Von den Nachfolgern auf dem russischen Thron hat sich
insbesondere Katharina II. ihren «großen Vorfahren» stets zum Vorbild
genommen. Zur selben Zeit ließ es sich ihre zeitweilige Freundin und
Vertraute, Fürstin E. R. Daškova, wie sie in ihren Memoiren berichtet,
angelegen sein, in Wien an der Tafel des Fürsten Kaunitz-Rietberg, der
im Gespräch mit ihr geäußert hatte, es sei Peter der Große gewesen, der
Rußland überhaupt erst geschaffen habe, diese in Europa allgemein
verbreitete Meinung zu korrigieren. Dabei bemerkte sie, daß die von
dem österreichischen Staatsmann vertretene Ansicht «lediglich der Un-
wissenheit oder Torheit der anderen europäischen Staaten» geschuldet
sei, welche die «ungeheure Macht» des Moskauer Reiches nicht anerkannt hätten. Kritisch über Peter I. äußerte sich ebenso der Cato der Zeit

Katharinas II., Fürst M. M. Ščerbatov. Er meinte, daß die in Rußland üblich gewordene «Sittenverderbnis» auf das Wirken des Zaren Peter zurückgehe. Ausgesprochen negativ beurteilte den russischen Zaren Jean-Jacques Rousseau im ‹Contrat social›: «Peter hatte einen nachahmenden Geist; er besaß nicht das wahre Genie, das schöpferisch ist und aus nichts alles macht.» Beide Auffassungen – Peter I. als der Begründer der russischen Großmacht und als derjenige, der Rußland auf den Abweg führte – wurden auch im 19. Jahrhundert auf das leidenschaftlichste debattiert, wirken bis heute in der Geschichtsschreibung nach und haben im Zusammenhang mit dem Zusammenbruch des sowjetischen Weltreiches eine erneute Aktualität erlangt.

Der junge Zar

Peter I. wurde am 30. Mai 1672 als Sohn des Zaren Aleksej Michajlovič und seiner zweiten Frau Natal'ja Naryškina (1651–1694) geboren. Im Jahre 1682 bestieg er zusammen mit seinem 1666 geborenen Halbbruder Ivan V. den russischen Thron, und Sof'ja Alekseevna, Ivans Schwester und Peters Halbschwester, übernahm angesichts der Regierungsunfähigkeit bzw. Minderjährigkeit der beiden Zaren die Regentschaft. Da Ivan V. Epileptiker, augenleidend und geistesschwach war, sollte er bis zu seinem Tode so gut wie keinen Einfluß auf die Regierungsgeschäfte nehmen.

Der junge Zar Peter hielt sich seit 1682 zusammen mit seiner Mutter Natal'ja fast ohne Unterbrechung im Dorf Preobraženskoe unweit von Moskau auf. Es war Natal'ja selbst, die es vorzog, ihren Sohn vom Hof und damit auch von den dortigen Bildungsmöglichkeiten fernzuhalten. Dies hatte zur Folge, daß Peter nicht mit westlicher Bildung ausgestattete gelehrte Ukrainer und Russen zu Lehrern erhielt, sondern die traditionelle altmoskowitische Erziehung genoß. Der junge Zar wurde in der Hauptsache von zwei Lehrern, Nikita Zotov und Afanasij Nestorov, unterrichtet, die keinerlei Vergleich mit dem hochgebildeten Schriftsteller und Dichter Simeon Polockij, dem Lehrmeister der übrigen Kinder Zar Aleksejs, standhielten. Im Rechnen unterwies Peter der Holländer Franz Timmermann, der ihm auch die Grundbegriffe in Geometrie und Arithmetik beibrachte. Alles in allem war es eine recht bescheidene Erziehung, die Natal'ja ihrem Sohn Peter angedeihen ließ.

Im August 1689 kam es zur Verdrängung der Regentin Sof'ja durch die Hofpartei um Natal'ja Naryškina und Peter (s. Kapitel «Ivan V. und die Regentin Sof'ja»). Es war weniger der junge Herrscher als vielmehr dessen Mutter, die auf den Bruch mit Sof'ja und die Machtübernahme durch ihren Sohn hingearbeitet hatte. Mit der Beseitigung der Vormundschaftsregierung hatte sich Natal'ja Kirillovna gegen ihre Stieftochter und Rivalin Sof'ja durchgesetzt. Damit verbunden war das Vorgehen

Natal'jas gegen die von der Kiever Akademie ausgehende «latinisie-rende» Ideenbewegung, wie die Wahl des neuen, xenophoben Patriar-chen Adrian verdeutlichte, der im Jahre 1690 dem verstorbenen Ioakim nachfolgte. Der Vorgang bezeugte, daß Zar Peter, der sich gegen Adrian ausgesprochen hatte, sich zu diesem Zeitpunkt noch dem Machtspruch der Mutter fügen mußte.

Über Peters Entwicklung in den frühen neunziger Jahren ist nur we-nig bekannt. An den Regierungsentscheidungen war er offenbar noch recht wenig beteiligt, zeigte er doch für die Staatsbelange nur ungenü-gendes Interesse. Inspiriert von technischen Neuerungen und Künsten ausländischer Handwerker, die in der Moskauer Ausländervorstadt (Nemeckaja sloboda) lebten, suchte Peter durch Besuche das dortige Leben und Treiben näher kennenzulernen. Seit der zweiten Hälfte des 16. Jahrhunderts waren immer mehr Handwerker, Kaufleute, Pastoren, Ärzte, Künstler und Militärs aus westlichen Ländern hierher gekom-men, insbesondere Deutsche, Schotten, Engländer und Holländer. Der Moskauer Ausländervorstadt war gleichsam beschieden, in Peters Früh-entwicklung eine wichtige Vermittlerfunktion zwischen Rußland und dem Westen einzunehmen. So lud sich Zar Peter nicht selten bei Patrick Gordon ein, einem adligen Gutsherrn und gläubigen Katholiken aus Schottland, der bereits 1661 als Offizier in russische Dienste getreten war und unter dem neuen Monarchen zu dessen militärischem Haupt-berater avancierte. Die Zuneigung des Herrschers gewann neben Ge-neral Gordon insbesondere der Genfer Kaufmannssohn und Kalvinist François Lefort, der seit 1675 in Moskau diente und wie Gordon im Jahre 1689 als Oberstleutnant zu Peter übergetreten war. Von der Persönlich-keit und den vielseitigen Fähigkeiten des Genfers beeindruckt, schloß der Zar mit ihm bald intime Freundschaft. Der sprachgewandte Schwei-zer betätigte sich insbesondere als Begleiter des Herrschers, half bei der Organisierung von Peters Regimentern und militärischen Übungen und veranstaltete ihm zu Ehren rauschende Feste.

Bereits im Januar 1689 hatte der siebzehnjährige Peter auf Drängen seiner Mutter die zwei Jahre ältere Evdokija Lopuchina (1670–1731) ge-heiratet. Sie gebar dem Herrscher im Februar 1690 einen Sohn mit Namen Aleksej. Ein zweiter Sohn, der im Oktober 1691 zur Welt kam, verstarb bereits nach einem halben Jahr. Evdokija entstammte einer rei-chen Bojarenfamilie, die in der Welt des alten Moskau wurzelte. Für die außergewöhnliche Erscheinung ihres Gemahls brachte die Zarin, deren Horizont und Interessen eng begrenzt waren, kaum Verständnis auf. So war Peters Ehe mit ihr nicht von Dauer. Sie währte formell zwar knapp zehn Jahre, erwies sich jedoch bereits nach wenigen Jahren als völlig zerrüttet. Die Stelle Evdokijas nahm als Geliebte des jungen Herrschers bald die Weinhändlerstochter Anna Mons aus der Moskauer Ausländer-vorstadt ein. Ihr, seiner Favoritin, sollte der Zar mehrere Jahre hindurch zugetan bleiben, während Evdokija gegen ihren Willen im September 1698 in ein Suzdaler Kloster gehen und Mitte 1699 den Schleier nehmen mußte.

Angesichts seiner Kontakte mit der Ausländervorstadt verstärkte sich in konservativen Kreisen der Hofgesellschaft – und eben auch bei den Lopuchins – die Abneigung gegen Peter, was mit einer gleichzeitigen Orientierung auf Zar Ivan V. einherging. Peter jedoch ließ sich schon nicht mehr von dem gestrengen und mißtrauischen Moskauer Patriarchen Ioakim, der 1690 das Zeitliche segnete, bevormunden, ebenso hielt er sich nicht mehr an die Verhaltensregeln seiner Mutter, ohne ihr freilich seine Zuneigung zu entziehen. Die Vorgänge ließen deutlich werden, daß Zar Peter sich bereits in eigenen Bahnen bewegte und dabei war, auf autodidaktischem Wege die Fähigkeiten und Kenntnisse zu erwerben, die eine selbständige Herrscherpersönlichkeit besitzen mußte. In dieser Hinsicht unterschied sich sein Bildungsgang grundsätzlich von dem seiner Vorgänger auf dem Moskauer Herrscherthron.

Neben dem verschiedenartigen ideologischen Kraftfeld des alten Moskau, aus dem Peter I. kam, war es insbesondere das westlich-reformerische Gedankengut der Ära Sof'jas, das durch Peters Wirken besonders radikalisiert wurde. In den von Sof'ja und ihrem Berater Fürst Vasilij Golicyn erlassenen Verordnungen und eingeleiteten politischen Maßnahmen fand der Monarch bereits vieles vor, was auch seinen Intentionen entsprach und geeignet erschien, die russische Rückständigkeit zu überwinden. Hierher gehörten die Erweiterung des geistigen Horizonts sowie die Aneignung und Anwendung technischer Neuerungen. Handhabe zur Aktivierung der gesellschaftlichen Kräfte Rußlands bot, wie Peter immer deutlicher erkennen sollte, zur Genüge die frühaufklärerische Wissenschaftsrevolution, wie sie in westlichen Ländern vor sich ging.

Mit dem frühen Tod der Mutter, die im Februar 1694 im Alter von erst einundvierzig Jahren starb, erlosch für den jungen Herrscher auch die Rücksichtnahme auf sie, die er bislang geübt hatte. Ihm selbst waren damit freilich auch Bürde und Verantwortung der Regierungsgeschäfte aufgetragen. Seit den 80er Jahren in noch recht spielerischer Manier mit militär- und schiffahrtstechnischen Übungen und Manövern auf dem Exerzierplatz von Preobraženskoe und am See von Perejaslavl' befaßt, hatte sich der Monarch unmittelbar vor dem Ableben seiner Mutter in mehrmonatigen Aufenthalten am Weißen Meer in Begleitung von Gordon und Lefort auch mit der Hochseefischerei, dem Murmansker Überseehafen und dem dortigen Handelsleben bekannt gemacht und dabei tiefgehende Eindrücke gewonnen. Den Fahrten ins offene Meer entsprachen die Landmanöver, die Peter im Herbst 1694 im Moskauer Gebiet durchführen ließ. In ihnen sah der Herrscher bereits Vorübungen für den Ernstfall.

Zu diesem Zeitpunkt stand auf Grund der Bündnisverpflichtungen (s. Kapitel «Ivan V. und die Regentin Sof'ja») erneut der Krieg gegen die Krimtataren und die Türken auf der Tagesordnung. Der Hauptschlag, zu dem der Zar im Januar 1695 ausholte, sollte die Eroberung der türkischen Festung Azov bringen. Jedoch die Aktion mißlang. Erfolgreich war das zweite Unternehmen im darauffolgenden Jahr, das von der in aller Eile in Voronež gebauten neuen Flotte unterstützt wurde. Diese fuhr unter dem Kommando des zum Admiral ernannten Lefort von der Seeseite an die Festung heran und blockierte den Hafen von Azov. Nach dem darauf erfolgten russischen Sturmangriff mußten die Türken Mitte Juli 1696 kapitulieren. So konnte Peter als Sieger nach Moskau heimkehren und mit der Schaffung einer stabilen Ausgangsbasis für künftige kriegerische Aktionen im Schwarzmeergebiet beginnen. Der offizielle Friedensvertrag mit der Türkei kam freilich erst im Juli 1700 zustande.

Kaum vom türkischen Kriegsschauplatz zurück, erteilte Peter einundsechzig jungen Adligen, darunter dreiundzwanzig Fürstensöhnen, den strengen Befehl, sich auf eigene Kosten ins westliche Ausland, insbesondere nach Holland, England und Italien, zu begeben, um sich dort eingehend im Schiffsbau und in anderen verwandten Techniken unterweisen zu lassen. Die hochrangige Delegation reiste im Januar 1697 ab, die meisten ihrer Angehörigen mit wenig Begeisterung und Lust, mehr aus Furcht vor der Maßregelung durch den Herrscher, die im Weigerungsfall drohte. Kein Mitglied der Abordnung durfte es wagen, ohne zufriedenstellende Zeugnisse der ausländischen Lehrherren jemals wieder in Rußland zu erscheinen. Anfang März 1697 brach Zar Peter selbst zu seiner berühmt gewordenen Westreise, der großen Ambassade, auf, die bis zum Sommer 1698 andauern sollte. Der Zeitpunkt für seine erste Auslandsvisite schien dem Monarchen günstig, war doch sein Mitzar Ivan V. Ende Januar 1696 gestorben und damit auch die formelle Doppelherrschaft beendet. Gleichzeitig war es Peter gelungen, eine gegen ihn angezettelte Verschwörung niederzuschlagen. Deren Anführer wurden hingerichtet.

Die große Ambassade wurde zu einer europäischen Sensation. Zar Peter besuchte zunächst inkognito das schwedische Livland und das polnische Kurland, dann Preußen und Hannover und von dort aus Holland, wobei er sich viereinhalb Monate in Amsterdam aufhielt. Dort nahm er an Flottenmanövern teil, besuchte Handwerksbetriebe und Hospitäler, den Botanischen Garten und die Anatomie. Gleichzeitig unternahm er Ausflüge nach Utrecht, Den Haag, Delft und Leyden, wo er mit berühmten Gelehrten zusammentraf und Gespräche mit Baumeistern, Ingenieuren, Buchdruckern und anderen Fachleuten führte. Auch mit dem Erbstatthalter der Niederlande und König von England, Wilhelm von Oranien, kam es zu einer Begegnung. Im Januar 1698 nach England übergesetzt, sah und lernte der russische Herrscher vieles, was er in

Holland vermißt hatte. So merkte er bald, daß die Engländer im Schiffsbau größten Wert auf die Ausrüstung ihrer Schiffe mit mathematischen
und physikalischen Geräten legten. Um möglichst viel zu sehen, ließ
sich Peter von seinen Gastgebern kreuz und quer durch England führen,
wobei er sich insbesondere für Eisenwerke, Brücken und Hafenanlagen
interessierte. In Depford wurde ihm auch der Quäker William Penn
vorgestellt.

Sowohl in Holland als auch in England nahm der Zar von Rußland
an Seemanövern teil. Weniger Interesse zeigte er offensichtlich für
die Verhandlungen des englischen Parlaments. Wieder in Holland,
machte er sich Ende Mai nach Wien auf, wobei sein Weg über Leipzig,
Dresden und Prag führte. Ende Juni in der österreichischen Metropole
eingetroffen, verhandelte er mit Kaiser Leopold I. und lernte auch dessen Nachfolger Joseph I. und Karl VI. kennen. Auch mit dem berühmten
Prinzen Eugen von Savoyen traf er zusammen. Der russische Zar suchte
in seinen Verhandlungen mit Kaiser Leopold I. die Wiener Regierung
für einen gemeinsamen Waffengang gegen die Türken zu gewinnen.
Indes, die Österreicher wollten angesichts der Rivalität des habsburgischen Kaiserhauses und des französischen Königs Ludwig XIV. beim
Erbanspruch auf den spanischen Thron nichts von einem Krieg gegen
den Sultan wissen. Das war auch der Grund, weshalb der russische
Monarch sein letztes Reiseziel, Venedig, fallen ließ, war ihm doch klar
geworden, daß der militärisch schwache Doge, der sich im Kriegszustand mit der Türkei befand, Rußland schwerlich den Zugang zum
Schwarzen Meer öffnen konnte. Peters Heimkehr nach Rußland wurde
zudem beschleunigt durch die Nachricht von einer erneuten Meuterei
der Strelitzen (Schützen). So machte sich der Zar nach Moskau auf,
wobei er Ende Juli/Anfang August 1698 in der Nähe von Lemberg bei
König August dem Starken von Polen Station machte. Mit ihm führte er
bereits Gespräche über ein künftiges gemeinsames Vorgehen gegen
Schweden.

Kaum in der russischen Hauptstadt angelangt, ließ der Zar seinen
Würdenträgern die seit alters üblichen Bärte abschneiden und die langen Kaftanschöße stutzen. Wenig später folgten Verordnungen, die das
Tragen von westlichen Kleidern zur Pflicht machten. Von alledem ausgenommen waren Personen geistlichen Standes, Fuhrleute und Bauern.
Die neuen Kleidermoden trennten fortan Städter von Geistlichen und
Bauern. Mit besonderer Grausamkeit ging der Zar gegen die rebellieren-
den Strelitzen vor, jene einstige Leibwache, die ihm seit dem Massaker
von 1682 (s. Kapitel «Ivan V. und die Regentin Sof'ja») verhaßt war. Er
setzte eine Vernichtungsaktion in Gang, die mehrere Monate andauerte
und in ihrem Ausmaß bislang nicht ihresgleichen hatte. Es wurde Tag
und Nacht verhört und gefoltert. In Preobraženskoe, wo die meisten
Torturen durchgeführt wurden, brannten ständig, für alle sichtbar, an

die dreißig Scheiterhaufen. Von Oktober 1698 bis Februar 1699 wurden über 1000 Personen öffentlich exekutiert. Um die dadurch in die Mannschaftsverbände der Armee gerissenen großen Lücken wieder aufzufüllen, ließ Peter neue Infanterieregimenter aufstellen. Noch mußten freilich in den meisten Fällen ausländische Offiziere die «Regimenter neuer Ordnung», wie sie immer noch genannt wurden, anführen. Aber schon ein Jahr später begann Peter mit der Verpflichtung junger dienstadliger Russen für die Offiziersausbildung.

Nordischer Krieg und imperiale Politik

In der Türkenpolitik festgefahren und ohne Aussicht, für Rußland die Herrschaft über die Schwarzmeergebiete zu erreichen, befaßte sich Peter nunmehr wieder intensiver mit der «baltischen Frage», die bereits frühzeitig seine Aufmerksamkeit erregt hatte. Rußlands Anspruch auf den Erwerb eines schwedischen Ostseehafens hatte Peter gelegentlich seines Besuches in Riga Anfang Juli 1697 bereits deutlich geäußert. So hieß es im Bericht Erik Dahlberghs, des schwedischen Generalgouverneurs von Livland, daß «unser mächtiger disaffektionierter Nachbar, der Russe», gedroht habe, «mit aller Macht danach zu trachten, daß er einen Fuß an die Ostsee bekomme, um dadurch desto bequemer den chinesischen und persischen Handel mit seinen günstigen Freunden in Holl- und England zu stabilisieren». Peter selbst hat später, während des Krieges, in seinem bekannten Brief an den Zarensohn Aleksej vom 11. Okt. 1715 erneut zu dieser Frage Stellung genommen: «Es kann Dir nicht unbekannt sein», schrieb er an seinen Sohn, «wie sehr unsere Untertanen vor dem gegenwärtigen Kriege unter dem Druck der Schweden gestöhnt haben; sie schnitten durch unrechtmäßigen Besitz unserem Reich so viele notwendige Seeplätze von der übrigen Welt ab.» Es war Schweden, das die militärischen Kraftanstrengungen Rußlands, insbesondere unter Peters Vater Aleksej Michajlovič, an der Ostseeküste festen Fuß zu fassen, immer wieder zunichte gemacht hatte. Die schwedische Vormachtstellung an der Ostsee berührte auf das nachhaltigste nicht nur die Interessen Moskaus, sondern auch Polens, Brandenburg-Preußens, Mecklenburgs, Holstein-Gottorps und Dänemarks. Es war das Anliegen Peters I., die schwedische Barriere am Baltischen Meer einzureißen und durch Eröffnung russischer Ostseehäfen das Zarenreich zur Drehscheibe eines weltweiten Handels zu machen.

Freilich barg ein Waffengang mit Schweden für Rußland große Risiken in sich. Das nordische Königreich war seit dem Dreißigjährigen Krieg zu einer gefürchteten Großmacht aufgestiegen, deren militärische Schlagkraft nicht nur auf einer straff organisierten und geschulten Armee, sondern auch auf einer ergiebigen Eisen- und Kupferförderung beruhte. Dies gestattete es, das schwedische Heer mit einer äußerst leistungsfähigen Artillerie auszurüsten. Zudem galt der als Fünfzehnjähriger zur Regierung gekommene König Karl XII. von Schweden (1697–1718) bereits in jungen Jahren als befähigter Heerführer, der durch seine nachfolgenden Siege bald den Ruf des größten Feldherrngenies Europas erlangte. Im Unterschied dazu war der Rüstungsapparat Rußlands unentwickelt und noch wenig leistungsfähig, und die Chancen, den überlegenen Feind in die Knie zu zwingen, schienen mehr als gering. So hat denn auch Zar Peter, wiederum später, nach dem glücklichen Ausgang des großen Krieges für das Zarenreich, davon gesprochen, daß die Russen den Krieg begonnen hätten «wie Blinde», «ohne die gegnerischen Kräfte und die eigene Lage zu kennen».

Entgegen der von Peter im Hinblick auf eine rasche Entfesselung des Krieges gegen Schweden an den Tag gelegten Zurückhaltung geriet der russische Herrscher durch die antischwedischen Aktivitäten seiner späteren Bündnispartner Dänemark und Sachsen-Polen alsbald in Zugzwang. Bereits im Februar 1700 eröffnete König August der Starke die Kriegshandlungen gegen Schweden durch einen sächsischen Handstreich auf Riga, der völlig mißglückte. Am damit bereits ausgebrochenen großen Nordischen Krieg zwar noch unbeteiligt, ließ nun auch Zar Peter am 19. (30. N. S.) August Karl XII. die Kriegserklärung überbringen. Schon wenige Tage vor dem zarischen Eingreifen, am 8. Aug. (N. S.) 1700, war es dem Schwedenkönig gelungen, die Dänen zum Frieden von Travendal bei Lübeck zu zwingen. Damit war die Militärkoalition zwischen Sachsen-Polen, Dänemark und Rußland, noch bevor sie in Aktion trat, gescheitert.

Die nächsten Niederlagen der geschwächten Koalition ließen nicht lange auf sich warten. So wurden die Hauptkräfte der russischen Armee in einer Stärke von 10 000 Mann in der Schlacht bei Narva am 19. (30. N. S.) Nov. 1700 vernichtet oder gerieten in Gefangenschaft. Jedoch Peter I. erwies sich bereits zu Beginn des Nordischen Krieges als ein Mensch, der keineswegs geneigt war, seine Ziele aufzugeben. So gelang es ihm, bereits am 31. Dez. 1701 (10. Jan. 1702 N. S.) die schwedischen Einheiten unter Generalmajor Gustav Wilhelm von Schlippenbach bei dem Gut Errestfer (Erasvere), 50 km von Dorpat gelegen, zu schlagen. Auch in den Jahren 1702 bis 1704 vermochte Peter seine Position erheblich zu verbessern, so durch die Eroberung der schwedischen Festungen Nöteborg am 11. (22. N. S.) Okt. 1702 und Nyenschanz am 1. (12. N. S.) Mai 1703 sowie den Bau des Wasserkastells Kronschlot, 29 km entfernt von dem gleichzeitig errichteten St. Petersburg.

Zur selben Zeit, als Peters Heerführer Boris Petrovič Šeremetev siegreich in Estland und Livland operierte, marschierte Karl XII. in Polen ein, um August den Starken aus dem Felde zu schlagen. Der Schwedenkönig eilte von Sieg zu Sieg. Bereits im Mai 1702 fiel Warschau, und im Juli desselben Jahres fügte König Karl August dem Starken bei Kliszów südlich von Kielce die entscheidende Niederlage zu. Am 12. Juli 1704 (N. S.) war es so weit: Unter Regie Karls XII. wurde der Gegenkandidat Augusts des Starken, Stanisław Leszczyński, zum König von Polen gewählt und August für abgesetzt erklärt.

Peter I. selbst hatte zu dieser Zeit an der baltischen Front seine militärischen Aktivitäten verstärkt und neue Eroberungen gemacht. So mußten die Festungen Dorpat (13. [24. N. S.] Juli) und Narva mit Ivangorod (9. [20. N. S.] August) 1704 den vorrückenden russischen Truppen die Tore öffnen. In dieser Situation galt eine Hauptsorge des im Mai 1705 vor Überanstrengung an Fieber erkrankten Zaren der Aufbringung gewaltiger Geldsummen, um den ständig steigenden Bedürfnissen des Krieges gerecht zu werden. Hinzu kam, daß angesichts der katastrophalen Zustände, die an zahlreichen Frontabschnitten eingerissen waren, die Demoralisierungserscheinungen in der russischen Armee beängstigend zugenommen hatten.

Der Schwedenkönig traf seit Herbst 1706 alle Anstalten, sein militärisches Übergewicht voll in die Waagschale zu werfen. Er befahl seiner 40 000 Mann starken Armee in die südlichen Lebenszentren des russischen Reiches vorzustoßen. In dieser für das russische Land äußerst bedrohlichen Lage wurde der Zar Mitte März 1708 durch Fieber erneut wochenlang ans Bett gefesselt. Erst Ende Juni fühlte er sich wieder so weit hergestellt, um sich an die Front zu begeben. Die von Peter verfolgte Taktik der kleinen Schläge und der Zerstörung der Nachschublinien des Feindes führte bald zu Versorgungsschwierigkeiten in der schwedischen Armee. Seit Ende Februar/Anfang März 1709 standen die königlichen Hauptkräfte zwischen dem Psël und der Vorskla, den nördlichen Nebenflüssen des Dnepr, mit dem Hauptquartier in Budišči, nördlich der russischen Festung Poltava.

Peters Erscheinen auf dem ukrainischen Kriegsschauplatz machte klar, daß der russische Monarch bereit war, sich der Entscheidungsschlacht zu stellen. Die zarische Armee umfaßte 58 Infanterie- und 17 Kavallerieregimenter, insgesamt 42 500 Mann, dazu rund 100 Geschütze. Die Truppenstärke der Schweden belief sich auf etwa 22 000 Mann, die nur mit wenigen Kanonen ausgerüstet waren, während die verbündeten Kosaken unter dem Hetman Mazepa in Reserve standen. Der Schlachtplan Karls XII. war jedoch hervorragend angelegt. Peters Heer sollte überrascht und zum Kampf mit dem Fluß im Rücken gezwungen werden. Am 27. Juni (8. Juli N. S.) 1709, um 2 Uhr morgens, stürmten die schwedischen Bataillone in ungestümem Bajonettangriff vor und brachten die vorderen russischen Linien bereits ins Wanken, vermochten sie jedoch nicht zu durchbrechen. Nach mit größter Erbitterung geführten stundenlangen Kämpfen mußten sich die Schweden schließlich geschlagen geben. Gefallen waren auf königlicher Seite 7000, in russische Gefangenschaft geraten waren an die 3000 Mann. Die zarischen Verluste beliefen sich auf 1350 Tote und 3290 Verwundete. König Karl XII. konnte sich mit einer Restgruppe seiner Armee auf türkisches Gebiet retten.

Peters Sieg bei Poltava führte zu einem grundlegenden Umschwung im Geschehen des Nordischen Krieges. Nach Wiederherstellung der Tripelallianz zwischen Rußland, Sachsen-Polen und Dänemark erteilte Zar Peter seinen Truppen den Befehl, nun auch das Ende der Schwedenherrschaft im Baltikum einzuleiten. So konnten bereits 1710 die Kapitulationsverträge mit Riga, der Livländischen Ritterschaft, Pernau, Reval und der Estländischen Ritterschaft unterzeichnet werden. In den Unterwerfungsverträgen Livlands und Estlands wurden den deutsch-baltischen Ständen, d. h. den Städten und Ritterschaften, von Zar Peter all ihre bisherigen Privilegien und Freiheiten bestätigt. Was das polnische Kurland anging, so suchte der russische Monarch seinen Einfluß auf das deutsche Herzogtum durch eine Eheverbindung mit einer seiner Nichten zu verstärken. Der kurländische Eheplan stellte dabei nur eines von mehreren Projekten der dynastischen Heiratspolitik des russischen Herrschers dar, die er seit 1710 betrieb. Am 31. Okt. 1710 fand in St. Petersburg die Hochzeit zwischen Herzog Friedrich Wilhelm von Kurland und Prinzessin Anna Ivanovna, der Tochter Ivans V. und späteren Kaiserin Anna, statt. Ein Jahr danach, am 14. (25. N. S.) Okt. 1711, folgte in Torgau die Eheschließung des Thronfolgers Aleksej mit Prinzessin Charlotte Christine Sophie von Braunschweig-Wolfenbüttel.

Peters großer Sieg von Poltava und seine nachfolgenden Eroberungen im Baltikum wurden insbesondere am Hofe des Sultans auf Drängen des Krim-Chans, Karls XII. und Mazepas mit Argwohn verfolgt. Am 10. (21. N. S.) Nov. 1710 erreichte den russischen Monarchen die türkische Kriegserklärung. Damit ergab sich für Peter eine neue gefährliche Situation, die den in Poltava erzielten Erfolg völlig in Frage stellen konnte, war doch zu diesem Zeitpunkt von Rußlands Verbündeten keinerlei wirkliche Hilfeleistung zu erwarten. Aber nicht nur Mißstimmung begleitete Zar Peter und seine Generale auf dem widerwillig angetretenen schweren Weg an den Prut, wo es zur Konfrontation mit dem Großwesir kommen sollte. Zugleich stellten sich beim russischen Herrscher erneut Krankheiten ein, die ihn auf das heftigste peinigten. In welcher Geistesverfassung sich der Zar befand, wurde daraus ersichtlich, daß am Tage seiner Abreise an die Front bekanntgegeben wurde, daß Katharina, seine Lebensgefährtin, die spätere Kaiserin Katharina I., mit der er seit 1703 zusammenlebte und von der er bereits zwei Töchter hatte, künftig als rechtmäßige Gemahlin anzusehen sei, obwohl die offizielle Eheschließung erst im Februar 1712 erfolgte. Es kam daher nicht von ungefähr, daß Katharina den Zaren auch auf diesem Feldzug, von dem das Schicksal des Herrschers abzuhängen schien, begleitete.

Bei Neu-Stanileşti am Prut, das die Türken Huş nannten, machten die russischen Einheiten, deren Anmarsch sich in die Länge gezogen hatte, am 9. (20. N. S.) Juli 1711 Halt, wo sie noch in den Nachtstunden von einer türkischen Übermacht eingeschlossen wurden. Peters Armee bestand aus 38 000 Mann, die Türken zählten 120 000 Soldaten. Die Situation der Belagerten schien hoffnungslos, der Zar der Verzweiflung nahe, der einzige Ausweg die Kapitulation, welcher der Großwesir am 12. (23. N. S.) Juli 1711 vertraglich zustimmte. Der Ausgang von Peters Türkenfeldzug im Jahre 1711, das «Wunder am Prut», hat bereits die Zeitgenossen in hohem Maße bewegt. Die von der Pforte dem Zaren diktierten Bedingungen waren äußerst mild und unerwartet günstig für Rußland. Zwar mußten Azov und die russische Azov-Flotte an den Sultan abgetreten werden, Peter I. sich verpflichten, Polen zu räumen und Karl XII. die Rückkehr nach Schweden zu gestatten. Im übrigen verblieb der Zar aber in seiner bisherigen unangetasteten Stellung als Beherrscher eines mächtigen Reiches einschließlich der baltischen Neuerwerbungen.

Noch bevor am 13. (24. N. S.) Juni des Jahres 1713 in Adrianopel der Friedensvertrag unterzeichnet wurde, waren zarische Truppen an der Küste des baltischen Meerbusens weiter vorgedrungen. Durch die Verlagerung des Hauptkriegsschauplatzes an die Ostsee ergab sich eine zunehmende Europäisierung des Konflikts, von dem jetzt auch mehrere bis dahin neutrale Mächte ernsthaft berührt wurden. Auf die schwedischen Ostseegebiete erhob nicht zuletzt Preußen Anspruch, dem von Peter der Erwerb Vorpommerns bis zur Peene zugesprochen wurde, während König Friedrich I. die Zusicherung gab, die russischen Ansprüche auf die schwedischen Ostseeprovinzen Ingermanland, Estland und Karelien zu unterstützen und den zarischen Truppen den Durchmarsch durch brandenburgisches Gebiet zu gestatten. Demgemäß rückten bereits im Sommer 1711 russische und sächsische Einheiten durch Brandenburg nach Pommern vor.

Damit standen russische Truppen erstmalig auf dem Boden des Deutschen Reiches. Als recht erfolgreich erwiesen sich die militärischen Aktionen der zarischen Einheiten, die diese von Norddeutschland aus entfalteten. Im Mai 1713 wurde Helsingfors besetzt, im August Åbo. Im Oktober desselben Jahres folgten der Sieg bei Tammerfors, am 26./27. Juli (6./7. August N. S.) 1714 Peters Seesieg bei Hangö und die Besetzung der strategisch wichtigen Åland-Inseln. Im September 1714 landeten russische Truppen erstmalig auf dem schwedischen Festland. Einen großen Erfolg erzielte Peter schließlich, als es ihm gelang, am 17. (28. N. S.) Oktober 1715 in Greifswald mit dem englischen König Georg I. in dessen Eigenschaft als Kurfürst von Hannover einen Allianzvertrag abzuschließen.

An der Gestaltung dieser für Schweden ungünstigen Lage vermochte auch Karl XII. nichts zu ändern, der im November 1714 aus dem türkischen Exil in sein Land heimkehrte. Vielmehr zwangen Peters Truppen

unter Beteiligung preußischer Einheiten Ende des Jahres die Schweden
zur Räumung von Stralsund. Im April 1715 mußte Karl XII. auch Wismar
aufgeben. Am 28. März (8. April N. S.) desselben Jahres fand die Hochzeit zwischen Herzog Karl Leopold von Mecklenburg mit der Zaren-
nichte Ekaterina Ivanovna, der Tochter Ivans V. und älteren Schwester
der Herzogin Anna von Kurland, statt. Anläßlich dieses Ereignisses
wurde gleichzeitig ein Allianzvertrag abgeschlossen, in dem Mecklenburg der russischen Präsenz in Norddeutschland zustimmte.

Die militärischen und diplomatischen Erfolge des Zaren im norddeut-
schen Bereich erweckten nicht nur das Mißtrauen Englands, sondern
auch des Kaisers. Der nunmehr einsetzende scharfe diplomatische
Kampf bedeutete für Peter zugleich die Verlängerung des Krieges gegen
Schweden um mehrere Jahre. Da trat ein Ereignis ein, das zu einer
Wende in der Politik Schwedens führen sollte: König Karl wurde am
30. November 1718 (N. S.) bei der Belagerung der norwegischen Festung
Frederikssten bei Fredrikshal in einem Brustwehrlaufgraben von einer
Kugel getroffen, die ihn auf der Stelle tötete. Mit dem Tode Karls XII.
war auch dessen unbeugsamer Wille, keinen Frieden mit dem Zaren zu
schließen, der mit Landverlusten erkauft werden mußte, nicht mehr im
Spiel. Peter I. trat nun zum Endkampf mit dem schwedischen Gegner
an. Da jedoch keine der beiden kriegführenden Seiten Bereitschaft zu
einer Entscheidungsschlacht erkennen ließ, begannen am 11. (22. N. S.)
Mai 1721 in Nystad, einem kleinen finnischen Städtchen unweit von
Åbo, die Friedensverhandlungen. Am 30. August (10. September N. S.)
1721 wurde der Friede von Nystad unterzeichnet: Schweden trat Livland, Estland, Ingermanland, Teile von Karelien mit Wiborg, Ösel und
Dagö an Rußland ab, gewann jedoch Finnland zurück.

Der Friede von Nystad bedeutete für Peter I. den größten Erfolg seines
Lebens. Die gewaltigen Kraftanstrengungen des Zarenreiches hatten das
von Schweden repräsentierte nordosteuropäische Herrschaftssystem
zum Einsturz gebracht und Rußland zur Führungsmacht im osteuropäischen Raum emporgehoben. Auf der gemeinsamen Festsitzung des Senats und des Heiligen Synods, die am 20. Oktober 1721 in St. Petersburg
zusammentrat, wurde der Zar mit den Titeln «Vater des Vaterlandes,
Allrussischer Kaiser, Peter der Große» geehrt.

Nach dem Nystader Vertrag bemühte sich Peter, die in Ost- und Ostmitteleuropa erlangte Vormachtstellung auszubauen und sein Reich in
das europäische Mächtesystem zu integrieren. Gleichzeitig aktivierte
er seine Nahostpolitik, indem er versuchte, den Handelsverkehr, der
zwischen Europa und Asien vor sich ging, verstärkt den Interessen
Rußlands dienstbar zu machen. Dazu gehörte die Einrichtung ständi-
ger diplomatischer Vertretungen des Zarenreiches in den wichtigsten
Hauptstädten Europas und Asiens. Im baltischen Raum war Peters Politik jetzt darauf gerichtet, ein Wiedererstarken Dänemarks, Schwedens

und Polens zu verhindern. Dabei gelang es ihm, vom neuen schwedischen König Friedrich I. (1720–1751) die Zusage zu erhalten, den Herzog von Schleswig-Holstein bei der Wiedererlangung Schleswigs von Dänemark zu unterstützen. Peter selbst dokumentierte sein Interesse und seine Aktivität in der Schleswigfrage durch die Verlobung seiner Tochter Anna mit Herzog Friedrich Karl von Schleswig-Holstein-Gottorp, die am 22. Nov. (15. Dez. N. S.) 1724 geschlossen wurde. Der Ehekontrakt kam erst am 21. Mai (1. Juni N. S.) 1725 zustande. Hinter dieser letzten Heiratskombination Peters I. stand die Hoffnung, Kiel zum Freihafen für die aus dem Kaiserreich exportierten Güter zu machen.

Peter erstrebte mit seiner imperialen Politik nicht nur den Ausbau der europäischen Position Rußlands, sondern ebenso die Stärkung der Stellung des Kaiserreiches im asiatischen Raum. So nahm er die Ausplünderung russischer Handelsniederlassungen in Schemacha zum Anlaß, um im Juli 1722 die Kriegshandlungen zu Wasser und zu Lande gegen Persien zu eröffnen. Ungeachtet der zeitweiligen Erfolge seiner Truppen, die Derbent und Baku eroberten und den Schah am 12. (23. N. S.) Sept. 1723 zum Frieden zwangen, vermochte der Kaiser angesichts der Einmischung der Türkei, Frankreichs und Englands die persischen Positionen nicht zu behaupten. Auch die Beziehungen zu China gestalteten sich für Rußland nicht allzu günstig. (Erst mit dem Vertrag von Kjachta, der nach dem Tode Peters, im Oktober 1727, mit dem Reich der Mitte abgeschlossen wurde, kam es zu einer spürbaren Verbesserung im russisch-chinesischen Verhältnis und einer Erweiterung des Handelsaustausches zwischen beiden Mächten.)

Reformwerk

In engster Wechselbeziehung mit dem Nordischen Krieg und der imperialen Politik des Zaren stand Peters Reformwerk. Dieses bewirkte zwar keinen gesellschaftlichen Umsturz, zog jedoch tiefgreifende Veränderungen und grundlegende Wandlungen auf zahlreichen Gebieten des wirtschaftlichen, staatlichen und kulturellen Lebens des Landes nach sich. Die Neuerungen und Umgestaltungen, die «Petrinischen Reformen», waren Ausdruck der Hinwendung des russischen Herrschers und seiner Mitarbeiter zu den Grundsätzen der Vernunft. Dabei verstand es der befähigte und energiegeladene Herrscher, den gewaltigen Spielraum, den die zarische Selbstherrschaft bot, voll zu nutzen. Sein Reformwerk stellte der Monarch dabei vorrangig in den Dienst des Staates.

Peters Wirtschaftspolitik diente fast ausschließlich dem Krieg. Ein besonderes Charakteristikum bildete ihr fiskalischer Zug. Die Anregungen, die der russische Herrscher bei den Aufenthalten im westlichen Ausland erhielt, lenkten sein Augenmerk vor allem auf die notwendige Industrialisierung des Landes, die Nutzung der riesigen Naturreich-

tümer seines Reiches sowie auf die Entwicklung und Förderung der
privaten Unternehmerinitiative. Peters Streben nach wirtschaftlicher
Selbständigkeit und erhöhter Kriegsstärke des Landes führte zum beschleunigten Bau von Großbetrieben, die das Heer und die Flotte mit
Waffen, Ausrüstungen und einheitlichen Uniformen versorgen konnten. Der Zar gestattete den Angehörigen aller Stände, Adligen, Kaufleuten, Handwerkern und Bauern, Fabriken aller Art zu gründen, und
suchte deren Produktion zu fördern. Mit besonderem Nachdruck unterstützte Peter I. auch den Bergbau. Auf seinen Deutschlandreisen besuchte er die Bergwerke in Freiberg und Annaberg und ließ sich durch
Sachverständige über alle Einzelheiten der Erzgruben informieren. Bereits seit 1709 nahmen russische Eisenwerke im Ural, in Tula und andernorts ihre Produktion auf.

Beim Aufbau der neuen Industrie ergab sich ein spürbarer Mangel an
Arbeitskräften. Diesem suchte Peter dadurch zu begegnen, daß er mit
Erlaß vom Jahre 1721 die Kategorie der sogenannten Possessionsbauern
schuf, die sowohl den Boden zu bebauen als auch in den Manufakturen
zu arbeiten hatten. Der Kaiser gestattete den Privatunternehmern,
ganze Dörfer zu kaufen unter der Bedingung, daß diese für immer mit
der Manufaktur verbunden blieben. Die Produktion der Possessions-
betriebe stand unter der Kontrolle des Staates und stellte einen recht
schwerfälligen Apparat dar. Die meisten Industrieunternehmungen, die
Peter I. einrichten ließ, waren nach der Zusammensetzung der Arbeitskräfte Mischbetriebe, d. h. in ihnen betätigten sich sowohl zwangsver-
pflichtete als auch freie Arbeitsleute.

Einen zentralen Platz in Peters Wirtschaftspolitik nahmen die Fragen
von Handel und Verkehr ein. Zu einer Schubkraft ersten Ranges wurden in diesem Zusammenhang zwei Faktoren, die maßgeblich zur epo-
chalen Veränderung Rußlands beitrugen: der Aufbau der neuen Haupt-
und Residenzstadt St. Petersburg an den Gestaden der Neva, gegründet
1703, sowie die Angliederung der Ostseeprovinzen Livland und Estland. Seit 1720 erzwang der Zar die Umleitung fast des gesamten russischen Außenhandels von Archangel'sk nach St. Petersburg und Riga. In
Verbindung mit dieser Maßnahme standen die von ihm inspirierten Ka-
nalprojekte, von denen zu seinen Lebzeiten freilich nur wenige verwirklicht werden konnten. Die Vorhaben zeugten von Peters Weitblick,
durch Zwischenkanäle das Kaspische Meer mit der Ostsee sowie Astrachan' mit St. Petersburg zu verbinden und Rußland zur Vermittlerin
zwischen Europa und Asien zu machen.

Peters gesetzgeberisches und sozialpolitisches Wirken war ohne eine
Neuorganisation der staatlichen Behörden und Institutionen undenk-
bar. Daher drängte der Monarch zur Umgestaltung und Modernisierung
der unzulänglichen Administrationsorgane seines Reiches. Die von ihm
bewirkte Neufundierung und Reformierung der Verwaltungsstruktur

Rußlands brachten eine weitere Zentralisierung und Bürokratisierung des Staatsapparats. Waren die ersten Reformmaßnahmen noch von Überhast, Fehlgriffen und Widersprüchen gekennzeichnet, so nahm sich der Zar nach Poltava mehr Zeit zu deren Vorbereitung. Zu diesem Zweck befaßten er und seine Mitarbeiter sich mit dem Staatsaufbau und der Behördenorganisation in westlichen Ländern. Peter zog in hohem Maße ausländische Gelehrte und Fachkräfte, insbesondere Juristen, heran, die mit der Ausarbeitung von Entwürfen und Reglements beauftragt wurden. Dabei spielten schwedische, polnische, deutsche, holländische, englische, französische, italienische und griechische Einrichtungen als Vorbilder eine besondere Rolle. Es ging dem Zaren darum, die westlichen Errungenschaften bei der Einrichtung der neuen Verwaltungsstrukturen in Rußland zu nutzen.

Beflügelt von der Idee der Einrichtung einer kommunalen Selbstverwaltung auch in Rußland, ordnete der Zar unmittelbar nach der Rückkehr von seiner ersten Reise in den Westen, Ende Januar 1699, eine Reform der städtischen Verwaltung an. Allerdings verstand er darunter kein eigenständiges Korporationswesen mit politischen Ansprüchen im Sinne der städtischen Autonomiebestrebungen in westlichen Ländern, sondern vor allem ein Instrument zur Steigerung der staatlichen Einkünfte, was letztlich wiederum auf eine Stärkung des zarischen Absolutismus hinauslief und sich daher nicht verwirklichen ließ. Als eine Mischung traditioneller, praktischer und wegweisender Elemente erwiesen sich auch Peters Gouvernementsreformen von 1708 und 1719, mit der das Reich in zunächst acht, dann elf Gouvernements eingeteilt wurde. Eine andere Bewandtnis hatte es mit dem durch Erlaß vom Jahre 1711 eingerichteten Senat und der 1717 nachfolgenden Gründung der Kollegien. Hier handelte es sich bereits um gewichtige Schritte auf dem Wege zu einer modernen Reichsverwaltung Rußlands. Die Kollegien stellten die Vorform der späteren Ministerien dar.

Mit der Umgestaltung des Behörden- und Verwaltungsapparats auf das engste verknüpft war Peters Neuorganisation des Heer- und Flottenwesens, angeordnet durch das Heeresreglement von 1716 und Erlasse über den Dienst in der russischen Marine vom Jahre 1720. Im Zuge der eingeführten Neuerungen in Wirtschaft, Gesellschaft und Staat suchte Peter I. auch ein neues Gesetzbuch zu erlassen, was jedoch nicht gelang.

Eine besondere Bedeutung kam der Neuregelung des Adelsdienstes zu. 1722 ließ Peter die ‹Tabelle von den Rängen aller militärischen, zivilen und höfischen Dienstgrade› erscheinen. Der neuen Adelstabelle lag ein rationelles Leistungsprinzip zugrunde. Ihr Hauptgedanke bestand darin, daß der erbliche Adel auch erdient werden konnte. Peters Tabelle setzte in drei parallelen Gruppen 14 Rangklassen für Armee und Flotte, für den Zivildienst und den Hofdienst fest, vom Generalfeldmarschall, Generaladmiral und Kanzler bis hinab zum Fähnrich, Konstabel, Kolle-

gienregistrator und Küchenmeister. Die Adelsrangtabelle war der Maßstab, der den gesellschaftlichen Standort der Bürger des Russischen Kaiserreiches bestimmte. Durch den Vorrang der Adelsgesellschaft wurden
die wirtschaftliche Entwicklung Rußlands und die Entstehung eines
selbständigen standesbewußten Bürgertums für einen langen Zeitraum
empfindlich gehemmt.

Dem privilegierten Adel gegenüber standen die Masse der Bauern
und die Stadtbevölkerung, auf denen die schwersten Bürden ruhten.
Der fiskalische Gesichtspunkt trat ganz deutlich hervor, als Peter 1717
die Kopfsteuer einführen ließ, die bedrückendste Abgabe, die die bäuerlichen und städtischen Bevölkerungsschichten zu leisten hatten und die
jahrhundertelang in Kraft blieb. Hinzu kam die bäuerliche Schollen-
pflichtigkeit und Leibeigenschaft, an deren Lockerung weder Zar Peter
noch einer seiner Mitarbeiter je gedacht hat.

Energisch setzte sich Peter I. für die Entwicklung von Kultur, Bildung
und Wissenschaft in seinem Reich ein. Ungeachtet der Wichtigkeit seines
ersten Auslandsaufenthalts von 1697/98 für die kulturelle Entwicklung
Rußlands erlangten die nachfolgenden Auslandsreisen eine weit größere
Bedeutung. Die kürzeren Auslandsvisiten der Jahre 1711 und 1712/13
führten ausschließlich nach Deutschland und Böhmen, wobei die Bade-
aufenthalte in Karlsbad einen besonderen Platz einnahmen. Ihre wissen-
schaftsgeschichtliche Bedeutung liegt vor allem darin, daß Zar Peter bei
dieser Gelegenheit in Beziehungen zu Gottfried Wilhelm Leibniz trat und
mit ihm mehrmals persönlich zusammentraf. Es war Leibniz, der, ausgehend vom Stand der damaligen Rußlandkenntnis, im Reich Peters I.
ein von der europäischen Kultur unbeschriebenes «weiß Papier» sah.

Bei der Verwirklichung seiner Reformabsichten bediente sich der Zar
vor allem der deutschen Frühaufklärung, die in Rußland während des
gesamten 18. Jahrhunderts zur vorherrschenden Denkrichtung werden
sollte. Hierbei handelte es sich insbesondere um den deutschen Rationa-
lismus von Leibniz und Wolff, der das Wirken der ersten bedeutenden
russischen Wissenschaftler, Gelehrten und Schriftsteller, wie Tatiščev,
Lomonosov und Tred'jakovskij, in höchstem Maße beeinflußte. Im Unterschied dazu blieb Rußland unter Peter I. vom englischen Empirismus
Lockes und der Physik Newtons nahezu unberührt. Der deutsche Einfluß auf das russische Geistesleben wurde durch das Einwirken des
Protestantismus auf die orthodoxe Kirche zusätzlich verstärkt. Der Zar
wandte sich insbesondere an deutsche Gelehrte und andere Fachkräfte
in protestantischen Ländern und warb sie für sein Reich an. Gleichzeitig
zog er die in Rußland ansässigen Ausländer aus westlichen Ländern bei
der Realisierung seiner Reformpläne heran.

Stärkstes Interesse ließ Peter I. für den halleschen Frühpietismus August Hermann Franckes erkennen. Es war vor allem der praxisbezogene
Pragmatismus Franckes und seines Kreises, seiner Zöglinge und Anhän-

ger, deren Bildungseifer und -optimismus, die hohe Wertschätzung der Erziehung, der Sozialfürsorge und der gewerblichen Betätigung, die den russischen Herrscher und seine Mitarbeiter anzogen. Die vom Frühpietismus hallescher Prägung repräsentierte christlich motivierte Denkrichtung berührte sich eng mit den von der Kiever geistlichen Akademie ausgehenden Lehren, deren Verbreitung vom Zaren mit Nachdruck gefördert wurde. Der russische Herrscher erkannte frühzeitig die Verwandtschaft des Pietismus mit der deutschen Frühaufklärung. Gleich ihr verkörperte der Pietismus ungeachtet seines Gegensatzes zur rationalistischen Hauptströmung der Aufklärungsbewegung eine Ideen- und Kulturbewegung mit gesamtgesellschaftlich-emanzipatorischen Tendenzen und allmenschlich-weltbürgerlichen Verbrüderungsgedanken. In seinem Bestreben, die von der 1694 gegründeten Universität Halle und den zwei Jahre später eingerichteten Franckeschen Stiftungen ausgehenden Leitideen für die Entwicklung von Wissenschaften, Bildung und Schule in Rußland nutzbar zu machen, ging Zar Peter so weit, in seinem Reich nach dem halleschen Vorbild Wissenschafts- und Bildungsstätten einzurichten und mit aufgeklärt-pietistischem Lehrpersonal auszustatten. Er selbst hatte auf seiner ersten Auslandsreise im Jahre 1698 auch Halle besucht. Seit 1716 war der hallesche Aufklärer Christian Wolff in der Nachfolgeschaft von Leibniz Peters Berater aus der Ferne. Laurentius Blumentrost d. Jr., Schüler Wolffs und des halleschen Mediziners Friedrich Hoffmann, wurde zarischer Leibarzt und die rechte Hand Peters I. in Wissenschaftsfragen.

Peter I. sah in der deutschen Frühaufklärung und dem Halleschen Pietismus die Leitideen der weitgehend von ihm selbst und seinen Mitarbeitern verkörperten russischen Frühaufklärung, die Eduard Winter auch «Petrinische Aufklärung» genannt hat. Welche Bedeutung der Zar Erziehung, Unterricht und Schule bei der Entwicklung einer modernen Gesellschaft beimaß, geht aus seinen zahlreichen Erlassen hervor, durch die Schulen der verschiedensten Typen ins Leben gerufen wurden. Hierbei handelte es sich vornehmlich um Artillerie-, Navigations-, Ingenieurs- und Bergschulen sowie um medizinische und technische Lehranstalten. Diesen Einrichtungen gab Peter den Vorrang vor Elementarschulen und höheren Lehranstalten im Sinne der westlichen Gymnasien, Universitäten und Akademien. Eine Ausnahme bildete die 1701 in Moskau eröffnete Fremdsprachenschule, die unter Leitung des livländischen Pastors Ernst Glück 1703 zum ersten akademischen Gymnasium Rußlands ausgebaut wurde. Das Hauptziel der Anstalt bestand darin, die adligen Zöglinge in die Wissenschaften einzuführen. Der aus Wettin bei Halle gebürtige Glück unterhielt Beziehungen zu August Hermann Francke, von dem er Lehrkräfte für seine Schule zu erhalten suchte. Einen zweiten Ausnahmefall in Peters Schulpolitik bildete der Versuch, durch Erlaß vom Jahre 1714 sogenannte Ziffernschulen ins Leben zu rufen. Diese waren eine Art mathematische Grundkursanstalten. Jedoch zur Verwirklichung des Ziffernschulprojekts fehlten vor allem die materiellen Voraussetzungen. Hinzu kam der Widerstand, den der Adel der Einführung einer obligatorischen Allgemeinbildung in Rußland entgegenbrachte.

Im Februar 1716 trat Peter seine zeitlich längste und kulturgeschichtlich bedeutsamste Reise nach dem Westen an, bei der er auch Paris besuchte. Die zugleich letzte große Auslandsreise des russischen Herrschers, die bis 1717 dauerte, brachte für den Zaren eine umfassende Erweiterung seines geistigen Horizonts. Hinter den erhöhten kulturellen und wissenschaftlichen Bedürfnissen des russischen Herrschers traten jetzt selbst die Belange der praktischen Politik und Diplomatie des Zarenreiches, deren Regelung Peter während seiner Auslandsaufenthalte in hohem Maße seinen Mitarbeitern und Beratern überließ, sichtbar in den Hintergrund.

Durch Anregungen, die der Zar schriftlich und mündlich von Leibniz erhielt, und Ratschläge Wolffs, die dem russischen Herrscher durch Vermittler überbracht wurden, war Peters Projekt, auch in Rußland eine Akademie der Wissenschaften einzurichten, bereits weit vorangeschritten. In seine Überlegungen gingen nunmehr auch die Empfehlungen der Pariser Akademie, die ihn zu ihrem Mitglied berufen hatte, ein. So war es dem russischen Herrscher möglich, Ende Januar 1724 das Gründungsgesetz zu erlassen. Jedoch sollte es Peter I. nicht vergönnt sein, seine Akademie ins Leben treten zu sehen. Aber seine Nachfolgerin, Kaiserin Katharina I., ließ Ende Dezember 1725 im Beisein der bereits berufenen Akademiemitglieder die Petersburger Akademie der Wissenschaften feierlich eröffnen.

In enger Verbindung mit Peters Akademiegründung standen die von ihm anbefohlene Erkundung und Erforschung seines riesigen Reiches, wie die zarischen Expeditionen, die ihren Weg nach Sibirien, dem Südosten und in den Fernen Osten nahmen, deutlich machten. Namen wie Daniel Gottlieb Messerschmidt und Vitus Bering legen davon beredtes Zeugnis ab. Die von Peter I. inspirierten Forschungsexpeditionen vermittelten der Entwicklung der russischen Wissenschaften wichtige Impulse und förderten die wirtschaftliche und kulturelle Entwicklung des Reiches.

Mit der Einrichtung von Bildungs- und Wissenschaftsinstitutionen sowie der Entsendung von Forschungsexpeditionen in Zusammenhang standen Peters Bemühungen um die Entwicklung des Buchdrucks, mit dem es in Rußland noch immer arg bestellt war. Ohne funktionierende Druckereien war an eine Herausgabe der im Zarenreich benötigten Zeitungen und Zeitschriften sowie einer ausreichenden Zahl von Lehrbüchern und wissenschaftlichen Werken nicht zu denken. Hierbei war neben dem schwerfälligen kirchenslavischen Alphabet die Schaffung eines russischen weltlichen Alphabets, der «bürgerlichen Schrift» (Zivil-schrift), erforderlich, die der Monarch 1710 einführen ließ. Bereits An-fang Januar 1703 war die erste russische Zeitung unter dem Titel ‹Vedo-mosti› (Nachrichten) erschienen. Der Monarch drängte Schriftsteller, Drucker und Übersetzer zur Herausgabe von Büchern nicht nur in russi-scher Sprache, sondern auch in anderen Sprachen. Ebenso befahl er, eine ‹Russische Geschichte› zu veröffentlichen, was allerdings nicht ganz gelang.

Mit Peters Reformen verknüpft waren ebenso die Neuansätze, die sich in der russischen Literatur und Dichtung zeigten. Im Theater, das 1702 in Moskau wiedererstand, sah der Zar nicht nur eine Stätte des Vergnügens und der Erbauung, sondern ebenso Möglichkeiten, seine Reformanliegen zu propagieren. Mit der Übersiedlung der Zarenfamilie und der Reichsverwaltung nach St. Petersburg im Jahre 1709 fand das Theater in der Stadt an der Neva eine neue Wirkungsstätte. Verbunden mit alledem war ein neues Kunstverständnis. Angeregt von ausländi-schen Vorbildern, hatte der Monarch befohlen, in neuen Gestaltungsfor-men und bislang unbekannten Maßstäben große Bauten zu errichten sowie Straßen, Parks und Gärten anzulegen. Zum ersten Mal wurde in Rußland seit 1703 eine moderne Stadt, St. Petersburg, auf der Grundlage exakter Baupläne errichtet. Zu den Baumeistern, die unter Peter wirk-ten, gehörten Ivan Zarudnyj, Domenico Trezzini, Andreas Schlüter, Nikolaus Friedrich Härbel, Johann Friedrich Braunstein, Jean-Baptist Le Blond und andere. Von St. Petersburg, dem «Venedig des Nordens», dem neuen geistig-kulturellen Zentrum des Reiches, gingen wichtige Impulse auf das russische Geschichts-, Sprach- und Literaturbewußtsein aus. In engem Wechselverhältnis mit der Baukunst entwickelten sich Graphik, Malerei und Plastik. Peter berief mehrere ausländische Kupfer-stecher und Maler nach Rußland, unter ihnen die Niederländer Adriaan Schoonebeeck und Pieter Pickaerdt. Als Kupferstecher bekannt wurden auch die Russen Aleksej Zubov und Ivan Adolskij der Ältere, als Porträt-maler Ivan Nikitin und Andrej Matveev. Ein Bildhauer großen Formats war der Italiener Bartolomeo Carlo Rastrelli, der Vater des bekannten Architekten Bartolomeo Francesco Rastrelli.

Peters Bemühungen um die Modernisierung von Gesellschaft, Staat und Kultur in Rußland schlossen eine Neuordnung des Verhältnisses von Staat und Kirche ein. Der Zar erkannte bereits frühzeitig die Be-deutung der konfessionellen Toleranz für die Entwicklung Rußlands zu einem modernen Staat. Die Anhänger der alten Ordnung und der allein-herrschenden Kirche jedoch waren nicht gesonnen, die Toleranzverord-nungen des Monarchen, die seit 1709 erschienen, widerstandslos hinzu-nehmen. Die hohen Prälaten fanden dabei die Unterstützung mächtiger Bojaren- und Fürstenfamilien. Auch Angehörige des Zarenhauses selbst, so Peters erste Gemahlin Evdokija und der Thronfolger Aleksej,

traten auf die Seite der Opposition. Angesichts dieser Sachlage beauftragte Peter den westlich gebildeten Ukrainer und Bischof Feofan Prokopovič, seinen wohl bedeutendsten Mitarbeiter, das Verhältnis von Staat
und Kirche und die autokratische Herrschaftspraxis des russischen Zaren
theoretisch zu begründen, was dieser in mehreren Denkschriften tat.
Der Zar, der Prokopovičs Auffassungen weitgehend teilte und an verschiedenen Stellen präzisierte, ließ das von Prokopovič und ihm gemeinsam verfaßte Werk am 25. Januar 1721 unter dem Titel ‹Geistliches
Reglement› erscheinen. Nach den in der Verordnung enthaltenen Fest-
legungen trat nunmehr an die Stelle des bisherigen Patriarchen als
Kirchenoberhaupt ein «Geistliches Kollegium», das wenig später die
Bezeichnung «Heiligster Dirigierender Synod» erhielt. Gleichzeitig verfügte der Kaiser 1722 bis 1724 Bestimmungen über eine Klosterreform,
in denen er die Umstellung der Männer- und Frauenklöster auf nutz-
bringende Tätigkeit in der Kranken- und Armenpflege, der Waisenerzie-
hung, Handarbeiten und Studium befahl. Mit seiner Kirchenreform
vollzog Peter die Einordnung der Kirche in den Staat, wobei er den
Machtanspruch des Heiligsten Dirigierenden Synods in dogmatischen
Fragen unangetastet ließ.

Gleichzeitig mit den Bestimmungen über das neue Verhältnis von
Staat und Kirche und die Reformierung des Klosterwesens erschien am
5. Februar 1722 Peters ‹Statut über die Nachfolge auf dem Thron›. Auch
für diese Verordnung hatte Prokopovič auftragsgemäß die Grundideen
geliefert und dabei darauf hingewiesen, daß die in Rußland notwendigen Reformen nur mit Hilfe einer starken absoluten Monarchie verwirklicht werden könnten. So verteidigte er in seinem ‹Wort über des Zaren
Macht und Ehre› von 1718 und in dem Traktat über ‹Das Recht des
monarchischen Willens› von 1722 die uneingeschränkte Macht des autokratischen Zaren, die aus der Bibel und dem Naturrecht abgeleitet
wurde. Danach stand dem Kaiser das Recht zu, von sich aus den Herrscherthron an einen würdigen Nachfolger zu übergeben. In diesem
Sinne hieß es in Peters ‹Statut über die Nachfolge auf dem Thron›: Es
sollte künftig «immer im Willen des regierenden Herrschers liegen, zu
seinem Nachfolger zu bestimmen, wen er will». Diesem Satz lag ohne
Zweifel die Erfahrung mit den oppositionellen Aktivitäten seines Sohnes zugrunde.

Volkswiderstand und Opposition

Der Krieg gegen Schweden und die Modernisierung von Gesellschaft
und Staat in Rußland vollzogen sich unter dem Protest breiter Volksschichten, der sich in elementaren Ausbrüchen äußerte. Den Anfang
machte die Garnison von Astrachan', die Ende Juli 1705 meuterte. Daraus entwickelte sich der Astrachaner Stadtaufstand, der erst nach neun

Monaten niedergeworfen werden konnte. Wenig später, im Herbst 1707, brach am Don die Bulavin-Bewegung aus, die sich zu einer breiten sozialen Aktion auswuchs und zu einer ernsten Gefahr für die Regierung Peters wurde. Der Monarch sah in der sozialrevolutionären Bewegung unter dem Donkosaken Kondratij Bulavin einen Anschlag auf sein Aufbauwerk, der es dem schwedischen Feind ermöglichen konnte, den russischen Staat in seiner Existenz zu bedrohen. Durch Einsatz starker Militäreinheiten vermochte Peter die Aufständischen schließlich in Einzelgefechten zu schlagen und die Bewegung zu unterdrücken. Das gleiche Los ließ der Zar den aufständischen Baschkiren zuteil werden, die in den Jahren 1705 bis 1711 gegen die russische Herrschaft rebellierten.

Peter I. befahl, alle sozialen Erhebungen in seinem Reich schonungslos zu unterdrücken. Daß die Schollenbindung und Leibeigenschaft der Bauern sowie der unerträgliche Steuerdruck, der auf der einfachen Bevölkerung lastete, die Hauptursachen dafür waren, daß es in Rußland so schwer aufwärts ging, wagten der Monarch und seine Mitarbeiter nicht einzugestehen. Die Unzufriedenheit mit dem Regierungssystem Peters hatte jedoch nicht allein die unteren Volksschichten ergriffen, sondern breitete sich auch unter dem Adel aus, der sich bei der Besetzung von hohen Staatsämtern durch Bevorzugung von Emporkömmlingen zurückgesetzt fühlte. Zum verzweifelten Volkswiderstand kam somit die Opposition reformfeindlicher Kreise des Adels und des Klerus, die durch den radikalen Bruch des Herrschers mit der Tradition geradezu provoziert wurde. Diese setzten dabei ihre Hoffnungen auf den Sohn des Herrschers, den Thronfolger Aleksej Petrovič.

Aleksej war eine mäßig begabte, willensschwache Persönlichkeit, der das Format zum Staatsmann fehlte. Hineingezogen in die oppositionellen Bestrebungen, die gegen Zar Peter gerichtet waren, geriet er bald in ein Zerwürfnis mit dem Vater, das zu seiner Flucht im Jahre 1716 nach Wien an den Hof Kaiser Karls VI. führte, dessen Gemahlin Elisabeth Christine eine Schwester von Charlotte Christine Sophie von Braunschweig-Wolfenbüttel, der 1715 verstorbenen Frau Aleksejs, war. Des Landesverrats bezichtigt, ließ Zar Peter Aleksej nach Rußland zurückbringen und vor Gericht stellen. Bereits mehrere Monate vor der Verkündung des Todesurteils gegen den «carevič», am 3. Febr. 1718, hatte der russische Monarch all seinen Untertanen kundgetan: «Kraft väterlicher Gewalt, die auch jedem Unserer Untertanen nach den Gesetzen unseres Staates das Recht gibt, seinen Sohn zu enterben... und als autokratischer Herrscher nehmen wir um des Staatsnutzens willen Unserem Sohn Aleksej das Recht der Nachfolge auf Unseren Allrussischen Thron, selbst dann, wenn keine andere Person in Unserer Familie mehr übrigbleiben sollte.» Die Urteilsfindung fußte auf dem zu dieser Zeit auch in anderen Ländern üblichen Rechtsmittel der Tortur, an deren mutmaßlichen Folgen Aleksej am 26. Juni 1718 starb.

Mit der physischen Ausschaltung Aleksejs und derjenigen, die auf ihn gesetzt hatten, mußte die Opposition zu Lebzeiten Peters I. alle Hoffnungen auf einen Thronwechsel in Rußland aufgeben. Im Ausland erregte der tragische Ausgang des Konflikts zwischen Vater und Sohn großes Aufsehen und beeinträchtigte in hohem Maße das Prestige des russischen Herrschers. Peters Beschuldigung, Kaiser Karl VI. habe dem Flüchtling und Schwager Aleksej Waffenhilfe für den Fall eines staatlichen Umsturzes in Rußland angeboten, war völlig aus der Luft gegriffen. Sie führte im August 1718 zum Abbruch der diplomatischen Beziehungen zwischen Wien und St. Petersburg.

Persönlichkeit

Die Auseinandersetzungen mit seinem ungeratenen Sohn hatten Peter veranlaßt, der Thronfolgeregelung erhöhte Aufmerksamkeit zuzuwenden. Jedoch kam er in der Angelegenheit mit seinen Überlegungen zu keinem Ende. Im Gegenteil, unentschlossen stiftete der Monarch im Hinblick darauf immer mehr Durcheinander und Unheil. Im Unterschied zu seinen Halbbrüdern hochgewachsen und anscheinend vital, war Zar Peter zeitlebens kein gesunder Mensch. So klagte er nicht selten über physische Leiden, und er war wiederholt gefährlich krank. Häufig litt er unter Wechselfieber, und mehrmals mußte er Bäder aufsuchen, um sich Linderung und Heilung zu verschaffen. Hinzu kam seine «Vertrautheit mit dem Rausch» (Reinhard Wittram). Hat man diese Neigung nicht vor Augen, sind das Wesen dieses Herrschers und die Vorgänge in seiner Umgebung nicht zu verstehen. In den letzten Lebensjahren nahm sein chronisches Leiden, ein schmerzhafter Harnzwang, bedenkliche Ausmaße an. Spätere Forscher haben von der Schrumpfung und dem Zerfall der Leber gesprochen, was auf übermäßigen Alkoholgenuß zurückzuführen war. Am 28. Januar 1725 starb Peter I., noch keine dreiundfünfzig Jahre alt, an einem Blasenleiden, das in Verbindung mit Leberatrophie den Tod herbeiführte.

Im Vergleich zu seinen Vorgängern auf dem Moskauer Thron wirkte Peter I. geradezu fremdartig. Es war der widerspruchsvolle Charakter dieses russischen Herrschers, auf den bereits die Zeitgenossen aufmerksam gemacht haben. Ausgestattet mit dem gesamten Erbe der Zaren an Macht und Geltung, fühlte sich Peter I. stets als ein von Gott zur Herrschaft berufener Monarch. Ungeachtet des Anteils der byzantinischen Tradition und des mongolischen Beispiels bei der Ausprägung der zarischen Autokratie beruhte diese auf eigenständigen sozialgeschichtlichen Grundlagen und stellte eine spezifisch russische Herrschaftsform dar. Zu Peters Erbe gehörte auch die Religion. Als gläubiger Mensch trug der Zar allzeit ein großes Kreuz auf der Brust, und im Krieg gehörten Heiligenbilder zu seiner beständigen Ausrüstung. Trotz seiner auf

Rationalität begründeten, gewalttätigen Kirchenpolitik und seines blas-phemischen Possenspiels betätigte sich Peter nie als Freigeist, sondern ließ als rechtgläubiger Herrscher bereits jeglichen Anflug von Atheismus als Verbrechen mit aller Strenge verfolgen. Als Zar von Rußland war Peter I. an den europäischen Höfen eine bekannte Erscheinung. Auf-sehen und zugleich Unbehagen erregte er in der europäischen Fürsten-gesellschaft durch seine ihn häufig begleitende unebenbürtige Lebens-gefährtin Katharina, mit der er über Jahre hinweg in unehelichen Beziehungen stand, ehe er sie zu seiner Gemahlin machte.

Bei der Verwirklichung seines Reformwerks standen Peter I. zahl-reiche Berater und Mitarbeiter zur Seite. Zu ihnen gehörten neben Rus-sen und Ukrainern von Anfang an auch Ausländer, die in vielen Fällen bereits seit längerem in Rußland ansässig waren. Bei der Wahl seiner Mitarbeiter hat der Zar keineswegs Ausländer bevorzugt. Nach dem Tod des Schweizers François Lefort im Jahre 1699 gab es keinen Ausländer, der dem Zaren nahestand. Das engste Verhältnis unterhielt der Mon-arch zu dem ein Jahr jüngeren Russen Aleksandr Menšikov (1673–1729). Geringer Herkunft, fehlte diesem alles, was die aristokratischen Mit-arbeiter Peters mitbrachten. Jedoch Menšikov war ungewöhnlich be-gabt, obgleich er keinerlei Ausbildung genossen hatte. Immerhin konnte er schreiben und lesen und trat als Begleiter Peters im Ausland als sorgfältig gekleideter, redegewandter Diplomat und Gesellschafter in Erscheinung. Der homoerotisch veranlagte Monarch schien diesem raffgierigen, ungehemmt machtbesessenen Emporkömmling viele Jahre geradezu verfallen zu sein. Er ließ Menšikov in den Fürstenstand er-heben und übertrug ihm die höchsten Staatsämter, die dieser zu skrupelloser Bereicherung ausnutzte. Im übrigen sind Werdegang und Wirken von Peters Mitarbeitern in zahlreichen Fällen von der Forschung noch immer ungenügend aufgehellt.

Als intellektuelle Rechtfertigung seiner Reformpolitik und institutio-nelle Mittel dienten Peter I. die Lehren der Kameralisten und die Prakti-ken des «wohlgeordneten Policey-Staats», wie er insbesondere von den Fürsten der deutschen Kleinstaaten verkörpert wurde. Das Reformwerk des russischen Herrschers wurde durch die Hast und die Brutalität, die ihm anhafteten, erheblich beeinträchtigt. Peters neues politisches Sy-stem mit seiner «Seelensteuer» bot den breiten Volksschichten keine Möglichkeit, eine positive Grundhaltung zu seinem Staat einzunehmen. Der Zar übertrug auf sein Land zwar die organisatorischen und tech-nischen Neuerungen der westlichen Zivilisation, weigerte sich jedoch, dem Volk die notwendigen Freiheitsrechte zu gewähren.

Es blieb so nicht aus, daß nicht nur im Ausland, sondern auch in weiten Teilen der russischen Gesellschaft Peters Projekt der «Verwest-lichung» des Zarenreiches als ein fragwürdiges Experiment betrachtet wurde. Im Endeffekt zeigte sich, daß es dem großen Zaren nicht gelungen war, die geistig führenden Persönlichkeiten Europas für sein Werk heranzuziehen. Dies bewiesen bereits die Absagen von Leibniz und Wolff, nach Rußland zu kommen. So mußte sich Peter I. mit zweit- und drittrangigen Vertretern der europäischen Elite behelfen, die im Zarenreich tätig wurden, was zur Senkung des Niveaus seines Reformwerkes führte. Freilich sollte der «regulierte» Staat, das «Veränderte Rußland», wie Friedrich Christian Weber, der hannoveranische Resident am zarischen Hof in seinem 1721 erschienenen Buch Peters neues Reich nannte, den Zusammenhang Rußlands mit Europa für die nachfolgenden Generationen sichern.

Erich Donnert

KATHARINA I.

1725–1727

*Katharina I., geb. 6. 4. 1684 in Kreuzburg (Krustpils) als Martha Skavronskaja,
Kaiserkrönung Mai 1724, Proklamation zur Kaiserin 28. 1. 1725, gest. 6. 5.
1727. Vater Samuil Skavronskij. Heirat mit Peter I. (30. 5. 1672–28. 1. 1725,
Zar und Kaiser 1682–1725) Februar 1712; Kinder s. Kapitel «Peter der Große».*

Die mit der Thronbesteigung Kaiserin Katharinas I. 1725 beginnende
Periode der unmittelbaren Nachfolger Peters des Großen läßt man gewöhnlich bis zum Regierungsantritt Katharinas II. (1762) reichen. Unter
deren Herrschaft kam der vom gewalttätigen Reformzaren forciert eingeleitete Prozeß der neuzeitlichen Staatsbildung zum Abschluß. Die von
Peter gelegten Fundamente sollten sich auch unter seinen Nachfolgern
als tragfähig genug erweisen. So bildeten die Fortsetzung und die Modi-
fizierung der petrinischen Reformen das Hauptanliegen der Thronerben
des großen Zaren.

Der Umstand, daß Peter I. es unterließ, aus der von ihm erlassenen
Thronfolgeregelung die praktischen Konsequenzen zu ziehen, verlieh
den ersten Jahrzehnten nach seinem Tode ein besonderes Gepräge. Dieser
Zeitraum war insbesondere durch höfische Auseinandersetzungen um
die Nachfolge auf dem Kaiserthron gekennzeichnet. Dabei handelte es
sich um Machtkämpfe und Staatsstreiche, denen erst durch das Thronfolgegesetz Kaiser Pauls I. vom Jahre 1797, durch welches das Prinzip der
Primogenitur erneut Geltung erhielt, ein wirkliches Ende bereitet wurde.

Daß Peter am Ende seiner Regierungszeit keinen Thronerben designierte, hing sicherlich damit zusammen, daß er um sich keinen fähigen
Nachfolger sah. Von seinen zahlreichen Kindern waren im Jahre 1725
nur noch wenige am Leben. Die von seiner zweiten Gemahlin Katharina
geborenen Söhne verstarben bereits im Kindesalter. Von den sechs
Töchtern lebten noch zwei, die siebzehnjährige, mit dem Herzog Karl
Friedrich von Holstein-Gottorp verlobte Anna, und die ein Jahr jüngere
Elisabeth. Peters Enkel Peter, der Sohn des 1718 verstorbenen Thronfolgers Aleksej, zählte zu diesem Zeitpunkt erst zehn, die Enkelin Nathalie, Aleksejs Tochter, elf Jahre. Aussichten auf den Herrscherthron hatten auch die Töchter von Peters Halbbruder Ivan V., die 1692 geborene,
seit 1716 mit Herzog Karl Leopold von Mecklenburg-Schwerin verheiratete Katharina, und die ein Jahr jüngere Anna, seit 1710 Gemahlin des
Herzogs Friedrich Wilhelm von Kurland und Semgallen. Schließlich kam
für eine Nachfolge auch Anna Petrovnas Bräutigam (seit 21. 5. [1. 6.

Katharina I.

N. S.] 1725 Gemahl), Herzog Karl Friedrich von Holstein-Gottorp, in Betracht. Aber Anna und ihr Verlobter hatten im November 1724 für sich und ihre Nachkommen auf alle Thronrechte und -ansprüche verzichtet. Der Thronverzicht der Holstein-Gottorper war jedoch von Peter nicht angenommen worden. Es war gerade seine Tochter Anna, die der bereits in Agonie lebende Vater an sein Sterbebett rief und ihr seinen letzten fragmentarischen Schreibversuch übergab, der die Worte beinhaltete: «Übergebt alles...» Im Zusammenhang mit Peters letztem Willen wurde in Umlauf gesetzt, der todkranke Zar habe eine Einsetzungsurkunde zugunsten seiner zweiten Gemahlin Katharina zerrissen, als er an deren ehelicher Treue zweifeln mußte. Wem nun wollte der sterbende Kaiser «alles» übergeben? Es dürfte kaum Aussicht bestehen, das Geheimnis der beiden Worte jemals zu enträtseln.

Da keine herrscherliche Verfügung über die Thronfolge vorlag, hatte Peters verwaister Enkel Peter, der letzte männliche Sproß der Romanovs und rechtmäßige Erbe, nach der Tradition die größten Aussichten, den russischen Kaiserthron zu besteigen. Jedoch im dynastischen Lager gab es keine Einigkeit, erhielten doch jetzt auch die Hoffnungen all derer Auftrieb, die den unter Peter I. im Lande vollzogenen Änderungen ablehnend gegenüberstanden. Aber auch unter Befürwortern einer Fortsetzung von Peters Reformwerk herrschten Meinungsverschiedenheiten vor. Im Vergleich zu dem Kind Peter, Aleksejs Sohn, schien die zweite Gemahlin Peters I., Katharina, die größeren Chancen zu haben, sich als künftige Beherrscherin Rußlands durchzusetzen. Um der Thronkandidatin hierfür den Weg zu ebnen, mußte ihr der notwendige Rechtstitel verschafft werden. Es sollte Feofan Prokopovič sein, der die soeben erst durch Peter I. im Mai 1724 vollzogene Kaiserkrönung Katharinas als unwiderlegbares Zeichen des verblichenen Herrschers erklärte, seine zweite Gemahlin als Nachfolgerin auf dem russischen Thron anzuerkennen. In einem solchen Fall mußte freilich die gesamte Machtfülle Peters einstigem «Herzenskind» und «liebstem Kamerat» Menšikov zufallen, den nur der Tod des Monarchen vor dem Strafgericht bewahrte, das dieser ihm wegen der unerhörten Veruntreuungen und Bereicherungen angedroht hatte. Es war daher kaum vorstellbar, daß Peter mit der an Katharina vollzogenen Kaiserkrönung an deren Thronfolge gedacht haben sollte. Menšikov, der an die Macht drängte, wartete freilich nicht das nachträgliche Erraten des herrscherlichen Willens ab, sondern schuf vollendete Tatsachen. Er ließ vor dem Palais die ihm ergebene Garde aufmarschieren und Katharina noch am 28. Januar 1725, dem Todestag Peters I., als Kaiserin Katharina I. proklamieren. Die neue Herrscherin, unsicher ob ihrer fehlenden Legitimation, hatte freilich bereits vor ihrer Thronerhebung versprechen müssen, die Krone später dem Enkel Peters I. zu übertragen und auf das ihr zustehende Recht zur beliebigen Nominierung des Nachfolgers zu verzichten.

Über den frühen Werdegang der Kaiserin Katharina I. finden sich in den Quellen nur unsichere und widersprüchliche Angaben. Die am 6. April 1684 im polnisch-livländischen Kreuzburg (Krustpils) geborene Martha Skavronskaja, wie sie mit ihrem Mädchennamen hieß, war wohl die Tochter eines aus Litauen zugewanderten Bauern und dessen aus Kurland stammender Frau. Seit 1699 als Hausmagd beim lutherischen Propst von Marienburg in Schwedisch-Livland, Ernst Glück, tätig, ging Martha nach Ausbruch des Nordischen Krieges die Ehe mit einem Dragoner des livländisch-schwedischen Landaufgebots namens Johann Kruse ein. 1702 geriet sie zusammen mit der Familie Glück in russische Gefangenschaft und gelangte mit dieser nach Moskau. Im Herbst 1703 nahm sie Zar Peter, der sie bei Menšikov kennengelernt hatte, als ständige Lebensgefährtin in sein Haus. 1712 erfolgte ihre offizielle Eheschließung mit dem Herrscher. Ihren Vatersnamen erhielt Jekaterina Alekseevna, wie sie sich in Rußland nannte, von Peters Sohn Aleksej, der ihr Pate war. Sie besaß zeitlebens keine Bildung und konnte nur ihren Namen schreiben. Durch ihr natürliches Wesen und ihr Einfühlungsvermögen erwarb sich Katharina beim einfachen Volk Zuneigung und Achtung. Als fürsorgliche Gattin begleitete sie den Zaren häufig auf dessen Feldzügen und Reisen und wirkte nicht selten mildernd und ausgleichend auf die Handlungen des impulsiven Herrschers ein. Im Ausland hielt man an Katharina vielfach für russisch, was in Wirklichkeit plebejisch war und den Mangel an Erziehung und Bildung offenbarte. In ihrem Briefwechsel mit dem Zaren äußerte sich Katharina als eine Frau voller Lebenskraft, gepaart mit gemütvoller Ausgelassenheit. Sie gebar Peter I. acht Kinder.

Um sich der Unterstützung der bisherigen Mitarbeiter Peters zu versichern, ließ die neue Kaiserin, die als Persönlichkeit bedeutungslos blieb, im Jahre 1726 als höchstes Machtorgan den Obersten Geheimen Rat (Verchovnyj Tajnyj Sovet) einrichten. Zu seinen sechs Mitgliedern (verchovniki) berief sie Fürst A. D. Menšikov, Graf P. A. Tolstoj, Graf F. M. Apraksin, Baron Heinrich Johann Ostermann (A. I. Osterman) und Fürst D. M. Golicyn. Die Ernennung Golicyns, der auf eine Konstitutionalisierung der russischen Reichsverfassung hinarbeitete, deutete darauf hin, daß die petrinische Adelsgruppe, die sich für die Beibehaltung der absoluten Selbstherrschaft einsetzte, auf die Interessen aristokratischer Kreise Rücksicht nehmen mußte, deren politisches Programm eine Beschränkung der Autokratie vorsah. So setzten die Verchovniki durch, daß ihnen sowohl der Senat als auch der Synod unterstellt wurden und das Amt des Generalprokureurs abgeschafft wurde.

Im Obersten Geheimen Rat, dessen Mitgliederzahl die Kaiserin durch Hinzuziehung ihres Schwiegersohnes und gleichzeitigen Kronprätendenten, des Herzogs Karl Friedrich von Holstein-Gottorp, auf sieben erhöhte, nahmen dieser und Vizekanzler Ostermann, der zur orthodo-

xen Kirche übergetreten war und eine Russin zur Frau hatte, eine Art
Sonderstellung ein. Der Oberste Geheime Rat führte unter Katharina I.
die Regierungsgeschäfte, die freilich fast gänzlich in den Händen Menšikovs lagen. Während der kurzen Herrschaftszeit der zur Regierung un-
fähigen Kaiserin nahm die Entwicklung des Landes insgesamt jedoch
einen günstigen Verlauf. Der Bergbau, insbesondere die Eisengewin-
nung, die Manufakturen, der Binnen- und Außenhandel entfalteten sich
weiter. Die Bevölkerung vermehrte sich. Freilich fehlte es auch nicht an
sozialen Bedrückungen und steuerlichen Belastungen der Dorf- und
Stadtbevölkerung, und die bäuerliche Flucht riß nicht ab. Im Zuge von
Revisionen in den Provinzen wurden Amtsmißbrauch, Unterschlagun-
gen und Korruptionsfälle beträchtlichen Ausmaßes aufgedeckt. Die Kaiserin selbst und ihr Hof verausgabten bedenkenlos gewaltige Geldmit-
tel, wodurch der Staatshaushalt auf das schwerste belastet wurde. Ein
besonderes Übel stellten die von ausländischen Diplomaten, die in der
russischen Hauptstadt akkreditiert waren, beschriebenen wüsten Trink-
gelage dar, denen sich die Kaiserin und Menšikov mitsamt ihrem Anhang hingaben.

Außenpolitisch hatte bereits Peter I. in seinen letzten Lebensjahren
einen Wandel von der kriegerischen Expansion zur bündnispolitischen
Konsolidierung eingeleitet. Dieser Linie folgten nach 1725 auch weitgehend der neue Vizekanzler Ostermann und sein Nachfolger Bestužev,
die mit Erfolg die Balance zwischen defensiver Bündnissicherung und
engagierter Bewahrung hegemonialer Errungenschaften hielten. So unterließ der vorsichtige Ostermann jeglichen Versuch, im Deutschen
Reich Fuß zu fassen und Schweden als Ostseemacht weiter zurückzudrängen. Dieser Haltung trug bereits das russisch-schwedische Bünd-
nisabkommen Rechnung, das noch unter Peter I. am 11. (22. N. S.) Februar 1724 in Stockholm unterzeichnet worden war. Gleichzeitig setzte
sich Ostermann für eine rasche Annäherung an Österreich ein. Es bedeutete daher für ihn einen großen Triumph, als Kaiser Karl VI. am
26. Juli (6. Aug. N. S.) 1726 dem russisch-schwedischen Vertrag beitrat
und die russische Regierung bereits wenig später, am 10. (21. N. S.)
August, auch mit Preußen eine Allianz schließen konnte. Dem russisch-
preußischen Bündnisvertrag folgte im Oktober des gleichen Jahres ein
gleiches Abkommen zwischen Preußen und Österreich. Damit kam
schon unter Kaiserin Katharina I. der Ansatz jenes Bündnissystems zustande, das für die nachfolgende Außenpolitik Rußlands von größter
Bedeutung werden sollte.

Als ungefestigt erwiesen sich die russischen Positionen in Persien, die
angesichts der gespannten Beziehungen zur Türkei für das Zarenreich
unhaltbar geworden waren. Sie mußten daher zu Beginn der 30er Jahre
endgültig aufgegeben werden. Erfolge zeigte hingegen die Chinapoli-
tik, bei der die handelspolitischen Interessen Rußlands im Vordergrund

standen. Nach Überwindung von Konflikten, die bereits 1722 zum Abbruch der Beziehungen zwischen beiden Reichen geführt hatten, gelang es den russischen Diplomaten, in den folgenden Jahren Verträge zu unterzeichnen, die das Verhältnis des Reiches zu China auf neue Grundlagen stellten.

Am kaiserlichen Hof hatten sich die Auseinandersetzungen um die Nachfolgeschaft im Jahre 1726 verschärft. Obwohl sich der um Menšikov und Katharina I. gruppierende Kreis als stark genug erwies, die Herrschaft der Monarchin zu sichern, war doch ebenso klar, daß dem männlichen Thronerben, Peters des Großen Enkel Peter, die Übernahme der Macht nicht allzu lange vorenthalten werden konnte. Darauf wurde bereits auch vom Wiener Kaiserhof gedrängt, stand dieser doch in direkten verwandtschaftlichen Beziehungen zum jungen Peter Alekseevič. Angesichts dieser Situation erwirkte Menšikov, der um seine Stellung fürchtete, von Katharina I. die Erlaubnis zur Verlobung seiner Tochter Maria mit dem Thronfolger Peter, während Ostermann den Gedanken einer Heirat Peters mit dessen um fünf Jahre älteren Tante Elisabeth, der Tochter Peters I. und Katharinas, ventilierte. Aus Neid und Furcht vor der Gewaltherrschaft des allgemein verhaßten Menšikov bereiteten hohe Würdenträger ein Komplott gegen den Favoriten der Kaiserin vor. Anfang April 1727 wurde die kränkelnde Herrscherin von einem schweren Fieber befallen. Sie verstarb am 6. Mai desselben Jahres im Alter von erst dreiundvierzig Jahren dem Gerücht nach an der Schwindsucht.

Zu den bedeutendsten Errungenschaften der kurzen Herrschaftszeit Katharinas I. gehörten die Eröffnung der noch von Peter dem Großen ins Leben gerufenen Petersburger Akademie der Wissenschaften 1725 und die im darauffolgenden Jahr erfolgte vertragliche Eingliederung der neuen Großmacht Rußland in das durch den Ausgang des Nordischen Krieges machtpolitisch völlig veränderte europäische Staatensystem.

Erich Donnert

PETER II.
1727–1730

Peter II., geb. 12. 10. 1715, Thronbesteigung 7. 5. 1727, 25. 5. 1727 Verlobung
mit Maria Menšikova, 30. 11. 1729 Verlobung mit Katharina Dolgorukaja, gest.
18. 1. 1730. Vater Aleksej Petrovič (18. 2. 1690–26. 6. 1718), Mutter Charlotte
Christine Sophie von Braunschweig-Wolfenbüttel (1694–22. 10. 1715).

Mit der Thronbesteigung des noch keine zwölf Jahre zählenden Peters II.
kam es nach dem Tode Katharinas I. erneut zur Herrschaft eines Kaisers,
der keine selbständige Regierung ausüben konnte. Seine ebenfalls nur
kurze Herrschaftszeit stand wie die seiner Vorgängerin im Zeichen von
höfischen Machtkämpfen, aus denen die den Neuerungen Peters I. kritisch gegenüberstehende Fürstenfamilie der Dolgorukij als Siegerin hervorging. Jedoch konnte unter Peter II. von einer Zurücknahme der inneren Reformen Peters des Großen keine Rede sein. Auch die russische
Außenpolitik wurde von dem bereits unter ihm aufgestiegenen Bochumer Pfarrerssohn Ostermann als Vizekanzler in traditionellem Sinne
fortgeführt.
    Der am 12. Oktober 1715 in Petersburg geborene Peter II. war der
Sohn des 1718 verstorbenen Thronfolgers Aleksej und dessen Gemahlin
Charlotte Christine Sophie von Braunschweig-Wolfenbüttel, die bereits
am 22. Okt. 1715, zehn Tage nach ihrer Niederkunft, an den Folgen der
Geburt verschied. Nur wenige Tage später, am 28. Oktober, gebar
Katharina ihrem Mann Peter ebenfalls einen Sohn mit dem gleichen
Namen Peter (Petr Petrovič), der am 3. Februar 1718 anstelle des in Un-
gnade gefallenen Thronfolgers Aleksej zum «carevič» erklärt wurde. Zar
Peter I. vergötterte seinen Sohn, der den Namen des Vaters trug, von
Anfang an in überschwenglicher Freude «als Rekruten» und «kleinen
Matrosen». Von den Thronrechten des Enkels Petr Alekseevič war zu
Lebzeiten Petr Petrovičs deshalb keine Rede. Erst nach dessen frühem
Tod am 25. April 1719 konnte Peters Enkel als Thronfolger gelten. Dafür
setzte sich vor allem Kaiser Karl VI., sein Onkel, ein. Zar Peter I. wollte
jedoch nach den Berichten österreichischer Diplomaten, die in dieser
Frage am Petersburger Hof vorfühlten, nichts davon wissen.
    Über die Kindheit des früh verwaisten Petr Alekseevič ist nur wenig
bekannt. Fest steht, daß die Erziehung des jungen Großfürsten recht zu
wünschen übrig ließ. Seit Herbst 1724 schienen seine Aussichten,
Thronfolger zu werden, zu steigen. So hieß es in österreichischen Berichten aus St. Petersburg, daß der Kaiser seinen Enkelsohn freundlich

Peter II.

behandle, «wie eingleichen russischen fürsten und bojaren denselben mit ganzem herzen sichtlich zugethan seynd, ausser gar wenigen, die nemblich den hochseeligen cronprinzen verfolgen geholffen undt von denen Tolstoy wohl der erste ist. Von dem gemeinen volckh aber wirdt dieser prinz gar unbeschreiblich geliebet.» So stünden die Chancen des jungen Peter sehr gut, daran dürfte selbst eine «zuwiederlaufende mündliche disposition» Peters des Großen nichts mehr ändern können. Jedoch, noch gab es am Petersburger Hof erhebliche Widerstände gegen eine Nominierung Petr Alekseevičs als Nachfolger Peters I.: «Oeffentlich darf sich Niemand dem Großfürsten favorable zeigen, wo er nicht dem Tode in den Rachen laufen will.» Das Mißtrauen auf russischer Seite war groß, und man verbat sich jegliche Einmischung von außen bei der Regelung der Nachfolgefrage. Jedoch die Befürchtungen des Petersburger Hofes waren von Anfang an grundlos, ließ doch Karl VI. offiziell erklären, er beabsichtige, «aus denen moscowitischen händeln sich gänzlich zu halten».

Am russischen Hof hatten sich freilich aristokratische Anhänger des Großfürsten unmittelbar nach der Thronbesteigung Katharinas I. zusammengefunden und bereits Vorbereitungen für die spätere Übernahme der Herrschaft durch ihn beraten. So bestieg denn auch bereits am 7. Mai 1727, einen Tag nach dem Tode Katharinas I., Peter II. den russischen Kaiserthron. In der offiziellen Verlautbarung hieß es, daß «die Wahl des erblichen Herrschers» laut «Testament Ihrer Kaiserlichen Hoheit» erfolgt sei. Im Thronbesteigungsmanifest war gesagt, der neue Kaiser Peter II. sei mit allen herrscherlichen Rechten und Prärogativen ausgestattet. Während seiner Minderjährigkeit sollten Katharinas Töchter Anna und Elisabeth gemeinsam mit dem Obersten Geheimen Rat die Regentschaft ausüben. Weiterhin war in Katharinas Testament verfügt, daß nach Peters II. Tod nacheinander Anna und Elisabeth jeweils «mit ihren Deszendenten» und schließlich die Großfürstin Natal'ja, Peters Tochter aus der ersten Ehe (mit Evdokija Lopuchina), nachfolgen sollten. Mit den Bestimmungen von Katharinas I. Testament sollte somit der Erbanspruch von Peters Töchtern aus beiden Ehen gesichert werden. Jedoch kam es dazu nicht. Lediglich Peters und Katharinas Tochter Elisabeth gelang es 1741, den russischen Kaiserthron zu besteigen.

Ungeachtet seiner Minderjährigkeit sollte Peter II. nach dem Wortlaut von Katharinas Testament wie «unser Vorgänger» als Autokrat regieren. Jedoch in den ersten Monaten der Herrschaft des neuen Kaisers übte Menšikov nach wie vor faktisch die Herrschaft aus. Aber schon im September 1727 gelang es seinen Gegnern, den bislang allmächtigen Günstling zu stürzen. Dieser, der insbesondere von Herzog Karl Friedrich von Holstein-Gottorp, dem Gemahl von Peters I. Tochter Anna, unterstützt wurde, hatte offensichtlich den Einfluß unterschätzt, den altmoskaui-

sche Hochadelsfamilien auf den jungen Herrscher ausübten. So wurde
dem Herzog nahegelegt, nach Holstein heimzukehren. Fürst Menšikov,
des Staatsverbrechens angeklagt, mußte sein Leben 1729 als Häftling
und völlig verarmt in sibirischer Verbannung beschließen.

Im Umkreis Peters II. hatten vor allem Angehörige der Dolgorukij-
Familie das Sagen. Sie waren es wohl auch, die den jungen Herrscher
veranlaßten, die kaiserliche Residenz wieder nach Moskau zu verlegen,
was freilich auf Dauer bedeutungslos blieb. Eine ebenso demonstrative
Geste stellte die Befreiung Evdokija Lopuchinas, Peters verstoßener
erster Gemahlin und Großmutter Peters II., aus klösterlicher Haft dar.
Ihr wurde jetzt am Hofe erneut ein ehrenvoller Rang eingeräumt. Die
Erziehung des jungen Kaisers lag in den Händen von Prokopovič und
vor allem Ostermann, der sich seiner Aufgabe mit Gründlichkeit und
Hingabe widmete. Sie erfolgte auf der Grundlage eines pädagogischen
Programms, dessen Grundsätze der aufgeklärten Fürstenbildung, die
durch Professoren der neuerrichteten Petersburger Akademie der Wissenschaften getragen werden sollte, auch den Beifall des Wiener Hofes
fanden. Der kaiserliche Zögling ließ jedoch wenig Neigung zum Lernen
erkennen und geriet bald unter den unheilvollen Einfluß von Angehöri-
gen der Dolgorukij-Familie. Nach der Übersiedlung des Hofes nach
Moskau gab sich Peter dort ausgedehnten Jagden und ungezügelten
Ausschweifungen hin, was zur Folge hatte, daß Ostermann nahezu
allen Einfluß auf ihn verlor. Auch die Intervention des kaiserlichen
Onkels in Wien fruchtete nicht. Schließlich faßte man den Entschluß,
Kaiser Peter II. die Prinzessin Katharina Dolgorukaja zur Frau zu geben.
Das Vorhaben scheiterte jedoch daran, daß der an den Pocken erkrankte
Imperator nach nur zweieinhalbjähriger Herrschaft in der Nacht vom
18. zum 19. Januar 1730 plötzlich verschied.

Mit Peters II. Tod erlosch die Dynastie der Romanovs in der männlichen Linie. Was eine selbständige Regierung dieses Kaisers bedeutet
hätte, ist nicht zu sagen. Als unreifer Jüngling blieb Peter II. ein Spielball
der sich bekämpfenden Parteien. In den Jahren seiner Herrschaft verstanden es die Dolgorukijs, nach der Ausschaltung Menšikovs und des
holsteinischen Herzogs im Obersten Geheimen Rat (Verchovnyj Tajnyj
Sovet) den Ton anzugeben, die ehemaligen Anhänger Peters I. allmählich aus dem höchsten Staatsgremium zu vertreiben und durch Mitglieder der eigenen Familie zu ersetzen. Zuletzt saßen als Mitglieder von
1725 nur noch Kanzler Golovkin und Vizekanzler Andrej Ivanovič, wie
die Russen den Deutschen Heinrich Johann Ostermann nannten, im
Rat. Zu den weiterführenden Maßnahmen, die unter Kaiser Peter II. auf
Initiative Ostermanns zustande kamen, gehörte die Gründung der
Kommission für den Handel Ende 1727, durch die einige wichtige Reformen in Gang gebracht wurden. Sie betrafen die Zölle sowie den Geld-
und Kreditverkehr. Fortschritte wurden auch bei der Weiterentwicklung

des Postwesens, insbesondere der Postverbindungen zwischen Moskau und Kiev, erzielt.

Zu den außenpolitisch wichtigsten Ereignissen unter Peter II. gehörte die endgültige Abwendung der auf Betreiben des Herzogs Karl Friedrich von Holstein-Gottorp und dessen holsteinischen Minister Friedrich Henning Graf Bassewitz an der Ostsee heraufbeschworenen Kriegsgefahr, die im Zusammenhang mit dem Anspruch des Hauses Gottorp auf das von Dänemark annektierte Schleswig entstanden war. Der Sturz der «holsteinischen Partei» am russischen Hof bewahrte Rußland vor einem sinnlosen und leichtfertigen Waffengang mit den nordischen Mächten, denen England und Frankreich, die nunmehr die politische Hegemonie im Ostseeraum übernahmen, ihre Unterstützung zugesagt hatten. Die diplomatische Beilegung des Schleswig-Konflikts und die Erhaltung der «Ruhe des Nordens» erfolgten auf dem Kongreß von Soissons (1728–1730), der ersten europäischen Friedenskonferenz, an der Rußland mitwirkte. Gleichzeitig war es Vizekanzler Ostermann, der «Säule des österreichisch-russischen Bündnisses» von 1726, gelungen, die Allianz zwischen Petersburg und Wien im Jahre 1728 zu erneuern und auszubauen.

Auch die Beziehungen zu China konnten durch den Abschluß des Grenz- und Handelsvertrages von Kjachta, der am 21. Oktober (1. November N. S.) 1727 unterzeichnet wurde, verbessert werden. Das Abkommen erwies sich als recht dauerhaft, und die sich für Rußland ergebenden Vorteile sollten in der Folge bald deutlich werden. Ebenso nahm die Erschließung asiatischen Territoriums ihren Fortgang, wie die russische Protektoratspolitik gegenüber den Kasachen und die Durchdringung Kamtschatkas erkennen ließen. Noch kurz vor seinem Tode hatte Peter I. dem Dänen Vitus Bering, der als Marineoffizier seit 1703 in russischen Diensten stand, den Auftrag erteilt, die Asien und Amerika trennenden Wasserstraßen zu erforschen und kartographisch aufzunehmen. Nach langen, jedoch unzureichenden Vorbereitungen konnte Bering endlich im Sommer 1728 von Nižnekamčatsk aus zu seiner Expedition (1. Bering-Expedition, 1728/29) aufbrechen, die jedoch nach kurzer Zeit als erfolglos abgebrochen werden mußte. Erst die 2. Bering-Expedition (1733–1743) sollte die erhofften Resultate zeitigen.

Anna

Aristide Fenster

ANNA
1730–1740

Anna, geb. 28. 1. 1693 in Moskau, Thronbesteigung 15. 2. 1730, gest. 17. 10.
1740. Vater Ivan V. (27. 8. 1666–29. 1. 1696, Zar 1682–1696), Mutter
Praskov'ja Saltykova (12. 10. 1664–Okt. 1723). Heirat 31. 10. 1710 mit Herzog
Friedrich Wilhelm von Kurland (gest. Jan. 1711).

Über kaum einen Herrscher Rußlands lautet das allgemeine Urteil so
negativ wie über Anna Ivanovna. Der Persönlichkeit der Kaiserin werden
so gut wie keine positiven Züge attestiert. Ihre zehnjährige Regierungszeit gilt als Inbegriff der sogenannten «dunklen Epoche» Rußlands zwischen dem Tode Peters I. (1725) und der Thronbesteigung Katharinas II.
(1762).

Dieses negative Bild ist im wesentlichen ein Erzeugnis der russischen
Historiographie des 19. Jahrhunderts, die wegen der Rolle, die Deutsche
in der russischen Staatsführung der 30er Jahre des 18. Jahrhunderts angeblich spielten, die Anna-Zeit als ein reaktionäres, durch Korruption,
Gewalt und Terror gekennzeichnetes Ausländerregime charakterisiert
hat. Diese in hohem Maße nationalistisch motivierte Interpretation hat
sich dem allgemeinen Geschichtsbewußtsein unter dem berüchtigten
Begriff «Bironwirtschaft» (bironovščina) – nach Ernst Johann von Biron,
dem Günstling der Kaiserin – so nachhaltig eingeprägt, daß es der kritischen Forschung nur teilweise gelungen ist, ein abgewogeneres Bild von
der Ära Annas durchzusetzen.

Als gesichertes Urteil kann heute gelten, daß Anna und ihre Regierung im großen und ganzen den von Peter I. vorgegebenen Weg fortgesetzt haben. Die neuere historische Forschung unterstreicht nicht nur
die eigentlich schon immer bekannte Tatsache, daß Rußland in den 30er
Jahren seine Stellung als europäische Großmacht wahren konnte, sondern weist auch darauf hin, daß im Innern mannigfachen regressiven
Tendenzen bemerkenswerte Fortschritte gegenüberstanden.

Nicht zur Nachfolge bestimmt, wuchs die am 28. Januar 1693 in Moskau als vierte Tochter Ivans V., des Halbbruders Peters I., geborene
Anna in einem Umfeld auf, daß einer sorgfältigen Erziehung nur in
Ansätzen förderlich war. Nach dem frühen Tod ihres Vaters (1696) kümmerte sich Peter I. um die Erziehung Annas, indem er deutsche und
französische Lehrer verpflichtete. Nicht weniger prägend als diese Bemühungen, durch die Anna mit westlichen säkularen Ideen in Berüh-
rung kam, war der Einfluß ihrer Mutter Praskov'ja Saltykova, die einen

traditionalistischen und religiös betonten Gegenpol zu Peters I. Erzie-
hungsprogramm bildete. Die nicht sehr systematischen Anstrengungen
im Spannungsfeld der in diesem Zeitalter miteinander konkurrierenden
geistigen Strömungen zeitigten ein ambivalentes pädagogisches Ergebnis. Von oberflächlicher Bildung, stand Anna neuen Entwicklungen im
kulturellen Bereich durchaus aufgeschlossen gegenüber. In ihren politischen und religiösen Wertorientierungen dominierten dagegen eher
konservative Elemente.

Im Oktober 1710 wurde Anna in das Kalkül der petrinischen Heiratspolitik einbezogen und mit Herzog Friedrich Wilhelm von Kurland ver-
mählt. Nach dessen frühem Tod im Januar 1711 verbrachte Anna sechs
Jahre am Hof in Petersburg im Kreise ihrer Mutter und ihrer Schwe-
stern, ehe sie nach dem Willen Peters I. 1717 als Herzogin-Witwe in die
kurländische Residenz Mitau übersiedelte. Die 13 Jahre, die sie bis zu
ihrer Petersburger Thronbesteigung in Kurland verbrachte, waren eine
unfrohe Zeit. Da sie weitgehend mittellos und vereinsamt war, verhär-
tete sich ihr Gemüt in diesen schweren Jahren. In ihrem Erscheinungsbild gewannen die rauhen, männlichen Züge immer deutlichere Konturen. Mit einer großen Enttäuschung war für sie verbunden, daß A. D.
Menšikov, der mächtige Günstling Katharinas I., 1726 ihre Wieder-
verheiratung mit Moritz Graf von Sachsen, dem illegitimen Sohn Augusts II., des Königs von Polen, verhinderte.

Aus der durch den plötzlichen Tod Peters II. verursachten Nachfolgekrise ergab sich, daß Anna 1730 den russischen Thron besteigen konnte.
In der Geschichte des an krisenhaften Thronfolgeregelungen so reichen
18. Jahrhunderts markiert diese Entwicklung eines der dramatischsten
Kapitel.

Der Übergang von Peter II. zu Anna, der mit einem Interregnum von
fast einem Monat (18. Januar bis 15. Februar 1730) verbunden war, erwies sich nicht nur deshalb als problematisch, weil der 15jährige Peter II.
keinen Nachfolger bestimmt hatte. Erschwerend kam hinzu, daß durch
das Ableben des Enkels Peters I. das Haus Romanov in der männlichen
Linie ausgestorben war. Die Lage war angesichts des Fehlens eines direkten Erben dermaßen unklar, daß die ambitionierte Familie Dolgorukij, unter deren Einfluß Peter II. geraten war, den erfolglosen Versuch
machte, der Braut des verstorbenen Kaisers, Katharina Dolgorukaja,
zum Thron zu verhelfen.

Nach dem «Testament» Katharinas I., dessen Echtheit ungeklärt ist,
schien die petrinische weibliche Linie für die Nachfolge prädestiniert.
Der Oberste Geheime Rat (Verchovnyj Tajnyj Sovet), das von Vertretern
der beiden Altmoskauer Adelsfamilien Dolgorukij und Golicyn beherrschte höchste zentrale Machtorgan des Staates, erklärte dieses Doku-
ment jedoch für nichtig und schloß die petrinische Linie, die in Elisabeth,
der Tochter Peters I. und Katharinas I., und Karl Peter Ulrich, Herzog von

Holstein, dem späteren Peter III., fortlebte, wegen ihrer «illegitimen» Herkunft von der Nachfolge aus. Statt dessen gab der Oberste Geheime Rat, der Ende der 20er Jahre faktisch die absolute Macht usurpiert hatte, den Thronansprüchen der älteren weiblichen Linie der Romanovs, derjenigen Ivans V., den Vorrang. Er verfiel dabei auf Anna, die verwitwete Herzogin von Kurland. Ihre Wahl versprach große Vorteile. Da sie unverheiratet war, so das Kalkül des Obersten Geheimen Rates, würde sie – im Unterschied zu ihrer älteren, mit Herzog Karl Leopold von Mecklenburg vermählten Schwester Katharina – weder einen potentiell mächtigen Gatten noch einen direkten Erben haben. Nach einem dreizehnjährigen Aufenthalt am kurländischen Hof, würde es ihr an nennenswerten politischen Verbindungen in Rußland mangeln. Vor allem aber würde sie angesichts der fragwürdigen Legitimation ihre Ernennung völlig dem Obersten Geheimen Rat verdanken.

Der Oberste Geheime Rat verknüpfte seine Wahl mit einer Reihe von «Konditionen», welche die Macht der Kaiserin beschränken und eine oligarchische Mitbestimmung der beiden großen Familien festschreiben sollten. Danach durfte sich Anna nicht wiederverheiraten und keinen Thronerben bestimmen. Die Kaiserin mußte sich verpflichten, den Rat als zentrales operatives Machtorgan mit höchster legislativer, exekutiver und judikativer Autorität beizubehalten. Ohne seine Einwilligung sollte sie keinen Krieg erklären oder Frieden schließen dürfen. Die Erhebung neuer Steuern, Beförderungen von Russen oder Ausländern in Spitzenämter, die Vergabe von Erbgütern, die Verurteilung von Adligen ohne Prozeß sowie die Enteignung adligen Besitzes sollten der Kaiserin untersagt sein. Eine weitere bedeutende Bedingung war, daß die Garderegimenter dem Obersten Geheimen Rat unterstellt sein sollten. Anna wurde aufgefordert, durch Unterzeichnung einer Art Wahlkapitulation der Übertragung der genannten Herrschaftsprärogativen auf den Rat zuzustimmen.

Angesichts ihrer desolaten Situation, blieb der Herzogin von Kurland gar nichts anderes übrig, als in die Forderungen des Obersten Geheimen Rates einzuwilligen. Noch ehe die von ihr in Mitau unterzeichneten «Konditionen» in Moskau eintrafen, hatte sich die Lage jedoch entscheidend zu ihren Gunsten verändert. Bei vielen Adligen waren die oligarchischen Aspirationen der Familien Dolgorukij und Golicyn auf entschiedenen Widerstand gestoßen. Diese Stimmung entsprang weniger einem sozialen Gegensatz zwischen Aristokratie und Dienstadel, als einem Konkurrenzkampf unter Familien und Adelsparteiungen einer sozial einheitlichen Elite. Die Opposition gegen die «Konditionen» schlug sich in zahlreichen Projekten nieder, die im wesentlichen auf die Forderungen hinausliefen, die Macht des Rates zu beschneiden und einen zahlenmäßig erweiterten Senat nach petrinischem Vorbild als höchstes staatliches Regierungsorgan einzusetzen. Von dieser Frontstellung innerhalb der adligen Führungseliten profitierte Anna. Im Einvernehmen mit der hohen Geistlichkeit und jenen Mitgliedern des Rats, die den Plänen der Familien Dolgorukij und Golicyn ablehnend gegenüberstanden, versicherte sie sich der Unterstützung der Garderegimenter und widerrief die «Konditionen».

Mit der wenig später verkündeten Auflösung des Obersten Geheimen Rates endete eine Nachfolgekrise, die lange Zeit als Versuch einer konstitutionellen Umformung des petrinischen Staates gedeutet worden ist. Russische Historiker der liberalen Schule (Korsakov, Miljukov) stellten stark auf ein angebliches Verfassungsprojekt des Fürsten D. M. Golicyn ab, in dem man westliche Verfassungsmuster reflektiert zu sehen glaubte, und interpretierten die Ereignisse von 1730 als Vorläufer des konstitutionellen Liberalismus in Rußland. Die neuere Forschung hat sich dieser idealisierenden Sicht nicht angeschlossen und betrachtet den sogenannten «Golicyn-Plan» als historiographische Fiktion. Blickt man weniger auf die Berichte der ausländischen Gesandten am russischen Hof und mehr auf die feststehenden Tatsachen, so wird der strikt oligarchische Charakter der «Konditionen» deutlich, mit denen ihre Verfasser nicht auf eine ständepolitische Partizipation des Adels insgesamt, sondern vielmehr auf politischen Terraingewinn für sich selbst abzielten.

Die Umstände ihrer Thronbesteigung haben Anna und ihre Herrschaftsausübung nicht unwesentlich beeinflußt. Als besonders gravierend erwies sich ihre permanente Angst vor Verschwörungen, der sie durch Willkür und Strenge bei der Handhabung der Justiz Herr zu werden versuchte. Die Familien Dolgorukij und Golicyn behandelte Anna hart und erbarmungslos. Mit der «Geheimkanzlei für Untersuchungssachen» reaktivierte sie jene weitverzweigte Behörde zur Verfolgung und Untersuchung staatsfeindlicher Umtriebe, die zwischen 1718 und 1726 im Zusammenhang mit dem Fall des Großfürsten Aleksej staatspolizeiliche Aufgaben wahrgenommen hatte. Als Machtinstrument der Staatsführung verbreitete die «Geheimkanzlei» unter der Führung von A. I. Ušakov, der bereits in der petrinischen Zeit zu den mächtigsten Akteuren auf diesem Gebiet gezählt hatte, in den 30er Jahren Angst und Schrecken.

Annas großes Mißtrauen gegenüber den adligen Personengruppen und Parteiungen bei Hofe kam auch in der Personalpolitik zum Ausdruck. Sie brachte ihren kurländischen Hofstaat, der sich überwiegend aus Deutschbalten zusammensetzte, mit nach Rußland. Unter den ihr nahestehenden Edelleuten spielte ihr ehemaliger Kammerjunker E. J. von Biron (eigentlich Bühren) als Favorit der Kaiserin die wichtigste Rolle. Im Range eines Oberkammerherrn mit dem Reichsgrafentitel, war Biron, der sich 1737 die kurländische Herzogswürde übertragen ließ, vor allem in Personalangelegenheiten die dominierende Figur.

Der Einfluß des deutschen Elements wurde durch den Bochumer Pastorensohn H. J. F. Ostermann, der sich seit 1708 vom Sekretär im Kollegium für auswärtige Angelegenheiten bis zum Vizekanzler und Mitglied des Obersten Geheimen Rates emporgedient hatte, und den aus dem Oldenburgischen stammenden B. Chr. von Münnich, dem Peter I. die Bauleitung des Ladogakanals anvertraut hatte, noch gesteigert. Ostermann, der Annas Vertrauen durch sein Eintreten für die Selbstherrschaft gewonnen hatte, war eine staatsmännische Begabung von hohem Rang. Er zog nicht nur die Initiative in der Außenpolitik an sich, sondern übte auch auf wichtige Teile der inneren Verwaltung einen beträchtlichen Einfluß aus. Münnich verschaffte sich als Generalfeldmarschall und Präsident des Kriegskollegiums vornehmlich in der Frage des Kurses der russischen Orientpolitik Geltung.

Ostermann, Biron und Münnich spielten unter Anna eine derart prominente Rolle, daß die 30er Jahre des 18. Jahrhunderts den Höhepunkt des Einflusses Deutscher in der russischen Geschichte überhaupt bezeichnen. Dies bedeutet jedoch nicht, daß Ausländer den russischen Staat beherrscht und im nationalen Desinteresse regiert hätten. Von einer Frontstellung zwischen Deutschen und Russen in der Regierung kann keine Rede sein. Die Beziehungen zwischen Ostermann, Biron und Münnich waren vor allem durch persönliche Rivalitäten und Machtansprüche bestimmt. Alle drei intrigierten in wechselnden Konstellationen gegeneinander, wobei meist Russen mit Deutschen verbunden waren. Eine deutsche Partei am russischen Hof gab es nicht.

Eine Modernisierung des zentralen Verwaltungssystems war unter Anna nicht möglich. Der als höchstes staatliches Regierungsorgan wiedereingesetzte und in fünf Bereiche geteilte Senat wurde schon bald durch die Berufung eines persönlichen Beratungsgremiums der Kaiserin, eines dreiköpfigen «Ministerkabinetts», zur politischen Bedeutungslosigkeit verurteilt. Im «Ministerkabinett» zog lange Zeit Ostermann – in seinem Handlungsspielraum von den beiden anderen Mitgliedern, den Russen Fürst A. M. Čerkasskij und Graf G. I. Golovkin, kaum eingeengt – die Fäden.

Den bedeutendsten Versuch einer Staatsreform, die auf eine stärkere Teilnahme des Adels an der Verwaltung und auf Maßnahmen zur Verhinderung der Herrschaft von Günstlingen abzielte, unternahm A. P. Volynskij. Wie die meisten führenden Persönlichkeiten in der Regierungszeit Annas hatte Volynskij bereits unter Peter I. politische Verantwortung, als Gesandter in Persien, getragen. Seine Ernennung zum Kabinettminister 1738 verdankte er Biron, der mit dem befähigten Politiker ein Gegengewicht zu Ostermann setzen wollte. Anstatt ein Gefolgsmann des Favoriten der Kaiserin zu sein, entwickelte Volynskij jedoch ein hohes eigenes Profil und avancierte für kurze Zeit zur mächtigsten Figur in der Innenpolitik. Als er, um sein politisches Programm zu verwirklichen, auch vor einem Machtkampf mit Biron und Ostermann nicht zurückschreckte, fanden die beiden Deutschen, die alte Gegner waren, jedoch schnell zusammen. Mit der Hinrichtung Volynskijs 1740 wurden seine Staatsreformpläne zu Grabe getragen.

Kennzeichnend für Anna war, daß sie selbst keine intensive Anteilnahme an der hohen Politik zeigte. Die Kaiserin interessierte sich zwar anfänglich durchaus für die Staatsgeschäfte und war, wie die Annullierung der «Konditionen» bewiesen hatte, auch zu entschlossenem Handeln fähig, aber es fehlten ihr doch die Willenskraft, der Fleiß und vor allem die politische Sachkenntnis, um persönlich die Politik kontinuierlich zu gestalten. In der zweiten Hälfte ihrer Regierungszeit war Annas politisches Desinteresse so stark ausgeprägt, daß sie einer partiellen Einschränkung ihrer formellen Entscheidungsgewalt zustimmte. Um die Arbeitsabläufe zu erleichtern, konnten die drei Kabinettsmitglieder seit 1735 die Unterschrift der Kaiserin ersetzen und in allen politischen Angelegenheiten ohne ihre Mitwirkung entscheiden.

Ernster Arbeit zog Anna ihre Vergnügungen und persönlichen Angelegenheiten vor. Moralische Verdammungsurteile hat vor allem ihr großes Luxusbedürfnis und die gewaltige Verschwendung bei der Nachahmung westlicher höfischer Lebensführung hervorgerufen. Was die Größe und Pracht des Hofes, den Glanz der Feste und den Ruhm der beschäftigten Künstler anging, konnte sich der russische Hof, der 1732 von Moskau nach St. Petersburg zurückverlegt wurde, zwar nicht mit seinen westlichen Vorbildern messen, aber er entwickelte sich unter Anna allmählich zum unangefochtenen Lebens- und Kulturmittelpunkt des Landes. Da die Kaiserin großen Gefallen an der zeitgenössischen westlichen Musik- und Theaterkultur fand, förderte sie die Anwesenheit italienischer, deutscher und französischer Opern-, Ballett- und Theaterensembles am Hofe. Die westlich beeinflußte künstlerisch-festliche Seite der höfischen Lebensform, die bei ihrer Thronbesteigung nur in Ansätzen vorhanden gewesen war, erfuhr dadurch einen großen Aufschwung.

Nicht geringer als das Luxusbedürfnis war das Verlangen der Kaiserin nach Vergnügungen, die von Humor und Ironie, nicht selten aber auch von krudem Zynismus gekennzeichnet waren. Eine kuriose Vorliebe hatte Anna für schrullige, zwerghaft gewachsene Menschen mit wunderlichen Gebrechen, für Narren und Spaßmacher. Selbst Mitglieder alter russischer Adelsfamilien konnten zum Narrendienst bei Hofe verurteilt werden, wenn sie durch ihr Verhalten den Unwillen der Kaiserin hervorgerufen hatten. So wurde einer der Fürsten Golicyn wegen seiner Konversion zum römisch-katholischen Glauben mit der Narrenkappe bestraft. Außerordentliches Aufsehen erregte die sogenannte Eispalasthochzeit, die Zwangsvermählung ebendieses Golicyn mit einer kalmückischen Närrin in einem Eishaus auf der Newa, die an die von Peter I. veranstaltete Hochzeit des Saufpapstes erinnerte.

Wenn es für Anna eine politische Frage gab, der sie sich persönlich mit beständigem Engagement widmete, so war dies die Regelung ihrer Nachfolge. Selbst kinderlos, war sie bestrebt, den Nachkommen ihrer Schwester Katharina den Thron zu sichern. Die Kaiserin ließ ihre Nichte Anna Leopol'dovna aus Mecklenburg nach Rußland kommen und verheiratete sie – beraten von Ostermann – 1739 mit Anton Ulrich von Braunschweig-Bevern, der wegen seiner Verwandtschaft mit dem habsburgischen Kaiserhaus geeignet erschien, das außenpolitische Bündnis mit Österreich innenpolitisch abzusichern. Als sie den Ende August 1740 geborenen Sohn ihrer Nichte Anna Leopol'dovna, den späteren Kaiser Ivan VI., zu ihrem Nachfolger bestimmte, schien das Nachfolgeproblem gelöst zu sein. Der Tod der Kaiserin nur zwei Monate später machte die Defizite dieser Regelung jedoch alsbald deutlich.

Die innere Lage Rußlands in den 30er Jahren war bestimmt von den Folgen der maßlosen Überanstrengung aller Kräfte im ersten Viertel des 18. Jahrhunderts. Annas Regierung stand in Anbetracht dieser Sachlage vor einer kaum lösbaren Aufgabe: Einerseits galt es die erschöpften produktiven Kräfte des Landes zu schonen, andererseits die militärische Leistungsfähigkeit der Großmacht Rußlands aufrechtzuerhalten.

Daß die Bauern, von deren direkten Abgaben das Militär unterhalten wurde, der Regierung als schutzwürdig erschienen, ist unbestreitbar. Eine wirkungsvolle Fürsorge auf diesem Sektor hat sie jedoch nicht durchzuführen vermocht. Die beiden großen Kriege, die Rußland zur Wahrung seiner Großmachtstellung in den 30er Jahren des 18. Jahrhunderts führte, den in Polen (1733–1735) und den gegen das Osmanische Reich (1735–1739), setzten einer Politik der inneren Regeneration außerordentlich enge Grenzen.

Der Militäretat verschlang immense Summen; 1734 schlugen Armee und Flotte bei den Staatsausgaben mit über 70% zu Buche. Wegen der desolaten Finanzlage des Staates war der von Münnich eingeleiteten Reorganisation des Heeres, die im wesentlichen auf eine vergrößerte «reguläre», d. h. nach preußischem Militärreglement ausgebildete Armee abzielte, kein durchschlagender Erfolg beschieden. Auch der Flottenbau war von den negativen Rückwirkungen der schwierigen Finanzlage betroffen, obwohl die Regierung Annas im Rahmen der Möglichkeiten nichts unversucht gelassen hat, dem Verfall der Flotte, der bereits unter Peter I. eingetreten war, entgegenzuwirken.

Auf den Bauern lastete ein hoher Abgabendruck, der durch Steuerrückstände aus den 20er Jahren, die das Jahresbudget des Staates bei weitem übertrafen, zusätzlich verstärkt wurde. Schon um einen Staatsbankrott zu verhindern, sah sich die Regierung gezwungen, die Steuern vollständig einzutreiben. Armeetrupps erfüllten – nach petrinischem Vorbild – rücksichtslos ihre diesbezüglichen Instruktionen. Viele Zahlungsunfähige wurden inhaftiert. Mißernten taten ein übriges, um viele

Bauern in noch tieferes Elend zu stürzen. Durch Flucht über die Grenzen, vor allem nach Polen, versuchten zahlungsunfähige Steuerpflich-
tige dem allgemeinen Druck zu entgehen. Das Läuflingswesen wurde
wieder zu einem massenhaften Phänomen. Zwischen 1728 und 1742
wurden etwa 327 000 flüchtige Bauern ausfindig gemacht und zu ihren
Besitzern zurückgeschickt. Infolge der Bauernflucht verschlechterte sich
die Finanzlage des Staates weiter.

Während die Staatsfinanzen ein Problem blieben, gab es im Bereich
der Wirtschaft eine Reihe positiver Entwicklungen. Durch natürlichen
Zuwachs kam es zu einem kräftigen Bevölkerungsanstieg. In der Landwirtschaft war die Produktivität zwar weiterhin niedrig, aber die Erschließung von Ackerland in den fruchtbaren Regionen im Süden und Osten
des Reiches führte zu einer extensiven Steigerung der Agrarproduktion.
Signifikante Wachstumsraten wies die großgewerbliche Produktion auf.
Die Zahl der Textilmanufakturen und Eisenwerke erhöhte sich kontinuierlich. Durch staatliche Verordnungen zur Arbeitskräfteversorgung trug
die Regierung der gesteigerten Bedeutung der großbetrieblichen Unternehmen im Rahmen der Leibeigenschaftsordnung Rechnung. 1736 band
ein Ukaz alle persönlich nicht freien Arbeiter, die in Manufakturen und
Hüttenwerken beschäftigt waren, sowie deren Nachkommen auf Dauer
an die Betriebe. Nichtadeligen Unternehmern wurde das Recht eingeräumt, Leibeigene für Betriebe zu kaufen. Auch durch den Außenhandel
mit Westeuropa und Asien erfuhr die wirtschaftliche Entwicklung wesentliche Antriebe. Der russisch-britische Handelsvertrag von 1734
machte die Engländer zum bevorzugten Partner.

Die Privilegierung des Adels war die wichtigste innenpolitische Neu-
orientierung in der Herrschaft Annas – eine Entwicklung, die von der
Kaiserin unterstützt wurde, da der Adel in der Thronfolgekrise von 1730
für die Autokratie eingetreten war. Bereits wenige Monate nach Annas
Herrschaftsantritt wurde das Gesetz über die Einerbfolge von 1714 aufgehoben, mit dem Peter I. einer fortschreitenden Besitzzersplitterung
der Nobilität Einhalt gebieten und einen größeren Kreis von Adelssöh-
nen dazu nötigen wollte, zum Nutzen des Staates Dienst zu leisten oder
freie Berufe zu ergreifen. Noch bedeutender war die 1736 erfolgte Be-
fristung und Lockerung der allgemeinen Dienstpflicht des Adels auf
25 Jahre. Dieser Schritt ergab sich aus der erbärmlichen Lage, in der sich
die ländliche Ökonomie infolge der lebenslangen Dienstpflicht des
Adels befand. Das Gesetz befriedigte das Partikularinteresse des Adels,
war aber auch aus Gründen der Staatsraison geboten, denn die von
Peter I. dem Adel auferlegten Belastungen drohten nicht nur die Nobilität, sondern auch die Bauern und damit die Steuereinkünfte des Staates
zu ruinieren. Die Pflichtdienststruktur des Adels wurde überdies durch
das 1731 in St. Petersburg gegründete Kadettenkorps abgebaut, in dem
Adelssöhne eine standesgemäße Ausbildung als Offizier erhielten. Da-

durch wurden sie von der lästigen Pflicht des Hinaufdienens vom Dienstgrad eines Gemeinen befreit, die Peter I. von den Edelleuten verlangt hatte. Mit der Gründung des Kadettenkorps verfügte Rußland in den 30er Jahren – neben dem Hof – über eine weitere Einrichtung, die einen wichtigen Beitrag zur kulturellen «Verwestlichung» des Landes leistete. Die dem preußischen Kadettenkorps Friedrich Wilhelms I. und den im 17. Jahrhundert entstandenen Ritterakademien nachempfundene Petersburger Institution vermittelte jungen Edelleuten neben der militärischen Ausbildung eine exklusive allseitige Erziehung (u. a. in Fremdsprachen, Reiten, Fechten, Tanzen, Zeichnen, Musik). Zöglingen, die keine Neigung zum Militärdienst verspürten, wurde dadurch die Möglichkeit eröffnet, eine Zivilkarriere anzustreben. Angeregt durch Kurse in deutscher und französischer Literatur, bildete sich ein literarischer Zirkel heraus, in dem A. P. Sumarokov seine ersten klassizistischen Tragödien und Oden rezitierte. Anna zog den Dichter bald an den Hof. Weitere herausragende Vertreter der russischen Kultur dieser Zeit waren der Dichter A. D. Kantemir und der Historiker V. N. Tatiščev, der beim Thronwechsel 1730 als einer der Vertreter des niederen Adels aktiv gegen die Verchovniki aufgetreten war.

Daß Rußland in der Herrschaft Annas auf keinem Gebiet so bedeutende Fortschritte gemacht hat wie auf dem der Kultur, war ganz wesentlich der 1725 gegründeten Petersburger Akademie der Wissenschaften zu verdanken. Durch vorzügliche Arbeitsbedingungen, großen finanziellen Mitteleinsatz und überaus verlockende Aufgaben zog sie bedeutende europäische Gelehrte an, wie den Mathematiker L. Euler, den Astronomen J. Delisle und den Botaniker J. Amman. Die außerordentliche Bedeutung der Akademie stellte vor allem die sogenannte «Zweite Bering-Expedition» oder besser: «Große Nordische Expedition» der Jahre 1733–1743 im Gebiet der sibirischen Eismeerküste und des Nordpazifiks unter Beweis. Dieses Unternehmen, das unter der obersten Leitung des dänischen Asienforschers in russischen Diensten V. Bering stand, stellte eine der wichtigsten geographischen Erkundungsfahrten der frühen Neuzeit dar.

Außenpolitisch bewegte sich Rußland in den 30er Jahren des 18. Jahrhunderts in den von Peter I. eingeschlagenen Bahnen. Nach der Periode imperialer Expansion im großen Nordischen Krieg (1700–1721) ging es für Rußland im wesentlichen darum, die Revisionsbestrebungen der deklassierten Nachbarmächte Polen und Schweden abzuwehren wie der Eindämmungspolitik Frankreichs wirksam zu begegnen.

Ostermanns Verdienst war es, durch den Aufbau eines Netzwerks von Defensivbündnissen Rußlands hegemoniale Vormachtstellung in Nordost- und Ostmitteleuropa zu sichern. Da die französische Diplomatie seit Ende der 20er Jahre auf eine Isolierung Rußlands zielte und als potentielle Partner vor allem Schweden, Polen und das Osmanische Reich betrachtete, lag eine gewisse Zwangsläufigkeit darin, daß Ostermanns System – in Konkurrenz zur französischen Politik der Barrière de l'Est – vor allem auf ein Bündnis mit jenen Mächten angelegt war, die das Interesse der östlichen Flügelmacht an der Kontrolle der nordischen, ostmitteleuropäischen und orientalischen Politik teilten. Die Allianz mit Österreich (seit 1726), der sich Preußen zugesellte, bildete den Eckstein des kontinentalen Bündnissystems und versprach relative Sicherheit gegenüber dem Osmanischen Reich. Elementar für das russische Stabilitätsinteresse war auch die Verständigung mit England, die – gefördert durch die beiderseitigen englisch-russischen Handelsinteressen – im Zeichen des französisch-englischen Gegensatzes 1734 zustande kam. Als bedeutender Erfolg in der nordischen Politik war – durch die Beilegung des Konflikts um Schleswig – die Normalisierung des Verhältnisses zu Dänemark (1732) zu verzeichnen.

Als stärkste Belastungsprobe für das russische Defensivsystem in Ostmitteleuropa erwies sich der Polnische Thronfolgekrieg (1733–1735), in dem sich Rußland massiver französischer Einflußpolitik zu erwehren hatte. Während sich Rußland und seine Verbündeten Österreich und Preußen im «Löwenwoldeschen Traktat» («Entente cordiale der drei Schwarzen Adler») von 1732 darauf einigten, im Konflikt um die Nachfolge Augusts II. auf dem polnischen Thron einen dem habsburgischen Haus verwandten portugiesischen Prinzen – notfalls auch mit militärischen Mitteln – durchzusetzen, trachtete Frankreich danach, durch Unterstützung der Ambitionen des exilierten polnischen Königs Stanisław Leszczyński, des Schwiegervaters Ludwigs XV., den russischen Einfluß auf die Adelsrepublik zu minimieren.

Zunächst sah es nicht nach einem Erfolg der russischen Polenpolitik aus. Der für die Königswahl in Aussicht genommene portugiesische Kandidat fand beim polnischen Adel keine Unterstützung. Die Mehrheit des Adels machte Anstalten, Leszczyński zu wählen. Unter diesen Umständen sahen sich Rußland und Österreich gezwungen, ihre Kandidatenpolitik zu revidieren. Kurzerhand traten sie für den ursprünglich von ihnen von der Thronfolge ausgeschlossenen sächsischen Kurfürsten, den Sohn Augusts II., ein, der sich als einziger eine nennenswerte Gegenfraktion unter den polnischen Magnaten hatte sichern können. Der Preis des Wettiners für die russische und österreichische Unterstützung war die Zusage, das polnische Lehen Kurland nach dem Tode des letzten Nachkommen des Ordensmeisters an Annas Günstling Biron abzutreten und die Österreich von Sachsen bislang vorenthaltene Pragmatische Sanktion zu garantieren.

Nach Wahl und Gegenwahl beider Kandidaten ließ die militärische Auseinandersetzung, die sich zu einem europäischen Krieg ausweitete, nicht lange auf sich warten. Da sich Frankreichs militärische Intervention auf die habsburgischen Besitzungen, vor allem in Italien, konzentrierte, Paris in Polen selbst jedoch jedes militärische Engagement vermied, stand Leszczyński gegenüber den russischen Interventionstruppen auf verlorenem Posten. Im Unterschied zu Österreich, das aus dem Krieg mit Frankreich geschwächt hervorging, nahm sich das Ergebnis des Krieges aus der Sicht Rußlands positiv aus. Der Wettiner wurde als König August III. in Polen anerkannt, die hegemoniale Kontrolle Rußlands über das ostmitteleuropäische Vorfeld gesichert.

Anders als der Konflikt in Polen zeitigte der Krieg gegen die Türkei (1735–1739) keinen wesentlichen außenpolitischen Erfolg für Rußland. Dies lag vor allem daran, daß Münnichs offensiv akzentuierte Kriegszielpolitik gegenüber der Pforte – Öffnung des Schwarzen Meeres für den russischen Handel und Zerschlagung der tatarischen Macht – die begrenzten militärischen Möglichkeiten des Reiches überforderte. In Unterschätzung der Stärke der osmanischen Kriegsmacht und ohne militärisch starken Bundesgenossen – Österreich trat erst 1737 in den Krieg ein und erlitt eine Reihe verlustreicher Niederlagen an der Donau und in Bosnien – erschöpfte Rußland seine angespannten materiellen Ressourcen. Es sah sich schließlich wegen des von Frankreich zwischen Österreich und dem Osmanischen Reich in Belgrad vermittelten separaten Präliminarfriedens (1739) sogar gezwungen, seine Eroberungen in der Moldau und auf der Krim aufzugeben. In weiterer Perspektive fiel negativ ins Gewicht, daß Frankreich durch seine Vermittlerrolle bei der Beendigung des Krieges seine Einflußmöglichkeiten auf die osmanische Politik vergrößert hatte. Als einziger Kriegsgewinn war die Anerkennung der russischen Hoheit über das Gebiet der Zaporoger Kosaken am Unterlauf des Dnjepr zu verzeichnen.

Als Anna am 17. Okt. 1740 starb, überwogen im Innern wie Äußeren die Kontinuitätsmomente. Persönlich ohne großes Profil und von ihrer hohen Aufgabe überfordert, verfügte die Kaiserin in Ostermann über einen bedeutenden Ratgeber, dessen staatsmännische Leistung die Bilanz ihrer zehnjährigen Regierungszeit trotz mancher Negativseiten in nicht ungünstigem Licht erscheinen läßt. Kein Zweifel kann darüber bestehen, daß sich die Herrschaft Annas positiv von den Regierungszeiten ihrer unmittelbaren Vorgänger Katharina I. und Peter II. abhebt. Als schweres Erbe erwies sich ihre Thronfolgeregelung, die keinen politischen Bestand hatte. Die Inthronisation ihres zwei Monate alten Großneffen als Ivan VI. stürzte Rußland in neue Turbulenzen.

Ivan VI.

Aristide Fenster

IVAN VI.

1740–1741

*Ivan VI., geb. 2. 8. 1740, Thronbesteigung 17. 10. 1740, Sturz 25. 11. 1741,
gest. 5. 7. 1764 in der Festung Schlüsselburg. Vater Prinz Anton-Ulrich von
Braunschweig-Bevern (28. 8. [N. S.] 1714–6.[17. N. S.] 5. 1776), Mutter Anna
Leopol'dovna (7.[18. N. S.] 12. 1718–7. 3. 1746).*

Der am 12. Aug. 1740 geborene Ivan VI. gehört zu den tragischen Figuren auf dem Zarenthron. Im Alter von zwei Monaten zum Kaiser proklamiert, wurde er nach gut einem Jahr, das erfüllt war von Rivalitäts- und
Machtkämpfen bei Hofe, durch einen Putsch des Thrones beraubt. Mehr
noch als von den verworrenen Umständen seiner ephemeren nominellen Herrschaft (17. Oktober 1740 bis 25. November 1741) wird das Bild
Ivans VI. jedoch von seinem späteren persönlichen Schicksal bestimmt.
Nach dem Staatsstreich, der Elisabeth auf den Thron brachte, wurde der
Ex-Kaiser fast ein Vierteljahrhundert gefangengehalten, schließlich 1764
bei einem unsinnigen Befreiungsversuch von seinen Wärtern in der
Festung Schlüsselburg ermordet. Vor diesem Hintergrund wird das
allgemeine historische Urteil über Ivan VI. verständlich, das in dem
Urenkel von Peters I. Halbbruder Ivan V. zu Recht kaum mehr als eine
düstere Episode in der Geschichte Rußlands sieht.

Von der Kaiserin Anna zur Nachfolge bestimmt, wurde der Sohn der
Kaiserin-Nichte Anna Leopol'dovna (geborene Prinzessin Elisabeth von
Mecklenburg-Schwerin) und des Prinzen Anton Ulrich von Braunschweig-Bevern Mitte Oktober 1740 ohne Anzeichen einer innenpolitischen Krise als Ivan VI. inthronisiert. Als Regent für den minderjährigen
Herrscher war Biron, der Günstling der verstorbenen Kaiserin und Herzog von Kurland, ausersehen. Dies stellte sich als arger Mißgriff heraus,
da Biron in Ermangelung ausreichenden Rückhaltes in der adligen Führungsschicht des Reiches und wegen seines gespannten Verhältnisses
zu Anna Leopol'dovna die Fäden der Politik nur wenige Wochen in
der Hand halten konnte. Im November 1740 wurde er durch den aus
dem Oldenburgischen stammenden Generalfeldmarschall Münnich, der
ebenfalls in der Regierungszeit Annas zu bedeutendem Einfluß gelangt
war, gestürzt und in den hohen Norden verbannt. Anna Leopol'dovna
avancierte zur Regentin mit dem Titel «Großfürstin», Münnich übernahm die Leitung der Staatsgeschäfte. Die nun vorgenommene Eintei-
lung des Ministerkabinetts, des seit der Zeit der Kaiserin Anna höchsten
zentralen Staatsorgans, in Fachdepartements mit spezifischen Zustän-

204 *Aristide Fenster*

digkeiten – Heeresangelegenheiten (Münnich), auswärtige Politik
(Ostermann), innere Verwaltung (Čerkasskij und Golovkin) – spiegelte
die wirklichen Verhältnisse nur bedingt wider. Tatsächlich dominierte
Münnich nach Birons Sturz in allen politischen Bereichen.
Negativ wirkte sich Münnichs Ehrgeiz in den auswärtigen Angelegen-
heiten aus. Statt Preußen nach dem Ausbruch des ersten Schlesischen
Krieges zur Preisgabe seiner Eroberungen sowie zur Wiedereingliede-
rung in das antifranzösische Bündnissystem zu bewegen, gewährte
Münnich durch den Abschluß der russisch-preußischen Allianz vom
Dezember 1740 Friedrich II. die Rückversicherung gegen Rußlands
Hauptbündnispartner Österreich und trug so dazu bei, Frankreichs Einflußmöglichkeiten auf die mächtepolitische Lage im russischen Vorfeld
erheblich zu vergrößern. Die russische Europapolitik geriet vorübergehend in eine Krise. In der kontinentaleuropäischen wie nordischen Politik verschlechterte sich Rußlands Position. Schwedens Kriegserklärung
an Rußland vom August 1741 machte die Destabilisierung, die im Vorfeld des petrinischen Imperiums eingetreten war, sinnfällig.

Da Münnich nicht gewillt war, sich auf die Rolle eines Gefolgsmannes
der in Machtfragen ambitionierten, ansonsten politisch jedoch wenig
befähigten Regentin Anna Leopol'dovna zu beschränken, wurde er
nach wenigen Monaten entlassen. Seit März 1741 war Ostermann, der
dritte Politiker deutscher Herkunft, der in der Regierungszeit der Kaiserin Anna zu bedeutendem Einfluß gelangt war, der führende politische
Akteur im Staat. Aber auch er schaffte es nicht, seine Position dauerhaft
zu stabilisieren. Vielmehr kam es zu einer raschen Desintegration jenes
personellen Herrschaftsgefüges, das sich seit den 30er Jahren des
18. Jahrhunderts herausgebildet hatte. Da Ostermann keine mächtige
und weitverzweigte Hof-«Partei» hinter sich hatte, wurde seine Position
zusehends schwächer; die Kluft zwischen der Staatsführung und den
politischen Kräften in Administration und Armee vertiefte sich. Die
Pläne der Regentin, sich zur Kaiserin erklären zu lassen, stellten die
Fortdauer seines Regimes grundsätzlich in Frage. Als sich auch die geheime Staatspolizei von der Regierung Ostermanns abwandte, trieb die
nominelle Herrschaft Ivans VI. ihrem Ende entgegen.

Im November 1741 gelangte Elisabeth, die Tochter Peters des
Großen, die nach dem Tode Peters II. und Annas zweimal von der Herrschaft ferngehalten worden war, durch einen Staatsstreich auf den
Thron. Dieser Herrschaftswechsel hatte seine Wurzeln weder – wie behauptet worden ist – wesentlich in Umtrieben der französischen Diplomatie noch im Kampf gegen eine angeblich deutsche Fremdherrschaft,
sondern resultierte aus der schwindenden Macht und Kohäsion des
Ostermann-Regimes. Das treibende Element bildete eine kleine Gruppe
von Gefolgsleuten Elisabeths (Voroncov, die Brüder Šuvalov sowie eine
Reihe von Ausländern, darunter auch Deutsche), die – bei wohlwollen-

der Neutralität der Staatspolizei – die Garderegimenter für Elisabeth mobilisierte.

Der braunschweigischen Familie, Ostermann und Münnich wurde der Prozeß gemacht. Außer Münnich, der 1762 seine Freilassung und Rückberufung in den Staatsdienst als Generaldirektor der baltischen Häfen erlebte, war allen eine traurige Zukunft beschieden. Während Anna Leopol'dovna 1746 (an der Geburt ihres jüngsten Kindes) und Ostermann 1747 in ihren Verbannungsorten starben, verbrachte Anton Ulrich mit vieren seiner Kinder mehr als drei Jahrzehnte seines Lebens bis zu seinem Tod im Jahre 1774 in Gefangenschaft in Cholmogory. Katharinas II. Angebot zur Rückkehr in die Heimat lehnte der Braunschweiger ab, da er sich nicht von seinen Kindern trennen wollte. Erst 1780 war es diesen unglücklichen, von körperlichen und geistigen Gebrechen gezeichneten Geschwistern des nominellen Ex-Kaisers vergönnt, Rußland in Richtung Jütland zu verlassen.

Am tragischsten war das Schicksal Ivans VI., den Elisabeth entgegen ihrer ursprünglichen Absicht nicht mit seiner Familie nach Westen hatte ziehen lassen, um jeder Gefahr einer neuerlichen Thronerhebung des Ex-Kaisers vorzubeugen. Nachdem das Kind zunächst mit seiner Familie in Riga, dann in Dünamünde und Ranenburg, schließlich in Cholmogory – hier schon von seinen Angehörigen getrennt – gefangengehalten worden war, verbrachte man Ivan VI. 1756 zu Beginn des Siebenjährigen Krieges in die Festung Schlüsselburg, da man einer preußischen Verschwörung zu seinen Gunsten auf die Spur gekommen zu sein glaubte. Dort vegetierte er unter unsäglich schlechten Lebensbedingungen weitgehend in geistiger Umnachtung dahin. Unter Elisabeths Nachfolger Peter III. verbesserten sich seine Haftbedingungen für kurze Zeit. Der Kaiser stattete ihm sogar einen Besuch in Schlüsselburg ab. Doch Sturz und Ermordung Peters III. 1762 zogen ein um so rigideres Bewachungssystem für Ivan VI. nach sich. Als regimefeindliche Offiziere unter der Führung V. Ja. Mirovičs 1764 versuchten, in die Festung einzudringen, um ihn zu befreien, wurde der Ex-Kaiser gemäß der für einen solchen Fall von Katharina II. erteilten Instruktion am 5. Juli von seinen Wärtern erstochen.

Elisabeth

Aristide Fenster

ELISABETH
1741–1761

Elisabeth, geb. 18. 12. 1709 in Kolomenskoe bei Moskau, Kaiserin 25. 12. 1741,
Krönung 25. 4. 1742, gest. 25. 12. 1761. Vater Peter der Große (30. 5.
1672–28. 1. 1725, Zar und Kaiser 1682–1725), Mutter Katharina I. (6. 4.
1684–6. 5. 1727, Kaiserin 1725–1727).

An der Beurteilung Elisabeths schieden sich lange Zeit die Geister. Im
Geschichtsbewußtsein der Russen hat ihre zwanzigjährige Herrschaft
vor allem als Periode der Befreiung vom deutschen Einfluß der Vorgängerregierungen Annas und Ivans VI., als Zeit, in der Rußland auf den
Weg zurück zu Peter dem Großen geführt worden sei, Platz gefunden.
Von Deutschland her wurde Elisabeth – hauptsächlich wegen ihrer gegen Preußen gerichteten Politik im Siebenjährigen Krieg – mit vorwiegend abschätzigen Begriffen bedacht. Kein Geringerer als ihr Gegenspieler Friedrich II. hat dieser negativen Akzentuierung in seinem politischen Manifest von 1752 einprägsam Ausdruck gegeben: «Rußland wird
von einem sinnlichen Weibe beherrscht, das die Staatsgeschäfte einem
vom Ausland bestochenen Minister überläßt. In der inneren Politik
stärkt diese Frau mit Ungeschick die Macht des Klerus und erläßt ihm
alle Abgaben, die Peter I. ihm auferlegt hatte. Sie zerrüttet die Finanzen
durch ihre unordentliche Wirtschaft wie durch ihre Ausgaben. Sie läßt
die Kriegsmacht verfallen, weil die Manneszucht fehlt, und vor allem,
weil sie die ausländischen Offiziere entläßt.»
Moderne synthetische Ansätze für die Erforschung der elisabethanischen Ära machen den Versuch, mit den zählebigen Traditionen verzer-
render nationalistischer Geschichtsbilder zu brechen. Sie zielen darauf
ab, die Signaturen des Zeitalters, das viel zu sehr im Schatten der Herrschaft Katharinas II. stand, im Sinne von Kontinuität oder Bruch petrinischer Tradition, Fortschritt oder Regression begrifflich schärfer zu erfassen. Jedoch sind auch diese Bemühungen bislang relativ wenig intensiv
und eher selektiv geblieben, so daß das Profil der Tochter des Reformerzaren und die Konturen ihrer Regierungszeit bisher kaum angemessen
gewürdigt wurden. Ein abgewogeneres Bild Elisabeths beginnt sich deshalb im allgemeinen Geschichtsbewußtsein erst nach und nach durchzusetzen.
Elisabeth wurde als Tochter Peters I. und der späteren Kaiserin Katharina I. am 18. Dezember 1709 in Kolomenskoe bei Moskau geboren, an
dem Tag, an welchem ihr Vater im Triumph in die russische Hauptstadt

einzog, um den entscheidenden Sieg über Karl XII. von Schweden bei Poltava im großen Nordischen Krieg zu feiern (s. Kapitel «Peter der Große»). Sie verbrachte Kindheit und Jugend in den Dörfern Izmajlovo und Preobraženskoe bei Moskau, was ihre lebenslange Verbundenheit mit der alten Kapitale und ihrer Umgebung erklärt.

Elisabeths Erziehung unterlag «dem Geist des Neuen und des Alten» (R. Wittram), jenen Einflüssen, die für die Peter-Zeit bestimmend waren. Da der Zar Wert darauf legte, seine Tochter von ausländischen, genauer: französischen Lehrern – er gab damit dem russischen Adel ein schulemachendes Beispiel – unterrichten zu lassen, genoß Elisabeth gründlichen Unterricht hauptsächlich im Französischen; auch lernte sie Deutsch. Daneben spielte das Tanzen in ihrem Ausbildungsplan eine große Rolle. Anderes wurde eher vernachlässigt, wie z. B. Allgemeinbildung. Es ist historisch verbürgt, daß sich Elisabeth, als sie bereits Kaiserin war, darüber wunderte, daß Großbritannien eine Insel sei. Neben der am westlichen Vorbild orientierten Erziehung hatte die Altmoskauer Tradition, vor allem in ihrer religiösen Komponente, im frühen 18. Jahrhundert weiterhin einen bedeutenden Stellenwert. Die Tochter des Reformerzaren entwickelte sich unter diesen Eindrücken zu einer stark von religiösem Empfinden durchdrungenen Persönlichkeit. Zeit ihres Lebens kennzeichnete sie ein außerordentliches Maß an Frömmigkeit, das sich in einer besonderen Vorliebe für Predigten und Wallfahrten manifestierte.

Bis zu ihrer Thronbesteigung 1741 war Elisabeths Leben reich an enttäuschten Hoffnungen. Verschiedene Heiratsprojekte, darunter eine Verbindung mit Ludwig XV., durch die ihr Vater ein angestrebtes Bündnis mit Frankreich absichern wollte, zerschlugen sich. Bei den Herrschaftswechseln nach dem Tode Peters II. 1730 und Annas 1740 sah sie sich von der Thronfolge ausgeschlossen.

In den 30er Jahren des 18. Jahrhunderts verdrängte die Kaiserin Anna Elisabeth vom Hof, da sie ihr als potentieller Thronprätendentin nicht über den Weg traute. Lange Jahre lebte Elisabeth mit einem reduzierten Hofstaat in ländlicher Abgeschiedenheit in einer Art Verbannung. Aus dieser Zeit rühren die wichtigsten persönlichen Verbindungen und Freundschaften (vor allem mit einigen Adligen vergleichsweise niederer Herkunft: den Brüdern Petr I. und Aleksandr I. Šuvalov sowie Michail I. und Roman I. Voroncov) her, auf die sie sich bei ihrem Staatsstreich und während ihrer Regierungszeit stützen konnte. Auch das Verhältnis zu dem ukrainischen Bauern Aleksej Razumovskij, der Elisabeth wegen seiner schönen Baßstimme aufgefallen sein soll und mit dem sie als Kaiserin in morganatischer Ehe lebte, geht auf die 30er Jahre zurück.

Erst nach der Thronerhebung des minderjährigen Ivan VI. 1740 siedelte Elisabeth nach Petersburg über. Gerüchte und Spekulationen, die Regentin Anna Leopol'dovna plane, sie zum Verzicht auf ihre Thronansprüche und zum Eintritt in ein Kloster zu zwingen, vor allem aber

die evidente Depotenzierung der an der Macht befindlichen Führungselite, in der nacheinander die Deutschen Biron, Münnich und Ostermann für kurze Zeit beherrschenden Einfluß hatten (s. Kapitel
«Ivan VI.»), drängten Elisabeth nach politischer Aktivität. Mit Hilfe ihrer
engsten Vertrauten suchte sie die Nähe der Garderegimenter, die in der
nachpetrinischen Zeit immer wieder bei Auseinandersetzungen um die
Macht mobilisiert werden konnten. Die Kluft, die sich zwischen der
Staatsführung und den politischen Kräften in Administration und Armee im Laufe des Jahres 1741 auftat, stellte die Fortdauer des Regimes
unter dem nominellen Kaiser Ivan VI. derart in Frage, daß es Elisabeth,
die sich als Tochter des Reformerzaren und wegen ihrer Volkstümlich-
keit großer Beliebtheit bei den Garderegimentern erfreute, nicht schwer
fiel, durch einen so gut wie gewaltlosen Umsturz in der Nacht vom 24.
auf den 25. November 1741 den Machtwechsel herbeizuführen. Der Einfluß der französischen und schwedischen Diplomatie, die von einer
Thronbesteigung Elisabeths fälschlicherweise einen Kurswechsel in der
russischen Außenpolitik und einen Verzicht auf die petrinischen Eroberungen an der Ostsee erwartet hatten, ist in diesem Zusammenhang oft
überschätzt worden. Beim Staatsstreich, der sich während des Krieges
vollzog, den Schweden im August 1741 gegen das Zarenreich begonnen
hatte, spielten die engsten Vertrauten Elisabeths und die Garderegimenter die ausschlaggebende Rolle. Dabei fiel insbesondere ins Gewicht,
daß die geheime Staatspolizei den gegen das Vorgängerregime gerichteten Umtrieben mit «wohlwollender Neutralität» begegnete.

Elisabeths Wille, nach über einem Jahrzehnt des erzwungenen Warte-
stands, persönlich die kaiserliche Herrschaft auszuüben, war schwach
ausgeprägt. Den Regierungsgeschäften brachte sie nur partiell Interesse
entgegen. Dabei mangelte es ihr nicht an Klugheit und Phantasie. Aber
systematisches Arbeiten empfand sie als Last, Pflichtgefühl in bezug auf
die Erledigung dringender politischer Vorgänge war ihr weitgehend
fremd. Statt dessen zog es die Tochter Peters I., die den Zeitgenossen als
bemerkenswerte Schönheit erschien, vor, sich am glänzenden Petersburger Hof ihren Vergnügungen hinzugeben. Nachdem sie sich unter
den Vorgängerregierungen hatte bescheiden müssen, entwickelte sie als
Kaiserin ein exzessives Luxusbedürfnis. Ihr Hang zu kostbaren und
aufwendigen Toiletten manifestierte sich in einer Garderobe von 15 000
Kleidern mit passenden Accessoires, was Eitelkeit wie ausgeprägte äs-
thetische Neigungen bezeugt. Elisabeth war eine große Liebhaberin des
höfischen Festes, des Schauspiels, der Musik; die Jagd zählte zu ihren
Hauptpassionen.

Wenn eine politische Frage im Mittelpunkt ihres Denkens und Handelns stand, so war dies die Regelung der Nachfolge, die sie schon zu
Beginn ihrer Herrschaft energisch in Angriff nahm. Da die Kaiserin
offiziell unverehelicht bleiben wollte und nur ein männlicher Erbe eine

langfristige Stabilisierung der Verhältnisse versprach, ließ sie im Frühjahr 1742 ihren Neffen, den Herzog Karl Peter Ulrich von Holstein-Gottorp, väterlicherseits ein Urenkel Karls XII. von Schweden, aus Kiel nach Petersburg bringen und designierte ihn zu ihrem Nachfolger. Diese Lösung versprach auch den Vorteil einer dynastischen Anbindung Schwedens, das den Verlust der Ostseeprovinzen im großen Nordischen Krieg nicht verwunden hatte. Nachdem es dem Russischen Reich 1742 gelungen war, die militärische Gefahr im Norden abzuwenden, setzte Elisabeth Mitte 1743 die Wahl Adolf Friedrichs von Holstein-Gottorp, eines Onkels des von ihr designierten russischen Thonfolgers, zum schwedischen König durch. Der Friedensschluß von Åbo vom August 1743, in dem Schweden territoriale Verluste in Finnland hinnehmen mußte, machte deutlich, daß die Kaiserin ihre erste außenpolitische Belastungsprobe bestanden und Rußlands Vormachtstellung gegenüber dem revisionistischen Nachbarn zumindest temporär stabilisiert hatte. Schweden mußte alle Pläne, Karl Peter auf den schwedischen Thron zu setzen, aufgeben.

Elisabeth wählte als Ehefrau für ihren Neffen – auf Anraten Friedrichs II. – die Tochter eines deutschen Duodezfürsten, Sophie Friederike Auguste von Anhalt-Zerbst, aus. Nach dem Übertritt beider zur Orthodoxie und Änderung ihrer Namen in Peter und Katharina fand 1745 die Vermählung statt (s. die Kapitel ‹Peter III.› und ‹Katharina II.›).

1754 gebar Katharina einen Sohn, den späteren Kaiser Paul. Angesichts der offenkundigen Schwächen Peters spielte Elisabeth immer wieder mit dem Gedanken, ihrem Neffen die Thronfolge zu entziehen und an seiner Stelle Paul als Erben des Reiches einzusetzen. Zu einer Änderung der Nachfolgeregelung konnte sich die Kaiserin jedoch nicht durchringen. Diverse Projekte aus dem Umkreis der ambitiösen Großfürstin Katharina, sich selbst mit der Regentschaft für ihren minderjährigen Sohn Paul betrauen zu lassen, blieben unrealisiert. Das Festhalten an der Thronfolge Peters hat, wie die Vorgänge wenige Monate nach dem Tod Elisabeths zeigen sollten, für einen weiteren Staatsstreich den Grund gelegt.

Es lag in den Umständen des Thronwechsels von 1741 begründet, daß sich die Kaiserin – außer um die Regelung der Nachfolgefrage – auch um die politische Legitimierung ihrer neuen Stellung außerordentlich bemüht zeigte. Drei Elemente verbanden sich zu einem kunstvollen System der Herrschaftssicherung: der Nachweis der eigenen Thronansprüche, ein als «Ausländerregime» gezeichnetes, ausschließlich negatives Bild der Vorgängerregierungen und der Anspruch, Rußland auf den Weg zurück zu Peter I. zu führen. Das von ihrem Vater ererbte, von ihrer Mutter testamentarisch festgelegte Recht auf den russischen Thron, folglich die Unrechtmäßigkeit der bisherigen Regierung, dienten Elisabeth dazu, die Notwendigkeit des Putsches zu rechtfertigen. Der Anspruch, Abweichungen von alten, guten Zuständen und Gewohnheiten zu korrigieren, wie das Bemühen, politisches Handeln durch den historischen Rekurs auf das Beispiel des ersten russischen Kaisers zu begründen, stärkten höchst wirkungsvoll ihre moralische und politische Autorität und erleichterten weiten Teilen der Bevölkerung die Anpassung an die petrinische Verwestlichung. Die von der Geistlichkeit wirkungsvoll unterstützte politische Rhetorik des neuen Regimes, die kein gutes Haar an den Vorgängerregierungen ließ, kann auch nicht darüber hinwegtäuschen, daß es nach dem Staatsstreich von 1741 faktisch keinen Kurswechsel gab. Weder in der Innen- noch in der Außenpolitik erfolgte ein Bruch mit der bisherigen Linie.

Wohl aber gab es eine Zäsur an den Schalthebeln der Macht. Elisabeths Thronbesteigung zog den Aufstieg ihrer engsten Vertrauensleute in wichtige Ratgeberpositionen und höchste Staatsämter nach sich. Im alsbald wieder in seine alten Rechte als oberstes Staatsorgan eingesetzten Senat übten die miteinander konkurrierenden Hofparteien Šuvalov und Voroncov die Herrschaft aus und bestimmten während der ganzen Elisabeth-Zeit maßgeblich die Innenpolitik. Auch in Fragen der auswärtigen Politik, über die eine neugeschaffene Einrichtung, die sog. «Konferenz beim Allerhöchsten Hofe», beriet, spielten Mitglieder dieser beiden Hofparteien eine bedeutende Rolle, doch dominierte hier lange Zeit mit Aleksej P. Bestužev-Rjumin ein Petriner und ehemaliger Biron-Protégé, der sich nach der Beseitigung der bis 1741 führenden Persönlichkeiten wegen seiner besonderen Fähigkeiten und Erfahrungen in der Diplomatie unter den Russen wie kein anderer für eine Schlüsselstellung in der Außenpolitik aufdrängte. Durch ihre Personalpolitik trug Elisabeth entscheidend zur Herausbildung einer neuen Generation russischer Staatsmänner bei.

Die Veränderungen im personellen Umfeld der kaiserlichen Macht können jedoch nicht über die Kontinuität der Herrschaftselite insgesamt hinwegtäuschen, die sich Jahrzehnte nach dem Inkrafttreten der Rangtabelle und des Leistungsprinzips auch weiterhin fast ausschließlich aus Mitgliedern der Aristokratie zusammensetzte. Abgesehen von den homines novi in der engsten Umgebung der Kaiserin, boten sich in der Staatsverwaltung Außenseitern kaum Aufstiegswege. Anwärter von sozial niederer Herkunft hatten nach wie vor relativ geringe Zugangschancen zu den staatlichen Spitzenpositionen.

Die größte politische Begabung fand Elisabeth in Petr I. Šuvalov, dessen geschichtliche Bedeutung infolge des Eigennutzes, der vielen seiner erfindungsreichen, von frühaufklärerischem Geist geprägten Reformmaßnahmen anhaftete – er war der größte Wirtschaftsmonopolist seiner Zeit –, nicht immer adäquat gewürdigt worden ist. Wie sein Bruder Aleksandr I. Šuvalov, der 1747 zum Chef der berüchtigten Geheimkanzlei ernannt wurde, hatte er zu dem kleinen Kreise gehört, der einst den Hofstaat der «Carevna» gebildet hatte. Dank seiner Mithilfe beim Staats-

streich und der Heirat mit der intimsten Vertrauten der Kaiserin stieg er
zum Senator, Generalfeldzeugmeister und Mitglied der «Konferenz»
auf. Als dominierender Politiker im Senat produzierte er Projekte über
Projekte. Die meisten Staatsreformen, die in der Regierungszeit Elisabeths in Angriff genommen wurden, sind untrennbar mit seinem Namen verknüpft. Rußlands partielle Modernisierung, vor allem in den
Bereichen Finanzen, Wirtschaft und Heeresorganisation, trug Šuvalovs
Handschrift.

Am stärksten griffen Šuvalovs finanzpolitische Reformmaßnahmen
ins allgemeine Leben der Bevölkerung ein. Da – wie schon unter den
Vorgängerregierungen – die Kosten für das Militärwesen stetig anstie-
gen und die Steuerrückstände trotz rigoroser Eintreibungspraktiken bedrohlich anwuchsen, setzte er in den 50er Jahren eine Erhöhung der
indirekten Steuern, namentlich in bezug auf Salz und Branntwein, bei
gleichzeitiger Milderung der Last der Kopfsteuer durch. Auf diese Weise
konnte eine signifikante Steigerung des Steueraufkommens und relative
Stabilisierung des Staatsbudgets erreicht werden.

Als zukunftsweisende wirtschaftspolitische Maßnahme erwies sich
die Aufhebung der Binnenzölle 1753, mit der Šuvalov die Schaffung
eines einheitlichen Wirtschaftsraumes und damit eine intensivere Ver-
flechtung der Märkte unter Einbeziehung der Randgebiete förderte. Der
Verlust an Einnahmen, der durch den Abbau aller Zollschranken im
Innern eintrat, wurde durch einen neuen protektionistischen Außen-
handelstarif mehr als kompensiert.

Auch die Einräumung von Kreditmöglichkeiten für die sich in zuneh-
mendem Maße unternehmerisch betätigende Aristokratie und Kaufmannschaft durch die Gründung der ersten staatlichen Banken in Rußland 1754 zielte indirekt auf eine Erhöhung der Staatseinkünfte. Šuvalov
versprach sich von der Förderung von Großgewerbe und Handel die
Aufrechterhaltung einer aktiven Handelsbilanz und damit eine Bereicherung des Landes. An der akuten Kapitalknappheit, an der das russische
Wirtschaftsleben litt, hat Šuvalovs Initiative zwar nichts entscheidend zu
ändern vermocht, da beide Kreditanstalten nur eine geringe Finanzkraft
besaßen, aber es zeigte doch, daß die Regierung Elisabeths bemüht war,
sich neuen ökonomischen Erfordernissen anzupassen.

Die elisabethanische Ära war von einem deutlichen Wirtschaftswachs-
tum getragen. Die Bevölkerung nahm kräftig zu. Die Produktivität der
Landwirtschaft, die unter dem Aspekt der sozialen Organisation der
Arbeit wie der Agrartechnik völlig im Rahmen der Tradition verharrte,
blieb zwar niedrig, aber durch die Erschließung von Ackerland in den
fruchtbaren Regionen im Süden und Osten des Reiches kam es dennoch
zu Produktionssteigerungen. Signifikantere Wachstumsraten als die
Landwirtschaft wies der gewerbliche Sektor auf. Wegen der steigenden
Bedürfnisse des Heeres war die Textilproduktion in den Manufakturen

Zentralrußlands von einer besonderen Dynamik geprägt. Bergbau und Hüttenwesen im Ural erlebten einen außerordentlichen Aufschwung. Um die Mitte des 18. Jahrhunderts wurde Rußland zum größten Eisenexporteur Europas. Angehörige der mit der politischen Führungsschicht weitgehend identischen Gutsbesitzer-Aristokratie, darunter die Šuvalovs und Voroncovs, nutzten ihren persönlichen Einfluß wie die massiven rechtlichen Vorteile ihres Standes aus und engagierten sich zunehmend als großgewerbliche Unternehmer bei der Aufbereitung eigener Rohstoffe (Branntwein, Pottasche, Salz, Glas, Roheisen, Tuche) mit Hilfe unfreier Arbeit. Im Außenhandel stiegen sowohl die Exporte (Schiffsbaumaterialien, Holz, Hanf, Flachs, Pech, Eisen) als auch die Importe (Textilien, Farbstoffe, Luxuswaren) stark an, allerdings gingen die traditionellen Ausfuhrüberschüsse wegen überproportional wachsender Einfuhren zurück.

Viel Energie wandte Elisabeths Regierung unter der Ägide Šuvalovs für die Modernisierung der Armee auf. Durch ein effizienteres System der Rekrutenaushebung und ein ganz auf den Krieg gegen Preußen zugeschnittenes neues Reglement wurde die Schlagkraft des Militärapparats erhöht. In seiner Eigenschaft als Generalfeldzeugmeister brachte Šuvalov die russische Artillerie auf einen derart hohen Stand, daß sie diejenige der meisten europäischen Mächte in den Schatten stellte.

An den administrativen Schwächen des Reiches änderte sich wenig. In der Zentralverwaltung zielte man auf eine schärfere Ressortabgrenzung, in der Lokalverwaltung versuchte man es mit einer personellen Vergrößerung der Bürokratie. Der mißliche Zustand der Reichsverwaltung aktivierte das Interesse des Staates an der Leistungsfähigkeit des Adels für die Regulierung der Angelegenheiten in den Provinzen. Šuvalov erhob die Forderung, aus dem ansässigen Landadel rekrutierte Adelsvertreter in die Hierarchie der Kreis- und Gouvernementsbehörden einzubeziehen. Daß diese Idee nicht verwirklicht wurde, hing damit zusammen, daß die Hofpartei um den Kanzler Michail I. Voroncov 1760 das machtpolitische Übergewicht in der Führungselite des Reiches erlangte und entscheidenden Einfluß auf die 1754 von Šuvalov ins Leben gerufene Gesetzbuch-Kommission nahm, in der nicht nur lange überfällige Artikel über das Gerichtswesen und Kriminalvergehen, sondern auch ein Abschnitt zur Neuordnung des Untertanenrechts ausgearbeitet wurden. Während Šuvalov in seinen Entwürfen zu einem Kodex ‹Über den Stand der Untertanen im allgemeinen› im petrinischen Sinne das Staatswohl in den Mittelpunkt stellte und ganz im Einklang mit seinem sozialwirtschaftlichen Denken eine einseitige Privilegierung des Adels auf Kosten der Kaufmannschaft ablehnte, war es Voroncov darum zu tun, einen neuen Katalog adliger Vorrechte durchzusetzen. Von dem Grundgedanken Voroncovs wurden denn auch die Verhandlungen in der Folge in starkem Maße bestimmt. Peters III. Manifest über die Frei-

heit des Adels von 1762, das bis in die Details an die elisabethanische
Gesetzbuch-Kommission anknüpfte, ließ das Interesse der Autokratie
an der Adelsfreiheit zwar nicht ganz außer acht, bedeutete aber vor
allem einen Markstein in der Politik der Privilegierung des russischen
Adels im 18. Jahrhundert (s. Kapitel «Peter III.»).

In Anknüpfung an die vorangegangene Politik setzte die Regierung
Elisabeths gesellschaftspolitisch die Konsolidierung der auf der Leibeigenschaft basierenden Gutswirtschaft fort. Die standesrechtliche und
ökonomische Privilegierung des Adels ging mit einer fortschreitenden
Verschlechterung der sozialen Lage der Bauern einher. 1754 wurde in
der Vermessungsinstruktion, durch die eine Generalvermessung des
Reiches angeordnet wurde, das Vorrecht auf Leibeigenenbesitz, das die
Nobilität seit der Peter-Zeit mit anderen Personengruppen zu teilen
hatte, zum adligen Standesmonopol erklärt. 1760 erweiterte die Regierung die gerichtspolizeiliche Verfügungsgewalt der Gutsbesitzer über
die Bauern durch das Recht, unliebsame Leibeigene nach Sibirien zu
verschicken. Ein bedeutsames Stück ökonomischer Privilegierung des
Adels war die Gewährung des höchst lukrativen Monopols auf die Herstellung von Branntwein 1754.

Die bedrückende Lage der Bauern führte in der Elisabeth-Zeit zu einer
Vielzahl von Aufständen und Unruhen. Viele der Bauern, die u. a. über
zunehmende Belastung durch Steuern, Gebühren und Dienste, zu kleine
Landanteile, brutale staatliche Rekrutierungspraktiken, allgemeine
Rechtlosigkeit, Amtsmißbrauch sowie Willkür der lokalen Verwaltung
klagten, ergriffen die Flucht nach Polen, in die Moldau, ins mittlere
Wolgagebiet oder nach Sibirien. Besondere Mißstände herrschten bei
jenen Bauern, die in privaten oder staatlichen Bergwerken und Manufakturen arbeiten mußten. Seit den 50er Jahren versetzten ländliche Arbeiter
im Ural und an der mittleren Wolga Unternehmer und Behörden mit
gewaltsamen Aktionen in eine anhaltende Unsicherheit.

Während sich Elisabeth in der Wirtschafts- und Sozialpolitik auffällig
zurückhielt, schaltete sich die tiefgläubige Kaiserin in die Religions- und
Kirchenpolitik persönlich ein und befürwortete eine Abkehr von der
traditionellen Toleranz gegenüber nicht-orthodoxen christlichen Konfes-
sionen. Bemerkenswert war die aggressive Grundhaltung, mit der die
Regierung in den Jahren 1740 bis 1755 die systematische Zwangschristia-
nisierung der Animisten in Sibirien durchsetzte. Neu war die Härte, mit
der radikale kirchenpolitische Grundsätze gegenüber den muslimischen
Völkern im Osten vertreten wurden. In ihrem großen missionarischen
Eifer ließ die Regierung Elisabeths Moscheen nur in rein islamischen
Siedlungen unbehelligt und schreckte vor Zwangsumsiedlungen zur
Trennung der Konfessionen nicht zurück.

Die Kaiserin entwickelte insgesamt ein weit besseres Verhältnis zur
Geistlichkeit als ihr Vater, der die orthodoxe Kirche rigide den Interes-

sen des Staates untergeordnet hatte. Hinsichtlich der Verwaltungsver-
hältnisse im kirchlichen Bereich stärkte sie die Stellung des Synods,
indem sie dessen Verfügungsmacht über die Einnahmen der Klöster
restituierte, die der Kirche verlustig gegangen war. Diese Umorganisa-
tion verschlechterte die rechtliche und soziale Lage der Klosterbauern
derart, daß sich diese Gruppe an dem gewaltsamen bäuerlichen Widerstand in der Elisabeth-Zeit in besonders aktiver Form beteiligte.

Eine Reihe sehr positiver Entwicklungen gab es im Bereich der Kultur,
wo Künste, Wissenschaft und Bildungswesen durch gezielte staatliche
Maßnahmen nachhaltig gefördert wurden. Ganz persönlich und aktiv
nahm Elisabeth an vielen dieser Entwicklungen teil. Ein Bereich, in dem
sich die Kaiserin – in Fortsetzung der Aktivitäten ihres Vaters – besonders engagierte, war der Hauptstadtausbau Petersburgs. Der italienische Architekt B. F. Rastrelli bereicherte das Stadtbild und die nähere
Umgebung um eine Reihe herausragender repräsentativer Bauwerke
(u. a. Winterpalais, diverse Palastbauten für den Hochadel, Vergröße-
rungsarbeiten an den Schloßanlagen in Peterhof und Carskoe Selo), mit
denen das Russische Reich gegenüber Westeuropa glänzen wollte. Das
große kulturelle Interesse der Kaiserin spiegelte sich auch in der Gründung einer Akademie der Künste in Petersburg 1757 wider, die der
Heranbildung des einheimischen künstlerischen Nachwuchses diente.
Ihr erster Präsident war Ivan I. Šuvalov, ein Vetter des Senators, der in
den 50er Jahren Razumovskij den Rang als Favorit der Kaiserin abgelau-
fen hatte. Zur gleichen Zeit begann mit den Dichtern Sumarokov und
Tred'jakovskij die neuere russische Literatur im Geiste des Klassizismus.
Bei Hofe wurde 1756 das erste ständige Schauspieltheater gegründet
und Sumarokov die Leitung übertragen. In der Petersburger Akademie
der Wissenschaften, in der zwei Jahrzehnte nur Ausländer gewirkt hatten, traten seit Mitte der 40er Jahre russische Mitarbeiter, allen voran der
Polyhistor Lomonosov, in den Vordergrund. Lomonosovs breitgefächer-
tes Werk, namentlich seine die moderne russische Literatursprache be-
gründende ‹Russische Grammatik›, gehören zu den herausragenden
kulturellen Leistungen der elisabethanischen Zeit. Von epochaler Bedeutung war die Gründung der ersten russischen Universität in Moskau
1755, als deren erster Kurator sich der feinsinnig veranlagte Ivan Šuvalov hervortat. In Abkehr von den instrumentelles Wissen vermittelnden,
streng utilitaristischen Zielen dienenden petrinischen Bildungseinrichtungen stand hier die Idee der Allgemeinbildung und ‹Kultivierung› im
Vordergrund. Schulen und Bildung bekamen in Rußland einen neuen
Stellenwert. Der Universität wurden zwei Gymnasien angeschlossen;
zwei weitere Gymnasien entstanden wenig später in Kazan'.

Seit der Mitte des 18. Jahrhunderts prägte die Aristokratie das Bild der
russischen Kultur. Sie allein war imstande, die materiellen Mittel für
einen nach westlichen Vorbildern ausgerichteten Lebensstil in Kleidung,

Essen, Wohnkultur und Unterhaltung, der auch in Rußland zum wichtigsten Kriterium der Zugehörigkeit zur privilegierten Schicht wurde, zu tragen. Dem in Westeuropa vorherrschenden Muster folgend, orientierte sich die russische Adelskultur zunehmend am französischen Einfluß. Das Französische entwickelte sich zur lingua franca des Adels und verdrängte das im frühen 18. Jahrhundert stärker verbreitete Deutsche. Elisabeths frankophile Grundhaltung, die nicht zuletzt im Stil ihrer prächtigen, alles bisher Dagewesene in den Schatten stellenden Hofhaltung zum Ausdruck kam, tat ein übriges, diesem Trend zum Durchbruch zu verhelfen.

Die Außenpolitik blieb während der Elisabeth-Zeit darauf ausgerichtet, die europäische Großmachtstellung Rußlands zu behaupten. Unter der langjährigen Leitung des Kanzles Bestužev ist dies der russischen Regierung in einem veränderten und spannungsreichen mächtepolitischen Umfeld gelungen, das vom preußisch-österreichischen Konflikt um Schlesien nach 1740 und der damit zusammenhängenden temporären russisch-preußischen Verfeindung geprägt war, die zum Siebenjährigen Krieg auf dem Kontinent führte. Wenn der im großen Nordischen Krieg begründete, für das Staatensystem in der östlichen Hälfte Europas auf Dauer tragfähige Koexistenzzwang zwischen Preußen und Rußland in der Regierungszeit Elisabeths in spezifischer Weise tangiert wurde, so lag dies darin begründet, daß Rußland durch Preußens außenpolitische Anbindung an Frankreich und die sich damit abzeichnende entscheidende Kräfteverschiebung in Ostmitteleuropa zugunsten der französischen Barrière-de-l'Est-Politik den Zusammenbruch seines auf hegemoniale Vorfeldkontrolle abgestellten Defensivsystems befürchten mußte. Der für Rußland erfolgreiche Ausgang des Krieges gegen Schweden 1743 änderte nichts an dem eklatanten Verlust an Bündnissicherheit, der durch Preußens Ausscheren aus der Dreierkoalition mit Österreich zur Steuerung Polens («Entente cordiale der drei Schwarzen Adler») eingetreten war. Vor diesem Hintergrund wird das auf Sicherung des kontinentalen Vorfeldes ausgerichtete, offensiv akzentuierte antipreußische System, verständlich, das Bestužev seit 1741 anstrebte, dem er wegen der staatenpolitisch wenig rationalen Orientierung der Kaiserin an Frankreich aber erst nach 1745 zum Durchbruch verhelfen konnte. Für Bestužev konnte Preußens von Rußland unabhängiger Machtpolitik, die es unweigerlich an das antirussische Frankreich und die Barrière de l'Est band, nicht auf diplomatischem Weg, sondern nur durch militärische Eindämmung begegnet werden. Gegründet auf Bündnisse mit Sachsen und Österreich sowie auf Subsidienverträge mit England, arbeitete er deshalb energisch auf einen Krieg gegen Preußen hin. Bestužev war ohne Zweifel Friedrich II. gegenüber unversöhnlich eingestellt. Er soll auch bestechlich gewesen sein. Sein Handeln wurde davon aber nicht entscheidend bestimmt. Vielmehr stand sein Konzept in der Tradition petrinischer Vorfeldpolitik und stellte eine aus russischer Sicht logische Reaktion auf die mächtepolitischen Veränderungen dar, die Preußen mit der Annexion Schlesiens in Ostmitteleuropa ausgelöst hatte.

Bestuževs kriegsfördernde Diplomatie zur «Beschneidung der Macht des preußischen Königs» entwickelte sich unter Elisabeth zum alles dominierenden Thema auf der außenpolitischen Agenda Rußlands. Andere auswärtige Interessen, die nicht auf den mitteleuropäischen Konflikt bezogen waren, wurden vernachlässigt. Im Unterschied zu den 30er Jahren gab es keine aktive russische Orientpolitik. Dies mag nicht zuletzt auf die fiskalische Misere zurückzuführen sein, die es auch Bestužev schwer machte, die innenpolitischen Voraussetzungen für einen offensiven Krieg Rußlands gegen Preußen sicherzustellen. Lange Jahre hatte sich der Leiter der russischen Außenpolitik starken Widerstands der Šuvalovs und Voroncovs gegen seinen Plan kostspieliger Truppenkonzentration im Baltikum zu erwehren. Der zweite russisch-englische Subsidienvertrag von 1755, der die Lasten eines Offensivkriegs gegen Preußen unter Schonung eigener finanzieller Mittel auf England abwälzte, führte schließlich dazu, daß die Kaiserin einer militärischen Intervention zur Restabilisierung des petrinischen Vorfeldherrschaftssystems zustimmte. Daß der von Bestužev angestrebte Krieg plötzlich unter anderen als den in Rechnung gestellten mächtepolitischen Voraussetzungen 1756 mit dem Präventivkrieg Friedrichs II. gegen Sachsen ausbrach, hing mit dem «Renversement des alliances» als Folge der englisch-preußischen Westminster-Konvention und der Verständigung zwischen Frankreich und Österreich zusammen, der sich Rußland anschloß. Mit dem Bruch zwischen Preußen und Frankreich war die Bedrohung des russischen Vorfelds derart entschärft, daß der Rationalität der Politik Bestuževs in starkem Maße die Grundlage entzogen war. Rußlands Kriegführung war deshalb mit nicht geringen Schwierigkeiten konfrontiert. Zum einen fehlten die wichtigen englischen Subsidien, zum andern befand sich Rußland in einer Art «mésalliance» mit seinem eigentlichen Gegner Frankreich, das der russischen Absicht einer Annexion Ostpreußens energischen politischen Widerstand entgegensetzte. Innenpolitische Faktoren kamen erschwerend hinzu: die Erkrankung der Kaiserin, die eine baldige Nachfolge ihres preußenfreundlichen Neffen erwarten ließ, der Sturz Bestuževs 1758 nach dem Scheitern seiner Allianzpolitik sowie die einer konsistenten Linie abträglichen Auseinandersetzungen über den Kurs der Kriegspolitik zwischen dem neuen Chef der Außenpolitik Michail I. Voroncov und den Šuvalovs. Obwohl das russische Heer Friedrich II. eine Reihe militärischer Niederlagen (Großjägersdorf 1757, Zorndorf 1758, überwältigend bei Kunersdorf 1759) beibrachte, 1757–1758 Ostpreußen, 1760 kurzfristig Berlin besetzte, schließlich 1761 die Festung Kolberg einnahm, kam es nicht zur vollständigen Niederlage Preußens. Angesichts fragwürdiger bündnispolitischer Voraussetzungen, erheblicher innenpolitischer Hemmnisse und in Ermangelung einer tragfähigen politisch-strategischen Basis für eine gemeinsame Kriegführung der russisch-österreichischen Allianz sollte der Ausgang des Siebenjährigen Krieges für Rußland praktisch ergebnislos bleiben. Daß der Tod Elisabeths am 25. 12. 1761 als vielberufenes «Mirakel des Hauses Brandenburg» erschien, da ihr Nachfolger Peter III. den Rückzug der russischen Militärmacht anordnete und einen Separatfrieden mit Friedrich II. schloß, machte zwar sinnfällig, wie bedeutend Rußlands Anteil am Siebenjährigen Krieg war, kann jedoch nicht über die strukturellen Gründe hinwegtäuschen, die dafür verantwortlich waren, daß die deutliche Überlegenheit der antipreußischen Koalition militärisch letztlich nicht zum Tragen kam. Der Effekt, der hiervon auf den weiteren Gang der Mächtebeziehungen in der östlichen Hälfte des Kontinents ausging, entsprach gleichwohl dem Bestuževschen Kriegsziel, da Friedrich II. aus dem Siebenjährigen Krieg die Lehre zog, daß Preußens Existenz als Großmacht essentiell vom Bündnis mit Rußland und seiner Unterordnung unter dessen Hegemonialsystem in Osteuropa abhing.

Der Blick auf die Elisabeth-Zeit zeigt, daß die Kaiserin kaum eine eigenständige Politik entwickelt und der Regierung nur in begrenztem Umfang ihren Stempel persönlich aufgedrückt hat. Im kulturellen Bereich war ihr Einfluß am fruchtbarsten. Bei der Regelung der Nachfolge hatte sie keine glückliche Hand. Die Kirchenpolitik, ein weiteres Feld, auf dem sich Elisabeth aus eigenem Antrieb betätigte, zeitigte fragwürdige Resultate.

Aber es muß doch beachtet werden, daß in ihrer Regierungszeit wichtige Grundlagen zur inneren Modernisierung des Reiches gelegt wurden. Rußland konsolidierte seine äußere Stellung und erfuhr durch die Siege über die friderizianische Armee eine Statuserhöhung. Elisabeth zeichnete sich durch eine geschickte Personalpolitik aus. Die Spitzen ihrer Regierung erwiesen sich als befähigt, ohne je ihr wohlverstandenes Eigeninteresse aus dem Auge zu verlieren. Es spricht für die Qualität dieser Führungselite, daß sie den von Peter dem Großen eingeschlagenen Weg, von dem die Vorgängerregierungen Annas und Ivans VI. nicht wesentlich abgewichen waren, kontinuierlich weiterverfolgt hat. Katharina II. hat in der ersten Phase ihrer Herrschaft in vielerlei Hinsicht den Kurs der Regierung Elisabeths fortgesetzt. Als das größte Verdienst Elisabeths muß jedoch angesehen werden, daß sie Rußland mit dem in psychologischer Hinsicht schwierigen Erbe ihres Vaters und der Idee der Europäisierung versöhnte.

Marc Raeff

PETER III.

1761–1762

Peter III., geb. 21.2. (N. S.) 1728 in Kiel als Karl Peter Ulrich von Holstein-Gottorp, seit 7.11. 1742 Petr Fedorovič, Kaiser 25.12. 1761, Sturz 28.6. 1762, gest. 5.7. 1762, bestattet im Aleksandr-Nevskij-Kloster in St. Petersburg, 1796 in der Peter-Pauls-Festung. Vater Karl Friedrich von Holstein-Gottorp (1700–1739), Mutter Anna Petrovna (27.1. 1708–15.5. [N. S.] 1728). Heirat 21.8. 1745 mit Sophie Friederike Auguste von Anhalt-Zerbst (Katharina II., 2.5. [N. S.] 1729–6.11. 1796, Kaiserin 1762–1796). Sohn Paul I. (20.9. 1754–11./12.3. 1801, Kaiser 1796–1801).

Obwohl die Herrschaft der Kaiserin Elisabeth zwanzig Jahre gedauert hatte, war es ihr nicht gelungen, das Gefühl der Unsicherheit und Instabilität zu überwinden, an dem die russischen Regierungskreise litten und welches das direkte Ergebnis der neuen Thronfolgeordnung Peters des Großen war. In der Tat hatte Peter durch die Abschaffung der automatischen Erbfolge in der männlichen Linie und die Einführung der freien Wahl eines Nachfolgers durch den regierenden Souverän der Unvorhersehbarkeit und den Palastrevolutionen bei jedem Regierungswechsel oder sogar noch davor das Tor weit geöffnet. Darüber hinaus hatte sich in der ersten Hälfte des 18. Jahrhunderts zufällig eine Thronfolge von Herrschern ergeben, die keine direkten natürlichen (oder volljährigen) Erben besaßen, wie zum Beispiel im Falle Elisabeths, die keine legitimen Kinder hatte. Allerdings hatte ihre Regierung die Rolle und die Tätigkeit solcher zentralen staatlichen Institutionen wie derjenigen des Senats gefestigt, und diese Regierung war auch ebenso durch militärische und wirtschaftliche Erfolge wie durch ein aktives diplomatisches Engagement in West- und Mitteleuropa gekennzeichnet. Elisabeth, die sich nur zu gut an die Umstände ihrer eigenen Thronbesteigung erinnerte, hatte Schritte unternommen, um eine geordnete Thronfolge nach ihrem Tod zu sichern. Im Jahre 1742 hatte sie ihren 14 Jahre alten Neffen, Herzog Karl Peter Ulrich von Holstein-Gottorp (geboren am 21. Febr. [N. S.] 1728) mit der Absicht nach St. Petersburg geholt, ihn für ihre Nachfolge vorzubereiten. Der junge Herzog war der Sohn ihrer älteren Schwester Anna, die mit dem Herzog Karl Friedrich von Holstein-Gottorp verheiratet und ein Enkel der älteren Schwester Karls XII. von Schweden war. Der verwaiste Herzog Karl Peter, der seine Mutter kurz nach seiner Geburt und seinen Vater 1739 verloren hatte, war auch Erbe des Throns von Schweden, Rußlands großem Gegenspieler im ersten

Viertel des 18. Jahrhunderts, denn er war der Enkel der Schwester von
Ulrike Eleanore, die ihrem Bruder Karl XII. folgte, und mit ihrem Mann
Friedrich von Hessen kinderlos war. Im Hinblick auf die mögliche
Thronfolge in Schweden war der junge Herzog im lutherischen Glauben
und im deutschen Militärdenken erzogen worden. Unglücklicherweise
kam noch hinzu, daß seine Erziehung in den Händen des Grafen Otto
Brummer, des Hofmarschalls von Holstein-Gottorp, eines pedantischen,
brutalen und geizigen Mannes, gelegen hatte, dessen Einfluß auf die
Persönlichkeit des Jungen nur verderblich sein konnte.

Die Wahl Karl Peters durch Elisabeth und seine Proklamierung zu
ihrem Nachfolger brachten einen radikalen Wechsel in den geographischen, kulturellen und politischen Lebensumständen des Jungen mit
sich. Im Vertrag von Åbo wurde Schweden im Jahre 1743 gezwungen,
alle Pläne, den Herzog Karl Peter auf den Thron zu setzen, aufzugeben.
Dieser Wechsel mußte einen traumatischen Effekt haben, geschah er
doch in einem Alter, das Eindrücken gegenüber sehr offen ist, und ohne
jedes Gefül für Takt und Pädagogik. In Karl Peters Fall bewirkte dies
Widerspenstigkeit, Starrsinn und verdrießliches Gespött seiner Umgebung und allem Russischen gegenüber. Als Erbe Elisabeths wurde er
orthodox umgetauft in Petr Fedorovič und gezwungen, russisch zu lernen. Obwohl seine kaiserliche Tante ihn mochte und verwöhnte, wurde
seine allgemeine Erziehung von Graf Brummer mit verständlicherweise
mittelmäßigen Ergebnissen weiterhin überwacht. Eines Tages wurde Elisabeth klar, daß Peters Entwicklung viel zu wünschen übrig ließ, und sie
ernannte andere Erzieher (besonders Jacob von Stählin). Ihr eigener
Mangel an Beständigkeit, ihr ständiges Hin und Her von einem Palast
zum anderen und die Unterbrechung durch endlose Verpflichtungen
am Hof und Vergnügungen machten jedoch selbst die gewissenhafte-
sten Bemühungen der Tutoren des Großfürsten zunichte. Auf Vorschlag
Friedrichs II. von Preußen wurde Peter im Jahre 1745 der jungen Prinzessin Sophie Friederike Auguste von Anhalt-Zerbst, umgetauft in Ekaterina Alekseevna (Katharina), angetraut. Zu Anfang schienen die beiden
jungen Leute eine Zuneigung zueinander zu entwickeln; obwohl Katharina ganz eindeutig reifer, intelligenter und sozial anpassungsfähiger
war. Schließlich aber führte Peters emotionale und vielleicht auch sexu-
elle Unreife und sein begrenzterer Horizont zu einer Entfremdung zwischen dem jungen Paar. Peters Entstellung durch die Pocken war der
Sache nicht förderlich – dies jedenfalls brachte Katharina vor. Sie bereitete sich nach ihrer eigenen Erinnerung eifrig darauf vor, eine normale
russische Großfürstin zu werden, die irgendwann Gemahlin des Herrschers werden würde. Peter andererseits fuhr fort, seine Aufmerksamkeit auf sein deutsches Herzogtum zu konzentrieren, und in enthusiastischer Bewunderung Friedrichs II. von Preußen bemühte er sich, die
militärischen Handlungen seines Helden zu imitieren. Seine spöttische

Peter III.

und sarkastische Haltung und Rede wurden als Ausdruck der Verachtung seines neuen Landes und dessen Sitten interpretiert. Dies ist jedenfalls der Eindruck, den viele seiner Zeitgenossen übermittelten,
wenn auch ihre Berichte nie angemessen auf ihre Zuverlässigkeit hin
überprüft wurden.

Es lohnt sich nicht, die vielen Geschichten und Anekdoten über Peters
angebliche Unreife, Rohheit, seinen Widerstand gegenüber der Erziehung zur Etikette und seine exzessive Vernarrtheit in Äußerlichkeiten des
militärischen Lebens zu wiederholen. Sehr wahrscheinlich waren viele
dieser Anekdoten Übertreibungen oder glatte Erfindungen, die Katharinas Parteigänger (und auch sie selbst in ihren Memoiren) mit Behagen
nach dem Sturz Peters durch sie wiederholten. Aber da an einem Gerücht
immer etwas Wahres ist, hinterlassen diese Geschichten den Verdacht,
daß der Großfürst Peter die Qualitäten, die für einen Herrscher wichtig
sind, nicht entwickelte, auf jeden Fall nicht die Qualitäten, die Billigung
und Unterstützung durch die richtigen Persönlichkeiten am Hof und in
Regierungskreisen finden. Auf der anderen Seite erfahren wir von seinem Erzieher Jacob von Stählin, daß es Peter an Intelligenz nicht mangelte und daß er die Fähigkeit besaß, die Dinge, die von Interesse für ihn
waren, zu lernen und sich anzueignen – besonders Militärarchitektur,
Artillerie und Musik. Jedoch tendierten sein undisziplinierter Verstand,
seine offene Ablehnung der meisten Dinge, die man von ihm erwartete,
und eine Umgebung am Hof, die sich ungünstig auf beständige und aufklärerische Einflüsse auswirkte, dahin, seine potentiellen Talente zu
verleugnen oder zu unterdrücken. Peters häufig unangebrachtes und
spöttisches Verhalten hatten das Bild zur Folge, das sich unsichere und
intrigante Höflinge und Würdenträger von ihm machten.

Wie in jeder anderen absolutistischen Monarchie lieferten Elisabeths
Hof und Regierung die Arena, in der rivalisierende Gruppierungen und
Cliquen um Macht und Anerkennung wetteiferten. Der designierte
Thronerbe, Großfürst Peter, und seine Frau Katharina wurden natürlich
in die politischen Kämpfe am Hofe hineingezogen, sei es als bloße
Schachfiguren oder als beteiligte Akteure. Wir sind ziemlich gut über
Katharinas Beteiligung am byzantinischen Hoflabyrinth und den diplomatischen Intrigen während der letzten Jahre der Herrschaft Elisabeths
informiert. Über Peter wissen wir sehr viel weniger. Der junge Großfürst
stand aber offensichtlich der Clique um den Kanzler M. I. Voroncov,
dessen Nichte Elisabeth seine Geliebte war, und natürlich auch seinem
holsteinischen Gefolge und den Verwandten sowie all denen am Hof,
ausländische Botschafter eingeschlossen, nahe, deren Hauptinteresse
dem Schicksal der baltischen Gebiete galt. Nachdem Elisabeth Peter erlaubt hatte, seine eigene Militäreinheit – hauptsächlich Holsteiner – im
Vorstadtpalast von Oranienbaum zu bilden, konnte er auch einige Mili-
tärfachleute heranziehen. Am Vorabend seiner Thronbesteigung umgab

Peter ein eigener Hofstaat von russischen und holsteinischen Persönlichkeiten, obwohl unklar ist, ob sie durch gemeinsame äußere und
innere Ziele vereint waren. Aber Peter selbst verhehlte seine propreußischen Sympathien und sein Bestreben, Rußland aus der antipreußischen Koalition zurückzuziehen, nicht.

Natürlich war die erste Aufgabe für Peter und seine Gefolgsleute, den
Thron für den Großfürsten zu sichern, was durchaus keine Selbstver-
ständlichkeit war. In der Tat scheint Elisabeth, die mit Peters Benehmen
und seiner Entourage unzufrieden war (wir dürfen dabei nicht vergessen, daß diejenigen, die an der Macht waren, ihre eigene Position und
die Kontinuität ihrer Politik – insbesondere einen siegreichen Abschluß
des Siebenjährigen Krieges – erhalten wollten), mit dem Gedanken gespielt zu haben, Peter zu übergehen und seinen jungen Sohn, Großfürst
Paul (geb. am 20. Sept. 1754), als ihren Nachfolger unter einer Regentschaft zu bestimmen. Aber die Aussicht auf eine Regentschaft beschwor
das Gespenst politischer Instabilität – wie schon 1727 und 1740–41 (s. die
Kapitel «Peter II.» und «Ivan VI.») – und natürlich den Aufstieg neuer
Hofcliquen und Verflechtungen, insbesondere in Verbindung mit Pauls
Tutor, Nikita I. Panin. Schließlich folgte Peter nach dem Tode Elisabeths
Weihnachten 1761 seiner Tante doch ohne jegliche Behinderung als
Peter III. auf den Thron.

Der Historiker, der sich mit der Herrschaft Peters beschäftigt, sieht
sich einem scheinbaren Paradoxon gegenüber: Die meisten Berichte
über den Herrscher als Person betonen, daß er ungeeignet war, ein
Reich zu regieren, für dessen Sprache, Religion und Menschen er wenig
Sympathie zu haben schien. Auf der anderen Seite enthüllt die Bilanz
seiner Gesetzgebung während der sechs Monate seiner Regierungszeit
eine Ernsthaftigkeit seiner Absichten und einen Reformwillen, die,
wenn man alles abwägt, konstruktiv dazu beitrugen, die Entwicklung
des Landes zu fördern. Zu einem bedeutenden Teil leitet sich dieses
Paradoxon einerseits von der Unzulänglichkeit unserer Quellen ab, welche die persönliche Rolle Peters betreffen, andererseits von dem fast
völligen Fehlen monographischer Studien, die auf einer erschöpfenden
Überprüfung und Analyse der in den Regierungsarchiven angehäuften
Dokumente basieren. Es ist interessant, daß eine ähnliche historiographische Situation im Falle von Peters Sohn Paul I. vorliegt, der seiner
Mutter Katharina II. nachfolgte. Nach dieser Feststellung sollten wir uns
beeilen darauf hinzuweisen, daß Rußlands Außen- und Militärpolitik
viel offensichtlicher das Ergebnis einer persönlichen Beteiligung Peters
war, während die innenpolitische Gesetzgebung in erster Linie das
Werk seiner Berater gewesen ist. Aber ausgehend von unserem augen-
blicklichen Wissensstand, ist es so gut wie unmöglich, die persönliche
Rolle des Kaisers bei der Formulierung der Gesetzgebung zu bestimmen, die in seinem Namen erfolgte.

Selbst ein in der Kunst des Herrschens geübter Autokrat braucht die
Unterstützung eines großen Kreises von Ratgebern und Vollzugsbeam-
ten. Und diese sowie ihre Untergebenen müssen notgedrungen aus
dem Kreis derer genommen werden, die über politische und administrative Erfahrung aus der Zeit davor verfügen, so daß notwendigerweise
eine gewisse Kontinuität mit der früheren Politik gegeben ist – selbst bei
Maßnahmen, die auf den ersten Blick innovativ oder auf die Person
zugeschnitten erscheinen. Dies war auch in der Innenpolitik Peters der
Fall, die von erfahrenen Administratoren aus der vorhergegangenen
Regierungszeit festgelegt und geführt werden mußte. Man muß gerech-
terweise hinzufügen, daß es Beweise dafür gibt, daß Peter sogar vor
seiner Thronbesteigung Gedanken zu Reformen äußerte. Wir beobachten auch eine allmähliche Übernahme von beherrschenden Positionen
durch neue Cliquen oder Klientelen – ein Prozeß, der sich im Falle
Peters III. nicht voll entwickeln konnte. Was die militärische und diplomatische Politik anbelangt, welche die spezielle Domäne der Herrscher
im Europa des 18. Jahrhunderts war, so waren der bestimmende Faktor
Peters III. seine eigenen Vorlieben und die Interessen seiner holsteinischen Entourage in Oranienbaum. Eben im Bereich der Außenpolitik
ergab sich eine radikale Kehrtwendung in der Orientierung, die Elisabeth
in ihren letzten Jahren verfolgte. Aber da Elisabeth durch ihre eigene
Kehrtwendung 1756 mit der früheren propreußischen Politik des Kanz-
lers Bestužev gebrochen hatte, könnte man auch sagen, daß Peter nur zu
einem älteren politischen System zurückgekehrt war; und sein System
wurde von Katharina II. und ihrem Hauptberater in der Außenpolitik,
Nikita I. Panin, aufrechterhalten. Da die Außenpolitik die dramatische
Seite der Herrschaft Peters III. bestimmte und am meisten für seinen
frühen Sturz verantwortlich zu sein scheint, wollen wir uns zuerst den
diplomatischen und militärischen Angelegenheiten zuwenden.

Es kann keinen Zweifel daran geben, daß Peter III., wie wir schon
gesehen haben, in Preußen und in seinen König, Friedrich II., «verliebt»
war. Er hatte den Eintritt Rußlands in den Siebenjährigen Krieg auf
seiten der antipreußischen Koalition immer bedauert. Während er bei
der Begünstigung einer propreußischen, antiösterreichischen und antifranzösischen Politik nicht allein stand, war er einer der wenigen, die
wünschten, daß Rußland den Krieg sofort verließe, ohne aus den Siegen
Nutzen zu ziehen, und ein treuer und enger Verbündeter Preußens
würde. Die Siege über Friedrich II. und dessen prekäre Situation im
Augenblick des Todes Elisabeths verhießen Rußland große territoriale
Gewinne und rechtfertigten aufgeblasenen Nationalstolz. Demzufolge
und trotz des Wunsches, einen Krieg zu beenden, der eine schwere
finanzielle Belastung war, strebten hohe Regierungs- und Hofkreise
einen schnellen Frieden an, der die russischen Gewinne, besonders die
Aneignung Ostpreußens, sichern würde.

Peter III. jedoch schlug Friedrich sofort einen Waffenstillstand und die Eröffnung von Friedensverhandlungen ohne irgendwelche Vorbedingungen vor. Überglücklich über diesen unvorhergesehenen Ausgang der Ereignisse akzeptierte Friedrich freudig und schickte einen Gesandten, Baron von der Goltz, mit der Anweisung, allen Bedingungen zuzustimmen. Entgegen dem Ratschlag sogar einiger holsteinischer Verwandter lehnte Peter III. nicht nur jegliche territorialen Gewinne zu Lasten Preußens ab, sondern schlug Friedrich auch einen Verteidigungspakt vor, der, wie er hoffte, ihm dabei helfen würde, die Kontrolle über Schleswig von Dänemark wiederzuerlangen. Der Friede wurde freudig vom Militärdienst leistenden Dienstadel begrüßt, obwohl einige bedauerten, daß Rußland nichts durch seine Opfer und Siege gewonnen habe. Das Bündnis mit Friedrich aber wurde mit Argwohn betrachtet aus Furcht, daß es zu erneuten Feindseligkeiten wegen des Herzogtums Holstein, das für die Russen nicht von Interesse war, kommen würde. Peter III., der alle Warnungen und auch die Zeichen Friedrichs II., daß er nur ungern an einem russisch-dänischen Konflikt teilnehmen würde, ignorierte, begann sich für einen Krieg gegen Dänemark vorzubereiten. General Rumjancev wurde mit einem Expeditionskorps von 16 000 Mann nach Braunschweig beordert, um die Kampagne gegen Dänemark einzuleiten.

Peters Entscheidung, den Garderegimentern, die in der Hauptstadt in Garnison standen, zu befehlen, sich Rumjancevs Korps anzuschließen, war im Hinblick auf seine Unterstützung zu Hause schwerwiegender. Die Entscheidung des Herrschers kam zusätzlich zu der Einführung der preußischen Exerziervorschriften und Uniformen, die man ihm sehr verübelte. Wahrscheinlich wurde jedoch Peters Schritt auch durch sein Mißtrauen der Garde gegenüber veranlaßt, die in alle vorhergegangenen Umwälzungen besonders verstrickt war – er bezeichnete sie als Janitscharen. Der Kaiser bevorzugte die holsteinischen Kompanien, die er mit Elisabeths Einwilligung in Oranienbaum hielt und drillte und auf die er sich verlassen zu können meinte. Die Aussicht, für Peters deutsches Herzogtum in den Kampf gejagt zu werden, wurde von den Garderegimentern mit Abscheu und Ärger aufgenommen. Es nimmt nicht wunder, daß sie jedem gefolgt wären und alles getan hätten, um ihren Abzug aus der Hauptstadt zu verhindern. Aber um ein militärisches Pronunziamento zu bewerkstelligen, brauchten die Garderegimenter eine politische Anweisung, und diese mußte von hochgestellten Würdenträgern kommen und einem anderen Mitglied der kaiserlichen Familie von Nutzen sein. Zu Peters Unglück hatten seine Innenpolitik und sein Verhältnis zu seiner Frau Katharina zur Herausbildung einer Opposition beigetragen.

Vielleicht war es nicht so sehr der Kern der innenpolitischen Maßnahmen Peters als vielmehr ihre Art und Form, die ein Gefühl von Unsicherheit und Neuerung hervorriefen. Tatsächlich waren die Gesetze, die in den ersten Monaten von Peters Herrschaft erlassen wurden, unter Elisabeth vorbereitet oder zumindest ernsthaft diskutiert worden, und sie hatten die Unterstützung von bedeutenden Gruppierungen und Persönlichkeiten in der Regierung. Zunächst wurden die Abschaffung der Geheimen Kanzlei (16.–21. Februar 1762), die das Hauptorgan der politischen Kontrolle gewesen war, und ihre Ersetzung durch geordnetere Verfahren lokaler Polizeiinstitutionen und Justizaufsicht seitens des Senats enthusiastisch begrüßt (obwohl der praktische Effekt sich als gering erwies).

Seit Peter dem Großen (eigentlich mit Unterbrechung seit dem 16. Jh.) hatte die russische Regierung die Absicht gehabt, den riesigen Landbesitz, der sich in der Hand von Klöstern und Diözesen befand, zu übernehmen. Trotz ihrer tiefen persönlichen Frömmigkeit hatte die Kaiserin Elisabeth Komitees ernannt, die Gesetze ausarbeiten sollten, um einen Großteil des kirchlichen Grundbesitzes (und bäuerlicher Arbeitskraft) unter die Kontrolle des Staates zu bringen; die Ausgaben für die kirchlichen Aktivitäten und Institutionen sollten von der Regierung übernommen werden. Zum Zeitpunkt des Todes der Kaiserin war die gesetzgeberische Arbeit auf diesem Gebiet noch nicht beendet. Peter III., der Anekdoten von Zeitgenossen zufolge offen seine Verachtung für die russische Orthodoxie und ihre Praktiken kundtat, säkularisierte klösterliches Land nahezu umgehend (21. März 1762) und machte die darauf siedelnden Bauern zu Staatsleibeigenen, die mit einem Rubel per Jahr pro Seele besteuert wurden. Er schaffte auch verschiedene diskriminierende Gesetze gegenüber nichtorthodoxen Christen ab, besonders den Altgläubigen gegenüber (1. Januar 1762). Diejenigen der Letztgenannten, die außerhalb des Reiches (besonders in Polen) Zuflucht gesucht hatten, wurden mit dem Versprechen zur Rückkehr ermutigt, daß es ihnen gestattet sein würde, religiöse Gemeinschaften zu organisieren und ihren Gottesdienst nach bestem Wissen und Gewissen auszuüben (29. Januar 1762). Dieser Erlaß machte Peter III. bei den Altgläubigen, die von Elisabeth verfolgt worden waren, außerordentlich beliebt. Es soll nicht unerwähnt bleiben, daß der Donkosak Emel'jan Pugačev, der 1772–1774 unter dem Namen Peter III. eine gewaltige Volkserhebung anführen sollte und der Zuflucht in Altgläubigengemeinden in Südostpolen gesucht hatte, dieses Recht dazu benutzte, in seine Heimat am Don zurückzukehren.

Natürlich erregten diese Maßnahmen das Mißfallen der Kirchenhierarchie. Der übereilt und ungeschickt formulierte Wortlaut gab Anlaß zu mancherlei Verwirrung und Mißbrauch bei ihrer Durchführung und führte sogar zu offenen Bauernaufständen. Die Ansicht jedoch, daß eine verärgerte Kirchenhierarchie die treibende Kraft beim Sturz Peters III. gewesen sei, wie von Katharina II. in ihrer Thronrede vorgebracht, ist nicht ganz überzeugend. Die Kirche war ihrer Macht und zum großen Teil ihrer moralischen Autorität mit der Errichtung des Heiligen Synods durch Peter den Großen beraubt worden, und die Behörde war zum Zeitpunkt des Todes Elisabeths ein gehorsamer Arm der Regierung geworden. Bekanntlich hatten sich in der Vergangenheit Hierarchie und Mönche der Autorität des Staates immer demütig ergeben; und ihr Verständnis von den biblischen Texten im Hinblick auf weltliche Macht schloß offenen Widerstand und a fortiori eine Teilnahme an Gewalt gegen einen legitimen Souverän aus.

Die dritte bedeutende gesetzgeberische Initiative war das Manifest vom 18. Februar 1762 über die Gewährung der «Freiheit des gesamten russischen Adels», das die staatliche Zwangsdienstpflicht des Adels abschaffte. Die Adligen erhielten das Recht, dem russischen Staat nicht zu dienen, wann immer sie es wünschten, ihren Abschied vom Dienst einzureichen (außer im Verlauf einer Militärkampagne) und ins Ausland zu reisen sowie in fremden Dienst zu treten (vorbehaltlich eines Rückrufs im Kriegsfall). Seit der Zeit Peters I. hatte der Adel nach einer Lockerung der Dienst- und Beförderungsregeln verlangt; die Dienstverpflichtung war unter Anna schon auf 25 Jahre reduziert worden. Trotzdem war die totale Befreiung vom Dienst eine Überraschung. Die meisten zeitgenössischen Memoiren und Briefe bezeugen, daß der Adel verwirrt und auf diese Freiheit nicht vorbereitet war. Wir haben noch immer keine präzise Information darüber, wie viele von dieser neu gewonnenen Freiheit Gebrauch gemacht haben.

Es muß gesagt werden, daß adlige Rechte und Privilegien in den vorangegangenen Jahrzehnten schon diskutiert worden waren. Einflußreiche Würdenträger, besonders die Voroncovs und die Šuvalovs, setzten sich für eine Umwandlung des russischen Dienstadels in eine Aristokratie europäischen Typs ein, in der Person und Eigentum geschützt waren und die sich einer aktiven Teilnahme am öffentlichen Leben erfreute. Obwohl das Manifest vom 18. Februar als erster Schritt in diese Richtung angesehen werden konnte, sicherte es keine anderen neuen Rechte und bewirkte auch keinen Wandel in der öffentlichen und sozialen Rolle des Adels. Eher konnte der dürftige Wortlaut des Manifests – offensichtlich das Ergebnis von Eile und eines Mangels an echter Vorbereitung – Anlaß für viele falsche Interpretationen bieten.

Obwohl das Manifest über die «Freiheit des Adels» im großen und ganzen von der Dienstelite begrüßt wurde, trug es wenig dazu bei, die Popularität des Herrschers zu heben, und es half keineswegs, eine starke und loyale Unterstützung durch den Dienstadel in der Hauptstadt zum Zeitpunkt des Coups gegen Peter III. sicherzustellen. Einige Adlige, besonders in Kreisen der Garde, interpretierten das Manifest sogar als Vorzeichen für die Auflösung des russischen Dienstpersonals zugunsten angeheuerter ausländischer Truppen (wie der Holsteiner).

Da die große Masse der Adligen auf (wenn auch unregelmäßig gezahlte)
Staatsgehälter oder Belohnungen angewiesen war, wurde der schroffe
und ungeschickte Wortlaut des Manifests oft nicht als Gunsterweis, sondern als Auftakt zu einem neuen, vielleicht noch drückenderen sozialen
und ökonomischen Status angesehen.

Die sich auf ökonomische und soziale Belange beziehende Gesetzgebung, die in der kurzen Periode von Peters Herrschaft erlassen wurde,
war mit der Politik seiner Vorgänger verbunden. So zum Beispiel die
Maßnahmen, die den Innen- und Außenhandel und den Zugang der
Bauern zu städtischen Märkten liberalisierten. Der Kaiser plante auch,
den Status der Kaufleute und Handwerker in den Städten zu erweitern
und zu sichern. Er wollte auch, daß Bildungsinstitutionen (z. B. das
Kadettencorps) mithelfen, die Schaffung und Entwicklung eines produktiven «Mittelstandes» von Handwerkern und «Fachleuten» zu verbessern. Ein dezentrales Polizeinetz sollte zur Förderung des Wohlstandes,
der Gesundheit und Bildung der städtischen Bevölkerung beitragen.
Diese Art Polizei hätte auch die Führungsrolle und Kontrolle der Regierung vergrößert, obwohl es strittig ist, inwieweit dieses Programm hätte
Fuß fassen können. Diese Maßnahmen konnten jedoch kaum den führenden Adligen bei Hofe gefallen, die von einer reichen, mächtigen,
«freien» und den Staat beherrschenden Aristokratie träumten. Es muß
gesagt werden, daß Peters Maßnahmen und Pläne auf ökonomischem
und sozialem Gebiet insgesamt gesehen eine große Ähnlichkeit mit den
Prinzipien des «Ordentlichen Policeystaates» hatten, für den Preußen ein
herausragendes Beispiel war. Es gibt Hinweise dafür, daß Peter III. diese
Beispiele besonders im Sinn hatte, denn er hatte darüber gelesen (Jacob
von Stählin erwähnt, daß der Großfürst großes Interesse an der Lektüre
von Rechtsliteratur gezeigt habe). Sollten die Vorstellungen von Kameralismus und die Praktiken des «Ordentlichen Policeystaates» tatsächlich
bei der kaiserlichen Gesetzgebung orientierend mitgewirkt haben, hätten
sie eine «aristokratische» Entwicklung (im englischen Sinn) ausgeschlossen. So nimmt es nicht wunder, daß die Voroncovs, Šuvalovs und ihre
Anhänger in die Opposition gedrängt wurden.

Als Nachfolger Elisabeths war Großfürst Peter von den Staatsgeschäften ferngehalten worden. Er bestieg den Thron ohne eigenes Netz von
Beratern, aber mit ausgeprägten Vorlieben und Animositäten. Er behielt
einige ältere Würdenträgr, z. B. den Kanzler M. I. Voroncov und den
Generalprokurator des Senates, A. I. Glebov; prominente Würdenträger, die von Elisabeth verbannt worden waren, wurden nun in die
Hauptstadt zurückgeholt und wieder mit Reichtum und Ehre ausgestattet, besonders der Marschall B. K. Münnich, der ein enger Berater des
jungen Kaisers wurde. Neue Leute traten hervor, die allerdings schon
Erfahrung in verschiedenen staatlichen Institutionen gesammelt hatten.
Dies war der Fall bei D. V. Volkov, der das Faktotum des Kaisers für

innenpolitische Angelegenheiten wurde. Einen bedeutsameren Wandel gab es als Folge davon, daß Peter seine holsteinischen Verwandten in seinen engeren Kreis berief: seinen Onkel Prinz Georg von Holstein-Beck, seinen Cousin Herzog Ludwig von Holstein sowie eine Anzahl von Beamten deutschen Ursprungs – Baron Ungern, General N. A. Korf, um nur die prominentesten zu nennen. Diejenigen, die aus dem engeren Beraterkreis des Herrschers (und dem Geflecht ihrer Klientel) verdrängt wurden, waren verständlicherweise sehr verbittert. Da viele der neuen Männer auch noch Ausländer waren, wurde man unangenehm an die «Deutsche Herrschaft» unter Kaiserin Anna und an die Zeit der Regentschaft Anna Leopol'dovnas von Braunschweig (für den Infanten Ivan VI.) erinnert (s. die Kapitel «Anna» und «Ivan VI.»).

Das Bild der Regierungszeit Peters III. wäre nicht vollständig, erwähnte man nicht seine Beziehungen zu seiner Frau Katharina, der früheren Prinzessin Sophie von Anhalt-Zerbst. Wie schon gesagt, hatte sie den Großfürsten Peter auf Vorschlag Friedrichs II. geheiratet. Die offensichtliche anfängliche Harmonie zwischen dem jungen Paar dauerte nicht lange, ohne daß man sagen kann, wessen Schuld dies war. Katharina suchte Trost in Liebesaffairen mit S. V. Saltykov (gerüchtweise dem Vater Pauls, obwohl neuerliche Untersuchungen Peters Vaterschaft zu stützen scheinen), Fürst A. Poniatowski (dem zukünftigen König von Polen) und schließlich Grigorij Orlov. Peters Vernarrtheit in Elisabeth Voroncova und Katharinas wachsende Verwicklung in Hofintrigen besiegelten die Entfremdung des Paares. Wenn wir den eigenen Aussagen Katharinas und den Erinnerungen von Zeitgenossen Glauben schenken sollen, die zu einem viel späteren Zeitpunkt geschrieben wurden, begann Peter Katharina zu fürchten und zu hassen – Gefühle, die letztere mit Abneigung und Verachtung erwiderte. Das Gerücht, daß Elisabeth beabsichtigte, Peter zugunsten seines Sohnes zu enterben (unter der Regentschaft der Mutter), verschlimmerte nur den Konflikt zwischen den Vermählten. Zur Zeit der Thronbesteigung Peters war Katharina schwanger (wahrscheinlich durch G. Orlov), und eine Konfrontation wurde hinausgeschoben.

Im Frühjahr des Jahres 1762 wurde Peter nicht nur unverhüllt feindselig und aggressiv gegenüber Katharina, sondern drohte auch unheilvoll an, sich von ihr scheiden zu lassen und sie zu zwingen, den Schleier zu nehmen und in ein Kloster zu gehen (wie Peter der Große es mit seiner ersten Frau getan hatte). Katharina ihrerseits widmete sich eifrig der Garde sowie prominenten Würdenträgern aus Elisabeths Regierung. Die Furcht der Garden, in den Krieg nach Deutschland geschickt zu werden, verbunden mit Katharinas eigener Angst, beschleunigten die Palastrevolte vom 28. Juni 1762, bei der Peter gestürzt und Katharina zur Kaiserin ausgerufen wurde. Einige Würdenträger, besonders N. I. Panin, hätten die Proklamierung Pauls unter einer Regentschaft vorgezogen.

Einige Tage vor dem Coup war einer der Verschwörer verhaftet worden, und Katharina fürchtete, daß ihr Komplott entdeckt worden war. Während Peter III. in Oranienbaum war, brachten G. Orlov und seine Brüder Katharina zu den Kasernen der Garden und ließen sie zur souveränen Kaiserin ausrufen. Allmählich schlossen sich die hohen Würdenträger der Regierung und des Hofes an, indem sie ihr den Treueid schworen. Begleitet von der Garde begab sich Katharina nach Oranienbaum, und auf halbem Wege ließ sie ihren Mann wissen, daß er abzudanken habe. Völlig überrascht und mit der Absicht, Widerstand zu leisten, versuchte Peter sich militärische Unterstützung zu sichern (sein eigenes holsteinisches Regiment war zur Vorbereitung einer Festlichkeit nach Peterhof gesandt worden; als es von Katharinas Coup hörte, löste es sich auf). Er suchte Zuflucht und Unterstützung beim Flottenstützpunkt in Kronstadt, aber die Verschwörer hatten die Festung in Alarmbereitschaft versetzt, und der Kaiser wurde nicht eingelassen. Orientierungs- und mutlos dankte Peter ab und ließ sich im Palast von Ropša internieren. Einige Tage später starb er dort – wahrscheinlich von Alexej Orlov ermordet, der dazu bestimmt worden war, ihn zu bewachen. Die offizielle Version war die eines Todes durch eine «hämorrhoidale Kolik». Begraben im Aleksandr-Nevskij-Kloster, wurden seine Überreste von seinem Sohn Paul bei seiner Thronbesteigung 1796 ausgegraben und in der Kathedrale der Festung St. Peter und Paul neben seiner Frau Katharina II. beigesetzt.

Warum dieser Staatsstreich und warum gelang er so leicht? Wir haben gesehen, daß trotz ihrer Mängel und Fehler die Politik Peters III. kaum schlechter oder weniger «populär» (in den Kreisen, auf die es ankam) war, als diejenige vorheriger oder nachfolgender Regierungen. Sogar ihre Ungeschicklichkeit und Peters eigene (in den Augen der Höflinge und Würdenträger) wirre Art waren nicht so, daß sie ernsthafte Opposition heraufbeschworen hätten. Die Maßnahmen, die sich als Beginn einer wirklichen innovativen Umorientierung der sozialen und ökonomischen Entwicklung Rußlands hätten erweisen können, waren noch nicht vollständig in das Bewußtsein der Elite eingedrungen. Sicherlich begrüßten die «aristokratischen» Clans, wie die Voroncovs und einige Armeeoffiziere, nicht Peters Gesetzgebung, die den Adel und seinen Status beeinträchtigte. Aber sie waren noch weit von der vollen Unterstützung ihrer Adelsgenossen entfernt. Selbst der angebliche «patriotische Unwille» darüber, daß Peter Rußland aus dem Krieg gezogen hatte, indem er sich mit Preußen verband und vorschlug, zum Wohle seines Herzogtums in der Heimat zu kämpfen, sollte nicht für bare Münze genommen werden. Darüber wurde viel später von denen berichtet, die besondere Gründe dafür hatten, Katharinas Redeweise zu ihrer eigenen zu machen.

Wir müssen daraus schließen, daß ein Faktor für Peters Versagen sein eigener Mangel an politischem Geschick und seine persönlichen Verbindungen waren, ganz zu schweigen von einem geringeren Grad an Energie als nötig gewesen wäre, ein umfassendes und kühnes Reformprogramm einzuleiten. Er ähnelte seinem kaiserlichen Vorfahren Peter dem Großen nicht. Was den Coup betrifft, der ihn beseitigte, war es in erster Linie das persönliche Werk Katharinas, die ihre lang gehegten Ambitionen, souveräne Kaiserin zu werden, befriedigen wollte. Sie fand in der Garde und unter Höflingen und Würdenträgern (z. B. den Senatoren) Unterstützung, die durch Peters Veränderungen im Regierungspersonal entlassen worden waren.

Das traditionelle Bild Peters III. als Person und Herrscher ist von den geschickten Bemühungen Katharinas II. um «public relations» geformt worden. Natürlich sehen die sechs Monate der Regierungszeit Peters III. armselig und nahezu unbedeutend in Rußlands Fortschreiten auf dem Weg zu einem Weltreich und zur Europäisierung (oder «Modernisierung») aus, verglichen mit den bedeutenden Errungenschaften Katharinas und den weniger spektakulären, aber soliden Erfolgen Elisabeths. Der Dokumentenbestand der Regierungsinstitutionen in den Archiven, der ein verständlicheres und leidenschaftsloseres Bild der gesetzgeberischen und der diplomatischen Aktivitäten Peters geben könnte, ist bisher noch nicht angemessen erforscht und analysiert worden. Die Historiker vor 1917, die im allgemeinen Rußlands Expansionismus und kulturellen Fortschritt billigten, hatten keinen Grund, das von Katharina und ihren Speichelleckern gezeichnete negative und anekdotenhafte Porträt zu «revidieren». Die folgende Historiographie nach marxistischer Art zwang das Beweismaterial in ein anachronistisches Vokabular und in einen ungeeigneten begrifflichen Rahmen. Die sensationslüsternen, romantisierenden volkstümlichen Biographien von Katharina II., die darauf zielen, Licht auf die angeblich obszöne Seite ihres Lebens zu werfen, sind nur zu bemüht, ihre eigenen Worte und Beschreibungen ihres Mannes für bare Münze zu nehmen. Seit einiger Zeit gibt es Bemühungen, Peter als Individuum und als Monarchen gerecht zu weden. Aber sie machen mühsame Archivarbeit erforderlich, um vollkommene Glaubwürdigkeit zu erlangen.

Aus dem Englischen von Renate Mauch

Katharina II.

Marc Raeff

KATHARINA II.
1762–1796

Katharina II., geb. 2. 5. (N. S.) 1729 in Stettin als Sophie Friederike Auguste von Anhalt-Zerbst, seit dem 28. 6. 1744 Ekaterina Alekseevna, Kaiserin 28. 6. 1762, Krönung 22. 9. 1762, gest. 6. 11. 1796 in Carskoe Selo, bestattet in der Peter-Pauls-Festung. Vater Fürst Christian August von Zerbst-Dornburg (1690–16. 3. 1747), Mutter Johanna Elisabeth von Holstein-Gottorp (1702–19. 5. 1760). Heirat 21. 8. 1745 mit Karl Peter Ulrich von Holstein-Gottorp (Peter III., 21. 2. [N. S.] 1728–5. 7. 1762, Kaiser 1762). Sohn Paul I. (20. 9. 1754–11./ 12. 3. 1801, Kaiser 1796–1801).

Am 28. Juni 1762 rief sich die Frau des regierenden Kaisers Peter III. mit Unterstützung der Garderegimenter und ohne den Widerspruch der höchsten Institutionen des Reiches (z. B. des Senats) zur Kaiserin unter dem Namen Katharina II. aus. Ihr Schicksal war ungewöhnlich, denn es führte dazu, daß die Tochter eines kleinen, verarmten deutschen Fürstenhauses zuerst die Frau des mutmaßlichen Thronerben, dann des Kaisers und schließlich die Alleinherrscherin von ganz Rußland wurde. Ihre lange und außergewöhnliche Herrschaft bildete die Grundlage für Rußlands Schicksal im 19. Jahrhundert.

Sie wurde am 2. Mai (N. S.) 1729 in Stettin als Sophie Friederike Auguste und Tochter des Kommandanten Fürst Christian August von Zerbst-Dornburg, eines Generals im Dienst des preußischen Königs, und Elisabeths von Holstein-Gottorp geboren. Bis zum 14. Lebensjahr wurde sie in Übereinstimmung mit den herrschenden Erziehungsmethoden und unter den begrenzten Möglichkeiten eines winzigen fürstlichen Hofes in Norddeutschland erzogen. Dank Mlle. Cardels, ihrer Erzieherin, lernte sie fließend französisch sprechen und wurde mit dem französischen literarischen und intellektuellen Erbe des 17. Jahrhunderts bekannt. Der Hofpfarrer Pérard und ihr deutscher Tutor Wagner führten sie in das pietistisch beeinflußte Luthertum sowie in die deutschen Formen der naturrechtlichen Lehre ein. Im Alter von 13 Jahren änderte sich ihr Schicksal schlagartig. Der Dienstherr ihres Vaters, König Friedrich II. von Preußen, empfahl sie Kaiserin Elisabeth von Rußland als Braut für deren Neffen, den jungen Herzog Karl Peter von Holstein-Gottorp, den die Kaiserin zu ihrem Erben unter dem Namen Großfürst Petr Fedorovič ernannt hatte und der nach St. Petersburg gebracht worden war, um unter der Aufsicht und Fürsorge seiner Tante erzogen zu werden. Friedrichs Vorschlag stimmte mit Rußlands damaliger propreußischen Politik

und den eigenen Interessen des Königs überein, Rußlands Unterstützung gegen seinen Hauptfeind Österreich zu festigen. Begleitet von
ihrer ehrgeizigen und aufdringlichen Mutter, die eine bedeutende Rolle
auf der europäischen politischen Bühne zu spielen hoffte, kam die junge
Prinzessin Sophie im Februar 1744 in Rußland mit dem festen Entschluß
an, eine wirkliche russische Kaiserin zu werden, wie sie in ihren späteren Memoiren schrieb. Dank der ihr angeborenen Fähigkeiten und ihrer
bewußten Bemühungen, zu gefallen, entzückte sie Kaiserin Elisabeth
und ihre Umgebung. Sie wurde mit den Großfürsten am 28. Juni 1744
verlobt und in Ekaterina Alekseevna umgetauft.

Während der folgenden siebzehn Jahre, bis zum Tode Elisabeths an
Weihnachten 1761, widmete sich Katharina der Festigung ihrer Position
am unsicheren und trügerischen Hof von St. Petersburg und der Entwicklung ihrer eigenen Vorstellungen. Beides gelang ihr mit Erfolg, jedoch nicht ohne daß sie manchmal in direkte Gefahr geriet. Sie überlebte Schwankungen in der kaiserlichen Gunst und die Fallstricke von
Hofintrigen, obwohl die Beziehungen zu ihrem Mann, der keine ihrer
Interessen und Neigungen teilte, sich frühzeitig verschlechterten. Sie
nahm sich den Ratschlag des englischen Botschafters zu Herzen und
nutzte ihre freie Zeit, worüber sie ausgiebig verfügte, um begierig und
mit ausgezeichnetem Erfolg die Werke der französischen Philosophen
und deutsche juristische und politische Abhandlungen zu lesen. Am
20. September 1754 gebar Katharina den Großfürsten Paul und sicherte
damit das Thronerbe über die Generation ihres Mannes und ihre eigene
hinaus. Die Hofpolitik und ausländische Intrigen trieben Katharina in
den letzten Lebensjahren Elisabeths in eine führende, aber auch expo-
nierte Stellung, um so mehr als Großfürst Peter in militärische Spiele in
seinem Palast in Oranienbaum vertieft war und es nicht verstand, sich
eine eigene Anhängerschaft aus den Garden und den Würdenträgern zu
sichern. Es ging das Gerücht, daß Elisabeth Großfürst Peter zugunsten
Pauls unter der Regentschaft seiner Mutter enterben könnte. Sei das
nun wahr oder nicht, solche Gerüchte zeigen, daß Katharina ein strate-
gisches Element im Kampf um die Thronfolge geworden war, die Peter
der Große bekanntlich völlig abhängig vom Willen und der Entscheidung des herrschenden Monarchen gemacht hatte. Elisabeth starb jedoch, ohne definitive Schritte unternommen zu haben, und Großfürst
Peter konnte leicht als Peter III. nachfolgen.

Auf die Tätigkeit und Probleme Peters während seiner kurzen Herrschaft wird anderweitig in diesem Band eingegangen (s. Kapitel «Peter III.»). Sein Sturz am 28. Juni 1762 ging zurück auf einflußreiche
Kreise des Establishments, die mit seiner Politik und den Intrigen und
Verschwörungen Katharinas und ihrer Anhänger am Hofe, in den Garden und unter ansässigen Ausländern unzufrieden waren. Der Coup
selbst sowie die von einigen Hofparteien gezeigte Befürwortung einer

Inthronisierung des Großfürsten Paul unter der Regentschaft seiner Mutter ließen offensichtlich Fragen zu Katharinas Legitimität aufkommen. Und obwohl ihre Herrschaft von Anfang an ziemlich gesichert zu sein schien, mußte sie vorsichtig auftreten, denn eine falsche Handlung ihrerseits hätte das Entstehen einer starken Opposition, die ihrem Thron hätte gefährlich werden können, zur Folge haben können. Dieser Gefahren eingedenk betonte Katharina II. in ihrer Thronrede die Unfähigkeit ihres Mannes, seinen Verrat nationaler Interessen und seine Verachtung der religiösen Traditionen Rußlands; sie beeilte sich auch, die Privilegien des Adels, ihren Respekt vor der Kirche, Rußlands Rückzug aus dem Siebenjährigen Krieg und die Androhung eines Feldzuges gegen Dänemark sowie eine wohlwollende propreußische Außenpolitik zu bestätigen.

Die Konsolidierung ihrer Legitimation und der Bedarf an verläßlicher Information über die Stimmung und Lage der Bevölkerung bewogen Katharina 1767, den ungewöhnlichen Schritt zu machen, eine Versammlung von gewählten Repräsentanten, Gesetzgebende Kommission genannt, einzuberufen, die ein Gesetzbuch diskutieren und entwerfen sollte. Dies erinnerte in mancher Hinsicht an die Reichsversammlungen des 17. Jahrhunderts. Die Geistlichkeit wurde jedoch nur von einem Abgeordneten des Heiligen Synods vertreten, gleichermaßen wie die anderen zentralen Regierungsinstitutionen, was die Tatsache lebhaft illustriert, daß man in der Kirche seit Peter dem Großen nicht viel mehr als einen Zweig der kaiserlichen Verwaltung sah. Allen freien Ständen (außer der Geistlichkeit natürlich) war es erlaubt teilzunehmen, einschließlich der Staatsbauern und der nichtrussischen Eingeborenen. Die Wahlen dienten auf diese Weise dazu, eine Art von Identität unter den einzelnen Ständen des Reiches zu fördern. Jeder Abgeordnete, im Rahmen einer umständlichen Prozedur in mehrfachen Schritten gewählt, brachte eine Instruktion (nakaz) oder eher ein «cahier de doléances» mit, welches die Bedürfnisse und Wünsche seiner Wähler enthielt. Katharina selbst entwarf ihren eigenen Vorschlag eines Nakaz, der stark von Montesquieu, Bielfeld und Beccaria beeinflußt war und als Richtlinie für die Kommission dienen sollte. Er bestand aus einer Reihe von allgemeinen Prinzipien, die von den Grundideen der Aufklärung und des Kameralismus abgeleitet, aber mit einer deutlichen Bekräftigung der Unantastbarkeit der Autokratie versehen waren. Die individuellen Instruktionen und die Debatten (heute zum größten Teil veröffentlicht) sollten zur Hintergrundinformation für Katharinas eigene Gesetzgebung und für die Kenntnis der Historiker von der Lage des Landes und der Stimmung jener Zeit werden. In den Sitzungen der Kommission, die streng von ihrem Vorsitzenden, General A. I. Bibikov, kontrolliert wurde, wurden die (von einzelnen Komitees unterbreiteten) Vorlagen diskutiert, die den gesetzlichen Status, die Rechte und Privilegien jedes

Standes betrafen. Als die Diskussionen sich in die Länge zogen und
einige unbequeme Fragen aufwarfen (Leibeigenschaft, monopolistische
Privilegien einzelner Stände), die eingehend debattiert wurden, vertagte
Katharina 1768 unter dem Vorwand des Ausbruchs des Krieges gegen
die Türkei die Kommission sine die.

Was lernte die Kaiserin aus den «nakazy» und den Debatten in der
Gesetzgebenden Kommission? Die erste Lehre, die Katharina daraus
ziehen konnte, war die, daß die Bevölkerung ihres Reiches in funktionale soziale Stände eingeteilt werden sollte. Der Adel beanspruchte das
exklusive Recht, Staatsdiener und Landbesitzer zu sein. Als Landbesitzer beanspruchten die Adligen noch zusätzlich das Privileg (nicht unbedingt das ausschließliche), die Produkte ihrer Güter zu verarbeiten
und mit ihnen Handel zu treiben, während sie gleichzeitig das ausschließliche Recht auf Leibeigenarbeit forderten. Die solide Front dieser
Forderungen wurde jedoch durch Uneinigkeit über die Definition des
Adels und die Mitgliedschaft im Adelsstand durchbrochen. Der Adel
erwies sich «als ein gegen sich selbst geteiltes Haus»: Russische Adlige,
deren Familien seit Generationen im Dienst der Zaren gewesen waren,
wünschten Zugang zu einem Adelsstatus, der auf Geburtsrecht beschränkt war, nur ausnahmsweise auch auf die Gnade des Herrschers.
Sie wandten sich gegen die automatische Nobilitierung durch den
Dienst gemäß den Bestimmungen der Rangtabelle Peters des Großen,
um so mehr als Beförderungen durch Feldkommandeure und Verwaltungsinstitutionen für verdienstvolles Verhalten verliehen werden
konnten und so automatisch den Adel implizierten. Die Dienstadligen,
die von der Peripherie Zentralrußlands stammten (d. h. Ukrainer, Kosaken), wollten ihren neuen Adelsstatus, den sie durch Beförderung nach
der Rangtabelle erhalten hatten, bewahren und den Zugang zu ihm für
andere mit ähnlichem Hintergrund offen halten, die hofften, sich der
privilegierten Gruppe aufgrund der Länge des Dienstes (wenn nicht
sogar aufgrund eines Verdienstes) anzuschließen.

Die Forderung des Adels nach dem Monopol an Land, das mit Leibeigenen besiedelt war, wurde durch die Kaufmannschaft, die einfachen
Stadtbewohner und die Staatsbauern in Frage gestellt. Die Städter ihrerseits wollten die Ausübung von Handels- und Manufakuraktivitäten
auf die Mitglieder ihrer eigenen Schichten beschränken. Sie lancierten
eine zweigleisige Attacke: auf der einen Seite gegen die Adligen, die den
Zugang zu Rohmaterialien auf ihren Gütern kontrollierten und die
nicht-agrarischen Aktivitäten ihrer Leibeigenen schützten (denn diese
brachten ihnen Profit), und auf der anderen Seite gegen die handeltreibenden Bauern, die Zugang zu den städtischen Märkten hatten, ohne
daß sie die Bürde des städtischen Wohnsitzes und der Zugehörigkeit zur
Einwohnerschaft zu tragen hatten. Die Städter ihrerseits – besonders die
Händler und Warenproduzenten – attackierten das Adelsmonopol auf

Ressourcen, die auf den Gütern unterirdisch (mineralische Erze) oder oberirdisch (Wälder) sowie aus der Arbeit von Leibeigenen bei der Herstellung von Waren oder im Bergbau gewonnen wurden. Selbstverständlich beanspruchten die Vertreter der Staatsbauern ebenfalls das Monopol auf ihren Status und die damit verbundenen ökonomischen Aktivitäten. Vor allem forderten die Staatsbauern das Recht, überall im Reich frei Handel zu treiben. Diese gegensätzlichen Interessen und Forderungen zeigten der Kaiserin und ihren Ratgebern deutlich, daß die russische Gesellschaft hoffnungslos geteilt war und daß demzufolge die Gefahr, daß sich Koalitionen bildeten, um Reformen und Veränderungen herbeizuführen, gering war. Insgesamt gesehen gab es keine Bedrohung der Autokratie, denn jeder war der Meinung, daß nur der Autokrat in der Lage sei, das Gleichgewicht zu bewahren und die Sicherheit der einzelnen Stände der Gesellschaft zu schützen.

Die freimütigsten Vertreter aller Stände brachten jedoch zwei grundsätzliche Forderungen vor: eine bessere Regierungsform und bessere Gerichtsinstitutionen auf der lokalen Ebene und als Folge eine gewisse Teilnahme der ortsansässigen Gesellschaft (durch ihre Vertreter) an der Verwaltung zum Wohle der Stände. Solche Forderungen, die in die Richtung gingen, die kaiserliche Gesellschaft auf der Basis von korporierten Ständen zu organisieren, waren ein deutliches Abgehen von sozialer Organisation auf der Basis von Staatsdienstverpflichtungen (po službe, po tjaglu) in den traditionellen Erscheinungen Moskoviens, die bis in die zweite Hälfte des 18. Jahrhunderts hinein überlebt hatten. Verbunden damit war die Vorstellung, daß die Sicherheit des einzelnen und seines Besitzes die Angelegenheit von Funktionären sei, die von den Mitgliedern jedes Standes gewählt (oder zumindest ernannt) werden sollten. Dies traf besonders auf diejenigen Adligen zu, die glaubten, daß sie direkt an der Verwaltung ihrer Standesinteressen teilnehmen sollten. Eine damit zusammenhängende Forderung war die nach zahlreicheren, zugänglicheren und besseren Bildungseinrichtungen für die Elite des Reiches, um die Möglichkeiten ihrer Mitglieder im Hinblick auf sozialen und wirtschaftlichen Fortschritt zu verbessern. In der Frage des Status der Bauern und Leibeigenen zeigte die Debatte der Kommission erwartungsgemäß einen tiefen Riß zwischen Nichtadligen und Adligen, ja sogar eine gewisse Meinungsverschiedenheit innerhalb des Adels selbst. Daraus konnte die Kaiserin leicht schließen, daß die Bewohner ihres Reiches tief gespalten waren und daß sie ihnen keine besondere Aufmerksamkeit schenken mußte. So waren das Interesse an politischer Stabilität und das des Leibeigene besitzenden Adels von größerer Bedeutung als die abstrakten Forderungen nach sozialer Gerechtigkeit und Menschlichkeit oder die nach allgemeinem wirtschaftlichem Nutzen. Katharina II. tat praktisch nichts, um die Leibeigenschaft tatsächlich zu erleichtern, obwohl sie von Zeit zu Zeit das Thema ansprach.

Der Idee einer Politik, die darauf hinzielte, Rußlands Wirtschafts-
potential zu erweitern, wurden von den Vertretern aller Stände Lippen-
bekenntnisse gezollt, obwohl die Vorstellung von funktionalen Mono-
polen dem Kern moderner Doktrinen und dem Zugang jedes einzelnen
zu materiellen Gütern entgegenstand. Katharina mußte auf jeden Fall
die wirtschaftliche Entwicklung fördern und unterstützen: Die praktischen Methoden einer Landvermessung, die während der Herrschaft
Elisabeths geplant worden war, wurden ausgearbeitet und die Vermes-
sungen 1766 begonnen, obwohl sie erst im 19. Jahrhundert beendet wurden. Die Politik des Günstlings Elisabeths I., I. Šuvalovs, hatte gezeigt,
daß, die Landwirtschaft ausgenommen, wirtschaftliche Unternehmungen am besten den nichtadligen Klassen überlassen werden sollten.
Katharina bewilligte das Monopol des Adels auf Besitz besiedelten Landes, erlaubte aber denen, die willens und fähig waren, alle anderen
wirtschaftlichen Aktivitäten zu übernehmen. Der Binnenhandel wurde
zollfrei durchgeführt, das Straßen- und Kanalnetz wurde verbessert,
und – was noch bedeutsamer war – allen Klassen wurden ein größerer
Spielraum und größere Freiheiten bei der Besiedlung neu erworbenen
Landes, besonders in der Ukraine und auf der Krim, zugestanden. Um
die «Modernisierung» und Verbesserung der Landwirtschaft zu fördern,
gründete Katharina II. 1765 die Kaiserliche Freie Ökonomische Gesellschaft, die bald zu einer Clearing-Stelle und zu einer führenden Institution bei der Verbreitung von technischem Know-how und von Informationen über wirtschaftliche Bedingungen wurde. Auf einigen Gebieten
wurde Rußland ein führender Hersteller und Exporteur (z. B. bei Eisen
und Stahl), obwohl es durch Transportschwierigkeiten stark beeinträchtigt war. Das Netz wirtschaftlich lebensfähiger Städte wurde dichter. Es
wurde sogar behauptet (E. Tarle, G. Rozman), daß Rußland in der zweiten Hälfte des 18. Jahrhunderts ein nach zeitgenössischem europäi-
schem Standard wirtschaftlich entwickeltes Land war, obwohl es diesen
Vorteil in den ersten Jahrzehnten des folgenden Jahrhunderts wieder
verlor.

Seit Peter dem Großen hatte der russische Staat ständig die politische
Rolle der Kirche beschnitten und ihren wirtschaftlichen Status ausge-
höhlt. Die Mißwirtschaft der Kirche auf ihren Ländereien und das Bestreben des Staates, die Einkünfte, die von den Leibeigenen darauf er-
bracht wurden, zu kontrollieren, ließen Pläne für die Säkularisierung
eines Teils oder des gesamten Kirchenlandes entstehen. Elisabeth hatte
aktiv die Säkularisierung geplant, und diese war auf abrupte und verworrene Art und Weise von Peter III. proklamiert worden. Peters überstürzte Maßnahme erzeugte Chaos und Unordnung innerhalb der
Bauernschaft der Kirche und in einigen Fällen sogar Revolten. Um ein
wenig Recht und Ordnung in den Prozeß zu bringen, bestätigte Katharina den Säkularisierungserlaß 1764, aber sie bereitete ihn so vor und

führte ihn so ein, daß Aufruhr vermieden wurde. Die Leibeigenen der Kirche wurden zu Staatsbauern («Ökonomiebauern») und zur Zahlung eines jährlichen Zinses (obrok) von einem Rubel pro Seele (= männliche Person) gezwungen. Mit einem Federstrich wurden nahezu 800 000 Seelen Staatsbauern, die Steuereinnahmen erbrachten und einen Grundstock an besiedeltem Land für Verleihungen und Belohnungen an Günstlinge und Adlige zur Verfügung stellten. Katharina ging hart mit der einzigen abweichenden Meinung, derjenigen des Metropoliten Arsenij Maceevič, ins Gericht und erstickte so von Anfang an jegliche Opposition und jede Kritik von seiten der Geistlichkeit. Unter dem Einfluß westlicher Ideen und Beispiele (übrigens auch unter Wiederaufnahme der Politik Peters III.) praktizierte sie religiöse Toleranz, vorausgesetzt staatliche Interessen wurden nicht beeinträchtigt. Elisabeths strenge Verfolgung der Altgläubigen wurde eingestellt; allen christlichen Konfessionen wurde es erlaubt, ihre Gläubigen geistlich zu betreuen, und der Staat billigte und respektierte auch die religiösen Praktiken und Institutionen der nichtchristlichen Bevölkerung (Muslims, Buddhisten, Juden). Katharina ging sogar so weit, daß sie nichtorthodoxe Ansiedlungen auf neu erworbenem Territorium förderte, einschließlich der von Juden. In einigen Fällen gab diese Politik der Toleranz Anlaß zu wütender Kritik und starker Opposition, wenn sie wirtschaftlichen Wettbewerb zu erleichtern schien. Zum Beispiel beschränkte Katharina nach den Teilungen Polens die Juden auf die Ghettosiedlung, was offensichtlich eine Antwort auf die Entrüstung der traditionsgebundenen Moskauer Kaufmannsklasse, die deren Wettbewerb fürchtete, war.

Schließlich nahm sich die Kaiserin noch die Wünsche nach weitgehenden administrativen Reformen und der Schaffung eines gesetzlichen Rahmens für die Körperschaftsautonomie und Organisation der Eliteständes des Reiches zu Herzen, die von den Deputierten in der Gesetzgebenden Kommission geäußert worden waren. Bevor wir uns jedoch diesen Maßnahmen zuwenden, wollen wir zuerst die außenpolitischen und militärischen Angelegenheiten betrachten, denn sie waren ein sehr wichtiger und erschöpfender Aspekt während ihrer Herrschaft und erleichterten die inneren Reformen.

Unter Katharina II. erlebte Rußland die größte Expansion des Reiches seit der Eroberung des Wolgabeckens und Sibiriens im 16./17. Jahrhundert. Während ihrer Herrschaft wurde der größte Teil dessen, was heute die südliche Ukraine und die Krim ist, einverleibt, und ein größerer Teil Polens kam während der Teilung dieses Landes in drei Schritten zu Rußland. Die Aneignung der Nordküste des Schwarzen Meeres und Seesiege im östlichen Mittelmeer während des zweiten Türken-Krieges ermöglichten es Rußland, eine entscheidende Rolle in den Angelegenheiten auf dem Balkan und Südosteuropas zu spielen, während gleichzeitig aber auch die Möglichkeiten eines Konflikts mit Österreich erhöht wurden. Katharina war so gezwungen, eine aktive Rolle in der europäischen Diplomatie zu spielen, wie ihre Einmischung in schwedische Angelegenheiten, ihr Umsturz in Polen (während sie gleichzeitig die offizielle Rolle des Schiedsrichters und Garanten der Verfassung des Heiligen Römischen Reiches [Frieden von Teschen 1779] erlangte) und schließlich ihre Mitgliedschaft (aber keine aktive Teilnahme) in der monarchistischen Koalition gegen die Französische Revolution bezeugen. In ihrer Regierungszeit wurden auch die ersten effektiven Schritte getan, die schließlich zum Eindringen Rußlands in den Kaukasus und zu dessen daraus folgendem Erwerb führten.

Rußlands Siege im (ersten) russisch-türkischen Krieg von 1768–1774 führten zum Vertrag von Küçük Kaynarca, der für das Reich die gesamte Nordküste des Schwarzen Meeres bis zur Mündung des Bugs sicherte, dem Wesen nach ein russisches Protektorat über die Krim errichtete, die in ein vom Osmanischen Reich unabhängiges Chanat umgewandelt wurde, und Rußland eine vage Aufsichts- und Schutzrolle über die christliche Bevölkerung des türkischen Reiches auf dem Balkan zuerkannte. Ein zweiter siegreicher Krieg gegen die Türkei (1787–1791) bestätigte Rußlands Annexion der Krim (1783), und seine Flottenexpeditionen ins Mittelmeer (Landung auf dem Peloponnes, Seesieg an der Ceşme-Bucht) stärkten das Prestige des Reiches in Südosteuropa und bekräftigen seinen Anspruch, Protektor und Förderer der Unabhängigkeit der christlichen Balkanvölker zu sein.

Die diplomatischen Manöver, die den ersten Türken-Krieg begleiteten, führten Friedrich II. dazu, eine Entschädigung für Österreich, Rußland und Preußen auf Kosten des polnisch-litauischen Reiches vorzuschlagen. Unter dem Vorwand, die nichtkatholische (d. h. lutherische und orthodoxe) christliche Bevölkerung der Rzeczpospolita zu schützen und ihre überlieferte Verfassung, welche die politische Schwäche, wenn nicht gar totale Lähmung förderte, aufrechtzuerhalten, teilten die drei Monarchien das Reich in drei Schritten auf: 1772, 1793, 1795, wobei der letzte der unabhängigen Existenz Polens ein Ende setzte. Rußlands Anteil bildete der gesamte östliche Teil der alten Rzeczpospolita, d. h. die litauischen und weißrussischen Provinzen und der größte Teil von Großpolen. Durch die Ausdehnung der russischen Souveränität nach Westen wurden alle von Ostslaven bevölkerten Länder unter Rußlands Kontrolle gebracht, aber auch seine Grenzen gegen feindliche Einfälle (diese waren während des 18. Jahrhunderts ziemlich selten) und, was bedeutsamer war, gegen die Flucht der Leibeigenen aus dem Gebiet der kaiserlichen Jurisdiktion gesichert. Auf der anderen Seite schufen die Teilungen Grenzen zu Preußen und Österreich, die hohe militärische Kosten und eine größere Beteiligung an mitteleuropäischen Angelegenheiten erforderlich machten. Noch bedeutsamer war, daß die Annektierung polnischen Landes eine große Anzahl von neuen nationalen und religiö-

sen Minderheiten brachte: katholische Polen, die sich weder mit dem
Verlust ihrer Unabhängigkeit noch mit ihrem zweitrangigen Status abfinden konnten, und Juden, mit deren Behandlung die russische Regierung keine Erfahrung hatte und die in der Zukunft eine Quelle ernsthaf-
ter wirtschaftlicher und sozialer Probleme werden sollten. Außerdem
machten die neuen, den Polen weggenommenen Provinzen eine polizei-
liche Überwachung und militärische Präsenz nötig, was eine finanzielle
Belastung der begrenzten Ressourcen darstellte. Wirtschaftliche Gewinne aus den polnischen Provinzen wurden nicht vor der Mitte des
19. Jahrhunderts erzielt, während kulturelle eher sehr bescheiden und
die politischen Nachteile tatsächlich sehr groß waren.

Auf der anderen Seite erwies sich die Aneignung der südlichen
Ukraine und der Krim sofort als sehr vorteilhaft für das Reich. Sie öffnete den größten Teil der Region der schwarzen Erde für landwirtschaftliche Kolonisierung und Ausbeutung, während die Gründung solch ma-
ritimer Zentren wie Nikolaev und Odessa – letzteres sollte einmal einen
großen Wert für den Handel bekommen – die Entwicklung von Getreidelieferungen nach Westeuropa in großem Maßstab möglich machte.
Jedoch ging die wirtschaftliche Entwicklung der südlichen Ukraine nicht
ohne einige negative Züge vor sich, deren hauptsächlicher die Expansion der Leibeigenschaft und die Konsolidierung einer plantageähn-
lichen Wirtschaft war, die sich jedoch von Nutzen für die Adligen erwies, die reich waren und gute Beziehungen hatten, ob sie nun Russen,
Ukrainer oder anderer Nationalität waren: Sie erwarben billig großen
Landbesitz, den sie von umgesiedelten Leibeigenen aus den Zentral-
provinzen bearbeiten ließen.

Die energische Politik, ausländische Kolonisten anzuziehen, die unter
der Schutzherrschaft des ersten «Vizekönigs» des Gebietes, des Fürsten
G. A. Potemkin-Tavričeskij («der Taurier»), verfolgt wurde, brachte neue
Gruppen von nationalen Minoritäten in den Süden (Griechen, Armenier
und Georgier, Juden, Deutsche), während die eingeborene Tatarenbe-
völkerung der Krim in großer Zahl ins türkische Reich auswanderte und
diejenigen, die blieben, verarmten. Die Erwartung, deutsche Siedler
(und andere aus Zentral- und Westeuropa) anzulocken, um den Stand
der russischen landwirtschaftlichen Technologie und Produktivität zu
heben, ließ sich nicht umsetzen. Zwar prosperierten nach einer An-
fangsperiode von Mißverwaltung und Not viele deutsche landwirtschaftliche Siedlungen in der Ukraine und entlang dem Don – sie sollten
Vorbild für die russischen Bauern sein –, aber ihrem Beispiel folgte man
nicht, und sie blieben isolierte Inseln der Prosperität inmitten eines Meeres von mittelmäßigen und armen Bauern, die neidisch auf die Außen-
seiter waren.

An dieser Stelle sollte man Katharinas Politik in bezug auf den mul-
tiethnischen Charakter ihres Reiches erwähnen. Anders als ihre Vorgän-

ger mit ihrer «gütigen Vernachlässigung» (oder brutalen Ausbeutung), sah sie den Sachverhalt vom Standpunkt der Ideen der Aufklärung, wonach die Menschheit durch alle grundlegenden «Stadien der sozialen Entwicklung» gehen muß. Dementsprechend basierte die sozio-ökonomische Organisation, wie es ein «vormarxistischer Marxist» ausdrücken würde, auf der Produktionsweise und der Lebensführung: Jäger und Sammler, nomadisierende Viehzüchter, seßhafte Landwirte und städtische Händler. Die Russen waren in das letzte, höchste Stadium eingetreten, und die anderen Nationalitäten sollten auf ihr Niveau angehoben werden. Aber der Prozeß sollte allmählich stattfinden mit so geringem Zwang wie möglich. Die Regierung sollte jede soziale und ethnische Gruppierung mit Hilfe ihrer administrativen und gesetzlichen Anordnungen dazu bringen und dazu anspornen, den höheren Lebensstandard anzunehmen. Wenn die Regierung eine dauerhafte Ansiedlung und die Ausweitung der Hilfe für wirtschaftliche Umgestaltung förderte, würde sie die einheimischen Eliten dazu bringen, ins russische Establishment einzutreten, Funktionen in den administrativen und rechtlichen Institutionen zu übernehmen, eine Führungsrolle und ein Vorbildverhalten für den Rest ihres Volkes zu übernehmen und so der allrussischen höheren Kultur und sozialen Organisation beizutreten. Diese Politik ginge Hand in Hand mit der Förderung der Landwirtschaft (gemäß physiokratischen Regeln) und der Entwicklung des ökonomischen Potentials aller Teile des Reiches.

Gleichzeitig muß betont werden, daß Katharina sich nicht mit einer Russifizierung im linguistischen, religiösen oder kulturellen Sinn befaßte. Russifizierung, so glaubte sie, würde als Folge der sozialen und ökonomischen Umwandlung und Einbeziehung in die kaiserlichen administrativen und rechtlichen Institutionen eintreten. Keine erzwungene Konvertierung noch gar ein Aufzwingen der Sprache oder kultureller Normen sollten gebilligt werden. Diese Politik funktionierte ziemlich gut für die verschiedenen nationalen Eliten und für kleine und relativ einfache ethnische Gruppierungen. Sie konnte jedoch nicht so einfach bei einer aufgeklärteren und komplexeren Gesellschaft in die Tat umgesetzt werden. Es ist klar, daß diese Politik auch nicht zufriedenstellend sein konnte, sobald der moderne Nationalismus im Kielwasser einer weiteren Europäisierung und unter den Einflüssen der Ereignisse von 1789 und der Romantik nach Rußland eingedrungen war. Aber Katharina II. und ihre Mitarbeiter konnten diese späteren Entwicklungen nicht voraussehen. Auf jeden Fall kann Katharinas Politik einschließlich der religiösen Toleranz als weitsichtig, aufgeklärt und für die damalige Zeit liberal angesehen werden.

Die Ausdehnung des Reiches brachte administrative Zentralisierung sowie soziokulturelle Integration und Uniformität für die Grenzgebiete, die vordem außerhalb des Bereiches der zentralen Regierungsorgane gelegen hatten, mit sich. Territoriale Expansion, administrative Zentralisation und das Streben nach sozialer Uniformität hatten schon seit dem 17. Jahrhundert in unterschiedlichem Ausmaß immer wieder stattgefunden. Sie hatten viele der größeren Bauern- und Kosakenaufstände, die seit der Thronbesteigung der Romanovs periodisch die entlegenen Provinzen des Reiches erfaßt hatten, ausgelöst. Unter Katharina II. sind wir Zeugen des letzten und vielleicht ausgedehntesten und potentiell gefährlichsten dieser Aufstände in den Grenzgebieten, die manchmal bis in die zentralen Regionen übergriffen. Die Kosakenheere am Dnepr und Don waren Anziehungspunkte für geflüchtete Leibeigene, Vagabunden und Altgläubige geworden, die vor den repressiven Maßnahmen Sankt Petersburgs flohen. Ihre traditionellen soziopolitischen Institutionen und ihre Autonomie verschwanden schnell, seit die Regierung, die ihre Dienste nicht mehr so wie früher benötigte, sie unter eine uniforme bürokratische Kontrolle zu bringen versuchte. Dies war zum Beispiel das Schicksal der Don-Kosaken zur Zeit der Thronbesteigung Katharinas. Die Unzufriedenheit wurde noch durch interne sozio-ökonomische Reibungen zwischen der Führung und der breiten Masse im Hinblick auf die gerechte Verteilung und Kontrolle ökonomischer Ressourcen (z. B. Zuteilung und Besteuerung der Fischerei an Don, Wolga und Kaspischem Meer) verschlimmert. Schließlich brach 1773 die Rebellion erneut aus und überschwemmte die Gebiete am unteren Don und am Uralfluß.

Die Revolte wurde von dem kosakischen Altgläubigen Emel'jan Pugačev angeführt, der sich als der seinen Möchtegernmördern auf wunderbare Weise entkommene Peter III. ausgab. Den Altgläubigen versprach er völlige Freiheit der Religionsausübung, den Leibeigenen den Status und die Rechte von Staatsbauern, den Kosaken die Wiederherstellung ihrer Selbstverwaltung und traditionellen Organisation. In seinem eigenen Hauptquartier jedoch imitierte er die Struktur der Regierung in St. Petersburg, indem er Titel und Ränge an seine Genossen verlieh und sie in «Hof-» und «Regierungspositionen» einsetzte. Seine Aufrufe und Appelle zogen die in Minen und Fabriken des Ural arbeitenden Bauern an. Die nichtrussischen Einheimischen jedoch (z. B. die Baschkiren) und die ständigen Arbeitskräfte in den Eisenhütten des Ural waren viel zurückhaltender und zwiespältiger in ihrer Reaktion. Sie waren gewillt, sich Pugačev anzuschließen, um Kontrolle über ihre Territorien und Betriebe zu bekommen, aber sie weigerten sich, ihm über die Grenzen ihres Landes hinaus zu folgen, und unterstützten diejenigen seiner Ziele nicht, die die Bedürfnisse und Wünsche anderer religiöser und sozialer Gruppierungen betrafen. Da Pugačev aber anfangs auf geringen Widerstand der schwachen und weit verstreuten militärischen Kräfte traf, nahm er Orenburg ein, was ihm die Kontrolle über den südlichen Ural einbrachte. Danach besetzte er kurz Kazan', von wo aus seine Rebellion

auf Zentralrußland überzugreifen drohte. Seine Aufrufe boten nun Privatleibeigenen Freiheit an und forderten sie auf, ihre Herren und alles,
was für eine adlige Lebensart stand, zu vernichten: Güter und Landhäu-
ser wurden geplündert und verbrannt, Grundbesitzer und ihre Familien
getötet. Die Bedrohung durch Pugačev, der auf dem Weg nach Moskau
war, führte in den Hauptstädten zu Panik.

Nachdem Katharina von den Anforderungen an ihr Heer während
des Türken-Krieges befreit war, beorderte sie ihre Truppen ostwärts,
und bald darauf mußte Pugačev die Flucht ergreifen. In dieser Opera-
tion zeichnete sich der zukünftige Marschall Suvorov aus. Der geschla-
gene Pugačev sah seine Unterstützung so schnell schwinden, wie sie am
Anfang seiner Revolte lawinenartig angewachsen war. Er floh zu seinen
heimischen Don-Kosaken, die es jedoch vorzogen, ihn zu verraten, indem sie ihn an die Regierungstruppen auslieferten. Nach Moskau gebracht, wurde er mit seinen Anhängern verurteilt und am 10. Januar
1775 hingerichtet. Katharina löste die Ural-Kosaken auf und reorgani-
sierte die Kosakenheere, wobei sie mit denjenigen vom Don begann.
Die Kosaken wurden dem russischen Militärestablishment einverleibt;
sie verloren ihr Recht, ihre Hetmane, die von nun an vom kaiserlichen
Armeekommando ernannt wurden, zu wählen. Die große Masse der
Kosaken behielt ihre persönliche Freiheit und das Recht auf Gemein-
schaftseigentum ihrer Ländereien; die Führungsschicht sollte in die
Ränge des russischen Dienstadels mit dem Recht aufgenommen werden
können, Land und Leibeigene auf individueller Basis zu erwerben.
Nach und nach ging die Führung der Kosaken im kaiserlichen Adel und
in der Offiziersklasse auf, während sich die große Masse in privilegierte
und relativ wohlhabende Soldaten-Bauern verwandelte. Auf lange Sicht
sollten die Kosaken im 19. und frühen 20. Jahrhundert eine wirksame
innere Polizei werden, und sie leisteten den Bolschewisten im Bürgerkrieg und während der Kollektivierung starken Widerstand.

Die Pugačev-Revolte hatte die grundsätzliche Schwäche der russischen Provinzialverwaltung aufgedeckt: Unterbesetzung und unzurei-
chende Kontrolle. Katharina erkannte daraus die Notwendigkeit, die
örtliche Administration schnell und grundlegend zu reformieren und
Standesorganisationen zu schaffen, um von vornherein eine Wiederholung ausgedehnter Rebellionen zu verhindern. Die Aufmerksamkeit der
Kaiserin war für die nächsten zehn Jahre auf wichtige Gesetzgebungen,
die das Provinzleben und die Regierung betrafen, gerichtet, und ihre
Bemühungen hatten eine Reorganisation zur Folge, deren Grundprinzipien und Grundzüge den Rahmen für Rußlands Leben in der Provinz
bis zum Ende der Leibeigenschaft, wenn nicht sogar des Kaiserreiches
bildeten.

Katharinas gesetzgeberische Arbeit wurde früher immer auf zwei Arten interpretiert: erstens als «aufgeklärtes» Maskenspiel (oder Schau-

spiel), um ihre Autokratie der fortschrittlichen öffentlichen Meinung im Ausland schmackhafter zu machen; zweitens, als Maßnahme, dazu bestimmt, die führende Rolle des Adels (auf dessen Unterstützung sie vorgeblich angewiesen sein mußte) zu fördern und zu unterstützen, besonders auf lokaler Ebene, um die Leibeigenen zu kontrollieren. In den letzten Jahrzehnten hat es jedoch im Westen eine Verschiebung des Brennpunktes in der Interpretation gegeben. Aber fassen wir zuerst einmal die wichtigsten Gesetzesakte oder -projekte zusammen.

Um dem Problem der Lokalverwaltung gerecht zu werden, unterteilte das Gouvernementsstatut von 1775 das Land in 40 Gouvernements, jedes mit ungefähr 200 000 bis 300 000 Einwohnern, an deren Spitze ein Gouverneur stand. Einige dieser Gouvernements in den Zentralregionen (und einigen Grenzgebieten) wurden in einem Generalgouvernement unter einem Generalgouverneur zusammengefaßt. Die Gouvernements wiederum wurden in Kreise (uezd) von ungefähr 20 000 bis 30 000 Einwohnern unterteilt, jeder mit einer Kreishauptstadt und Kreisverwaltung. Dies führte naturgemäß zu einer beträchtlichen Steigerung der Anzahl von Städten, obwohl viele von ihnen reine Verwaltungszentren ohne eigene wirtschaftliche Rolle blieben. Es folgte auch ein dramatischer Anstieg der Zahl der Beamten und der Kosten für die Regierung. Die von der Kaiserin ernannten (und auch ihr gegenüber verantwortlichen) Gouverneure waren auch dem Senat rechenschaftspflichtig. Sie wurden von einem Gremium von Beamten unterstützt, von denen jeder mit einem besonderen Gebiet der Verwaltung (Finanzen, Steuern, Handel etc.) betraut und dem entsprechenden Kollegium in St. Petersburg verantwortlich war, während die Behörde in ihrer Gesamtheit dem Senat unterstand und von diesem Weisungen erhielt. Auf der Kreisebene gab es eine entsprechende, wenn auch etwas vereinfachte Organisation, die dem Gouverneur und dessen Behörde verantwortlich war. Zusätzlich wählte der Adel jedes Kreises einen Landeshauptmann (zemskij ispravnik) mit allgemeinen Polizeiaufgaben sowie rechtlicher und disziplinarischer Gewalt in geringfügigen Fällen.

Auf Gouvernementsebene sollte der Adel periodisch alle drei Jahre zusammenkommen und einen Adelsmarschall wählen (seine Wahl mußte vom Gouverneur bestätigt werden), der sich um die Interessen seiner Wählerklasse kümmerte, wie z. B. die Vormundschaft von Witwen und Waisen, die Treuhänderschaft ihres Eigentums und die Überreichung von Petitionen (über den Gouverneur) an den Souverän zu den Nöten des Adels in der Provinz. Die Gouvernementshauptstädte und großen Kreisstädte hatten eine ähnliche Verwaltungsorganisation, jedoch in vereinfachter Form und unmittelbar dem Gouverneur unterstellt; ein Bürgermeister und ein Rat, die von den höheren Rängen der registrierten städtischen Eliten gewählt wurden, berieten und unterstützten ernannte Beamte bei der Durchführung kommunaler Angele-

genheiten und der Kontrolle der städtischen Bevölkerung. Das Statut
von 1775 hatte als Hauptziel die Dekonzentration der Verwaltung und
die Einstimmung der Lokalbeamten auf die Bedingungen und Bedürfnisse derer, die sie verwalteten. Es bewirkte auch ein wirksameres und
engeres Netz der Kommunikation zwischen den Lokalbehörden und
den zentralen Institutionen, besonders dem Senat, dessen effizienter
und energischer Generalprokuror, Fürst A. Vjazemskij, Koordinator,
Kontrolleur und Antrieb während des größten Teils der Herrschaft Katharinas war.

Selbst diese knappe Zusammenfassung zeigt, daß der Erfolg der Politik der Dekonzentration sehr stark von der Mitwirkung der örtlichen
Eliten am Prozeß der Verwaltung und Rechtsprechung abhing. Katha-
rina wollte im Gegensatz zu ihren Vorgängern, besonders Peter dem
Großen, nicht, daß diese Mitarbeit Teil der Dienstpflicht war. Durch ihre
Lektüre war ihr von Anfang an klar, daß Zwang kaum der beste Weg für
die Entwicklung von Initiative oder kreativer Mitwirkung war. Ein erster
Schritt in die Richtung freiwilliger Mitarbeit der «Gesellschaft» waren
die Wahl der Deputierten für die Gesetzgebende Kommission und der
Entwurf der Instruktionen für sie – all dies wirkte sich günstig auf die
Entwicklung eines Gruppenbewußtseins unter den verschiedenen Klassen und Ständen des Reiches aus (mit der großen Ausnahme der Privatleibeigenen und der Geistlichkeit, wie wir gesehen haben). Um Wirklichkeit zu werden und nicht nur ein frommer Wunsch zu bleiben,
mußte den sozialen Gruppen, Ständen oder Klassen des Reiches eine
gewisse permanente institutionelle Struktur gegeben werden, und ihre
Rechte, Pflichten, Vorrechte und Bedingungen innerer Autonomie mußten bestimmt werden. Dies tat Katharina II., indem sie zwei Urkunden
ausfertigte und eine dritte entwarf, die jedoch weder veröffentlicht noch
ausgeführt wurde. Die zwei Urkunden und das Projekt sollten als eine
organische Einheit angesehen werden, denn sie zielten zusammen darauf ab, die wichtigsten Stände des Reiches formal zu bilden und ihnen
die gleiche Form innerer Organisation und Autonomie zu geben.

Wie zu erwarten war, nahm der Adel eine Vorrangstellung ein, und
seine Urkunde wurde zuerst herausgegeben, nämlich am 21. April 1785.
Sie war sehr umfassend in der Darstellung der Rechte, die dem Adel
zugestanden wurden. Kurz gesagt, bestätigte die «Gnadenurkunde für
den Adel» die korporativen Vereinbarungen, die für die Wahlen zur
Gesetzgebenden Kommission und die Reorganisation der Lokalverwaltung eingeführt worden waren. Der Adel jedes Gouvernements wurde
als eine öffentliche Korporation mit Kontrolle über das Mitgliederver-
zeichnis anerkannt. Jeder Adlige, der Grundbesitz im Gouvernement
hatte, durfte Mitglied werden, aber für Neuankömmlinge und frisch
Geadelte war die endgültige Zustimmung der übrigen Mitglieder des
Gouvernements erforderlich. Da reichere Adlige Besitz in verschiede-

nen Gouvernements hatten, waren sie Mitglieder verschiedener Gouvernementsadelskorporationen, und sie konnten sich an den Angelegenheiten einer jeden beteiligen. Auf der Kreisebene kamen die Adligen regelmäßig zusammen, um den Landhauptmann und den Kreismarschall des Adels zu wählen, dessen Aufgabe es war, die Interessen seiner Wähler sowohl auf Kreis- als auch auf Gouvernementsebene zu wahren. Die Gouvernementsadligen trafen sich alle drei Jahre in ihrer Hauptstadt, um einen Adelsgouvernementsmarschall zu wählen. Dieser war ihr Sprecher vor dem Gouverneur und dem Herrscher sowie der Vorsitzende des Vormundschaftsrates für Witwen, Waisen und bankrotte Güter und des Amtes für öffentliche Wohlfahrt, das mit der philanthropischen Tätigkeit des Adels betraut war. Zusammen mit der Befreiung von der Zwangsdienstpflicht (zugestanden von Peter III. am 18. Februar 1762) und den neu gegründeten Ämtern in der Lokalverwaltung hatte die Urkunde zwei wichtige Auswirkungen: Sie gab dem führenden Stand des Reiches ein Gefühl von Gruppenidentität sowie den Korporiertenstatus und Autonomie; und zur gleichen Zeit ermutigte sie den Adel dazu, aufs Land zurückzukehren, dort auf den Gütern Wohnung zu nehmen (wenn auch nur vorübergehend) und an lokalen Angelegenheiten teilzunehmen. Die regelmäßigen Wahlen sorgten dafür, daß man aus gesellschaftlichen Gründen und auch solchen der Ehevermittlung zusammenkam, und sie stärkten persönliche und familiäre Bande und förderten eine Art von Gemeinschaftsinteresse, Solidarität und Status. Die Adelsurkunde bewirkte das Entstehen des Adels als einer gesetzlich definierten korporierten Körperschaft mit eigener Organisation und erfüllte mit dem Bewußtsein von der eigenen Würde, Verantwortung und den eigenen Interessen.

Von gleicher Bedeutung waren die Bestimmungen der Urkunde, die den Adligen Sicherheit der Person und des Eigentums garantierten: In Strafprozessen sollte der Adlige durch seine Standesgenossen abgeurteilt werden; er konnte seinen Adelsstatus nicht verlieren außer durch ein Gerichtsverfahren, das vom Herrscher bestätigt wurde; er war von der Körperstrafe ausgenommen, er konnte willkürlichem Arrest nicht unterworfen werden, noch konnte sein Eigentum konfisziert werden (im Fall von Eigentumsverlust durch gerichtlichen Urteilsspruch ging sein Eigentum eher an seine rechtmäßigen Erben als an den Staat). Der Adlige erhielt volles Recht über seine Ländereien und alle ober- und unterirdischen Ressourcen. Der Ursprung des Adelsstatus blieb jedoch genauso zweideutig wie bisher: Als Adliger galt, wer sich selbst durch seine persönlichen Qualitäten (die aufgrund der Erziehung vermutet wurden) und durch den Staatsdienst, seinen eigenen oder den seiner Vorfahren, ausgezeichnet hatte. Wer aufgrund der Bestimmungen der Rangtabelle geadelt worden war, wurde genauso behandelt, obwohl er in einen separaten Teil des Adelsregisters eingetragen wurde. Um in eine Standesfunktion gewählt zu werden, war jedoch ein respektabler Dienstrang erforderlich; Geburt und Reichtum allein erlaubten nur die Teilnahme an den Wahlen.

Die «Gnadenurkunde für die Städte», die am selben Tag wie die für den Adel erlassen worden war, definierte die Stadt als eine separate geographische Einheit und organisierte ihre Bevölkerung als eine einzige Korporation, jedoch in sechs getrennten Kategorien. Die Mitglieder der einzelnen Kategorien hatten unterschiedliche Rechte, zu wählen und zum Bürgermeister und in den Stadtrat gewählt zu werden. Mehr noch als die Kreis- und Gouvernementsverwaltung stand die städtische Regierung unter straffer direkter Kontrolle ernannter Beamter. In der Praxis waren städtische Ämter eher eine Verpflichtung für die besitzenden Mitglieder der städtischen Korporation, und es gab die Tendenz, diesem beschwerlichen Dienst zu entkommen. Die Entwicklung eines städtischen (nichtadligen) kulturellen Lebens und einer städtischen Gesellschaft wurde verzögert, denn die reichsten, gebildetsten und kulturell interessierten Städter waren genau diejenigen, die nicht Teil der städtischen Korporation waren – ortsansässige Adlige, Beamte, Garnisonsoffiziere, Ausländer.

Eng auf die Gnadenurkunde für die Städte war das Polizeistatut (eigentlich: «Anstandsstatut») vom 8. April 1782 bezogen. Die Verordnung diente dazu, «zivilisiertes Betragen» zu fördern und die Rechtsprechung und Praxis der städtischen Polizei im einzelnen zu regeln, wobei Polizei hier im Sinne von «Policey» des Ancien régime zu verstehen ist, d. h. als ordentliche Verwaltung. Die Städte wurden in Sektionen unterteilt, deren Bewohner das Personal von Polizei, Feuerwehr und Gesundheitsdienst wählten, dem detaillierte Anweisungen im Hinblick auf ihre Verantwortlichkeiten gegeben wurden. Das System hatte auch die didaktische Funktion, die Bevölkerung der Städte zu «zivilisieren» und sie auf den Weg der «Modernisierung» zu führen. Hier wendete Katharina bewußt das Modell der Polizeiorganisationen von Paris und Berlin an, wenn auch in einer etwas vereinfachten und autoritäreren Form.

Die dritte Urkunde blieb ein Projekt; sie behandelte die autonome Dorfverwaltung der Staatsbauern. Die Staatsbauern wurden auf Dorf- und Bezirksebene als eine «Korporation» anerkannt, deren Mitglieder sich aus allen Haushaltsvorständen zusammensetzten. Diese sollten regelmäßig zusammenkommen, um einen Verwalter und untergeordnete «Beamte» (Hundertschafts- und Zehnerschaftsführer) zu wählen, die verantwortlich waren für die Aufrechterhaltung von Gesetz und Ordnung, die Schlichtung kleinerer Streitigkeiten, die Bestrafung unbedeutender Vergehen, die Steuereintreibung, die Vergabe von kommunalen Arbeitsprojekten (Ausbesserung von Straßen, Brücken etc.) und für die Unterstützung der Beamten der Krone bei der Ausübung ihrer Pflichten. Die Urkunde bezog sich in großen Teilen auf die deutschen Dorfordnungen sowie auf traditionelle russische Gemeindepraktiken, und ihr Hauptziel war es, den Staat aus der Einbeziehung in die tägliche Routine und Gewohnheiten der Bauern herauszuhalten. Das Projekt zeigt auch, daß Katharina die (staatliche) Bauernschaft als einen korporierten Stand wie den städtischen und den adligen betrachtete, wenn auch als einen, der nähere «patriarchalische» Aufsicht brauchte. Ob die Kaiserin die Urkunde als Rahmenwerk für die Organisation der Gemeinden der Privatleibeigenen ansah, sobald sie einmal von der direkten Kontrolle und Verantwortung ihrer Herren befreit wären, kann aus den verfügbaren Quellen nicht mit Bestimmtheit gesagt werden. Einige der in dem Projekt enthaltenen Gedanken wurden zur Zeit der Herrschaft Alexanders I. und Nikolaus' I. wiederaufgenommen, und sie mögen auch wieder in den sechziger Jahren des 19. Jahrhunderts von Nutzen gewesen sein. Auf jeden Fall stützt der Entwurf der Urkunde (der zum Teil in dem neu inkorporierten Gouvernement Ekaterinoslav im Jahre 1787 angewandt wurde) die Behauptung, daß es Katharina um eine allmähliche Abschaffung der Pflichten der persönlichen Leibeigenen ging, daß sie aber im Bewußtsein der Interessen des Adels beim ersten Anzeichen einer Opposition vorsichtig vorging und davon abrückte.

Im Laufe des 18. Jahrhunderts wuchs die Bevölkerung des Reiches um ungefähr 150 %. Nicht mehr als ein Drittel dieses Zuwachses resultierte aus den neuen Gebietserwerbungen (nur die von Polen angeeigneten Territorien waren bevölkerungsreich). Gemäß der ersten «Revision» von 1719 gab es ungefähr 7,8 Mio. besteuerbare Männer, während die fünfte (1795) 18,7 Mio. ergab (innerhalb der Grenzen der ersten Zählung waren die Zahlen 7,5 bzw. 14 Mio.). Die Bauernschaft betrug davon ungefähr 90 %; 1,5 % waren Adlige und 3–4 % Stadtbewohner; der Rest setzte sich aus verschiedenen Gruppen in erster Linie nomadisierenden Volksstämmen zusammen. Die Bauern mußten die Hauptlast der Steuerbürde tragen; jede männliche «Seele» zahlte eine Kopfsteuer, die während des Jahrhunderts stabil blieb; sie verringerte sich sogar, wenn man die Inflation in Betracht zieht. Da die Kopfsteuer nicht genügend Einkünfte erbrachte, mußte sie durch eine Reihe von indirekten Steuern ergänzt werden (z. B. auf Salz, Alkohol etc.), welche die Bauernschaft ebenfalls schwer belasteten und in der zweiten Hälfte des 18. Jahrhunderts mehr als die Hälfte der Staatseinkünfte ausmachten.

Es gab mehrere Gruppen von Bauern in Knechtschaft: Solche, die dem Staat gehörten (sie waren an die Dorfgemeinden gebunden, hatten ein gewisses Maß an Selbstverwaltung, zahlten eine jährliche Steuer [obrok] und konnten dazu herangezogen werden, verschiedene Dienste für die örtliche Verwaltung zu leisten), solche, die der Krone gehörten (d. h. der kaiserlichen Familie), solche, die der Kirche gehörten (wie schon gesagt, wurden diese 1764 in Staatsbauern verwandelt) und schließlich solche, die Privateigentümern gehörten. Letztere waren Leibeigene im eigentlichen Sinne. Die Zahl der freien Bauern (ebenfalls verschiedene Kategorien) war klein, die meisten von ihnen waren weit verstreut und lebten vor allem in den Randgouvernements. Ursprünglich nur an die Scholle gebunden, waren die Leibeigenen einzelner Herren mit der Einführung der Kopfsteuer durch Peter den Großen von dieser Vertäuung losgemacht und in eine bewegliche Habe verwandelt worden, mit welcher der Herr nach Lust und Laune umgehen konnte. In der überwiegenden Mehrheit der Fälle jedoch mischten sich die Herren (die aus dienstlichen Gründen oft abwesend waren) in die Angelegenheiten der leibeigenen Bauern, die in ihren Dörfern lebten und ihrer täglichen Routine nachgingen, nicht ein. Leibeigene im Haus hingegen führten ein tragisches und unsicheres Leben. Da sie vollständig den Launen und der Grausamkeit ihrer Herrschaften ausgeliefert waren, trugen sie die ganze Bürde der sozialen und psychologischen (moralischen) Übel der Leibeigenschaft. Das war ein Schicksal, das jeden Bauern treffen konnte.

Die meisten Leibeigenen waren gezwungen, das Land ihres Herrn neben ihrem eigenen nach einem System der Fronarbeit (barščina) zu bearbeiten, die noch beschwerlicher wurde, je mehr die Herren ihre Ackerflächen vergrößerten, so daß am Ende des 18. Jahrhunderts vielen Leibeigenen nur der Sonntag zur Bearbeitung ihres eigenen Landes blieb. Grundsätzlich sollte der Herr einen Teil der Ernte für den Unterhalt seiner Leibeigenen und für die Ernährung in Zeiten einer Hungersnot abgeben, aber diese Bestimmung ließ Willkür und Mißbrauch in der Praxis viel Raum. Der Herr hatte auch die Möglichkeit, seinen Leibeigenen zu erlauben, das Gut für längere oder kürzere Zeit zu verlassen, um anderswo eine gewinnbringende Tätigkeit zu finden (otchod); als Gegenleistung bezahlte der Leibeigene einen jährlichen Zins (obrok) – gewöhnlich einen Rubel, doch war der Betrag am Ende des Jahrhunderts bedeutend höher. Neueren Forschungen westlicher Historiker zufolge war es allgemein üblich, beide Arten von Verpflichtungen – Fronarbeit und Zins – auf demselben Gut zu vermischen. Auf jeden Fall waren die im Frondienst stehenden Bauern unter der direkten Kontrolle und Aufsicht ihres Herrn (oder seines Verwalters), und sie wurden erbarmungsloser ausgebeutet als jene, denen es erlaubt war, so zu arbeiten, wie sie es gegen Zahlung eines Zinses für richtig hielten.

Die Ausbeutung der Arbeitskraft von Leibeigenen machte jedoch aus einem adligen Landbesitzer nicht automatisch einen wohlhabenden Mann. Tatsächlich war der Dienstadlige als Besitzer eines Gutes in der Regel ziemlich arm. Land gab es zwar in Hülle und Fülle, aber nie genug Arbeitskraft, um es unter den rauhen geographischen und klimatischen Bedingungen, die im größten Teil des europäischen Rußland vorherrschten, ertragreich zu machen. Außerdem dürfen wir nicht vergessen, daß die landwirtschaftliche Technologie sehr primitiv war. Da die

Arbeitskraft der entscheidende Faktor war, was durch die Besteuerung des einzelnen arbeitenden Mannes bestätigt wurde, ist es nicht überraschend, daß Reichtum nach der Zahl der «Seelen», die jemand besaß, bewertet wurde. Man hat ausgerechnet, daß ein Adliger, um den Dienstverpflichtungen nachzukommen, seinen Söhnen eine gewisse Erziehung als Vorbereitung für den Dienst zukommen zu lassen und ein adliges, wenn auch bescheidenes Leben zu führen, wenigstens 100 (männliche) Leibeigene besitzen mußte. Aber nur 18 % des Adels hatten so viele (51 % hatten weniger als 20 Seelen); nur 1 % konnte mit über 1000 Leibeigenen als wirklich vermögend gelten. Das Einkommen der überwiegenden Mehrheit des Adels, das von ihren Gütern (pomest'e) stammte, war außerordentlich gering. Dies war nicht so sehr auf die mangelnde Leistungsfähigkeit der Leibeigenen und die rauhen physischen Bedingungen der russischen Landwirtschaft als vielmehr auf folgende Gründe zurückzuführen: In der Regel waren die Ländereien des Dienstgutsbesitzers auf verschiedene Dörfer und recht häufig auf verschiedene Kreise oder sogar Gouvernements verstreut; in vielen Fällen besaß er nur einen Teil eines Dorfes (oder einer Bauerngemeinde), manchmal auch nur ein paar Haushalte, und die übrigen gehörten anderen Adligen. Dieses flickenteppichartige Durcheinander von Landstreifen, die von Leibeigenen bearbeitet wurden, die verschiedenen Herren gehörten, verursachte Ineffektivität und erbrachte Erträge, die kaum ausreichten, diejenigen zu ernähren, die das Land bestellten, und für den Herrn blieb nur wenig übrig. Es war so gut wie unmöglich, Verbesserungen und technische Neuerungen in ein solches «System» einzubringen, das einhellige Zustimmung und Zusammenarbeit von allen Eigentümern und ihren Bauern verlangte. Die Erträge aus der russischen Landwirtschaft waren außerordentlich gering. Sie betrugen im Durchschnitt nicht viel mehr als das Zwei- bis Dreifache der Aussaat. Angesichts der primitiven Lagerungs- und Konservierungstechnik von Getreide drohte eine Mißernte, eine ständig präsente Gefahr in dem rauhen und unvorhersehbaren Klima, zur Hungersnot zu werden. Das Leben am Rande des Verhungerns förderte die Vorsicht des Bauern vor Veränderungen, um die nächste Ernte nicht zu gefährden. Die Hauptregel der «moralischen Ökonomie» war für den russischen Bauern – besonders für den Leibeigenen im Frondienst –, sich Veränderungen entgegenzustellen und verdrossenen, aber hartnäckigen und effektiven passiven Widerstand gegenüber jeder Neuerung zu üben, mochten es auch «Verbesserungen» sein, die der Herr einzuführen wünschte.

Wir sollten aber auch darauf hinweisen, daß der Bauer noch andere Einkommensquellen hatte. Die langen Wintermonate machten es in vielen Teilen des Reiches möglich, sich mit Handwerks- und Heimarbeit zu beschäftigen. Bäuerliche Arbeitskraft in Form von Fuhrarbeiten, Bauarbeiten, Handwerk und Hausarbeit wurde in den Städten benötigt.

Adlige, die in der Stadt wohnten, gestatteten es geschickten Leibeigenen oft, für private Kunden selbständig zu arbeiten, was eine ungerechte Konkurrenz für die städtischen Handwerker bedeutete und ein Grund für die Unterentwicklung von Manufaktur und Industrie in den Städten war. Da sowohl der Herr als auch die Regierung Buch nur im Hinblick auf Abgaben und Steuern bei der Kornproduktion führten, konnte der Bauer frei über sein Einkommen, das aus anderen Tätigkeiten stammte, verfügen. Dies war ein ganz normaler Weg, Geld für Steuerzahlungen oder sogar Investitionen zu verdienen, und war der Anreiz für den Anbau von Hanf und Flachs, von denen ein großer Teil exportiert wurde, oder auch für die Aufzucht von Vieh zur Leder- und Talgproduktion, die sowohl auf dem Binnenmarkt als auch auf ausländischen Märkten verkauft wurde. Und schließlich beschäftigten sich Bauern auch mit Handel. Die kaiserliche Gesetzgebung von Elisabeth bis zu Katharina II. erweiterte den Rahmen für den Bauernhandel, und die Grundbesitzer unterstützten ihn, um dadurch selbst zu profitieren. Die jährlichen Lieferungen von Gutsprodukten an ihre Herren in den Hauptstädten oder anderen Städten boten den Leibeigenen eine Möglichkeit, Artikel auf eigene Rechnung (oder die der Nachbarn) zu verkaufen. Die Belieferung großer städtischer Zentren und Armeeeinheiten war mit dem Aufkauf und Transport großer Mengen Weizens (oder anderer Produkte) verbunden, was zur Entstehung einer Klasse von «handeltreibenden Bauern» führte, deren beträchtlicher Reichtum es ihnen ermöglichte, Steuer- und Alkoholpachten von der Regierung zu bekommen. Am Ende des 18. Jahrhunderts tauchte langsam eine Klasse von bäuerlichen Unternehmern auf, die dank der Napoleonischen Kriege noch mehr Geltung erlangen sollte. In Anbetracht der Unsicherheit des Leibeigenenstatus aber, in dem ein erfolgreicher bäuerlicher Händler oder Handwerker seines Reichtums durch die Launen seines Herrn verlustig gehen konnte, war der Umfang einer solchen Entwicklung doch sehr eingeschränkt. Doch hilft dieses Phänomen, das Überleben des leibeigenen Bauern und die militärische Macht des Staates während des ganzen 18. Jahrhunderts zu erklären, trotz der Bürden und Härten eines Leibeigenensystems, das für die Hälfte der Bauernschaft geradezu mit Sklaverei identisch war.

Während sie die Gouvernementsverwaltung dezentralisierte, wollte Katharina der Zentralverwaltung eine umfassende funktionale Organisation geben. Sie versuchte, wenn auch mit unterschiedlichem Erfolg, das Gerichtswesen deutlich und vollkommen von der Verwaltung zu trennen, indem sie eine Hierarchie von Gerichten einführte – beginnend auf der untersten Stufe mit einem «Gewissensgericht» (sovestnyj sud), einer Art Schiedsgericht in gegenseitigem Einverständnis –, denen eine Abteilung des Senats als höchstes Appellationsgericht übergeordnet war (obwohl jeder Fall durch kaiserlichen Befehl entschieden werden konnte). Die Kollegien wurden sachgerecht strukturiert und einige faktisch in monokratische Ministerien verwandelt. Am Anfang ihrer Regierung hatte der einflußreiche Diplomat Graf N. I. Panin einen Plan für einen Staatsbeirat unterbreitet, der aus hohen Würdenträgern der Regierung und ernannten Repräsentanten der Gouvernements bestehen sollte. Er war als rein beratendes Organ konzipiert, aber mit der Befugnis, der Herrscherin Vorschläge zu unterbreiten und die formale Einheitlichkeit und den Zusammenhang gesetzgeberischer Akte zu überwachen. Aber Katharina (und Panins Feinde) betrachteten den Rat als ersten Schritt zur Restriktion ihrer autokratischen Autorität. Der Plan wurde abgelehnt, seine Grundideen jedoch, die sich auf bessere Information und Kommunikation in bezug auf den Zustand und die Bedürfnisse des Landes bezogen, wurden nicht vergessen. Eigenhändige Projektskizzen aus den letzten 15 Jahren der Herrschaft Katharinas weisen darauf hin, daß sie z. B. über eine Exekutivkammer, bestehend aus teils gewählten, teils ernannten Sprechern der freien Stände aus den Gouvernements, nachdachte. Sie sollten zwar in erster Linie eine informierende und beratende Rolle spielen, aber ihre Anwesenheit und Teilnahme bei der formalen Gestaltung von Gesetzen hätten die Kommunikation zwischen den zentralen Institutionen und der bürgerlichen Gesellschaft in den Gouvernements verbessert.

Obwohl das Projekt einer exekutiven Kammer nie verwirklicht wurde, deutet es doch darauf hin, daß Katharina die Absicht hatte, die selbständig handelnden und autonomen Kräfte in den adligen und städtischen Ständen freizusetzen und die Entwicklung einer bürgerlichen Gesellschaft aus den wirtschaftlichen, gebildeten und sozialen Eliten zu fördern. Auf jeden Fall favorisierte und unterstützte sie bewußt und konsequent während ihrer ganzen Herrschaft solche Formen sozialer Organisation, die auf korporativer Identität, Sicherheit und Autonomie aufbauten, und damit förderte sie die Herausbildung einer Gesellschaft von aktiven, produktiven und gebildeten Menschen, die man als bürgerliche Gesellschaft bezeichnen könnte. In dieser Hinsicht wich sie bewußt von der moskovitischen und petrinischen Praxis ab, Pflichten und Dienst von der Regierung zu verordnen, und zog freiwillige Teilnahme und Initiative vor.

Deutlicher und bewußter als Peter I. nahm Katharina II. die Verbindung zwischen dem westeuropäischen soziopolitischen Fortschritt und den Grundkonzeptionen wahr, die den Gedanken und der Kultur der europäischen Eliten zugrunde lagen. Ihre eigene Erziehung und ihr späteres Studium von politischer, juristischer, ökonomischer und Schöner Literatur der zeitgenössischen Aufklärung sowie ihre offene pragmatische Geisteshaltung vermittelten ihr ein gutes Verständnis für die Beziehung von Theorie und Praxis. So ist es nicht erstaunlich, daß sie eine aktive und produktive Mitarbeiterin am kulturellen Leben ihres

Hofes und St. Petersburgs sowie eine Kunstmäzenin war. Aus persönlicher Neigung und mit einem wachen Sinn für das, was wir heute Public Relations nennen, unterhielt die Kaiserin lebhafte Kontakte mit den Koryphäen der west- und zentraleuropäischen Aufklärung. Sie las nicht nur begierig deren Arbeiten – selbst derjenigen, die sie mißbilligte (z. B. Rousseau), sondern sie korrespondierte auch persönlich mit vielen von ihnen (Voltaire, Diderot, d'Alembert, Mercier de la Rivière, Grimm), förderte sie und lud sie, wenn auch nicht immer mit Erfolg, in ihre Dienste ein. Sie achtete darauf, daß ihre bedeutenderen Gesetzesakte (Große Instruktion, Gnadenurkunden) sofort in die europäischen Hauptsprachen übersetzt und im Ausland verbreitet wurden. Sie war auch eine große Baumeisterin und Kunstsammlerin (Eremitage) und zeigte ihre Sammlungen der Öffentlichkeit. Nicht zuletzt war Katharina eine leidenschaftliche Schreiberin, die moralische Essays, Stücke und satirische Erzählungen schrieb, Zeitschriften veröffentlichte und historische Forschung und Schriften unterstützte.

Eines der Hauptanliegen Katharinas II. war deshalb, die Erziehung auf moderne, aufgeklärte und effektive Art zu fördern. In den ersten Jahren ihrer Herrschaft gewann sie den Rat und die Hilfe I. I. Beckojs bei der Reformierung des Unterrichts für die Eliten. Beckoj überarbeitete den Stundenplan des Kadettenkorps, um es zu einer Erziehungseinrichtung (und nicht nur Ausbildungsanstalt) für die zukünftig regierenden Eliten zu machen. Er beabsichtigte, sie zu rundum gebildeten Herren zu erziehen, indem er sie mit der besten Literatur bekanntmachte, ihre eigenen kreativen Bemühungen auf kulturellem Gebiet förderte und bei ihnen ein Verständnis von persönlicher Würde und Werten zu entwickeln versuchte durch den Verzicht auf strenge Disziplin und körperliche Züchtigung und durch das Vertrauen auf ihr Gefühl von Ehre und Scham bei der Beurteilung ihres Verhaltens. Auch die Töchter des Adels wurden nicht vernachlässigt, denn sie waren die zukünftigen Mütter und ersten Lehrerinnen ihrer Kinder, von Kindern, die schließlich einmal aktiv am Schicksal des Staates und des Landes teilhaben würden. Für sie gründeten Katharina und Beckoj das «Smol'nyj-Institut für adlige Mädchen», den Prototyp für alle Mädcheninstitute im 19. Jahrhundert. Zusätzlich errichtete Beckoj Institutionen für die Erziehung von Waisen und verlassenen Kindern, die auch dazu dienen sollten, einen «dritten Stand» aus Handwerksmeistern und Fachleuten (und deren Frauen) zu schaffen.

In der zweiten Hälfte ihrer Herrschaft versuchte Katharina ein Schulsystem für die Kinder der nichtadligen Städter zu schaffen. 1782 lud sie auf Empfehlung Kaiser Josephs II. und Johann Ignaz Felbigers (des Reformers des österreichischen Bildungssystems) Theodor Janković de Mirijevo, der die Schulreformen Maria Theresias bei den Serben des Banats eingeführt hatte, nach Rußland ein und ließ ein Netz von höheren

Schulen errichten. Zusätzlich bildete Katharina eine Nationale Schulkommission, der ihr früherer Günstling P. V. Zavadovskij vorstand und die unter der Leitung Mirijevos Regeln und Statuten für die höheren Schulen erarbeitete: In jeder Gouvernementshauptstadt sollte es eine solche Schule und zusätzlich Einrichtungen für Mädchen geben. Der Plan wurde nie ganz ausgeführt, aber ein skelettartiges Netz von höheren Schulen diente später den anspruchsvolleren Reformen Alexanders I. als Grundlage und kann als erster Schritt für ein umfassendes öffentliches Schulsystem des Reiches betrachtet werden.

Die Hochschulinstitutionen, die sie von ihren Vorgängern übernommen hatte, veränderte Katharina nicht von Grund auf. In der Akademie der Wissenschaften fuhr sie fort, die allmähliche Russifizierung des Personals und der wissenschaftlichen Mitarbeiter zu unterstützen. Der Ruf der Akademie im Westen war gut, und eine wachsende Anzahl von Expeditionen wurde unter ihrer Ägide unternommen, deren Entdeckungen und Berichte durch die «Commentarii» der Akademie verbreitet wurden. Die einzige Universität Rußlands war die 1755 in Moskau gegründete. Sie gedieh unter Katharina nicht sehr gut, da ihre Absolventen keine Dienstbevorzugung erhielten und sie keine Studenten der Eliteschichten anzog. Ein neuer Schritt in die Richtung, ihr Angebot für den Staatsdienst nutzbringender zu machen, wurde jedoch mit der Errichtung des ersten Lehrstuhls für russisches Recht getan. Sein erster Inhaber war S. E. Desnickij, ein Absolvent der Universität Glasgow, wo er bei Adam Smith gehört hatte. Neben den Vorlesungen über russisches Recht (auf russisch) führte Desnickij seine Hörer auch ins englische Common Law ein, in die Abhandlungen Blackstones und wahrscheinlich auch in die schottische Aufklärung. Auf diese Weise bereitete er den Hintergrund für das lebhafte Interesse an den Lehren des englischen und französischen Naturrechts und der politischen Ökonomie während der Herrschaft Alexanders I. vor. Schließlich ermutigte Katharina die Fürstin E. R. Daškova, die Russische Akademie (Rossijskaja Akademija) zu gründen, die, in Nachahmung der Académie Française, die Reinheit der russischen Sprache überwachen und ihren besseren Gebrauch und ihre Kenntnis fördern sollte. Die Akademie veröffentlichte ein Wörterbuch der russischen Sprache, dessen verschiedene Editionen sogar noch in Puškins Zeit als Standardnachschlagewerk dienten.

Größere Sicherheit und größerer Wohlstand, die aus Katharinas Gesetzgebung erwuchsen, sowie das Patronat des Hofes regten das Aufblühen von Kunst und Literatur an. Zum erstenmal gab es in Rußland ein relativ großes Publikum von eifrigen Rezipienten in den Hauptstädten und in den sich schnell entwickelnden gesellschaftlichen und kulturellen Zentren der Provinz. Das Beispiel des Hofes wurde von reichen Würdenträgern, die in Moskau wohnten, und von prominenten Beamten in den Gebietshauptstädten (z. B. G. R. Deržavin in Olonec, A. P.

Mel'gunov in Jaroslavl') imitiert. In Nachahmung Katharinas II. wurden
Theateraufführungen in privaten Wohnungen und in den Gouvernements organisiert, während die Kunstgalerie der Eremitage ihre Nach-
ahmer in den Palästen der reichsten Adligen in den Hauptstädten und
auf dem Land fand. Ausländische Künstler (z. B. Falconet, Quarenghi,
Cameron) wurden nach Rußland geholt und halfen, einen «europäisierten» neoklassizistischen Stil in der russischen Malerei, Architektur und
dekorativen Kunst zu entwickeln.

Ein Gardeoffizier und niederer Beamter, N. I. Novikov, wurde der
erste berufsmäßige russische Journalist und Verleger. Er veröffentlichte
mehrere Zeitschriften, zuerst in St. Petersburg, und nachdem er die
Druckerei der Universität Moskau gepachtet hatte, verlegte er seine
Hauptaktivitäten in die alte Hauptstadt. Er druckte kritische und satirische Zeitschriften, Schöne Literatur, historische Quellen, biographische
Wörterbücher. Er organisierte auch Stipendien für die Übersetzung
westeuropäischer klassischer Literatur und für die Veröffentlichung von
Reihen, die sich in erster Linie an junge Leute und Frauen richteten. Im
Jahre 1783 schaffte Katharina das Staatsmonopol auf Druckerzeugnisse
ab und ermöglichte so privaten Unternehmern (vor allem Buchhändlern
deutschen Ursprungs), Verlagshäuser auf kommerzieller Basis zu errichten, um den Bedarf an leichter Lektüre eines immer größer werdenden
Publikums aller sozialer Schichten zu stillen. In Rußland ereignete sich
die «Revolution des Druckes» also während der Herrschaft Katharinas II. Innerhalb kurzer Zeit hatten die Russen Zugang zu der gesamten
europäischen Literatur in Übersetzungen und auch zu einem ständig
wachsenden original russischen Schrifttum.

Die gesetzgebende und ökonomische Entwicklung unter Katharina II.
brachte, wie wir gesehen haben, die Bildung einer «bürgerlichen» Gesellschaft mit sich, deren Interessen von den Bedürfnissen des Staates
unabhängig waren. Es war eine bürgerliche Gesellschaft, deren Mitglieder sich durch den Erwerb einer Erziehung westlichen Typs definierten.
Die Ideen des deutschen Naturrechts und der Aufklärung, Ideen, die im
Gegensatz zum «Besitz betonenden Individualismus» und den persönlichen Rechten der anglofranzösischen «lumières» die soziale Solidarität
und Pflichten betonten, stellten einen bedeutenden säkularen intellektuellen Einfluß auf die russische Elite dar. Deutsches Gedankengut war
für russische Verhältnisse geeigneter, da es in der Tradition blinden
Gehorsams allen gottgewollten Autoritäten gegenüber verankert war.
Natürlich förderte die deutsche Aufklärung genauso wie ihr anglofran-
zösischer Vetter die Autonomie des einzelnen, wenn es darum ging,
seine materiellen, geistigen oder moralischen Kräfte für einen sozialen
Fortschritt zu entwickeln. Sie förderte aber kein empirisches und mecha-
nisches abgesondertes Weltbild, sondern eher eins, welches das Univer-
sum als ein ungebrochenes Ganzes sah, in dem die irdische Existenz des

Menschen eins mit der des Universums und der Gottheit war. Schließlich drückte sich die deutsche Aufklärung auch in einer Sprache aus, die ohne weiteres von einer Gesellschaft verstanden wurde, die eine neue nationale kulturelle Identität brauchte. Sie proklamierte die Autonomie, die Würde und den Wert nationaler Ausdrucksformen – hauptsächlich linguistischer – im Gegensatz zu einer fremden kosmopolitischen Ausdrucksweise, die ausländische Werte ausdrückte. Was für die Deutschen galt, die nach der Befreiung von französischer und lateinischer Vorherrschaft strebten, galt a fortiori für die Russen, die, Peters Reformen folgend, nach einem nationalen Diskurs suchten, der ihren neuen politischen und militärischen Status in Europa ausdrückte. Es ist nicht verwunderlich, daß die Herrschaftszeit Katharinas II. eine Explosion von nationalistischer historischer Polemik mit sich brachte, die von der Kaiserin, die auch aktiv daran teilnahm, gefördert wurde (z. B. durch ihr «Antidot», das als Antwort auf den Reisebericht des Abbé Chappe d'Auteroche geschrieben wurde).

Die kulturell-religiöse Krise des 17. Jahrhunderts (d. h. der Raskol, s. Kapitel «Aleksej Michajlovič») hatte die Grundlagen für eine individualistische und spiritualistische Auffassung vom religiösen Leben gelegt, und ein lebhafter intellektueller Diskurs über Religion wurde Mode. Zur selben Zeit gab Rußlands Bedarf an westlicher Technologie und Technikern August Hermann Franckes pietistischen Institutionen in Halle die Gelegenheit, ihre Absolventen in verantwortlichen und einflußreichen Positionen unterzubringen. Franckes Pietismus erkannte an, daß der Erfolg individuellen geistigen Fortschritts durch die Verbesserung der materiellen Umstände bei Anwendung moderner Technologie und wissenschaftlicher Errungenschaften gefördert würde. So war die praktische weltliche Erziehung, die von ihren Anfängen unter Peter I. an den jungen russischen Eliten in Vorbereitung ihres Dienstes (z. B. in der Akademie der Wissenschaften, im Kadettencorps, in der Schiffahrtsakademie etc.) geboten wurde, stark von einem pietistischen Geist durchdrungen: individuelle geistige Entfaltung, soziale und moralische Verpflichtung, der Gesellschaft zu dienen, Indifferenz gegenüber dem kirchlich-institutionellen Rahmen, praktische Arbeit und technisches Know-how. Um die Mitte des 18. Jahrhunderts herum wurde eine steigende Zahl von jungen Russen auf ausländische Universitäten geschickt, vorzugsweise auf protestantische deutsche, wo sie sich unter strengem pietistischem Einfluß befanden (z. B. in Leipzig).

Die schmerzende kulturelle Umgestaltung während der Regierungszeit Peters I. und der Niedergang der moralischen Autorität der Kirche hatten eine geistig-spirituelle Leere im Leben vieler Mitglieder der gebildeten Dienstelite erzeugt. Der Pietismus war nur eine der Strömungen, die diese Leere zu füllen halfen. In der zweiten Hälfte des 18. Jahrhunderts beobachten wir auch eine Hinwendung zur mystischen, hesychastischen Tradition der Orthodoxie, wie die geistlichen Karrieren solch einflußreicher Persönlichkeiten wie Tichon Zadonskij und G. Skovoroda anschaulich zeigen und wie sie sich in der Popularität religiöser und geistlicher Poesie (Lomonosov, Deržavin et dii minores) manifestiert. Es ist deswegen nicht verwunderlich, daß sich die bürgerliche Gesellschaft der Gebildeten, die sich während der Regierungszeit Katharinas II. formierte, durch eine Ethik sozialer Solidarität und Verpflichtung, eines spirituell-religiösen Individualismus und einer stark emotional gefärbten Assimilation der Gedanken der Lehren des deutschen Naturrechts, des Kameralismus und der schottischen Aufklärung definierte. Da pietistischer Spiritismus Emotionen und Gefühlen viel Raum ließ, sollten wir nicht überrascht sein über die gefühlsmäßige Färbung, die westlichen Ideen in Rußland gegeben wurde und die sich in einer «Aufklärung des Herzens» kristallisierte, die offen für den Einfluß Rousseaus, den Sentimentalismus und schließlich die Romantik in der Literatur und den Idealismus in der Philosophie war.

Auf der anderen Seite kennen wir die Korrespondenz Katharinas II. mit Voltaire und ihr Interesse an d'Alembert, Diderot und den Physiokraten. Mitglieder des Hofes in St. Petersburg brüsteten sich damit, «Voltairianer» zu sein, und einige hatten persönliche Kontakte mit dem «philosophe» von Ferney und seinen Anhängern. Zweifellos sprach die französische Aufklärung viele aus dem hohen Adel an. Sie war vereinbar mit weltlichem Skeptizismus, Antiintellektualität und religiöser Geringschätzung, die durch offenen Spott für die russische Geistlichkeit zur Schau gestellt wurde. Die literarische Anziehungskraft französischen Gedankenguts im 18. Jahrhundert diente als Vorbild für eine Literatur, die sich gerade von traditionellen und religiösen Themen und deren Vokabular befreite und nach geeigneten Formen suchte, neue Interessen und das aufregende Erlebnis des Lebens in einer sich vergrößernden Welt, in freudiger Würdigung des Überflusses der Natur und der Versprechungen der Naturwissenschaften auszudrücken (z. B. die didaktisch-philosophischen Oden Lomonosovs).

Die «Aufklärung des Herzens» fand ihre institutionelle Form in Freimaurerlogen mit religiöser, spiritistischer, moralischer und philanthropischer Orientierung; einige, unter der Führung von I. G. Schwartz, M. M. Cheraskov, I. Turgenev in Moskau, hatten enge Beziehungen zu Erziehungseinrichtungen und waren auch von Saint-Martin und der deutschen okkulten Tradition beeinflußt. Die bekannteste Figur dieser Bewegung war N. I. Novikov, der sich in seiner Eigenschaft als sehr aktiver Verleger selbst als praeceptor Russiae sah und ein großes und gemischtes Publikum ansprach. Im Einklang mit seinen religiösen und freimaurerischen Verpflichtungen unterstützte er aktiv philanthropische Unternehmungen: Schulen für Kinder der Armen, offene Suppenküchen, um die Bedürftigen und die Waisen zu ernähren. Aus noch nicht vollständig geklärten Gründen hatte Katharina II. das Gefühl, daß Novikov und sein Freimaurerzirkel eine Gefahr für ihre Herrschaft darstellten. Obwohl der Metropolit von Moskau, Platon, Novikov Frömmigkeit und orthodoxes Denken bescheinigte, ließ die Kaiserin ihn einsperren und Ermittlungen anstellen; seine Bibliothek wurde eingezogen, seine verlegerischen und philanthropischen Aktivitäten wurden gestoppt. Er wurde gefangengehalten und nach seiner Entlassung auf sein Gut nahe Moskau verbannt, wo er bis zu seinem Tode (1818) buchstäblich unter Hausarrest und im Ruhestand lebte. Die anderen Führer der Freimaurer wurden auch auf ihre Güter verbannt und die Logen geschlossen.

Pietistische deutsche Aufklärung, Aufklärung des Herzens, freimaurerische Philanthropie – all dies veranlaßte die gebildete Gesellschaft, sich der Übel und Fehler der institutionellen und sozialen Verhältnisse wohl bewußt zu werden. Satire und moralische Denunziation waren die hauptsächlichen Formen der Kritik und der Befürwortung von Reformen. Eindeutige Zielscheiben waren die Dummheit, mit der westliche Lebensart (besonders die französische) blind imitiert wurde, die Übel der Korruption und der Mißbrauch von Autorität, die Verderbtheit und Perversion im privaten Verhalten, die Ignoranz und der schlechte Geschmack des Durchschnittsadligen. Die Komödien Sumarokovs, die satirischen Stücke Fonvizins und Katharinas II., das denunziatorische Pamphlet M. M. Ščerbatovs, die sentimentalen Geschichten des jungen Karamzin, die kritischen Zeitschriften Novikovs – alle denunzierten sie die moralischen Übel der adligen russischen Gesellschaft, die roh, brutal und unwissend unter einem dünnen und künstlichen westlichen Furnier geblieben war.

In diesem Zusammenhang war die Leibeigenschaft das brennende Thema, als die Sklaverei in Westeuropa immer stärker verurteilt wurde. Die Begriffe individueller Wert, Würde und Rechte wurden immer lauter proklamiert und erreichten die entlegensten Ecken Europas. Unter diesen Umständen wurde es immer schwieriger, die Tatsache zu ignorieren, daß die russische Leibeigenschaft der Sklaverei fast gleichkam und daß sie den grausamsten und brutalsten Anschlag auf das geistige Ganze und die Würde der menschlichen Wesen, die wie Tiere behandelt wurden, darstellte. Da der Pugačev-Aufstand auch eine Suche nach der Seele ausgelöst hatte, glaubten viele, daß der bäuerliche Leibeigene weit davon entfernt war, ein Tier zu sein, sondern eher ein Kind, dessen physische und moralische Entwicklung gefördert und beschützt werden müsse.

Solange die Kritik und Verdammung der Leibeigenschaft und anderer gesellschaftspolitischer Übel in moralischen Begriffen ausgedrückt wurden und nur auf einzelne Schwächen hinwiesen, mischte sich die (für ihre Zeit) liberale Zensur Katharinas nicht ein. Diese Situation wandelte sich jedoch, als die Kritik offen politischer wurde und auf das System

zielte. Katharina war beunruhigt. Der Ausbruch der Französischen Revolution bestärkte ihre Ängste noch und führte zu einer Verschärfung
der Zensur und strengen repressiven Maßnahmen. Der bekannteste Fall
wurde A. Radiščevs 1790 mit Erlaubnis des Zensors veröffentlichtes
Werk «Eine Reise von St. Petersburg nach Moskau». Radiščev war Student der Leipziger Universität gewesen und nach seiner Rückkehr in
hohe Regierungspositionen (Direktor der St. Petersburger Zollbehörde)
aufgestiegen. Er war hochsinnig, sehr religiös, mit einer Neigung zum
Spiritiualismus, der sein literarisches Debut mit einer Übersetzung von
Raynals «Voyage aux deux Indes» und einer hagiographischen Biographie seines Kommilitonen in Leipzig gegeben hatte. Die «Reise» pran-
gerte nicht nur die Übel der Leibeigenschaft an, wobei sie den moralischen Schaden, der sowohl für die Herren als auch für die Leibeigenen
dabei entstanden war, brandmarkte, sondern sie ließ auch durchblik-
ken, daß eine gewaltsame Revolution unvermeidlich sei, wenn ein
wohlwollender Autokrat nicht umgehend Schritte unternehmen würde,
das Leibeigenschaftssystem abzuschaffen. Katharina entschloß sich, an
Radiščev ein Exempel zu statuieren: Er wurde verhaftet, vor Gericht
gestellt und zum Tode (durch Vierteilung) verurteilt. Die Strafe wurde in
Verbannung mit Zwangsarbeit in Sibirien umgewandelt. Tatsächlich war
die Verbannung, gemessen an den Maßstäben des 20. Jahrhunderts,
weit davon entfernt, grausam zu sein. Paul I. erlaubte Radiščev in die
Hauptstadt zurückzukehren und seinen Dienst wieder aufzunehmen,
aber er beging im Jahre 1802 Selbstmord.

Der Fall Radiščev, die Schließung der Freimaurerlogen und die Verbannung ihrer Führer sowie die strenge Zensur der letzten Jahre Katharinas markierten den Scheideweg zwischen dem autokratischen Staat
und der bürgerlichen Gesellschaft der Gebildeten, die mündig geworden waren. Zensur und Polizeirepression erstickten natürlich deren
Stimme, aber sie trieben die jüngere Generation auch in eine Entfremdung vom Staate Katharinas. Der Weg war nun offen für einen Konflikt
zwischen einer repressiven Autokratie, die bestrebt war, ihr Machtmo-
nopol zu erhalten, und einer gebildeten, moralisch leidenschaftlichen
Elite, die soziale und institutionelle Reformen und Freiheit der Rede
forderte. So waren die letzten Jahre Katharinas Zeugen der Geburt der
Intelligencija, dieser echten russischen gesellschaftlichen Formierung von
gebildeten Leuten, die das herrschende soziale und politische System
verdammten und die, durch repressive Maßnahmen daran gehindert,
offen Reformen zu befürworten, sich Verschwörungen und revolutionärer Agitation zuwandten. Die Bühne war für die revolutionäre Bewegung der Befreiung von der Autokratie, welche die russische Geschichte
im 19. Jahrhundert beherrschte, vorbereitet.

Die zuletzt erwähnte Entwicklung erklärt weitgehend das negative
Licht, das die russische Geschichtsschreibung auf Katharina II. und ihre

Regierungszeit geworfen hat. Liberale Historiker des 19. und 20. Jahrhunderts glaubten, daß sie ihre selbst beteuerte Aufklärung und «liberalen» Ansichten «verraten» habe. Sie beschuldigten sie der Heuchelei, weil sie keine radikalen Schritte unternommen hat, das Schicksal der Bauern zu verbessern und die eigene autokratische Macht zu begrenzen. Radikale und sowjetische Historiker haben ihre Regierungszeit nur als den gesellschaftspolitischen Triumph des Adels und den Höhepunkt der Ausbeutung und Unterdrückung der Leibeigenen gesehen. Einige wenige monarchistisch eingestellte Historiker haben jedoch zu Beginn des 19. Jahrhunderts Katharina und ihre Herrschaft glorifiziert, da sie Rußland in den Status einer europäischen Großmacht erhoben und die Sicherheit des Reiches durch militärische Erfolge und territoriale Erwerbungen gewährleistet habe. Zeitgenossen, besonders die Kritiker ihrer Außenpolitik und ganz besonders die Polen und deren Freunde sowie volkstümliche Historiker des 19. und 20. Jahrhunderts haben ihre autokratische Herrschaft und ihre vorgeblich «ausschweifende» persönliche Lebensführung unterstrichen. Diese auf Sensation und Lüsternheit abzielende Geschichtsschreibung hat auch die Darstellung Katharinas II. auf der Bühne, im Film und im Roman genährt. Erst in den letzten Jahren hat besonders im Westen eine ernsthafte und leidenschaftslose Quellenuntersuchung begonnen, um der Kaiserin und den Errungenschaften ihrer Herrschaft Gerechtigkeit widerfahren zu lassen. Diese können folgendermaßen kurz angeführt werden: Katharina gab Rußland den institutionellen Rahmen, der nötig war, um die ökonomische, soziale und administrative «Modernisierung» des Landes im 19. Jahrhundert herbeizuführen, und sie hat die Eingebung und Förderung geliefert, die das Reifen einer modernen russischen Kultur auf der Basis der Gleichheit mit dem Westen ermöglichten.

Aus dem Englischen übersetzt von Renate Mauch

Paul I.

Alexander Fischer

PAUL I.
1796–1801

*Paul I., geb. 20. 9. 1754, Kaiser 6. 11. 1796, Krönung 5. 4. 1797, gest. 11./
12. 3. 1801, bestattet in der Peter-Pauls-Festung. Vater Peter III. (21. 2. [N. S.]
1728–5. 7. 1762, Kaiser 1762), Mutter Katharina II. (2. 5. [N. S.] 1729–6. 11.
1796, Kaiserin 1762–1796). 1. Heirat 1773 mit Augustine-Wilhelmine (in Rußland Natal'ja Alekseevna) von Hessen-Darmstadt (25.[N. S.] 6. 1755–15. 4.
1776), 2. Heirat September 1776 mit Sophie-Dorothea (in Rußland Marija Fedorovna) von Württemberg-Mömpelgard (25.[N. S.] 10. 1759–24. 10. 1828). Kinder (aus der zweiten Ehe): Alexander (I.) (12. 12. 1777–19. 11. 1825, Kaiser
1801–1825), Konstantin (27. 4. 1779–15. 6. 1831), Aleksandra (29. 7.
1783–4. 3. 1801), Elena (13. 12. 1784–12. 9. 1803), Marija (4. 2. 1786–11. 6.
1859), Ekaterina (10. 5. 1788–9.[?] 1. 1819), Ol'ga (11. 7. 1792–15. 1. 1795),
Anna (7. 1. 1795–17. 2. 1865), Nikolaus (I.) (25. 6. 1796–18. 2. 1855, Kaiser
1825–1855), Michail (28. 1. 1798–28. 8. 1849).*

Paul I. gilt als eine der umstrittensten Figuren in der russischen Geschichte. Während ihn wohlwollende zeitgenössische Beobachter als einen «weisen, großen und gütigen Monarchen» beschrieben, ist er schon
für Alexander Puschkin der Beweis dafür gewesen, «daß auch in aufgeklärten Zeiten Caligulas geboren werden können». In der russischen
Historiographie des 19. Jahrhunderts ist das Urteil über ihn vorwiegend
negativ: Die Herrschaft Pauls sei eine Zeit «willkürlicher Laune und
Gewalt» (N. K. Šil'der) und zudem die «allerbürokratischste Epoche»
(V. O. Ključevskij) in der Geschichte des Russischen Reiches gewesen,
auch wenn dem Kaiser «Züge einer gewissen Ritterlichkeit» nicht abgesprochen wurden. Die sowjetische Geschichtsschreibung schloß sich
dieser überwiegend negativen Beurteilung an: Noch in den 8oer Jahren
nannte die Leningrader Historikerin Galina Princeva Paul I. «eine extrem widersprüchliche Figur auf dem russischen Thron» und charakterisierte ihn als einen Menschen «von unberechenbarem Verhalten, von
unerwarteten, verwirrenden Umschwüngen der Stimmung und Vorlieben». Für die deutsche Rußlandgeschichtsschreibung ist es typisch,
wenn Otto Hoetzsch die vier Jahre, vier Monate und sechs Tage von
Pauls Regierungszeit als «Zwischenspiel» abtut. Damit wird sein Kaisertum gleichsam zu einer bloßen Episode in der Geschichte des Zarenreiches erklärt, die eher vom «aufgeklärten Absolutismus» seiner Mutter
Katharina II. und vom «Konstitutionalismus» seines Sohnes Alexander I. geprägt worden sei. Erst in jüngerer Zeit ist in der angelsächsi-

schen Geschichtsschreibung der Versuch unternommen worden, ein differenzierteres Bild vom Wollen und Wirken Pauls zu gewinnen. Nach offizieller Version ist Paul der Sohn von Kaiser Peter III. und seiner Ehefrau Ekaterina Alekseevna, der ehemaligen Prinzessin Sophie Friederike Auguste von Anhalt-Zerbst und späteren Kaiserin Katharina II. Von seiner Großtante Elisabeth I. als legitimer Nachfolger des Thronfolgers Peter angesehen, wurde der Knabe schon kurz nach der Geburt seinen Eltern entzogen und der unmittelbaren Aufsicht der Kaiserin unterstellt. Für sie war Paul bis zu ihrem Tode nicht irgendein Kind, sondern als späterer Thronfolger ein Schützling des Staates. Der Knabe wuchs in einem Dunstkreis ordinärer Leidenschaften und erniedrigenden Zänkereien heran, die auf seine persönliche Entwicklung nicht ohne Einfluß blieben. Schon im Alter von acht Jahren – wahrscheinlich durch Mord – seines Vaters beraubt, wurde er von allen ernsthaften Beschäftigungen und von jedem Anteil an den Staatsgeschäften ferngehalten. Auch aus dem gesellschaftlichen Umkreis seiner Mutter blieb er verbannt; ständig von Aufpassern umgeben, wurde er von den Günstlingen bei Hofe mit Argwohn betrachtet.

Paul war in seinem Äußeren eher unansehnlich. In zeitgenössischen Berichten heißt es, seine Figur sei «nicht sehr in die Augen» gesprungen, sein Anblick unmajestätisch gewesen. Klein von Wuchs, habe sein Gesicht, wie auf Porträts der Zeit sichtbar, «nicht zu den schönen» gehört. Während der Pubertät, so wird behauptet, habe ihn die Häßlichkeit «wie ein schlimmes Übel» überfallen und sein Kindergesicht «in ein grobes Antlitz mit lächerlich aufgeworfener Nase und wulstigen Lippen» verwandelt, das böse Zungen mit einem Pekinesen verglichen. Zwar wurde ihm bescheinigt, in seiner Jugend hin und wieder «recht geistreiche Dinge» gesagt zu haben, jedoch habe es ihm an der «Ordnung des Geistes» und an jeder «Energie folgerichtigen Denkens» gefehlt. Von schwachem Charakter und dazu von «einer übermächtigen Phantasie» beherrscht, sei er von «einer unseligen Neigung zu krankhafter, überspannter Exaltation» befallen gewesen, die jede Vorstellung «bis zur äußersten Übertreibung» und jede Stimmung «zu einem äußersten ritterlichen Großmuth oder auch blinder Leidenschaft und tyrannischer Wuth steigerte».

Es ist unbestritten, daß Paul eine ausgezeichnete Erziehung genoß, die ganz im Zeichen der Aufklärung stand. Demzufolge war er in jungen Jahren reformerischen Bestrebungen gegenüber aufgeschlossen. Nach dem Ausbruch der Französischen Revolution scheinen allerdings Modelle autokratischer Herrschaftsausübung mehr Eindruck auf ihn gemacht zu haben als die aufklärerischen Ideen, so daß er zum energischen Verfechter einer uneingeschränkten Autokratie wurde. Im übrigen fällten schon seine Lehrer ein zwiespältiges Urteil über ihren Zögling: Einerseits galt er als ein kluger und scharfsinniger Schüler, von dem sogar behauptet worden ist, er könne «der russische Pascal» werden; andererseits wurden seine Ungeduld und seine Launenhaftigkeit heftig beklagt.

Im Jahre 1773 heiratete Paul mit knapp 19 Jahren eine Tochter des protestantischen Landgrafen von Hessen-Darmstadt, die eigenwillige siebzehnjährige Prinzessin Augustine-Wilhelmine, die nach ihrem Übertritt zum russisch-orthodoxen Glauben den Namen Natal'ja Alekseevna führte. Als sie am 15. April 1776 an den Folgen einer Fehlgeburt starb, ging der Großfürst noch im selben Jahr mit der siebzehnjährigen Prinzessin Sophie-Dorothea von Württemberg-Mömpelgard eine zweite Ehe ein. Mit ihr, die nach der notwendigen Konversion den Namen Marija Fedorovna führte, begann Paul ein harmonisches Familienleben. Die Geburt von zehn Kindern, vor allem der beiden ältesten Söhne Alexander (1777) und Konstantin (1779), beglückte nicht nur die Eltern, sondern auch die auf männliche Nachfahren erpichte Kaiserin Katharina II., die sich persönlich um die Erziehung der beiden Enkel kümmerte.

Als Paul 1781/82 an der Seite seiner Frau als «comte du Nord» eine vierzehnmonatige Reise absolvierte, die ihn nach Österreich, Italien, Frankreich und in die Niederlande sowie in die Schweiz und an den württembergischen Hof nach Stuttgart führte, erschien ihm sicherlich das damalige Europa als eine geordnete Welt. In besonderem Maße galt diese Ansicht für Preußen, dessen König Friedrich dem Großen der russische Großfürst eine kritiklose Verehrung entgegenbrachte. Von persönlichen Begegnungen mit Friedrich beeindruckt, wurde Paul ein entschiedener Verfechter einer preußenfreundlichen Politik Rußlands; im preußischen Heerwesen und in der preußischen Staatsverwaltung sah er bedingungslos nachzuahmende Vorbilder.

Pauls größtes Problem in seiner Zeit als Großfürst ist die Langeweile gewesen. Vorzugsweise hielt er sich seit 1783 in Gatčina auf, das dem Großfürstenpaar anläßlich der Geburt der Tochter Aleksandra von der Kaiserin geschenkt worden war. Dort widmete er sich nicht nur dem Familienleben, sondern entwarf auch allerlei Pläne zur Verbesserung von Staat und Gesellschaft. Am liebsten gab er sich aber seiner Leidenschaft der Soldatenspielerei hin: Er baute sich eine in preußisches Tuch gekleidete und nach preußischer Taktik geschulte «Armee» auf, die 1796 aus knapp 2400 Mann bestand und deren tägliches stundenlanges Exerzieren Paul zu jeder Jahreszeit persönlich befehligte.

Einblick in die politische Vorstellungswelt des Thronfolgers vermitteln Dokumente, die Paul um die Jahreswende 1787/88 verfaßte, als er sich auf die Teilnahme am Krieg gegen die Türken vorbereitete. In Anlehnung an eine spezifische Rezeption Montesquieus gab er sich als Anhänger der Auffassung zu erkennen, daß ein großes Land «zur Vereinfachung des Regierens» der Selbstherrschaft bedürfe, «die in sich die ‹Kraft der Gesetze› und die Schnelligkeit der Macht des einzelnen vereinige». Er hielt eine Sammlung, Ordnung und Anpassung der älteren

Gesetze, nicht aber ein neues Gesetzbuch für erforderlich. Außerdem griff er ein Projekt seines Erziehers Panin auf, das dieser schon 1762 Katharina II. unterbreitet hatte: die Einrichtung eines Kaiserlichen Rates, der dem mit der Entscheidungsgewalt versehenen Monarchen zur Seite stehen sollte. In den Aussagen über die einzelnen «Stände» klang hinsichtlich des Adels die Absicht an, dessen Dienstpflicht zu verschärfen und manche Privilegien zu suspendieren. Von der Geistlichkeit wurde gesagt, daß sie nur für die Vermittlung des rechten Gottesbegriffs Respekt verdiene, nicht aber für die Vermittlung von Aberglauben. Vom städtischen Mittelstand – Gewerbe, Handel und Handwerk – wurde erwartet, dafür zu sorgen, «daß die Gesellschaft keinen Mangel leide». Der vierte «Stand», die leibeigene Bauernschaft, sollte als «rechtsfähige Untertanenklasse» anerkannt und damit stabilisiert werden. Außenpolitisch gab sich der Großfürst als Anhänger einer ausgesprochenen Gleichgewichtspolitik. Er hielt Rußland zwar für stark genug, auch allein existieren zu können, trat aber für einen Interessenausgleich zwischen den Mächten ein. Seine praktische Empfehlung war wesentlich von seiner Sympathie für Preußen bestimmt: Unter Rückgriff auf eine Idee Panins sprach sich der Thronfolger für «eine Koalition mit den Mächten des Nordens» aus, weil sie nach seiner Überzeugung den Vorzug bot, «daß jene Staaten den russischen Partner dringender benötigen als er sie und daß Rangstreitigkeiten mit ihnen ausgeschlossen sind».

Es entsprach den Vorbehalten, die Katharina gegenüber ihrem Sohn hegte, daß Paul am Hofe von St. Petersburg eine zurückgesetzte Rolle erdulden mußte. Gegen Ende ihres Lebens waren ihre Vorbehalte so stark geworden, daß sie sich entschloß, den Großfürsten unter allen Umständen vom Zarenthron fernzuhalten. Sie ließ nichts unversucht, um die Zukunft Rußlands auf die Söhne Pauls – vor allem auf ihren Enkel Alexander, den sie «ihr Vermächtnis an Rußland» nannte – zu gründen. Ehe entsprechende Entscheidungen getroffen waren, starb die Kaiserin am 6. November 1796. Damit lagen, wie Theodor Schiemann lakonisch vermerkte, «die Zügel des Reiches am Boden», und der rechtmäßige Herrscher, der nunmehrige Kaiser Paul I., konnte sie ergreifen, «ohne daß auch nur der Versuch gemacht worden wäre, ihm ein Hindernis in den Weg zu werfen». An der Huldigungszeremonie war bemerkenswert, daß der Treueid zugleich auch dem designierten Nachfolger, dem Großfürsten Alexander, galt. Damit sollte die von Peter I. verfügte Ordnung, die dem jeweiligen Herrscher die freie Wahl seines Nachfolgers unabhängig von dem bis dahin gewohnheitsmäßig gültigen Erstgeburtsrecht überließ, beseitigt und die Thronfolge für den ältesten Sohn und seine Linie wiederhergestellt werden. Diese Regelung ist am 5. April 1797, dem Tage der feierlichen Krönung in der Mariä-Entschlafens-Kathedrale im Moskauer Kreml, bestätigt und zum Staatsgrundgesetz erhoben worden.

In der Innenpolitik äußerte sich Pauls über Jahrzehnte angestaute Ungeduld in Maßnahmen, die nicht ohne Widersprüche und Inkonsequenz waren – wie «mit der Gewalt einer Explosion» (V. Zubov). Um seine widerspruchsvolle Impulsivität zu illustrieren, zeigte eine zeitgenössische ausländische Karikatur auf den Kaiser entsprechend widersprüchliche Aufschriften: links von seinem Konterfei das Wort «ordre», rechts davon «contreordre» und auf der Stirn «désordre». Indessen wird man die rationalen Züge von Pauls Wirken nicht unterschätzen dürfen, auch wenn ihm dabei romantische Vorstellungen zugrunde lagen. Beeinflußt von den Gedankengängen Sullys, wonach die Befolgung der Gesetze das oberste Gebot für den Monarchen sei, sorgte sich der neue Kaiser z. B. um ihre Kodifikation und ließ zu diesem Zweck noch im Jahre seiner Inthronisation eine spezielle Kommission bilden, die eine systematische Erfassung aller vorhandenen Gesetze vornehmen sollte; ihre Arbeit ist unter seinem Nachfolger fortgesetzt und erst im Jahre 1835 beendet worden.

Aus dem Bewußtsein heraus, daß eine ineffektive Verwaltung die internationale Stellung des Reiches gefährden könnte, war Paul an einer politischen Zentralisierung und bürokratischen Rationalisierung gelegen. Seine besondere Aufmerksamkeit galt dabei den Zentralbehörden, die seit petrinischer Zeit unter kollegialer Leitung standen. Das staatliche und gesellschaftliche Organisationsgefüge wurde überprüft und neu geordnet: Die fünf alten Fachkollegien (Kammer-, Kommerz-, Berg- und Manufakturkollegium sowie Hauptsalzkontor) wurden wiederhergestellt, das Apanagen-Department neu geschaffen und als neue Behörden ein Reichsschatzmeister, eine Wasserstraßenverwaltung sowie eine «Expedition für staatliche Wirtschaft, Ausländerfürsorge und dörfliche Hauswirtschaft» ins Leben gerufen. Pauls Vorstellungen zielten offenbar auf eine völlige Umgestaltung der gesamten Zentralverwaltung, die anstelle der Kollegien aus sieben Fachdepartments (für Justiz, Finanzen, Krieg, Marine, Auswärtiges, Kommerzien und Schatz) mit persönlich verantwortlichen Ministern an der Spitze bestehen sollte.

In welchem Maße Pauls Innenpolitik konservative Züge trug, wird aus dem Bemühen deutlich, seinen Untertanen geradezu sklavische Ergebenheit anzuerziehen. Ein Beispiel dafür ist das 1798 erlassene, städtische Selbstverwaltung illusorisch machende «Reglement für St. Petersburg», das die Hauptstadt des Reiches «in eine Kaserne verwandelte» (G. Princeva). In dem Erlaß wurde der dienstliche wie der häusliche Tagesablauf der Einwohner genau festgelegt. Tages- und Lebensablauf der hauptstädtischen Bevölkerung, auch des Adels, unterlagen einer Fülle von kleinlichen Polizeiverordnungen, deren Übertretung mit strengen Strafen geahndet wurde. Mit dieser ungewöhnlichen Maßnahme verband Paul die erklärte Absicht, seine Untertanen von den Ideen der Französischen Revolution abzuschirmen. Um sie jeglichem Anflug von «Jakobinertum»

erst gar nicht auszusetzen, wurde der Verkehr mit dem Ausland unterbrochen. Alle privaten Druckereien wurden geschlossen, die Einfuhr
ausländischer Bücher, Musikalien und Gemälde untersagt. Es war z. B.
offiziell verboten, runde Hüte und Kleider nach französischer Mode zu
tragen; Wörter wie «Nation», «Konstitution», «Republik» oder «Bürger-
rechte» durften nicht verwendet werden. Es lag auf dieser Linie, wenn
sich Paul so sehr um alle außerhalb des Reiches studierenden russischen
Untertanen sorgte, daß er sie zurückrufen ließ.

Bei der ihm eigenen «speziellen Manie» (H. v. Bechtolsheim) für das
Militär war es nicht verwunderlich, daß sich Paul intensiv der Armee
annahm. Auffällig war sein Bestreben, die militärischen Angelegenheiten bis in Kleinigkeiten, z. B. die Festlegung des Arbeitspensums von
Artilleriepferden, selbst zu bestimmen. Im übrigen schien ihm die Umgestaltung des Heeres am zuverlässigsten gewährleistet, wenn die gesamte Armee nach dem Muster seiner Garde in Gatčina umgeformt
würde. Generäle wie Suvorov, die sich der einsetzenden «Borussifizie-
rung» widersetzten, fielen in Ungnade, während Getreue aus Gatčina
wie Arakčeev nunmehr Karriere machten. Die ersten Reformmaßnahmen galten der Umgestaltung der Garde und einer Neuordnung des
gesamten Heeres, insbesondere der Infanterie und der Kavallerie, für
die neue – u. a. die Erfahrungen des Siebenjährigen Krieges berücksich-
tigende – Reglements erlassen wurden. Der Kern der Armee – Infanterie, Kavallerie und Garnisontruppen – bestand aus knapp 369 000 Mann,
für deren Unterhalt der Staat 24,1 Mio. Rubel aufzubringen hatte, und
wurde – «nach Art der späteren Militärbezirke» (E. Amburger) – in zwölf
nach ihrem Standort in Friedenszeiten benannte Divisionen eingeteilt.
Insgesamt liefen die militärischen Reformen Pauls auf eine straffere Organisation, schnellere Mobilisierung und größere Manövrierfähigkeit
des Heeres hinaus, zielten aber auch auf eine Vereinheitlichung der
Ausbildung und auf die Beseitigung von Korruption ab.

Auch im Blick auf den kirchlichen Bereich entsteht der Eindruck, als
seien die in der kurzen Regierungszeit Pauls vorgenommenen Veränderungen vor allem zum Zwecke einer strafferen und effizienteren Organisation eingeleitet worden. So wurde 1797 eine Rechtsabteilung mit
einem vereidigten Schatzmeister eingeführt und zwei Jahre später festgelegt, daß sich die Eparchiegrenzen in Übereinstimmung mit den
Grenzen des jeweiligen Gouvernements befinden sollten. Zudem erfolgte eine Überprüfung des kirchlichen Personals auf die im Reglement
vorgesehene Anzahl mit dem Ziel, «überflüssige» Personen in den Militärdienst abzuschieben. Paul trug auch Sorge dafür, daß der Heilige
Synod auf das «Wohlverhalten» der Geistlichkeit achtete und z. B. durch
entsprechende Erlasse dafür sorgte, daß sich Priester aus Bauernunruhen heraushielten. Das insgesamt großzügige und freigebige, auf die
Unterstützung der kirchlichen Autorität bedachte Verhalten Pauls hatte

zwar ein gutes Verhältnis zwischen Staat und Geistlichkeit zur Folge, trug aber auch dazu bei, die Kirche noch stärker auf das Niveau einer «staatlichen Dienstleistungseinrichtung» (M. V. Kločkov) herabzudrücken. Der deutsche Rußlandhistoriker Karl Stählin zählte die internationalen Beziehungen des Russischen Reiches am Ausgang des 18. Jahrhunderts «zu den seltsamsten Episoden der politischen Geschichte Rußlands». Wenn damit zum Ausdruck gebracht werden sollte, daß sich nirgendwo anders als auf dem Felde der auswärtigen Politik die vielzitierte Sprunghaftigkeit Pauls besonders bemerkbar gemacht habe, dann wird dabei übersehen, daß der Kaiser zum einen die feste Absicht hatte, auf der weltpolitischen Bühne nicht nur als Zuschauer aufzutreten, und daß zum anderen mit dem Kampf gegen die «moralische Pest» aus dem Westen ein ruhmreiches Kapitel der neueren russischen Kriegsgeschichte verbunden gewesen ist.

Die anfänglich proklamierte Politik der Nichteinmischung hinderte Paul nicht daran mitzuhelfen, die nach seiner Meinung ganz Europa mit Vernichtung bedrohende französische Republik energisch zu bekämpfen. Ausschlaggebend dafür war sein Engagement für den Orden vom Hospital des Heiligen Johannes zu Jerusalem, den Johanniter- oder Malteserorden. Für dieses Abenteuer dürfte entscheidend gewesen sein, daß sich Paul nach Ausbruch der Französischen Revolution zunehmend für die Rolle der katholischen Kirche zu interessieren begann und in ihr den Damm sah, «der allein das westliche Europa vor der Ueberfluthung durch die Revolution schützen konnte, an dem die Wogen der Revolution sich brechen mußten». Zudem bewegte er sich mit seinem Eintreten für die Ordensgemeinschaft in der außenpolitischen Tradition Katharinas, die schon im ersten Türkenkrieg die Bedeutung eines festen Platzes im Mittelmeer erkannt und den damaligen Großmeister des Ordens zu einem Bündnis mit Rußland veranlaßt hatte. Schon 1797 war Paul anläßlich einer päpstlichen Gesandtschaft angesichts der von Frankreich drohenden Gefahr die Würde eines Schirmherrn des Ordens angetragen und von diesem freudig angenommen worden. Im Jahr darauf übernahm er am 10. September mit Einverständnis des Papstes die Leitung der Ordensgeschäfte, und am 27. Oktober wählte ihn das Kapitel des russischen Großpriorats zum Großmeister des Ordens.

Papst Pius VI. scheint sich von dieser seltsamen Verbindung zwischen Ritterorden und Selbstherrschaft die Ausweitung seines Einflusses auf das Gebiet der Ostkirche versprochen zu haben, während sich Paul bei der Annahme der neuen Würde in erster Linie von ideellen Motiven leiten ließ: Die Stellung als Großmeister erlaubte es ihm, «seine ‹Ritterlichkeit› im abendländischen mittelalterlichen Gewand zu zeigen, sich als Bewahrer der Ehre aller europäischen Institutionen und als Hüter der jahrhundertealten Traditionen der Adelsverbände zu präsentieren» (G. Princeva). In diesem Zusammenhang wollte er Malta zu einer Art

Schule der Gegenrevolution für den europäischen Adel machen und sah sich schon als Führer eines siegreichen Kreuzzugs gegen die Revolution. Der Kaiser hegte ernsthaft den Plan, mit dem nunmehr in Rußland beheimateten Malteserorden ein Muster der ritterlichen Ehre und Tugend zu schaffen, bei dem der gesamte europäische Adel eine Probezeit im Kampf gegen die Revolutionsideen abzuleisten hätte. Wie fest Paul im übrigen das Schicksal Rußlands mit dem Orden verbunden sah, markierten Äußerlichkeiten wie z. B. die Einverleibung des Malteserkreuzes in das russische Reichswappen.

Dem bewaffneten Konflikt mit Napoleon, der die Insel Malta auf dem Wege nach Ägypten 1798 besetzt hatte, ging der Kaiser nicht aus dem Weg. Als enthusiastischer Verteidiger der alten Ordnung in Europa spielte er in der sich seit 1798 formierenden Zweiten Koalition gegen Frankreich eine aktive Rolle. Am Zweiten Koalitionskrieg beteiligte sich Rußland mit einem Flottengeschwader und mit einem Expeditionskorps der Landstreitkräfte. Unterschiedliche Auffassungen über die Ziele des oberitalienischen Feldzuges – Paul trat für eine Restauration der früheren Machtverhältnisse ein, während die österreichische Politik eher expansive Zielsetzungen verfolgte – führten allerdings noch im Herbst 1799 zum Ende des russisch-österreichischen Bündnisses. Auch Pauls Bündnis mit England ist nicht von langer Dauer gewesen. Den äußeren Anlaß für die Trennung lieferten die Malteser, die sich nach der Kapitulation der französischen Besatzung als britische Untertanen fühlten. Als es die Engländer entgegen einer früheren Vereinbarung ablehnten, die Besetzung der Insel gemeinsam mit den Russen vorzunehmen, beendete Paul zornentbrannt die Bundesgenossenschaft mit England. Ein russisches Embargo brachte auch die britisch-russischen Handelsbeziehungen zum Erliegen. Die Situation spitzte sich so zu, daß sich beide Seiten auf einen bewaffneten Konflikt vorzubereiten begannen.

Paul versuchte, außenpolitischen Spielraum durch zwei Initiativen zurückzugewinnen: zum einen durch den Versuch, zur Sicherung der freien Schiffahrt und des Handels neutraler Staaten («freie Schiffe, freie Güter») im Dezember 1800 zusammen mit Dänemark, Schweden und Preußen die gegen England gerichtete Vereinbarung von 1780 über «bewaffnete Seeneutralität» wiederzubeleben; zum anderen durch das Ende Januar 1801 begonnene, aber nicht zu Ende geführte abenteuerliche Vorhaben, 22 500 Kosaken nach Zentralasien zu entsenden, um von dort aus zu den englischen Besitzungen in Indien vorzustoßen. Im Zuge des «indischen Abenteuers» wurde im Januar 1801 das Königreich Georgien annektiert, nach Günther Stökl «der einzige, von Europa kaum beachtete, dauernde Gewinn, den die verworrene russische Außenpolitik unter Paul I. erzielte».

Nach dem Bruch mit Österreich und England hielt Paul nach neuen Verbündeten Ausschau, um die Politik des europäischen Gleichgewichts fortzusetzen. Das hatte die auf den ersten Blick überraschende Annäherung an Frankreich zur Folge. Sie wurde durch die Ernennung Napoleons zum Ersten Konsul erleichtert: Mit der Aussicht, auch in Frankreich – dem Wesen nach – bald wieder mit einem König rechnen zu können, wich bei Paul das Vorurteil gegen die aus der Revolution hervorgegangene Republik. Für die Verhandlungen erteilte er die klare Instruktion, in Paris darauf zu bestehen, daß sowohl das traditionelle Interessengleichgewicht in Italien und in Deutschland gewahrt als auch die Integrität des Osmanischen Reiches unversehrt bleiben müsse. Paul hat um die Jahreswende 1800/01 selbst in die Verhandlungen eingegriffen, indem er u. a. vor allem vor England warnte, eine Politik der Isolierung des Inselstaates anregte und Überlegungen für einen Angriff auf das Britische Empire anstellte. Ihm schwebte vor, daß Napoleon an der englischen Küste landen könnte, während Rußland Indien angreifen sollte. Der russische Kaiser scheint gegen Ende seiner kurzen Herrschaft bereit gewesen zu sein, der traditionellen Politik des europäischen Gleichgewichts abzuschwören und Napoleon die Aussicht auf eine russisch-französische Herrschaft über Europa zu eröffnen.

Die Außenpolitik Pauls ist bisweilen als unberechenbar und kapriziös bezeichnet worden. Dem Kaiser wird vorgeworfen, er habe sich in den auswärtigen Beziehungen vor allem von seinem Temperament, nicht aber von seinem Verstand leiten lassen; auf außenpolitischem Felde habe sich «die ganze Phantasie und Sprunghaftigkeit seines Wesens» (K. Stählin) gezeigt. Dem ist entgegenzuhalten, daß Pauls Außenpolitik im wesentlichen von der komplizierten Lage in Europa bestimmt worden ist: Seine ursprüngliche Absicht, Rußlands Neutralitätspolitik durch eine Übereinkunft mit den Nordmächten Dänemark, Schweden und Preußen abzusichern, wurde durch das französische Ausgreifen ins östliche Mittelmeer zunichte gemacht. Außerdem ist durch die zunehmende Zerstörung des europäischen Gleichgewichts durch Frankreich eine russische Interessenpolitik erforderlich geworden, die – nicht zuletzt durch Pauls persönliches Engagement für den Malteserorden – sogar eine «ideologische Dimension» (E. Oberländer) erhielt.

Für das frühzeitige Aufkommen des Gedankens an eine Verschwörung gegen den Kaiser gibt es offenbar verschiedene Gründe. Vor allem scheint es Paul nicht gelungen zu sein, seiner Umgebung den plötzlichen Wechsel in seiner außenpolitischen Orientierung – vom energischen Initiator der antinapoleonischen Koalition zum Verbündeten des revolutionären Frankreich – plausibel genug zu machen. Auch handelspolitische Interessen des am Getreideexport nach England interessierten russischen Landadels könnten eine Rolle gespielt haben. Es ist auffällig, daß die maßgeblichen Verschwörer in ihrem Denken durchweg anglophil gewesen sind. Hinzu kam erstmals in der Geschichte Rußlands die unerhörte Maßnahme der Besteuerung des Adels. In einer Atmosphäre

wachsender Unzufriedenheit arbeitete eine Gruppe von Adligen auf das
Ziel hin, den ihrer Meinung nach unberechenbaren Kaiser auszuschalten. Paul trug gerade im Jahr vor seiner Ermordung durch tyrannisches
Gebaren viel dazu bei, breite Kreise gegen sich aufzubringen. «Die Tyrannei ist auf ihrem Höhepunkt», schrieb der ehemalige Vizekanzler Panin
und konnte sich einer positiven Resonanz für seine verschwörerischen
Aktivitäten in weiten Kreisen der vornehmen Gesellschaft gewiß sein,
ganz zu schweigen von der weit verbreiteten Mitwisserschaft, die «fast
alles» umfaßte, «was an Nobilitäten in Petersburg vorhanden war».

Die Verschwörer weihten auch den Thronfolger, Großfürst Alexander,
in ihr Vorhaben ein; ohne sein Einverständnis wäre ein Umsturz sinnlos
gewesen. Der Großfürst verhielt sich gegenüber dem «Projekt einer un-
blutigen Umwälzung» (Th. Schiemann) zunächst abweisend, räumte
aber in wiederholten Gesprächen die Notwendigkeit einer Veränderung
ein, so daß man auf seiten der Verschwörer mit seiner Zustimmung
glaubte rechnen zu können. Als der mißtrauische Paul den berüchtigten
Arakčeev, seinen früheren Vertrauten aus Gatschina, in die Hauptstadt
holen wollte, verschaffte das den Verschwörern den gewünschten Anlaß,
auf eine Entscheidung zu dringen. Mit der Durchführung der Palastrevolte wurde ein gebürtiger Hannoveraner, der seit 1770 in russischen
Diensten stehende Generalleutnant Bennigsen, betraut. Es war vorgesehen, den Kaiser zur Unterschrift unter eine Erklärung zu zwingen, die
besagte, er habe krankheitshalber den Großfürsten Alexander als Mitregenten akzeptiert. In der Nacht vom 11. auf den 12. März 1801 drangen
die Verschwörer in das Schlafgemach Pauls im Michaelsschloß ein und
versuchten, ihn festzunehmen. Bei einem heftigen Handgemenge ist der
Kaiser, der sich der Festnahme zu entziehen suchte, von einem Gardeoffizier auf grausame Weise ermordet worden.

Die Nachricht vom Tode Pauls löste in der Hauptstadt wie im ganzen
Land «einen wahren Freudentaumel» aus. St. Petersburg habe «einem
Irrenhaus» geglichen; gegen Abend, so wird berichtet, sei in der ganzen
Stadt kein Champagner mehr zu haben gewesen. Mit geradezu kind-
lichem Übermut habe sich der Adel der vorgeschriebenen uniformen
Kleidung entledigt und wieder den Frack, den runden Hut und die
beliebten Stiefel mit den breiten Stulpen getragen. Die Einwohner der
Stadt waren froh, des Nachts nicht mehr die Fenster verhängen zu müssen, um abendliche Vergnügungen wie Tanz oder Kartenspiele zu ver-
bergen. Alle Gedanken und Herzen hätten sich beruhigt, schrieb der
Literat A. S. Šiškov, die Gesellschaft sei «gleichsam zu neuem Leben
wiedergeboren», sei «erlöst vom Terror eines Menschen, der vier Jahre
lang, ohne zu wissen, was er tat, das ihm von Gott anvertraute Zarentum gepeinigt hatte».

Die Zwiespältigkeit Pauls – «unseres romantischen Zaren», wie ihn
Puschkin 1834 in seinem Tagebuch nannte – beherrscht das Urteil der

Zeitgenossen wie der Historiker über ihn. Er habe, so würdigte ihn der zeitgenössische schwedische Politiker Gustav Magnus Armfeldt, «mit der Unerträglichkeit und Grausamkeit eines Armeedespoten die vielen bekannte Gerechtigkeit und Ritterlichkeit in jener Zeit des Aufruhrs, der Umstürze und Intrigen» verbunden. Auch der Historiker Theodor Schiemann hob auf die ambivalenten Züge im Charakter Pauls ab, wenn er einerseits auf dessen geistig-sittlichen Hochmut verwies, «der sich berufen fühlte, überall den Richter zu spielen», und andererseits den Größenwahn nannte, der ihn «die Schranken des Möglichen» völlig verkennen ließ. Darin lag für ihn die Erklärung dafür begründet, daß «der unglückliche Zar» nichts Dauerhaftes zu schaffen vermocht habe: Er habe die Menschen wohl «brechen und beugen» können, aber «keinen Widerhall in ihrer Seele» hervorgerufen. In dieser Tradition ist die knapp fünfjährige Regierungszeit als «ebenso reaktionär wie überflüssig» bezeichnet worden. Diese Sicht verkennt, daß im Spannungsverhältnis zwischen außenpolitischer Machtentfaltung und innenpolitischem Reformdruck, dem zentralen Problem der russischen Geschichte seit Peter dem Großen, die Regierungszeit Pauls zu knapp gewesen ist, um bleibende Spuren zu hinterlassen. Immerhin ließ sich eine bemerkenswerte Nachwirkung seiner kurzen Herrschaft feststellen, wie Theodor Schiemann angemerkt hat: die Vorstellung Pauls, «daß es die Aufgabe einer groß gedachten Politik sei, nicht besonderen Interessen nachzugehen, sondern wohlerwogene ethische Prinzipien konsequent zu verwirklichen». Dieses politische Glaubensbekenntnis ist seinen Nachfolgern immerhin «so erhaben und schließlich so selbstverständlich» erschienen, daß sie länger als ein halbes Jahrhundert daran festhielten.

Alexander I.

Hans-Jobst Krautheim

ALEXANDER I.

1801–1825

Alexander I., geb. 12. 12. 1777, Kaiser 12. 3. 1801, Krönung 15. 9. 1801, gest.
19. 11. 1825, bestattet in der Peter-Pauls-Festung. Vater Paul I. (20. 9.
1754–11./12. 3. 1801, Kaiser 1796–1801), Mutter Marija Fedorovna (Sophie
Dorothea von Württemberg-Mömpelgard) (25. 10. [N. S.] 1759–24. 10. 1828).
Heirat 28. 9. 1793 mit Louise Maria Augusta (in Rußland Elizaveta Alekseevna)
von Baden-Baden (13. 1. [N. S.] 1779–4. 5. 1826). Kinder: Marija (18. 5.
1799–27. 7. 1800), Elizaveta (3. 11. 1806–30. 4. 1808).

Alexander I., der Rußland im Zeitalter Napoleons und während der anbrechenden europäischen Restauration regierte, galt schon seinen Zeitgenossen als eine höchst differenzierte, vielleicht sogar schillernde, in
jedem Fall aber zumindest ambivalente Persönlichkeit. Selbst seiner engsten politischen Umgebung am St. Petersburger Hof erschien es als
kaum miteinander vereinbar, häufig sogar als unerklärlich, daß der Zar
sich für abstrakte aufklärerische Ziele begeistern konnte und gleichzeitig
auf der traditionalen Legitimität seiner Herrschaft beharrte, daß er in der
Außenpolitik gesamteuropäische Ideale verfolgen und gleichzeitig den
russischen Expansionismus voranzutreiben vermochte, wobei sporadische Entschlußlosigkeit und politische Zielklarheit häufig miteinander
wechselten. Nicht weniger kontrastreich stellte sich die intellektuelle
Selbstverpflichtung des Kaisers auf das gestaltende Prinzip der Ratio
einerseits und seine unkritische Hingabe an den Mystizismus des anbrechenden 19. Jahrhunderts auf der anderen Seite nicht nur seinen Beratern dar. Die Einschätzung des Kaisers reichte von der verächtlichen
Interpretation Napoleons als eines «byzantinischen Griechen» bis zum
andächtigen russischen Volksglauben, der Zar sei 1825 auf einer Reise
nicht gestorben, sondern habe vielmehr mit dem Abschied von der
Hauptstadt ein Leben als heiliger Eremit begonnen.

Offensichtlich eignete sich Alexander nicht nur als zeitgenössischer
Ausgangspunkt zur orthodoxen volksreligiösen Legendenbildung. Abgesehen von den vielfältigen, stark popularisierenden Lebensbeschrei-
bungen, gelingt es auch wissenschaftlichen Biografien nur sehr schwer,
sein Persönlichkeitsbild zu entschlüsseln: Sind die starken individuellen
wie politischen Ambivalenzen Alexanders aus seiner gebrochenen Sozialisation, hin- und hergerissen zwischen dem privilegierten Leben am
aufgeklärten Hof der Großmutter Katharina II. in Sankt Petersburg und
der düsteren Militärresidenz Gatčina seines tyrannischen, von der Kai-

serin gehaßten Vaters, des späteren Pauls I., zu erklären? Schon seine engsten Vertrauten waren schließlich der Ansicht, daß der Kaiser hinter der Vielfalt seines brillanten Agierens habituell stets sein Innerstes verberge. Oder spiegeln sich vielmehr in den Ambivalenzen seiner sich entziehenden Persönlichkeit die äußerst differenten und kaum miteinander zu vereinbarenden Anforderungen der Zeit, die strukturellen Brechungen der Epoche wider, jene Übergangsprobleme zwischen traditionaler und moderner Gesellschaft in ihrer europäischen Zäsur um 1800? Ist die Herrscherpersönlichkeit vor allem der Fokus, das Ensemble der dominierenden gesellschaftlichen Bedingungen?

Zweifellos bot die frühe Sozialisation Alexanders bereits jene Voraussetzungen, die es erlaubten, die strukturellen Gegensätze des Zeitalters in seiner Person sichtbar werden zu lassen. Dank der Vielfalt der Erziehungseinflüsse kontrastiert Alexander in seiner Persönlichkeit sehr stark mit seinem jüngeren Bruder und späteren, unerwarteten Nachfolger Nikolaus I., der mit dem Ziel einer militärischen Laufbahn aufgewachsen war und der neuen Zeit mit gradliniger Repression nach innen wie nach außen begegnete.

Rußland verkörperte während der Regierung Alexanders ein Reich, das in weiten Teilen seiner gesellschaftlichen Tradition der Organisationsform des 18. Jahrhunderts verpflichtet blieb; seine Wandlungsimpulse bezog es im wesentlichen von außen. Das auswärtige Engagement des Hofes von St. Petersburg in allen zentralen europäischen Fragen war nicht nur ein Problem der Ranghöhe in den internationalen Beziehungen, es enthielt zugleich eine stete Herausforderung für die ökonomische, die soziale und die innenpolitische Verfaßtheit Rußlands im Übergang zum 19. Jahrhundert. ·

Im engeren Sinne konnte sich Rußland außenpolitisch im Westen wie im Süden schon vor dem Regierungsantritt Alexanders als konsolidiert betrachten. Im Ergebnis der langfristigen territorialen Expansion repräsentierte es sich zum Jahrhundertbeginn ethnisch in großer Vielfalt sowie von seinen sozialen und politischen Stukturen her keinesfalls einheitlich. Die späteren verfassungsmäßigen Sonderrechte für das Großfürstentum Finnland, für das Königreich Polen, aber auch für Bessarabien sind Ausdruck der Heterogenität der Herrschaftsausübung an den Rändern des Reiches; zu dieser Vielgestaltigkeit ist auf der Verwaltungsebene auch die Sonderstellung Sibiriens hinzuzurechnen, das seit den Reformen von 1822 einen höheren Modernitätsgrad aufwies als das russische Kerngebiet. Das verbindende Element in dieser administrativ wie ethnisch heterogenen Gesellschaft, in der die «Moskauer» Russen lediglich etwa die Hälfte der Bevölkerung stellten, bildete im Regelfall die einvernehmliche Kooperation der vormodernen politisch-sozialen Eliten in den annektierten Territorien mit den Spitzen der russischen Administration; die stabile Zugehörigkeit zur führenden sozialen

Schicht war bis zum polnischen Aufstand von 1830/31 bedeutender als die Zugehörigkeit zu einer speziellen regionalen Ethnie.

Die Wirtschaft, der Alltag, aber auch die Verwaltung unterhalb der staatlichen Ebene blieben von der deutlichen Dominanz des Agrarsektors geprägt: Während der Regierungszeit Alexanders I. lebten lediglich etwa vier Prozent der Bevölkerung in Städten, wobei das moderne Sankt Petersburg und das traditionsreiche Moskau mit jeweils ungefähr 300 000 Einwohnern die beiden Metropolen bildeten. Alle anderen Zentren waren, an westeuropäischen Maßstäben gemessen, Städte von maximal mittlerer Größe. Etwa zwei Prozent der Bevölkerung gehörten zum Adel, ungefähr ebenso viele zum Klerus und zu den aufsteigenden städtischen Mittelschichten. Die Situation der Leibeigenen hatte sich bis zur Regierungszeit Alexanders I. seit dem letzten Jahrzehnt des 18. Jahrhunderts kaum verändert: zu gut einer Hälfte im privaten, zur knappen anderen im staatlichen Besitz, stellten sie jene Schicht dar, die mit ihren Leistungen die jeweiligen Herren, den staatlichen Fiskus, die Armee und die Kirche unterhielt und damit die Hauptlast des Staates zu tragen hatte.

Ausländer, speziell Deutsche, Franzosen und Briten spielten in Administration, Bildung und Militär (übrigens schon vor dem Herrschaftsantritt Alexanders) eine nicht zu unterschätzende Rolle. Dies galt noch mehr im Außenhandel, der bis in das frühe 19. Jahrhundert hinein überkommenen Wegen folgte, indem er fast vollständig über die Ostsee und nur in geringem Maße über die neu gegründeten Schwarzmeer-Häfen abgewickelt wurde. Das Manufaktur- und Fabrikwesen war schon zu Zeiten Katharinas gegenüber dem früheren Stand um das Dreifache expandiert; es blieb unter Alexander der überkommenen Produktionsweise verhaftet; die technologische wie auch die soziale Veränderung, die in Westeuropa stattfand, ließ die russische Agrargesellschaft bis auf den Westen des Reiches weitgehend unberührt: in den Städten, außerhalb der beiden Zentren, entstand keine nennenswerte Mittelschicht; der Landadel nahm seinerseits diese Funktion nicht in gesellschaftlich-substituierender Weise wahr.

Die kulturelle Modernisierung, die Entstehung einer literarisch-publizistischen Öffentlichkeit, die Rußland näher an den Westen heranführte, blieb auf die gebildeten Schichten beschränkt, der Masse der Bevölkerung hingegen verschlossen. Diese stand gänzlich unter der ideologischen Verwaltung durch die orthodoxe Kirche, die sich in engster Abhängigkeit von der zarischen Herrschaft befand. Der wohlhabende Adel, von der Dienstpflicht befreit, konnte sich jederzeit unabhängig von den staatlichen Wissenschafts- und Bildungsangeboten, rezeptiv wie aktiv, in Rußland selbst oder bei ausgedehnten Auslandsreisen die westeuropäischen Ideen aneignen und so ein eigenes kulturelles Selbstverständnis nun auch außerhalb des Kaiserhofes gewinnen.

Unter dem Einfluß der österreichischen Schulreform war im ausgehenden 18. Jahrhundert das Konzept eines flächendeckenden, gestuften Schulwesens entstanden, das sich jedoch erst im späten 19. Jahrhundert durchsetzen sollte.

Alexander I. wurde am 12. Dezember 1777 geboren. Seine Eltern waren Großfürst Pavl Petrovič, der spätere Kaiser Paul I., und Maria Fedorovna, geb. Sophia Dorothea von Württemberg. 1793 heiratete er Louise von Baden-Baden (in Rußland: Elisabeth, 1779–1866). Aleksandr Pavlovič wuchs im Zeitalter der europäischen Aufklärung auf, zu der er am Hofe Katharinas II. umfassenden Zugang hatte. Die Residenz seines Vaters atmete hingegen den Geist von militärischem Drill und Paradomanie. Die Ambivalenz, die sich aus der fortgesetzten Doppelloyalität zu so unterschiedlichen Personen, die zugleich diametral gegensätzliche Prinzipien verkörperten, ergab, stellte zweifellos biografisch eine nicht zu unterschätzende Hypothek, zugleich aber die Chance dar, in der beginnenden Unübersichtlichkeit der europäischen Modernisierung als aufgeklärter Herrscher eines traditionalistischen Gemeinwesens handlungsfähig zu bleiben.

Die Erziehung des potentiellen Thronfolgers verlief in den tradierten adligen Bahnen am Hofe Katharinas, ohne daß die Eltern darauf zunächst irgendeinen nennenswerten Einfluß gehabt hätten. Die daran beteiligten Personen repräsentierten die unterschiedlichen politischen Strömungen in der russischen Metropole: die Oberaufsicht über die Erziehung Alexanders lag bei General N. I. Saltykov (1736–1816), der als ein konsequenter Anhänger des Grundsatzes der zarischen Selbstherrschaft galt; die Prinzipien der französischen Revolution repräsentierte der radikal-liberale Schweizer F. C. La Harpe (1754–1838), wenngleich in einer moderaten und für die Hofgesellschaft akzeptablen Form.

Die Palastrevolution, die Alexander I. am 12. März 1801 an die Macht brachte, endete mit dem Regizid an seinem Vater Paul (s. Kapitel «Paul I.»); auf den jungen Thronfolger, der offenbar diese Maßnahme weder geplant noch vorausgesehen hatte, wirkte die Nachricht psychisch niederschmetternd; Alexander überlegte sich, auf die Herrschaft zu verzichten, ein Motiv, das während seiner Regierungsjahre immer wiederkehren sollte und das schon in seiner Zeit als Thronfolger angelegt war, ohne jedoch jemals in einen definitiven Beschluß zu münden. Unter der Ägide des Anführers der Palastrevolution, des Grafen P. Pahlen (1745–1826), der jedoch wenige Monate später schon entmachtet wurde, begann der neue Selbstherrscher seine politische Reformtätigkeit.

Die frühen Regierungsaktivitäten des jungen Kaisers waren geprägt von einer Reihe symbolischer Handlungen, mit denen er sich betont gegenüber der Politik seines Vaters und Vorgängers Paul abzugrenzen suchte. Dazu zählte neben vielfältigen Wiedergutmachungen für erlittenes Unrecht die Erklärung anläßlich der Thronbesteigung, zu den politischen Prinzipien Katharinas II., d. h. zu einer aufgeklärten Form des Absolutismus im Kontrast zu der Despotie Pauls, zurückzukehren: In dieser Erklärung konnten sich ganz unterschiedliche Gruppen wiederfinden, ob sie nun den Grundsätzen des Adels-Konservativismus oder aber den Prinzipien der modernen europäischen Philosophie anhingen. Diese Integrationsfähigkeit wurde mit einer deutlichen programmatischen Unschärfe erkauft, welche die konzeptionellen Konturen des zukünftigen Regierungshandelns im Dunkel ließ.

Als strukturell langfristig bedeutsam sollten sich die administrativen Reformen, insbesondere der Regierungsspitze, erweisen, die in den Jahren 1802/03 begonnen wurden. In diesem Zusammenhang bildete Alexander mit vier Beratern, mit A. Czartoryski (1770–1861), P. A. Stroganov (1772–1817), N. N. Novosil'cev (1761–1836) und V. P. Kočubej (1768–1834), einen engen personellen wie programmatischen Zusammenhang. Alle vier Repräsentanten des polnischen und russischen Hochadels gehörten zur St. Petersburger Hofgesellschaft; unbeschadet ihrer modernen liberalen Auffassungen sahen sie im Fortbestand der Selbstherrschaft den zentralen Faktor für die Stabilität des Vielvölkerstaates auch im Zeitalter des gesellschaftlichen Wandels. Das aus diesen vier Beratern gebildete «Inoffizielle» oder Geheime Komitee, das in der Zweijahresfrist seiner Tätigkeit zu unregelmäßigen Sitzungen zusammentraf, verkörperte in keiner Weise ein politisches Entscheidungsgremium, vielmehr hatte seine Tätigkeit für Alexander I. eine beratende Funktion, wie es der Balance von systemischer Reform und stringenter Wahrung der Selbstherrschaft entsprach. Durch das politische Gewicht und die persönlichen Beziehungen seiner Mitglieder zum Zaren hatte es, unbeschadet seines informellen Status, eine beträchliche Bedeutung im St. Petersburger Regierungsapparat. Die von Alexander intendierten Reformen betrafen insbesondere jene Bereiche, bei denen die Modernitätsdifferenz zu den westeuropäischen Verhältnissen gravierend war; dies galt vor allem für die Agrarfrage und die Organisation der politischen Zentrale des Reiches. Zum anderen wandten sich die Aktivitäten des Komitees der Fortentwicklung des Bildungssektors zu, dem in der Perspektive der Aufklärung ein besonderer Rang für den gesellschaftlichen Fortschritt beigemessen wurde.

Die Maßnahmen, durch die das Bildungssystem von der Kreisschule bis zur Universität hierarchisch vereinheitlicht und in sechs Bildungsbezirken quantitativ erweitert wurde, sowie die Absicht, den Aufstieg im Staatsdienst an den Erwerb bestimmter Zertifikationen zu binden, stießen auf eine deutliche konservative Opposition: Schließlich war nun auch für die Kinder des Adels die Einstellung in den höheren Staatsdienst an ein erfolgreiches Studium in Moskau oder einer der neuen Universitäten (Wilna, Dorpat, Char'kov, Kazan', 1819 St. Petersburg) gebunden, das Privileg der Herkunft in Frage gestellt. Die Furcht vor

einer massiven adligen Opposition bestimmte ebenfalls die Diskussion
der Agrarfrage im «Geheimen Komitee» und erklärt die äußerst vorsich-
tigen politischen Schritte Alexanders I. in dieser Angelegenheit. Nach
dem Willen des Selbstherrschers, der im «Gesetz über die freien Acker-
bauern» von 1803 seinen kodifizierten Niederschlag fand, war die
Bauernbefreiung lediglich als freiwillige Handlung einzelner Grundbesitzer rechtlich abgesichert: Hinsichtlich des russischen Kerngebiets
stellte sich Alexander bewußt in die Linie seiner Vorgänger, während
seine langfristigen aufklärerischen Ambitionen auf die Randprovinzen
des Reiches beschränkt blieben; in Estland, Livland und Kurland wurden zwar im Folgejahrzehnt (1816–1819) die Bauern persönlich frei, als
Landlose blieben sie jedoch ökonomisch in den Fesseln der überkommenen Abhängigkeit. Die traditionale Struktur Rußlands, in dem der Adel
einen wesentlichen Teil der Staatsorganisation trug, stellte unbeschadet
des limitierten zarischen Reformwillens eine deutliche Modernisie-
rungsgrenze dar, die erst 1861 unter wesentlich dramatischeren ökonomischen wie politischen Rahmenbedingungen überschritten werden
sollte.

Signifikant für die weitere Entwicklung der inneren Verfaßtheit des
Russischen Reiches bis in das 20. Jahrhundert hinein ist die Reform
seiner Spitzeninstitutionen. Konzipiert vom «Geheimen Komitee», wurden eine Reihe von Fachministerien, die aus den bisherigen Kollegien
bzw. aus deren Abteilungen hervorgingen und deren Reform im Jahre
1812 abgeschlossen sein sollte, gegründet: Es handelte sich um die Ministerien für Inneres, Auswärtige Angelegenheiten, Finanzen, Wirtschaft,
Justiz, Krieg, Marine und für Volksaufklärung. Allerdings erhielt das
Ministerkomitee bei weitem – allein schon in Ermangelung des Amtes des
Premierministers – nicht den Rang eines westeuropäischen Kabinetts. In
der personellen Besetzung der Ministerien berücksichtigte Alexander I.
neben den liberalen ganz eindeutig auch konservative Politiker, wobei
die progressiven Kräfte, allen voran A. Czartoryski, mehrheitlich bereits
vor der 1812 einsetzenden offenen Reaktion ihren Abschied nehmen
sollten. Waren schon diese Reformschritte von der autokratischen Dominanz geprägt, so galt dies um so mehr für die Neubestimmung der
Funktion des Senats, bei der Alexander bewußt die Möglichkeit ausschloß, wenigstens im Ansatz ein beratendes repräsentatives Gremium
für das gesamte Reichsgebiet zuzulassen.

In diesem Kontext stand auch das Verfassungsprojekt von 1809, das
die beiden Hauptmerkmale aller alexandrinischen Erneuerungsbestre-
bungen aufwies: Einem weit ausladenden, modernen Entwurf folgten
bescheidene, fast furchtsame, in jedem Fall aber strikt konventionali-
stische Lösungsschritte zur Bewältigung anstehender politischer Probleme. Die konzeptionelle Ausarbeitung hatte Alexander innerhalb der
Regierungsbürokratie der Schlüsselfigur der späten Reformära übertra-

gen; sie oblag M. M. Speranskij (1772–1839), dem persönlichen Sekretär des Zaren. Sein Vorschlag für die Neuordnung der russischen Reichsspitze ging von drei Grundsätzen aus: Einmal sollte ganz selbstverständlich das Prinzip der zarischen Selbstherrschaft gewahrt bleiben, zum anderen die Staatsverwaltung nach den Grundsätzen administrativer Rationalität geordnet und darüber hinaus eine begrenzte gesellschaftliche Teilhabe an der Macht ermöglicht werden. Unterhalb der Vorstellung von einer ungeteilten Souveränität, die nach wie vor beim russischen Kaiser verblieb, sollte eine neugeschaffene Reichsduma am Gesetzgebungsprozeß beratend teilnehmen. Die Ergebnisse der Reformen blieben bescheiden; der 1810 entstandene Reichsrat überwachte lediglich die legislativen Maßnahmen und war kein Organ gesellschaftlicher Partizipation.

Mit dem Popensohn Speranskij war ein völlig neuer Typus des bürokratischen Reformers hervorgetreten. Seit 1802 im Innenministerium beschäftigt, hatte er eine sehr steile Karriere bis zum Stellvertreter des Ministers durchlaufen, als ihm Alexander I. 1807 persönlich begegnete. Speranskij war einerseits ein verläßlicher Mitarbeiter aus der Zeit der frühen Reformen, zum anderen gehörte er aber nicht der Hocharistokratie an; so blieb er stets ein zwar glänzender, jedoch vom Selbstherrscher abhängiger Administrator. Daß Speranskij das volle Vertrauen Alexanders I. genoß, zeigte sich darin, daß er auch mit der Lösung fundamentaler, seit Katharina II. aufgeschobener und nun akut werdender Probleme betraut wurde, wie der – am Ende am Geldbedarf der antinapoleonischen Feldzüge jedoch gescheiterten – Sanierung der Staatsfinanzen. Die Frage der ständig defizitären Staatsrevenuen sollte Alexander I. noch während seines gesamten zweiten Regierungsjahrzehnts intensiv beschäftigen; zuletzt versuchte er zur Erhöhung des Steueraufkommens 1819 eine partielle Liberalisierung des Außenhandels durchzusetzen. Dies stieß aber auf eine eindeutige Gegnerschaft beim grundbesitzenden Adel und bei den Vertretern der aufkeimenden Industrie im russischen Westen; die Maßnahme wurde 1822 revidiert. In dieser Zollangelegenheit dokumentierte sich, wie in allen Reformvorhaben der Regierungszeit Alexanders I., der ungemein schmale innenpolitische Spielraum für selbst zaghafte Veränderungsbestrebungen. Ebenso wie die Versuche, Währung, Staatsfinanzen und Außenhandel zu modernisieren, scheiterte – gemessen an mittel- oder gar westeuropäischen Maßstäben – ein letztes Verfassungsprojekt gegen Ende des zweiten Regierungsjahrzehnts: Der Entwurf des kaiserlichen Jugendfreundes und Reformers der frühen Jahre, Novosil'cev, bewirkte konstitutionell nichts und trug lediglich zur Effektivierung der rein administrativen Struktur bei. Danach sollte sich der Zar lediglich noch einmal der Effizienzsteigerung der Ministerien, also seines unmittelbaren Regierungsapparates, zu Beginn der zwanziger Jahre annehmen.

Mit der in allen Reformprojekten erkennbaren Dichotomie zwischen höfischem Idealismus und sozialstruktureller Realität im russischen Reich insgesamt stand Alexander zweifellos einerseits in der politischen Tradition Katharinas II. Seine beständigen, zaghaften und oft scheiternden Bemühungen, die Grundsätze administrativer und ökonomischer Rationalität reichseinheitlich durchzusetzen, verleihen seiner Regierungspraxis im anbrechenden 19. Jahrhundert – unbeschadet der durch die politischen Ambivalenzen verschwommenen Konturen – andererseits zugleich durchaus moderne politische Züge.

Die zunehmenden Spannungen mit Frankreich besaßen für die russische Innenpolitik unmittelbare Folgen. Hatte die adelige Opposition schon nachhaltige Kritik, die jedoch der gesamten Bildungsreform galt, an dem nach französischen Maßstäben geführten Lyzeum in Carskoe Selo geäußert, so nahm sie den 1812 von Speranskij vorgelegten Entwurf für ein Zivilgesetzbuch, der stark unter dem Einfluß des Code Napoléon formuliert worden war, zum Anlaß für einen entscheidenden erfolgreichen Schlag gegen die Reformtendenzen im Innern, die das erste Regierungsjahrzehnt Alexanders geprägt hatten. Der politische Sturz des allmächtigen Staatssekretärs Speranskij verkörperte das Symbol einer ideologischen Zäsur nicht nur für dieses Jahrzehnt, sondern auch für die Herrschaft Alexanders insgesamt.

Wie die Reformära verfügte auch die anbrechende Zeit der Reaktion über ihre herausragenden Exponenten. Es waren jedoch keine neuen Persönlichkeiten, die jetzt etwa überraschend auf die politische Bühne traten, sondern vielmehr langjährige Vertraute Alexanders, die nun in den Vordergrund rückten: Der persönlichen Ambivalenz des Zaren hatte von Anfang an die Heterogenität seines politischen Beraterkreises entsprochen. Die Symbolfigur für diese Reaktionsphase bildete A. A. Arakčeev (1769–1834), der Alexander bereits aus der Militärresidenz seines Vaters Paul vertraut war.

Persönlich ohne nennenswerte Ausstrahlungskraft, hatte Arakčeev sich nach einer schnellen und gradlinigen militärischen Karriere als ergebener Befehlsempfänger des intellektuell brillanten Selbstherrschers verdingt und war so zum stellvertretenden Vorsitzenden des Ministerkomitees aufgestiegen. Auch nach 1812 trat Arakčeev politisch kaum aus dem Schatten seines Herrn heraus, lediglich in der Gründung der Militärkolonien gewann er als menschenverachtender Drillmeister ein deutliches Profil. Dahinter steht die seit 1817 verwirklichte Umsiedlung von Soldaten, die in Friedenszeiten landwirtschaftliche Arbeiten versehen mußten. Die an sich gut gemeinten Absichten gerieten infolge des militärischen Drills des gesamten Dorflebens zur bitteren Farce, und die bis 1856 bestehenden Siedlungen wurden zum Symbol für die verhaßte «Herrschaft Arakčeevs» (arakčeevščina). Ein anderer Exponent der inneren Reaktion in der zweiten Hälfte der Regierungszeit Alexanders war dessen Jugendfreund A. N. Golycin (1773–1844), dem zunächst 1803 die staatliche Kirchenaufsicht übertragen wurde. Die religiösen Erweckungsbewegungen machten ihn zu dem Anhänger einer sehr engen obskurantistischen religiösen Ideologie. Unter seine Ägide fielen die ideologische Knebelung der akademischen Lehre und die politisch motivierten Verfolgungen zahlreicher, vor allem ausländischer, liberaler Wissenschaftler.

Die Zensur bedrängte in einer analogen, rapiden Entwicklung den sich ausweitenden russischen literarischen Markt. Sie beschränkte ihre Aktivität aber nicht auf abweichende politische und aufklärerisch philosophische Publikationen, sondern dehnte sie auch auf fiktionale Werke aus. Zu ihren zeitweiligen Opfern zählte sogar A. S. Puškin (1799–1837). Die Inhalte der Erweckungsbewegung, die von der offiziell zugelassenen britischen Bibelgesellschaft seit 1812 durch die Gründung eines russischen Ablegers unterstützt worden war, bildeten die offiziöse Ideologie der zweiten Regierungshälfte Alexanders I. Daß der Zar der Erweckungsbewegung nahestand, zeigt seine ausdrückliche Förderung der russischen Bibelgesellschaft, es dokumentiert sich aber darüber hinaus im Gewährenlassen Golycins, ihres ersten Präsidenten, sowie seiner bildungspolitischen Eiferer und sollte sich in den Folgejahren auch auf dem außenpolitischen Sektor niederschlagen, auf dem Alexander I. nach 1812 mit einer Mischung von politisch rationalem Kalkül und messianischer Selbsteinschätzung im europäischen Maßstab agierte.

Im Kontrast zu seiner späteren Rolle als «Retter Europas» in den napoleonischen Kriegen waren die frühen Regierungsjahre Alexanders davon geprägt, im Konflikt zwischen der französischen und der britischen Hegemonialpolitik die russische Großmachtposition in Europa zumindest zu erhalten oder sogar, wenn möglich, zu stärken. Der Zar versuchte unmittelbar nach seinem Amtsantritt, eine definitive Option für eine der beiden vorherrschenden Konfliktparteien, für England oder Frankreich, zu vermeiden. Auf der Basis internationaler Verträge bemühte er sich um einen Interessenausgleich mit Großbritannien, zugleich aber durch geheime Vereinbarungen mit dem napoleonischen Frankreich um die Absicherung der russischen Position im deutschen Reich und in der Levante, wobei er – im Kontext seiner vielfältigen dynastischen Beziehungen zu den deutschen Höfen – bei der territorialen Neuordnung Deutschlands seine Stellung als Reichsfürst dazu nutzte, die russische Vormachtrolle gegenüber dem expandierenden Frankreich zu betonen. Diese Form der Schaukelpolitik belastete jedoch auf Dauer die Beziehungen zu beiden Staaten. Alexander I. entschied sich daher zunächst für ein deutliches russisches Engagement beim Zustandekommen der antifranzösischen dritten Koalition mit England, Schweden, Österreich und Preußen im Jahre 1804. Nach den militärischen Siegen Napoleons über die Truppen dieses Bündnisses in den

Jahren 1805–1807 sah er sich zu einer drastischen außenpolitischen
Wende veranlaßt: Im Frieden von Tilsit (1807) anerkannte der Zar die
Vorherrschaft Frankreichs über den europäischen Kontinent, verpflichtete sich zur Teilnahme an der napoleonischen Kontinentalsperre, nahm
Positionsverluste im Mittelmeer sowie die Gründung eines frankreich-
orientierten Großherzogtums Warschau hin. Das Treffen der beiden bislang verfeindeten Kaiser in der Mitte des Neman (der Memel) im Juni
1807 symbolisierte einen zumindest zeitweiligen, wenn auch von zunehmenden Spannungen belasteten außenpolitischen Ausgleich zwischen Frankreich und Rußland. Unbeschadet aller inneren Widerstände
hielt der Zar konsequent an diesem Bündnis fest, er unterstützte, wenngleich nur mit äußerst geringem Engagement, die Kontinentalsperre,
die sich als äußerst belastend für den russischen Export auswirken
sollte, sicherte zugleich aber die Existenz des mit Rußland eng verbundenen Preußen. Alexander nutzte die neue Bündnissituation, um gegen
den traditionellen Gegner Rußlands im Norden, gegen Schweden, aktiv
zu werden, das sich geweigert hatte, der napoleonischen Kontinentalsperre wegen seiner intensiven Handelsbeziehungen mit England beizutreten. Nach mehreren militärischen Operationen konnte Rußland
1809 ganz Finnland und die strategisch zentralen Ålandinseln auf Dauer
seinem Reichsgebiet einverleiben. Hier eröffnete sich für Alexander als
finnischem Großfürsten die Chance für die Realisierung eines seiner
peripheren konstitutionellen Projekte.

Im außereuropäischen Terrain blieb die russische Außenpolitik weniger erfolgreich. So gelang es ihr nicht, einen Waffenstillstand mit dem
Osmanischen Reich zustande zu bringen, das sich auf napoleonisches
Betreiben hin mit Rußland im Kriegszustand befand. Aus diesem Grund
machten trotz der französischen Zusagen bei einem erneuten Treffen der
beiden Kaiser auf dem Fürstentag in Erfurt (Oktober 1808) die expansiven
Bestrebungen Rußlands auf dem Balkan zunächst keine Fortschritte. Erst
1812 gelang es im Frieden mit der Türkei, die Annektion von Bessarabien
abzusichern. Utopische Pläne von seiten Napoleons über eine Teilung der
Welt zwischen Frankreich und Rußland sowie eine gemeinsame Invasion
Indiens auf dem See- wie auf dem Landwege begleiteten diese Phase
des temporären russisch-französischen Ausgleichs, dessen Bestand von
Anfang an aber deswegen brüchig war, weil er fundamentalen europa-
politischen wie außenwirtschaftlichen Interessen der osteuropäischen
Großmacht entgegenstand. Nach dem erneuten Beginn der kriegerischen Auseinandersetzungen stellte sich Alexander zwar auf die Seite
Napoleons, verzichtete jedoch auf die Teilnahme an militärischen Operationen außerhalb Polens. Das an diplomatischen Geringfügigkeiten
gescheiterte nachfolgende Heiratsprojekt Napoleons mit einer Schwester des Selbstherrschers deutete auf die zunehmenden atmosphäri-
schen Belastungen im russisch-französischen Verhältnis seit 1810 hin.

Ein gegen Frankreich gerichtetes Bündnis mit Schweden und eine Einigung mit Großbritannien über die russische Stellung gegenüber dem Osmanischen Reich ließen schon in den ersten Monaten des Jahres 1812 den erneuten außenpolitischen Kurswechsel erkennen, der im Innern mit dem Sturz Speranskijs einherging.

Im Juni 1812 begann Napoleon mit seiner nach dem Brand von Moskau im einsetzenden Winter katastrophal endenden militärischen Invasion des Russischen Reiches. Die Vernichtung der Hauptmasse und die Flucht der Reste der Grande Armée, denen der französische Kaiser westwärts inkognito vorausgeeilt war, leiteten über zur Bildung der sechsten antinapoleonischen Koalition. Ihre Truppen beendeten nach zahlreichen Kämpfen, darunter der Völkerschlacht bei Leipzig (1813), mit der Besetzung von Paris (1814/15) zunächst temporär, dann definitiv die westausgreifende Hegemonialpolitik des bürgerlich-imperialen Frankreich auf dem europäischen Kontinent. Die ideologische wie außenpolitisch-militärische Führungsrolle Rußlands in diesem Prozeß begründete Alexanders Ruf als «Retter Europas».

Die militärischen Erfolge der Jahre 1813–1815 schufen für Alexander I. die Möglichkeit, die traditionelle Rolle des «arbiter Germaniae» im Sinne der Großmachtpolitik über ganz Europa zu erweitern. Der Zar nutzte die Zeit seit dem Ersten Pariser Frieden (30. Mai [N. S.] 1814) zu zahlreichen Versuchen, die neue Vormachtrolle des Russischen Reiches diplomatisch abzusichern. Er stieß dabei aber – insbesondere in der polnisch-sächsischen Frage, welche die bisherigen Alliierten an den Rand eines neuen Krieges brachte – auf den deutlichen Widerstand der anderen führenden europäischen Staaten, die sich nicht damit abfinden wollten, daß Rußland nun als europäische Hegemonialmacht an die Stelle Frankreichs treten könnte. Der Zar zeigte sich hier bereit, sich mit dem Hauptteil des Herzogtums zufriedenzugeben und es als fragmentarisches «Königreich Polen» in Personalunion mit dem russischen Staate, dazu noch ausgestattet mit einer der liberalsten Verfassungen, zu verbinden.

Rußland ging insgesamt gestärkt aus dem Wiener Kongreß hervor, wenngleich seine europäischen hegemonialen Ambitionen durch das vereinbarte staatliche Balancesystem sinnfällig begrenzt blieben. Als Vormacht jedoch konnte Alexander I. das Russische Reich in Ost- und in Mitteleuropa etablieren, da beide deutschen Großmächte, Österreich wie Preußen, durch die Fortdauer der Teilung Polens an ein stetiges außenpolitisches Einvernehmen mit dem Hof von St. Petersburg gebunden waren.

Die innere Sendung Alexanders I. fand ihren Ausdruck im politischen Mystizismus jenes Bündnisses der legitimen christlichen Herrscher vom 26. Sept. (N. S.) 1815, der «Heiligen Allianz», der die Mehrzahl der auf dem Wiener Kongreß präsenten Staaten beitrat. Die politische Mystik hatte jedoch ihr rationales Kalkül: Der Zar beanspruchte auf der ideologischen Ebene, was ihm auf dem Feld der internationalen Politik versagt geblieben war: eine hegemoniale russische Position. Die Heilige Allianz bildete nach dem territorialen europäischen Ausgleich den Anfang der kontinentalen Restauration, der Abwehr und des Zurückdrängens liberaler Ideen und Verfassungsentwürfe, was sich in den europäischen Großmachtkonferenzen von Aachen (1818), vor allem aber von Troppau (1820), Laibach (1821) und Verona (1822) dokumentierte. Sie stellte den programmatischen Rahmen für die Unterdrückung moderner politischer Ideen dar. Daß die Legitimität der Herrschaft Vorrang vor den Werten christlich-politischer Praxis besaß, wurde anläßlich des griechischen Aufstands von 1821 überdeutlich sichtbar. Auch hier entschied sich Alexander I., wie analog auch schon im Falle aller zentralen inneren Interessengegensätze, zuungunsten der revolutionären orthodoxen Griechen und im Sinne der überkommenen legitimen Herrschaft des muslimischen Sultans.

Die letzten Regierungsjahre Alexanders waren nicht nur außenpolitisch, sondern auch im Inneren, wo der tyrannische Bürokrat Arakčeev seit 1812 als wichtigster Ratgeber und willfähriges Werkzeug des Kaisers agierte, unbeschadet der letzten und wiederum nicht realisierten Verfassungspläne von den neoabsolutistischen Legitimitätsprinzipien geprägt. Diese wurden ihrerseits vom schwärmerischen Mystizismus der europäischen Erweckungsbewegungen in ihrer russischen Variante getragen und durch eine an die Orthodoxie angelehnte Staatsideologie überhöht.

Den deutlichen Kontrast zu diesen restaurativen Tendenzen bildete die Tatsache, daß die intensiven Erfahrungen, die Angehörige der russischen Adelsgesellschaft mit den Ideen und gesellschaftlichen Verhältnissen des Westens während der napoleonischen Feldzüge und der daran anschließenden Besatzungszeit in Frankreich sammeln konnten, nicht folgenlos geblieben waren; hauptsächlich im Offizierscorps begann sich schon im zweiten Regierungsjahrzehnt Alexanders I. ein deutliches liberales Potential herauszukristallisieren. Seine Exponenten artikulierten sich jedoch kaum in der russischen Öffentlichkeit, sie spielten auch in der St. Petersburger Hofgesellschaft keine nennenswerte Rolle. Sie organisierten sich vielmehr ohne Hoffnung auf den einst liberalen Zaren zunächst in geheimen Zirkeln (Bund der Rettung 1816, Wohlfahrtsbund 1818), die sich schließlich zu lockeren überregionalen Bünden (Nordgesellschaft, Südgesellschaft, Gesellschaft der vereinigten Slaven) zusammenschlossen. Alexander waren diese Bewegungen bekannt, er empfand sie jedoch offenbar kaum als Bedrohung seiner Herrschaft.

Als der Selbstherrscher überraschend am 19. Nov. 1825 in Taganrog am Azowschen Meer starb, wohin er im Sommer, selbst erholungsbedürftig, die kranke Kaiserin begleitet hatte, wurde offenbar, daß er für seine Nachfolge im Amt keinerlei Regelungen getroffen hatte. Der

geheimgehaltene Verzicht seines nächstältesten Bruders Konstantin
(s. Kapitel «Nikolaus I.») und die daraus für die Öffentlichkeit resultie-
renden Unklarheiten bei der Regierungsübernahme durch den nächsten
Bruder Nikolaus I. nützten die liberalen Geheimbündler am 14. Dezember (russ. «dekabr'») zu einer militärischen Erhebung, dem Dekabristen-
Aufstand, der jedoch als Offiziersrevolte – ohne breite gesellschaftliche
Basis selbst in der hauptstädtischen Bevölkerung – bereits nach wenigen
Stunden in St. Petersburg und später in anderen Landesteilen nach
einigen Tagen zusammenbrach. Mit seiner Niederschlagung, der Verfolgung und Aburteilung der Aufständischen endeten für Jahrzehnte die
letzten Hoffnungen auf eine Modernisierung des Russischen Reiches,
die bei Alexanders Amtsantritt, zumindest auf der proklamativen
Ebene, das informelle Regierungsprogramm dargestellt hatten. Alexanders Nachfolger Nikolaus waren die langjährigen Ambivalenzen des
Bruders habituell fremd. Das seit dem Regierungsantritt Alexanders I.
bestehende Problem der Überwindung der traditionalen Strukturen, der
gesellschaftlichen Veränderung Rußlands im europäischen Entwick-
lungshorizont, sollte weit über seinen Tod hinaus ungelöst bleiben.

Nikolaus I.

NIKOLAUS I.

1825–1855

Nikolaus I., geb. 25. 6. 1796, Kaiser 14. 12. 1825, Krönung 22. 8. 1826, gest. 18. 2. 1855, bestattet in der Peter-Pauls Festung. Vater Paul I. (20. 9. 1754–11./ 12. 3. 1801, Kaiser 1796–1801), Mutter Marija Fedorovna (Sophie Dorothea von Württemberg-Mömpelgard) (25. 10. [N. S.] 1759–24. 10. 1828). Heirat 1. 7. 1817 mit Friederike Louise Charlotte Wilhelmine von Preußen (in Rußland Aleksandra Fedorovna) (12. 7. [N. S.] 1798–19. 10. 1860). Kinder: Alexander (II.) (17. 4. 1818–1. 3. 1881, Kaiser 1855–1881), Marija (6. 8. 1819–9. 2. 1876), Ol'ga (30. 8. 1822–18. 10. 1892), Aleksandra (12. 6. 1825–29. 7. 1844), Konstantin (9. 9. 1827–13. 1. 1892), Nikolaj (27. 7. 1831–13. 4. 1891), Michail (13. 10. 1832–5. 12. 1909).

Während Mitteleuropa und Frankreich im Jahre 1848 eine Welle der Revolution erfaßte, blieb das Zarenreich von vergleichbaren Erschütterungen verschont. Lediglich ein versprengtes Häuflein innerer Gegner der Autokratie und einige freiheitsliebende Emigranten hegten Hoffnungen auf ein Übergreifen des revolutionären Feuers auf Rußland. Das jedoch zeigte sich als unerschütterlicher Hort selbstherrscherlicher Ordnung und Ruhe. Unter der eisernen Hand des Kaisers schienen die Krisenjahre 1825, als eine Militärrevolte die Thronbesteigung überschattete, und 1830, als die Polen aufbegehrten, einer fernen Vergangenheit anzugehören und die überwiegende Mehrheit der Untertanen gegen den Bazillus von Aufruhr und Ungehorsam immun zu sein.

Der Frieden im östlichen Imperium trog. Auch ohne revolutionären Gleichklang mit dem übrigen Europa offenbarten sich Zeichen eines Gezeitenwechsels. Die Nachrichten von dem revolutionären Geschehen im Ausland genügten, ein schreckhaftes Regime von einem als notwendig erachteten moderaten Reformkurs abzubringen. Mit Verfolgung und Unterdrückung glaubte es, sich nicht nur der europäischen Krise entziehen, sondern auch die teilweise selbst geschaffenen Voraussetzungen innerer Veränderung wieder rückgängig machen zu können.

Der russische Kaiser Nikolaus I., der im 52. Lebensjahr und im 23. Jahr seiner absoluten Herrschaft stand, legte eine fast panische Furcht vor den leisesten Manifestationen gegen die – wie er meinte – allein von seinem Willen gestaltete staatliche und gesellschaftliche Ordnung an den Tag. In einem Brief an Fürst Ivan F. Paskevič vom 30. März 1848 schrieb der nun seiner selbst unsicher gewordene Monarch, «nur Gott allein» könne das Reich noch «vor dem allgemeinen Ruin bewahren».

Was bewog den Gebieter über eine gemeinhin als uneinnehmbar gel-
tende Festung, der sich auf dem krisengeschüttelten Kontinent den Ruf
eines «Gendarmen Europas» erworben hatte, dem Fundament seiner
Herrschaft zu mißtrauen? Lag es in seiner Natur, in seinem Charakter,
in seiner Erziehung, kurz, in seiner Persönlichkeit begründet, das
eigene Empfinden für den realen Zustand des Staates zu nehmen, oder
gab es Anlaß, auch unabhängig davon die russischen Zustände für be-
dauernswert zu halten?

In der Verurteilung der langen Regierungszeit Nikolaus' I. als einer
dunklen Epoche der russischen Geschichte sind sich Generationen von
Gelehrten einig gewesen. Ein Peter der Große vermochte die Phantasie
selbst später Nachfahren noch zu beflügeln oder doch zumindest ihre
Gemüter im Streit um die Folgen seiner Herrschaft zu erhitzen. Auch
Katharina II. oder Alexander I. waren ob der Widersprüche ihres Wirkens des gelehrten Streites würdig. Doch wo sie sich emsig bemühten,
ihrer absoluten Herrschaft ein aufgeklärtes Gewand und eine politische
Legitimation zu verleihen, genügte sich Nikolaus I. darin, diese als gott-
gewollt und damit selbstverständlich auszuüben. Von daher ist erklär-
bar, warum in seinem Falle das Urteil über die Epoche häufig mit dem
über ihren Herrscher in eins gesetzt wurde. Bei ihm scheinen Biographie
und Epochendarstellung aus ein und derselben Quelle zu schöpfen –
dem persönlichen Wollen und Tun des Kaisers. Legion sind die Anekdoten und Berichte, die uns einen selbst um das nichtigste Detail besorgten
Menschen und Monarchen vorführen, der offenbar niemandem außer
sich selbst traute. Tatsächlich strahlt das «nikolaitische Zeitalter» eine
Geschlossenheit aus, die jede Spezialuntersuchung fast zwangsläufig
zum Spiegel des Ganzen geraten läßt. Ob es um die Auswüchse der
neugegründeten Geheimpolizei oder um die Formulierung einer offiziellen nationalistischen Staatsideologie geht, unweigerlich weht über allem
ein Hauch dessen, was der russische Historiker Presnjakov den «Höhepunkt der Selbstherrschaft» nannte. Gelegentliche Bewunderung von
Zeitgenossen für den äußeren Glanz und die Stabilität des Imperiums
vermochte wenig gegen das negative Bild auszurichten, das man sich in
Europa von der einstigen Befreiungsmacht Rußland zu machen begann.
Russophobie trat an die Stelle vormaliger, nicht selten naiver Wunschbil-
der von den Zaren und einem Volk, das als letztes geschichtsmächtig die
Weltbühne betreten hatte und vor dem sich augenscheinlich eine von
den Zwängen des «engen» Europa gelöste lichte Zukunft auftat. Wenn
schon die Vorläufer nicht für eine solche pauschale Wertschätzung taug-
ten, so ist es doch meist Nikolaus I. vorbehalten geblieben, zugleich als
Anlaß und Ursache für die Revision dieses Urteils zu dienen. Zu Kron-
zeugen für das nun in Verruf geratene Reich nahm man den auslands-
kundigen russischen Philosophen Petr Ja. Čaadaev, der 1836 seinen heftig umstrittenen «Ersten Philosophischen Brief» veröffentlichte, und

den französischen Reisenden Adolphe de Custine, dessen Werk «La Russie en 1839» im Jahre 1843 in französischer und deutscher Sprache Aufsehen erregte. In der Einschätzung von Rußlands Vergangenheit waren beide Autoren sich einig: Seine weitgehende Geschichtslosigkeit bedinge, daß Rußland die andernorts längst fortgeschrittene «Erziehung des Menschengeschlechtes» im wesentlichen noch vor sich habe. Was Leibniz ehedem als außerordentliche Gunst des Schicksals gedeutet hatte, indem er Rußland als eine tabula rasa betrachtete, die alle Möglichkeiten zum Aufbau eines Idealstaates eröffnete, geriet nun zum Schandmal der Rückständigkeit.

In seiner Heimat fand Čaadaev wenig Anhänger. Der Kaiser rief bei der gebildeten und höfischen Gesellschaft eher Zustimmung hervor, als er die unerhörte Offenheit der Kritik als Ausgeburt eines Wahnsinnigen apostrophierte. Den Autor ließ er unter ärztliche Aufsicht stellen, die Zeitschrift, in der das Werk erschienen war, verbieten, den Herausgeber verbannen und den verantwortlichen Zensor ohne Pensionsanspruch entlassen. Deutlicher als das Einverständnis einiger westlich orientierter russischer Publizisten mit Čaadaevs Werk fiel die Ablehnung auf seiten jener aus, die nunmehr um so nachdrücklicher an die Rekonstruktion eines in ihren Augen glanzvollen russischen Erbes gingen. Noch unerträglicher erschien ihnen, daß sich die Leitgedanken des russischen Philosophen alsbald im Werk des Marquis de Custine den Weg durch die Hauptstädte Europas bahnten.

In der Nachfolge der hier begründeten geschichtlichen Auseinandersetzung und verstärkt durch hinzutretende nationale Vorurteile verfestigte sich ein nahezu einhelliges negatives Urteil über das Rußland der Restaurationsepoche und seinen ebenmäßigen Herrscher. Wir vernehmen von einer beispiellos konsequenten «Politik der Stagnation» (Theodor Schiemann), die Rußland in eine innere und äußere Sackgasse geführt habe. Uns tritt ein Autokrat entgegen, der seine Vorstellungen von Staat und Herrscheramt den Paragraphen eines Militärstatuts entlehnt zu haben schien und dessen Vorliebe für die preußische Militärtradition den Anarchisten Bakunin gar veranlaßten, ihn für einen Fremden im eigenen Land zu halten, der sein Volk weder im Charakter noch in seinen Nöten verstand.

Doch macht die Einförmigkeit des Urteils über den «nördlichen Koloß», wie man im 19. Jahrhundert zu sagen pflegte, leicht vergessen, daß wir zugleich das goldene Zeitalter der russischen Literatur, eine erste Blüte russischer Komponisten, etwa in Gestalt eines M. I. Glinka, die Selbstfindung des russischen Theaters, eine Ausweitung der Wissenschaften, die Begründung der russischen Rechtsschule und eine Epoche geographischer Erkundungsreisen in den Kaukasus, nach Mittelasien und in den Fernen Osten meinen, wenn wir vom Zeitalter Nikolaus' I. sprechen. Auch wenn die Bilanz seiner Regierungszeit tatsächlich als

Menetekel einer großen Epoche gesellschaftlichen und sozialen Umbruchs in Rußland gelesen werden kann, liegt kein Grund vor, sie ausschließlich von ihrem bedrückenden Ende her oder aus der Perspektive der nachfolgenden Reformzeit zu besichtigen. Denn die Entfremdung, die aus der Enttäuschung über die Reformen des Nachfolgers erwuchs und in zunehmender Radikalisierung der Gesellschaft mündete, besaß bereits eine neue Qualität. Auch ist Vorsicht geboten, wenn von den in der ersten Hälfte des 19. Jahrhunderts wurzelnden Anfängen einer «revolutionären Bewegung» eine gerade Linie zur Revolution des 20. Jahrhunderts gezogen wird. Ähnliche Kontinuitäten wurden hinsichtlich der von Nikolaus geschaffenen Geheimpolizei konstruiert, der gelegentlich die Wiederauferstehung zu Stalins Zeiten zugebilligt wurde. Es erscheint lohnenswert, den Balanceakt des Kaisers Nikolaus zwischen Reaktion und relativem Fortschritt genauer zu betrachten, der am Anfang und am Ende durch zwei geschichtsmächtige Ereignisse eingerahmt war, die jedes auf seine Weise den Charakter der ganzen Epoche kennzeichneten.

Nichts im Leben des knapp dreißigjährigen Nikolaus (geb. 25. Juni 1796) war auf das schicksalhafte Geschehen abgestellt gewesen, das ihn als Drittgeborenen Ende 1825 überraschend auf den russischen Thron brachte. Seine Eltern, der kurz nach der Geburt von Nikolaus zum Kaiser gekrönte Großfürst Paul und die württembergische Prinzessin Sophie Dorothea, übernahmen die Erziehung der jüngeren Söhne selbst, während sich des Thronfolgers Alexander und seines nächstjüngeren Bruders Konstantin noch die Großmutter Katharina II. angenommen hatte. Selbst wenn man frühen Erfahrungen nicht allzu großes Gewicht beimäße, käme man kaum umhin, in Nikolaus' Kindheit und Jugend wegweisende Prägungen festzustellen. Vom militärisch beherrschten Ambiente des Vaters übertrug sich mehr als nur die äußere Gewohnheit, Uniformen bereits im kindlichen Alter von drei Jahren zu tragen. Doch wäre dies wie die reichliche Ausstattung mit Kriegsspielzeug möglicherweise Episode geblieben, wenn nicht in Graf M. I. Lambsdorff ein langjähriger Erzieher hinzugekommen wäre, dem geistige Fähigkeiten weitaus weniger bedeuteten als militärische Fertigkeiten. Rückblickend bekannte Nikolaus, jener habe in ihm ein allgegenwärtiges Gefühl der Furcht geweckt, das sich mit dem Bemühen paarte, Strafe zu vermeiden. Wenn der Zögling zudem bei den übrigen Lehrern in den Fächern Griechisch, Latein, Deutsch, Naturrecht, Rechtsgeschichte, Englisch, Französisch und Mathematik die Pedanterie als den hervorstechenden Wesenszug ausmachte, so mochte dies einer Neigung zum Feingeistigen kaum förderlich sein.

Tatsächlich wurde dem Heranwachsenden das Kriegsspiel zum willkommenen Ausgleich für die ungeliebten Beschwernisse des Lernens. In der Armee sah er bald mehr als nur einen Teil der Gesellschaft. Er schätzte sie als das ihm gemäße Milieu und als sinnbildliche Ordnung für menschliches Zusammenleben schlechthin. Alles in dieser wohlgeordneten Welt von Befehl und Gehorsam entsprang der Verpflichtung zum «Dienst». Jedem gebührte sein Platz. Nikolaus pflegte dieses idealisierte, unblutige Bild über die Zeit der Befreiungskriege hinweg, bis ihn ein erstes unmittelbares Fronterlebnis aus der Idylle aufschreckte: Während des russisch-türkischen Krieges im Jahre 1828 lernte er die banale Grausamkeit des bewunderten Handwerks kennen, was ihn allerdings in seinem Weltbild nicht mehr erschüttern konnte. Darin wird ihn bestärkt haben, daß er die Leidenschaft für die Armee mit seiner Gattin Charlotte teilte, der er sich seit 1815 in tiefer Zuneigung verbunden fühlte. Sie folgte ihm 1817 nach Petersburg und wurde nach dem Übertritt zum orthodoxen Glauben als Aleksandra Fedorovna seine Frau. Die glückliche Beziehung des Stabsoffiziers mit der preußischen Prinzessin kennzeichnete eine Vorliebe für das Private und eine Scheu vor der Gesellschaft und der Politik. Bei ihren Besuchen an den Höfen der europäischen Herrscherhäuser zeigten sie sich nach der Geburt des Sohnes Alexander als unbeschwerte Familie.

Man wird den Einschnitt kaum überschätzen können, den der plötzliche Tod des Kaisers Alexander I. und der Thronverzicht des rechtmäßigen, aber in morganatischer Ehe lebenden Nachfolgers Konstantin im Leben des unvorbereiteten Nikolaus und seiner Familie bedeutete. Konstantins Entscheidung war zwar schon früher gefallen, aber zunächst nur Alexander mitgeteilt worden. Nikolaus wurde über Nacht in die ihm fremde Welt der Politik geworfen und die Thronbesteigung begleiteten zudem traumatische Umstände. Nachdem die Nachricht von Alexanders Tod erst eine Woche später in St. Petersburg eingetroffen war, führten die für die Öffentlichkeit ungeklärten Machtverhältnisse zu einem zweiwöchigen Interregnum, das im Volk z. T. als Versuch eines Ausschlusses Konstantins interpretiert wurde. In Wirklichkeit ließ sich Nikolaus nicht durch ein geheimes Manifest Alexanders I. von 1823, das ihm das Thronerbe zuschrieb und von dem er wohl Kenntnis besaß, davon abbringen, die Primogenitur als einzige Erbfolgeregelung anzuerkennen. Danach konnte Nikolaus nur zum Kaiser gekrönt werden, wenn Konstantin offiziell und öffentlich verzichtete. Aus Gründen der Legitimität ignorierte er das in der petrinischen Tradition stehende Manifest von 1823 und leistete nach Eintreffen der Nachricht vom Tode Alexanders I. umgehend den Eid auf seinen älteren Bruder. Daraus ergab sich der sogenannte Großmutsstreit. Vorwürfe der Mutter wies Nikolaus unbeirrt zurück: «Wir alle wissen, daß mein Bruder Konstantin unser Gebieter, unser legitimer Souverän ist. Wir haben unsere Pflicht erfüllt, möge kommen, was wolle!» Formal hieß der Nachfolger Alexanders also Konstantin, und manche Historiker verzeichnen ihn in der Liste der Romanov-Kaiser. Allerdings datierte Nikolaus in seinem Manifest zur Thronbesteigung dann den eigenen Herrschaftsbeginn auf den Todestag Alexanders zurück. Aber der Vorgang zeigt, welchen Prinzipien der neue Kaiser folgen würde. Doch der Beginn seiner Regierung brachte noch eine andere bleibende Prägung mit sich. Das Interregnum nutzte eine Gruppe adliger Offiziere zur überstürzten Vorbereitung eines Aufstandes. Am Tag der Vereidigung der Truppen auf den neuen Kaiser schlugen sie mit einigen wenigen Verbänden auf dem Senatsplatz in Petersburg los, konnten aber rasch überwältigt werden. Nikolaus erwies sich nach kurzem Zögern als Herr der Lage und rechnete danach hart und entschlossen mit den Meuterern ab, die nach der russischen Monatsbezeichnung für Dezember «Dekabristen» genannt wurden. Der Schock über das unerhörte Geschehen saß tief. Erinnerungen an die Wirren bei der Inthronisation Peters I. und die Palastrevolten nach seinem Tod, über die Nikolaus von seinen Lehrern eingehend unterrichtet worden war, wurden wach. Den neuen Kaiser verließ fortan die Furcht vor revolutionären Umtrieben nicht mehr, auch wenn der Aufstand ein überaus begrenztes Unternehmen war. Ruhe und Ordnung wurden zu den Maximen Nikolaus' I. In den teilweise persönlich geführten Untersuchungen gewann er Einblick in die beträchtliche Verbreitung freiheitlicher Ideen in Adelskreisen. Das anschließende Blutgericht, dem fünf Anführer durch die schmähliche Strafe des Erhängens zum Opfer fielen, und die hohe Zahl der zu langjähriger Zwangsarbeit und Verbannung nach Sibirien Verurteilten erschütterte deshalb vor allem die Adelsgesellschaft. Die Dekabristen entstammten nicht selten hochangesehenen Familien mit engen Verbindungen zum Hofe. Knapp sechshundert Personen bezog die kaiserliche Untersuchungskommission in das Verfahren ein. Sie hinterließ eine Atmosphäre der Unsicherheit, da potentiell weite Kreise der führenden Gesellschaft betroffen waren. Wenn die Bewegung der Verschwörer auch ohne Rückhalt in der Bevölkerung war und eine isolierte Erscheinung im bäuerlichen Rußland blieb, wurde sie einerseits zum Fanal einer neuen Generation sich zunehmend dem Staat entfremdender Kräfte und warf andererseits lange Schatten auf die folgenden drei Jahrzehnte der Herrschaft Nikolaus' I.

Pflichtbewußtsein gegenüber Gott und Vaterland gehörte zeitlebens zu den wenigen wichtigen Leitsätzen von Nikolaus. Er führte es vor allem dann als letzten Grund seines Tuns an, wenn er über sachliche Einwände gegen seine Politik sich hinwegzusetzen gewillt war. Seine Selbstherrschaft sollte allen Untertanen «als lebendiges Beispiel» vor Augen stehen. Nikolaus entsprach damit dem Idealtypus eines Autokraten, wie ihn der westfälische Baron und preußische Regierungsrat August Freiherr von Haxthausen, der in den Jahren 1843/44 Rußland bereiste und wegen seiner russophilen Neigungen die Gunst Nikolaus' fand, noch einmal gegen die vermehrten kritischen Stimmen in weiten

Teilen Europas propagierte. In seinem in mehrere Sprachen übersetzten dreibändigen Werk «Studien über die innern Zustände, das Volksleben und insbesondere die ländlichen Einrichtungen Rußlands», das zwischen 1847 und 1852 erschien, machte er nämlich nicht nur die europäische und die russische gebildete Gesellschaft erstmals mit den Besonderheiten des bäuerlichen Gemeindelebens im Zarenreich bekannt. Vielmehr tat er seine uneingeschränkte Bewunderung für das russische Volk kund, das «als eine einzige Familie» der Dynastie der Romanovs seit über zwei Jahrhunderten die Treue hielt und dem jeder Gedanke an eine Einschränkung der väterlichen Macht des «Czaren» fremd war. Der russische Patriarchalstaat war demnach nichts anderes als das Abbild der Dorfgemeinde, auf die Haxthausen eine Hymne anstimmte, von der besonders russische Gebildete beeindruckt waren:

«Die russische Familie ist der Mikrokosmos des russischen Volksstaats. In der russischen Familie herrscht vollkommene Gleichheit der Rechte; so lange sie aber ungetheilt zusammen sitzt, hat sie ein Haupt im Vater, oder nach dessen Tode im erstgeborenen Bruder, dem allein die unbeschränkte Disposition über alles Vermögen zusteht, und der jedem in der Gemeinschaft stehenden Familiengliede das Nöthige nach eigenem Ermessen zutheilt.»

Über diese wohleingerichtete und feste Ordnung wachte als treusorgender Landesvater der Kaiser. In Übereinstimmung mit diesem Bild verstand Nikolaus seine Aufgabe vornehmlich darin, die auftretenden Mängel teils übervorsichtig, teils unerbittlich zu beheben. Dafür fühlte er sich allein zuständig und verantwortlich. In dem Manifest zum Abschluß des Verfahrens gegen die Dekabristen vom 13. Juli 1826 kleidete er dies in die berühmten Worte:

«Nicht von frechen Träumen her, die immer zerstörende Wirkung haben, sondern von oben werden die vaterländischen Einrichtungen allmählich vervollkommnet, werden Mängel beseitigt und Mißbräuche abgeschafft. Gemäß dieser allmählichen Vervollkommnung werden wir jedes maßvolle Streben nach Besserung, jeden Gedanken an eine Festigung der Gesetzeskraft, an eine Erweiterung wahrhafter Bildung und Betriebsamkeit, sofern er auf dem allen offenstehenden gesetzlichen Wege an uns herangetragen wird, stets mit Wohlwollen annehmen. Denn wir haben keinen und können keinen anderen Wunsch haben, als unser Vaterland auf der höchsten Stufe des Glückes und des Ruhmes zu sehen, die ihm die Vorsehung auserkoren hat.»

Seine Fähigkeiten und Eigenschaften bedingten, daß Nikolaus seine «väterlichen Pflichten» eher streng als milde und eher unduldsam als nachsichtig erfüllte.

Wenn Nikolaus gleichsam als ein Herrscher wider Willen auf den Thron kam, so zeigte er doch durchaus Bereitschaft, sich umgehend in die ungewohnte Politik einzuüben, die Mängel im Lande, in der Regierung und Verwaltung sowie in den sozialen Verhältnissen zu studieren. Manches war ihm aus eigener Anschauung vertraut, da er schon zehn Jahre vor dem Amtsantritt ausgedehnte Inspektionsreisen in den Süden, Südwesten und Westen des Reiches unternommen hatte. An dieser Gewohnheit hielt er während seiner Herrschaft fest, doch konzentrierte sich seine Aufmerksamkeit dabei mehr auf Militärstandorte und Militärkolonien. Aus den Untersuchungsergebnissen der Dekabristen-Verschwörung zog er den Schluß, daß einerseits gewisse Reformen unumgänglich seien und andererseits mehr Wert auf die Botmäßigkeit des Adels gelegt werden mußte, sofern man diesem überhaupt noch trauen konnte. Zu den ermunternden Anzeichen für seinen Reformwillen gehörte etwa ein Jahr nach der Thronbesteigung die Berufung eines «Komitees des 6. Dezember», dem unter dem Vorsitz des erfahrenen Grafen Viktor P. Kočubej, der bereits unter Alexander I. Mitglied des «Geheimen Komitees» gewesen war, die engsten Berater angehörten. Mit dem Komitee verbanden sich auch deshalb große Hoffnungen, weil sich einer Reihe junger Adliger hier nach dem Schock des Dezember-Aufstandes die Gelegenheit bot, unmittelbar an einer Bestandsaufnahme über den Zustand des Reiches mitzuwirken. Der Kaiser schien daran interessiert, den Eindruck bloßer Vergeltungssucht durch die Einleitung eines behutsamen Wandels zurückdrängen zu wollen. Hoffnungsvoll stimmte nicht zuletzt, daß er trotz seiner einschlägigen Neigungen den Protagonisten der verhaßten Militärkolonien, Aleksej A. Arakčeev, entließ und den schon 1821 aus der sibirischen Verbannung zurückgekehrten M. M. Speranski (s. Kapitel «Alexander I.») mit einigen Aufgaben betraute.

Wie sehr aber ein übergreifender Reformimpuls fehlte, erwies der Umgang mit den ebenso detaillierten wie desillusionierenden Berichten des Komitees über den Zustand der Bürokratie und das beklagenswerte Los der Bauern. Sie wurden nicht zum Anlaß einer mutigen Innenpolitik genommen, die steuernd den Wandel in geordnete Bahnen zu lenken versuchte, sondern dienten einzig als Anhaltspunkte für Maßnahmen, welche die Autokratie noch besser gegen mißliebige Tendenzen zu schützen meinten. Empfehlungen zur Mäßigung der allgegenwärtigen Willkür oder zur Besänftigung bäuerlicher Unruhen trafen auf die tiefsitzende Furcht, durch Eingriffe in die bestehende Ordnung oder Nachgiebigkeit in der Agrarfrage das gesamte System zu gefährden. Erwiesen sich etwa die Studenten der Universitäten als allzu freigeistig, scheute sich die Regierung nicht, den dafür vermeintlich schuldigen Bildungskanon zu beschneiden. Häuften sich Mißstände im Verwaltungsapparat, versprach sie sich einzig von einer größeren Wachsamkeit der Kontrollinstanzen Abhilfe. Führte aber gelegentlich kein Weg an einer Reform vorbei, hielt man sie in so engen Grenzen, daß ihre Wirkung rasch wieder verebbte. Nicht von einem mutigen Blick in die Zukunft ließen sich Nikolaus und seine engsten Vertrauten leiten, sondern von der rückwärtsgewandten Sorge um ein zu hütendes, vermeintlich wohlgeformtes Erbe.

Der ausgeprägte Hang, alles Unangenehme geheimzuhalten, kam auch in einem Manifest des Zaren vom 2. Mai 1826 zum Ausdruck, das die öffentliche Erörterung der Leibeigenschaft untersagte. Die Erwähnung der zahlreichen Bauernunruhen hätte das trügerische Bild hauptstädtischer Ruhe erheblich getrübt und dem Ausland die Kehrseite der vermeintlich blühenden «Kornkammer Europas» vor Augen geführt. Die «Gesellschaft» blieb in Unkenntnis über die Wirklichkeit auf dem Lande. Einer internen Auseinandersetzung mit der Agrarfrage konnte sich Nikolaus aber nicht entziehen. Einerseits erinnerten Bauernaufstände immer wieder an die unhaltbaren Zustände auf dem Dorfe. Mit drakonischen Strafexpeditionen war diesem Übel kaum beizukommen. Andererseits machte die Zusammenschau der bestehenden Gesetze den brüchigen Boden unter einem Staat bewußt, der wesentlich von der Leibeigenschaft abhing. Zahlreiche Gutswirtschaften waren hoch verschuldet. Angesichts der allgemeinen technischen und kulturellen Rückständigkeit boten sich wenig Aussichten auf eine Besserung. Tatsächlich erörterte in der Amtszeit Nikolaus' I. ein halbes Dutzend Geheimkomitees Lösungsmöglichkeiten, ohne zu greifbaren Ergebnissen zu kommen. Dies traf auch auf die im Jahre 1835 eingerichtete Fünfte Abteilung der Kaiserlichen Privatkanzlei zu, die unter Leitung des Generals und später zum Grafen ernannten Pavel D. Kiselev stand. Nikolaus sah in ihm einen «Stabschef für bäuerliche Angelegenheiten», dem gewisse Erfolge bei der Reform der staatlichen Bauernwirtschaften gelangen. Die Staatsbauern machten immerhin einen Anteil von etwa fünfzig Prozent an der ländlichen Bevölkerung aus. Ihnen sollte eine neue Verwaltungsordnung mehr Schutz vor der Willkür der Staatsbeamten, ein Mehr an schulischer Elementarbildung und eine Verbesserung der Agrartechnik bringen, während der Staat sich von einer Umgestaltung des Steuersystems höhere Einkünfte versprach. Die gutgemeinten Reformansätze des ab 1837 verantwortlichen neugebildeten Reichsdomänenministeriums hielten der Probe in der Wirklichkeit meist nicht stand, zum einen wegen ihrer Halbherzigkeit, zum anderen, weil die Bauern nicht hinreichend auf die Veränderungen vorbereitet wurden und sich teilweise gewaltsam widersetzten. Nur im fiskalischen Bereich spürte man eine Linderung der chronischen staatlichen Geldknappheit, obgleich eine dauerhafte Bereinigung der Staatsfinanzen mißlang. Doch konnte das gesetzte Signal nicht ohne langfristige Wirkung bleiben. Kiselevs Anstrengungen, das Los auch der Gutsbauern, zunächst durch eine Lockerung der adligen Gerichtsbarkeit, zu mildern, waren nicht von Erfolg gekrönt. Im Umfeld der revolutionären Entwicklung in Europa Ende der vierziger Jahre verschloß sich der Kaiser zunehmend den ansonsten gern gehörten Argumenten seines Beraters. Im übrigen scheute er sich vor einer Machtprobe mit dem Adel. Er hegte die Hoffnung, die Gutsbesitzer würden dem staatlichen Beispiel folgen und ihren Leibeigenen freiwillig ähnliche Zugeständnisse machen. Sie dazu zu drängen, verbot sich einem Monarchen, der in der Leibeigenschaft zwar einen Mißstand, in ihrer Abschaffung aber «ein noch verhängnisvolleres Übel» sah.

Die stillschweigende Erwartung, die Dinge würden sich von selbst regeln, kennzeichnete die gesamte Wirtschaftspolitik. Die Regierung beschied sich mit dem Entwicklungsstand der Industrie, der nicht wesentlich über denjenigen des ausgehenden 18. Jahrhunderts hinausging. Für eine Förderung einzelner Produktionszweige, etwa der Eisenerzeugung oder der Wollfabrikation, sah man keine Veranlassung. Über ihren Zustand erfuhr Nikolaus von ausländischen Reisenden gelegentlich mehr als von den einheimischen Berichterstattern. So bekundete streng vertraulich Alexander von Humboldt, den im Jahre 1829 auf Einladung des Kaisers eine Forschungsreise in den mittleren und unteren Ural führte, der russische Bergbau befinde sich «in beklagenswertem Zustand». Was im sächsischen Freiberg tausend Bergleute schafften, erfordere in den Werken von Kolyvan' fünfzigtausend mangelhaft ausgebildete und unter erbärmlichen Verhältnissen lebende Leibeigene, deren Los den örtlichen Behörden völlig gleichgültig sei. Versuche, den Bevölkerungsüberschuß auf dem Lande durch einen Ausbau der Industrie und auf Kosten der Manufakturen zu mildern, stießen unter den Bedingungen der Leibeigenschaft früh an Grenzen. Bereits in den dreißiger Jahren nahm die Regierung wieder Abstand von Maßnahmen zur Förderung des Städtewachstums, die den Binnenmarkt erweitern sollten, die finanziellen und sozialen Kosten für den Staat aber lediglich weiter erhöhten. Am Rande der Hauptstädte und in den Provinzzentren strömten Scharen entwurzelter Bauern zusammen, breiteten sich Seuchen aus, von denen die Cholera-Epidemie von 1831 zu den schrecklichsten der Zeit gehörte. Finanzminister Kankrin war aber lediglich der Ansicht, der Gutsadel bedürfe größerer Aufmerksamkeit als die Industriellen. Einer durchgreifenden Reform der Landwirtschaft hingegen, die sich am Wohl der Bauern orientierte, widersetzte er sich nachdrücklich unter Verweis auf fehlende Finanzmittel und unkalkulierbare soziale Folgen.

Von einem gesamtwirtschaftlichen Konzept konnte keine Rede sein. Um so erstaunlicher war, daß Nikolaus zu denen gehörte, die trotz erheblicher Bedenken führender Berater dem Eisenbahnbau den Weg ebneten. Kankrin etwa wollte in dem neuen Verkehrsmittel nichts anderes als eine «moderne Krankheit» erblicken. Die dafür benötigten Gelder schienen ihm nunmehr in der Landwirtschaft sehr viel besser eingesetzt. Der Direktor für Verkehrswege und Bauverwaltung, General Karl Toll, der wenig von Finanzen und gar nichts vom Maschinenbau ver-

stand, forderte in der eigens einberufenen Kommission für den Eisenbahnbau vehement eine Beschränkung auf die bestehenden Transport-
wege zu Lande und zu Wasser, d. h. Pferdefuhrwerk und Dampfschiff,
die den Bedarf des agrarischen Rußland hinreichend deckten. Der Kaiser hingegen ließ sich von den Plänen des Wiener Professors Franz
Anton Ritter von Gerstner, des Erbauers der Donau-Moldau-Linie, be-
eindrucken und stimmte zunächst dem Bau der offiziell im Oktober 1837
eröffneten Teststrecke von Petersburg nach Carskoe Selo mit einer
Länge von 23 Kilometern, dann der Warschau-Wien-Bahn und schließlich der Strecke von Petersburg nach Moskau zu, die 1851 eingeweiht
werden konnte und die später von Alexander II. den Namen «Nikolaus-
Bahn» erhielt.

Wirtschaftliche Überlegungen spielten nur eine untergeordnete Rolle.
Am ehesten sah Nikolaus Vorteile für einen rascheren Truppentrans-
port. Die frühe Einführung des modernsten technischen Verkehrsmit-
tels konnte somit nicht als Zeichen für eine grundlegend neue Ausrich-
tung der Wirtschaftspolitik in Richtung auf einen Ausbau der Industrie
oder als Entscheidung für oder gegen einen sozialen Wandel größeren
Ausmaßes gelten. Die Einwände Kankrins, die Eisenbahn werde die
bäuerlichen Transportformen schädigen und wegen des Mangels an
Kohle zu einer Abholzung großer Waldbestände führen, riefen keine
zusammenhängend begründete ökonomische Erwiderung hervor. Nikolaus betrachtete das Unternehmen als ein ausgesprochenes Abenteuer, für dessen Erfolg nicht private Investoren, sondern der Staat die
Garantie übernehmen müßte. Bei einem Mißlingen erwartete er nämlich, jene würden allein ihn dafür verantwortlich machen, wenn sich
ihre Investition als Irrweg herausstellte. Im übrigen überspielte er die
insgeheim geteilten Zweifel am Nutzen des Bahnbaus mit einem Scherz:
Eines wunderbaren Tages werde man immerhin in der Lage sein, am
Morgen zum Dinner beim Moskauer Generalgouverneur Fürst Golicyn
zu reisen, um bei Einbruch der Nacht wieder nach Petersburg zurückzukehren. Wenn die ersten Bahnlinien neben dem Personenverkehr in
kurzer Frist auch hohe Zuwächse beim Frachtbetrieb, vor allem beim
Getreidetransport, verzeichneten, so war dies eher eine ungeplante Be-
gleiterscheinung. Die hohen Investitionskosten förderten rasch die Einsicht, daß der finanzschwache Staat auf Dauer dafür nicht würde allein
einstehen können. Denn die militärstrategischen Vorteile etwa der Warschau-Wien-Bahn bei der Niederschlagung des ungarischen Aufstands
oder bei der Anbindung der Hauptstädte an die Wolga-Schiffahrt im
Blick auf außenpolitische Ziele in Persien boten in wirtschaftlicher Hinsicht keine Gewinnaussichten.

Wie bei den meisten Großprojekten trugen Leibeigene auch beim Eisenbahnbau die Hauptlasten. Sie stellten den Hauptanteil der eingesetzten Arbeitskräfte und trieben unter erbärmlichen Bedingungen die Pre-

stigestrecke von Petersburg nach Moskau teilweise durch Sümpfe und anderes unwegsames Gelände voran. Tolls Nachfolger Kleinmichel widersetzte sich in dem Bestreben, dem Kaiser einen frühestmöglichen Eröffnungstermin zu bieten, allen Versuchen, die Lebens- und Arbeitsverhältnisse der Eisenbahnsklaven zu verbessern. Tausende kamen infolge Krankheit und Mangelerscheinungen um.

Die Ausweitung des persönlichen Regierungsstils durch Nikolaus bedingte einen erheblichen Ausbau der kaiserlichen Privatkanzlei. Vorbei an den mißtrauisch beäugten staatlichen Instanzen Ministerkomitee und Fachministerien erstatteten direkt unterstellte Vertraute Bericht und führten Anweisungen aus. Eine 1826 eingerichtete Zweite Abteilung und nicht das Justizministerium widmete sich unter dem rehabilitierten Speranskij der schon zu Zeiten Alexanders I. begonnenen Rechtskodifizierung. Erstmals wurden alle Gesetze seit dem Uloženie von 1649 (s. Kapitel «Aleksej Michajlovič») chronologisch erfaßt und 1830 in einer 45bändigen «Vollständigen Sammlung der Gesetze des Russischen Reiches» veröffentlicht. Drei Jahre später billigte Nikolaus die auf dieser Grundlage erstellte 15bändige systematische Sammlung geltenden Rechts (Svod zakonov). Eine wesentliche Voraussetzung für ein Rechtsbewußtsein wenigstens in den führenden Schichten wurde damit geschaffen. Ohne sie wäre die Justizreform unter Alexander II. ebensowenig denkbar gewesen wie eine systematische Begutachtung der bestehenden rechtlichen Verhältnisse im Gefüge der Leibeigenschaft. Nikolaus scheute jedoch vor dem nächsten Schritt zurück. Mit der Weigerung, den herrscherlichen Willen an das Gesetz zu binden, versuchte er die Anbahnung einer unabhängigen Rechtsordnung neben sich zu verhindern. Dies manifestierte sich nicht zuletzt in dem befremdlichen Brauch, einige Gesetze geheimzuhalten und damit einem geregelten Rechtsverkehr zu entziehen bzw. rechtsvergleichenden historischen Studien vorzuenthalten.

Noch vor den Krönungsfeierlichkeiten im August 1826 hob Nikolaus in einem Ukaz vom 3. Juli eine Institution aus der Taufe, die ihn möglichst umfassend «über ausnahmslos alle Vorgänge» im Reich, vor allem aber über «verdächtige und schädliche Personen» sowie über die Tätigkeit von Ausländern innerhalb der Grenzen informieren sollte. Mit der «Dritten Abteilung Seiner Majestät höchsteigenen Kanzlei» schuf sich der Kaiser ein ebenso wirkungsvolles wie zwiespältiges Überwachungsorgan, das die bisherige Sonderabteilung im Innenministerium ersetzte und dessen Kompetenzen recht vage beschrieben waren. Es gehörte zu den Eigenheiten von Nikolaus' Charakter, das alltägliche Eindringen seiner Agenten in die Privatsphäre der Landeskinder und das Aushorchen ihrer Gedanken als Ausdruck seines Wohlwollens auszugeben. Solchem Verständnis fühlte sich auch der Chef des nunmehr zur ständigen Polizeitruppe ausgebauten Gendarmeriekorps und Leiter der Dritten Abteilung Graf Alexander Benckendorff verpflichtet, ein enger Vertrauter des Kaisers und Abkömmling eines alten preußischen Geschlechts, das in Armeediensten zuletzt in Estland ansässig geworden war. Mit Bedauern notierte dieser in einem Rapport an den Kaiser über die öffentliche Meinung im Jahre 1829, die von führenden Persönlichkeiten im Reich als «moralischer Arzt des Volkes» geschätzte Gendarmerie könnte noch wirksamer ihren Pflichten nachkommen, wenn sich die örtlichen Behörden nicht so widerspenstig gebärdeten. Urteile von Zeitgenossen über die Fähigkeiten des Grafen und Generals geben aber wenig Anlaß, dessen Selbsteinschätzung allzu weit zu folgen. Doch änderte dies nichts an der uneingeschränkten Bewunderung, die Nikolaus ihm zollte. Man mochte ihn für nicht annähernd so klug wie ehrenwert halten, für den Kaiser zählte allein seine Ergebenheit. Beide verband die gemeinsame Erfahrung aus der Untersuchungskommission für die Dekabristenverschwörung, die sie darin bestärkte, ein ungewöhnliches Überwachungssystem zu schaffen. Es sollte die Untertanen nämlich dadurch vor staatlicher Verfolgung schützen, daß sie «rechtzeitig vor Irrtümern bewahrt» wurden. Nikolaus und sein Polizeichef waren überzeugt, den kaiserlichen Willen in alle Stuben des Reiches tragen und jede Wiederholung der Dekabristenbewegung verhindern zu können.

Selbst wohlmeinende Befürworter eines behutsamen Wandels sahen sich nun an den Rand oder außerhalb der widersprüchlichen «Ordnung» gedrängt. Auf diese zunächst formlose und noch kaum mit eigener Stimme sprechende Opposition reagierte der Staat in einer Weise heftig, daß vermeidbare Gräben zwischen Kaisertum und Gesellschaft aufgerissen wurden. Die Autokratie schuf sich zu einem Gutteil die Gegner selbst.

In vielfältiger Weise hatte die kleine, aber im Wachsen begriffene Bildungsschicht in den zurückliegenden Jahrzehnten an europäischer Bildung partizipieren können – an den Universitäten, in Salons und Gesprächszirkeln, aus einer steigenden Anzahl von Büchern und Zeitschriften oder durch unmittelbaren Kontakt mit den westlichen Ländern auf Bildungsreisen, bei Kuraufenthalten, Studien an deutschen Universitäten oder in der zeitweiligen Emigration. Daran vermochte die mal liberale, mal reaktionäre Bildungspolitik – im übrigen kein Unikat der Regierungszeit Nikolaus' I. – letztlich wenig zu ändern. So stieg etwa die Zahl der Gymnasien auf über siebzig und die Zahl der Schüler auf etwa 18 000. Allerdings schränkte ein Ukaz aus dem Jahre 1828 den Besuch vorübergehend auf Adels- und Beamtensöhne ein, einerseits, um den Zugang zu den Universitäten zu kanalisieren, andererseits, um den dort herrschenden «verwerflichen Geist» einzudämmen. Benckendorff meinte in seinem Jahresbericht für 1829, «die öffentliche Meinung» spreche sich unumwunden gegen die Existenz des Bildungsministeriums aus.

Die neue Atmosphäre bedingte eine Umkehrung vertrauter Klischees. War man bisher gewohnt, das «alte» Moskau für rückständig zu halten, wurde es nun mit seiner lebendigen Universität zum Inbegriff fortschrittlichen Denkens, während das höfische «westliche» Petersburg in militärischen Formen erstarrte. Im Zuge der polnischen Unruhen von 1831 verschärfte die Regierung ihre Bildungspolitik. Sie begrenzte drastisch die Möglichkeit eines Auslandsstudiums und nahm vier Jahre später die gewährten Autonomierechte der Universitäten wieder zurück. Ende der vierziger Jahre schließlich flüchtete sie sich in eine Beschneidung des Fächerkanons, in der Hoffnung, die Zulassung einzig dem Staatsnutzen dienender Gegenstände werde die geistige Saat der vergangenen Jahrzehnte im Keime ersticken. Zu letzteren zählte fortan nicht mehr die Philosophie. An den Universitäten, deren Studentenzahl herabgesetzt wurde, und in die oberen Gymnasialklassen hielt militärischer Drill Einzug. Unbeschadet dieser Eingriffe hatten die erweiterten Bildungsmöglichkeiten zunehmend Angehörige der niederen, nichtadligen Stände (die sog. raznočincy) angezogen, die mehr und mehr den Ton in literarischen und philosophischen Zirkeln angaben. In diesem Umfeld entstand die eigenartige russische Intelligencija, aus der sich nach der Jahrhundertmitte neben anderen auch die revolutionäre Bewegung rekrutierte.

Schon in den Anfängen ohne Einheit, überwand die Opposition in der Folgezeit nicht das elementare Schisma, das sie über der Frage nach Rußlands Identität und Zukunft entzweite. Ob philosophisch, publizistisch, literaturkritisch, belletristisch oder auf einen militärischen Umsturz gerichtet – stets machten sich zwei Grundströmungen bemerkbar, die seit den Tagen Nikolaus' I. die Geschichte Rußlands auch später durchziehen: einerseits die Ideen der «Westler», die sich dem von Peter I. gesetzten Neubeginn im Sinne einer Angleichung an den europäischen Entwicklungsstand verschrieben, und andererseits diejenigen der «Slavophilen», die in der russischen Vergangenheit verläßlichere Wege als in der westeuropäischen Gegenwart finden zu können glaubten. Die Trennungslinie verliert an Konturschärfe, wenn man Leben und Werk einzelner Persönlichkeiten der einen oder anderen Richtung näher betrachtet. Gemeinsamkeiten standen nicht selten unverbunden neben unversöhnlichen Gegensätzen. Ursprünglich überzeugte Westler wie der Publizist Alexander I. Herzen, einer jener «reuigen adligen Gutsbesitzer», die ihren Reichtum und ihre Bildung ganz in den Dienst des bäuerlichen Wohls und der Gesundung des Landes stellen wollten, mochten auch in jahrzehntelanger Emigration nicht ihre Vorstellungen von einem genuin russischen Agrar- und Gemeindesozialismus opfern, schon gar nicht, nachdem sie in der Revolution von 1848 den unverhüllten Materialismus westlicher Demokraten siegen zu sehen meinten.

Wie freigeistig sich einzelne Geheimzirkel in den dreißiger und vierziger Jahren entfalten und wie begeistert europäische Philosophen und

Literaten auch rezipiert werden mochten, über den Abgrund zwischen dem modernen Anspruch der Eliten des riesigen Landes und dem handgreiflichen Elend seiner bäuerlichen Massen half kein Gedankengebäude hinweg. Krankte nicht auch die Regentschaft Nikolaus' an dieser Disproportionalität von theoretischem Wollen und praktischem Können? In dem Glauben, vormalige Lockerungen durch entschiedenes Eingreifen vergessen machen zu können, verfiel der Kaiser nicht weniger kräftezehrender Illusion wie seine Opponenten, deren Maß ebenfalls stets das Ganze und nicht der überschaubare Teil war. Wie jener unerschütterlich am Idealbild eines allein seinem Willen unterworfenen Reiches festhielt, vertrauten etwa die Anhänger des bekanntesten Zirkels der vierziger Jahre nach den Worten seines Begründers Michail V. Butaševič-Petraševskij, eines jungen Beamten im Außenministerium, auf die «allgemeinen Prinzipien» westeuropäischer Wissenschaft, um sie «auf unsere Wirklichkeit anzuwenden». Was hier der utopische Sozialismus eines Charles Fourier war, den man um Überlegungen zu einer sozialen Revolution durch Bauernaufstände erweiterte, konzentrierte sich in anderen Kreisen auf die philosophische Spekulation in der Nachfolge Herders, Schellings, Hegels oder Fichtes. Folgt man dem Zeugnis des Kritikers und Literarhistorikers Pavel V. Annenkov über das «denkwürdige Jahrzehnt» zwischen 1838 und 1848, gab diese Generation junger Angehöriger der amorphen Intelligencija den Ton vor, nach dem fortan über die Geschichte Rußlands debattiert wurde.

Eine Unterscheidung zwischen realen, potentiellen oder nur eingebildeten Gefahren war bei Nikolaus nach den Revolutionsjahren von 1830/31 nur noch eingeschränkt und nach 1848/49 nicht mehr auszumachen. So traf die Mitglieder des Petraševskij-Zirkels, die Petraševcy, nach der Aufdeckung die ganze Härte der kaiserlichen Unbarmherzigkeit. Über 21 Angeklagte von 123 belangten Personen wurde das Todesurteil gesprochen. Der Kaiser ließ es sich nicht nehmen, persönlich alle Details eines makabren Schauspiels auszuarbeiten, und die Delinquenten am 22. Dez. 1849 auf den Semenov-Platz in Petersburg zur Hinrichtung führen, ihnen die Augen verbinden und erst, als sie die tödlichen Schüsse erwarteten, die Begnadigung zu langjährigen Freiheitsstrafen und Verbannung verkünden zu lassen. Unter ihnen befand sich der Schriftsteller F. M. Dostoevskij.

Vermutlich ist Nikolaus der Zynismus solchen Handelns nicht einmal bewußt geworden. Worin er eine abschreckende, erzieherische Maßnahme für verblendete, ungehorsame Untertanen sah, manifestierte sich die Unfähigkeit, die Zeichen des Wandels in Rußland wahrzunehmen. Sein brachiales Verständnis von Schuld und Strafe rückte die zarten Gehversuche einer gesellschaftlichen Öffentlichkeit ins Zwielicht revolutionärer Umtriebe und erzeugte bei einem Teil der noch kleinen, aber überaus tätigen Bildungsschicht Entfremdung statt Loyalität.

Selbst eine Phase des «Zensur-Terrors» vermochte diesen Aufbruch bestenfalls noch zu behindern, aber nicht mehr aufzuhalten. Eher förderte sie das Entstehen jener doppelbödigen Werke, die der russischen Literatur in den Schriftstellern A. S. Puškin, M. I. Lermontov, N. A. Nekrasov, N. V. Gogol', F. M. Dostoevskij und I. S. Turgenev Weltgeltung verschafften. Zunächst hatte ein Zensurgesetz von 1828 Lockerungen erwarten lassen. Puškin, der enge persönliche Beziehungen zum Kaiser unterhielt und in ihm einen liebenswürdigen Landesvater mit reformerischen Neigungen sah, begrüßte gar dessen Ankündigung, Puškins Werke künftig selbst zu zensieren. Er versprach sich davon einen «unermeßlichen Vorteil» im Vergleich zur Praxis kleinlicher Beamter und Redakteure. Die Erfahrung lehrte freilich, daß er mit den Tücken zu rechnen hatte, die sich aus dem Selbstverständnis des Oberzensors als eines «liebenswürdigen Gesetzeswächters der Literatur» und eines «Vaters der Künste und der Wissenschaften» ergaben. Wäre es nach dem Grafen Benckendorff gegangen, hätte man ohne Schaden auf die russische Literatur auch völlig verzichten können.

Im Vorfeld von 1848 und vor allem danach nahm das Fehlverhalten der Regierung in der Innenpolitik groteske Züge an. Je schärfer sie zu reagieren meinte, um so mehr stellte sie ihre Anfälligkeit unter Beweis. Geist und Macht gerieten allmählich in Gegensatz zueinander. Verhängnisvoll wirkte sich aus, daß dies später bei einer radikalen Minderheit nicht nur die Monarchie, sondern den Staat insgesamt betraf. Vorerst aber zerstörte die Wende zu verschärfter Repression und die damit verbundene Absage an weitere Reformen nur für die verbleibenden Regierungsjahre Nikolaus' I. die Aussicht auf einen möglichen Konsens zwischen Monarchie und «Gesellschaft». Der Nachfolger Alexander II. sollte sich bei seinem Amtsantritt noch einmal öffentlicher Zustimmung erfreuen können.

Mit etwas mehr politischem Geschick und weniger Säbelrasseln wäre der Kaiser der realen Lage in Rußland sicherlich gerechter geworden. Seine Revolutionsfurcht engte seine Wahrnehmung aber solchermaßen ein, daß die zweifelsohne vorhandenen, im europäischen Maßstab aber vergleichsweise geringen Anzeichen der Unruhe überdimensionale Züge annahmen. Nikolaus erstarrte nun zum Denkmal einer untergehenden Epoche, in welcher der absurde Versuch unternommen wurde, die europäische Verwicklung des russischen Imperiums zu forcieren und zugleich seine Abschottung zu betreiben. Für das, was folgte, wählte sich der Kaiser Ratgeber aus, die «weniger klug als dienstbeflissen» waren. Aus ihren Berichten konnte er nur noch selten unverstellte Wahrheiten entnehmen. Meist zeichneten sie ein Bild vom Reich, wie zu sein sie es sich wünschten. Nikolaus hingegen geriet dadurch noch tiefer in die Isolation vom wirklichen politischen und wirtschaftlichen Geschehen, so daß die Revolution in Europa für ihn zur Obsession wurde.

Trotzdem bleiben positive Wirkungen einzelner Maßnahmen festzu-
halten, die sich nicht selten erst unter den Nachfolgern Nikolaus' zeigten.
Ungeachtet weit verbreiteter Korruption und bürokratischer Schwerfäl-
ligkeit setzte sich in den Behörden allmählich die Einsicht durch, daß
größere Sachbezogenheit ein höheres Maß an Bildung voraussetzte. Dem
Lyzeum von Carskoe Selo und der 1835 gegründeten «Kaiserlichen
Schule für Rechtskunde» war es vorbehalten, zu einer Verbesserung des
Beamtennachwuchses beizutragen. An der tiefen Kluft zwischen dem
begehrten Dienst in der Zentralverwaltung und der wenig geachteten
Tätigkeit in der Provinz vermochte dies noch kaum etwas zu ändern. Auf
Drängen des Hochadels, aber wohl auch in der Einsicht, eine unkontrol-
lierte Vermehrung des Adels durch den Aufstieg im Staatsdienst könne
auf lange Sicht kaum von Nutzen sein, schob Nikolaus zudem einer
weiteren Lockerung der allentscheidenden Rangvergabe in der Bürokratie und überhaupt der Aufnahme eintrittsberechtigter Nichtadliger in die
Beamtenschaft mit einem Manifest vom 11. Juni 1845 einen Riegel vor.
Die Rangtabelle blieb der gültige Gradmesser für die Bindung der Beamten an den Monarchen, und der Minister für Volksaufklärung Sergej S.
Uvarov betonte ganz in diesem Sinne zwei Jahre später in einer Denkschrift, jene stehe seit den Zeiten Peters I. in Rußland wie bei allen
anderen slavischen Völkern in dem Ruf, dem «wertvollen Prinzip der
Gleichheit vor dem Gesetz» Ausdruck zu verleihen. Nicht zu Unrecht hat
der große russische Historiker V. O. Ključevskij daher die Zeit Nikolaus' I. als Abschluß und Höhepunkt einer «Epoche der Herrschaft oder
der verstärkten Entwicklung der Bürokratie in unserer Geschichte» bezeichnet. Auch wenn Nichtadlige weiterhin Zugang zur wachsenden
Verwaltung besaßen, vollzog sich keine wirkliche Öffnung der Welt des
«činovnik» (Beamter, Bezeichnung nach dem russischen Wort für Rang).
Die angestrebte erneute Aufwertung des Leistungsprinzips mittels
Rangvergabe relativierte sich schon insofern, als sich die Beamtenschaft
überwiegend aus sich selbst rekrutierte. Auf diese geschlossene Gesellschaft ließen sich am ehesten die militärischen Ideale des Kaisers übertragen. Rang und Uniform, Standessymbol und Epaulette wurden zum
äußeren Merkmal des Fortschritts. Abgesehen von einigen Anzeichen
zur Reform am Beginn seiner Herrschaft, hat Nikolaus die erwägenswer-
ten Vorschläge sachkundiger Berater nicht ernsthaft geprüft. In seinem
Beharren ließ er sich von den unübersehbaren Mängeln in der Bürokratie
nicht erschüttern, sondern folgte dem Prinzip, daß auch weiter Bestand
haben werde, was so lange währte. Baron M. A. Korf, ein Mitglied des
Reichsrates und enger Vertrauter des Kaisers, vermerkte in seinem Tagebuch, dieser habe stets hervorgehoben, er brauche «nicht kluge, sondern
gehorsame Leute». Bei der allgemeinen «Armut an Leuten», d. h. fähigen
Beamten auf allen Ebenen, zerschnitt der Kaiser mit dieser Haltung das
ohnehin dünne Band zur gebildeten Gesellschaft.

Fragt man nach allgemeinen Prinzipien des nikolaitischen Regimes, stößt man zuvorderst auf ein ebenso starres wie plakatives Element, die Lehre vom «offiziellen Volkstum» (official'naja narodnost'). Die einfache Formel von «Orthodoxie, Autokratie, Volkstum» täuscht leicht über die tatsächliche Bedeutung hinweg. Sie erhielt ihren Sinn aus dem Bemühen, dem Vielvölkerreich eine nationale russische Ideologie zu verleihen und den Führungsanspruch der Titularnation auf «moderne» Weise zu legitimieren. An der Formulierung dieser Ideologie waren keineswegs nur leitende Regierungsbeamte beteiligt, die ein Interesse daran hatten, dem rückständigen Imperium etwas von der Aufbruchsstimmung der europäischen Nationalbewegungen zukommen zu lassen, ohne deren demokratisches Element übernehmen zu müssen. Nicht minder emsig trugen Universitätsgelehrte, allen voran Historiker, Zeugnisse für das glanzvolle Bild einer ruhmreichen Vergangenheit zusammen, das zur Folie für eine ebenso verheißungsvolle Zukunft genommen wurde. In dieser Hinsicht waren sich so verschiedene Persönlichkeiten wie der «Hofhistoriker» Karamzin, der Begründer der neuzeitlichen russischen Geschichtswissenschaft Sergej M. Solov'ev oder liberale Gelehrte wie der Moskauer Universitätsprofessor und Historiker Michail P. Pogodin durchaus einig. Das russische Volk, selbst ein Amalgam slavischer, finnischer und nordgermanischer Ethnien, hatte demnach in einem tausendjährigen Prozeß seine Tapferkeit unter Beweis gestellt, die dem Ausland Respekt abnötige, hatte verlorene Teile seines alten Erbes «wiedervereinigt» und seine «natürlichen Grenzen» nahezu erreicht. Nicht Eroberungssucht, sondern Hilferufe benachbarter ethnisch oder durch Glauben verwandter Völker hätten dazu den Anlaß gegeben sowie der Wunsch, sich auf legitime Weise gegen feindliche Nachbarn Sicherung zu verschaffen. Vom entwickelteren Westen entlieh man nur das Notwendige, um es in die kulturelle Öde der nördlichen, östlichen und südlichen Teile des Reiches zu tragen. Wenn aber die Staatsbildung weitgehend abgeschlossen schien, bedurfte die «Nationswerdung», die Integration und Vereinheitlichung der disparaten Teile noch erheblicher Nachhilfe. Erst in der zweiten Hälfte des Jahrhunderts sollte sich erweisen, daß der Versuch, ein multinationales Imperium zum Nationalstaat umzudeuten, ohne das Mittel einer blanken Russifizierungspolitik nicht auskam.

Die Ideologie des «offiziellen Volkstums» entsprach vollkommen der Weltsicht des Kaisers. Von Kindesbeinen an gehörten ihre Bestandteile zum Wesen seiner Erziehung und seines Erfahrungshorizontes. Nun verknüpfte er damit wie sein Bildungsminister die Hoffnung, jenen Gebildeten ein ansprechendes Ideal zu bieten, die sich von den Verlockungen westlicher Gedanken irreleiten ließen. Zugleich bot es ein wirksames Gegenmittel gegen die Nationalbewegungen innerhalb der Reichsgrenzen, die sich allenthalben in Polen und der Ukraine, aber auch in den baltischen Provinzen, bei den Litauern und den Weißrussen regten.

Schon zur Zeit der Dekabristenbewegung hatte sich im russisch beherrschten Königreich Polen und in den übrigen polnischen Reichsteilen Rußlands ein nationaler und politischer Widerstand formiert. Die revolutionären Nachrichten aus Paris und Gerüchte über ein mögliches russisches Eingreifen im Westen gaben den Anstoß für einen bewaffneten Aufstand. Ein Attentat auf den Kaiserbruder Großfürst Konstantin, den Oberbefehlshaber der polnischen Truppen, schug zwar fehl, doch konnten die Rebellen nicht nur die Warschauer Bevölkerung, sondern auch weite Teile der Armee hinter sich bringen. Nachdem der polnische Reichstag am 25. (N. S.) Jan. 1831 Nikolaus die erst knapp zwei Jahre zuvor ohne Begeisterung übernommene Königskrone Polens abgesprochen hatte, begab sich eine neugebildete Regierung unter Fürst Adam Czartoryski auf militärischen Konfrontationskurs. Der Westen leistete jedoch nicht den erhofften bewaffneten Beistand. Innerpolnische Unruhen taten ein übriges, den zahlenmäßig überlegenen russischen Streitkräften ab dem Sommer 1831 die Niederschlagung des Aufstands zu erleichtern. Die Verfassung von 1815 wurde außer Kraft gesetzt. Polen büßte die vormalige begrenzte Selbständigkeit vollends ein.

Wenn die Regierung Nikolaus' I. der Inkorporation des wenig später in Gouvernements gegliederten Königreichs eine massive Russifizierungspolitik folgen ließ, so war diese weitgehend auf den polnischen Sonderfall zugeschnitten. In seinem «Vermächtnis» hatte der Kaiser dem Thronfolger im Jahre 1835 eingeschärft:

«Gewähre den Polen niemals Freiheit. Setze das begonnene schwierige Werk der Russifizierung (obrusevanie) dieses Gebietes fort und sei bestrebt, es zu vollenden und keineswegs in den ergriffenen Maßnahmen zu erlahmen.»

Das harte Vorgehen gegen die 1846 in Kiev gegründete ukrainische «Bruderschaft der Heiligen Kyrill und Method» hingegen hatte eher zum Ziel, den status quo im Reichsverband wiederherzustellen und mündete nicht unmittelbar in eine offensive kulturelle und sprachliche Russifizierungspolitik.

Uvarov ist häufig und vielfach zu Recht des Obskurantismus und der Reaktion bezichtigt worden. Gleichwohl sind seine Überlegungen zu einer russischen Sonderentwicklung keineswegs hinreichend beschrieben, nimmt man sie lediglich als Hirngespinste einer verblendeten aristokratischen Clique. Es müßte überraschen, wenn eine hochgebildete Persönlichkeit seines Ranges sich mit einer bloßen Attrappe begnügt hätte. Tatsächlich weisen seine Begründungen frappierende Parallelen zu unabhängigen Geistern der Zeit auf. Nicht zuletzt die Generation, die unter Nikolaus heranwuchs und die Universitäten besuchte, identifizierte sich sehr weitgehend mit seinem Regime. Ihr waren Vergleiche des Kaisers mit altrussischen Volkshelden keineswegs fremd, und es

erschien ausgemacht, daß seine «geheiligte Person» einen unverrück-
baren Platz in der russischen Geschichte einnehmen würde. Der Universitätsprofessor S. P. Ševyrev schrieb 1841 in der ersten Nummer der
Zeitschrift «Der Moskauer» (Moskvitjanin), Rußland habe sich trotz der
Berührungen mit dem Westen die drei wesentlichen Elemente (er
meinte die Uvarovsche Dreiheit) «in ihrer ganzen Reinheit» bewahrt
und werde darauf eine sichere Zukunft bauen. Kein anderes Land erfreute sich demnach einer ähnlich «harmonischen politischen Existenz»
wie das Rußland Nikolaus' I. Selbst der liberal-konservative Philosoph
und Rechtsgelehrte B. V. Čicerin behielt aus seiner Moskauer Studien-
zeit in den vierziger Jahren weniger das in Erinnerung, was verboten,
als vielmehr das, was unter Nikolaus an geistiger Entfaltung, sei es auch
gelegentlich nur im privaten Kreise, möglich war. Rußland bedurfte
nach seiner Ansicht noch größerer Reife, um sich selbstbewußt, und
ohne Schaden zu nehmen, mit Westeuropa zu messen. Zogen Uvarov
und mit ihm der Kaiser daraus die Schlußfolgerung, das Land durch
Zensur und verschärfte staatliche Kontrolle vor einer Überfremdung
durch die westliche Kultur zu bewahren, so ließ Čicerin seine nach dem
Tode Nikolaus' I. verfaßten Werke zur Rechtsgeschichte und zur bäuerlichen Dorfgemeinde in einer Rechtfertigung der Autokratie münden.
Der Entwicklungsstand Rußlands zwinge selbst Liberale dazu, so
meinte er, der Selbstherrschaft den Vorzug vor jeder voreilig eingeführten freiheitlichen Staatsform zu geben. Selbst ein Puškin zweifelte nicht
etwa die staatstragende Vernunft der Zensur an. Er pflichtete dem Verfechter einer liberaleren Zensurpraxis und Vorläufer Uvarovs in dem
dafür noch zuständigen Ministerium für Volksaufklärung, Fürst Karl
Lieven, in dem Bemühen bei, grundsätzlich den Autoren den richtigen
Pfad weisen zu müssen. Was «richtig für London» sei, so äußerte der
Dichter, käme «für Moskau zu früh». Dies entsprach durchaus der Ansicht Nikolaus', verfassungsmäßige Institute erst zu erwägen, wenn
Rußland zu einer geschlossenen Einheit geformt sei.

Nimmt man alle diese Hinweise zusammen, so gab es jenseits des
Beschwörungscharakters der offiziellen Staatsideologie einen noch
kaum erschütterten Grundkonsens über den Nutzen der herrschenden
Staatsform. Während jedoch Nikolaus und seine Ratgeber mit Hilfe jener das alte Reich in die neue Zeit der Revolution hinüberretten wollten,
entbrannte in der «Gesellschaft» ein Streit über die Notwendigkeit eines
Wandels der Selbstherrschaft, dem diese sich durch zunehmende Selbst-
isolation zu entziehen suchte. Zwischen den Positionen eines Čaadaev
und eines Ševyrev wäre nur zu vermitteln gewesen, wenn das Herrscherhaus einem Dialog mit der Gesellschaft nicht grundsätzlich entsagt
hätte. Zwar schien die Zeit noch fern, daß die Ansichten des ersteren
eine Mehrheit hinter sich versammeln könnten. Doch mußte es als un-
übersehbares Signal wirken, wenn der Marquis de Custine von sich

behauptete, nach Rußland gereist zu sein, «um Gründe gegen die repräsentative Regierung zu suchen», aber als «Anhänger der Constitutionen» zurückzukehren. Nicht einmal unter den Slavophilen bemühte sich die Regierung um Anhänger, erklärte viele gar für politisch ebenso unzuverlässig wie deren westlich orientierte Gegner. Die offizielle Auslegung der Grundlagen russischen Volkslebens konnte aber selbst staatsbejahende Kräfte nicht zufriedenstellen, wenn sie nur mittels Zensur vor Kritik zu verschonen war. An den Zuständen im Zarenreich gab es auch für diejenigen Erhebliches auszusetzen, welche die Nachteile der westlichen Zivilisation abwenden wollten. Pogodins Diktum, demgemäß in Rußland alles anders sei, angefangen vom Klima, über die Mentalität, den Glauben und die Überzeugungen bis hin zur Biologie, taugte auf Dauer nicht für die Stiftung nationaler Identität. Denn die sentimentale Verklärung russischer Wirklichkeit hinterließ einen bitteren Beigeschmack, wenn behauptet wurde, «Verdächtigung und Furcht» kennzeichneten das Leben im Westen, während in Rußland allseitiges «Vertrauen» herrsche.

Für Nikolaus und Uvarov hingegen blieb es dabei: Grundlage jeder Einheit bildete die Orthodoxie, auf die sich folgerichtig der allein Gott verantwortliche Autokrat Rußlands verpflichtete. Hieraus leitete sich eine erneute Aufwertung der Orthodoxen Kirche ab, die nach Jahren weitgehender Unselbständigkeit wenigstens wieder in den Rang einer wichtigen Stütze der Selbstherrschaft aufstieg. Dies geschah um den Preis verschärfter Verfolgung der Altgläubigen, deren Klöster bei der Geheimpolizei als «jakobinische Klubs» geführt wurden, und wachsender Spannungen mit anderen Konfessionen und Religionen im Reich. «Russisches Volkstum» schließlich beruhte im wesentlichen auf dem vermeintlich ungebrochenen Erbe der Rechtgläubigkeit und der Selbstherrschaft als Inkarnation genuin russischen Lebens oder, wie der Diplomat und Dichter Fedor I. Tjutčev 1848 meinte, der «russischen Idee»: Die moralische und kulturelle Überlegenheit würde in einer Phase der Abschottung nach Westen zur vollen Blüte gelangen und das Land auf die Höhe weltweiter Geltung heben.

Aber alsbald war kaum noch auszumachen, was eigentlich geschützt werden sollte – die ins Wanken geratene Heilige Allianz, die Alexander I. als Einbettung Rußlands in die Familie der Monarchen Europas verstanden hatte und der sich auch sein Bruder verbunden wußte, oder aber Rußland als bereits letzte Bastion legitimistischer Politik, deren Unähnlichkeit mit den anderen Monarchien immer offenkundiger zu werden schien. Nikolaus empfand Europa nicht als wesensverwandt und setzte es spätestens nach 1848 mit der zersetzenden Kraft von Revolution und Nationalbewegungen in eins. Kongenial kleidete dies Tjutčev Anfang 1848, kurz nachdem er zum leitenden Zensor im Außenministerium ernannt worden war, in die Formel:

«Schon lange gibt es in Europa nur noch zwei wahre Kraftzentren –
Rußland und die Revolution ... Keinerlei Verhandlungen, keinerlei Verträge sind zwischen ihnen möglich, die Existenz der einen ist gleichbedeutend einem Todesurteil für die anderen.»

Seit dem Überschwappen der revolutionären Wogen von Frankreich
auf Polen in den Jahren 1830/31 hatten sich solche Gedanken zur alles
beherrschenden Vorstellung verdichtet. Nun wollte man die Möglichkeit eines «Kreuzzuges gegen Rußland» nicht mehr ausschließen, zu
dessen Schlachtfeld «die Revolution» sich Polen auserkoren habe. Zwar
mußte Nikolaus nicht fürchten, daß die polnische Krise von außen genutzt würde, da Frankreich und England das russische Einlenken in der
belgischen Frage nicht aufs Spiel setzen wollten. Doch Österreich verhielt sich passiv, und einzig die preußische «Neutralität» fiel zu russischen Gunsten aus, weil sie polnischen Bündnisbemühungen im Westen einen Riegel vorschob. Ohne allzu große und offene Solidarität zu
zeigen, erweckten die drei «östlichen» Mächte Österreich, Preußen und
Rußland trotzdem noch einmal den Eindruck, die europäische Revolution gemeinsam niederhalten zu wollen. Des weiteren hatte sie die polnische Frage seit der Teilungsepoche in mehr oder minder gleichem
Maße belastet, weshalb sie befürchten mußten, die Revolte werde über
die russischen Grenzen hinausgreifen. Noch einmal fand man, wie Metternich mit Genugtuung vermerkte, mit der Übereinkunft, die jeweiligen polnischen Besitzungen gemeinsam zu befrieden und entflohene
Deserteure und politische Flüchtlinge gegenseitig auszuliefern, zu größ-
tem Einvernehmen.

Der Kraftakt zog aber die Scheidelinie zu den westlichen Verfassungs-
staaten England und Frankreich schärfer, ohne auf Dauer den Zusammenhalt der alten Teilungstrias zu gewährleisten. Das stark von der
persönlichen Bindung der Monarchen geprägte ursprüngliche Konzept
der Heiligen Allianz verblaßte zusehends und trat hinter formelle Verpflichtungen zurück. Ein gemeinsamer Gegner wie einst Napoleon er-
stand nicht wieder, und auch die territorialen Verhältnisse in Europa
bedurften kaum mehr konzertierter Ordnungsmaßnahmen. Zum höchsten schützenswerten Gut avancierte die Unantastbarkeit des status
quo, dessen Definition im Herzen Europas aber weitaus leichter fiel als
auf dem Balkan, im Verhältnis zum Osmanischen Reich, im Transkaukasus, wo die muslimischen Bergvölker seit 1825 den russischen Truppen
über mehrere Jahrzehnte fast ununterbrochen Kämpfe lieferten und
ihnen einen «heiligen Krieg» erklärten, oder gegenüber Persien, das
Rußland den Zugriff auf kaukasische Territorien streitig machte.

Letztlich trug von den Teilungsmächten vornehmlich Rußland aus der
militärischen Unterdrückung der November-Revolution in Polen einen
beträchtlichen Ansehensverlust davon, der in Westeuropa russophoben
Tendenzen neuen Auftrieb gab. Die außenpolitische Isolierung des Za-

renreiches beschleunigte sich aber vor allem in der «Orientalischen Frage». Schon der Friede von Adrianopel nach dem russisch-türkischen Krieg 1828/29 hatte ihm günstige Perspektiven am Bosporus und in den Donaufürstentümern eröffnet. Obwohl sich die russische Flotte 1833 im türkisch-ägyptischen Konflikt wegen eines drohenden Zusammenstoßes mit den englisch-französischen Verbänden aus den Meerengen zurückziehen mußte, gelang im Vertrag von Unkiar Skelessi vom 8. Juli 1833 der Abschluß eines Defensivbündnisses mit der Türkei, das Rußlands Stellung auf dem Balkan festigte. Der naheliegende Verdacht, Nikolaus gedenke, sich zum Wächter über den Bestand des Osmanischen Reiches aufzuschwingen und sich den alleinigen Zugriff auf die Meerengen zu sichern, rief nicht nur England und Frankreich auf den Plan. Mit Österreich ergaben sich zunehmend Reibungspunkte, besonders wegen des russischen Vorgehens in den Donaufürstentümern. Der Zusammenhalt der am 18. Sept. (N. S.) in Münchengrätz bzw. am 15. Okt. (N. S.) 1833 in Berlin bekräftigten Trias der monarchischen «östlichen Mächte» war schon deshalb labil und konnte nur durch das russische Zugeständnis erkauft werden, sich künftig auf dem Balkan mit Österreich abzusprechen. Preußen zeigte mangels eigener Interessen dort wenig Neigung, sich in Konflikte hineinziehen zu lassen, indem es Rußland den Rücken stärkte. Insofern geriet die erneuerte Allianz der drei Höfe nicht zu jener harmonischen «legalen Ehe», für die sie nach einem Brief des österreichischen Botschafters in Petersburg an Metternich vom 2. Januar 1835 gehalten wurde. Deshalb gab es auch kaum Anlaß, darauf zu vertrauen, daß sie einvernehmlich und im Unterschied zur «Liaison der beiden Wüstlinge» – gemeint waren die Seemächte England und Frankreich – nicht Korruption und Chaos, sondern Ordnung und Glück versprach. Das von Nikolaus so hoch geschätzte Legitimitätsprinzip, das außenpolitische Gegenstück zur Autokratie im Inneren, reichte spätestens seit der Londoner Konvention von 1827 über die griechische Frage nicht mehr zur Erklärung der Machtpolitik auf dem Balkan aus. Mit Frankreich, das stets aufs neue seinen Ruf als Mutterland der Revolution bestätigte, konnte das nikolaitische Rußland schwerlich zu geregelten Beziehungen finden. Der Jahresbericht der Geheimpolizei für das Jahr 1830 kolportierte, «fast jedem Gebildeten» sei bekannt, «daß Frankreich in letzter Zeit von Mystikern und Jesuiten geleitet wurde». Die englische Königin Viktoria wiederum machte keine Anstalten, die russischen Werbungsversuche um verbesserte Kontakte ernsthaft zu erwidern. Tatsächlich schien der österreichische Diplomat Graf Anton Prokesch von Osten recht zu behalten, als er schrieb, die Orientalische Frage sei längst zu einem Problem «zwischen Rußland und dem Rest Europas» geworden.

Wenn Rußland seine Vormachtstellung im mittleren und östlichen Europa weiter ausbauen konnte und Nikolaus erst dabei seinen Ruf als

«Gendarm Europas» erwarb, der sein eigenes Haus in Zaum hielt und sich wie kein anderer als Vorkämpfer gegen die Revolution eignete, so breitete sich die Furcht vor der gewaltigen Militärmacht im Osten bereits vor 1848 aus. Mit den außenpolitischen Verpflichtungen war die russische Armee zu einem ständigen Millionenheer gewachsen, dessen Unterhalt die finanziellen Möglichkeiten trotz der gewaltigen natürlichen Reserven überfordern mußte. Verhängnisvoll sollte sich auswirken, daß dem äußeren Erscheinungsbild mehr Aufmerksamkeit geschenkt wurde als etwa einer Modernisierung der Waffentechnik. Wenigstens im Hinblick auf die Meerengen mußte das russische Übergewicht von Unkiar Skelessi am 13. Juli (N. S.) 1841 im Dardanellen-Vertrag von London einer Internationalisierung (Rußland, Österreich, Großbritannien, Frankreich, Preußen, Osmanisches Reich) weichen.

Da sich der russische Kaiser berufen fühlte, im europäischen Maßstab ähnliches zu leisten wie in Rußland, folgte er am 26. April 1849 dem Bitten des jungen österreichischen Kaisers Franz Joseph und griff in einer letzten gegenrevolutionären Machtdemonstration militärisch in den ungarischen Aufstand ein. Wenn Nikolaus dabei die Ruhe seines Reiches mehr am Herzen gelegen haben dürfte als die des Habsburger-Imperiums, dem er scheinbar so selbstlos zu Hilfe eilte, wird er gleichwohl mehr Dankbarkeit erwartet haben. Wie rasch sich aber inzwischen die Dinge im Machtkampf um eine günstige Lösung der Orientalischen Frage wandelten, zeigte das Beispiel Franz Josephs. Für ihn war, wie er in einem Brief vom Oktober 1854 an seine Mutter bekundete, aus dem früheren Freund Rußland «unser natürlicher Feind» geworden. Mit der Revolution glaubte er nun allein fertigwerden zu können. Am Ende seines Lebens mußte Nikolaus das endgültige Scheitern der Heiligen Allianz zur Kenntnis nehmen.

Obwohl weitgehend auf sich allein gestellt, war Rußland 1853 in einen Krieg mit dem Osmanischen Reich eingetreten, der in kurzer Frist zu einem Weltkrieg zu werden drohte, da sich Großbritannien und Frankreich sowie Sardinien, Piemont und später Österreich den Türken anschlossen. Der Grund für Rußlands Kriegsbereitschaft lag in dem durch innertürkische Reformen drohenden Verlust des russischen Protektoratsanspruchs über die osmanischen Christen. Im Krieg wurde die Fassade des offiziellen Rußlands und die hinter ihr verborgene Rückständigkeit schonungslos aufgedeckt. Trotz einer Reihe beachtlicher Siege in Fernost und im Transkaukasus konnte die tapfere russische Armee auf Dauer die gravierenden Mängel im Versorgungssystem, im Transportwesen, in der Waffentechnik sowie die allgemeine Desorganisation, Korruption und die industrielle Unterentwicklung nicht ausgleichen. Die fast einjährige Belagerung und schließliche Einnahme der Seefestung Sevastopol' am Schwarzen Meer durch alliierte Truppen am 27. Aug. 1855 markierte nicht nur die Wende zur russischen Niederlage, sondern schrieb auch eines der düstersten Kapitel moderner Kriegsgeschichte.

Nikolaus hat das bedrückende Ende des Krimkrieges nicht miterleben und damit auch nicht die fälligen Konsequenzen daraus ziehen müssen. Ein halbes Jahr vor Friedensschluß war er am 18. Febr. 1855 plötzlich verstorben. Gemessen am Ausmaß der Niederlage und der russischen Verantwortung waren die Friedensbedingungen von Paris am 30. (N. S.) März 1856 einerseits zwar demütigend, andererseits milder, als man hätte befürchten müssen. Sie betrafen im wesentlichen die Schwarzmeerfrage und schrieben eine Neutralisierung, ein Befestigungsverbot, freie Schiffahrt und ein Verbot der Kriegsschiffahrt in den Meerengen fest. Ohne Belastung durch zusätzliche Entschädigungszahlungen wurde Rußland gleichwohl auf sich selbst zurückgeworfen.

Glanz und Elend lagen in den drei Jahrzehnten der Regentschaft Nikolaus' I. nahe beieinander, und es kann nicht überraschen, daß in den Urteilen über seine Person und seine Leistung die Extreme überwiegen. Zugleich erstaunt aber auch, wie gering der Abstand gelegentlich zwischen den positiven und negativen Polen zu sein schien. Ein radikaler Wortführer wie V. G. Belinskij etwa schätzte in einer seiner zahlreichen launenhaften Anwandlungen den Wert von Kartoffeln für Rußland höher ein, als den einer Verfassung, von der sich allein die handlungsunfähigen «gebildeten städtischen Klassen» etwas versprächen. Aus entgegengesetzter Perspektive gelangte der langjährige Kaiserfreund Baron M. A. Korf, dem nach 1848 die Aufsicht über die verschärfte Zensur oblag, zu dem ähnlichen Schluß, Rußland böte für eine Revolution keinen Nährboden, weil Forderungen nach einer Volksvertretung, nach Pressefreiheit oder Nationalgarden «bei neun Zehnteln der russischen Bevölkerung als völliger Unsinn» angesehen würden. Die offenkundige Geringschätzung für das verbliebene Zehntel machte das Dilemma von Nikolaus' Herrschaft aus.

Ob man unter dem Eindruck der äußeren Stabilität des Zarenreiches die Epoche Nikolaus' I. als die letzte Blütezeit der russischen Monarchie bewunderte oder im Blick auf die teils konservative, teils reaktionäre Politik im Innern die Geburt eines «Policeystaates» nach den klassischen Prinzipien des 18. Jahrhunderts zu erleben meinte, hing vom Standpunkt des Betrachters ab. Tatsächlich drückte Nikolaus der Epoche den unverkennbaren Stempel seiner Persönlichkeit auf. In allem präsent und doch nirgendwo bahnbrechend, fehlen ihm freilich alle Epitheta historischer Größe. Der überwiegende Teil seines Fleißes und seiner Schaffenskraft erschöpfte sich in der bloßen Bewahrung des überkommenen Erbes und in der Pflege seines Traumbildes von einer schönen Autokratie. Pogodin bemerkte bereits, daß der Wille Nikolaus', es dem brillanten Vorläufer Peter I. an Machtvollkommenheit gleichzutun, unter den veränderten Bedingungen in einer «optischen Illusion» enden mußte. Nikolaus bedauerte zwar, seinem Sohn kein «friedliches, wohlgeordnetes und glückliches Reich» hinterlassen zu können. Grundsätzliche Zweifel an seinem Lebenswerk schien er jedoch nicht mit ins Grab zu nehmen. Obwohl die Ereignisse in den letzten Lebensjahren sein Selbstbewußtsein erheblich angegriffen hatten, behielten die Worte des Vermächtnisses aus dem Jahre 1835 auch zwanzig Jahre später für ihn offensichtlich Gültigkeit. Für den Fall, daß Alexander einmal «irgendeine Bewegung oder Unordnung» im Reich bemerke, empfahl der Vater: «Steige umgehend aufs Pferd, zeige dich dort mutig, wo es notwendig ist... und du wirst Rußland retten.»

Es blieb dem Sohn vorbehalten, die Folgen einer solchermaßen verstandenen personalen Beherrschung eines Riesenreiches zu tragen und konkret die ganze Tiefe des Desasters nach dem Krimkrieg auszuleuchten. Von seinem Geschick würde es abhängen, ob das hochbelastete Erbe ohne ernsthafte gesellschaftliche Erschütterungen erneuert werden konnte.

Heinz-Dietrich Löwe

ALEXANDER II.
1855–1881

Alexander II., geb. 17. 4. 1818, Kaiser 19. 2. 1855, Krönung 26. 8. 1856, gest. 1. 3. 1881, bestattet in der Peter-Pauls-Festung. Vater Nikolaus I. (25. 6. 1796–18. 2. 1855), Mutter Aleksandra Fedorovna (Friederike Louise Charlotte Wilhelmine von Preußen) (12. 7. [N.S.] 1798–19. 10. 1860). 1. Heirat 16. 4. 1841 mit Maximiliane Wilhelmine Auguste Sophie Marie von Hessen-Darmstadt (in Rußland Marija Aleksandrovna) (8. 8. [N.S.] 1824–22. 5. 1880). Kinder: Aleksandra (18. 8. 1842–16. 6. 1849), Nikolaj (8. 9. 1843–12. 4. 1865), Alexander (III.), Vladimir (10. 4. 1847–4. 2. 1909), Aleksej (2. 1. 1850–1. 11. 1908), Marija (5. 10. 1853–24. 10. 1920), Sergej (29. 4. 1857–4. 2. 1905), Pavel (21. 9. 1860–30. 1. 1919). 2. (morganatische) Heirat 19. 7. 1880 mit Ekaterina Michajlovna Dolgorukaja (Fürstin Jur'evskaja) (2. 2. 1849–1922); drei Kinder.

Alexander II. leitete als Zar den wohl dramatischsten Systemwechsel ein, den Rußland vor der bolschewistischen Revolution erlebte. Wenn man die von ihm geprägte Phase russischer Politik mit einer Epoche der deutschen Geschichte vergleichen soll, so bieten sich nur die Stein-Hardenbergschen Reformen an, die Preußen aus den Fesseln des Ancien Régime befreiten. Als einer der großen Reformer in der russischen Geschichte steht er mutatis mutandis auf einer Stufe mit Peter dem Großen. Dabei ging es in Rußland, als Alexander am 19. 2. 1855 den Thron bestieg, nicht etwa nur um partielle Liberalisierungen, sondern um einen grundlegenden Systemwandel. Im Zentrum der Reformen stand die Leibeigenschaft, für deren Abschaffung Alexander den Ehrentitel «Car' osvoboditel'» (Zar-Befreier) erhielt. Sie erzwang den völligen Bruch mit der Vergangenheit – mit dem herkömmlichen System der Polizei, der Verwaltung, der Rechtsprechung, der Beziehungen der gesellschaftlichen Gruppen untereinander und zum Staat. Was immer die Absichten des Zaren und der Reformer gewesen sein mögen, die Folge ihrer Maßnahmen waren langfristig Industrialisierung und Kommerzialisierung des Landes, die Entstehung von Klassen und neuen gesellschaftlichen Gruppen, eine Reduzierung der Rolle des Staates, die Unterhöhlung von Privilegien und die Infragestellung des Herrschaftsprinzips der uneingeschränkten Monarchie.

Daß die Reformen von oben begannen, war kein Versagen des Monarchen, sondern die Voraussetzung dafür, daß sie überhaupt stattfanden. Dies bedeutete bei der allgemeinen Rückständigkeit des Reiches, daß Reformen für eine Sozialordnung oder eine Gesellschaft entworfen wer-

Alexander II.

den mußten, die es bestenfalls in den Vorstellungen der Reformer gab. Deshalb mußten Reformen sich immer wieder als unvollkommen erweisen und gleichzeitig die Notwendigkeit weiterer Reformen schaffen. Unzufriedenheit, von der die in ihrer Breitenwirkung meist stark überschätzte revolutionäre Bewegung nur eine Ausdrucksform war, konnte nicht ausbleiben. Daß Rußland in seiner nachholenden Entwicklung Europa immer vor Augen hatte, schärfte, nach den Erfahrungen von 1789 und 1848, allen die Gefahren ein, die einem sich reformierenden System drohten. Weil Alexander glaubte, die sich aus diesen Reformen ergebende soziale Dynamik zügeln zu müssen, hielt er immer am Prinzip der uneingeschränkten Monarchie fest, wie er auch bestimmte ständestaatliche Elemente zu bewahren suchte. Die Folge war eine paradox anmutende Politik, die Konzessionen mit Festigkeit oder gar Repressionen verband und dadurch oft nur das allgemeine Mißvergnügen verstärkte. Auf einer subjektiven Ebene rief diese objektiv unvermeidbare Situation Frustrationen und zeitweilige Depressionen hervor, die man, schon weil sie nicht nur den Monarchen erfaßten, nicht als persönlichen Mangel interpretieren kann. Die Zeit der «Großen Reformen», die von der vorrevolutionären liberalen russischen Historiographie aus politischen Gründen nachträglich zu einer heroischen Epoche hochstilisiert wurde, war mindestens ebensosehr eine Periode tiefster Verunsicherung, wachsender Orientierungslosigkeit und «sozialer Angst».

Alexander II. wuchs unter Bedingungen auf, die ihn zumindest bis zu einem gewissen Grade der Isolation entzogen, der ein zukünftiger Zar meist von früh an ausgesetzt war. Sein Erzieher, Oberst Karl Karlovič Merder (Mörder), sorgte dafür, daß er mit Gleichaltrigen aufwuchs. Als Tutor erhielt Alexander mit seinem sechsten Lebensjahr den Dichter V. A. Žukovskij, den die Kaiserin, eine Tochter Friedrich Wilhelms III. von Preußen, gegen ihren Mann durchzusetzen wußte. Die Wahl Žukovskijs mußte bei dem unter Nikolaus I. herrschenden Geist überraschen. Dieser nach dem Urteil aller Zeitgenossen moralisch unanfechtbare Mann hatte – aufgeklärt, aber fromm und absolut monarchentreu – seine Leibeigenen befreit und sich dadurch fast mittellos gemacht. Er war ein Gegner jeglicher Tyrannei und Fürstenwillkür. Als Lehrer für besondere Fachgebiete wählte er ähnlich unabhängige Geister, wie den Historiker Konstantin A. Arsen'ev, der wegen politischer Unzuverlässigkeit seine Professur verloren hatte, und den unter Alexander I. längere Zeit nach Sibirien verbannten Michail M. Speranskij. Žukovskij lehrte, daß das allgemeine Gute die Summe des individuellen Guten sei und daß der Zweck nie die Mittel heilige. Sein kaiserlicher Schüler teilte solche Ansichten. Ob er den Widerspruch zu seiner Umgebung empfunden hat, muß offenbleiben, verhielt er sich doch bis zum Tode Nikolaus' skrupulös loyal. Angeblich zeigte Alexander in seiner frühen Jugend einen Mangel an Ausdauer und Hingabe. Aber seine Erzieher erwarteten von ihm sehr viel, und die Historiker sind sicher nicht frei von der Versuchung, solche Kritik zurückzuprojizieren, wenn sie in der frühen Jugend schon die später vermeintlich festzustellende Unentschlossenheit zu entdecken glaubten. In jungen Jahren war Alexander immer bestrebt, Menschen im Unglück zu helfen. Auf seiner ersten großen Bildungsreise traf er auf die verbannten Dekabristen (s. Kapitel «Nikolaus I.»), für die er sich bei seinem Vater verwandte. Alexander verstand es aber auch, sich mit Härte und Konsequenz durchzusetzen, als er gegen den entschiedenen Widerstand seiner Eltern sich eine Prinzessin – Marie – aus dem Hause Hessen-Darmstadt zur Frau wählte. Žukovskij hatte immer wieder die wichtige Rolle von Wissenschaft und freiem Diskurs betont und die Notwendigkeit für einen guten Monarchen, auf den Rat anderer zu hören. Dies trug dazu bei, daß Alexander II., mehr als seine Nachfolger und viele seiner Vorgänger, andere Meinungen auch in seiner Umgebung zur Geltung kommen ließ und es verstand, Verantwortung zu delegieren. Dieser Regierungsstil entsprach den Verhältnissen der zweiten Hälfte des 19. Jahrhunderts weit mehr als der hausbackene, eigensinnige und autoritäre Stil von Sohn und Enkel. Alexander II. war zweifellos intelligent und sprach neben Russisch fließend Deutsch, Englisch, Französisch und Polnisch. Er interessierte sich für Literatur und Geschichte, kannte Turgenevs «Skizzen aus dem Bauernleben» und lachte mit seiner Frau zusammen über die Dummheiten der Beamten in Gogol's «Revisor» und «Mantel».

Alexander II. bestieg den Thron während des Krimkrieges, der erbarmungslos zeigte, wie sehr sich das nikolaitische System überlebt hatte. Erst nach dem Verlust Sevastopol's willigte Alexander in den Pariser Frieden vom 11. 4. (N. S.) 1856 ein. Erste Maßnahmen machten sofort deutlich, daß ein neues Regime begann. In den wenigen kleinen Zirkeln der fortschrittlichen Öffentlichkeit und der Bürokratie verbreitete sich Aufbruchsstimmung. Im Krönungsmanifest verkündete der Zar eine Reihe wichtiger Gnadenakte. Er erließ eine generelle Amnestie für politische Gefangene, die auch die noch in sibirischer Verbannung lebenden Dekabristen einbezog; er hob das berüchtigte Kantonistensystem auf, durch das zwölfjährige jüdische Knaben den Militärs übergeben wurden, damit sie sich nicht dem Wehrdienst entziehen konnten. Die Zensur wurde gelockert, und noch 1855 erhielten nicht-offizielle Organe die Erlaubnis, Reporter in die Kriegszone zu senden. Auf ausdrückliche Anweisung des Zaren erschienen jetzt eine Reihe von unterdrückten literarischen Werken, darunter solche von Gogol', und es war jetzt möglich, gesellschaftliche und politische Fragen in Zeitungen und Zeitschriften zu erörtern. Allerdings machte Alexander durch weitere Anweisungen klar, daß er weiterhin, besonders was die Bauernbefreiung anging, die öffentliche Diskussion zu bestimmen gedachte. Auch hielt er jede öffentliche Erörterung bürokratischer Mißstände für schädlich, weil sie die Autorität der Regierung diskreditiere. Auf der anderen Seite wurde 1857 zum ersten Mal, auf ausdrücklichen Befehl des Zaren, das Budget veröffentlicht. Die Zensur blieb lange in einem Zustand des Laisser faire, was der öffentlichen Diskussion eher guttat.

Am Tage des Pariser Friedensschlusses forderte Alexander II. in einer Rede in Moskau den Adel auf, darüber nachzudenken, wie man die Lage der Bauern verbessern könne, da es besser sei, die Leibeigenschaft von oben abzuschaffen, als daß diese von unten abgeschafft werde. Damit schuf Alexander Tatsachen, hinter die niemand mehr zurück konnte. Allerdings hatte weder der Zar noch sonst jemand eine Vorstellung davon, wie die Emanzipation zu bewerkstelligen sei. Der Kaiser suchte eine Politik, die sowohl die Bauern wie die Adligen fair behandelte, was einer Quadratur des Zirkels gleichkam. Aber Alexander, der solche Widersprüche oft zu versöhnen suchte, nahm seine Reformpläne ernst. So begann z. B. der neue Innenminister Lanskoj, ein Anhänger der Emanzipation, sein allererstes Zirkular mit den Worten: «Unser allergnädigster Herr befahl mir, die Rechte unerschüttert zu erhalten, die ... seine Vorfahren dem Adel gewährt haben.» Damit hatte er die Grenzen aller Reformbemühungen skizziert: Der Adel sollte der entscheidende Stand im Reich bleiben. Das zeigte sich auch darin, daß Alexander den Adel aufforderte, Vorschläge und Konzepte einer Bauernbefreiung auszuarbeiten, während er stillschweigend davon ausging, daß die Bauern geduldig auf einen kaiserlichen Gnadenakt zu warten hatten.

Die Gutsbesitzer reagierten jedoch mit beredtem Schweigen auf die Aufforderungen Alexanders, so daß dieser sich gezwungen sah, ein Geheimes Komitee unter dem Vorsitz des Grafen Orlov einzusetzen, das er am 3. 1. 1857 persönlich eröffnete. Aber auch hier traf der Zar nur auf Obstruktion. Eine Vorbereitende Kommission, dem Geheimen Komitee zugeordnet, aus Mitgliedern des Reichsrats und mit dem Vertrauten des Zaren, Ja. I. Rostovcev, einem General, als Vorsitzendem, konnte vorerst nichts bewegen. Um den hinhaltenden Widerstand zu brechen, machte Alexander seinen reformfreudigen Bruder Konstantin zum Mitglied des Geheimen Komitees. Unterstützung fand die Idee der Befreiung der Leibeigenen in der Öffentlichkeit nur bei einigen aufgeklärten Vertretern der Intelligenz, bei Slavophilen und Westlern, deren ideologische Differenzen in den Hintergrund traten. Zu diesen gehörten die Brüder Aksakov, der Rechtsgelehrte K. D. Kavelin, Publizisten und Adelsmarschälle wie A. I. Košelev, Jurij und Dimitrij Samarin, Fürst V. A. Čerkasskij und der Geograph P. P. Semenov-Tjan-Šanskij. Eine kleine Gruppe der Bürokratie, vor allem im Innenministerium Lanskojs, zeigte sich ebenfalls reformbereit. Hier spielte, trotz seiner vorerst niedrigen Stellung als Chef der statistischen Abteilung, Nikolaj Miljutin eine entscheidende Rolle, und er wurde von seinem Mitarbeiter Ja. A. Solov'ev unterstützt. Die beiden Gruppen hatten sich z. T. in der Kaiserlichen

Geographischen Gesellschaft getroffen, die der Geschichtslehrer des Zaren gegründet hatte, oder auch im Salon der Großfürstin Elena, einer Prinzessin aus dem Hause Württemberg, in dem auch Konstantin Niko-laevič verkehrte. Wichtig war für diese Reformer die Beziehung zu Ro-stovcev, der immer mehr die Rolle eines väterlichen Freundes und Men-tors des Zaren einnahm. Als klar wurde, daß der Wille des Zaren nicht ignoriert werden konnte, hofften Teile des Adels, als das kleinere Übel eine Befreiung der Bauern ohne Land anstreben zu können. Aber Alexan-der intervenierte persönlich und bestimmte im November 1857, daß den Bauern das Hofland (usad'ba) zur Ablösung übergeben und darüber hinaus Land auf Dauer zur Nutzung zur Verfügung gestellt werden müsse. Auf dieser Grundlage sollten die Adligen die Befreiung der Bauern in eigens zu schaffenden Komitees beraten und organisieren. Alexander begann daraufhin im neuen Jahr eine öffentliche Kampagne, mit der er unter dem Adel des Reiches für seine Vorstellungen der Bauernbefreiung warb. Reaktionäre oder die wenig progressiven Ab-weichler rügte er öffentlich scharf. Gleichzeitig versprach er dem Adel, daß dieser Vertreter nach St. Petersburg senden könne, die dort die Ergebnisse der Beratungen der lokalen Komitees erläutern sollten.

Im Sommer 1858 spätestens kamen der Zar und sein Vertrauter Ro-stovcev unabhängig voneinander zu der Überzeugung, daß die Bauern mit Land, d. h. nicht nur mit der usad'ba befreit werden müßten. Ro-stovcev hatte seine Meinung auf einer längeren Studienreise in Deutsch-land entscheidend geändert: Die Bauern konnten nur mit Land befreit werden, und die Polizeigewalt mußte den Gutsherren unmittelbar mit Beginn der Befreiung entzogen werden. Eine freiwillige Ablösung (Los-kauf) sollte dafür sorgen, daß ein Teil des Landes endgültig in die Hände der Bauern überging. Gleichzeitig plädierte er für die Beibehaltung der obščina, d. h. des Kollektivbesitzes mit periodischer Umverteilung des Landes unter den Familien einer Bauerngemeinde. Die Zukunft solle erweisen, ob sich der individuelle Besitz durchsetzte, woran Rostovcev aber nicht glaubte. Die Vertreter des Adels, in zwei Gruppen eingeladen und nur individuell konsultiert, durften allein noch auf Fragen der neu geschaffenen Redaktionskommission antworten. Es war, wie ein Betrof-fener formulierte, der Dialog zwischen dem Huhn und dem Koch. Die Reformer und wohl auch Alexander befürchteten, der Adel könne eine Befreiung mit Land noch zu Fall bringen. In der letzten Phase der Bera-tungen, während des ganzen Jahres 1860, hielt Alexander II. eisern an den Grundprinzipien der Reform mit Land fest. Das gilt auch für die Zeit nach dem Tode Rostovcevs, als er zum Schrecken der Reformer Graf Panin, bis dahin ein entschiedener Gegner der Befreiung, zu dessen Nachfolger ernannte. Diese Maßnahme war typisch für Alexander, der von Panin erwartete, aus Loyalität zum Monarchen den ihm gegebenen Auftrag getreulich zu erfüllen, auch wenn er den eigenen Überzeugungen widersprach. Auf der anderen Seite balancierte Alexander diese Personalentscheidung durch die Ernennung seines Bruders Konstantin zum Vorsitzenden des Hauptkomitees aus. Die kaiserlichen Brüder steuerten das in den Redaktionskomitees erarbeitete Projekt weitgehend unverändert durch das Hauptkomitee. Im Reichsrat kam in letzter Minute noch eine wichtige Änderung des Entwurfs zustande: Den Bauern wurde die Möglichkeit gegeben, nur ein Viertel des für das jeweilige Gouvernement festgelegten Maximums an Land zu übernehmen, dafür aber kostenlos und in Individualbesitz. Die Kritik an dieser Regelung bei den Zeitgenossen und in der Historiographie war heftig, aber weitgehend unbegründet. Nur ein kleiner Prozentsatz der Bauern optierte für diese Klausel – d. h., es gelang den Gutsbesitzern nicht, auf diese Weise Bauern vom Land zu verdrängen –, und die große Mehrheit derjenigen, die für den «Bettleranteil» votierten, vermochte sich dennoch als Bauern zu halten.

Die Grundzüge der Befreiung lassen sich wie folgt zusammenfassen: Die Bauern waren sofort persönlich frei und der Patrimonialgewalt des Gutsbesitzers entzogen. Während einer Übergangszeit mußten zwischen Bauern und Gutsbesitzern unter Aufsicht eines Friedensvermittlers der Umfang des Hof- und des Ackerlandes gemäß regional differierenden Minima und Maxima festgelegt werden. Danach konnte die Ablösung des Landes beginnen, wobei der Staat 80% des Kaufpreises dem Adligen direkt – entweder als sofortige Tilgung seiner Schulden oder in Rentenpapieren – auszahlte, der Bauer die verbleibenden 20%. Die Ablösung konnte vom Gutsbesitzer gegen den Willen des Bauern in Gang gesetzt werden, wobei er allerdings die 20% des Bauern verlor, nicht aber vom Bauern gegen den Willen des Gutsbesitzers. Dies entsprach Alexanders Wunsch nach Freiwilligkeit des Loskaufs, weil alles andere in seinen Augen eine unzulässige Enteignung bedeutet hätte. Der Preis des Landes wurde durch die Kapitalisierung des obrok, d. h. der Pachtzahlung, errechnet. Dadurch ergab sich aber eine beträchtliche Überbewertung des Landes, vor allem in den Nicht-Schwarzerderegionen im Norden und im Zentrum um Moskau, wo der obrok nicht so sehr aus den Einkünften aus dem Land bezahlt wurde, sondern aus der «Nebentätigkeit» in Industrie, Handel und Handwerk. Im Schwarzerdegebiet und im Süden verloren die Bauern viel Land, in vereinzelten Gouvernements über 30%, während sich die Verluste im Norden und im zentralen Nicht-Schwarzerdegebiet in Grenzen hielten. Die Überbezahlung des abzulösenden Landes sollte nicht dramatisiert werden. Da es vor der Bauernbefreiung keinen wirklichen Landmarkt geben konnte – nur die kleine Gruppe des Adels durfte ohne alle Restriktionen Land kaufen –, reflektierten die Preise der fünfziger und sechziger Jahre nicht den wirklichen Bodenwert. Bis zur Mitte der siebziger Jahre hatte der Bodenpreis in der Regel den der Ablösezahlungen deutlich überholt, und er stieg unvermindert weiter. Daß die Bauern im Schwarzerdegebiet, vor allem im Süden und Südosten, im Vergleich zur Zeit vor der Befreiung viel Land verloren, war unvermeidlich, wenn man die Adligen nicht ruinieren wollte: Nur so konnten die Gutsbesitzer die notwendigen Arbeitskräfte finden, da die Bezahlung für die Pacht, zu der die Bauern wegen der knappen Landausstattung gezwungen waren, durch Abarbeit (otrabotka) geleistet werden konnte. Die Bauern empfanden die Ablösezahlungen weitgehend als ungerecht, da sie das Land sowieso als ihr Eigentum betrachteten. Viele zögerten, mit dem Loskauf zu beginnen. Dies verschärfte einen Zug der Reform, der ebenfalls für die Bauern nur schwer zu ertragen war: Die Loskaufzahlungen liefen über Jahrzehnte und hätten sich, wenn es nicht anders gekommen wäre, nach mehreren Stundungen bis in die fünfziger Jahre des 20. Jahrhunderts erstreckt.

Die herausragenden Charakteristika der Reform waren erstens eine Befreiung mit Land, die ausschloß, daß die Gutsbesitzer in späteren Jahren zum Bauernlegen ansetzen konnten. Dadurch hebt sie sich positiv ab von der Emanzipation etwa in Preußen oder der Sklavenbefreiung in den Vereinigten Staaten. Zum zweiten hat diese Reform den Bauern das Land geradezu aufgebunden: Bauern konnten – vom Bettleranteil einmal abgesehen – nicht auf ihren Landanteil verzichten und später, nach der Zuteilung, auch nicht mehr veräußern. Nur die obščina durfte Land verkaufen, und das in der Regel nur an andere Bauern. Die Befreiung der Bauern mit Land hatte langfristig bedeutende Auswirkungen, weil sie u. a. die Industrialisierung nicht in besonderem Maße beschleunigte, anders als etwa in Preußen. Die Emanzipation schuf nicht, wie dort, ein großes Reservoir vom Lande freigesetzter billiger Arbeitskräfte. Der Zar vor allem verhinderte dies, da er in einem landlosen Proletariat große Gefahren für die soziale und politische Stabilität sah. Die Befreiung versetzte die Bauern in die Lage, in einen erfolgreichen Verdrängungswettbewerb mit den Gutsbesitzern einzutreten: 1863 erhielten die Staats-, Kron- und Gutsbauern etwa zwei Drittel des Ackerlandes des europäischen Rußland. Bis 1916 besaßen sie knapp 85% und bearbeiteten rund 90% des Ackerlandes. Rußland blieb ein Bauernland. Nicht die Oktoberrevolution brachte hier eine Trendwende, sondern erst Stalins brutale Zwangskollektivierung.

Im Verlauf der Diskussionen um die Bauernbefreiung forderten Teile des Adels – von rechts und von links – immer lauter eine Art Konstitutionalisierung des Reiches. Die Konservativen suchten diese als Kompensation für die Bauernbefreiung und gleichzeitig als Garantie dafür, daß eine ähnliche Verletzung ihrer Interessen sich nicht wiederholen würde. Der Zar sah in den «konstitutionellen» Projekten des Adels den Versuch, «bei uns die oligarchische Regierungsform einzuführen» und die Befreiung der Bauern mit Land zu verhindern. Gerade seine progressivsten Berater, wie Nikolaj Miljutin, Rostovcev, Lanskoj u. a., bestärkten ihn in dieser Haltung. Alexander reagierte durchaus wie ein Autokrat: Er erteilte öffentliche Rügen und befahl in einem Fall die Entfernung aus der Hauptstadt. Als der Moskauer Adel 1865 wieder mit solchen Forderungen auftrat, schalt der Zar diesen öffentlich: «Mir ist bekannt, daß ... die Moskauer Adelsversammlung Dinge erörterte, die ihrer direkten Zuständigkeit nicht unterliegen ... und die sich auf die Veränderung der den staatlichen Institutionen Rußlands zugrundeliegenden Prinzipien beziehen. Die Veränderungen während meiner zehnjährigen Herrschaft, die sich wohltätig entfaltet haben, ... bezeugen hinreichend mein ständiges Bemühen, nach Maßgabe des Möglichen und in einer von mir vorgegebenen Ordnung, die verschiedenen Bereiche des Staatsaufbaus zu verbessern ... Das Recht der Initiative bezüglich der Hauptteile dieser schrittweisen Vervollkommnung liegt ausschließlich bei mir, und es ist untrennbar verbunden mit der autokratischen Macht, die mir von Gott anvertraut wurde ... Keiner von ihnen hat das Recht, meiner beständigen Sorge um das Wohl Rußlands zuvorzukommen und Vorentscheidungen über die bestehenden Prinzipien seiner staatlichen Einrichtungen zu treffen. Kein einzelner Stand hat das Recht, im Namen eines anderen zu sprechen. Niemand ist aufgerufen, es auf sich zu nehmen, vor mir als Sachwalter der Nöte und des Nutzen des Staates aufzutreten.» Einem Vertreter des Adels erklärte Alexander: «Ich gebe Dir mein Wort, daß ich bereit wäre, sofort auf diesem Throne irgendeine Konstitution zu unterschreiben, wenn ich überzeugt wäre, daß dies Rußland nutzen würde. Aber ich weiß, daß Rußland morgen in seine Einzelteile zerfallen wird, wenn ich dies heute tue.» Gegenüber Innenminister Valuev, der ihm mit Beginn der polnischen Krise ein Projekt vorlegte, durch das gewählte Repräsentanten an der Beratung der Gesetzgebung teilgenommen hätten, äußerte Alexander 1862, daß er für die Zukunft nicht gegen eine Verfassung sei, ein solches Projekt aber zum gegebenen Augenblick für verfrüht halte.

Bei den beiden weiteren großen Reformen der sechziger Jahre, der Einführung eines neuen Gerichtswesens und der ländlichen Selbstverwaltung, suchten sich jetzt auch Kräfte außerhalb des Zentrums einzuschalten. Der Zar mußte Reformen nun nicht mehr erzwingen. Er sah sich im Gegenteil veranlaßt, weit grundlegendere Reformen zu gewähren, als er ursprünglich ins Auge gefaßt hatte. Bei der Justizreform glaubte Alexander noch 1858, daß Rußland für ein Gerichtssystem mit mündlichem Verfahren und Rechtsanwälten nicht reif sei. Hier war es gerade auch der konservative Adel, der sich von einer grundlegenden Reform einen besseren Schutz seiner Interessen und seines Eigentums versprach. Innerhalb des Justizministeriums erarbeitete Dmitrij Zamjatin, seit 1858 stellvertretender und seit 1862 Justizminister, neue Konzepte, zu deren Diskussion er auch in vorsichtiger Form die Presse einlud. Sergej Zarudnyj studierte im Ausland andere Rechtssysteme – u. a.

das hannoversche, wo man in den vierziger Jahren das schriftliche System abgeschafft und französische Modelle übernommen hatte. Zarudnyj wechselte in das Juristische Department des Reichsrats und begann, vom Zaren als Vorsitzender einer Kommission eingesetzt, auf dessen ausdrücklichen Befehl, Rechts- und Verfahrensnormen, die sich in Europa bewährt hatten, in das zu entwerfende russische Gerichtssystem einzubauen. Am 29. 9. 1862 billigte Alexander die von Zarudnyj vorgelegten grundlegenden Prinzipien einer Reform, und am 20. 11. 1864 wurden die neuen Statuten verkündet. Rußland erhielt Geschworenengerichte mit mündlichen Verfahren, Anwälte und Anwaltskammern. Gerichtsprotokolle blieben von der Zensur ausgenommen. Die Unabsetzbarkeit der Richter war jetzt endlich gesetzlich garantiert. Das neue System kannte keine Standesunterschiede. Die Justizreform war sofort populär und insgesamt vielleicht die erfolgreichste der Großen Reformen. Ein professioneller, unbestechlicher Richterstand entwickelte sich, der dieses Gerichtswesen trug und gleichzeitig aktiv an einer permanenten Diskussion über die Reform der Gesetzgebung beteiligt war. Die Anwälte auf der anderen Seite nahmen über ihre engen Beziehungen zur Juristischen Gesellschaft der Moskauer Universität nicht nur an diesen Diskussionen Anteil, sondern sie bildeten auch einen der Kerne, um die sich allmählich so etwas wie eine politische Öffentlichkeit und «civil society» zu entwickeln begann.

Eine weitere wichtige Reform war die Einführung einer ländlichen Selbstverwaltung, der Zemstva («Landschaften»). Mehrere Motive flossen hier ineinander und bestimmten das Ergebnis. Die alte Provinzialverwaltung war hoffnungslos überlastet und überzentralisiert. Der Staat vermochte kaum noch deren Kosten zu tragen. Zudem meldete auch in diesem Bereich der Adel seine Ansprüche an. Gegen die Überzentralisierung stellten sich die Provinz-Gouverneure auf die Seite der Reformer und Dezentralisierer. Sie schalteten sich mehrfach entscheidend in den Prozeß der Willensbildung ein, auch gegen den Zaren, der Projekte gebilligt hatte, die entweder durch Wiedereinführung der Generalgouverneure oder durch die Schaffung kleiner Autokraten als Kreispolizeichefs die Zentralisierung bewahren und den Durchgriff der Zentrale stärken wollten. Im ersten Fall hat das Rücktrittsangebot Lanskojs, im zweiten die massive Kritik der Gouverneure, die auch den Lokaladel mobilisierten, den Zaren von solchen Projekten abgebracht. Die Stärke der Position der Dezentralisierer lag darin, daß sie die objektiv notwendige funktionale Differenzierung der staatlichen Aktivitäten verfochten. Mit der gleichzeitigen Beratung der Reform des Gerichtswesens wurde offenkundig, daß zumindest die juristische von den administrativen und polizeilichen Funktionen getrennt werden mußte. Dies akzeptierte auch der Zar bereits am 24. 10. 1858 auf Vorschlag Lanskojs. Den Reformern im Innenministerium, Lanskoj, Ja. Solov'ev und nicht zuletzt

Michail Saltykov, dem Satiriker, gelang es im November 1859, ein weiteres Hindernis für die angestrebte Dezentralisierung und gewählte Selbstverwaltung aus dem Weg zu schaffen – durch die Lösung der zentralisierten Polizei aus den anderen Zweigen der Verwaltung und die Befreiung der Polizei von im modernen Sinne nicht polizeilichen Aktivitäten. Die Reformer arbeiteten über die üblichen Netzwerke, die in den vorausgegangenen Jahrzehnten über die Kaiserliche Geographische Gesellschaft geknüpft worden waren, und zunehmend auch über die Freie Kaiserliche Ökonomische Gesellschaft mit Aktivisten des Adels in der Provinz zusammen, die einen stärkeren Anteil des Wahlelements in der örtlichen Verwaltung verlangten. Allerdings waren sie, besonders Lanskoj und Miljutin, nicht bereit, die zu schaffenden Zemstva dem Adel allein zu überlassen. Selbst unter dem Provinzadel fanden sich immer mehr Stimmen, die einer Beteiligung aller Gruppen das Wort redeten. Auch eine intensive journalistische Kampagne unterstützte diese Forderung. Der erste Entwurf für ein Statut der lokalen Selbstverwaltung stammte von Jakov Solov'ev, dem der Zar, jetzt anscheinend selbst ein Anhänger des Wahlelements, den Auftrag gegeben hatte, die neuen Institutionen mit «soviel Einheit, Unabhängigkeit und Vertrauen wie möglich» auszustatten. Innenminister Valuev, der sich noch nicht hatte festlegen wollen, legte diesen Entwurf dem Zaren vor, betonte aber sofort, daß man die Rolle des Adels stärken müsse. Alexander befürwortete dies, wie auch der Petersburger Adel, der bereits 1858 solches vorgeschlagen hatte, und der allmählich zu einem politischen Machtfaktor avancierende Journalist Michail Katkov, ein Freund Valuevs, mit seinem «Russkij Vestnik». Der polnische Aufstand drohte die Aussichten für die Einführung der neuen gewählten Organe lokaler Selbstverwaltung dramatisch zu verschlechtern. Valuev suchte nun alle Elemente aus den Kompetenzen der Zemstva herauszunehmen, die auch nur im entferntesten den Eindruck erwecken konnten, als seien sie lokale, aber weitgehend selbständige Regierungsorgane. Baron M. A. Korf, dem Chef der Zweiten Abteilung der Eigenen Kanzlei des Kaisers, gelang es jedoch, die engstirnigen, auf eine rein ständische Vertretung und auf administrative Kontrollen fixierten Vorstellungen Valuevs in den Beratungen des Reichsrats umzuwerfen: Die Zemstva erhielten, als das Statut am 1. 1. 1864 verkündet wurde, ein Zensuswahlrecht, das Standesgrenzen weitgehend ignorierte und das die Bauern auf Kreis- und Gouvernementsebene, aber auch die städtischen Elemente einbezog. Auch blieben die Zemstva vom Veto des Gouverneurs und von administrativen Strafen verschont. Im Gegensatz zu Valuevs Vorstellungen erhielten sie Kompetenzen im Bereich des Erziehungs- und Schulwesens, der Gefängnisse und des Gesundheitswesens.

Die Zemstvo- und die Gerichtsreform schufen Tatsachen, hinter die das System nicht mehr zurückgehen konnte. Dies bedeutete eine fakti-

sche Einschränkung der absoluten Monarchie, die formal weiterbe-
stand. Was auch immer an Spielraum für administrative Willkür blieb,
wie auch immer spätere Maßnahmen den Radius der Zemstvo-Aktivitä-
ten und den Kreis der hier Beteiligten einzuschränken versuchten – die
Zemstva wurden zu einem wichtigen Element der Wiederbelebung pro-
vinziellen Lebens und gleichzeitig zu einer der wichtigsten Stützen einer
anti-autokratischen politischen Gegenkultur. Sie bildeten das vielleicht
einzige öffentliche Forum, auf dem die gebildeten Schichten politische
Partizipation einüben konnten. Die Reform der lokalen Selbstverwaltung zeigte aber einen gravierenden Mangel, der durchaus beabsichtigt
war. Sie beließ am unteren Ende der Pyramide eine ständisch organisierte Struktur der lokalen Selbstverwaltung in Gestalt der rein bäuerlichen Organe des «mir» (Gemeinde) und der «volost'» (Landbezirk).

Auch im Erziehungsbereich kam es zu wichtigen Reformen, vor
allem unter dem aufgeklärten Minister Golovnin (1861–1866). Der Staat
kümmerte sich intensiv um das dörfliche Schulwesen und setzte, vom
Zaren unterstützt, seine weitgehende Säkularisierung durch. 1864
öffnete ein neues Statut die Gymnasien, die bis dahin theoretisch ein
Reservat für den Adel geblieben waren, auch für Angehörige aller
übrigen Stände. Am 18. 6. 1863 erhielten die Universitäten ein neues
Statut, das ihnen einen bis dahin unerhörten Grad an Autonomie gewährte. Die Rechte der Studenten, sich zu organisieren, blieben allerdings äußerst beschränkt. Es begann jetzt eine Blütezeit der russischen
Universitäten, die auch durch die Repressionen der achtziger Jahre nicht
nachhaltig gestört wurde. Der Staat eröffnete auch Mädchen und Frauen
eine Reihe von bis dahin verstellten Möglichkeiten im Erziehungs-
system. In den sechziger Jahren erhielten sie in größeren Zahlen eine
Gymnasialbildung, und zeitweise durften sie inoffiziell die Universitäten und sogar die Medizinische Akademie des Kriegsministeriums
besuchen. Seit Beginn der siebziger Jahre, als dieses Experiment des
Frauenstudiums beendet wurde, entstanden durch private Initiativen in
Moskau, St. Petersburg und einigen anderen Städten «Höhere Frauen-
kurse» mit Universitätsniveau, an denen in der Regel Universitätspro-
fessoren unterrichteten, die aber nicht dieselben Qualifikationen wie die
Universitäten verleihen konnten. Auch an Gymnasien durften Frauen
unterrichten. Seit 1872 gab es ein Medizinisches Institut für Frauen,
dessen Absolventinnen nach 1878 das Recht erhielten, selbständig eine
ärztliche Praxis zu führen, wie vorher schon die Absolventinnen der
Medizinischen Akademie des Kriegsministeriums. Der Reformimpetus
der sechziger Jahre wurde hier allerdings im Interesse einer vermeint-
lichen sozialen Stabilisierung erheblich gebremst. Dennoch haben die
russischen Frauen in den Intelligenzberufen um 1900 wesentlich größere Fortschritte erzielt als in Deutschland oder anderen euopäischen
Staaten.

Der Reformimpuls endete nicht mit dem polnischen Aufstand (1863) oder dem ersten Attentat auf den Zaren (1866). Richtig ist aber, daß viele herausragende Persönlichkeiten, die an den Reformen mitgearbeitet hatten, in das Lager der Reaktion einschwenkten. Der konservativ-nationalistische Publizist Michail N. Katkov und der Mann, der zum Inbegriff der Reaktion werden sollte, der spätere Oberprokuror des Hl. Synods, Konstantin Pobedonoscev, sind nur die bekanntesten unter ihnen. Aber selbst nach der Ernennung D. A. Tolstojs zum Bildungsminister herrschten die Reformtendenzen vor. Tolstoj vergrößerte die Zahl der Schulen auf allen Ebenen, die Zahl der Studenten stieg weiter, Schüler, Studenten und Professoren rekrutierten sich verstärkt aus allen Bevölkerungsschichten. Verhaßt machte ihn hingegen sein vehementer Einsatz für das klassische System mit Latein und Griechisch, in dem ihn auch der Zar gegen die Mehrheit des Reichsrats stützte. Die Öffentlichkeit argwöhnte, daß er mit diesem System den gefügigen Untertan heranziehen wollte. Daß er nach seiner Ernennung zum Volksbildungsminister Oberprokuror des Hl. Synods blieb, leistete Vermutungen Vorschub, daß die Kirche nunmehr den lange gesuchten Einfluß auf das Schulwesen erhalten würde. Aber unter Tolstoj verlor die Geistlichkeit 1869 sogar an Einfluß, als in dem gesellschaftlich-staatlichen Mischorgan, das die Aufsicht über die Volksschulen führte, auf ausdrücklichen Wunsch des Zaren statt des Vertreters der Geistlichkeit nun der Adelsmarschall des Gouvernements den Vorsitz führte. Mit dem Volksschulgesetz von 1874, von Tolstoj auf den Weg gebracht, begann die Zahl der Kirchenschulen deutlich zu sinken.

Am 6. 4. 1865 erschienen «Provisorische Regelungen» über die Zensur. Die Grundidee war fortschrittlich: Über die weitgehende Beseitigung der Vorzensur verzichtete der Staat auf die Vorstellung, es sei seine Aufgabe, die Öffentlichkeit anzuleiten und zu erziehen. Alexander war sich nie darüber im klaren, wieviel Spielraum er für öffentliche Diskussionen gewähren sollte. Einer seiner Zensoren schrieb: «Im Augenblick verlangt er Restriktionen, aber gleichzeitig möchte er das Denken nicht verhindern.» Zar und Bürokratie suchten über die Presse Kontakt mit der Gesellschaft, aber gleichzeitig zeigte man sich über die möglichen Konsequenzen beunruhigt, wobei in der Regel die Bürokratie die Zensur restriktiver zu handhaben suchte als der Zar selbst. Alexander beschrieb seine Einstellung so: «Da gibt es gewisse Aspirationen, die nicht mit den Ansichten der Regierung übereinstimmen. Diese muß man zügeln, aber ich möchte keinerlei repressive Maßnahmen. Ich wünsche sehr, daß wichtige Fragen in aufgeklärter Weise untersucht und diskutiert werden.» Die Reformer hatten sich bei den neuen Bestimmungen nicht völlig durchsetzen können. Sie konnten nicht verhindern, daß der Innenminister das Recht besaß, auf administrativem Wege eine Zeitung oder Zeitschrift nach mehrmaliger Verwarnung für bis zu sechs Monate zu suspendieren. Gleichzeitig mußte er jedoch die Gründung einer Zeitung oder die Ernennung eines Chefredakteurs genehmigen.

Die zweite Hälfte der sechziger Jahre erwies sich als schicksalsschwere Zeit für Alexander. 1865 starb der Thronfolger Nikolaj an einer lange verkannten Tuberkulose. Erschöpfung und Zynismus setzten ein. Zwischen Alexander und der Kaiserin wuchs eine bald nicht mehr zu überbrückende Entfremdung. Ihre ernste Art und ihre philanthropen Unternehmungen fanden in der frivolen Petersburger Gesellschaft keinen Anklang und isolierten sie. Hinzu kam, daß die Kaiserin als Konvertierte die orthodoxe Religiosität überaus ernst nahm und zusammen mit ihrem Beichtvater eine Atmosphäre schwüler Frömmigkeit verbreitete. Ihre Gesundheit, durch zahlreiche Schwangerschaften und das Petersburger Klima geschwächt, verlangte lange Kuraufenthalte im Ausland. Nach Hause zurückgekehrt, pflegte sie sich wochenlang in ihre Gemächer einzuschließen. Politisch suchte sie, zusammen mit ihrem Sohn Alexander, dem Thronfolger, überall die Belange der orthodoxen Kirche und der slavischen Wohlfahrtskomitees zu fördern, und zunehmend unterstützte sie konservative Positionen. Alexander konnte in dieser Atmosphäre nur durch Flucht in Romanzen leben, und der Hof hat ihm zusätzlich manche Affäre angedichtet. Unter diesen Umständen überrascht es vielleicht nicht, daß der Zar in Katharina Dolgorukaja einen neuen Anker in seinem Leben fand. Er hatte persönlich die Vormundschaft über Katharina und ihre fünf weiteren Geschwister übernommen, was bei Kindern des Hochadels nicht unüblich war. Im Frühjahr 1865 eröffnete der Zar, jetzt 47 Jahre alt, der 18jährigen seine Liebe. Sie wehrte sich bis in den Sommer 1866, wenige Monate nach dem Attentat Karakozovs, bevor sie dem beständigen Werben des Zaren nachgab. Als klar wurde, daß dies keine vorübergehende Liaison sein würde, geriet die Affaire zum Skandal. Sie erschütterte das Prestige Alexanders. Katharina gebar ihm drei Kinder. Als die Attentate auf den Zaren zunahmen, zog Katharina 1879 in Gemächer des Winterpalastes. Nach dem Tode der Kaiserin im Frühjahr 1880 heiratete Alexander, gegen den Rat seiner engsten Freunde, Katharina und machte sie zur Fürstin Jur'evskaja. Die Affäre entfremdete den Kaiser von seiner «ersten» Familie. Vor allem der Thronfolger hatte sich auf die Seite seiner Mutter gestellt.

Zwei große Reformen wurden noch in den siebziger Jahren verwirklicht – die städtische Selbstverwaltung von 1870 und die allgemeine Wehrpflicht von 1874, die eineinhalb Jahrzehnte militärischer Reformen abschloß. Die Reform der städtischen Selbstverwaltung hatte lange auf sich warten lassen. Die Zentrale zeigte sich zunächst nicht bereit, den Forderungen der Städte entgegenzukommen. Der erste Entwurf des Innenministeriums wollte den gewählten Stadtverordneten sogar nur die beratende Stimme geben und suchte vor allem die Rolle des Adels zu stärken. Wenn trotzdem ein praktikables Statut zustande kam, so lag dies wiederum an Baron Korf, jetzt Chef der Eigenen Kanzlei des Zaren, der diesen überredete, das Projekt durch die Zweite Sektion der Eigenen Kanzlei überprüfen zu lassen, wo es durchfiel. Alexander schuf daraufhin im Januar 1870, wie bei der Bauernbefreiung und der Zemstvo-Reform, eine den Ministerien und anderen Behörden übergeordnete spezielle Kommission mit seinem Bruder Konstantin und anderen erprobten Reformern unter dem Fürsten Urusov. Ein ungewöhnlich schnell ausgearbeitetes Projekt konnte nach Beratungen mit Vertretern der Gesellschaft im Reichsrat verabschiedet werden. Auch wenn die Aktivitäten der neuen Stadt-Duma auf lokale Angelegenheiten beschränkt blieben und ihre Aktivitäten von der Zentrale relativ eng kontrolliert wurden, entstand eine genuine Selbstverwaltung. Ein Mangel blieb, daß durch eine Art Dreiklassenwahlrecht der Kreis der Wahlbürger sehr eng gehalten wurde.

Die Militärreformen, die der Ende 1861 zum Kriegsminister ernannte Dmitrij Alekseevič Miljutin, Bruder von Nikolaj Miljutin, durchsetzte, waren die vielleicht radikalsten der «Großen Reformen». Die Notwendigkeit, die Schlagkraft der Armee zu erhalten und gleichzeitig eisern zu sparen, verlieh den Reformen des Ministers die notwendige Schubkraft. Nach dem Ende der bäuerlichen Hörigkeit verkleinerte Miljutin das stehende Heer kontinuierlich und bildete gleichzeitig die notwendigen Reserven. Er dezentralisierte die Militärverwaltung durch 15 Militärbezirke, die auch einen Gutteil der Stabsarbeit übernahmen. So gelang es, Tausende von Verwaltungsstellen frei zu machen. Der Anteil der Militärausgaben am Gesamtbudget sank stark, obwohl gleichzeitig das Heer wegen technischer Neuerungen umrüsten und neue Vorräte anlegen mußte. Erst 1874 konnte Miljutin die allgemeine Wehrpflicht durchsetzen, nachdem der deutsch-französische Krieg von 1870/71 noch einmal die Effizienz dieses Systems demonstriert hatte. Das Gesetz ließ keinerlei Ausnahmen mehr zu, nur vom Bildungsgrad abhängige Verkürzungen der Dienstzeit. Die Rekrutierung des Offizierskorps wurde demokratisiert. Für die einfachen Soldaten begann die Dienstzeit mit einer Alphabetisierungskampagne, die Tausende von Bauern, die wenigstens mit einem Minimum an Lesefähigkeit in ihre Dörfer zurückkehrten, dazu befähigte, ein wenig Bildung ins Dorf zu tragen.

Die erste große Gefährdung des Reformgeistes war der polnische Aufstand. Gerade hier zeigte sich, daß der Kaiser, von einigen Zornesaufwallungen abgesehen, noch nach einem Ausgleich der unterschiedlichen Interessen suchte, als dies schon unmöglich erscheinen mußte. Alexander hatte mit Liberalisierungsmaßnahmen und Konzessionen begonnen, gleichzeitig aber die Grenzen seiner Konzessionsbereitschaft zu erkennen gegeben. Die Patrioten in Polen interpretierten aber diese Konzessionsbereitschaft nur als ein Zeichen der Schwäche. Ihre großen

Demonstrationen entwickelten sich schnell zu bewaffneten Zusammenstößen. Die russische Administration in Warschau wollte die Situation
nicht weiter verschärfen und überließ die Wahrung der öffentlichen
Ordnung einem Komitee prominenter Bürger und ihrer polnischen Miliz. Trotz einer Petition des Komitees, die praktisch die Unabhängigkeit
forderte, suchte der Zar, nach kurzem Aufbrausen, auch weiterhin Versöhnung. In Polen fand er Unterstützung bei dem Magnaten Alexander
Wielopolski. Seinem Rat folgend, verkündete der Zar am 26. 3. 1861 ein
Reformprogramm: Wahlen zu ländlichen und städtischen Selbstverwaltungsorganen, einen polnischen Staatsrat, die Polonisierung der Erziehung und die Eröffnung einer polnischen Universität in Warschau. Als
Wielopolski aber die Landwirtschaftliche Gesellschaft – eine Art polnische Gegenregierung unter dem Fürsten Adam Zamoyski – schloß und
das Warschauer Komitee und seine Miliz auflöste, kam es erneut zu
blutigen Demonstrationen. Nach Gedenkgottesdiensten zum Todestag
des polnischen Nationalhelden Kościuszko, bei denen russische Truppen zwei Gotteshäuser betreten und 1600 Personen verhaftet hatten,
schloß der Episkopat alle Kirchen der Hauptstadt. Alexander befahl daraufhin massive Repression. Russische Truppen biwakierten den ganzen
Winter über in der polnischen Hauptstadt, Militärgerichte nahmen wieder ihre Arbeit auf, widerspenstige katholische Geistliche wurden in das
Innere des Reiches verbannt.

In Petersburg blieb dennoch die Partei der Versöhnung vorherrschend. Der Zar ernannte seinen Bruder Konstantin, einen erprobten
Liberalen, zum Statthalter und einen jungen Professor der Katholischen
Akademie in St. Petersburg, der als gemäßigt galt, zum Erzbischof von
Warschau, der die Kirchen wieder öffnete. Alexander akzeptierte die
völlige Trennung der zivilen und militärischen Verwaltung im Königreich Polen und ernannte Wielopolski zum Chef der polnischen Zivil-
administration. Der Kurs von Reform und Repression wurde also fortgesetzt: Zwei Attentäter, darunter einer, der den Bruder des Zaren
ermorden wollte, wurden gehenkt, Zamoyski verbannt, aber in Teilen
Kongreßpolens hob man das Kriegsrecht wieder auf und führte Wahlen
zu den Selbstverwaltungen durch. Polen ersetzten Russen in der zivilen
Verwaltung, wo Polnisch nun als offizielle Sprache galt, eine polnische
Universität öffnete ihre Tore, die Juden erhielten – anders als jemals in
Kernrußland – weitgehende Gleichberechtigung, und ein neues Gesetz
befreite die Bauern von den Frondiensten. Aber die Aspirationen der
polnischen Patrioten ließen sich dadurch nicht zufriedenstellen. Als
Wielopolski im Januar 1863 außerhalb der Legalität versuchte, junge
Männer, deren Sympathien für die polnische Unabhängigkeitsbewe-
gung bekannt waren, zum – russischen – Militär einzuziehen, gab er
damit unwillentlich das Signal zum Aufstand: Der größte Teil der jungen Männer floh in die Wälder und schloß sich der lange vorbereiteten

bewaffneten Rebellion an. Der ungleiche Kampf – 10 000 schlechtbewaff-
neten und untrainierten Polen standen 80 000 russische Soldaten gegenüber – dauerte bis in den Frühling 1864. Damit fand auch die Politik der
Versöhnung ein Ende. Nikolaj Miljutin begann, unterstützt von seinen
alten Bundesgenossen, Fürst Čerkasskij und Ja. Solov'ev, auf ausdrückliche Anweisung Alexanders eine Politik der Russifizierung und der
Schwächung des polnischen Adels: Am 19. 2. 1864 erhielten die polnischen Bauern Land – viel mehr als in Rußland selbst. Die Loskaufzahlungen wurden gesenkt. Anders als die russischen Bauern behielten sie
auch das Recht, Weiden und Wald ihrer ehemaligen Herren zu nutzen.
Die direkten Abhängigkeiten der Bauern von den Gutsbesitzern endeten sofort. Über 1700 polnische Güter wurden konfisziert und – in den
westlichen Provinzen Rußlands – Russen übereignet. Die Polnische Universität Warschau machte einer Russischen Universität Platz. In den
folgenden Jahren verschwand Polnisch als Unterrichtssprache immer
mehr aus den Schulen. Alexander schloß auf Vorschlag Miljutins fast die
Hälfte aller Klöster. Miljutin reduzierte auch die Zahl der Pfarrstellen,
Institutionen der Unierten Kirche wurden verboten. In Weißrußland betrieb M. N. Murav'ev mit ähnlichen Methoden eine energische Politik
der Russifizierung. Die orthodoxe Kirche, die sich dies willig gefallen
ließ, wurde zur entscheidenden Stütze der Russifizierungspolitik. Volksschulen unterstellte Murav'ev, wenn irgend möglich, der orthodoxen
Geistlichkeit. Der Zar hat diese Maßnahmen mitgetragen und sich energisch alle Einmischungsversuche von außen verbeten. Auch hat er später manche Repressionen gegen Unierte «Russen» zugelassen. So
konnte in einigen Gouvernements im Westen des Reiches z. B. auf solche Unierte die Gerichtsreform nicht angewandt werden. 1875 akzeptierte der Zar die Bitte von Tausenden von Unierten, «freiwillig» zur
Orthodoxie zurückzukehren.

Daß die Verhältnisse in Polen sich auch anders hätten entwickeln
können, zeigt das Beispiel Finnland. Eine tüchtige – russische – Administration begann hier mit einem Programm der wirtschaftlichen Modernisierung, bei dem sich allerdings recht schnell, z. B. bei dem Problem der
Auflösung der Zünfte, die Frage stellte, ob nicht für solche Entscheidungen die Einberufung des finnischen Landtages, der seit 1809 nicht
mehr zusammengetreten war, erforderlich sei. Nach einigem Zögern
ließ der Zar 1861 eine Interimsversammlung zur Vorberatung von Gesetzen wählen, berief dann auf dem Höhepunkt des polnischen Aufstandes, am 15. 9. 1863, einen Landtag und versprach, daß dieser in Zukunft
in regelmäßigen Abständen zusammentreten werde. Der Landtag beschloß in den folgenden Jahren eine Reihe von Maßnahmen: Er schuf
u. a. eine finnische Währung, machte Finnisch zur einzigen Amts-
sprache, beendete die Kontrolle der Kirche über die Schulen, reduzierte
den Einfluß des Staates auf die Kirche und führte 1874 ein modernes

Wehrpflichtgesetz ein, das auch bestimmte, daß Finnen nur in Finnland eingesetzt werden konnten. So konnte sich die finnische Autonomie kontinuierlich entwickeln, auch wenn der Zar sich zeitweise von den Forderungen der Finnen irritiert zeigte. Gegenüber Weißrussen und Ukrainern war man nicht so tolerant: Ukrainisch und Weißrussisch galten nicht als eigene Sprachen. Jegliche publizistische Tätigkeit in ihnen wurde unterbunden. An der mittleren Wolga versuchte man eine Politik der Russifizierung, die aber – angestoßen durch den Orientalisten und Missionsspezialisten Il'minskij – darauf abzielte, die Völker dieser Region durch muttersprachlichen Schulunterricht kulturell den Russen anzunähern. Allerdings lag dieser Unterricht unter dem Niveau einer russischen Grundschule. Die Krimtataren wurden einem wachsenden administrativen Druck ausgesetzt, der zu massiven Auswanderungswellen führte, die der Zar billigend hinnahm. Auf der anderen Seite waren die öffentlichen Schulen, auch die Universitäten, offen für alle Gruppen der Bevölkerung. Was sich die Regierung hier erhoffte, war eine kulturelle Europäisierung der nicht-russischen Eliten als Vorstufe zur Russifizierung.

Die Politik den Juden gegenüber war in mancherlei Hinsicht charakteristisch für die Epoche Alexanders II. Er war hier nicht frei von den Vorurteilen seines Vaters, hob aber besonders brutale Repressionsmaßnahmen bereits durch das Manifest zur Thronbesteigung auf. Die Schulpolitik Nikolaus' I. mit ihren Versuchen, die Juden zu «europäisieren» und «den Christen anzunähern», wurde aufgegeben, so daß endlich junge Juden in größerer Zahl die öffentlichen Schulen besuchen konnten. Ansonsten ließ sich Alexander von seinen Beratern leiten. Als Ziel der Judenpolitik definierte eine Kommission die «Assimilation an die Stammbevölkerung». Als Belohnung für die bereits erfolgte Assimilation erhielten Universitätsabsolventen und Kaufleute der ersten Gilde das Recht, sich in Rußland niederzulassen – Juden durften ansonsten nur in Kongreßpolen und in den 15 westlichen Gouvernements wohnen. Die einzige Maßnahme, die konzeptionell diesen Rahmen überschritt, gewährte auch den jüdischen Handwerkern das Recht, außerhalb dieses Ansiedlungsrayons zu wohnen. Diese Maßnahme war kennzeichnend für die zwischen alt und neu schwankende Politik der Zeit: Nur zünftigen Handwerkern stand das Niederlassungsrecht zu, aber die Zünfte hatten zu einem beträchtlichen Teil aufgehört zu existieren, so daß die Bestimmung für die Mehrheit der jüdischen Handwerker ein toter Buchstabe blieb. Gleichzeitig behielten die jüdischen Heimatgemeinden der ins Innere abgewanderten Handwerker das Recht, diese zurückzurufen. Es blieb also sogar ein Ordnungselement in Kraft, das noch der Leibeigenschaft zuzuordnen ist. Ende der sechziger Jahre wurde ein weiterer Schritt zur Gleichberechtigung der Juden erörtert, nämlich die Einbeziehung der außerhalb der Städte wohnenden in die

Landbezirke (volosti), die jedoch daran scheiterte, daß diese eine ständische, rein bäuerliche Institution blieben. Die unvollständige Modernisierung staatlicher oder gesellschaftlicher Institutionen behinderte Fortschritte in der sogenannten «Judenfrage».

Unter Alexander eroberten Offiziere wie Černjaev und Skobelev riesige Räume in Zentralasien und Turkestan, vor allem die Städte Čimkent (1864), Taškent (1865), Buchara und Samarkand (1868). 1873 erkannte Chiva die russische Oberhoheit an. Diese Offiziere handelten oftmals auf eigene Faust; St. Petersburg sah sich nicht in der Lage, sie zu kontrollieren. Auch im Kaukasus wurde Krieg geführt, um die russischen Besitzungen abzusichern, und von dort verlief die Expansion ebenfalls in Richtung Zentralasien. 1869 wurde von hier aus der wichtige Stützpunkt Krasnovodsk eingerichtet. 1879 begann man mit dem Bau der Transkaspischen Eisenbahn entlang der Nordgrenze Persiens. Von China gewann Rußland 1858 und 1860 große Territorien am Amurbogen. 1860 gründete man Vladivostok. 1875 wurde Sachalin russisch. Obwohl Alexander II. den Panslavismus als Gefahr für Rußland und das monarchische Prinzip ansah, hat er sich 1877 durch solche Strömungen in den Krieg gegen die Türkei treiben lassen. Alexander vermochte nicht den inoffiziellen Krieg zu unterbinden, den slavische Wohlfahrtskomitees, Moskauer Industrielle und unautorisierte Offiziere, darunter General Černjaev als Oberbefehlshaber, an der Seite der Serben führten. Als serbische Truppen und russische Freiwillige von türkischen Armeen zermalmt zu werden drohten, erklärte er der Pforte am 24. 4. 1877 den Krieg, obwohl Finanzminister Rejtern ihn nachdrücklich vor den katastrophalen Folgen der Wirtschaft und Finanzen gewarnt hatte. Nach schweren Verlusten – wobei der Zar sich intensiv um die Verwundeten kümmerte, was ihn in depressive Phasen stürzte – konnte der Krieg siegreich beendet werden. Alexander diktierte der Pforte den Frieden von San Stefano, den er aber gegen die europäischen Mächte nicht durchzusetzen vermochte. Auf Bitten Alexanders vermittelte Bismarck auf dem Berliner Kongreß, der vom 13. 6. bis zum 13. 7. 1878 tagte. Der dort ausgehandelte Frieden enttäuschte die Russen bitter; er bedeutete einen schweren Schlag sowohl für das Prestige des Zaren als auch der russischen Großmacht. Der Zar zeigte sich nach dem Berliner Kongreß vor allem von Bismarck tief enttäuscht, dem er mit Rußlands Neutralität bei der Herstellung der deutschen Einheit geholfen hatte. Seiner Verbitterung, die weite gesellschaftliche und diplomatische Kreise teilten, gab Alexander in einem Brief an seinen Onkel Wilhelm I. Ausdruck, der deutscherseits als beleidigend empfunden wurde («Ohrfeigenbrief»). Das Drei-Kaiser-Bündnis von 1873, zu dem sich Alexander ohnehin wegen der Einbeziehung Österreichs, das durch sein Verhalten während des Krimkriegs den Zaren und die russische Diplomatie zutiefst verbittert hatte, nur widerwillig hatte bewegen lassen, war deshalb schweren

Belastungen ausgesetzt. In diplomatischen Kreisen, auch beim Zaren, griff das Gefühl um sich, daß dieses Bündnis für Rußland weniger vorteilhaft sei als für Preußen. Immerhin hat Rußland im Schatten des deutsch-französischen Krieges die Schwarzmeerklausel des Pariser Friedens kündigen und auf der Londoner Pontus-Konferenz am 13. (N.S.) März 1871 die Sanktionierung dieses Schrittes durchsetzen können.

Die revolutionäre Bewegung erhielt durch den Prestigeverlust, den Regierung und Zar nach dem russisch-türkischen Krieg erlitten, zusätzlichen Auftrieb. Ihre Anfänge reichen jedoch weiter zurück. Es begann mit Studentenunruhen 1858 in Kazan' und Kiev, die sich schnell auf die anderen Universitäten ausdehnten. 1861 erschienen illegale Flugblätter in St. Petersburg. Die Proklamation «An die junge Generation» sprach davon, daß die Monarchie sich überlebt habe und die einzigen realen Kräfte im Lande die Intelligencija und die Bauern seien. Sie proklamierte einen auf die Umverteilungskommune, die obščina, gegründeten Bauernsozialismus. Der Zar ließ sich aber, nachdem er zunächst übereilt einen reaktionären Erziehungsminister ernannt hatte, nicht durch Schreckensgespenster von angeblich weitverbreiteten Verschwörungen einschüchtern. Er entschärfte die Situation, indem er den reaktionären Erziehungsminister und den Generalgouverneur von St. Petersburg entließ. Für bedürftige Studenten gab es Stipendien, z.T. aus der Privatschatulle des Kaisers, und der liberale Golovnin begann mit der Ausarbeitung eines neuen liberalen Universitätsstatuts. Allerdings blieb die St. Petersburger Universität bis zu dessen Erlaß 1863 geschlossen, und eine kleine Zahl von Anführern wurde in die Provinzen verbannt. Eine weitere, extrem radikale Flugschrift, «Das junge Rußland», die nicht nur zur Revolution aufrief, sondern auch zur Vernichtung der Familie und anderer gesellschaftlicher Institutionen, heizte die Stimmung weiter auf, auch wenn der Autor, Zaičnevskij, durch die jakobinische Tendenz seiner Schrift eine Spaltung der russischen revolutionären Bewegung vorbereitete. Die gegensätzliche, eine revolutionäre Entwicklung betonende und die revolutionäre Diktatur ablehnende Richtung vertrat in St. Petersburg der Artillerieoffizier Petr Lavrov, der in seinen Vorlesungen an der Militärakademie Mathematik und Revolution verband. Er forderte die Studenten auf, das Volk erst zu bilden, bevor sie es zur Revolution riefen. Unter dem Eindruck der Tatsache, daß man sich nicht in einer revolutionären Situation befand, begann man in einem kleinen, die «Hölle» genannten Zirkel um den gescheiterten Studenten Išutin über die Ermordung des Zaren zu diskutieren. Zum Umkreis dieser Gruppe gehörte der ebenfalls verkrachte Student Karakozov, der – obwohl seine Kameraden aus der «Hölle» ihn davon abzuhalten suchten – am 16.4.1866 das erste Attentat auf den Zaren verübte. Der Zar entließ den Erziehungsminister und veröffentlichte ein Reskript, das bei aller patriarchalischen Strenge im Grunde versprach, den Reformkurs fortzusetzen. Der neue Erziehungsminister, D. A. Tolstoj, verbot den Studenten praktisch jede Selbsthilfeorganisation. Dies führte wiederholt zu Studentenunruhen, die durch Ungeschicklichkeiten der Behörden und durch nicht gerichtlich, sondern nur administrativ verhängte Verbannungen zusätzlich angeheizt wurden. In der allgemeinen Gereiztheit ging unter, daß das Universitätsgesetz von 1863 und damit die Autonomie weitgehend unangetastet blieb.

Die Jahre nach dem Karakozov-Attentat brachten den Typ eines völlig amoralischen Revolutionärs hervor, der durch Sergej Nečaev und in geringerem Maße durch Petr Tkačev verkörpert wurde. Man propagierte den von einer Intelligencija-Elite konspirativ in Gang gesetzten Umsturz, der in einer revolutionären Diktatur zu gipfeln hatte. Dies zu erreichen rechtfertigte jedes Mittel. So suchte man die Regierung ganz bewußt zu immer schärferen Repressionen herauszufordern. Zuletzt ließ Nečaev sogar ein Mitglied seiner Gruppe ermorden, weil es ihm widersprochen hatte, aber wohl auch, weil ein gemeinsames Verbrechen die kleine «Gemeinschaft» zusammenschweißen sollte. Die Maximen seines politischen Handelns hat Nečaev in einem «Revolutionären Katechismus» zusammengefaßt, der von so brutaler Offenheit war, daß die Regierung sich entschloß, diesen selbst zu veröffentlichen. Das Entsetzen über die Nečaevščina löste eine vorübergehende Rückbesinnung in revolutionären und oppositionellen Kreisen auf den klassischen russischen Populismus aus. Lavrovs Vorstellungen eines evolutionären Wandels gewannen jetzt an Bedeutung. Langsam wuchs auch die Idee eines «Ganges ins Volk», um dieses zu erziehen und über seine wirklche Lage aufzuklären. In einer weitgehend ungeplanten Aktion zogen im «verrückten Sommer» 1874 etwas mehr als tausend Studenten u. a. auf das flache Land. Die Aktion war jedoch ein Fehlschlag. Vielfach lieferten die Bauern die Studenten an die Polizei aus. Wenn sie ihnen dennoch zuhörten, verstanden sie ihre Botschaft nicht. 700 Personen wurden verhaftet und rund 300 vor Gericht gestellt. Die ersten Reaktionen der Regierung auf den «Gang ins Volk» waren maßvoll. Man ließ die Prozesse gegen die Narodniki im Senat verhandeln, also vor einem Gericht, wovon man sich eine positive Wirkung erhoffte, die aber nicht eintrat. In einer ersten Reihe von Verfahren sprach das Gericht von 110 Angeklagten 39 frei. Im berühmten Prozeß der 193 gab es 155 Freisprüche, und der Senat empfahl dem Zaren die Strafmilderung für die Verurteilten. Unglücklicherweise schoß am Tag nach der Urteilsverkündung Vera Zasulič auf den Stadtkommandanten von St. Petersburg, F. F. Trepov, der aus nichtigem Anlaß einen politischen Gefangenen hatte auspeitschen lassen. Statt die Urteile abzumildern, verschärfte sie der Innenminister mit ausdrücklicher Billigung des Zaren. Die Freigesprochenen wurden zum großen Teil administrativ verbannt. Nach dem Attantat gegen Trepov übertrug man, in Verkennung der gereizten Stimmung in

St. Petersburg, das Verfahren gegen Vera Zasulič einem Geschworenen-gericht, das die Angeklagte freisprach. Die Regierung schuf daraufhin für politische Verfahren ein neues Gericht ohne Geschworene. Vera Za-sulič und das Gericht, das sie freisprach, hatten, jeweils auf ihre Weise, eine neue Spirale des Terrors und der Repression in Bewegung gesetzt. Insgesamt waren aber auch diese und weitere Repressivmaßnahmen keineswegs so umfangreich, wie sie oftmals dargestellt werden. Im Jahr 1875 gab es nach offiziellen Angaben 260 administrativ Verbannte, bis 1879 über 1000, nicht gerechnet mehrere hundert in Sibirien, d. h. nach den großen Prozessen, die den «Gang ins Volk» juristisch aufarbeiteten, unterlagen ca. 1300 Personen der administrativen Verbannung. Erst mit dem Attentat auf Trepov am 24. 1. 1878 begann eine Phase verschärfter Repressionen. Die Teilnahme an Demonstrationen und Versammlun-gen konnte jetzt auch mit administrativer Verbannung bestraft werden. Verhaftungen durften bei eingeschränkter Mitwirkung der Prokuratur (Staatsanwaltschaft) erfolgen, und in schweren Fällen sollte nach Ost-sibirien verbannt werden. Neu eingerichtete Militärgerichte urteilten jetzt bei gewalttätigem Widerstand gegen die Staatsgewalt und bei Brandstiftung nach Kriegsrecht und ohne das Recht auf Berufung. Man schuf Generalgouverneure in den Provinzen, die sich aufgrund des Kriegsrechts die Zivilbehörden, auch Schulen und Universitäten, unter-stellten. Sie erhielten die Vollmacht, bei Gefährdung der staatlichen Si-cherheit die Strafe der Verbannung zu verhängen, Angestellte im zivilen Staatsdienst den Militärgerichten zu überstellen, Publikationen zu su-spendieren u. a. m. All dies war die Reaktion auf eine massiv einset-zende Welle des Terrors, der mehrere Polizeichefs und andere hohe Beamte zum Opfer fielen und die sich schnell auch gegen den Zaren selbst richtete. Unter dem Druck der Ereignisse geriet das Personalkarus-sell in Bewegung: Ein neuer Innenminister, Makov, verteidigte zwar die Rechte der Zemstva, erwies sich aber als ein Gegner weiterer Reformen. Der reaktionäre Finanzminister Grejg mußte gehen. Darüber hinaus kursierten verschiedene Modelle der Krisenbewältigung in den Zirkeln der hohen Bürokratie, die in der einen oder anderen Form alle darauf abzielten, Kompetenzen zu bündeln und endlich die Einheitlichkeit der Regierungspolitik sicherzustellen. Die Liberalen schlugen vor, das Mini-sterkomitee in einen echten Ministerrat umzuwandeln. 1879 begann der spätere Finanzminister Abaza in persönlichen Gesprächen die Möglich-keit zu ventilieren, auf Valuevs «Verfassung» aus den sechziger Jahren zurückzukommen. Kriegsminister Miljutin forderte eine grundlegende Reform, die auch die Einbeziehung gewählter Vertreter der Zemstva in den Reichsrat vorsah. Der Zar selbst erklärte Anfang Januar 1880 in einem Gespräch mit seinem Bruder Konstantin, er denke daran, zum 25. Jahrestag seiner Thronbesteigung einen weiteren wichtigen Schritt in der inneren Umgestaltung des Reiches zu tun und der Gesellschaft eine größere Mitwirkung als bisher bei der Beratung wichtiger Angelegenheiten zu gewähren. Solche Vorhaben fanden jedoch unter Alexanders Beratern keine Unterstützung, vielleicht auch weil der Thronfolger seine entschiedene Opposition nur allzu deutlich machte. In dieser Situation zerstörte am 5. 2. 1880 eine Bombe einen ganzen Flügel des Winterpalastes. Jetzt hieß die Antwort: Einheitlichkeit der Regierungstätigkeit durch eine Art – oberflächlich gesehen – reaktionäre Diktatur. Die Idee stammte wohl von Katkov, der sie über Pobedonoscev dem Thronfolger und dann den Ministern und dem Kaiser einzugeben vermochte. Aber die Ernennung Loris-Melikovs, des einzigen Generalgouverneurs, der neben massiver Repression auch Versuche unternommen hatte, die Öffentlichkeit zu gewinnen, wies gleichzeitig in eine andere Richtung. Der Vorschlag, durch eine Oberste Exekutivkommission unter Loris-Melikov alle Polizeiorgane und Institutionen zusammenzufassen, die mit der Bekämpfung der terroristischen Bewegung befaßt waren, hatte die positive Folge, daß so Willkürakte eingedämmt und vor allem die selbstherrlichen Generalgouverneure wieder an die Kette gelegt werden konnten. Der neue Mann versprach in seinem ersten Aufruf vom 15. 2. 1880 nicht nur, die «Kriminellen» zu bekämpfen, sondern auch, legitime Interessen zu fördern. Wegen seiner Doppelgleisigkeit, der Fortsetzung der Politik der Repression bei gleichzeitigem Werben um die Gesellschaft, erhielt dieser Kurs die Bezeichnung «Diktatur des Herzens». Loris-Melikov reduzierte überflüssige Polizeimaßnahmen, schränkte die administrative Verbannung ein und lockerte die Pressezensur. Er schuf im Innenministerium das Polizeidepartement und unterstellte diesem die berüchtigte Dritte Abteilung der Eigenen Kanzlei des Kaisers sowie die Gendarmerie. So entstanden aus autokratischem Wirrwarr wenigstens in diesem Bereich klare Zuständigkeiten. Damit konnte auch die Oberste Exekutivbehörde wiederaufgehoben werden, da Loris-Melikov mit seiner Ernennung zum Innenminister die meisten seiner Vollmachten behielt. Der neue Innenminister suchte außerdem ein Reformprogramm durchzusetzen. Als erstes hatten sogenannte Senatsrevisionen die öffentliche Meinung in den untersuchten Gouvernements zu sondieren und Mißbräuche aufzudecken. Die Bildungspolitik sollte wieder auf die liberalen Grundsätze der sechziger Jahre zurückgreifen. Die Studenten erhielten wieder ein engbegrenztes Recht, eigene Organisationen zu schaffen. Die Zemstva durften hoffen, durch eine klare Abgrenzung der Kompetenzen in Zukunft ohne dauernde Interventionen von seiten des Gouverneurs arbeiten zu können. Gleichzeitig wollte der Innenminister sie und die städtischen Selbstverwaltungen aktivieren. Er beseitigte die verhaßte Salzsteuer und versprach die Abschaffung der Kopfsteuer. Dem Reichsrat wollte er das Recht gewähren, alle Staatsausgaben, auch die außerordentlichen, zu beschließen. Berühmt wurde Loris-Melikov aber durch seinen Vorschlag, Vertreter der Gesellschaft zur Ausarbeitung von Gesetzesprojekten in gemischte Reformkommissionen zu berufen, die dann im Reichsrat wie üblich behandelt worden wären, in den er ebenfalls 10–15 Vertreter öffentlicher Institutionen berufen sehen wollte, ob durch Wahl oder durch kaiserliche Ernennung ließ der Innenminister offen. Alexander hatte diesem Plan im Grundsatz zugestimmt, doch zu der abschließenden Beratung, die er auf den 4. 3. festgesetzt hatte, kam es nicht mehr.

Die revolutionäre Bewegung hatte durch die Schüsse von Vera Zasulič ihre Stoßrichtung verändert. Schon der Programmentwurf für die zweite «Zemlja i Volja» (Land und Freiheit), die aus dem Zusammenschluß mehrerer Gruppen Ende 1876 entstand, sah Terrorakte zur Desorganisation des Staatsapparats vor. Die relative Erfolglosigkeit der Bewegung «ins Volk» verstärkte die Tendenz zu terroristischem Aktionismus angesichts der aporetischen Situation, daß der Kapitalismus, den man unbedingt verhindern wollte, bereits erste Wurzeln schlug. Dies und der zentralistisch-konspirative Aufbau der Organisation der «Zemlja i Volja» ebnete den Weg zur Gründung der «Narodnaja Volja» («Volksfreiheit» oder «Volkswille»), die auf einem Treffen in Lipeck (Voronež) im Juni 1879 eine Aktivierung des terroristischen Kampfes, mit dem Hauptziel eines «Schlages ins Zentrum», d. h. der Ermordung des Zaren, forderte. Diese Forderung war das einzige Band, das die unterschiedlichen Strömungen der Narodovol'cy zusammenhielt. Gleichzeitig erschöpften diese Anstrengungen nachhaltig die zur Verfügung stehenden materiellen und personellen Reserven, so daß – als es einer Gruppe um Andrej Željabov und Sof'ja Perovskaja am 1. 3. 1881 gelang, den Zaren zu ermorden – die «Narodnaja Volja» als zentrale Organisation praktisch aufhörte zu existieren.

Der Zar hätte den Attentätern durchaus entgehen können. Sein sprichwörtlicher Mut, seine Fürsorge für andere und seine fatalistische Gläubigkeit wurden ihm zum Verhängnis. Die erste Bombe am 1. 3. 1881 am Katharinen-Kanal verfehlte ihr Ziel. Statt nun dem Kutscher den Befehl zu geben, so schnell wie möglich weiterzufahren, befahl ihm Alexander anzuhalten, stieg aus und kümmerte sich um die Verwundeten. In diesem Augenblick warf einer der Terroristen eine zweite Bombe, die den Kaiser tödlich verletzte. Der Zar konnte noch in den Winterpalast gebracht werden, wo er nach kurzer Zeit starb.

Heinz-Dietrich Löwe

ALEXANDER III.
1881–1894

*Alexander III., geb. 26.2. 1845, Kaiser 2.3. 1881, Krönung 15.5. 1883, gest.
20.10. 1894, bestattet in der Peter-Pauls-Festung. Vater Alexander II. (17.4.
1818–1.3. 1881), Mutter Marija Aleksandrovna (Maximiliane Wilhelmine Auguste Sophie Marie von Hessen-Darmstadt) (8.8. [N.S.] 1824–22.5. 1880).
Heirat 28.10. 1866 mit Marie Sophie Frederike Dagmar von Dänemark (in
Rußland Marija Fedorovna) (26.11. [N.S.] 1847–13.10. 1928, gest. in Kopenhagen). Kinder: Nikolaus (II.), Aleksandr (20.5. 1869–20.4. 1870), Georgij
(27.4. 1871–28.6. 1899), Ksenija (25.3. 1875–1960), Michail (12.11.
1878–13.6. 1918), Ol'ga (1.6. 1882–1960).*

Erst durch den Tod seines älteren Bruders Nikolaj im Jahre 1865 rückte
der spätere Alexander III. in der Thronfolge an die erste Stelle. Bis dahin
hatte er ein Leben im Schatten der Aufmerksamkeit des Hofes und, was
ihn bis in sein hohes Mannesalter erbittern sollte, in der Aufmerksamkeit seiner Eltern geführt. Seine Erziehung war dementsprechend vernachlässigt worden und beschränkte sich auf die in der Romanov-Fami-
lie übliche militärische Ausbildung für jüngere Söhne und Großfürsten,
was faktisch hieß – auf die Ausbildung auf dem Exerzierplatz. Dies
war seinen intellektuellen Fähigkeiten angemessen, denn unter seinen
Mitarbeitern oder Erziehern gibt es niemanden, der seine Intelligenz
bewundert hätte. Überraschend bei diesem Mann, der alle an Haup-
teslänge überragte und seine Untergebenen und seine Umgebung
einzuschüchtern verstand, war sein mangelndes Selbstvertrauen. Die
Ursachen dafür dürften in der frühkindlichen Erfahrung des Zurück-
gesetztseins gegenüber dem älteren Bruder und anderen Geschwistern
und in dem Gefühl, von seinen Eltern weniger geliebt zu werden, zu
suchen sein. Alexander blieb zeitlebens schüchtern. Dies ging so weit,
daß er seinen Ministern, wenn er glaubte sie zurechtweisen zu müssen,
nicht einmal in die Augen blicken konnte. Dennoch verbreitete er nach
übereinstimmender Aussage seiner gesamten Umgebung um sich eine
Atmosphäre von fragloser Autorität, Majestät und Macht. Wohl um
seine innere Unsicherheit auszugleichen, stellte er gelegentlich seine
großen körperlichen Kräfte zur Schau, wie zum Beispiel durch das Ab-
holzen mächtiger Bäume.

   Alexander ließ sich von seinem sterbenden Bruder das Versprechen
abnehmen, dessen Verlobte zu ehelichen. Dies hat er getreulich erfüllt,
trotz starker Neigungen zu einer anderen Frau. Die Verbindung erwies

Alexander III.

sich dennoch als erfolgreich. Die intelligente, meist fröhliche und etwas oberflächliche Prinzessin Dagmar von Dänemark hat Alexander III. wohl immer fasziniert, auch wenn er sie nie richtig verstanden hat. Im Gegensatz zu seinem Vater und zu seinen Vorgängern vermied Alexander III. alle Amouren und sentimentalen Abenteuer. Er blieb sein ganzes Leben lang ein treuer Ehemann und Vater, während seine Frau sich jeder Einmischung in politische Angelegenheiten enthielt. Letzteres galt allerdings mit zwei Einschränkungen: Als Prinzessin von Dänemark haßte Marija Fedorovna, wie sie in Rußland hieß, nach dem Verlust von Schleswig und Holstein alles Preußische und Deutsche, und sie hat wohl auch ihren Mann in diesem Sinne beeinflußt. Ihre Abneigung gegen Deutsche ging so weit, daß sie sich im hohen Alter im Jahre 1918 lieber durch die Bolschewisten gefangennehmen als durch die Deutschen retten ließ – vor den Folgen ihrer Prinzipientreue bewahrten sie allerdings die Engländer. Zum anderen hat die Zarin wohl behutsam versucht, den Einfluß des Fürsten Meščerskij (s. u.) einzudämmen. Bei Alexander und seiner Frau Marija Fedorovna zeigte sich bereits stark ein Zug, der bei ihrem Sohn Nikolaus (II.) noch stärker ausgeprägt sein sollte: Beide führten ein geradezu bürgerliches Familienleben, die Familie war eng miteinander verbunden, das Verhältnis der Eltern zu den Kindern herzlich und von großer Anteilnahme gekennzeichnet. Das einzige Laster Alexanders war eine gelegentliche Neigung zum Alkohol, der er, als der Arzt ihm sie verbot, heimlich nachgehen mußte. Es bereitete ihm ein diebisches Vergnügen, seine Frau zu überlisten, die das Verbot zu überwachen suchte. Sein Kumpan bei solchen kleinen Abenteuern war der für seine persönliche Sicherheit verantwortliche General Petr Čerevin, der den Zaren so charakterisierte: «Der Zar ist gerecht, gut und wahrhaft menschlich. Er will niemandem übel; er hat keine Caesarenträume. Aber er glaubt im tiefsten Herzen, daß er sich um nichts zu sorgen braucht, weil ihm nichts wichtig genug erscheint, um ihn aus seiner Ruhe zu stören.» Damit hatte der General wohl eine Seite an Alexander gesehen, die nur wenigen zugänglich war, die aber zu einem differenzierten Bild von der Persönlichkeit des Zaren unbedingt dazugehört.

Alexander liebte Kinder. Allein in ihrer Gegenwart war er fähig, seine Maske fallenzulassen und nur er selbst zu sein. Er genoß Scherze und Streiche, und ein Enkel konnte es sich schon einmal leisten, einen Eimer Wasser über dem Kopf des Zaren zu leeren. Seine Tochter Olga durfte unter seinem Tisch spielen, während er arbeitete, und an besonderen Tagen das kaiserliche Siegel auf offizielle Papiere drücken. Alexander war freundlich zu allen Kindern, die sich im kaiserlichen Haushalt befanden. Er spielte mit ihnen Schneeball, zeigte ihnen, wie man Holz sägt, und half ihnen, Schneemänner zu bauen. Diese sympathischen Züge waren aber nur die Kehrseite der tiefen Abneigung, die Alexander und seine Frau gegenüber dem höfischen Leben und ihren Pflichten zur Repräsentation empfanden. Weder der Zar noch seine Frau besaßen im übrigen intellektuelle Interessen, Sinn für Kunst und Musik oder sonstige geistige Neigungen. Noch wenige Wochen vor dem Thronantritt Alexanders III. beschrieb ein illegitimer Nachfahre Katharinas der Großen die jungen Romanovs als ungebildet und ohne Tiefe. Nicht ein ernstes oder vernünftiges Wort sei den ganzen Abend gesprochen worden, die Atmosphäre sei vulgär und laut gewesen. Das antiintellektuelle Klima des Hofes zeigt sich auch daran, daß der Carevič Nikolaj als Tutor einen Mann erhielt, der nie auf der Universität war und dessen pädagogische Prinzipien sich vor allem auf frische Luft und männliche Sportarten beschränkten. Der einzige, der auf die Erziehung Alexanders III. großen Einfluß ausübte, war Konstantin Pobedonoscev, der den zukünftigen Zaren zunehmend im reaktionären Sinne beeinflußte und mit Kreisen der Panslavisten und auch mit dem einflußreichen konservativ-reaktionären Redakteur der «Moskovskija Vedomosti», M. N. Katkov, bekannt machte. Mit diesem sympathisierte Alexander immer mehr, und er hat schon 1872 80000 Rubel für das Wochenblatt «Graždanin» des Fürsten Meščerskij gegeben, «für den Kampf gegen die Nihilisten und Konstitutionalisten». Auch Meščerskij hatte Alexander durch Pobedonoscev kennengelernt, und diese fragwürdige journalistische Persönlichkeit sollte über Jahre einen beträchtlichen Einfluß auf den Zaren ausüben.

Alexander war 20 Jahre alt, als sein Bruder starb, und er hatte 16 Jahre Zeit, sich auf seine spätere Tätigkeit vorzubereiten. Das langsame Einarbeiten in die Probleme des Staates und der allgemeinen Politik hätte sicherlich viele Möglichkeiten geboten, die einseitigen Ansichten, die Alexander von Pobedonoscev, Katkov, Meščerskij und anderen nahegebracht wurden, wenigstens in einem gewissen Grade zu korrigieren. Dem wirkte aber die tiefe Entfremdung entgegen, die sich zwischen Vater und Sohn, Alexander II. und Alexander III., entwickelte. Die Ursache hierfür war nicht zuletzt die über eineinhalb Jahrzehnte dauernde Affaire Alexanders II. mit Katharina Dolgorukaja, die er kurz nach dem Tode der Kaiserin sogar heiratete. Der Thronfolger nahm Partei für seine Mutter, die ebenfalls konservativ-reaktionären und panslavistischen Positionen zuneigte. Es wird nie zu klären sein, wie stark der Bruch mit dem Vater auch die Haltung des Sohnes gegenüber dessen Politik beeinflußt hat. Daß der Zar nur langsam komplizierte Zusammenhänge begriff und mit seinen Ministern kaum zu argumentieren vermochte, erleichterte die Regierungstätigkeit gewiß nicht. Extra für den Zaren mußten die Memoranden des Reichsrats, die dieser jeweils in einer Mehrheiten- und Minderheitenvariante vorlegte, in Kurzform hergestellt werden, damit Alexander die Zusammenhänge verstand. Nach der Lektüre vernichtete er die Papiere. Alexander war ursprünglich wohl zurückhaltend, was vielleicht aus seiner Unsicherheit herrührte, aber im Laufe seiner Regierungszeit verachtete er zunehmend alle und jeden – auch seine engsten Mitarbeiter – und bedachte sie in der Konversation mit anderen gern mit herabwürdigenden Bemerkungen. Als Zar entwikkelte Alexander zunehmend die Neigung, sich selbst als den einzigen moralischen, unparteiischen und nicht auf seinen persönlichen Vorteil bedachten Mann in der russischen Politik zu sehen. Auch setzte er sich häufig über die Mehrheitsmeinung seiner Minister, seiner Berater und besonders des Reichsrates hinweg.

Alexander III. übernahm in einer schweren Situation den Thron. Sein Vater war das Opfer der Terroristen der «Narodnaja Volja» («Volksfreiheit» oder «Volkswille») geworden. Niemand wußte, wie stark die Revolutionäre eigentlich waren und ob sie einen solchen Anschlag eventuell wiederholen könnten. Der neue Zar hatte kein politisches Programm, und auch seine Minister und Berater waren unter sich zerstritten. Nur was er nicht wollte, wußte er schon bald. Bestärkt von Pobedonoscev u. a., verwarf er den Plan seines Vaters, Vertreter der Gesellschaft an den Beratungen der Gesetze im Reichsrat teilnehmen zu lassen. Ein eigenes Manifest machte der Öffentlichkeit rasch klar, daß Alexander III. auf jeden Fall die uneingeschränkte Autokratie zu bewahren gedachte. Die liberalen Minister, die der Zar haßte, mußten sehr schnell gehen: Als erste Innenminister Loris-Melikov und Konstantin Nikolaevič, der Onkel des Kaisers, dann Kriegsminister Miljutin und Finanzminister Abaza, Außenminister Gorčakov, Šuvalov u. a. Aber über solche personellen Maßnahmen hinaus bestand keinerlei Klarheit über den neuen Kurs. Alexander scheint sich in dieser Phase auf panslavistisch-slavophile Tendenzen gestützt zu haben, die vor allem sein neuer Innenminister N. P. Ignat'ev repräsentierte. Mit diesem teilte Alexander die tiefe Abneigung gegen die Rolle der Bürokratie im russischen Staatsleben, deren Mitglieder er, hierin seinem Innenminister folgend, als die wirklichen Urheber der revolutionären Bewegung ansah. Was sich in dieser neurotischen Sichtweise widerspiegelte, war die Tatsache, daß auch ein formal absoluter Monarch auf die Zuarbeit einer Bürokratie angewiesen war und daß die Durchführung beschlossener Maßnahmen durch das Eigengewicht der Bürokratie einen Verlauf nehmen konnte, der den Absichten des Kaisers zuwiderlief. Dieses Problem versprach Ignat'ev durch die Einberufung eines «Zemskij sobor» zu lösen, einer Versammlung des Landes, die weit über 2000 Vertreter der verschiedenen Stände des Reiches umfaßt hätte. Auf diese Weise sollte – eine Lieblingsvorstellung der Slavophilen – das mythisch-mystische Bündnis zwischen Zar und einfachem Volk wiederhergestellt und so der schädliche Einfluß der Bürokratie neutralisiert werden. Ignat'ev fand in Pobedonoscev einen erbitterten Gegner, der den Zaren davon überzeugen konnte, daß auch dieses Unternehmen nur der erste Schritt zu der gefürchteten und gehaßten Verfassung wäre.

Der Zar lehnte das Projekt ab und entließ seinen Initiator. Neuer Innenminister wurde der Erziehungsminister der sechziger und siebziger Jahre, Dmitrij Tolstoj.

Beunruhigt wurde das Regime in den ersten Wochen auch durch mehrere Pogromwellen, die am 12. April 1881 mit schweren Ausschreitungen in Elizavetgrad begannen. Die erste Reaktion in St. Petersburg war Bestürzung und die Überzeugung, die auch der Zar teilte, daß die Pogrome das Werk der Revolutionäre seien, die sich gegen alle besitzenden Klassen auflehnten. Entgegen einer in der Historiographie weitverbreiteten Meinung waren diese Pogrome keineswegs das Ergebnis geheimer reaktionärer Kräfte, die sich darin versuchten, den revolutionären Elan des Mobs auf einen wehrlosen Sündenbock zu lenken. Alexander war zwar voller Vorurteile gegenüber den Juden und äußerte u. a., es sei die Strafe Gottes, wenn es den Juden schlechtgehe, denn sie hätten ja Christus gekreuzigt. Er schrieb auf den Bericht über ein Pogrom, daß er sich im Innersten seines Herzens immer freue, wenn man die Juden schlage. Sein wichtiger Nachsatz wird aber oft übergangen: «Aber dies darf aus Gründen der Staatsraison nicht passieren.» Schlimmer war Alexanders Weigerung, öffentlich zu erklären, daß auch die Juden unter dem Schutz des Staates standen. Polizei und Armee hatten große Schwierigkeiten, die sporadisch immer wieder aufbrechenden Gewalttätigkeiten zu unterbinden. Erst 1884 kamen mit dem letzten blutig unterdrückten Pogrom in Balta die antijüdischen Ausschreitungen für ein Jahrzehnt an ein Ende.

Auf Insistieren Ignat'evs und gegen den Widerstand der Mehrheit des Ministerrates reagierte Alexander auf die Judenpogrome am 3. Mai 1882 mit den sogenannten provisorischen Mairegeln, die den Juden verboten, sich erneut in ländlichen Regionen niederzulassen. Nimmt man die Begründung Ignat'evs ernst, war dies eine absurde Maßnahme: Angeblich sollte sie die Juden vor Pogromen schützen. In Wirklichkeit waren die Pogrome in der Regel von den Städten ausgegangen. Tatsächlich stand hinter dieser Maßnahme ein anderes Motiv: Die Juden galten als Ferment sozialer Veränderungen und sollten deshalb möglichst von der als zarentreu und konservativ geltenden Bauernschaft ferngehalten werden.

Der neue Innenminister, Tolstoj, hatte ebenso wie der Zar kein Programm für eine Politik, die sich deutlich von der in ihren Augen diskreditierten Reformtätigkeit ihrer Vorgänger unterscheiden konnte. Die dringendste Aufgabe war natürlich, die revolutionäre Bewegung einzudämmen. Dabei kam der neuen Regentschaft zu Hilfe, daß sich einerseits die öffentliche Meinung – schockiert durch die Ermordung des Zaren – schärfer von den revolutionären Zielen distanzierte und andererseits die terroristische Bewegung durch die Konzentration auf den sogenannten Schlag ins Zentrum, d. h. das Attentat auf den Zaren, selbst erschöpft hatte. Wohl erhielt die revolutionäre Bewegung insgesamt aus den Kreisen der radikalen Jugend beträchtlichen Zulauf, aber einer durch Reorganisationen an der Spitze und in den Provinzen verbesserten Polizeiarbeit gelang es, die Kader der revolutionären Gruppen weitgehend auszudünnen. Der letzte nennenswerte Versuch der Revolutionäre, durch ein weiteres spektakuläres Attentat auf den Zaren Aufmerksamkeit zu erregen, scheiterte kläglich. In dem nachfolgenden Verfahren wurde u. a. der ältere Bruder von Vladimir Il'ič Ul'janov (Lenin) zum Tode verurteilt. Nach diesem Fehlschlag begann innerhalb der revolutionären Bewegung endgültig die Kritik an den terroristischen Aktivitäten und eine Diskussion über neue Methoden des revolutionären Kampfes. Auf der anderen Seite konzentrierten sich die Liberalen jetzt auf die sogenannten «malen'kie dela», die kleine Taten, d. h., man bemühte sich als Zemstvo-Mann oder als Vertreter der städtischen Selbstverwaltung, als Statistiker, Agronom, Arzt, Lehrer usw., um Bildung und Fortschritt in allen Bereichen, um die kleinen Angelegenheiten des sozialen und politischen Lebens, die in ihrer Summe dennoch eine gewaltige Veränderung verursachen konnten. Gerade die Zemstva spielten bei solchen Ansätzen nun eine schnell sehr wichtig werdende Rolle. Zehntausende von Angehörigen der Intelligenzberufe fanden hier ein Betätigungsfeld.

Unter Alexander III. formierte sich eine kleine Gruppe von Leuten, die in hohem Maße die Politik beeinflußte. Zu ihr gehörten Konstantin Pobedonoscev, der frühere Tutor des Zaren, Dmitrij Tolstoj, der ehemalige Erziehungs- und jetzige Innenminister, Michail Katkov, der Herausgeber der «Moskovskija Vedomosti», und V. P. Meščerskij, dessen Zeitung nur durch die höchstpersönliche Unterstützung des Zaren existieren konnte. Das Problem war aber, daß diese Männer sich nicht leiden konnten und einander gegenüber Dritten als «Schweine» oder Schurken titulierten. Außerdem hatten sie vorerst kein Programm. Der Zensor E. M. Feoktistov charakterisierte drei von ihnen so: «Katkov erregte sich normalerweise ganz fürchterlich und verlor die Kontrolle, wobei er argumentierte, daß es nicht genug war, einfach nur die gefährlichen Experimente zurückzuweisen und diejenigen zu kontrollieren, die die gesamte politische Struktur Rußlands verändern wollten; vielmehr müßte man irgendwie Energie zeigen; es würde nichts nutzen, mit gefalteten Händen dazusitzen. Graf Tolstoj wußte niemals, wo er in einer bestimmten Angelegenheit anfangen oder weitermachen sollte; er wäre froh gewesen, irgend etwas getan zu bekommen, solange es das Richtige war, aber was dieses richtige ‹Irgendwas› sein sollte, darüber hatte er die allerunklarsten Vorstellungen; was Pobedonoscev betraf, so blieb er sich selbst treu und seufzte in der Regel nur tief, klagte und erhob seine Hände zum Himmel (seine bevorzugte Geste).» Und obwohl jeder von ihnen sicherlich großen Einfluß besaß, vermochte keiner von ihnen wirklich ein Programm durchzusetzen. Pobedonoscev war kein Mann der großen Entwürfe, er interessierte sich weit mehr für

Hofintrigen, für Ernennungen, für die Presse und die Zensur. Er war niemandes verläßlicher Bundesgenosse. Katkov war der Unterstützung durch den Zaren keineswegs sicher, weil er zu oft die ihm in einer absoluten Monarchie gesetzten Grenzen durchbrach, indem er die Hand des Zaren zu führen versuchte. Trotzdem hatte er sicherlich gerade in der Außenpolitik einen beträchtlichen Einfluß auf Alexander III. und konnte ihn zumindest in groben Zügen von seinen Auffassungen überzeugen. Dabei half ihm sicherlich seine herausragende Stellung im Prozeß der öffentlichen Meinungsbildung. Tolstoj fand zwar nach einigen Jahren in den Ideen eines anderen ein Programm, mußte aber hinnehmen, daß der Reichsrat seine Vorschläge oftmals verwässerte. Meščerskij vermochte schon deshalb keinen großen Einfluß ausüben, weil er – u. a. wegen seiner Homosexualität – von der Petersburger Gesellschaft gemieden wurde. Der einzige, der ihm vertraute, war der Zar selbst.

Zu den ersten Plänen Alexanders III. gehörte der Versuch, die Gerichtsreform seines Vaters rückgängig zu machen und vor allem die Trennung der Gewalten und die Unabsetzbarkeit der Richter als massive Beeinträchtigungen des Prinzips der absoluten Monarchie aufzuheben. Unterstützung fand er vor allem bei Katkov, der in persönlichen Treffen mit dem Zaren wiederholt einen radikalen Bruch mit den Prinzipien der Reform von 1864 forderte, und bei Pobedonoscev. Der Zar traf allerdings auf den hinhaltenden Widerstand seiner Bürokraten und vor allem der Justizminister. Da half es auch nicht, daß nacheinander Nabokov und Manasein gehen mußten. Auch der Reichsrat lehnte entscheidende Eingriffe in das bestehende System ab. Die Idee der Rechtsstaatlichkeit und die Haltung der Juristen behaupteten sich schließlich gegenüber dem Willen des Zaren. Er akzeptierte die etablierten Formen der Gesetzgebung und wagte es nicht, sie durch einen entschiedenen Rückgriff auf seine autokratische Macht zu revidieren. Nur einige neue Regelungen zur Absetzung von Richtern bei kriminellen Vergehen u. ä. wurden beschlossen, das Prinzip der Unabsetzbarkeit der Richter und der Gewaltenteilung blieb aber bestehen. Diese Möglichkeit zum hinhaltenden Widerstand und zur Entschärfung überaus reaktionärer Gesetzesvorhaben sollte sich vermehrt zeigen, als sich allmählich – und vor allem gegen Ende der Regentschaft Alexanders III. – ein Programm konservativer Gegenreformen entfaltete. Die Bürokratie war vielfach von Männer repräsentiert, die in der Zeit Alexanders II. ihre Lehrjahre absolviert hatten und politisch geprägt worden waren. Selbst wenn sie konservativ waren, befürworteten sie doch eine von Gesetzmäßigkeit geprägte Verwaltung auch in der Autokratie. Sogar die «Konstantinovcy», eine Gruppe von Reformern, die fast alle dem Bruder des ermordeten Zaren in der einen oder anderen Form verbunden waren, überlebte innerhalb der Bürokratie und hat gelegentlich versucht, ihre Aktionen zu koordinieren. Alexander III. sah sich öfters unter dem Druck von Bürokratie und Reichsrat gezwungen, Personalentscheidungen zu treffen, die ihm wegen der liberalen Neigungen der zu Ernennenden zuwider waren. Alles in allem hat er sich zwar eher selten frontal gegen den verhaßten Reichsrat gestellt, doch am liebsten hätte er ihn abgeschafft. Er hat ihn öfters zu umgehen versucht oder meist seine Minderheitenmeinung bestätigt, auch wenn ihm selbst diese oft nicht weit genug ging.

Obwohl der neue Innenminister und seine Bundesgenossen die Reformen des vorangegangenen Regimes grundsätzlich als einen Fehler betrachteten und davon überzeugt waren, daß mehr Zentralisierung nötig sei, die Gerichte nur die Polizei behinderten und in den Zemstva nur Schwätzer arbeiteten, die sie zusammen mit den Gerichten als die eigentliche Opposition ansahen, wußten sie nicht, welchen politischen Kurs sie einschlagen sollten. Erst allmählich setzte sich das von dem Chef der Kanzlei des Innenministeriums, Pazuchin, entwickelte Programm einer Gegenreform durch. Dennoch bewegte sich das Innenministerium sehr langsam. In den ersten Jahren wagte es Tolstoj nicht einmal, die Zeitung «Golos» zu verbieten, in der die liberalen Bürokraten ihre Meinung propagierten und ihre Projekte ventilierten. Pazuchin war ein Protégé Katkovs und konnte auf die Unterstützung des einflußreichen Publizisten rechnen.

Die ersten Maßnahmen bezogen sich auf die Stärkung der obščina, 1886 wurden hier Familienteilungen erschwert. Im Jahre 1886 wollte das Innenministerium die Polizei darauf verpflichten, landwirtschaftliche Arbeiter, die ihren Arbeitsplatz vor Ablauf des Vertrages verließen, zurückbringen zu lassen. Da selbst der reaktionäre Pobedonoscev fand, daß dieses Gesetz allzusehr an die Leibeigenschaft erinnerte, wurde der Entwurf weitgehend entschärft. Das Gesetz zur Umsiedlung aus dem Jahre 1889 setzte dieser enge Grenzen, damit die Interessen der Gutsbesitzer nicht verletzt würden. Drei Jahre später bestimmte ein neues Gesetz, daß generelle Umverteilungen innerhalb der obščina höchstens alle zwölf Jahre stattfanden durften. Auch dies war eine Maßnahme, durch die die Umverteilungskommune gestärkt werden sollte. Auf die persönliche Initiative Alexanders III. geht ein Gesetz zurück, das am 14. 12. 1893 bestimmte, daß das bäuerliche Anteilland grundsätzlich unveräußerlich sein sollte und nur an eine andere obščina verkauft werden durfte. Damit wurde eine Bestimmung aus dem Befreiungsstatut von 1861 aufgehoben, die den allmählichen Übergang des bäuerlichen Kollektivbesitzes in Privateigentum ermöglicht hätte. Gleichzeitig wurden die Hypothekarisierung des Bauernlandes verboten und der Verkauf von Land an andere Bauern an die Zustimmung von zwei Dritteln der Mitglieder der Bauernversammlung gebunden.

Bereits 1884 verschwand die Universitätsautonomie, für deren Aufhebung Tolstoj bereits in seinen letzten Jahren als Erziehungsminister, unterstützt von Katkov, gekämpft hatte. Der Erziehungsminister ernannte jetzt Rektor und Dekane, und der Inspektor des jeweiligen Schulbezirks erhielt weitgehende Eingriffsrechte in die Universität. Der Studenteninspektor unterstand nicht mehr der Universität, sondern diesem Schulinspektor. Auch Professoren konnten jetzt vom Minister direkt ernannt werden. Gleichzeitig ist die Regierungszeit Alexanders III. die einzige Periode, in der man die Zahl der Studenten und Gymnasiasten senkte und auch den nur in St. Petersburg erfolgreichen Versuch machte, die Studentenschaft wieder sehr weitgehend auf den Adel zu beschränken. In diesen Zusammenhang gehört auch das sogenannte «Kutscherzirkular», in dem es hieß, daß es Kindern von Köchen, Kutschern u. a. nicht zukomme, höhere Bildung zu genießen, weil diese sie nur dazu verleite, die natürliche Eigentumsordnung anzuzweifeln. Aber auch in der Universitätspolitik konnte der liberalere Reichsrat die Entwürfe des reaktionären Erziehungsministers abschwächen. Er vermochte sogar gegen Alexander selbst durchzusetzen, daß politisch mißliebige Studenten als Strafe nicht zum Militär eingezogen wurden. Auch konnten die Liberalen im Reichsrat und in der Bürokratie verhindern, daß Realschulen, wie Deljanov und Tolstoj es wollten, zu reinen Handwerker- und Handelsschulen zurückgestuft wurden. In der Bildungspolitik unterstützte Alexander III. eine kleine Minderheit des Reichsrats von etwa sieben gegen die große liberale Mehrheit von 34 Mitgliedern. Seit 1884 galt auch, daß Pfarrschulen und sogenannte ABC-Schulen vom Kirchenministerium zu verwalten seien. Gleichzeitig wuchs die Zahl der Pfarrschulen in diesem Zeitraum beträchtlich. – Zur Unterstützung adliger Wirtschaftsinteressen wurde 1885 die Adelsbank gegründet, die den Adel mit billigem Kredit versorgen sollte.

Den Kern der sogenannten Gegenreformen bildeten drei Maßnahmen: die Einführung des Landhauptmanns 1889, die Veränderung des Zemstvo-Statuts 1890 und die des Städtestatuts 1892. Das wichtigste Ergebnis dieser Maßnahmen war, die Position des Adels oder, wenn dieser nicht zahlreich genug war, die Position des Besitzes und alte ständestaatliche Elemente möglichst zu stärken. Die Landhauptleute ersetzten 1889 die Friedensrichter. Gleichzeitig erhielt der Landhauptmann aber auch eine Reihe von administrativen und Kontrollfunktionen gegenüber der bäuerlichen Selbstverwaltung. Auf der untersten Ebene wurde also eine Art Surrogatmonarch eingeführt, in dessen Person die übliche Trennung der juristischen, administrativen und polizeilichen Funktionen beseitigt worden war. Dies war der wohl radikalste Bruch mit den Reformgedanken der vorhergegangenen Regentschaft. Gleichzeitig war dies auch der einzige Fall, in dem Alexander III. in der massivsten Form seine autokratische Macht demonstrierte: Alexander wies sowohl den Mehrheits- wie den Minderheitsbeschluß des Reichsrats zurück und setzte sich für Tolstojs ursprünglichen Entwurf ein, der aber immer noch vom Reichsrat ausgearbeitet werden mußte und von daher auch jetzt nicht gänzlich unverwässert in Kraft trat. Es scheint aber, daß diese extreme Form autokratischer Machtbehauptung eher auf ein Mißverständnis Alexanders zurückging. Der Entwurf zu einer Zemstvo-Gegenreform, den Tolstoj 1888 in den Reichsrat einbrachte, wurde von dessen liberal-konservativer Mehrheit entschieden abgeschwächt. Was Tolstoj wollte, war die weitestgehende Integrierung der Zemstva in den staatlichen Administrationsapparat, unter Beseitigung einer eigenen Zemstvo-Exekutive, und die nachhaltige Stärkung der Stellung des adligen Großgrundbesitzes. Die Gouverneure sollten direkte Eingriffsrechte in Beschlüsse und Vorhaben der Zemstva erhalten, und alle anderen gesellschaftlichen Gruppierungen außer den Bauern und den Adligen sollten ausgeschaltet werden. Den Bauern war kein echtes Wahlrecht mehr zugedacht. Als das Gesetz 1890, bereits nach dem Tode Tolstojs, erschien, brachte es eine beträchtliche Verstärkung des adligen Elements innerhalb der Zemstvo-Versammlungen, einen Ausschluß der städtischen und handwerklichen Elemente und der Juden, was insgesamt eine Stärkung der ständischen Züge dieser Selbstverwaltungsinstitution bedeutete. Gleichzeitig waren die Bauern nun in ihrem Wahlrecht stark eingeschränkt. Aber die Zemstva wurden nicht in die staatliche Verwaltung eingegliedert, der Gouverneur erhielt kein unumschränktes Eingriffsrecht, und in Streitfällen zwischen dem Gouverneur und dem Zemstvo war es möglich, beim Senat Berufung einzulegen. Die eigenständige Zemstvo-Exekutive (uprava) blieb bestehen. Diese Gegenreform war aber kein Erfolg, denn nun begannen die Zemstva sich allmählich zu politisieren und dann gegen Ende des 19. Jahrhunderts zu einem Hauptelement einer liberalen Opposition zu werden – was ja gerade durch sie verhindert werden sollte. Ähnlich wie die Zemstva hat man auch die städtischen Selbstverwaltungen verändert: Die Zahl der Wahlberechtigten wurde, obwohl sie schon relativ klein war, noch einmal drastisch beschnitten und unter den Wahlberechtigten die Vormachtstellung der wohlhabendsten Schichten der Städte beträchtlich gestärkt. Durch diese Maßnahmen verloren die Zemstva und die Städte die ursprünglich gegebene Möglichkeit, sich sozialen Veränderungen anzupassen. In der Tat sollten diese Institutionen bis 1917 nicht mehr grundlegend reformiert werden, und sie vermochten dem Zuwachs neuer Schichten, die immer nachdrücklicher nach stärkerer Partizipation verlangten, nicht mehr Rechnung zu tragen.

Die historische Ironie dieses Entwurfs einer Gegenreform liegt darin, daß sich ausgerechnet in diesen Jahren der Staat – mit Billigung des Zaren selbst – zu einer auf längere Sicht weitreichenden Modernisierung entschloß: Ausgerechnet gegen Ende der achtziger Jahre nahm die Regierung eine schnelle, durchgreifende und forcierte Industrialisierung des Landes in Angriff. Über Kreditaufnahmen in Westeuropa, eine drastische Erhöhung der Schutzzölle, eine Reduzierung der direkten

Steuern für die Massen und eine nachträgliche Anhebung der Verbrauchssteuern, eine aktive Eisenbahnbaupolitik und andere flankie-
rende Maßnahmen kurbelte man die wirtschaftliche Entwicklung des
Landes an und erzielte damit Wachstumsraten der Industrie, die bis
dahin unerreicht waren. Angetrieben wurde diese Politik vor allem
durch den Wunsch, Rußland im Konzert der europäischen Mächte endlich den Platz zu verschaffen, den man glaubte beanspruchen zu können. Rußland sollte sich auch in einem modernen Kriege behaupten
können, und dafür mußten die industriellen Voraussetzungen geschaffen werden. Innerhalb der Bürokratie waren es Männer wie Pobedonoscev, Tolstoj, die Finanzminister Vyšnegradskij und Witte, die eine solche
Politik verfolgten. Außerhalb der Bürokratie fand dieser Kurs vor allem
bei den Moskauer Industrie- und Handelskreisen, zunehmend aber
auch bei der neu entstehenden Petersburger Großindustrie Unterstützung. Die Verbindung zu den Moskauern hielt Pobedonoscev. Die Politik der forcierten Industrialisierung stand zur Politik der innenpolitischen nobilitären Restauration in einem eklatanten Widerspruch, aus
dem heraus sich in den folgenden Jahren die revolutionäre Bewegung in
einem nicht unerheblichen Maße speisen sollte. Denn die Industrialisierung verursachte Verwerfungen und schuf neue Gruppen und Klassen,
die mit Macht ihren Anspruch auf politische Partizipation und soziale
Veränderung erhoben.

Die Regierungszeit Alexanders III. verlief nicht ohne Versuche, die
Lage der Unterschichten zu verbessern, wofür vor allem der liberale
Finanzminister Bunge verantwortlich zeichnete. 1882 schuf er die Bau-
ernbank, die den Bauern Darlehen zum Landkauf zur Verfügung stellte.
Zwischen 1883 und 1887 schaffte er die Kopfsteuer für die Bauern ab
und senkte so die Abgabenlasten auf ein Niveau, das niedriger lag als zu
jeder anderen Zeit seit der Bauernbefreiung. Sein Nachfolger erhöhte
allerdings die Verbrauchssteuern stark, die aber wohl die städtischen
Schichten deutlich mehr als die Bauern belasteten. Bunge führte auch
die ersten Arbeiterschutzgesetze ein und schuf zu ihrer Überwachung
eine Fabrikinspektion, die aber trotz der guten Absicht nicht durchschla-
gend wirksam wurde.

In der Außenpolitik stand Alexander III. stark unter dem Einfluß
panslavistischer oder auch konservativ-chauvinistischer Kreise, die
Rußlands Großmachtstellung vor allem durch eine Expansion auf dem
Balkan, insbesondere durch die Eroberung der Meerengen, stärken
wollten. Innerhalb der Regierung war der Kontaktmann zu diesen Kreisen der Oberprokuror des Heiligen Synod, Konstantin Pobedonoscev,
der auch die Verbindungen zu den Moskauer Industriellen und anderen
Gruppen hielt. In seiner Haltung wurde er vor allem durch Katkov und
Meščerskij bestärkt. Diese Kreise, vor allem Katkov, waren zunehmend
mit dem engen Anschluß an das kaiserliche Deutschland unzufrieden,

weil sie glaubten, daß dadurch die Expansion auf dem Balkan behinderte werde. Im Grunde genommen war auch Alexander III. Preußen-Deutschland gegenüber negativ eingestellt, worin ihn besonders seine Frau bestärkte. Aber den Hauptfeind sah er zunächst in Österreich, ohne dessen Zerschlagung die russischen Balkanträume nicht Wirklichkeit werden konnten. Russische Militärkreise, mit Kriegsminister Vannovskij und Generalstabschef Obručev an der Spitze, dachten über einen Krieg gegen Österreich nach, um diesem Galizien zu entreißen oder den russischen Anspruch auf die Meerengen endlich durchzusetzen. Verschärft wurden solche Tendenzen durch die Mißerfolge der russischen Balkanpolitik, die eine Stimmung in Außenministerium und Öffentlichkeit schufen, die maßgeblich zur Auflösung des Bismarckschen Bündnissystems beitrug.

In Bulgarien, das Diplomatie und Öffentlichkeit als natürliches russisches Einflußgebiet betrachteten, liefen die Ereignisse zunehmend an den Russen vorbei. Rußland mißbilligte entschieden die einseitige Unabhängigkeitserklärung von Ostrumelien und die 1885 vollzogene Vereinigung mit Bulgarien unter Alexander von Battenberg, die jedoch kaum rückgängig zu machen waren, weil die Türkei sich mit ihnen abzufinden bereit war und weder Wien noch Berlin einen Grund oder auch eine Möglichkeit sahen, den Status quo ante wiederherzustellen. In Rußland glaubte man völlig zu Unrecht, daß Berlin und Wien diese Situation bewußt herbeigeführt hatten. Die Unzufriedenheit mit dem bestehenden Bündnissystem verschärfte sich. Katkov propagierte vehement die Loslösung von Deutschland, um auf dem Balkan freie Hand zu bekommen, und der Generalstabschef Obručev verlangte eine Konstellation der Allianzen, die es Rußland erlauben würde, die Meerengen an sich zu bringen. Auch der Zar sah dies nun, falls er es nicht immer schon getan hatte, als langfristiges Ziel russischer Außenpolitik. Diese gereizte Stimmung verschärfte sich noch, als verschiedene Versuche massiver russischer Einmischung in dem kleinen Balkanstaat ergebnislos blieben. Es gelang wohl, den bulgarischen König Alexander von Battenberg nach einem erfolglosen Putsch, in dessen Vorbereitung Alexander III. eingeweiht war, durch die öffentliche Aufforderung des Zaren zum Rücktritt zu bewegen. Aber der von Battenberg eingesetzte Regentschaftsrat widersetzte sich ebenfalls erfolgreich russischen Pressionen und Putschversuchen, die diesmal vom Zaren ausdrücklich gebilligt worden waren, und berief zu dessen unverhohlenem Ärger Ferdinand von Coburg zum Fürst von Bulgarien. Auch jetzt wieder waren Zar und Öffentlichkeit überzeugt, daß all dies auf deutsche und österreichische Umtriebe und insbesondere das Wirken Bismarcks zurückzuführen sei. In Wirklichkeit hatte Bismarck sein Nicht-Interesse an den bulgarischen Verhältnissen signalisiert und das Äußerste getan, um Österreichs Ambitionen zu zügeln.

In dieser Situation gelang es dem ebenso taktvollen wie hartnäckigen russischen Außenminister Giers, trotz der Vorbehalte des Zaren 1887 den deutsch-russischen Rückversicherungsvertrag als Ersatz für den Dreikaiserbund durchzusetzen, den Alexander unter dem Einfluß Katkovs und Pobedonoscevs, aber auch seinen eigenen Neigungen folgend, nicht mehr zu erneuern bereit war. Ein endgültiger Bruch mit Deutschland wurde so noch einmal verhindert; Alexander wagte ihn wohl vor allem wegen des Respekts, den er für den alten Kaiser Wilhelm empfand, noch nicht, aber vielleicht auch in der Erkenntnis, daß Rußland einen solchen Kurswechsel vorzunehmen noch nicht stark genug war. Alexander III. vermochte es auf der anderen Seite auch nicht mehr, Katkov, der den geheimgehaltenen Dreikaiserbund in seiner Zeitung erwähnte und einen Umschwung in der russischen Außenpolitik verlangte, öffentlich durch die Zensurbehörde tadeln zu lassen. Auch in einem persönlichen Gespräch kam es nicht mehr zu einer wirklichen Rüge. Noch unfähig zu einem Kurswechsel, vermochte sich Alexander dennoch dem Druck Katkovs und seiner Verbündeten in der Bürokratie nicht mehr zu widersetzen – wenn er dies überhaupt wollte. Gleichwohl stürzte Rußland sich nicht Hals über Kopf in ein Bündnis mit Frankreich. Zu sehr mißtraute der Zar den französischen Republikanern, der Stabilität ihrer Regierungen und den militärischen Fähigkeiten Frankreichs. Allerdings begann das russische Finanzministerium in Frankreich nach neuen Kreditquellen zu suchen, um bestehende Anleihen umzuschulden und neue für die wirtschaftliche Entwicklung des Landes aufzunehmen, was in beträchtlichem Umfang gelang. Bismarck hat diese Reorientierung durch wirtschaftliche Nadelstiche gegen Rußland, die eine Erneuerung des Rückversicherungsvertrages erzwingen sollten, noch verstärkt. Dazu kam es im Jahr 1890 allerdings nicht mehr, weil vor allem die deutsche Seite andere Pläne hatte. Aber auch Rußland war im Grunde genommen froh, nicht mehr mit diesem ungeliebten Vertrag, den man nie zu veröffentlichen gewagt hatte, leben zu müssen.

Obwohl rechtsgerichtete Kreise Frankreichs solche Kontakte in eindeutig außenpolitischer Absicht förderten, hat gerade der russische Finanzminister keinen grundsätzlichen Kurswechsel angestrebt, wie sich noch in dem deutsch-russischen Handelsvertrag von 1894 zeigte. Es war letztlich unmöglich für Frankreich, Deutschland als den wichtigsten Handelspartner Rußlands zu ersetzen. Die französisch-russische Militärkonvention von 1892, die 1893 in Kraft gesetzt wurde, war hauptsächlich politisch, nicht ökonomisch motiviert. Diese Konvention legte fest, daß bei einem deutschen Angriff der jeweils andere Partner dem angegriffenen mit seiner ganzen militärischen Macht zu Hilfe kommen mußte. Der Knoten für den Ersten Weltkrieg war damit geschürzt, für einen Krieg, den Rußland, wie Einsichtige durchaus sahen, in seiner herkömmlichen Verfassung nicht überleben konnte. Dies nicht verstanden zu haben ist neben manchem anderen wohl die schwerste historische Verantwortung, die Alexander auf sich geladen hat. Sein auf das Regieren nicht vorbereiteter, noch relativ junger Sohn hatte – als Alexander am 20. 10. 1894 starb – kaum noch eine Möglichkeit, die Bündniskonstellationen zu verändern. Vermutlich hat er aber auch, ähnlich wie sein Vater, deren Konsequenzen niemals völlig verstanden.

Heinz-Dietrich Löwe

NIKOLAUS II.
1894–1917

Nikolaus II., geb. 6. 5. 1868, Kaiser 21. 10. 1894, Krönung 14. 5. 1896, Abdankung 2. 3. 1917, gest. 16./17. 7. 1918 in Ekaterinburg. Vater Alexander III. (26. 2. 1845–20. 10. 1894), Mutter Marija Fedorovna (Marie Sophie Frederike Dagmar von Dänemark (26. 11. [N. S.] 1847–13. 10. 1928). Heirat 14. 11. 1894 mit Alice Viktoria Helene Louise Beatrice von Hessen-Darmstadt (in Rußland Aleksandra Fedorovna) (6. 6. [N. S.] 1872–16./17. 7. 1918). Kinder: Ol'ga (geb. 3. 11. 1895), Tat'jana (geb. 29. 5. 1897), Marija (geb. 24. 6. 1899), Anastasija (geb. 5. 6. 1901), Aleksej (geb. 30. 7. 1904) – alle gest. 16./17. 7. 1918.

Nikolaus II. gehört zu den tragischsten Gestalten unter den europäischen Monarchen der Neuzeit. Er hat wie kaum ein anderer die Schwierigkeiten und Probleme durchleben müssen, die sich für eine Monarchie in der zweiten Hälfte des 19. Jahrhunderts und im frühen 20. Jahrhundert ergaben. Die sozialen, ökonomischen, innen- und außenpolitischen Schwierigkeiten seiner Zeit waren etwas, von dem sich Nikolaus nie eine adäquate Vorstellung machen konnte. Sicher, die speziellen Verhältnisse im Russischen Reich hätten auch einen intellektuell bedeutenderen, besser gebildeten und vorbereiteten Monarchen vor unlösbare Probleme gestellt. Nikolaus' Verhalten hat aber nicht nur dazu beigetragen, daß Rußland eine soziale Revolution von elementarer Gewalt erlebte, sondern auch dazu, daß sich in dieser Revolution die radikalste, aber auf lange Sicht unproduktivste und brutalste Alternative behauptete. Sein eigenes tragisches Schicksal und das seiner ganzen Familie war dabei nur ein besonders sichtbares Beispiel für den kalten Opportunismus, mit dem das neue Regime über das Leben seiner politischen Gegner und ganzer politischer Gruppen, später ganzer Klassen zu verfügen sich berechtigt glaubte.

Nach der weitgehend übereinstimmenden Meinung seiner Zeitgenossen war Nikolaus II. intelligent. Aber seine Erziehung und auch das Familienleben, in dem er aufwuchs, waren für einen zukünftigen Monarchen denkbar ungeeignet. Nicht, daß seine formale Erziehung und Bildung Mängel aufgewiesen hätte. Im Alter von 16 Jahren beherrschte er vier Sprachen und konnte sich sinnvoll mit Dostoevskij oder den Historikern Karamzin und Solov'ev beschäftigen. Der wichtigste seiner Tutoren war Charles Heath, ein englischer Schulmeister, der vorher am Alexander-Lyzeum in Sankt Petersburg unterrichtet hatte. Er zeigte sich anfangs überhaupt nicht begeistert von den kaiserlichen Kindern,

Nikolaus II.

die er als undiszipliniert empfand und deren Tischmanieren er als solche eines Landburschen beschrieb. Charles Heath hatte den Wahlspruch: «Aristocrats are born, but gentlemen are made», und hauptsächlich unter seiner Anleitung entwickelte Nikolaus die Ruhe und Selbstkontrolle, die eher für einen englischen Landedelmann der Zeit typisch waren als für ein Mitglied der vorrevolutionären russischen Oberklasse. Diese Haltung, die man später an Nikolaus bewundern oder als Ausdruck von Entrücktheit in Extremsituationen kritisieren sollte, hat der Kaiser sich in großer Mühe abgerungen, denn er war von Natur aus jähzornig.

Im Alter von 17 Jahren begann die Unterweisung des Thronfolgers in der Kunst des Regierens, und er kam nun zum ersten Mal in engeren Kontakt mit einigen der führenden politischen, militärischen und akademischen Persönlichkeiten des Reiches. Die wichtigsten unter ihnen waren Finanzminister Nikolaj Bunge und der Oberprokuror des Heiligen Synods, Konstantin Pobedonoscev, ein Professor des Zivilrechts, der schon Alexander III. unterrichtet hatte und auf diesen immer noch einen ganz beträchtlichen Einfluß ausübte. Nikolaus war also – zumindest im theoretischen Bereich – keineswegs unzureichend unterrichtet worden. Aber die Frage bleibt, in welchem Umfang er vor allem die Vorlesungen des Finanzministers tatsächlich in sich aufgenommen hat. Noch 1916 schrieb er an seine Frau: «Ich war nie ein *businessman* und verstehe einfach nichts von diesen Fragen von Angebot und Versorgung.» Problematisch war sicherlich der Einfluß von Pobedonoscev; dessen knochentrockene juristische Sichtweise vieler Probleme hat Nikolaus gewiß nicht beeindruckt. Was sie verband, war der – bei Pobedonoscev eigentlich gekünstelt wirkende – Glaube an die Macht der orthodoxen Kirche und ihre politische Rolle im Russischen Reich. Pobedonoscevs verhängnisvoller Einfluß lag nicht so sehr in dessen typisch konservativem Mißtrauen in die Kraft der Gesetzgebung zur Veränderung von Moral und politischen Ansichten, auch nicht in seiner zutiefst pessimistischen Sicht der Natur des Menschen. Er lag auch nicht darin, daß Pobedonoscev in seiner langen Karriere im Staatsdienst und wohl auch in seinen wissenschaftlichen Werken nie ein positives Projekt entwickelte und immer nur die Gedankengebäude anderer zerstörte, sondern darin, daß er Politik in einer platonischen bzw. neuplatonischen Art betrachtete: Sie war für ihn nicht das Ergebnis eines komplizierten Geflechts von Interessenkonflikten oder Ausdruck einer Staatsräson, sondern eine Frage der Wahrheit oder der Lüge; so bezeichnete er etwa die Idee der Unabhängigkeit der Richter und der Geschworenengerichte, die Alexander II. in Rußland verwirklicht hatte, als eine der größten Lügen des 19. Jahrhunderts. Diese Art, Politik zu moralisieren, war am Hofe und in rechtskonservativen Kreisen weit verbreitet. Sie entsprach Nikolaus' Gefühlslage und verstärkte später seine verhängnisvolle Neigung, Politik als eine Frage des Gehorsams aufzufassen und folglich politisch abweichende Meinungen als sündhafte Verfehlung zu betrachten. Diese Einstellung, verstärkt durch eine durchaus vormoderne, das Mystische betonende Religiosität, illustriert etwa Nikolaus' Erwiderung, als ihm wenige Tage vor seiner Abdankung der englische Botschafter in taktloser Weise auf seine wachsende Unpopularität ansprach: «Meinen Sie nun, daß ich das Vertrauen meines Volkes wiedergewinnen muß, oder meinen Sie nicht vielmehr, daß mein Volk mein Vertrauen zurückgewinnen muß?»

Der größte Mangel in der Erziehung des jungen Thronfolgers war, daß er von Altersgenossen weitgehend ferngehalten wurde. Dies nahm dem jungen Zaren die Möglichkeit, sich im Kreise Gleichberechtigter zu behaupten, sich den jungenhaften Spielen und Streichen mit Gleichaltrigen hinzugeben und so auf die Dauer von einem übermächtigen Elternhaus zu befreien. Auch war der junge Carevič so der Möglichkeit beraubt, sich ein eigenes, unabhängiges Urteil zu bilden und seine eigenen Fehler zu machen, die er dann ohne die Einmischung von Gouvernanten oder Eltern hätte korrigieren können. Kontakt zur Außenwelt fand Nikolaus fast nur in den Bediensteten und Bewachern der Zarenfamilie, einfachen Bauern und Soldaten. Nikolaus liebte diese Menschen aufrichtig und mag durch sie zu dem Urteil gelangt sein, daß die einfachen Menschen Rußlands so etwas wie sein eigentlicher Kern seien. Dies hat sicherlich auch dazu geführt, daß er sich – wie kaum einer seiner Vorgänger – den weitverbreiteten Glauben an die Güte und die Zarentreue der einfachen und besonders der bäuerlichen Russen zu eigen machte. Gestärkt wurde dieser Glaube durch die Religiosität Nikolaus', der sich darin und in den Ritualen der orthodoxen Kirche aufs innigste in einer mystischen Weise mit dem einfachen Volk verbunden glaubte. In späteren Jahren hat Nikolaus verschiedentlich versucht, diese vermeintliche mystische Einheit zwischen Volk und Zar politisch zum Tragen zu bringen.

In anderer Hinsicht war die Erziehung des jungen Thronfolgers vielleicht zu erfolgreich. Nach allen Berichten durchlebte Nikolaus eine glückliche Jugend mit verständnisvollen Eltern und einem harmonischen und intensiven Familienleben. Alexander III. war ein warmherziger Vater, der Streiche mitmachte oder über sich ergehen ließ, der mit seinen Kindern Schneemänner baute und ihnen zeigte, wie man Holz sägt. Was allerdings in dieser Umgebung fehlte – in Übereinstimmung mit der Lebensweise des Adels überall in Europa, nicht nur in Rußland –, war jeglicher intellektueller Anspruch oder künstlerisches Interesse. Die neugewonnene Intensität des Familienlebens der Romanovs hatte ihre Ursprünge in der Rebellion Alexanders III. gegen seinen Vater, dessen freizügigen Umgang mit Frauen und vor allem dessen morganatische Ehe mit Ekaterina Dolgorukaja. Diese Konzentration auf das Fami-

lienleben sollte sich in Nikolaus' Ehe noch verstärken und zu seiner
wachsenden Isolierung von allen gesellschaftlichen Schichten beitragen.
Die harmonischen Familienverhältnisse haben sicherlich Konflikte zwischen Vater und Sohn vermieden. Auf der anderen Seite hat dieses
herzliche Einvernehmen es Nikolaus unmöglich gemacht, sich von dem
übermächtigen Einfluß seines Vaters freizumachen, dessen Vorbild er in
dem sicheren Wissen nachzuahmen suchte, daß seine Fähigkeiten dafür
nicht ausreichten. Nikolaus blieb lange ein unreifes Kind. Noch im Alter
von 17 Jahren fühlte er sich bemüßigt, seinem Onkel Gedichte vorzutragen, und mit 20 Jahren spielte er noch mit seinen jüngeren Geschwistern im Palast Fangen. Die glücklichste Zeit in Nikolaus' Leben waren
vielleicht die kurzen Jahre der späten Adoleszenz, als er mit 19 Jahren
die übliche Station eines Gardeoffiziers durchlief. Bis dahin war die
Erziehung Nikolaus' überraschend frei von militärischen Elementen.
Diese Garderegimenter hatten generell den Sinn, den jungen Aristokraten den abschließenden gesellschaftlichen Schliff zu verleihen. Auch für
die Offiziere und jungen Leutnants, die hier arbeiteten, bestand keinerlei Notwendigkeit, für sich selber eine Karriere zu schaffen. Die Offi-
ziersmesse war deshalb ein angenehmer Klub, die Pflichten waren
leicht, und man genoß den Unfug, den junge Offiziere aus Oberklassen-
familien anstellten. Es war das erste Mal im Leben Nikolaus', daß er
Palast und Hof verließ. Nikolaus liebte die Armee, ihre Traditionen,
Uniformen und vor allem die einfache Welt von Befehl und Gehorsam.
In seinen späteren Jahren waren die Offiziersmessen der Garderegimenter fast die einzige Umgebung außerhalb der Familie, wo er sich zu
Hause fühlte. Falls er überhaupt einen Freund hatte oder soweit er je-
mandem traute, kamen diese Personen aus dem Gardemilieu. In diese
Zeit fiel auch die bekannte Affäre des Thronfolgers mit der Ballerina
Mathilde Krzezinskaja. Die Eltern sahen darin nur ein normales Initia-
tionsritual, und es gibt keinerlei Anzeichen dafür, daß sie die Affäre mit
Mißbilligung betrachteten.

Das Problematische im Familienleben der Romanovs wurde durch die
von Nikolaus getroffene Wahl der Ehepartnerin noch verstärkt. Die
Schuld dafür lag zum großen Teil nicht bei den beiden Partnern. Es war
eine Liebesheirat, nach der beide ihr Leben lang dem anderen in Treue
und aufrichtiger Liebe zugewandt blieben. Die Tragik dieser Beziehung
lag darin, daß Alice von Hessen-Darmstadt (in Rußland Aleksandra Fedorovna, nach ihrer Konversion zum orthodoxen Glauben) die von ihrer
Großmutter, Königin Victoria von England, vererbte Bluterkrankheit an
ihren einzigen Sohn Alexej, das jüngste Kind, weitergab. Es spricht für
Nikolaus' Ritterlichkeit, daß diese Belastung von Familie und Dynastie
das Verhältnis zu seiner Frau nie im geringsten störte. Es gehört aber
auch zum klinischen Bild einer solchen Familie, daß sich die Tendenz
zur Isolierung gegen die Außenwelt noch verstärkte und Eheleute und

Kinder in noch höherem Grade aufeinander verwies. Auf der anderen Seite befand sich Alexandra mit ihrer puritanischen, religiös begründeten Ernsthaftigkeit und ihrem durch die Bedingungen eines deutschen Duodezfürstentums diktierten Sparsinn und mit ihrer Abneigung gegen Luxus in einem auffälligen Gegensatz zur Petersburger feinen Gesellschaft. In diesen Kreisen, deren Leichtlebigkeit und Libertinage geradezu sprichwörtlich waren, haben sich die puritanischen und in ihren moralischen Ansprüchen strengen Monarchen nie wohl gefühlt, wie sie umgekehrt bei jenen nie beliebt waren. Das besserte sich natürlich nicht, als Alexandra versuchte, ein Stück viktorianische Ernsthaftigkeit in die Petersburger Gesellschaft einzubringen, indem sie Nähzirkel der adligen Damen einzurichten suchte, in denen man Kleider für die Armen herstellte. Einiges vom Spott und der Kritik in der Gesellschaft hat sicherlich auch die Ohren der Kaiserin erreicht und sie in der Öffentlichkeit noch gehemmter erscheinen lassen, als dies bei ihrem scheuen Temperament sowieso der Fall war. Die Beziehungen des kaiserlichen Paares zur Petersburger Gesellschaft verschlechterten sich noch weiter, als es der geschwächte Gesundheitszustand der Kaiserin, die sich zwischen offiziellen und familiären Pflichten zerrieb, seit 1903 nicht mehr gestattete, an den großen Bällen Petersburgs teilzunehmen. Der Einfluß auf das Gesellschaftsleben entglitt so dem Hof sehr schnell. Dies war durchaus von Bedeutung, wenn man bedenkt, mit wieviel Geschick konstitutionelle Monarchien im 20. Jahrhundert diese sogenannten *dignified elements* (Walter Bagehot) der Verfassung zu nutzen wußten, um in einer subtilen Form Einfluß auszuüben.

Als Alexander III. unerwartet im Alter von 49 Jahren starb, war der Thronfolger schlecht auf seine künftigen Aufgaben vorbereitet. Erst seit kurzem hatte man begonnen, ihn in die Regierungs- und Gesetzgebungsarbeit wenigstens oberflächlich einzubeziehen. Er verfügte über geringe Erfahrungen in der großen Politik, und vor allem kannte er nur sehr wenige derjenigen, unter denen er seine Mitarbeiter auszusuchen hatte. Zudem zeigte sich schnell, daß der Zar nicht über die Willensstärke und Entscheidungsfreudigkeit seines Vaters verfügte. Von Ausnahmen abgesehen, erwies sich Nikolaus als unfähig, vor seinen Ministern zu argumentieren und über den einzuschlagenden politischen Kurs zu diskutieren. Nikolaus liebte es nicht, ja wagte es oft nicht, einem Minister zu widersprechen. Er entzog sich allem Unangenehmen und vermied es meist, es seinen Ministern anzudeuten, wenn er sie zu entlassen gedachte. Deshalb beschuldigte man ihn fälschlicherweise der Heuchelei und der Doppelzüngigkeit. Selbst der dem Zaren absolut ergebene Ivan Goremykin, Innenminister der neunziger Jahre und Ministerpräsident 1914/15, sagte 1904 zum amtierenden Innenminister: «Glauben Sie ihm nie. Er ist der falscheste Mensch auf der Welt.» Aufgrund seiner Auffassung vom Herrscheramt hatte Nikolaus II. kein Verständnis dafür, daß Minister keine reinen Befehlsempfänger sein konnten. «Ich kann Ihnen doch Anweisungen geben,» sagte er in einer kritischen Situation Ende 1904 zu seinem Innenminister Svjatopolk-Mirskij, der darauf, seine Entlassung vorwegnehmend, antwortete: «Nicht, wenn ich kein Brötchenverkäufer bin.» Als Nikolaus an die Macht kam, hatte er keinerlei Programm außer der festen Absicht, kein Jota von seiner autokratischen Allmacht abzugeben, die er als Vermächtnis seines Vaters ansah. Dieses eifersüchtige Wachen über seine Prärogativen ging so weit, daß er sich weigerte, einen Privatsekretär anzustellen, und daß er in seinem Arbeitszimmer in einer Schublade das kaiserliche Siegel verwahrte und selbst die Umschläge versiegelte, in denen er seinen Beamten seine Entschlüsse mitteilte. Sein Amt sah er als von Gott gegeben, sich selbst als Repräsentanten Gottes, und in seinen Familienkreisen sah man ihn – wie etwa der Großfürst Nikolaj Nikolaevič – als ein Geschöpf, das irgendwo zwischen den Menschen und Gott stand. In dieser Atmosphäre mußten politische Entscheidungen oft als moralische bzw. als Gewissensentscheidungen verstanden werden. Wie einer seiner Hofkommandanten schrieb, wollte Nikolaus allein sein, allein mit seinem Gewissen. «Wie kann ich das tun, wenn es gegen mein Gewissen ist?» war die Basis, auf der er politische Entscheidungen fällte bzw. an ihn herangetragene politische Optionen ausschloß.

Nikolaus war zutiefst beunruhigt, als er die Nachfolge seines Vaters antreten mußte. Er war sich seiner Unzulänglichkeiten bewußt und gleichzeitig im klaren darüber, daß auch seine engere Umgebung stärkste Zweifel an seinen Fähigkeiten hatte. Aufgrund seiner Unerfahrenheit führte er in den ersten Jahren seiner Regierungszeit die von seinem Vater angelegte Politik fort und behielt auch dessen wichtigste Berater und Minister bei. Diese Kontinuität war nicht im Interesse der auf politischen Wandel hoffenden gebildeten und besitzenden Gesellschaft, vor allem in den Zemstva, den ländlichen Selbstverwaltungsorganen, die der Zar öffentlich auf ungeschickte Weise aufforderte, alle sinnlosen Träume der Konstitutionalisierung des Reiches aufzugeben. Dies geschah am Vorabend der Krönungsfeierlichkeiten, die für das einfache Volk zu einem schrecklichen Unglück auf den Chodynka-Feldern führten, als eine Tribüne zusammenbrach und den Tod von über tausend Menschen verursachte. In einem Land, in dem der Monarch selbst auf das mystische Band zwischen Herrscher und Beherrschten setzte, in dem auch die Unterschichten noch ein ganz traditionelles, fast mittelalterliches Verhältnis zum Monarchen hatten, mußte dies in weitesten Kreisen als ein böses Omen verstanden werden.

Nikolaus II. war sich in keiner Weise der Widersprüche seines Vaters bewußt. Auf der einen Seite suchte er von oben soziale und politische Stabilisierung durch die Bewahrung der alten ständestaatlichen Strukturen zu erreichen, auf der anderen setzte die Industrialisierungspolitik des Finanzministers eine ungeheure soziale Dynamik frei. Die Industrialisierung konnte nicht nur Gewinner kennen, sie schuf auch viele Verlierer. Als einen solchen sah sich der russische Adel, der vor allem in der Regierungszeit Nikolaus' II. begann, massiv gegen die vom Staat betriebene Wirtschaftspolitik mobil zu machen. Der Adel war seit langem wegen der seit Ende der siebziger Jahre einsetzenden internationalen Agrarkrise in Schwierigkeiten und glaubte in dem ungeliebten Finanzminister Witte die Ursache all seiner Nöte zu erkennen. Obwohl Nikolaus II. mit dem Adel sympathisierte, zeigte sich, daß dieser die Öffentlichkeit nicht für seine Interessen mobilisieren konnte. Deshalb spaltete sich in den neunziger Jahren die Bewegung des Adels, die mit dem Kampf gegen den Goldstandard einen vorübergehenden Höhepunkt erreichte, in eine immer mehr nach rechts tendierende, zunehmend antisemitische Richtung und in die Zemstvo-Bewegung, die zunehmend mit liberalen Konzepten die staatliche Wirtschaftspolitik von der Ebene der ländlichen Selbstverwaltung her auszuhebeln suchte. Der konservative Adel fand in der höheren Bürokratie eine Unterstützung bei denjenigen, die nun durch eine Stärkung des Adels die Wirtschaftspolitik und insgesamt die Politik des Landes umzubiegen suchten. Dabei entwickelte sich eine Auseinandersetzung zwischen dem Innen- und dem Finanzminister. Der Zar war nicht in der Lage, den Konflikt zu beenden. Zwar konnte er eine Reihe von Gesetzen zugunsten des Adels erreichen, aber diese erwiesen sich als wirkungslos, weil sie dem Trend der sozialen und wirtschaftlichen Entwicklung allzusehr entgegenstanden. Innenminister Goremykin wollte durch Ausdehnung der Zemstva auf weitere Provinzen in Rußland – vor allem im Westen – der Politik des Finanzministers einen Stein in den Weg legen. Dies mißlang und endete mit Goremykins Entlassung, weil der Zar sich von Wittes Argument überzeugen ließ, daß Zemstva und Autokratie nicht vereinbar seien. Witte beschritt einen anderen Weg, seine Gegner auszumanövrieren: Er schob die Bauernfrage in den Vordergrund, propagierte die rechtliche Gleichstellung der Bauern mit der übrigen Bevölkerung und zur schnelleren Entwicklung des Landes die Auflösung der bäuerlichen Umteilungsgemeinde (obščina). Gegen Ende des Jahrzehnts begann das Finanzministerium unter seiner Leitung zunehmend das Heil in einer Art ‹gouvernementalem Liberalismus› zu suchen, obwohl der Finanzminister selbst lange die obščina als Eckstein konservativer Politik verteidigt hatte.

Diese Politik des gouvernementalen Liberalismus wurde von rechts mit zunehmend nationalistischen und antisemitischen Argumenten bekämpft, die auch beim Zaren Gehör fanden. Vor allem die Abneigung gegen das Auslandskapital konnte von den Gegnern des Finanzministers instrumentalisiert werden. Gleichzeitig vermochten einige Abenteurer, die den imperialistischen Neigungen Nikolaus' II. im Fernen

Osten zu schmeicheln vermochten, diesen gegen den Rat seines Finanzministers zu einer aktiveren Politik wirtschaftlicher Penetration des Fernen Ostens zu überreden, die wegen der Führungsschwäche in St. Petersburg in den Krieg mit Japan mündete. Die zunehmende Orientierungslosigkeit an der Spitze der Petersburger Bürokratie rührte daher,
daß das zeitweise die innere und äußere Politik bestimmende Finanzministerium seinen Einfluß verlor und daß Witte selbst Anfang 1903
vom Zaren entlassen worden war. Eine solche innenpolitische Kurskor-
rektur war durchaus das Werk des Zaren. Auf einer symbolischen Ebene
hatte Nikolaus sie durch eine Wallfahrt aus Anlaß der Heiligsprechung
des Seraphim von Sarov vorbereitet, dessen Kanonisierung er gegen
den Willen des Hl. Synod durchgesetzt hatte. Er betrachtete dies, zusammen mit der Pilgerfahrt, als ein Mittel der mystischen Kommunikation des Zaren mit seinem Volk. Durch dieses Erlebnis sah er sich in
seiner schon längst gehegten Absicht bestärkt, seinen verwestlichten,
vermeintlich unrussischen Finanzminister zu entlassen und eine andere
Politik anzusteuern. Allerdings wußte der Zar nicht, wohin nun die
Reise gehen sollte. Von Witte angestoßen, hatte sich in der Bürokratie
eine erbitterte Diskussion darüber entwickelt, wie man die Lage der
russischen Bauern verbessern könne und ob man dafür ihre Rechtsstel-
lung reformieren müsse. Trotz einiger Reformschritte, wie z. B. der Abschaffung der Körperstrafen für Bauern, entschied sich der Zar unter
dem Einfluß des neuen Innenministers Pleve zu einer Politik der weitgehenden Bewahrung der bäuerlicher Sozialstruktur (Erhalt der obščina),
auch wenn den Kulakenelementen, d. h. den reicheren Bauern, der
Auszug aus der Bauerngemeinde erleichtert wurde. Auch in anderen
Bereichen verweigerten sich Zar und Minister der Notwendigkeit von
Reformen: In der Arbeiterfrage gab es nur einige bedeutungslose Konzessionen, während man, statt das Streikrecht zu gewähren, weiter auf
Repression setzte. Die Nationalitäten hatte man seit der zweiten Hälfte
der neunziger Jahre zunehmend vor den Kopf gestoßen. Die verfassungsmäßige Sonderstellung Finnlands erstickte unter der harten Hand
des damaligen Staatssekretärs Pleve und des Generalgouverneurs Bobri-
kov. Der armenischen Kirche wurde das Vermögen entzogen, und ihr
Schulsystem wurde dem Staat mit der Maßgabe unterstellt, daß in diesen Schulen nur noch russisch unterrichtet werden durfte. Auch andere
Nationalitäten sahen sich, wenn auch nicht einer umfassenden nationa-
litätenfeindlichen Politik, so doch immer wieder lästigen oder auch bös-
artigen Nadelstichen ausgesetzt.

Mit dieser Politik der Immobilität und Repression, die gleichzeitig in
vorsichtigerer Form die eingeschlagene Wirtschaftspolitik fortsetzte,
konnte der Zar niemanden zufriedenstellen. Die gemäßigte Zemstvo-
Bewegung, die in Opposition zur staatlichen Wirtschaftspolitik und zur
dauernden Einmischung des Innenministeriums mehr Befugnisse für

die lokale Selbstverwaltung, Reformen in der Bauernfrage und im Schulwesen sowie Presse- und Organisationsfreiheit verlangte, wurde zunehmend stärker. Aber auch die Unterschichten rührten sich. In den neunziger Jahren nahm die Zahl der russischen Industriearbeiter aufgrund der staatlichen Wirtschaftspolitik stark zu, und mit der anhaltenden Einwanderung in die Städte und Fabriken hatte sich ein neues Potential aktivistischer Radikalität angesammelt. Dies drückte sich in einer Reihe von Streiks aus, die es den sozialistischen Parteien ermöglichten, unter den Arbeitern Fuß zu fassen. Die Bauern meldeten sich 1902 mit schweren Unruhen in Poltava und Char'kov und machten die Dringlichkeit von Reform zumindestens den Kreisen außerhalb von Bürokratie und Hof noch deutlicher. Der Zar entschied sich allerdings für eine verschärfte Repression. Dies konnte freilich nicht die oppositionelle und revolutionäre Bewegung schwächen oder die von den Sozialrevolutionären getragene terroristische Bewegung eindämmen. Ihr fiel der Repräsentant der politischen Reaktion, Pleve, zum Opfer, worüber man in weiten Kreisen der Gesellschaft eher frohlockte. Nach langem Schwanken entschied sich Nikolaus II. unter dem Einfluß seiner Mutter entgegen seiner ursprünglichen Neigung, den reformwilligen Svjatopolk-Mirskij zum Innenminister zu ernennen. Dieser wollte den gesellschaftlichen Kräften mehr Vertrauen erweisen, weshalb seine Regierungszeit auch die «Epoche des Vertrauens» genannt wurde. Aber der Zar war letztlich nicht willens, den Reformvorschlägen seines Innenministers zu folgen. In den entscheidenden Beratungen des Dezembers 1904 verweigerte er ihm das Herzstück seiner Reform, eine beratende gewählte Versammlung. Damit zwang er ihn zum Rücktritt, und das Regime taumelte einer großen Krise führungs- und richtungslos entgegen.

Wenn die Ernennung Svjatopolk-Mirskijs anfangs Hoffnungen geweckt hatte, so zeigte sich doch sein Programm keineswegs mehr geeignet, die in Opposition befindlichen Elemente des Adels und der städtischen Oberschichten zufriedenzustellen. Diese nutzten allerdings die relative Liberalität für eine Reihe von öffentlichen Veranstaltungen, auf denen aber meist Forderungen erhoben wurden, die über Mirskijs Pläne weit hinausgingen. Die bedeutendste war die Versammlung der Zemstvo-Vertreter vom 20. November 1904, auf der die Mehrheit die Konstitutionalisierung des Regimes verlangte, während sich nur noch eine Minderheit mit einer beratenden Versammlung zufriedengab. Die in der Opposition vereinten Kräfte des fortschrittlichen Landadels, der ländlichen Intelligenz, der städtischen Selbstverwaltung und breiter Kreise der städtischen Intelligenz begannen nun, auf einer Bankettkampagne die Parlamentarisierung des Reiches zu verlangen. Diese Petitions- und Bankettkampagne fand auch in der Arbeiterschaft ihren Widerhall. Die Petersburger Arbeiter, denen man – in Nachahmung des gescheiterten Moskauer Experiments des Polizeisozialismus, wo die Geheimpolizei Gewerkschaften ins Leben gerufen hatte – die Bildung einer unabhängigen Vereinigung unter dem Priester Gapon gestattet hatte, entschieden sich ebenfalls, dem Zaren eine Petition vorzulegen. Die allgemeine Führungslosigkeit mit einem faktisch bereits entlassenen Innenminister und einem Zaren, der wie die meisten Minister den Ernst der Lage nicht erkannte, führte zu der Katastrophe des Blutsonntags am 9. Januar 1905. Mehr als 100 000 Arbeiter zogen zum Winterpalast, um in einer seltsamen Stimmung zwischen religiösem Aufbruch und kindlichem Vertrauen dem Zaren ihre Nöte und Forderungen (darunter ebenfalls die Parlamentarisierung des Reiches und die Trennung von Staat und Kirche) vorzutragen. Kopflose Armeeoffiziere, mit Polizeiaufgaben der crowd-control überfordert, ließen auf die friedliche Menge schießen. Es gab über 100 Tote und vermutlich über 1000 Verletzte. Arbeiter und Intelligenz reagierten mit Streiks und beeindruckenden Protestkundgebungen. Auch wenn die Arbeiter meistens noch rein wirtschaftliche Forderungen stellten und die revolutionären Parteien weder in der Gapon-Bewegung noch in den unmittelbar auf den Blutsonntag folgenden Streiks eine wichtige Rolle spielen konnten, befand sich Rußland nun mitten in einer Revolution.

Das System wußte nicht, wie es reagieren sollte. Der Zar holte sich aus der Umgebung seines reaktionären und antisemitischen Onkels, des Großfürsten Sergej Aleksandrovič, A. G. Bulygin als Innenminister und D. F. Trepov als Generalgouverneur für Sankt Petersburg, um mit harter Hand durchzugreifen. Gleichzeitig entkleidete er Sergej Witte, der zum Sprecher der Reformkräfte geworden war, der meisten seiner Funktionen. Der Zar suchte darüber hinaus in einer für ihn und Trepov typischen Art die Arbeiter zu beruhigen. Nikolaus empfing eine hastig zusammengestellte Delegation von Arbeitern, wohl um so zu demonstrieren, daß das einfache Volk in Wirklichkeit zarentreu war und sich nur von der städtischen Intelligenz hatte verführen lassen. Durch seine ungeschickte Rede verschärfte Nikolaus aber nur die Lage: «Ich weiß, daß das Leben eines Arbeiters nicht leicht ist . . ., aber habt Geduld. Ihr selbst versteht in eurem Gewissen, daß ihr fair zu euren Bossen sein müßt . . . Ich glaube an die ehrlichen Gefühle der arbeitenden Menschen und an ihre unerschütterliche Ergebenheit mir gegenüber, und deshalb vergebe ich ihnen ihre Schuld.» Der Fehlschlag dieses Unternehmens ließ den Zaren wieder stärker auf seine Minister hören, die ihm entschiedene Reformschritte anrieten: So hatte man bereits vorher den Arbeitern versprochen, eine Sankt Petersburger Arbeitervertretung wählen zu lassen, in der sie zusammen mit den Unternehmern der Regierung ihre Nöte vortragen dürften. Weiterhin riet man dem Zaren, nun endlich die noch im Dezember 1904 verweigerte beratende Versammlung zu gewähren. Es bedurfte des Schocks der Ermordung des

Großfürsten Sergej Aleksandrovič, bevor Nikolaus in einem Reskript an Innenminister Bulygin am 18. Februar 1905 die Einberufung einer gewählten beratenden Versammlung versprach. Typischerweise begleitete dieses Reskript gleichzeitig aber ein Manifest, das in seiner symbolischen Bedeutung höher stand und in dem der Zar – in einer Sprache, die einer älteren Zeit angemessen gewesen wäre – die loyalen Elemente der Bevölkerung aufrief, sich um den Thron zu scharen und den Zaren gegen die Revolutionäre zu verteidigen. Dies war sowohl Ausdruck eines politischen Ringens in der Bürokratie als auch der Zwiespältigkeit Nikolaus', der sich auf der einen Seite als Vater seiner Untertanen sah und sie nun durch eine Reihe von Gnadenakten zu befrieden gedachte, der aber gleichzeitig glaubte, daß strenge Ermahnung seine Kinder auf den rechten Pfad zurückführen würde. Die weitere zarische Politik zeichnete sich deshalb durch eine Doppelgleisigkeit von gleichzeitiger Repression und Konzession aus, die in ihrer Wirkung auf Öffentlichkeit und revolutionäre Bewegung verheerend war.

Das Manifest vom 18. Februar 1905 hatte die Bevölkerung aufgerufen, den Zaren über ihre Nöte zu informieren, und ihr damit das Recht verliehen, Petitionen an ihn zu richten. Das bedeutete faktisch Pressefreiheit und wurde sofort von der oppositionellen Bewegung der Intelligenz und der Zemstva ausgenutzt, um Versammlungen zu organisieren und Petitionen zu verabschieden, die eine Konstitutionalisierung des Landes verlangten, und zwar zunehmend auf der Basis des allgemeinen und gleichen Wahlrechtes. Diese Petitionen gaben wie kaum etwas anderes der revolutionären Bewegung Auftrieb. Die immer schlechteren Nachrichten vom Kriegsschauplatz im Fernen Osten radikalisierten die oppositionelle und revolutionäre Bewegung, die auch von den gemäßigteren Elementen als eine Einheitsbewegung gegen den autokratischen Staat betrachtet wurde. Die revolutionäre Bewegung wurde in dieser Zeit vor allem von der radikalen Intelligenz getragen, in den Randgebieten des Reiches auch von den Nationalitäten. Erst im Oktober traten die Arbeiter und im November die Bauern in den Vordergrund. Revolutionäre und oppositionelle Bewegung erhielten immer mehr Zulauf, weil die Entscheidung über die versprochene gewählte beratende Versammlung auf sich warten ließ und weil obendrein auch nicht klar war, ob die Versammlung noch ständischen Prinzipien oder stärker modernen Vorstellungen entsprechen würde. Nikolaus versuchte, durch den Empfang einer Deputation eines Zemstvo-Kongresses seinen guten Willen zu bezeugen und deutlich zu machen, daß er die Bulyginsche Duma tatsächlich einberufen werde. Gleichzeitig stellte er aber, obwohl das in der Öffentlichkeit nicht verstanden wurde, gegenüber den rechtsradikalen und konservativen Elementen klar, daß er allein das Recht habe, darüber zu entscheiden, ob er eine gewählte Versammlung einberufe und ob dies mit der Idee der Selbstherrschaft vereinbar sei. Als fatal erwies

sich die sporadische Konzessionsbereitschaft des Zaren, als die auf Anraten des sprunghaften Trepov gewährte Universitätsautonomie im September 1905 von den Studenten dazu genutzt wurde, die Arbeiter in
Massen in die Universitäten zu holen, um sie im Schutze der hier geltenden Versammlungsfreiheit für die Revolution zu mobilisieren. Dies hat
wie kaum etwas anderes zum weiteren Anheizen der revolutionären
Bewegung beigetragen.

Als die revolutionäre und oppositionelle Bewegung im Oktober 1905
in einem Generalstreik gipfelte, der das Land weitgehend lahmlegte,
war es Sergej Witte, der dem Zaren die Alternativen des Tages wies.
Obwohl der Zar ihm zutiefst mißtraute, sah er sich gezwungen, auf
seinen ehemaligen Finanzminister zurückzukommen, der durch einen
für Rußland sehr günstigen Frieden, den er in Portsmouth (USA) mit
den Japanern verhandelt hatte, allgemein hohes Ansehen genoß. Witte
erklärte dem Zaren, er müsse entweder einen Diktator ernennen, der
die Revolution mit Gewalt niederringe, oder aber die bürgerlichen Freiheiten und eine gewählte Legislative gewähren. Nikolaus wollte nicht
die Revolution im Blut ertränken. Er machte noch den halbherzigen
Versuch, die von Witte geforderten Konzessionen wesentlich enger zu
fassen, was aber an der energischen Weigerung Wittes, unter solchen
Umständen den neugeschaffenen Posten des Premierministers zu übernehmen, scheiterte. Der Zar hat Witte dieses Verhalten nie verziehen,
und Gegner beschuldigten ihn, den Zaren erpreßt zu haben. Es wurde
nun zum ersten Mal so etwas wie ein konstitutionelles Kabinett gebildet, für das aber Witte nicht das Äquivalent zur preußischen Kabinetts-
ordre von 1862 durchsetzen konnte, das dem Premierminister die Möglichkeit gegeben hätte, die Vorträge der anderen Minister beim Zaren
mitzubestimmen oder doch wenigstens dabei anwesend zu sein. Ein in
konstitutionellen Monarchien grundsätzlich gegebenes Problem der
Machtbalance wurde so zu Lasten des Premiers entscheidend verschärft. Das Oktober-Manifest (17. 10. 1905) versprach die bürgerlichen
Freiheiten, eine gewählte Versammlung mit gesetzgebenden Vollmachten, eine Ausdehnung des Wahlrechts und indirekt auch die Gleichstellung der Religionen und Nationalitäten brachte aber keineswegs die
vom Zaren erwartete Beruhigung im Lande. Vielmehr rief es schwere
Unruhen hervor, die sich aus Zusammenstößen zwischen Loyalisten
und Revolutionären ergaben und die in weiten Gebieten Westrußlands
zu blutigen Pogromen gegen die jüdische Bevölkerung, aber auch gegen
Vertreter der Intelligenz führten. In Sankt Petersburg etablierte sich der
Arbeiterrat, der zeitweise mit der Regierung um die Macht konkurrierte.
Auf dem Lande begannen im November Bauernunruhen. Der Zar inter-
pretierte die Judenpogrome zunehmend als eine gesunde Reaktion der
breiten Masse auf die Revolution. Er wurde immer ungeduldiger wegen
der nur langsam fortschreitenden Befriedung des Landes und forderte

seinen Premierminister energisch zu härteren Repressionen auf. Trotz der Anweisungen des Zaren sah sich die Regierung aber mehrfach gezwungen, vor der revolutionären Bewegung zurückzuweichen. Auf dem Höhepunkt der Agrarunruhen legte der Landwirtschaftsminister in Wittes Kabinett, N. N. Kutler, ein Projekt vor, das die weitgehende Enteignung der Gutsbesitzer vorsah. Dies scheiterte am Widerspruch des Zaren. Es ist bis heute umstritten, ob ein so radikaler Eingriff in das private Eigentum gerechtfertigt sein konnte. Auf der anderen Seite wäre eine solche Enteignung im Namen des Zaren das vielleicht einzige Mittel gewesen, die quasi-konstitutionelle Monarchie auf eine feste Basis zu stellen. Die Weigerung des Zaren, ein solches Programm zu erwägen, signalisierte den Schlußpunkt seiner Reform- und Konzessionswilligkeit.

Mit der Niederschlagung des bewaffneten Aufstandes im Dezember 1905 in Moskau und anderswo legte die Regierung die Versprechungen des Oktobers immer enger aus. Fiel das Wahlgesetz, auf dem Höhepunkt des Moskauer Aufstandes erlassen, noch recht liberal aus, so schränkte das Grundgesetz im April 1906, Rußlands erste Verfassung, die Aktionsmöglichkeiten der neugeschaffenen Legislative, der Duma, stark ein und gab ihr mit dem zu zwei Dritteln ernannten Reichsrat einen gleichberechtigten Konkurrenten. Die Bereiche Außenpolitik und Militär blieben der Kompetenz der Duma entzogen. Darüber hinaus verfügte der Zar über das absolute Vetorecht. Der Artikel 87 der Grundgesetze verlieh dem Zaren das Recht, Gesetze zu erlassen, wenn Duma und Reichsrat nicht tagten. In der Verfassung hieß der Zar weiter Selbstherrscher (samoderžec), womit Nikolaus klarstellen wollte, daß Legitimität in seinem Lande immer noch monarchisch und nicht demokratisch begründet sein sollte. Er konnte aber von seinen Beratern, auch den konservativsten unter ihnen, davon abgebracht werden, auch die bisherige Formel «uneingeschränkter Selbstherrscher» in der Verfassung festzuschreiben. Nach der Verabschiedung der Verfassung und dem Abschluß einer Auslandsanleihe von bis dahin ungekannten Ausmaßen, für die man den Premierminister noch brauchte, entließ Nikolaus den ihm nun endgültig zutiefst verhaßten Witte. Der Kaiser erwies sich als kleinlich: Das in solchen Fällen übliche Geldgeschenk hat der entlassene Premier nie erhalten.

Die im April 1906 gewählte Duma war für die Regierung eine Enttäuschung. Wegen des Wahlboykotts der sozialistischen Parteien von Liberalen und Radikalliberalen, also nicht von der revolutionären Bewegung beherrscht, waren die Vorstellungen der Duma für die Regierung dennoch viel zu radikal. Sie bestand auf der Ministerverantwortlichkeit, der konstituierenden Funktion der Duma, d. h. Funktionen ähnlich denen einer Konstituante, und auf einer weitgehenden Enteignung privaten Grundbesitzes zugunsten der Bauern gegen eine Entschädigung unter dem Marktpreis. Nikolaus wartete nur auf einen günstigen Moment, um die Duma aufzulösen. Als sie die Bevölkerung aufrief, ihre Entscheidung zur Agrarfrage abzuwarten, wertete die Regierung dies als revolutionären Akt und löste sie auf. Gleichzeitig ersetzte der Zar den Ministerpräsidenten Goremykin durch den energischen und tüchtigen Stolypin, ehemals Adelsmarschall von Kovno und Gouverneur von Saratov, der durch seine energische Haltung während der Revolution und seine klaren Denkschriften zur Lage des Landes beeindruckt hatte. Es gelang Stolypin, den Zaren für sein Agrarprogramm zu gewinnen, das die Auflösung der obščina – der heiligen Kuh der Reaktionäre – vorsah. Nikolaus genehmigte auch die Einrichtung von Militärtribunalen, die in Schnellverfahren politische Gegner, die mit der Waffe in der Hand agiert hatten, zum Tode verurteilen konnten. Diese Maßnahme traf auf den erbitterten Widerstand der Öffentlichkeit und machte eine Zusammenarbeit auch zwischen den konservativen konstitutionellen Kräften und Stolypin während der zweiten Duma unmöglich. Die Stolypin-Tribunale traten die Prinzipien der Rechtsstaatlichkeit mit Füßen, aber es muß auch gesagt werden, daß die Zahl der zum Tode verurteilten und folglich hingerichteten Personen im Vergleich zu modernen Diktaturen gering blieb. Die zweite Duma, in ihrer Zusammensetzung noch radikaler als die erste, da die sozialistischen Parteien ihren Wahlboykott aufgegeben hatten, war für eine Zusammenarbeit mit dem bestehenden System nicht zu gewinnen. Die Regierung wartete auch jetzt nur auf einen günstigen Augenblick, um sie aufzulösen. Dies geschah am 3. Juni 1907. Gleichzeitig erließ der Zar ein neues Wahlrecht und berief die dritte Duma für den Herbst 1907 ein. Das neue Wahlrecht bevorteilte den Adel und die Reichen der Städte außerordentlich. Allerdings behielten fast alle ihr Wahlrecht, abgesehen von der ländlichen Intelligenz und den nationalen Minderheiten im asiatischen Rußland. Dadurch wurde die Repräsentanz der nationalen Minderheiten des europäischen Rußland drastisch reduziert, weil, wie es in dem Manifest des Zaren zur Auflösung der Duma hieß, die Duma eine russische Institution sein müsse und weil die nationalen Minderheiten nicht das Schicksal des Reiches bestimmen dürften. Der 3. Juni 1907 war ein Staatsstreich, weil ein neues Wahlgesetz nur durch die Duma hätte erlassen werden dürfen, ein Staatsstreich aber, der sich gleichermaßen gegen rechts wie links richtete, da Stolypin durch seine Aktion weiter gehende Pläne vereitelte, die auf eine Rücknahme der konstitutionellen Konzessionen vom 17. Oktober 1905 hinausliefen. Bei aller Irritation, die der Zar angesichts der revolutionären Bewegung und der oppositionellen Dumen zeigte, war er also dennoch nicht gewillt, sein Wort zu brechen.

Das Programm, auf das Zar und Premierminister sich nun festlegten, bedeutete keineswegs den Vollzug eines Programms der adligen Reaktion. Weder wurde die Verfassung praktisch aufgehoben, noch hat der

Adel der Regierung sein Agrarprogramm aufzwingen können, vielmehr gelang es der Regierung durch geschickte Einflußnahme, den «Vereinigten Adel» dazu zu bringen, ein Agrarprogramm zu verlangen, das weitgehend den Wünschen der Regierung entsprach. Deshalb revidierte sich der «Vereinigte Adel» bald und kritisierte die Politik des Premierministers und auch des Zaren in Industrie und Landwirtschaft als schleichende Enteignung des Adels. Die Beziehungen zwischen der Regierung Stolypins und dem «Vereinigten Adel» verschlechterten sich unaufhaltsam, und der «Vereinigte Adel» brachte eine Reihe von Reformprojekten des Premierministers für die ländliche Selbstverwaltung und Administration zu Fall, weil diese eine weitgehende Beschneidung adliger Vorrechte gebracht hätten. Andererseits verteidigte der Zar nachdrücklich seine Prärogativen, z. B. im Militärbereich und in der Außenpolitik. So kam es über eine Stellenliste für den Marinestab, die im Rahmen des Budgets für das Marineministerium mit verabschiedet worden war, im Jahr 1909 zu einer Ministerkrise, weil dies bedeuten konnte, daß die Duma nun auch die innere Organisationsform der Marine bestimmen wollte. Der Zar verweigerte die Unterzeichnung dieses Gesetzes und machte damit klar, daß er auch eine schleichende Kompetenzerweiterung der Duma nicht dulden würde. Weil die reformerischen Kräfte durch die Ministerkrise von 1909 und die Auseinandersetzung um ein Toleranzgesetz für die Altgläubigen geschwächt waren, konnten größere Reformprojekte jetzt nur noch Erfolg haben, wenn sie mit wichtigen nationalistischen Anliegen verknüpft werden konnten. Stolypin hat in dieser Hinsicht die nationalistischen Kräfte zu nutzen gesucht, auch um so den reformfeindlichen Widerspruch, vor allem des Reichsrates, zu überspielen. Die unterschiedlichen Faktoren zeigten sich deutlich in der sogenannten Krise der westlichen Zemstva. Die erzkonservativen Kräfte brachten im Reichsrat dieses Projekt, das auch in den national gemischten Westprovinzen Zemstva schaffen sollte, zu Fall, weil es in ihren Augen auf längere Sicht die Macht des Zaren faktisch einschränken würde und weil es auf einer anderen Ebene den neuen Stolypin-Bauern durch spezielle Bestimmungen im Wahlverfahren in den westlichen Gouvernements größeren Einfluß einräumte. Durch eine Rücktrittsdrohung zwang Stolypin den Zaren, Duma und Reichsrat für drei Tage zu vertagen und aufgrund des Artikels 87 der Grundgesetze das West-Zemstvo-Gesetz in der von der Duma verabschiedeten, d. h. relativ demokratischen Form in Kraft zu setzen. Der Zar wurde von Stolypin und vor allem von seiner Mutter zu diesem Schritt gedrängt. Aber dies hat er seinem Premierminister nie verziehen. Die Ermordung Stolypins im September 1911 in Kiev enthob den Zaren, so wie er es sah, der Notwendigkeit, Stolypin zu entlassen.

Das Verhältnis zwischen Nikolaus und seinen Premierministern zeigt das grundlegende Strukturproblem einer konstitutionellen Monarchie:

Gewinnt der Premierminister an Statur, gelingt es ihm, einheitliche Regierungspolitik durchzusetzen und populär zu werden, so tritt der Monarch in den Hintergrund und wird in seinen Entscheidungsspielräumen eingeschränkt. Nikolaus hat dies gespürt und deshalb in verschiedenen Situationen Stolypins Widersachern auf der Rechten in die Hände gespielt, um seine Stellung zu waren. Dadurch sabotierte er aber die politische Konsolidierung seines Regimes, die für ihn noch dringlicher sein mußte. Nikolaus hat seine weiteren Premierminister bewußt geschwächt: Kokovcov ließ er nicht Innenminister werden, und Goremykin machte er im Jahre 1914 gar zum Premier ohne ein eigenes Ressort. Ihre Stellung wurde daher immer schwächer, und verschiedene Ministerien arbeiteten nun ganz offen gegeneinander oder betrieben miteinander unverträgliche Politiken. So konnte der Premierminister Kokovcov nicht verhindern, daß der Innenminister gegen seinen Willen in den Wahlen zur vierten Duma (1912) zuungunsten der Oktobristen und zugunsten der weiter rechts stehenden Parteien intervenierte und den berüchtigten Ritualmordprozeß gegen den Juden Mendel Bejlis fabrizierte, der wie kaum etwas anderes das Prestige des Monarchen und des Russischen Reiches ruinierte. Nikolaus auf der anderen Seite glaubte, die Mittel gefunden zu haben, um an seinem Premierminister vorbei mit seinen Untertanen in Kontakt zu treten und ihnen gegen dessen Politik den Rücken zu stärken: Auf einer symbolischen Ebene, die aber von breiten Bevölkerungsteilen gut verstanden wurde, konterkarierte er die Anweisungen der Regierung und stärkte seinen rechtsradikalen Anhängern den Rücken. Skandalös war dabei die kontinuierliche Unterstützung, die der Zar den rechtsradikalen Kräften in Odessa lieh, so daß hier über Jahre die Rechte ein Terrorregime ausüben konnte, das der energische und machtbewußte Stolypin nur einschränken, aber nie gänzlich beseitigen konnte.

Dennoch hatte die Entwicklung seit 1905 Fakten geschaffen, die sich nicht mehr nach rückwärts wenden ließen. Der Zar spielte gelegentlich mit dem Gedanken, die Konzessionen des Oktobers 1905 rückgängig zu machen. Während des Bejlis-Verfahrens, durchaus mit dem Hintergedanken inszeniert, innenpolitische Gewichtsverschiebungen in Gang zu setzen, verlangte der Zar vom Ministerrat, die Duma zu einem beratenden Organ zurückzustufen. Selbst die reaktionärsten Minister mußten dem Zaren antworten, daß dies nicht mehr möglich sei. Im wirtschaftlichen Bereich versuchte Nikolaus, gedrängt von reaktionären Kreisen wie dem «Vereinigten Adel» und anderen, die Eckpfeiler staatlicher Wirtschaftspolitik durch den Sturz des Premier- und Finanzministers Kokovcov Anfang 1914 so zu verrücken, daß die «Volksproduktivität» erhöht würde und die kleinen Leute weniger belastet würden. Zum ersten Mal schien der Zarismus das seit Jahrzehnten gegen heftige Widerstände verfolgte Programm der Industrialisierung umwerfen zu wollen.

Was aber wie linkes Vokabular klang, war der Versuch eines «proto-faschistischen» Wirtschaftsprogramms, mit dem die kapitalistische Veränderung des Landes, wie von den Reaktionären seit den neunziger Jahren verlangt, auf einen «russischen» Weg der Entwicklung umgebogen und die Konstitutionalisierung als Folge des Kapitalismus aufgehalten werden sollte. Der wahre Geist der «Neuen Wirtschaftspolitik» zeigte sich schnell, als der Landerwerb außerhalb der Städte für Aktiengesellschaften mit jüdischem Kapital verboten und für Aktiengesellschaften allgemein erheblich erschwert wurde. Allerdings mußte der Ministerrat diese Bestimmungen mit Kriegsbeginn wieder außer Kraft setzen. Der «neue Kurs» erreichte nur die Aufhebung des Branntweinmonopols – eine Lieblingsidee des Zaren –, wodurch der russische Staat am Vorabend des Ersten Weltkriegs auf einen Schlag mehr als 50 % seiner Steuereinnahmen verlor.

Auf der Ebene der hohen Politik, auch der Wirtschaftspolitik, hatten sich die antagonistischen Kräfte in ein Patt manövriert. Keine konnte gegen den Willen der anderen einen Systemwechsel durchsetzen, obwohl niemand mit der politischen Situation zufrieden war. Bedenklich war, daß die Partei des Status quo, die Oktobristen, zerbröckelten, was den Absichten des Innenministers und des Zaren wohl entsprach. Erste Ansätze für eine Umorientierung des Parteienspektrums hin zu einer bürgerlichen Reformpartei hatten keine Zeit mehr, sich zu entwickeln. In anderen Bereichen liefen aber – einmal angestoßen – positive Entwicklungen ab, die von den Blockierungen auf der politischen Makro-Ebene unberührt blieben. Das wirtschaftliche Wachstum erreichte wieder fast die Raten der neunziger Jahre. Auf dem Lande schienen die Stolypinschen Agrarreformen mit dem Ziel der Schaffung von Individualbesitz zu einem Selbstläufer zu werden, trotz des Widerstandes, der sich unter den Bauern immer noch zeigte. Vor allem entwickelte sich hier, sicher nicht reibungsfrei, eine enge Zusammenarbeit zwischen Zemstva, Kooperativen, gesellschaftlichen Organisationen und dem Staat, die sich um das weite Feld der landwirtschaftlichen Modernisierung mit einem ganzen Bündel von Maßnahmen bemühten. Wissenschaft, Literatur und Kunst erreichten eine neue Blüte, wovon die große Zahl von russischen Wissenschaftlern zeugt, die nach der Revolution an den Universitäten Europas und Amerikas Unterschlupf finden konnten.

Auf einer persönlichen Ebene setzte sich die lange schon zu beobachtende Isolierung und Selbstabkapselung von Zar und Zarin fort. Am Hofe hatten immer schon Quacksalber und Spiritisten ihr Unwesen getrieben. Aber Grigorij Rasputin etablierte sich quasi als ein médicastre en titre, dessen Position anscheinend so unerschütterlich war, weil er über die Fähigkeit verfügte, die Blutungen des Thronfolgers Aleksej zum Stillstand zu bringen. Es ist verständlich, daß die besorgten Eltern diesen Mann in ihrer Nähe wissen wollten. Bedenklich war jedoch die zunehmende Neigung, Rasputin als die wirkliche Stimme des Volkes zu sehen. Dies wäre nicht so tragisch gewesen, wenn Rasputin, der Mann aus dem Volk, bescheiden und zurückhaltend gelebt hätte. Aber seinen Erfolg in der großen Gesellschaft konnte er nicht still genießen. Dies mußte die Gerüchteküche kräftig anheizen. Presse und oppositionelle Kreise nahmen sich dieser Sache an, vielleicht mit dem Hintergedanken, das Prestige der Monarchie zu erschüttern und eine weitere innenpolitische Liberalisierung zu erreichen. Die meisten der Anschuldigungen gegen Rasputin sind jedoch erfunden und oft erst ein Produkt des Jahres 1917. Sein politischer Einfluß, angeblich zugunsten der extremen Rechten, hielt sich mit Sicherheit in engsten Grenzen. Die Rechte brauchte einen solchen Mann nicht, und es war ein Mann der Rechten, der Rasputin im Jahr 1916 ermordete, um das Schlimmste von der Monarchie noch abzuwenden. Die skandalumwitterte Figur Rasputins trug dennoch entscheidend zum Prestigeverlust des Monarchen bei. Es ist bezeichnend, daß dies dem Zaren nie völlig klar geworden ist.

Der Erste Weltkrieg zeigte die strukturellen Mängel des spätzaristischen Systems gnadenlos deutlich. Dabei waren es in erster Linie die politischen Schwächen, denn wirtschaftlich mußte der deutsche Staat seinen Bürgern viel Schlimmeres zumuten, und unter dem bolschewistischen Regime verschlechterte sich die Lage zeitweise noch viel dramatischer. Militärisch hatte man die Lage an der Front und den Nachschub bis zum Sommer 1915 in den Griff bekommen. Im Jahr 1916 erkämpfte die russische Armee durch die Brusilov-Offensive sogar den größten Geländegewinn der Alliierten vor dem Beginn des deutschen Zusammenbruchs. Dennoch ging der Zarismus im Februar 1917 geradezu sang- und klanglos unter. An dieser Entwicklung hatte der Zar selbst ein gerütteltes Maß an Schuld. Da er immer mehr sein eigener Premierminister sein wollte, diese Rolle auszufüllen aber nicht in der Lage war, konnte im Krieg niemand mehr die verschiedenen Institutionen des Reiches koordinieren, vor allem nicht die zivilen mit den militärischen.

Die Folge war Chaos im Inneren, großenteils verursacht von den Militärs, die keinerlei ziviler Kontrolle unterlagen, obwohl sie aufgrund des Kriegsrechts das riesige Hinterland der Front – Mitte des Jahres 1915 reichte dieses bis zu einer Linie St. Petersburg–Kiev – diktatorisch und willkürlich verwalteten. In pathologischer Reaktion auf den deutschen Vormarsch wies der Generalstabschef Januškevič alle Juden des Hinterlandes in das Innere des Reiches aus, was zu ungeheuren Problemen beim Transport und im Wohnungswesen führte. Wegen ihrer angeblichen Sympathie für Deutschland ließ Januškevič sogar unter polnischen und russischen Juden Geiseln nehmen, also unter der eigenen Bevölkerung. Um die Wirtschaft und das allgemeine Leben auf den Krieg umzustellen, mußte die Regierung die Mitarbeit der mißtrauisch beäugten gesellschaftlichen Organisationen hinnehmen, die sich zu diesem Zweck auf gesamtrussischer Ebene zum Zemstvo- (Zemskij sojuz) und zum Städtebund (Gorodskoj sojuz) zusammenschlossen (Zemgor) – was in Friedenszeiten sofort zur Amtsenthebung der Zemstvo-Vorsitzenden und Stadtoberhäupter geführt hätte. Diese Bünde halfen bei der Versorgung der Armee, der Verwundeten u. ä. Auf der anderen Seite schickte der Zar die Duma nach der Bewilligung der Kriegskredite gleich wieder nach Hause. Mit den schweren Rückschlägen zu Beginn des Jahres 1915 sah er sich aber gezwungen, einen Kurs der Annäherung an Duma und gesellschaftliche Organisationen zu fahren. Er entließ die unpopuläreren Minister und berief schließlich die Duma wieder ein. Ebenso stimmte er der Schaffung von Kriegsindustrie-Komitees aus Vertretern der Duma, der Industrie und der Behörden zu, welche die Produktion für den Krieg besser organisieren sollten. Doch der Duma noch weiter entgegenzukommen, weigerte sich der Zar strikt. Der Progressive Block, der sich im Sommer in Duma und Reichsrat bildete und so eine Mehrheit für Reformen schuf, fand mit seinen Forderungen nach einem Programm innenpolitischer Reformen und einem Ministerium des «gesellschaftlichen» (oder: öffentlichen) Vertrauens kein Gehör. Der Zar löste die Duma auf und übernahm von seinem Onkel Nikolaj Nikolaevič den Oberbefehl, weil er die Popularität des Großfürsten fürchtete, der ihn zu überstrahlen schien und vielleicht sogar vom Thron verdrängen wollte.

Wegen der Abwesenheit des Zaren von der Hauptstadt verfiel aber die Autorität der Regierung immer mehr, weil nun wirklich niemand mehr die Aktionen der zivilen und militärischen Stellen koordinieren konnte. Dieses Problem, aber auch das der sich ständig verschlechternden Beziehung zu den gesellschaftlichen Organisationen und zur Duma, wäre vielleicht auch durch die Ernennung eines populären Militärs entschärft worden, wie dem Zaren der Präsident der Duma, Rodzjanko, und der energische Landwirtschaftsminister, Krivošein, empfahlen. Aber auch hier fürchtete Nikolaus wohl, daß er sehr bald im Schatten eines solchen Diktators stehen würde – nicht zu Unrecht, da ja auch Wilhelm II. immer mehr in den Schatten Hindenburgs und Ludendorffs geriet. Die Fortsetzung der unsinnigen Nationalitäten- und Arbeiterpolitik und das unverhohlene Mißtrauen gegenüber den gesellschaftlichen Organisationen höhlte den im Sommer 1915 mühsam wiederhergestellten Burgfrieden immer mehr aus. Gerüchte über den angeblichen Einfluß Rasputins erreichten jetzt die Dimension des Phantastischen; unsinnige Vermutungen über Pläne zu einem Separatfrieden, die sich vor allem darauf stützten, daß die Zarin eine Deutsche war, taten ein übriges, den bereits bedrohlichen Verfall des zarischen Prestiges zu beschleunigen. Der Zar, fernab in seinem Hauptquartier in Mogilev, verstand den Ernst der Lage nicht. Er reagierte mit einem Austausch der

Personen an der Spitze, der sich so sehr beschleunigte, daß Duma-
Abgeordnete öffentlich über das «Minister-Bockspringen» («čecharda»)
– mal oben, mal unten – spotteten. Pläne für eine Palastrevolte kursierten, forciert von dem Führer der Oktobristen, Gučkov; eine Reihe
von Generälen wurde eingeweiht. Auch wenn sie sich verweigerten,
trugen sie doch nichts an die zuständigen Stellen weiter. Die letzte
Sitzungsperiode der Duma zerrüttete endgültig das Prestige der Monarchie, als hier dem kaiserlichen Paar kaum verhüllt Hochverrat durch
ihr vermeintliches Streben nach einem Separatfrieden vorgeworfen
wurde. Der Führer der Liberalen, Pavel Miljukov, hielt der Regierung in
einer über ganz Rußland verbreiteten Rede ihre Verfehlungen vor und
fragte jedes Mal rhetorisch: «Ist dies nun Dummheit oder Verrat?» Selbst
die Abgeordneten der Rechten zeigten sich in ihrer Kritik ebenso
radikal.

In dieser Situation höchster Unzufriedenheit entwickelte sich in St.
Petersburg wegen der Vernachlässigung der Eisenbahnen eine Versor-
gungskrise, die einen weitgehend spontanen Arbeiterprotest hervor-
brachte, der die Monarchie hinwegfegte. Die Regierung hatte es nicht
einmal verstanden, in der Hauptstadt einige loyale Regimenter zusam-
menzuziehen: Sie löste sich ohne Geräusch auf. Abgesandte der Duma
überredeten den Zaren zum Rücktritt. Seine Generäle rieten ihm bis auf
einen über 70jährigen Armenier alle zum Rücktritt. Nikolaus willigte
nach einigem Zögern ein. Um seinen kranken Sohn bei sich zu behalten,
verzichtete er am 2. 3. 1917, rechtlich fragwürdig, nicht nur für seine
Person, sondern auch für Aleksej zugunsten seines Bruders Michail
auf den Thron. Für den Bruder aber kam Nikolaus' Verzicht zu spät.
Kaum jemand wollte noch, niemand konnte mehr die Monarchie verteidigen.

Die Provisorische Regierung, die die Monarchie ablöste, nahm Nikolaus und seine Familie sofort unter Hausarrest, wollte sie aber nach
England ausreisen lassen. Die englische Regierung zierte sich jedoch,
und die Provisorische Regierung war schon nicht mehr stark genug, die
Abreise gegen den Willen des Petrograder Arbeiter- und Soldatenrates
durchzusetzen. Im August 1917 brachte man die Familie nach Tobol'sk.
Im April 1918 setzten lokale Bolschewisten ihre Verlegung nach Ekaterinburg durch. Der Zar ertrug diese Zeit der Erniedrigungen mit großer
Gelassenheit und Gottvertrauen, das ihm jetzt im Angesicht des Todes
eine unantastbare Würde verlieh, das ihn aber in besseren Zeiten manches Mal an rationalem und entscheidendem Handeln gehindert hatte.
In der Nacht vom 16. zum 17. Juli 1918 wurde die kaiserliche Familie
heimtückisch ermordet. Der Befehl kam direkt aus Moskau. Die letzte
Verantwortung trägt Lenin, der seinen Genossen erklärte, daß Nikolaus
auf keinen Fall in die Hände der Konterrevolutionäre fallen dürfe. Die
Begründung ist zumindest aus dem historischen Rückblick heraus nicht

gerechtfertigt. Die Weißen waren meist nicht an der Restauration der Monarchie interessiert. Nikolaus hatte sein persönliches Prestige so heruntergewirtschaftet, daß die Weißen, hätten sie ihre Ansicht geändert, wohl jeden anderen Romanov lieber gesehen hätten als Nikolaus oder seinen kranken Sohn. Der liberale Historiker Jurij Got'e äußerte mit kalter Präzision, als er von der Ermordung des Zaren hörte: «Dies ist die Lösung eines weiteren der zahllosen zweitrangigen Knoten unserer Zeit der Wirren, und das monarchische Prinzip kann dadurch nur gewinnen».

Anhang

BIBLIOGRAPHIE

Ivan (IV.) der Schreckliche, Fedor (I.) Ivanovič
(Frank Kämpfer)

Leben und Herrschaftszeit Ivans des Schrecklichen sind häufig und bereits von Zeitgenossen beschrieben worden. Die einzige selbständige Zusammenfassung zu Fedor Ivanovič, samt der politischen Geschichte dieser Jahre, ist im russischen *Biographischen Wörterbuch (Russkij Biografičeskij slovar', Bd. 25, Reprint 1962, S. 277–301)* erschienen. *Fürst Andrej Michajlovič Kurbskij,* Jugendgefährte des Zaren Ivan, hat während der siebziger Jahre des 16. Jahrhunderts im litauischen Exil die Deutung eines Betroffenen unternommen, und zwar in seiner *Geschichte des Moskauer Großfürsten.* Sie ist mit Übersetzung neu herausgegeben worden von *J. L. I. Fennell, Prince A. M. Kurbsky's History of Ivan IV., Cambridge 1965.* Untrennbar mit diesem historiographischen Versuch ist der Briefwechsel zwischen dem Zaren und seinem Kritiker verbunden; er liegt auch in einer deutschen Übersetzung vor: *K. Stählin, Der Briefwechsel Iwans des Schrecklichen mit dem Fürsten Kurbskij (1564–1579), Leipzig 1921.* Unter den zeitgenössischen Schriften aus westlicher Feder bildet das umfangreiche Werk von *Paul Oderborn, Wunderbare, Erschreckliche, Unerhörte Geschichte und warhaffte Historien: Nemlich Des nechst gewesenen Groszfürsten in der Moschkaw Joan Basilidis, auff jre Sprach Iwan Basilowitz genandt Leben, Görlitz 1589; lat. Wittenberg 1585,* den Versuch einer Biographie. Mit diesem Werk setzt die farbig schildernde, moralisch urteilende Literatur über den schrecklichen Zaren ein.

Als Zeugnisse moderner Betroffenheit über den Terror unter Hitler und Stalin seien zwei in deutscher Sprache vorliegende Biographien Ivans IV. genannt: *H. F. von Ekkardt, Iwan der Schreckliche (1941, 1947).* Die beiden Auflagen des Werkes unterscheiden sich aus naheliegenden historischen Gründen, doch beide sind treffend als «breitangelegter Essay über den Zusammenhang von Politik und Terror» (H. Neubauer) charakterisiert worden. Etwa gleichzeitig erschien als Neubearbeitung eines zuvor 1922 publizierten Buches *R. Ju. Wipper, Iwan Grosny (dt. Moskau 1947, russ. 1944).* Eine historische Bearbeitung von Leben und politischem Wirken des Zaren liegt in deutscher Sprache bisher noch nicht in gültiger Form vor. Vorläufig sei als materialreiche Schilderung, die unter den in der DDR geltenden Maximen verfaßt und dennoch verwendbar ist, genannt *E. Donnert, Iwan Grosny «der Schreckliche» (2. Aufl. Ost-Berlin 1980).* Neuerdings liegt auf deutsch die Biographie des russischen Historikers *R. G. Skrynnikow, Iwan der Schreckliche und seine Zeit. Mit einem Nachwort von Hans-Joachim Torke, München 1992,* vor, die freilich den Terror in den Vordergrund rückt.

Die Herrschaftszeit Ivans IV. nimmt in zahlreichen übergreifenden Werken den ihr gebührenden Platz ein; so muß auf Band 6 der Geschichte *S. M. Solov'evs, Istorija Rossii s drevnejšich vremen, Buch III (Bd. 5 u. 6), Moskau 1960 (engl. Sergei M. Soloviev, History of Russia from Earliest Times, Bd. 10–12, Gulf Breeze, FL [im Druck].),* hingewiesen werden, die wegen ihres Materialreichtums immer noch von grundlegendem Wert ist. Die englische Ausgabe des letztgenannten Werkes teilt auch Fedor Ivanovič einen Einzelband zu: *Soloviev, The Reign of Tsar Fedor, a. a. O., Bd. 13 (im Druck).* Historische Wer-

tungen über die Epoche des Moskauer Zartums findet man in bis heute nicht überholten Formulierungen in den Bänden 2 und 3 von *W. Kliutschewski (V. O.*
Ključevskij) Geschichte Rußlands (Leipzig, Berlin 1925). Aus der neueren deutschen Historiographie
sind zwei Werke zu nennen, *H. v. Rimscha, Geschichte Rußlands (6. Aufl. 1983,*
S. 171–200), und *G. Stökl, Russische Geschichte von den Anfängen bis zur Gegenwart*
(5. Aufl. 1990, S. 229–256). Diese einbändigen Geschichtswerke entstanden parallel; in
Anlage und Anspruch sehr verschieden, ergänzen sie sich doch recht glücklich. Die
jüngste Zusammenfassung des Forschungsstandes mit wertender Einbeziehung der
umfangreichen russisch-sowjetischen Historiographie bildet *F. Kämpfer, G. Stökl, Ruß*
land an der Schwelle der Neuzeit. Die Herrschaft Ivans IV. Groznyj, in: Handbuch der Ge
schichte Rußlands. Bd. I,2, Stuttgart 1988, S. 853–960.

Aus dem umfangreichen Bestand russischer Quellen ist dem nicht spezialisierten
Leser nur wenig zugänglich gemacht worden. Genannt wurden bereits die Werke von
A. M. Kurbskij einschließlich einer Auswahl aus den Episteln Ivans IV. Einem zentralen Ereignis im Leben des Zaren, dem Sieg über die Kazan'-Tataren 1552, gewidmet ist
die *Historie vom Zartum Kasan (Kasaner Chronist) übersetzt, eingeleitet und erklärt von*
F. Kämpfer, Graz 1969 (= Slavische Geschichtsschreiber Bd. 7). Für die Geistesgeschichte
ist der von *K. Müller* übersetzte Text *Altrussisches Hausbuch ‹Domostroi›, Darmstadt*
1989, des Protopopen Sil'vestr von Bedeutung.

Nicht nur willkommene Ergänzung, sondern zugleich wichtiges Korrektiv bilden
die zahlreichen Berichte von Westeuropäern über einzelne Abschnitte der Herrschaft
Ivans IV. Einen Überblick über das Echo des livländischen Krieges im Ausland bietet
A. Kappeler, Ivan Groznyj im Spiegel der ausländischen Druckschriften seiner Zeit. Ein Beitrag
zur Geschichte des westlichen Rußlandbildes, Bern 1972. An Nachrichtenwert werden alle
anderen Berichte von den (erst im 20. Jahrhundert veröffentlichten) Texten eines deutschen Abenteurers aus der Zeit der Opričnina übertroffen, *F. T. Epstein (Hrsg.), Hein*
rich von Staden. Aufzeichnungen über den Moskauer Staat, 2. erw. Aufl. Hamburg 1964. Von
fast ähnlichem Rang sind die englischen Berichte, neu herausgegeben von *L. E. Berry,*
R. O. Crummey, Rude and Barbarous Kingdom: Russia in the Accounts of Sixteenth-Century
English Voyagers, Madison 1968. Darin sind der Versuch einer systematischen Beschreibung durch *Giles Fletcher, Of the Russe Commonwealth,* und die *Travels* von *Jerome Horsey*
von besonderem Gewicht, weil sie gerade für die recht dunklen siebziger und achtziger Jahre des 16. Jahrhunderts viele Informationen über die Verhältnisse in Moskovien
bieten. In dem Werk *Moscovia Antonii Possevini societatis Iesu, Antwerpen 1587 u. ö.,*
Reprint Westmead 1970, gibt der gelehrte Jesuit nicht nur die Religionsgespräche mit
Ivan IV. wieder, sondern kommentiert auch seine Erfahrungen im Lande. In englischer Sprache liegt eine kommentierte Übersetzung von *H. F. Graham* vor, *The Mosco*
via of Antonio Possevino, S J., Pittsburgh 1977. Zum 400. Todestag Ivans des Schrecklichen ist in Chicago ein wissenschaftlicher Kongreß abgehalten worden, auf dem
zahlreiche Probleme gültig formuliert und manche Fragestellung neue aufgeworfen
worden ist: *R. Hellie (Hrsg.), Ivan the Terrible: A Quarcentenary Celebration of his Death. (=*
Russian History vol. 14, 1987). Die Berichte über die Grabfunde Ivans IV. und seiner
Söhne liegen auch in einer deutschen Version vor: *M. M. Gerassimow, Ich suchte Gesich*
ter. Schädel erhalten ihr Antlitz zurück. Wissenschaft auf neuen Wegen, Gütersloh 1968,
S. 229–234, Abb. 4, Das Urteil des Historikers dazu formuliert *M. N. Tichomirov, Posled*
nie iz roda Kality, in: «Izvestija» vom 29. 7. 1963 (wieder abgedruckt in: M. N. Tichomirov,
Rossijskoe gosudarstvo XV–XVII vekov. Moskva 1973, S. 81–83).

Boris Godunov, Fedor Godunov, Pseudodemetrius, Vasilij Šujskij
(Helmut Neubauer)

Die grundlegende Darstellung der Zeit der Wirren setzt – trotz ihres untertreibenden Titels – mit der Beschreibung des kritischen Zustandes des Reiches nach dem Tode Ivan Vasil'evič «Groznyjs» (1584) ein und entfaltet die sich überlappenden Problembereiche dynastischer, wirtschaftlicher, sozialer und politischer Natur: *S. F. Platonov, Očerki po istorii Smuty v Moskovskom gosudarstve XVI – XVII vv. [Skizzen zur Geschichte der Wirren im Moskauer Staat des XVI.–XVII. Jahrhunderts]. 1899; 3. Aufl. St. Petersburg 1910. Nachdrucke: Moskva 1937 und The Hague 1965.* – Eine durch den Autor gekürzte Fassung (1923) liegt in Übersetzung vor: *The Time of Troubles: A Historical Study of the Internal Crisis and Social Struggle in Sixteenth- and Seventeenth-Century Muscovy, Lawrence/Kansas 1970.* Der Verfasser, dem auch die Edition der wichtigsten russischen Quellen zu verdanken ist, hält sich von älteren Vorurteilen frei. – Für ein breiteres Publikum bestimmt ist als Teil einer Reihe, die mit dem Zaren Ivan «Groznyj» einsetzt, der Band von *K. Waliszewski, Les origines de la Russie moderne. La crise révolutionnaire 1584–1614 (Smutnoié Vrémija), Paris 1906. Russische Übersetzungen: Smutnoe vremja, 1911. Nachdrucke (mit Bibliographie): Moskva 1989 und Voronež 1992.* Die Darstellung ist merklich personengeschichtlich orientiert, häufig psychologisierend; der Titel umreißt die Intentionen des Autors. – Die Frage nach der Kontinuität der Auffassungen über die Natur und den Begriff der Selbstherrschaft in den Meinungskämpfen während der Zeit der «Wirren» erörtert *H. Fleischhacker, Rußland zwischen zwei Dynastien (1598–1613). Eine Untersuchung über die Krise in der obersten Gewalt, Baden bei Wien 1933 (Studien zur osteuropäischen Geschichte. N. F. 1).* – Ein aus dem Lüneburgischen stammender Söldner im Dienste der wechselnden Zaren hat seine Erlebnisse aufgezeichnet: *C. Bussow, Zeit der Wirren. Moskowitische Chronik der Jahre 1584 bis 1613, Leipzig 1991, hrsg. und kommentiert von J. Harney und G. Sturm.* Für wissenschaftliche Zwecke ist die Edition des frühneuhochdeutschen Textes (mit russischer Übersetzung) zu bevorzugen: *K. Bussov, Moskovskaja chronika 1584–1613. (Red., I. I. Smirnov), Moskva, Leningrad 1961.*

Boris Godunov
In der älteren Literatur überwiegen negative Urteile über diesen Zaren, begründet durch zweifelhafte Legitimität, Bruch mit der traditionellen Herrschaftspraxis und Zeichen kleinlicher Gesinnung. Eine von Vorurteilen freie politische Biographie veröffentlichte *S. F. Platonov, Boris Godunov, Petrograd 1921. Nachdrucke: Praga 1924 und Gulf Breeze 1973 (The Russian Series, Vol. 10).* – Daß es Godunov nicht gelang, politische Neuansätze zu verwirklichen, wirkte sich in zwiespältigen Urteilen aus: *C. de Grunwald, La vraie histoire de Boris Godunov, Paris 1961.* – Die Persönlichkeit des Zaren gewinnt in der neueren Forschung geradezu tragische Züge. *R. G. Skrynnikov, Boris Godunov, Moskva 1979; englische Übersetzung: Boris Godunov, Gulf Breeze 1982 (The Russian Series, Vol. 35).* – Das Schicksal Godunovs fand in der russischen Literatur und Kunst besondere Aufmerksamkeit, u. a. als Exempel für das Selbstverständnis der russischen Gesellschaft. *C. Emerson, Boris Godunov. Transpositions of a Russian Theme, Bloomington, Indianapolis 1986.*

Pseudodemetrius
Schon zu Lebzeiten des Pseudo-Dmitrij wucherten Legenden und Gerüchte über den Prätendenten, die auch agitatorisch genutzt wurden. Während die russische Geschichtswissenschaft seine Rolle als Usurpator betonte, charakterisierten ihn sowjeti-

sche Historiker als Werkzeug polnischer Interessen. Klarheit über seine Person ergaben erst neuere Forschungen. *Ph. L. Barbour, Dimitry, Called the Pretender. Tsar and Great Prince of All Russia, 1605–1606, London, Melbourne 1967. Deutsche Übersetzung: Dimitrij. Abenteurer auf dem Zarenthron, Stuttgart 1967.* – Ein differenziertes Urteil über die Hintergründe und den Verlauf des Demetrius-Unternehmens scheint jetzt gesichert, nachdem erwiesen ist, daß der Prätendent seinen Erfolg maßgeblich der Förderung durch russische Interessengruppen verdankte: *R. G. Skrynnikov, Samozvancy v Rossii v načale XVII veka. Grigorij Otrep̌ev [Usurpatoren in Rußland Anfang des XVII. Jahrhunderts. Grigorij Otrep̌ev], Novosibirsk 1987.* Der Autor hat das Demetrius-Unternehmen auch in einen weiteren Zusammenhang gestellt: *Rossija v načale XVII v. «Smuta» [Rußland Anfang des XVII. Jahrhunderts. «Wirren»], Moskva 1988.*

Vasilij Šujskij

Daß sich für diesen Zaren noch kein Biograph gefunden hat, mag an dem Sachverhalt liegen, daß er während seiner Regierungszeit wenig Möglichkeiten besaß, Autorität durchzusetzen und bedeutsame Entscheidungen zu treffen; er war offenbar an die Interessenslage führender bojarischer Gruppen gebunden, hatte einen gefährlichen Aufstand zu überstehen und endete als Mönch in polnischer Gefangenschaft. Immerhin ist die Familiengeschichte der Šujskij mit ihren Verflechtungen unlängst untersucht worden; sie läßt aufschlußreiche Einblicke in den Konflikt um die Rjurikiden-Nachfolge zu: *G. V. Abramovič, Knjaźja Šujskie i Rossijskij tron [Die Fürsten Šujskij und der rußländische Thron], Leningrad 1990.* – Die sowjetische Geschichtswissenschaft hat den Bolotnikov-Aufstand in den Mittelpunkt des Geschehens gerückt, indem sie ihn als Höhepunkt eines «großen» Bauernkrieges bewertete, dessen Vorläufer seit 1603 erkennbar waren; es habe sich um das bedeutendste Ereignis des Klassenkampfes in der ersten Hälfte des 17. Jahrhunderts gehandelt: *I. I. Smirnov, Vosstanie Bolotnikova 1606–1607 [Der Aufstand Bolotnikovs 1606–1607], Leningrad 1949, 2. Aufl. 1951* (der Autor erhielt für das Werk 1949 die «Stalin-Prämie» 2. Stufe). – In jüngster Zeit ist das Urteil erheblich revidiert worden: Im Heer der Aufständischen bildeten Bauern nur einen Teil der bewaffneten Kräfte, so daß angesichts der Zusammensetzung der handelnden Gruppen das Unternehmen eher die Züge eines Bürgerkriegs trug: *R. G. Skrynnikov, Smuta v Rossii v načale XVII v. Ivan Bolotnikov [Wirren in Rußland Anfang des XVII. Jahrhunderts. Ivan Bolotnikov], Leningrad 1988.*

Michail Fedorovič, Aleksej Michajlovič, Fedor Alekseevič
(Hans-Joachim Torke)

Erst in jüngster Zeit haben sich die Historiker und unter ihnen auch die Biographen mit dem 17. Jahrhundert in der Ausführlichkeit beschäftigt, die seiner Bedeutung entspricht. Es war vorher lange Zeit als Übergangsperiode behandelt worden und dabei entweder als Ende der altrussischen Epoche oder als Auftakt zur petrinischen Zeit zu kurz gekommen. Die Literatur über die ersten Romanovs und ihre Regierungszeit ist deshalb – insbesondere in westlichen Sprachen – noch nicht so umfangreich wie diejenige zur dramatischen Regierung Ivans des Schrecklichen, zumal im 17. Jahrhundert auch überragende Denkmäler zur geistesgeschichtlichen Entwicklung fehlen, welche die Historiker hätten reizen können.

Zum ersten und zum dritten Zaren der neuen Dynastie, Michail Fedorovič und Fedor Alekseevič, gibt es nur ältere Biographien russischer Autoren: *E. D. Staševskij, Očerki po istorii carstvovanija Michaila Fedoroviča, Bd. 1, Kiev 1913; E. E. Zamyslovskij,*

Carstvovanie Fedora Alekseeviča, Bd. 1, St. Petersburg 1871. Die letztere ist weitgehend veraltet. Über Michails Vater, den Patriarchen Filaret, liegt wenigstens ein englischer Aufsatz vor: *J. L. H. Keep, The Régime of Filaret, in: The Slavonic and East European Review XXXVIII (1960).* Dagegen hat Aleksej Michajlovič als Vater Peters des Großen und erster «moderner» Herrscher über zwei (hier nicht interessierende) veraltete russische Biographien von *Berch (1831)* und *Medovnikov (1854)* und eine biographische Skizze *S. F. Platonovs, Car' Aleksej Michajlovič, in: ders., Stat'i po russkoj istorii [Sočinenija, Bd. 1], St. Petersburg ²1912,* hinaus mehr Interesse westlicher Forscher gefunden: *J. T. Fuhrmann, Tsar Alexis. His Reign and His Russia, Gulf Breeze 1981; Ph. Longworth, Alexis. Tsar of All the Russias, New York 1984.* Dem erstgenannten Werk mangelt es allerdings an Wissenschaftlichkeit. Auch über Aleksejs Tochter Sof'ja, die Regentin während der Jugend ihres Halbbruders Peter, gibt es inzwischen zwei biographische Darstellungen: *C. B. O'Brien, Russia under Two Tsars, 1682–1689. The Regency of Sophia Alekseevna, Berkeley and Los Angeles 1952; L. Hughes, Sophia. Regent of Russia, 1657–1704, New Haven and London 1990.* Das zweite Buch ist einer erschöpfende Darstellung der ersten politisch aktiven Frau in der modernen Geschichte Rußlands.

Versteckte Biographien der Zaren und der Regentin finden sich im *Handbuch der Geschichte Rußlands, Bd. 2,1, hrsg. von K. Zernack, Stuttgart 1986,* innerhalb einer Gesamtdarstellung der Epoche, und zwar in den Abschnitten V, VI, VIII u. X des ersten Teils (von *H.-J. Torke*). Dieses Werk ist auch besonders wegen der darin enthaltenen Quellen- und Literaturzusammenstellungen wichtig. Kurzporträts der Zaren enthält das *Lexikon der Geschichte Rußlands. Von den Anfängen bis zur Oktober-Revolution, hrsg. von H.-J. Torke, München 1985.* In vielem überholt, aber als «Klassiker» der Rußland-Historiographie unumgänglich sind auch für das 17. Jahrhundert *W. O. Kljutschewski, Geschichte Rußlands, Bd. 3, Berlin/Stuttgart/Leipzig 1925,* und die Gesamtdarstellung *S. M. Solov'evs,* die jetzt ins Englische übersetzt wurde: *Sergei M. Soloviev, History of Russia from Earliest Times, Bd. 16, 18, 20, 23 u. 25, Gulf Breeze, FL* (im Druck).

Für einzelne historische Gebiete sind die folgenden Monographien und Aufsätze zu nennen: *G. v. Rauch, Moskau und die europäischen Mächte des 17. Jahrhunderts, in: Historische Zeitschrift 178 (1964), S. 25–46; R. Portal, Les russes en Sibérie au XVIIe siècle, in: Revue d'histoire moderne et contemporaine 5 (1958), S. 5–38; H. Neubauer, Car und Selbstherrscher. Beiträge zur Geschichte der Autokratie in Rußland, Wiesbaden 1964; H.-J. Torke. Die staatsbedingte Gesellschaft im Moskauer Reich. Zar und Zemlja in der altrussischen Herrschaftsverfassung, 1613–1689, Leiden 1974; R. Hellie, Enserfment and Military Change in Muscovy, Chicago/London 1971; R. O. Crummey, Aristocrats and Servitors. The Boyar Elite in Russia, 1613–1689, Princeton 1983; P. Hauptmann, Altrussischer Glaube. Der Kampf des Protopopen Avvakum gegen die Kirchenreform des 17. Jahrhunderts, Göttingen 1963.*

Neben den klassischen Quellensammlungen der Archäographischen Kommission, die auch Dokumente des 17. Jahrhunderts enthalten, sind speziell für diese Periode u. a. wichtig: die Akten zur Geschichte der Reichsversammlungen *(Akty, otnosjaščiesja k istorii zemskich soborov, hrsg. von Ju. V. Got'e, Moskau 1909),* zu den städtischen Aufständen *(Gorodskie vosstanija v Moskovskom gosudarstve XVII v. Sbornik dokumentov, hrsg. von K. V. Bazilevič, Moskau–Leningrad 1936)* und zur Geschichte der Kirchenspaltung *(Materialy dlja istorii raskola, hrsg. von N. I. Subbotin, 9 Bde., Moskau 1875–1890).* Für die Geschichte der Zaren sind zu nennen: die Sammlung der Briefe Aleksej Michajlovičs *(Sobranie pisem carja Alekseja Michajloviča, hrsg. von P. Bartenev, Moskau 1856)* und die Berichte über die Ausfahrten der Herrscher *(Vychody Gosudarej Carej i Velikich Knjazej, Michaila Fedoroviča, Alekseja Michajloviča, Feodora Aleksievviča, vseja Rossii samoderžcev [s 1632 po 1682 god], hrsg. von M. Stroev, Moskau 1844).* Für die Gesetze seit dem Uloženie von 1649 gibt es die ersten drei Bände (bis 1699) der ersten Serie der vollständigen

Gesetzessammlung: *Polnoe sobranie zakonov Rossijskoj Imperii. Serija 1: 1649–1825, St. Petersburg 1830).*

Peter (I.) der Große, Katharina I., Peter II.
(Erich Donnert)

Peter I.
Ungeachtet der unübersehbaren Fülle von Werken über Peter I., die seit Anfang des 18. Jahrhunderts in nahezu allen Sprachen vorliegen, fehlt es noch immer an einer wissenschaftlich erschöpfenden Biographie dieser bedeutenden Persönlichkeit der europäischen Neuzeitgeschichte. Dieser Umstand erklärt sich aus der bislang ungenügenden Aufbereitung und Edition des persönlichen und amtlichen Quellenmaterials zur Geschichte des Zaren und seiner Zeit, das sich insbesondere in russischen Archiven befindet. Gleichwohl ist das Wirken des großen russischen Herrschers bis heute ein gewichtiges Thema wissenschaftlicher Forschung und Kontroverse geblieben. Eine umfassende Übersicht der gedruckten Quellen und Forschungsarbeiten findet sich bei *K. Zernack u. a., Die Grundlegung des Petersburger Imperiums. Das Zeitalter Peters des Großen (1689–1725), in: Handbuch der Geschichte Rußlands, Band 2, 1, Stuttgart 1986, S. 215–369.* Die Tendenzen der Peter-Forschung sind aufgezeigt von *J. Oswalt, ebenda, S. 224–229.*
Die nach wie vor unübertroffene Peter-Biographie stammt aus der Feder von *R. Wittram, Peter I. Czar und Kaiser. 2 Bde., Berlin/Göttingen/Heidelberg 1964.* Die seit 1964 erschienene Literatur ist in Auswahl verzeichnet bei *E. Donnert, Peter der Große, Leipzig 1988; Wien/Köln/Graz 1989.* Beste moderne Darstellung der Peter-Zeit im *Handbuch der Geschichte Rußlands, a. a. O., S. 215–369.* Materialreich: *Očerki istorii SSSR. Period feodalizma. Rossija v pervoj četverti XVIII v. Preobrazovanija Petra I. (Abrisse der Geschichte der UdSSR. Periode des Feudalismus. Rußland im ersten Viertel des 18. Jahrhunderts. Die Umgestaltungen Peters I.), Moskau 1954.*
Als weiterführende Werke neueren Datums seien genannt: Peter des Großen Jugendjahre: *Petr Krekšin, Kurze Beschreibung der gesegneten Taten des großen Gosudars, des Kaisers Peters des Großen. Übersetzt, eingeleitet und erklärt von F. Kämpfer u. a., Stuttgart 1989 [russ. Nachdruck mit einer Einleitung von H.-J. Torke in: Zapisky russkikh liudei, Newtonville, MA, 1980]; N. I. Pavlenko, Aleksandr Danilovič Menšikov, Moskau 1981; E. Winter, Halle als Ausgangspunkt der deutschen Rußlandkunde im 18. Jahrhundert, Berlin 1953; ders., Frühaufklärung, Berlin 1966; H. Doerries, Rußlands Eindringen in Europa in der Epoche Peters des Großen, Berlin/Königsberg 1939; F. Otten, Untersuchungen zu den Fremd- und Lehnwörtern bei Peter dem Großen, Köln/Wien 1985; ders., Der Reisebericht eines anonymen Russen über seine Reise nach Westeuropa im Zeitraum 1697/1699, Berlin/Wiesbaden 1985.* Wertvolle Beiträge über Peter I. und seine Zeit enthalten die Sammelbände: *Russen und Rußland aus deutscher Sicht: 18. Jahrhundert, hrsg. von M. Keller, München 1987; Deutsche und Deutschland aus russischer Sicht: 18. Jahrhundert, hrsg. von D. Herrmann, München 1992.* Vgl. auch *M. Keller, Wegbereiter der Aufklärung: Gottfried Wilhelm Leibniz' Wirken für Peter den Großen und sein Reich, in: Russen und Rußland aus deutscher Sicht: 9–17. Jahrhundert, hrsg. von M. Keller, München 1985, s. 391–413.*

Katharina I. und Peter II.
Die kurzen Herrschaftszeiten Katharinas I. und Peters II. tragen episodischen Charakter und sind von der Forschung wenig beachtet worden. Eine Neubearbeitung des Zeitabschnitts findet sich in: *Handbuch der Geschichte Rußlands. Band 2,1, Stuttgart 1986, S. 371ff., und insbesondere S. 444–456 (Verfasserin: J. Oswalt).*

Eine ältere Spezialuntersuchung stammt von *A. Brikner [A. Brückner], Imperatrica Ekaterina I., 1725–1727 (Kaiserin Katharina I., 1725–1727), in: Vestnik Evropy 29 (1894), Band 1, S. 121–148*. Zur Charakteristik und Biographie Katharinas I.: *R. Wittram, Peter I. Czar und Kaiser. 2 Bde. Göttingen 1964; ders., Peter der Große. Der Eintritt Rußlands in die Neuzeit, Berlin/Göttingen/Heidelberg 1954; R. Stupperich, Eine handschriftliche Quelle über Katharina I., in: Jahrbücher für Geschichte Osteuropas 16 (1968), S. 257–262*. Veraltet: *K. I. Arseñev, Carstvovanie Ekateriny I. (Herrschaft der Zarin Katharina I.), St. Petersburg 1856;* ebenso zu Peter II. *ders., Carstvovanie Petra II (Die Herrschaft des Zaren Peter II.), St. Petersburg 1839*. Die Thronfolgefrage behandeln: *G. Stökl, Das Problem der Thronfolgeordnung in Rußland, in: Der dynastische Fürstenstaat, hrsg. von J. Kunisch, Berlin 1982, S. 275–289; H. Fleischhacker, 1730. Das Nachspiel der petrinischen Reform, in: Jahrbücher für Geschichte Osteuropas 6 (1941), S. 201–274*. Mit der auswärtigen Politik befassen sich: *M. Hellmann, Die Friedensschlüsse von Nystad (1721) und Teschen (1779) als Etappen des Vordringens Rußlands nach Europa, in: Historisches Jahrbuch 97/98 (1978), S. 270–288; H. Bagger, Ruslands alliancepolitik efter freden i Nystad, Kopenhagen 1974; W. Mediger, Moskaus Weg nach Europa. Braunschweig 1952; W. Leitsch, Der Wandel der österreichischen Rußlandpolitik in den Jahren 1724–1726, in: Jahrbücher für Geschichte Osteuropas 6 (1968), S. 33–91; H. und E. Klueting, Heinrich Graf Ostermann, Bochum 1976; E. Amburger, Der russische Staatsmann Heinrich Ostermann, Berlin 1961; K. Bittner, Beiträge zur Geschichte des Lebens und Wirkens Heinrich Johann Friedrich (Andrej Ivanovič) Ostermanns, in: Jahrbücher für Geschichte Osteuropas 5 (1957), S. 106–126*.

Anna, Ivan VI., Elisabeth
(Aristide Fenster)

Moderne, wissenschaftlich fundierte Biographien Anna Ivanovnas und Elisabeth Petrovnas fehlen, weshalb die allgemeinen Nachschlagewerke (Biographische Wörterbücher, Enzyklopädien) nach wie vor unentbehrlich sind. Produkte historisierender Belletristik sind: *Ph. Longworth, The Three Empresses. Catherine I., Anne and Elizabeth of Russia, London 1972; M. Curtiss, A Forgottten Empress. Anna Invanovna and Her Era, 1730–1740, New York 1974; R. N. Bain, The Daughter of Peter the Great, New York/Westminster 1900; D. Olivier, Elisabeth von Rußland, Wien/Berlin/Stuttgart 1963; T. Talbot Rice, Elisabeth von Rußland, München 1973; R. Coughlan, Frauen auf dem Zarenthron. Elisabeth und Katharina, München 1978*. Studien zu Ivan VI. und der Regentin Anna Leopol'dovna noch aus dem 19. Jahrhundert sind: *A. Brückner, Die Familie Braunschweig in Rußland im 18. Jahrhundert, St. Petersburg 1876; V. A. Bil'basov, Ioann Antonovič i Mirovič, Moskau 1908*. Vgl. auch: *S. S. Lur'e, Iz istorii dvorcovych zagovorov v Rossii XVIII veka, in: Voprosy istorii (1965), Nr. 7, S. 214–218*.

Für die innenpolitischen Probleme der vermeintlich «dunklen Ära» Anna Ivanovnas und ihre Neubewertung sind neben älteren russischen Werken (*D. A. Korsakov, Vocarenie Anny Ioannovny, Kazan' 1880; A. S. Paramonov, O zakonodatel'stve Anny Ioannovny, St. Petersburg 1904; V. N. Stroev, Bironovščina i kabinet ministrov. Očerk vnutrennej politiki imperatricy Anny, Teil 1–2, Moskau/St. Petersburg 1909–10; V. N. Bondarenko, Očerki finansovoj politiki kabineta ministrov Anny Ivanovny, Moskau 1913)* heranzuziehen: *H. Fleischhacker, 1730. Das Nachspiel der petrinischen Reform, in: Jahrbücher für Geschichte Osteuropas 6 (1941), S. 201–274; A. Lipski, A Re-examination of the «Dark Era» of Anna Ivanovna, in: American Slavic and East European Review 15 (1956), S. 477–488; ders., Some Aspects of Russia's Westernization during the Reign of Anna Ioannovna, 1730–1740, in: Ib. 18 (1959), S. 1–11; B. Meehan-Waters, Autocracy and Aristocracy. The Russian Service Elite of 1730,*

New Brunswick, N. J. 1982; D. L. Ransel, The Government Crisis of 1730, in: Reform in Russia and the U.S.S.R. Ed. by R. O. Crummey, Urbana, Chicago 1989, S. 45–71. Das dreizehnmonatige nominelle Kaisertum Ivans VI. ist kaum erforscht. Wichtiges Material enthält: *Vnutrennij byt russskogo gosudarstva s 17-go oktjabrja 1740 goda po 25-e nojabrja 1741 goda, Teil I–II, Moskau 1880–1886.* Für die immer noch wenig erforschte Regierungszeit Elisabeth Petrovnas, die viel zu sehr im Schatten der Ära Katharinas II. steht, sind vor allem zu nennen: S. O. Schmidt, La politique intérieure du tsarisme au milieu du XVIIIe siècle, in: Annales E. S. C. 21 (1966), S. 95–110; E. V. Anisimov, Rossija v seredine XVIII veka. Bor'ba nasledie Petra, Moskau 1986; J. F. Brennan, Enlightened Despotism in Russia. The Reign of Elisabeth, 1741–1762, New York 1987. Im einzelnen immer noch unentbehrlich die klassische, faktenorientierte Darstellung von S. M. Solov'ev, Istorija Rossii s drevnejšich vremen, Buch XI–XII, (Neuausgabe) Moskau 1963–64, engl. Übersetzung: Sergei M. Soloviev, History of Russia from Earliest Times, Gulf Breeze, FL (im Druck).
Die Kontinuität der wirtschaftlichen Entwicklung zwischen Peter I. (d. Gr.) und Katharina II. betont: A. Kahan, Continuity in Economic Activity and Policy during the Post-Petrine Period in Russia, in: Russian Development from Peter the Great to Stalin, New York 1974, S. 51–70; vgl. auch ders., The Plow, the Hammer and the Knout. An Economic History of Eighteeneth Century Russia, Chicago/London 1985.
Grundlegend zur Großmachtpolitik Rußlands zwischen Peter I. (d. Gr.) und Katharina II. ist W. Mediger, Moskaus Weg nach Europa, Braunschweig 1952 (enthält auch markante Charakteristiken führender russischer Politiker). Wesentliche außenpolitische Aspekte bei: H. Uebersberger, Rußlands Orientpolitik in den letzten zwei Jahrhunderten, Bd. 1, Stuttgart 1913; K. Zernack, Negative Polenpolitik als Grundlage deutsch-russischer Diplomatie in der Mächtepolitik des 18. Jahrhunderts, in: Rußland und Deutschland. (Festschrift G. v. Rauch). Hrsg. U. Liszkowski, Kiel 1974, S. 144–159; M. G. Müller, Rußland und der Siebenjährige Krieg, in: Jahrbücher für Geschichte Osteuropas NF 28 (1980), S. 198–219.

Peter III., Katharina II.
(Marc Raeff)

Peter III.
Die Literatur über Peter III. ist nicht sehr umfangreich, wenn man nur die Werke berücksichtigt, die einigen wissenschaftlichen Wert haben. Als wichtigste Quelle für Peter III. als Person haben die Historiker Katharinas II. Memoiren herangezogen. A. S. Suvorin (Hrsg.), Zapiski imperatricy Ekateriny II, St. Petersburg 1907, d. i. der 12. Band der gesammelten Werke der Herrscherin. Sie sind mehrfach auf deutsch erschienen, zuletzt: Katharina II. Memoiren, 2 Bde., München 1988. Ein positiveres Bild entsteht aus den Papieren seines Erziehers: K. Stählin, Aus den Papieren Jacob von Stählins – ein biographischer Beitrag zur deutsch-russischen Kulturgeschichte des 18. Jahrhunderts, Königsberg i. Pr. und Berlin 1926.
Die wichtigste Sekundärliteratur, welche die gesamte Herrschaftszeit abdeckt, sind – veraltet – R. N. Bain, Peter III. Emperor of Russia, London 1902, und die viel zuverlässigere, aber Katharina hervorhebende Geschichte Katharinas II., Band I (Katharina bis zu ihrer Thronbesteigung 1729–1762), Berlin 1891, von B. v. Bilbassoff. Für einen Gesamtüberblick der Außenpolitik Peters III. vgl. den alten, aber immer noch brauchbaren P. Ščebal'skij, Političeskaja sistema Petra III, Moskau 1870.
In den vergangenen Jahren sind einige Studien von Aufsatzlänge erschienen, die versuchen, Peters Innenpolitik im Rahmen der russischen Geschichte des 18. Jahrhun-

derts zu chronologisieren und zu interpretieren. Jeder Artikel gibt auch umfangreiche Hinweise auf Primär- und Sekundärliteratur (sowie auf Archivmaterial): *H. Fleischhakker, Porträt Peters III., in: Jahrbücher für Geschichte Osteuropas, N. F. 5 (1957), 127–89; A. S. Myl'nikov, Petr III, in: Voprosy istorii, 1991, 4–5, S. 43–58; M. Raeff, The Domestic Policies of Peter III and his Overthrow, in: American Historical Review, LXXV, No. 5 (1970), S. 1289–1309; S. O. Schmidt, La politique intérieure du tsarisme au milien du XVIIIe siècle, in: Annales E. S. C. 21 (1966), S. 95–110.* Soeben ist die erste umfangreiche Studie zu Peter III. und seiner Regierungszeit erschienen: *C. S. Leonard, Reform and Regicide: The Reign of Peter III of Russia (Indiana-Michigan Studies in Russian and East European Studies), Bloomington, Indiana, 1993.* Besonders wertvoll ist die detaillierte, auf intensiver Archivarbeit beruhende Zusammenfassung von Peters Diplomatie, Steuer- und Wirtschaftspolitik. Leonard, die das verfügbare Material genauestens überprüft hat, schlägt vor, das wenig schmeichelhafte Bild, das von Katharina II. und ihren Bewunderern gezeichnet worden ist, zu revidieren. Aber die Absicht der Autorin, aus Peter III. einen aufgeklärten und reformbewußten Herrscher zu machen, der eine klare Vorstellung von den Bedürfnissen und der Zukunft seines Landes hatte, überzeugt nicht. So muß die kurze Herrschaft Peters III. nur als eine Episode in der komplexen Entwicklung der Poltik Rußlands seit den revolutionären Veränderungen unter Peter dem Großen gesehen werden.

Katharina II.
Die Literatur über Katharina II. und ihre Zeit ist äußerst umfangreich. Die folgende Auflistung ist nicht nur sehr selektiv, sondern sie erwähnt in erster Linie nur die neueste nicht-russische Literatur. Außerdem hat das Wiedererwachen des Interesses an der russischen Geschichte des 18. Jahrhunderts sich besonders auf Literatur und Kultur und in geringerem Maße auf die Innenpolitik gerichtet. Was letztere betrifft, so wurden die meisten und die bedeutendsten Werke in englischer Sprache geschrieben.

Die ältere Literatur über Katharina wird erschöpfend behandelt in *B. von Bilbassoff, Katharina II. Kaiserin von Rußland im Urtheile der Weltliteratur (Autorisierte Übersetzung aus dem Russischen mit einem Vorwort von Th. Schiemann.), 2 Bde., Berlin 1897.* Neuere Literatur in englischer Sprache ist verzeichnet in *Ph. Clendenning u. Roger Bartlett, Eighteenth Century Russia: A Select Bibliography of Works Published since 1955, Newtonville 1981; A. G. Cross u. G. S. Smith, Eighteenth Century Russian Literature, Culture and Thought: A Bibliography of English-Language Scholarship and Translations, Newtonville 1984.* West-östliche Spiegelungen, hrsg. von L. Kopelew, enthält in der Reihe B, Band 2: *Dagmar Herrmann (Hrsg.), Deutsche und Deutschland aus russischer Sicht – 18. Jahrhundert/ Aufklärung, München 1992,* eine sehr nützliche, wenn auch nicht kommentierte Liste von Werken, die sich mit dem 18. Jahrhundert im allgemeinen und mit Katharina II. und dem kulturellen Umfeld im besonderen befassen.

Die Kaiserin litt an Graphomanie, und ihre Werke – Memoiren, Schöne Literatur, publizistische Schriften, Material zur Gesetzgebung und Korrespondenz – sind zu zahlreich, um hier aufgeführt werden zu können. Es genügt, folgendes zu erwähnen: *A. N. Pypin (Hrsg.), Sočinenija imperatricy Ekateriny II . . ., Bde. 1–5, 7–12, St. Petersburg 1901–1917.* Katharinas Memoiren wurden mehrmals in deutscher Sprache veröffentlicht. Neuerdings: *Katharina II. Memoiren, übersetzt von E. Boehme, hrsg. von A. Graßhoff, 2 Bde., München 1988.*

Die beste und neueste Gesamtdarstellung der Regierung Katharinas II. ist *I. de Madariaga, Russia in the Age of Catherine the Great, Yale 1981;* die «summarische» Version behandelt besonders die Kaiserin als Person und Herrscherin: *I. de Madariaga, Catherine the Great – A Short History, Yale 1990.* Der Band von *J. T. Alexander, Catherine the*

Great. Life and Legend, Oxford 1989, enthält nützliches Material, ist aber weniger an-spruchsvoll. *Catherine the Great – A Profile, hrsg. von M. Raeff, New York 1972,* enthält eine Anzahl von wissenschaftlichen Beiträgen über die Politik der Kaiserin, die zum größten Teil aus dem Russischen übersetzt wurden. Eine besondere Ausgabe der *Canadian Slavic Studies, Bd. 4, H. 3 (Fall 1970),* wurde neueren Studien über die Regie-rungszeit Katharinas II. gewidmet. Über die ersten Jahre der Herrschaft sowie des Privatlebens Katharinas s. das genannte, in vieler Hinsicht veraltete Werke von B. v. Bilbassoff.

Es gibt keine Gesamtdarstellungen der Außenpolitik Katharinas. Von den Monogra-phien, die sich mit speziellen Gesichtspunkten beschäftigen, seien genannt: *H. H. Kaplan, The First Partition of Poland, New York 1962; R. H. Lord, The Second Partition of Poland, Cambridge, Mass., 1915; I. de Madariaga, Britain, Russia, and the Armed Neutrality of 1780 – Sir James Harris's Mission to St. Petersburg during the American Revolution, Yale 1962; M. S. Müller, Die Teilungen Polens. 1772, 1793, 1795, München 1984.* Die Expansion des Reiches als Ergebnis von Krieg und Diplomatie unter Einschluß der Absorption neuer Gebiete wird z. B. behandelt von *B. Nolde, La Formation de l'Empire Russe – Etudes, Notes et Documents, 2 Bde., Paris 1952–53; E. I. Družinina, Kjučuk-Kajnardžijskij mir, Moskau 1955,* und *dieselbe, Severnoe Pričernomorie v 1775–1800 gg., Moskau 1959; A. W. Fisher, The Russian Annexation of the Crimea 1772–1783, Cambridge 1970; Z. E. Kohut, Russian Centralism and Ukrainian Autonomy – Imperial Absorption of the Hetmanate 1760s – 1830s. Harvard 1988; M. Raeff, The Style of Russia's Imperial Policy and Prince G. A. Poetmkin, in: Gerald N. Grob (Hrsg.), Statesmen and Statecraft of the Modern West – Essays in Honor of Dwight E. Lee and H. Donaldson Jordan, Barre, Mass., 1967; Ia. Zutis, Ostzejskij vopros v XVIII veke, Riga 1946.* Über das wichtigste Instrument der kaiserlichen Politik, die Armee, vgl. *J. H. Keep, Soldiers of the Tsar. Army and Society in Russia 1462–1874, Oxford 1985; W. C. Fuller, Jr., Strategy and Power in Russia 1600–1914, New York 1992.*

Die Interpretation der Innenpolitik Katharinas erfuhr in den letzten Jahrzehnten eine radikale Umorientierung. Zwei Artikel von *Dietrich Geyer* waren für die neue Richtung bahnbrechend: *Gesellschaft als staatliche Veranstaltung. Bemerkungen zur Sozial-geschichte der russischen Staatsverwaltung im 18. Jahrhundert, in: Jahrbücher für Geschichte Osteuropas, N. F. 14 (1966, 1),* und: *Staatsausbau und Sozialverfassung. Probleme des russi-schen Absolutismus am Ende des 18. Jahrhunderts, in: Cahiers du monde russe et soviétique, VII (1966, 2).* In jüngster Zeit hat diese neue Richtung der Interpretation eine Neuauf-lage und englische Übersetzung der Gnadenurkunden Katharinas II. in der Überset-zung und Herausgeberschaft von *D. Griffiths u. G. E. Munro* inspiriert: *Catherine II's Charters of 1785 to the Nobility and the Towns, Bakersfield, California, 1991.* Der deutsche Text der Großen Instruktion: *Katharinä der Zweiten Kaiserin und Gesetzgeberin von Russ-land INSTRUCTION für die zu Verfertigung des Entwurfs zu einem neuen Gesetzbuche verordnete Commission. Riga u. Mietau 1769.* Vgl. auch *M. Raeff (Hrsg.), Plans for Political Reform in Imperial Russia 1730–1905, Englewood Cliffs, N. J., 1966.*

Mit der Politik der «Cliquen» während der Regierungszeit Katharinas II. beschäftigt sich *D. L. Ransel, The Politics of Catherinian Russia – The Panin Party, Yale 1975.* Das Funktionieren des politischen Systems und sein Verhältnis zur Gesellschaft werden meisterhaft in den detaillierten, wenn auch etwas kontroversen Studien von *John P. LeDonne* analysiert: *Ruling Russia – Politics and Administration in the Age of Absolutism 1762–1796, Princeton 1984,* und: *Absolutism and Ruling Class – The Formation of the Russian Political Order, 1700–1825, Oxford 1991.* Vgl. auch *R. E. Jones, Provincial Develop-ment in Russia: Catherine II and Jakob Sievers, Rutgers 1984.*

Im Hinblick auf den Adel als soziale Klasse vgl. *P. Dukes, Catherine the Great and the Russian Nobility: A Study Based on the Materials of the Legislative Commission of 1767,*

Cambridge 1967; R. E. Jones, *The Emancipation of the Russian Nobility, 1762–1785, Princeton 1973*; M. Raeff, *Origins of the Russian Intelligentsia: The Eighteenth Century Nobility, New York 1966*. Über die Städte und die städtische Bevölkerung vgl. Fr.-X. Coquin, *La Grande Commission Législative – Les Cahiers de Doléances Urbains, Paris-Louvain 1972*; M. Hildermeier, *Bürgertum und Stadt in Rußland 1760–1870 – Rechtliche Lage und soziale Struktur, Köln-Wien 1986*; G. Rozman, *Urban Networks in Russia 1750–1800 and Premodern Periodization, Princeton 1976*. Allgemeine wirtschaftliche Probleme: A. Kahan, *The Plough, the Hammer, and the Knout: An Economic History of Eighteenth Century Russia, Chicago 1985*. Probleme der Leibeigenschaft: M. Confino, *Domaines et seigneurs en Russie vers la fin du XVIIIe siècle (Etudes de structures agraires et de mentalités économiques), Paris 1963*. Über die Eisenindustrie: R. Portal, *L'Oural au XVIIIe siècle – Etude d'histoire économique et sociale, Paris 1950*.

Als Überblick über die Geschichte der Kirche, besonders unter institutionellem Blickwinkel, vgl. I. Smolitsch, *Geschichte der russischen Kirche 1700–1917, Bd. I, Leiden 1964, und Bd. II (Forschungen zur osteuropäischen Geschichte, Bd. 45), Berlin 1990*. Die Geistlichkeit als soziale Klasse im 18. Jahrhundert wird beschrieben und analysiert von G. L. Freeze, *The Russian Levites – Parish Clergy in the Eighteenth Century, Harvard 1977*.

Katharinas Politik der Ansiedlung von Ausländern wird dargestellt in R. P. Bartlett, *Human Capital: The Settlement of Foreigners in Russia 1762–1804, Cambridge 1979*, und in D. Brandes, *Von den Zaren adoptiert. Die deutschen Kolonisten und die Balkansiedler in Neurußland und Bessarabien 1751–1914, München 1993*.

Die beiden größten «sozialen Desaster» während der Regierungszeit, die Rebellion Pugačevs und die Pestaufstände, werden von John T. Alexander in seinen beiden Monographien dargestellt, *Autocratic Politics in a National Crisis: The Imperial Russian Government and Pugachev's Rebellion 1773–1775, Indiana 1969*, und *Bubonic Plague in Early Modern Russia: Urban Health and Urban Disaster, Baltimore 1980*.

Über die russische Kultur, Bildung und «öffentliche Meinung» während der Herrschaft Katharinas II. gibt es zahlreiche Literatur, besonders von Literaturhistorikern. Sie wächst noch weiter unter der Schirmherrschaft der *18th Century Studies Group* in England, deren Berichte über ihre internationalen Konferenzen regelmäßig unter der Herausgeberschaft von A. G. Cross veröffentlicht worden sind. Die Anthologien von H. B. Segel und M. Raeff enthalten umfangreiche Auszüge aus den Werken der bedeutenderen literarischen und publizistischen Figuren des 18. Jahrhunderts in englischer Übersetzung. Sie sollten ergänzt werden durch die russischen Literaturgeschichten, die dem 18. Jahrhundert mehr als nur oberflächliche Aufmerksamkeit widmen. Das neueste Beispiel dafür ist der Bd. 1 der *Histoire de la littérature russe*, veröffentlicht unter Leitung von E. Etkind, G. Nivat, I. Serman und V. Strada, Paris 1992. In der DDR erschienen unter der Herausgeberschaft Eduard Winters zahlreiche Studien über russisch-deutsche kulturelle Kontakte und Persönlichkeiten, die sowohl in der deutschen als auch russischen Umgebung aktiv waren (z. B. Messerschmidt, Euler, Lomonossow, Lowitz etc.). M. M. Ščerbatovs Anprangerung der korrupten Moral in Rußland wurde mit nützlichen Kommentaren von A. Lentin ins Englische übersetzt (Cambridge 1969). Alexander Radiščevs epochemachende Anprangerung der Leibeigenschaft wurde mit wissenschaftlichen Anmerkungen von Arthur Luther ins Deutsche übersetzt: A. N. Radischtschew, *Reise von Petersburg nach Moskau, Leipzig 1922*.

Darüber hinaus gibt es zwei wertvolle biographische und intellektuelle Studien über Radiščev von Allen McConnell und David Lang. N. Novikov war das Thema einer Studie von Gareth Jones. Das allgemeine kulturelle und bildungspolitische Klima wurde von *P. Miljukov. Očerki po istorii russkoj kul'tury, Bd. III: Nacionalizm i evropeizm, Paris 1935* (sogenannte Jubiläumsausgabe) analyisiert. Eine bahnbrechende Studie über das wichtigste Instrument des intellektuellen Lebens, nämlich die Druckerprese, stammt von *G. Marker, Publishing, Printing, and the Origins of Intellectual Life in Russia, 1700–1800, Princeton 1985. K. A. Papmehl, Freedom of Expression in Eighteenth Century Russia, Den Haag 1971,* bietet eine nützliche neue Interpretation der Zensurpolitik, während *W. J. Gleason, Moral Idealists, Bureaucracy, and Catherine the Great, Rutgers 1981,* einige wichtige richtungweisende Trends in der öffentlichen Meinung und dem politischen Diskurs herausarbeitet. Schließlich ist das, was Rußland intellektuell und kulturell Frankreich verdankt, Thema der klassischen Monographie von *E. Haumant, La culture française en Russie (1700–1900), Paris 1910,* und die französische Reaktion auf Rußland im 18. Jahrhundert wird von *A. Lortholary, Le Mirage russe en France au XVIIIe siècle, Paris 1951,* behandelt. Dem russischen «Kontrapunkt» wird von *H. Rogger, National Consciousness in Eighteenth Century Russia, Harvard 1960,* nachgespürt.

Paul I.
(Alexander Fischer)

Kaiser Paul I. hat schon zu seinen Lebzeiten (vgl. z. B. *Anekdoten aus dem Privatleben der Kaiserin Catharina, Pauls des Ersten und seiner Familie, 1797*) bzw. in den Jahren unmittelbar nach seiner Ermordnung (vgl. z. B. *Paul der Erste, Kaiser und Selbstherrscher aller Reußen. Eine historische Skizze, 1802;* und *Geheime Nachrichten von Rußland, insbesondere von dem Regierungsende Catharine II. und von der Thronbesteigung Pauls I., 1802)* das Interesse zeitgenössischer Publizisten auf sich gezogen. Seit der zweiten Hälfte des 19. Jahrhunderts nahmen sich bis in den Ersten Weltkrieg hinein vor allem russische Historiker seiner an: *D. F. Kobeko, Cesarevič Pavel Petrovič, 1887; N. K. Šil'der, Imperator Pavel Pervyj, 1901; E. S. Šumigorskij, Imperator Pavel I., 1907; M. V. Kločkov, Očerki pravitel'stvennoj dejatel'nosti vremeni Pavla I., 1916.* Das durchweg negative Bild Pauls in der sowjetrussischen Geschichtsschreibung erfuhr erst seit den achtziger Jahren eine gewisse Differenzierung: *N. Ja. Ejdel'man, Gran' vekov, 1982.* – Von deutscher Seite ist dem Schicksal Pauls I. in den gängigen Überblicksdarstellungen Aufmerksamkeit entgegengebracht worden: *Th. Schiemann, Kaiser Alexander I. und die Ergebnisse seiner Lebensarbeit (= Geschichte Rußlands unter Kaiser Nikolaus I., Bd. I), 1904; K. Stählin, Geschichte Rußlands von den Anfängen bis zur Gegenwart, Bd. 3, 1935 (Nachdruck 1974); E. Oberländer, Rußland von Paul I. bis zum Krimkrieg 1796–1856, in: Th. Schieder (Hrsg.), Handbuch der europäischen Geschichte, Bd. 5, 1981.* Das öffentliche Interesse war aber schon in der Mitte des 19. Jahrhunderts so groß, daß russische Untersuchungen zur Außenpolitik (z. B. *D. A. Michailowski/D. A. Miliutin, Geschichte des Krieges Rußlands mit Frankreich unter der Regierung Pauls I. im Jahre 1799, 1856*) und Quellenveröffentlichungen zur Ermordung Pauls *(Die Ermordung des Kaisers Paul I. von Rußland am 23. März 1801, in: Historische Zeitschrift, Bd. 3, 1860)* ins Deutsche übersetzt wurden. – Fasziniert von der zwiespältigen Persönlichkeit Pauls I. zeigten sich in jüngerer Zeit vor allem angelsächsische Historiker: *H. Ragsdale (ed.), Paul I: A Reassessment of His Life and Reign, 1979; ders., Tsar Paul and the Question of Madness, 1988; R. E. McGrew, Paul I of Russia, 1754–1801, 1992.*

Alexander I.
(Hans-Jobst Krautheim)

Das frühe 19. Jahrhundert ist in vielen Bereichen vor allem durch russische bzw. russischsprachige Quelleneditionen, zugleich aber auch durch entsprechende Veröffentlichungen in westlichen Sprachen gut dokumentiert. Einen weiterführenden Einblick sollen einige wenige Verweise auf die letztgenannten Publikationen geben. Zum zeitgenössischen Bild Rußlands unmittelbar vor Beginn der Regierungszeit Alexanders I.: *H. Storch, Historisches Gemälde des russischen Reichs am Ende des 18. Jahrhunderts, Teil 1–8 (1797–1803), Supplement (1803)*; materialreich zur Hofgesellschaft, zur Innenpolitik und zur internationalen Situation: *Nikolaj Michailovič (Hrsg.) L' Imperatrice Elisabeth, éxpouse d'Aleksandre Ier, Bd. 1–3 (1908–1909)*; zu den konkreten Vorhaben in den jeweiligen Reformphasen: *M. Raeff (Hrsg.), Plans for Political Reform in Imperial Russia, 1730–1905 (1966)*; u. a. zur Arbeit des «Inoffiziellen Komitees» in seinem 2. Bd.: *Nikolaj Michailovič (Hrsg.), Le comte Paul Stroganov, 3 Bde. (1905)*; zu den persönlichen und politischen Beziehungen Alexanders zu einem führenden Reformer und Außenpolitiker: *A. Gielgud (Hrsg.), Memoirs of Prince Adam Czartoryski and His Correspondence with Alexander I., Bd. 1–2 (1888/Neudruck 1971)*; für die dynastischen Verbindungen Alexanders I. zu den deutschen Staaten: *Nikolaj Michailovič (Hrsg.), Correspondance de l'empereur Alexandre Ier avec sa sœur la Grande-Duchesse Catharine, Princesse d'Oldenbourg, puis Reine de Württemberg, 1805–1818 (1910)*; für einen Einblick in das Leben der höfischen Gesellschaft und die internationale Politik: *S. W. Jackman (Hrsg.), Romanov Relations. The Private Correspondence of Tsar Alexander I., Nicholas I. and the Grand-Dukes Constantine and Michael with their Sister Queen Anna Pavlovna, 1817–1855 (1969)*; zum ideologischen Hintergrund der Adelsopposition: *R. Pipes (Hrsg.), Karamzins Memoir on Ancient and Modern Russia (1959)*; für die Rolle Rußlands bei der Neuordnung Europas: *K. Müller (Hrsg.), Quellen zur Geschichte des Wiener Kongresses 1814/15 (1986)*; für den nahezu lebensbegleitenden Gedankenaustausch Alexander–La Harpe: *J. C. Biandet u. F. Nicod (Hrsg.), Correspondance de Frédéric César de la Harpe et Alexandre Ier, 3 Bde. (1978–80)*.

Aus der Fülle der im 20. Jahrhundert erschienenen Literatur sind nur einige wenige deutsche und englische Titel zu nennen, die zum einen exemplarisch den Wandel des Alexander-Bildes verdeutlichen und zum anderen auf die wichtigsten Untersuchungsfelder der russischen Geschichte während seiner Herrschaft verweisen.

Beispielhaft für eine ältere, systemfreundliche, überaus detail- und quellenreiche Biographie: *Th. Schiemann, Geschichte Rußlands unter Kaiser Nikolaus I., Bd. 1: Kaiser Alexander und die Ergebnisse seiner Lebensarbeit (1904)*; für eine stark idealisierende und popularisierende Darstellung: *M. Winkler, Zarenlegende. Glanz und Geheimnis um Alexander I. (²1947)*; für neuere Syntheseversuche von Person und historischen Strukuren: *A. McConnell, Tsar Alexander I. Paternalistic Reformer (1970)*.

Zum Verhältnis von sozialer Rolle und individueller Adoleszenz: *R. Wortmann, Images of Rule and Problems of Gender in the Upbringings of Paul I and Alexander I. In: Mendelsohn (Hrsg.), Imperial Russia, 1700–1917 (1988), S. 58–75*. Exemplarisch für das Zeitalter der Reform: *M. Raeff, Michael Speransky. Statesman of Imperial Russia, 1772–1839 (1957)*; für die reaktionäre Wende: *M. Jenkins, Arakcheev: Grand Vizir of the Russian Empire. A Biography (1969)*; zur steten Reform der Regierungszentrale *G. L. Yaney, The Systematisation of Russian Government. Social Evolution in the Domestic Administration of Imperial Russia, 1711–1905 (1973)*; zum Aufbau einer modernen Administration: *H.-J. Torke, Das russische Beamtentum in der ersten Hälfte des 19. Jahrhunderts, in: Forschungen zur osteuropäischen Geschichte Bd. 13 (1969), S. 7–345*; für die politische Programmatik und die handelnden Personen in der Außenpolitik: *P. K. Grimsted, The*

Foreign Ministers of Alexander I. Political Attitudes and the Conduct of Russian Diplomacy (1969); zu Kongreßdiplomatie, Mystizismus und beginnender europäischer Restauration: H. *Schaeder, Autokratie und Heilige Allianz. Nach neuen Quellen (1963)*; für die Struktur- und Alltagsgeschichte im dominierenden Agrarsektor: W. S. *Vucinich, The Peasant in Nineteenth-Century Russia (1968)*; zu den sozialen und ideologischen Unterschieden zwischen frühem russischem und westeuropäischem Bürgertum: V. T. *Brill, The Forgotten Class. The Russian Bourgeoisie from the Earliest Beginnings to 1900 (1959)*; zur regionalen, ethnischen, religiösen und sozialen Vielfalt im russischen Staat zur Zeit Alexanders I.: A. *Kappeler, Rußland als Vielvölkerreich. Entstehung, Geschichte, Zerfall (1992), Kap. IV.*

Nikolaus I.
(Nikolaus Katzer)

Die Epoche Nikolaus' I. und einzelne Bereiche der kaiserlichen Politik haben auffallend mehr Würdigungen erfahren als der Herrscher selbst. Als derzeit maßgebliche wissenschaftliche Biographie darf W. *Bruce Lincoln, Nicholas I.: Emperor and Autocrat of All the Russians. London, Bloomington 1978* (mit ausführlicher Bibliographie) gelten, ein Werk, das erstmals auf breiter Quellenbasis die Ergebnisse der internationalen Forschung zusammenträgt.

Daneben verdient eine Reihe älterer Darstellungen Beachtung, die den Wandel des Nikolaus-Bildes und seine Zeitgebundenheit spiegeln. In der russischen Geschichtsschreibung unternahm erstmals *Nikolaj K. Sil'der* den Versuch einer umfassenden Lebensbeschreibung *(Imperator Nikolaj Pervyj. Ego žizn' i carstvovanie. Bd. 1–2, St. Petersburg 1903)*. Der berühmte Biograph der beiden Vorgänger Nikolaus' I. konnte das Werk aber nicht vollenden. Die beiden erschienenen Bände umfassen nur den Zeitraum bis 1831, sind stark auf die Person des Kaisers und sein höfisches Umfeld konzentriert, vermitteln aber in diesem Rahmen wegen der ausgiebigen Wiedergabe seltenen Materials lebendige Eindrücke. Die letzten Biographien aus der Feder russischer Historiker liegen lange zurück, da dieses Genre in der Sowjetzeit stark vernachlässigt wurde. Hervorzuheben ist die bislang wohl gelungenste Lebensbeschreibung in russischer Sprache von M. *Polievktov, Nikolaj I. Biografija i obzor carstvovanija. Moskau 1918*, die aber die Innenpolitik bevorzugt und zuverlässiger als die Außenpolitik darstellt. Lesenswert ist weiterhin die ebenso prägnante wie pointierte Skizze von A. E. *Presnjakov, Apogej samoderžavija, Leningrad 1925 (Nachdruck Den Haag 1967; verfügbar auch in englischer Übersetzung, Gulf Breeze 1974)*. Verschiedenen Aspekten der Regentschaft Nikolaus' I. wendet sich der wichtige Sammelband M. O. *Geršenzon (Hrsg.), Èpocha Nikolaja I., Moskau 1910*, zu. Brauchbar ist des weiteren die Lebensbeschreibung C. *de Grunwalds, La Vie de Nicolas Ier, Paris 1946 (engl. Ausgabe London 1954)*, die teilweise auf Studien im Geheimen Staatsarchiv von Wien beruht.

In Deutschland ist der Person Nikolaus' I. wenig Aufmerksamkeit geschenkt worden. Die einzige Ausnahme bildet das monumentale Werk des baltendeutschen Historikers Th. *Schiemann, Geschichte Rußlands unter Kaiser Nikolaus I. Bd. 1–4. Berlin 1904–1919*. Dabei handelt es sich aber weniger um eine Biographie im engeren Sinne als vielmehr um eine Epochendarstellung mit einem eindeutigen außenpolitischen Schwerpunkt. Band 1 beschäftigt sich ausschließlich mit der Zeit Alexanders I. Der Historiker Schiemann war zugleich Publizist und politischer Akteur im wilhelminischen Deutschland. Allerdings treten in diesem Werk die sonst bei ihm anzutreffenden antirussischen Affekte deutlich hinter dem Bemühen um eine fundierte wissenschaftliche Analyse zurück. Von besonderem Wert sind die reichhaltigen dokumentarischen Beilagen.

Recht gut erforscht sind einzelne Bereiche der Regierungszeit Nikolaus' I. Dies gilt in erster Linie für den »Polizeistaat«. Zur Dritten Abteilung der Kaiserlichen Privatkanzlei liegen zwei solide Darstellungen vor: S. *Monas, The Third Section. Police and Society in Russia under Nicholas I. Cambridge, Mass., 1961; P. S. Squire, The Third Department. The Establishment and Practices of the Political Police in the Russia of Nicholas I., Cambridge 1968.* Die erste bettet die Geschichte der politischen Polizei in den Kontext der Epoche ein und verfolgt konkrete Auswirkungen ihrer Tätigkeit auf die Gesellschaft, die Literatur und die Publizistik. Die zweite widmet sich einer systematischen Analyse der Organisation, ihrer Entstehung und Funktionsweise sowie den führenden Persönlichkeiten. Wegen ihrer Materialfülle bleiben die Werke von *M. K. Lemke, Očerki po istorii russkoj cenzury i žurnalistiki XIX stoletija, St. Petersburg 1904,* und *Nikolaevskie žandarmy i literatura 1826–1855 gg, St. Petersburg 1908,* für eine Beurteilung des Verhältnisses von Staat und «Öffentlichkeit» unerläßlich. Über die Geschichte des Interregnums, der Dekabristen-Bewegung und des Petraševskij-Zirkels sind wir umfassend unterrichtet. Aus der reichhaltigen Literatur seien erwähnt: *Vosstanie dekabristov. Materialy. Bd. 1–12. Moskau, Leningrad 1925–1969; M. Raeff, The Decembrist Movement, New York 1966; M. Alexander, Der Petraševskij-Prozeß, Wiesbaden 1979; J. H. Seddon, The Petrashevtsy: A Study of the Russian Revolutionaries of 1848, Manchester 1985; B. F. Egorov, Petraševcy, Leningrad 1988.* Den Rang einer Gesamtdarstellung durch das Prisma der staatlichen Ideologie nimmt das Werk von *N. V. Riasanovsky, Nicholas I and Official Nationality in Russia, 1825–1855, Berkeley/Los Angeles 1961,* ein. Auf die Anführung einzelner Titel aus der zahlreichen und leicht zugänglichen Literatur zu «Opposition», zur «Slavophilie» und zum «Westlertum» bzw. zu einzelnen Vertretern wird hier verzichtet. Verwiesen sei lediglich auf die Studie von *N. V. Riasanovsky, A Parting of Ways. Government and the Educated Public in Russia 1801–1855, Oxford 1976,* die dem Problem von wachsender Bildung und Entfremdung vom autokratischen Staat nachgeht.

Nicht annähernd so umfassend unterrichtet sind wir über die Innenpolitik insgesamt sowie über die gesellschaftliche, wirtschaftliche und soziale Entwicklung unter Nikolaus I. Zur Einführung in die Probleme der Reformpolitik eignet sich *M. Raeff, Michael Speranskii: Statesman of Imperial Russia, 1772–1839, Den Haag 1957.* Des weiteren verdienen hervorgehoben zu werden: *S. V. Mironenko, Stranicy tajnoj istorii samoderžavija. Političeskaja istorija Rossii pervoj poloviny XIX stoletija, Moskau 1990; H.-J. Torke, Das russische Beamtentum in der ersten Hälfte des 19. Jahrhunderts, in: Forschungen zur Osteuropäischen Geschichte. Bd. 13, Berlin 1967, S. 7–345; P. A. Zajončkovskij, Pravitel'stvennyj apparat samoderžavnoj Rossii v XIX v, Moskau 1978; B. Schalhorn, Lokalverwaltung und Ständerecht in Rußland zu Beginn der Herrschaft Nikolaus' I., in: Forschungen zur Osteuropäischen Geschichte, Bd. 26, Berlin 1979, S. 7–261; W. Bruce Lincoln, In the Vanguard of Reform: Russia's Enlightened Bureaucrats, 1825–1861, DeKalb, Ill., 1982; J. L. Floyd, State Service, Social Mobility and Imperial Russian Nobility, 1801–1856, Ann Arbor 1983; W. M. Pintner, Russian Economic Policy under Nicholas I. Ithaca, New York 1967; W. L. Blackwell, The Beginnings of Russian Industrialization, 1800–1860, Princeton 1968; R. N. Haywood, The Beginnings of Railway Development in Russia in the Reign of Nicholas I, 1835–1842, Durham, N. C., 1969; D. Moon, Russian Peasants and the Tsarist Legislation on the Eve of Reform. Interaction between Peasants and Officialdom, 1825–1855, London 1992; N. M. Družinin, Gosudarstvennye krest'jane i reformy P. D. Kiseleva. Bd. 1–2, Moskau/Leningrad 1946, 1958; R. E. McGrew, Russia and the Cholera, 1823–1832, Madison, Milwaukee, Wisc., 1965.*

Die russische Außenpolitik unter Nikolaus I. ist ungleichmäßig erforscht. Gesamtdarstellungen sind selten und älteren Datums oder nur abrißartig, etwa *N. S. Kinjapina, Vnešnjaja politika Rossii pervoj poloviny XIX veka, Moskau 1963*. An Dokumentationen liegt im wesentlichen nur die im Auftrag des russischen Außenministeriums herausgegebene Sammlung von *F. Martens, Sobranie traktatov i konvencij, zaključennych Rossieju s inostrannymi deržavami. Recueil des traités et conventions, conclus par la Russie, avec les Puissances Etrangères. Bd. 1–15, St. Petersburg 1874–1909,* vor. Die erst 1974 begonnene Serie II (für die Jahre 1815–1830) der Edition *Vnešnjaja politika Rossii XIX i načala XX veka. Dokumenty rossijskogo Ministerstva inostrannych del* ist mit großen Verzögerungen herausgebracht worden und Mitte der achtziger Jahre ganz zum Erliegen gekommen. Zur Orientalischen Frage im weiteren Sinne und besonders zum Krimkrieg liegen einige Abhandlungen vor, die allerdings die russische Politik, ihre Ziele und Hintergründe bei weitem nicht erschöpfend erfassen. Zu einem Gutteil liegt dies an der auffallenden Zurückhaltung der russischen Historiographie während der Sowjetepoche, die sich nicht zuletzt in einer restriktiven Publikationspraxis diplomatischer Akten manifestierte. Bis heute stellt das Werk von *E. V. Tarle, Krymskaja vojna. Bd. 1–2, Moskau 1950* (auch als Bd. 8 und 9 [1959] der zwölfbändigen Ausgabe seiner Werke), neben einigen Abhandlungen und Sammelwerken aus der vorrevolutionären Zeit die wichtigste russischsprachige Studie zum Thema dar. Aus der Literatur in westlichen Sprachen verdienen Erwähnung: *V. J. Puryear, England, Russia and the Straits Question 1844–1856, Berkeley 1931 (Nachdruck 1965); P. E. Mosely, Russian Diplomacy and the Opening of the Eastern Question. Cambridge, Mass., 1934; J. S. Curtiss Russia's Crimean War, Durham, N. C., 1979.* Von demselben Verfasser stammt die einschlägige Arbeit zur russischen Armee dieser Zeit als zentralem Faktor der Großmachtstellung Rußlands: *The Russian Army under Nicholas I., 1825–1855, Durham 1965.* Speziell zur Flottenpolitik: *J. C. K. Daly, Russian Seapower and the Eastern Question, 1827–41, London 1991.* Die maßgeblichen Arbeiten zur polnischen Revolution und ihren europäischen Bezügen sind *R. F. Leslie, Polish Politics and the Revolution of November 1830, London 1956; J. A. Betley, Belgium and Poland in International Relations, 1830–1831, Den Haag 1960.* Eine diplomatiegeschichtliche Darstellung des russischen Eingreifens in die ungarische Revolution bietet *J. W. Roberts, Nicholas I. and the Russian Intervention in Hungary, Basingstoke/London 1991.*

Alexander II., Alexander III., Nikolaus II.
(Heinz-Dietrich Löwe)

Alexander II.
Eine wirklich befriedigende Biographie Alexanders II. fehlt. Das beste Werk ist *W. E. Mosse, Alexander II. and the Modernization of Russia, London 1958,* das 1993 neu aufgelegt wurde; vgl. auch *Henri Troyat, Alexander II. von Rußland, Frankfurt a. M. 1994; Constantine de Grünwald, An den Wurzeln der Revolution. Alexander II. und seine Zeit, Wien u. a. 1963,* und *E. M. Almedingen, The Emperor Alexander II., London 1962.* Eine romantisierte Darstellung der Beziehungen zwischen Alexander und Katharina Dolgorukaja gibt der französische Diplomat *Maurice Paléologue, The Tragic Romance of the Emperor Alexander II., London o. J.* Eine monumentale offizielle Biographie, aber dennoch sehr wertvoll, ist *S. S. Tatiščev, Imperator Aleksandr II, 2 Bde., St. Petersburg 1903.* Eine nützliche Zusammenfassung der Großen Reformen bietet *W. Bruce Lincoln, The Great Reforms. Autocracy, Bureaucracy and the Politics of Change in Imperial Russia, DeKalb, Ill., 1990. Ders., In the Vanguard of Reform. Russia's Enlightened Bureaucrats, 1825–1861, DeKalb, Ill.,*

1982, ist eine Untersuchung des Milieus, aus dem die Reformer kamen. In beiden Werken finden sich weiterführende Literatur. Zu einzelnen Reformen s. D. Field, The End of Serfdom. Nobility and Bureaucracy in Russia, 1855–1861, Cambridge, Mass., 1976; P. Scheibert, Die russische Agrarreform von 1861, Köln 1973; P. A. Zaionchkovski, The Abolition of Serfdom in Russia, Gulf Breeze, 1978; F. S. Starr, Decentralization and Self-Government in Russia, 1830–1870, Princeton 1972; F. B. Kaiser, Die russische Justizreform von 1864, Leiden 1972; Gebhardt Weiss, Die russische Stadt zwischen Auftragsverwaltung und Selbstverwaltung. Zur Geschichte der russischen Stadtreform von 1870, (Phil. Diss.) Bonn 1977; D. Beyrau, Militär und Gesellschaft im vorrevolutionären Rußland, Köln 1984; P. L. Alston, Education and the State in Russia, Stanford, CA, 1969. Die letzten Jahre der Regierungszeit Alexanders II. behandelt P. A. Zajončkovskij: Krizis Samoderžavija na rubeže 1870–1880 godov., Moskau 1964. Unter den zahlreichen Memoiren und Tagebüchern sind von besonderem Interesse die Memoiren des langjährigen Zensurbeamten E. M. Feoktistov: Vospominanija. Za kulisami politiki i literatury 1848–1896, 2 Bde., Leningrad 1929 (Nachdruck Cambridge 1975 mit einer Einführung von Hans-Joachim Torke); H. L. von Schweinitz, Denkwürdigkeiten des Botschafters H. L. von Schweinitz, 2 Bde., Berlin 1927; Dnevnik P. A. Valueva: Ministra vnutrennych del, hrsg. von P. A. Zajončkovskij, Moskau 1961; Dnevnik D. A. Miljutina, 1973–1975, hrsg. von P. A. Zajončkovskij, 4 Bde., Moskau 1947–50; K. v. Schlözer, Peterburger Briefe, Stuttgart-Berlin 1922. Wichtige Biographien sind W. Bruce Lincoln, Nikolai Miliutin. An Enlightened Russian Bureaucrat of the Nineteenth Century, Newtonville, Mass., 1977, und A. Leroy-Beaulieu, Un homme d'état Russe: Nicolas Milutine, Paris 1884. Die gesellschaftliche Bewegung behandelt: A. A. Kornilov, Obščestvennoe dviženie pri Aleksandre II, Moskau 1909. Zur Außenpolitik s. B. H. Sumner, Russia and the Balkans 1870–1880, Oxford 1937; Ch. Friese, Rußland und Preußen vom Krimkrieg bis zum polnischen Aufstand, Berlin 1931; D. Geyer, Der russische Imperialismus, Göttingen 1977.

Alexander III.
Eine wissenschaftliche Biographie Alexanders III. fehlt. Nur mit erheblichen Vorbehalten zu nennen sind: N. Notovitch, L'empereur Alexandre III et son entourage, Paris 1893 (dt.: Alexander III. und seine Umgebung, Leipzig o. J.); Ch. Lowe, Alexander III of Russia, New York 1895; K. Korol'kov, Zizn' i carstvovanie Imperatora Aleksandra III (1881–1894), Kiev 1901; A. Kolosov, Aleksandr III, ego licnost', intimnaja zizn' i pravlenie, London 1902. Den gesellschaftlichen und politischen Hintergrund der Zeit Alexanders III. beschreibt S. Bensidoun, Alexandre III. 1881–1894, Paris 1990. Die besten Darstellungen seiner Politik sind H. W. Whelan, Alexander III and the State Council. Bureaucracy and Counter-Reform in Late Imperial Russia, New Brunswick, NJ, 1982, und P. A. Zaionchkovsky, The Russian Autocracy under Alexander III, Gulf Breeze 1976. Die Industrialisierungspolitik und ihre Widersacher analysiert Th. H. von Laue, Sergei Witte and the Industrialization of Russia, New York 1974. Biographien der wichtigsten handelnden Personen sind M. Katz, M. N. Katkov. A Political Biography 1818–1887, Den Haag 1966; R. F. Byrnes, Pobedonostsev. His Life and Thought, Bloomington 1968. Den Zusammenbruch des Bismarckschen Bündnissystems beschreibt G. F. Kennan, The Decline of Bismarck's European Order, Princeton 1979 (dt.: Bismarcks europäisches System in der Auflösung: Die französisch-russische Annäherung 1875–1890,. Frankfurt a. M. u. a. 1981); ders., The Fateful Alliance. France, Russia, and the Coming of the First World War, Manchester 1984; D. Geyer, Der russische Imperialismus, Göttingen 1977; P. Jakobs, Das Werden des französisch-russischen Zweibundes, 1890–1894, Wiesbaden 1968; B. Jelavich, Giers and the Policy of Moderation, in: Robert B. McKean (ed.), New Perspectives in Modern Russian History, Basingstoke/London 1992. Wichtige Memoiren oder Tagebücher zur Regierungs-

zeit Alexanders III. sind *V. P. Meščerskij, Moi vospominanija, 2 Bde., St. Petersburg 1898; P. A. Valuev, Dnevnik 1877–1884, Petrograd 1919; Dnevnik gosudarstvennago sekretarja A. A. Polovcova. 2 Bde., Moskau 1966; Dnevnik E. A. Pereca (1880–1883), Moskau-Leningrad 1927; Sergej Ju. Vitte, Vospominanija, 3 Bde., Moskau 1960 (neue engl. Ausg. New York 1990).* Von besonderem Interesse sind die Memoiren des langjährigen Zensurbeamten *E. M. Feoktistov, Vospominanija. Za kulisami politiki i literatury 1848–1896, 2 Bde., Leningrad 1929 (Nachdruck Cambridge 1975 mit einer Einführung von H.-J. Torke); H. L. von Schweinitz, Denkwürdigkeiten des Botschafters H. L. von Schweinitz, 2 Bde., Berlin 1927; ders., Briefwechsel des Botschafters H. L. von Schweinitz, Berlin 1928.*

Nikolaus II.
Allen wissenschaftlichen Ansprüchen genügt die Biographie von *D. Lieven, Nicholas II. Emperor of all the Russias, London 1993,* auch wenn der Autor Nikolaus etwas zu positiv sieht. Ebenfalls von hohem Anspruch ist *M. Ferro, Nicholas II, Paris 1990, engl. Ausg. Nicholas II. The Last of the Tsars, London u. a. 1991.* Eine halboffizielle, apologetische, aber dennoch streckenweise beachtenswerte Biographie ist *S. S. Oldenburg, The Last Tsar, 4 Bde., Gulf Breeze 1975 ff.;* Nikolaus' Tagebuch besteht aus einer Serie belangloser Eintragungen: *Nikolaj II., Das Tagebuch des letzten Zaren von 1890 bis zum Fall, Berlin 1923.* Interessanter sind die Briefwechsel mit seiner Mutter und mit seiner Frau: *Der letzte Zar. Briefwechsel Nikolaus II. mit seiner Mutter, Berlin 1938; The Letters of the Tsar to the Tsaritsa 1914–1917, London/New York 1929* oder *The Nicky-Sunny Letters, Academic International Press 1970.* Für den allgemeinen Hintergrund s. *G. Schramm (Hrsg.), Handbuch der Geschichte Rußlands, Bd. 3., Stuttgart 1982 ff.* Wichtig für Nikolaus' Politik während der Revolution von 1905 ist *A. Verner, The Crisis of Russian Autocracy. Nicholas II and the 1905 Revolution, Princeton 1990; M. T. Florinsky: The End of the Russian Empire, New York 1961. G. A. Hosking, The Russian Constitutional Experiment. Government and Duma, 1907–1914, Cambridge 1973.* Die Industrialisierungspolitik und ihre Widersacher analysiert *Th. H. von Laue, Sergei Witte and the Industrialization of Russia, New York 1974; D. A. J. Macey, Government and Peasant in Russia, 1861–1906. The Prehistory of the Stolypin Reforms, DeKalb, Ill., 1987.* Über die Stolypinschen Agrarreformen gibt es immer noch keine wirklich befriedigende Monographie, am besten sind die einschlägigen Kapitel in *G. Yaney, The Urge to Mobilize. Agrarian Reform in Russia, 1861–1930, Urbana, Ill., 1982.* Rußlands Weg in den Ersten Weltkrieg beschreibt am besten *D. C. B. Lieven, Russia and the Origins of the First World War, New York 1983.* Wichtige Memoiren aus der Regierungszeit von Nikolaus sind *Sergej Ju. Vitte: Vospominanija, 3 Bde., Moskau 1960 (neue engl. Ausg. New York 1990, dt.: Erinnerungen, Berlin 1923); Valdimar N. Kokovcov, Iz moego prošlago, 1904–1918, 2 Bde., Paris 1933 (engl. Ausgabe Stanford 1935); Validimir I. Gurko, Features and Figures of the Past. Government and Opinion in the Reign of Nicholas II., New York 1970.*

Abbildungsnachweis

VERZEICHNIS DER AUTOREN

Donnert, Erich, geb. 1928, seit 1967 Professor für Geschichte an der Universität Halle (em.). Arbeitsschwerpunkte: Mittlere und Neuere Geschichte Osteuropas, insbesondere Kultur- und Geistesgeschichte Rußlands, Polens und des Baltikums.

Fenster, Aristide, geb. 1951, Vortragender Legationsrat im Auswärtigem Amt, Bonn; seit 1991 tätig an der Botschaft Washington. Arbeitsschwerpunkte: Osteuropäsche Geschichte der Frühen Neuzeit, Zeitgeschichte.

Fischer, Alexander, geb. 1986 Professor für osteuropäische Geschichte an der Universität Bonn. Arbeitsschwerpunkte: Geschichte der deutschen Osteuropaforschung, Geschichte der russischen revolutionären und Arbeiterbewegung, Geschichte der sowjetischen Deutschland- und Europapolitik sowie der DDR.

Kämpfer, Frank, geb. 1938, seit 1979 Professor für osteuropäische und südosteuropäische Geschichte an der Universität Münster. Arbeitsschwerpunkte: Geschichte Altrußlands, Bildkunde.

Katzer, Nikolaus, geb. 1952, seit 1987 Wiss. Ass. an der Universität Bonn. Arbeitsschwerpunkte: Neuere osteuropäische Geschichte, bes. Rußland im 19. und 20. Jahrhundert.

Krautheim, Hans-Jobst, geb. 1943, seit 1989 pädagogischer Leiter einer Gesamtschule in Driedorf/Hessen; Lehrbeauftragter am Hessischen Institut für Lehrerfortbildung und an der Universität Gießen. Arbeitsschwerpunkte: Osteuropäische Geschichte des 19. und 20. Jahrhunderts, Didaktik der Geschichte, Geschichte des Bildungswesens.

Löwe, Heinz-Dietrich, geb, 1944, seit 1992 Professor für osteuropäische Geschichte an der Universität Heidelberg. Arbeitsschwerpunkte: Neuere osteuropäische Geschichte, bes. Rußland im 19. und 20. Jahrhundert

Neubauer, Helmut, geb. 1925, seit 1964 Professor für osteuropäische Geschichte an der Universität Heidelberg (em.). Arbeitsschwerpunkte: Geschichte Osteuropas der Frühen Neuzeit, Geschichte der Historiographie.

Raeff, Marc, geb. 1923, seit 1961 Professor für die Geschichte Rußlands (seit 1973 Bakhmeteff-Professor) an der Columbia University in New York (em.). Arbeitsschwerpunkte: Neuere Geschichte Rußlands, insbesondere Innenpolitik und Gesellschaft des 18. und 19. Jahrhunderts.

Torke, Hans-Joachim, geb. 1938, seit 1976 Professor für osteuropäische Geschichte an der Freien Universität Berlin. Arbeitsschwerpunkte: Neuere Geschichte Rußlands und der Ukraine, insbesondere Staat und Gesellschaft der frühen Neuzeit, Geschichte der Historiographie.

REGISTER

Russische Geschichte

Hans-Joachim Torke (Hrsg.)
Lexikon der Geschichte Rußlands
Von den Anfängen bis zur Oktoberrevolution
1985. 446 Seiten mit 3 Karten und 22 Tabellen.
Leinen

Hans-Joachim Torke (Hrsg.)
Historisches Lexikon der Sowjetunion
1917/22–1991
1993. 401 Seiten mit 1 Karte. Leinen

Ruslan G. Skrynnikow
Iwan der Schreckliche und seine Zeit
Mit einem Nachwort von Hans-Joachim Torke
1992. 377 Seiten. Leinen

Andreas Kappeler
Rußland als Vielvölkerreich
Entstehung – Geschichte – Zerfall
2., durchgesehene Auflage. 1993.
395 Seiten mit 11 Karten. Leinen

Karl Schlögel (Hrsg.)
Der große Exodus
Die russische Emigration und ihre Zentren 1917–1941
1994. 448 Seiten mit 29 Abbildungen auf 16 Tafeln.
Leinen

Boris Omjotew / John Stuart
St. Petersburg in frühen Photographien
Ausgewählt und erläutert von
Boris Omjotew und John Stuart
unter Mitarbeit von
Olga Suslowa und Lilija Uchtomskaja
2., durchgesehene Auflage. 1992.
240 Seiten mit 295 Abbildungen. Broschur

Verlag C. H. Beck München

Europa bauen

Hagen Schulze
*Staat und Nation
in der europäischen Geschichte*
1994. 376 Seiten. Leinen

Aaron J. Gurjewitsch
Das Individuum im europäischen Mittelalter
1994. 341 Seiten. Leinen

Umberto Eco
Die Suche nach der vollkommenen Sprache
Aus dem Italienischen von Burkhart Kroeber.
2. Auflage. 1994.
388 Seiten mit 22 Abbildungen. Leinen

Leonardo Benevolo
Die Stadt in der europäischen Geschichte
Aus dem Italienischen von Peter Schiller.
1993. 316 Seiten mit 149 Abbildungen. Leinen

Massimo Montanari
Der Hunger und der Überfluß
Kulturgeschichte der Ernährung in Europa
Aus dem Italienischen von Matthias Rawert.
1993. 251 Seiten. Leinen

Charles Tilly
Die europäischen Revolutionen
Aus dem Englischen von
Hans-Jürgen Baron von Koskull.
1993. 368 Seiten mit 2 Karten. Leinen

Ulrich Im Hof
Das Europa der Aufklärung
1993. 270 Seiten. Leinen

Verlag C. H. Beck München